LIBAN NORD

LA BEKAA

© PHILIPPE GUERSAN – AUTHOR'S

Statue des Martyrs sur la place du même nom à Beyrouth.

LIBAN SUD

PENSE FUTÉ

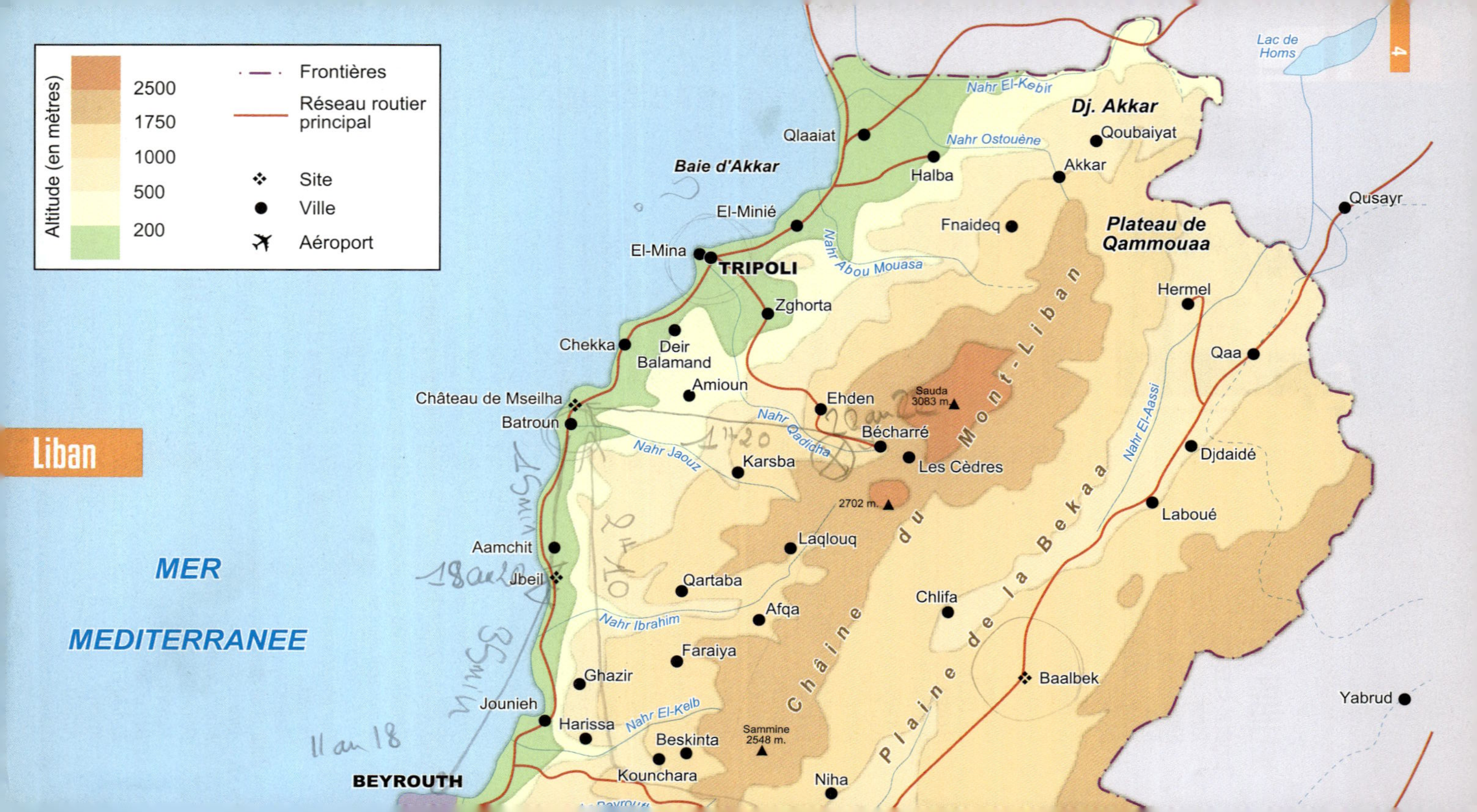
Liban
Altitude (en mètres)
2500
1750
1000
500
200
Frontières
Réseau routier principal
Site
Ville
Aéroport
MER MEDITERRANEE
Baie d'Akkar
Dj. Akkar
Plateau de Qammouaa
Chaîne du Mont-Liban
Plaine de la Bekaa
Lac de Homs
Nahr El-Kebir
Nahr Ostouène
Nahr Abou Mouasa
Nahr Qadidha
Nahr Jaouz
Nahr Ibrahim
Nahr El-Kelb
Nahr El-Aassi
Qlaaiat
Halba
Qoubaiyat
Akkar
Fnaideq
El-Minié
El-Mina
TRIPOLI
Zghorta
Chekka
Deir Balamand
Amioun
Château de Mseilha
Batroun
Ehden
Sauda 3083 m.
Bécharré
Les Cèdres
Karsba
2702 m.
Laqlouq
Aamchit
Jbeil
Qartaba
Afqa
Faraiya
Ghazir
Jounieh
Harissa
Beskinta
Kounchara
Sammine 2548 m.
Niha
BEYROUTH
Qusayr
Hermel
Qaa
Djdaidé
Laboué
Chlifa
Baalbek
Yabrud

EDITION

Directeurs de collection et auteurs : Dominique AUZIAS et Jean-Paul LABOURDETTE

Auteurs : Mélanie ROSTAGNAT, Guillaume BOUDISSEAU, Jean-Paul LABOURDETTE, Dominique AUZIAS et alter

Directeur Editorial : Stéphan SZEREMETA

Responsable Editorial Monde : Patrick MARINGE

Rédaction Monde : Caroline MICHELOT, Morgane VESLIN, Pierre-Yves SOUCHET, Talatah FAVREAU et Hector BARON

Rédaction France : François TOURNIE, Maurane CHEVALIER, Silvia FOLIGNO et Bénédicte PETIT

FABRICATION

Responsable Studio : Sophie LECHERTIER assistée de Romain AUDREN

Maquette et Montage : Julie BORDES, Sandrine MECKING, Delphine PAGANO et Laurie PILLOIS

Iconographie et Cartographie : Audrey LALOY

WEB ET NUMERIQUE

Directeur Web : Louis GENEAU de LAMARLIERE

Directeur technique : Lionel CAZAUMAYOU

Chef de projet et développeurs : Jean-Marc REYMUND, Cédric MAILLOUX et Florian FAZER

Community Manager : Cyprien de CANSON

DIRECTION COMMERCIALE

Directrice des Régies : Caroline CHOLLET

Responsable Régies locales : Michel GRANSEIGNE

Relation Clientèle : Vimla MEETTOO et Sandra RUFFIEUX

Chefs de Publicité Régie nationale : Caroline AUBRY, François BRIANCON-MARJOLLET, Perrine DE CARNE MARCEIN, Caroline GENTELET et Caroline PREAU

Responsable Clientèle : Déborah LOICHOT

REGIE INTERNATIONALE

Chefs de Publicité : Jean-Marc FARAGUET, Guillaume LABOUREUR assistés d'Elisa MORLAND

DIFFUSION ET PROMOTION

Directrice des Ventes : Bénédicte MOULET assistée d'Aissatou DIOP

Responsable des ventes : Jean-Pierre GHEZ assisté de Nathalie GONCALVES

Relations Presse-Partenariats : Jean-Mary MARCHAL

ADMINISTRATION

Président : Jean-Paul LABOURDETTE

Directrice Administrative et Financière : Valérie DECOTTIGNIES

Directrice des Ressources Humaines : Dina BOURDEAU assistée de Sandra MORAIS et Vianney LAVERNE

Responsable informatique : Pascal LE GOFF

Comptabilité : Jeannine DEMIRDJIAN, Christelle MANEBARD, Adrien PRIGENT et Sébastien LECORCHE

Recouvrement : Fabien BONNAN assisté de Sandra BRIJLALL et Belinda MILLE

Standard : Jehanne AOUMEUR

PETIT FUTE LIBAN 2017

Petit Futé a été fondé par Dominique AUZIAS.
Il est édité par Les Nouvelles Editions de l'Université
18, rue des Volontaires - 75015 Paris.
✆ 01 53 69 70 00 - Fax 01 42 73 15 24
Internet : www.petitfute.com
SAS au capital de 1 000 000 E
RC PARIS B 309 769 966
Couverture : © Philippe GUERSAN - Author's Image
Impression : IMPRIMERIE CHIRAT - 42540 Saint-Just-la-Pendue
Dépôt légal : 05/10/2016
ISBN : 9782746964891

Pour nous contacter par email, indiquez le nom de famille en minuscule suivi de @petitfute.com
Pour le courrier des lecteurs : info@petitfute.com

AHLAN WA SAHLAN BI LOUBNAN !

Au Liban, tout semble possible. Le meilleur comme le pire. Le plus beau comme le plus bouleversant. Dans les rues de Beyrouth flotte un sentiment de liberté qui ne pourra vous échapper. Dans ce chaos incessant où le concert des avertisseurs et l'agitation bouillonnante donnent le tournis, les règles s'envolent, les interdits s'évanouissent. La vie file à toute vitesse, demain n'existe pas vraiment. Alors on profite de chaque instant, on rit fort, on reste des heures à table, on passe sa nuit à danser. Le Liban vous prend aux tripes, vous renverse, vous chamboule. Mais les Libanais sont toujours là pour vous rassurer, vous aider, vous parler. Leur accueil est chaleureux, leur regard franc, leur sourire contagieux. Au milieu des tumultes qui agitent sans cesse son quotidien, le Liban puise ainsi sa force dans ses cinq millions d'habitants et dans la richesse des découvertes qui attendent le visiteur.

Petit pays méditerranéen situé entre l'Orient et l'Occident, le Liban, ce sont 4 000 années d'histoire et 18 communautés religieuses qui cohabitent depuis toujours. De Tyr à Tripoli, en passant par Baalbek et bien évidemment Beyrouth, le visiteur traverse mille et un paysages arrosés de soleil et de ciel bleu. Entre les ruines d'Anjar, les souks de Saïda, les grottes de Jeita, la ville antique de Jbeil, les cèdres de la montagne, les monastères de la vallée de la Kadisha, les immenses plaines de la Bekaa et même les vins de Ksara et Kefraya, le Liban étonne par sa diversité. Mais ce que l'on aime par-dessus tout, c'est sa lumière. Cette chaude lumière orangée qui enveloppe la montagne chaque soir, cette lumière envoûtante qui laisse croire, une fois encore, que tout est toujours possible.

Mélanie Rostagnat

REMERCIEMENTS. Merci à Christian et Françoise pour leur accueil toujours si chaleureux, à Romy et Joy pour leurs conseils et bonnes adresses, merci à Aurélie, superbe copilote, à Nicolas, parfait guide dans les ruelles de Tripoli, merci à Coline, Charlotte, Christine et Zoé pour leur présence à distance, et à Julien pour ses relectures.

PEFC
10-31-1895
Certifié PEFC
Ce produit est issu de forêts gérées durablement et de sources contrôlées.
pefc-france.org

IMPRIMÉ EN FRANCE

SOMMAIRE

Le Grand Sérail de Beyrouth est le siège du gouvernement.

SYRIE
ISRAËL
DAMAS
Duma
El-Qtaife
Zebdani
Qunaytra
Rayak
Zahlé
Haouch Moussa (Anjar)
Majdel Anjar
Yanta
Deir el Ashayr
Rachaya
Mont Hermont
Aïn Hourche
Hasbaya
Marjaeyoun
2091 m.
Broummana
Hammana
Bhamdoun
Dj. Barouk
Dj. Niha
Nahr Litani
Barrage de Qaraoun
Jourdan
Beit Meri
Aley
Beïteddine
Deir el-Qamar
Baakline
Nahr El-Damour
Nahr El-Aqualr
Jezzine
Choueifat
Damour
Kfar-Him
Joun
Temple d'Echmoun
SAÏDA
Nabatiye El-Tahta
Magdhouche
Sarafand
Aadloum
Nahr Litani
Djouaiya
Qana
Tebnine
Bent Jbeil
Dj. Amel
Sour (Tyr)
Iskandarouna
Nakoura
0
25 km
FRANCE
SUISSE
AUTRICHE
SLOVENIE
CROATIE
HONGRIE
BOSNIE
SERBIE
ROUMANIE
BULGARIE
ALBANIE
GRECE
Athènes
ITALIE
CORSE
SARDAINE
SICILE
MALTE
TUNISIE
LIBYE
Mer Méditerranée
Mer Noire
GEORGIE
AZERBAIDJAN
ARMENIE
IRAN
TURQUIE
Ankara
CHYPRE
SYRIE
IRAQ
Beyrouth
Damas
LIBAN
ISRAEL
Amman
JORDANIE
ARABIE SAOUDITE
Le Caire
EGYPTE
0
500 km

Les Souks de Beyrouth est un centre commercial moderne.

Mosquée Shia à Beyrouth.

Sarcophage du site archéologique de Tyr.

La corniche de Beyrouth.

LES PLUS DU LIBAN

Un climat agréable toute l'année

Le Liban jouit d'un climat méditerranéen. L'hiver est doux et pluvieux sur le littoral. Mais les éclaircies sont nombreuses et les pluies de courte durée. La neige est présente en montagne de janvier à mars. L'été est chaud et sec. Les régions montagneuses, froides en hiver, offrent en revanche un climat très agréable en été. La maxime populaire dit qu'au Liban, on peut skier le matin et se baigner dans la mer l'après-midi. Le printemps et le début de l'automne restent les deux meilleures périodes pour visiter le pays. Le climat y est agréable, les touristes moins nombreux et les lumières étincelantes.

Une richesse culturelle et historique

Carrefour des civilisations entre l'Occident et l'Orient, le Liban est une mosaïque culturelle et confessionnelle (18 confessions religieuses). Son histoire est riche et mouvementée. Les Grecs, les Romains, les croisés, les Egyptiens et les Turcs y ont laissé des vestiges extraordinaires et variés. Le Liban ne se résume pas uniquement à sa guerre civile (1975-1990), au conflit de l'été 2006 ou aux différentes crises politiques. Au contraire, le pays des cèdres offre une multitude de sites archéologiques, de ruines byzantines, de temples romains et de châteaux des croisés à découvrir. La richesse historique du Liban compte évidemment des sites incontournables tels Baalbek, Byblos, Tyr et Beiteddine. Mais mille autres trésors vous attendent également.

Une nature contrastée

En dépit de sa petite superficie, le Liban offre des paysages multiples et très contrastés. Il suffit de quelques kilomètres pour passer des régions désertiques du Hermel ou des plaines agricoles de la Bekaa aux espaces forestiers de l'Aakkar ou aux collines arides du Liban du Sud. Si les forêts mythiques des cèdres sont de plus en plus réduites, les grottes de Jeïta et la vallée de la Kadisha sont des merveilles naturelles à ne pas rater.

Une richesse culinaire mondialement connue

Variée, fine et délicieuse, la cuisine libanaise a une excellente réputation à travers le monde. Vous pouvez commencer par un traditionnel mezzé, un assortiment de petits plats chauds ou froids (hommos, taboulé, fattouche, kébbé). Un repas libanais s'accompagne dans un premier temps d'un arak, boisson alcoolisée à base d'anis puis d'un délicieux vin local (Ksara, Kéfraya, etc.). Les grillades (chiche taouk, kafta) à base de viande hachée et de brochettes de poulet constituent ensuite le plat de résistance. N'hésitez pas à piocher directement dans les plats avec un morceau de pita, le délicieux pain libanais. Enfin, vous ne pourrez pas quitter votre table sans avoir goûté les pâtisseries locales à base de fruits secs et de crème ou alors succombez au délice du mouhalabié, une crème de lait arrosé de sirop de fleur d'oranger et d'éclats de pistaches !

Une hospitalité sincère

L'hospitalité des Libanais n'est pas un vain mot. Prévenant et accueillant, le Libanais vous recevra avec attention et gentillesse. Vous trouverez toujours quelqu'un pour vous indiquer votre chemin, pour vous aider et pour faciliter votre séjour. De plus, les Français bénéficient d'une réelle notoriété auprès des Libanais. Au hasard de vos rencontres, vous pouvez tout à fait être sollicité à partager le café ou le repas de vos hôtes.

Un sens de la fête

Les nuits blanches de Beyrouth commencent à faire le tour du monde. Le Sky Bar a d'ailleurs été désigné comme l'un des meilleurs bars de la planète. Rien que cela ! Soirées sur une plage privée, sur le toit des immeubles ou d'un hôtel, dans les sous-sols, les Libanais ne manquent pas l'occasion de faire la fête. Direction Gemmayzé, Mar Mikhael ou Hamra pour boire un verre. Les restaurants, les bars, les discothèques, rien ne manque pour s'amuser !

Une destination sportive

Outre son patrimoine culturel et historique unique, le Liban est une terre d'accueil exceptionnelle pour les amateurs d'aventures sportives. Dès l'atterrissage à Beyrouth, vous pourrez ainsi vous précipiter sur les plages ou dans des parcs aquatiques aux tournoyants toboggans. On peut aussi s'armer de bouteilles et plonger du côté de Tyr ou de Saïda pour découvrir d'anciens vestiges antiques engloutis. La plongée est une activité en plein essor au Liban. De novembre à mars, si l'envie vous prend de chausser vos skis, pas de problème : une petite heure de route et vous voilà à la montagne, prêt à dévaler les pistes de Faraya au pied de la chaîne du mont Liban. Vous pouvez tout aussi arpenter la forêt pétrifiée, paysage minéral fabuleux d'où surgissent des formes excentriques et impressionnantes. Randonnée pédestre, VTT, rafting, escalade, spéléo : la montagne libanaise permet toutes ces activités.

FICHE TECHNIQUE

Argent

Monnaie

La monnaie est la livre libanaise (LL, abréviation officielle). Il est très fréquent de payer les sommes importantes en dollars (ex : les nuits d'hôtel). On peut en retirer dans de nombreux distributeurs automatiques. La parité avec le dollar est fixe (1 500 LL = 1 $).

- **Taux de change** en juillet 2016. 1 000 LL = 0,59 € et 1 € = 1 635 LL.

Idées de budget

Bien sûr le taux de change entre l'euro et le dollar pourrait vous être parfois favorable étant donné que le cours de la livre libanaise suit le dollar, mais le Liban n'est pas spécialement une destination bon marché. Heureusement, les plus futés trouveront toujours le moyen de se débrouiller pour découvrir ce pays à moindre coût.

- **Budget minimum :** 40-60 € (dortoir, repas sur le pouce, transports collectifs).
- **Budget moyen :** 80-150 € (hôtel pas cher, repas sur le pouce et snacks, transports collectifs).
- **Gros budget :** 200 € et plus (hôtel de 3 à 4 étoiles, restaurants, bars, location de voiture).

Le Liban en bref

- **Nom officiel** : République du Liban (Al Jumhuriyah al-Lubnaniyah).
- **Capitale** : Beyrouth.
- **Superficie** : 10 452 km².
- **Langue officielle** : arabe.
- **Langues parlées** : français, anglais, arménien.
- **Religions** : musulmans (60 %), chrétiens (40 %).
- **Population** : 4,5 millions.
- **Densité** : 440 hab./km².
- **Espérance de vie** : 79 ans.
- **PIB** : 54,6 milliards $.
- **Frontières** : 454 km dont 375 km avec la Syrie et 79 km avec Israël.
- **Point culminant** : Qornet es Saouda (3 088 m).
- **Villes importantes** : Tripoli, Saïda, Jbeil, Jounieh, Baalbek, Tyr, Zahlé.

Téléphone

Indicatifs téléphoniques

- **Indicatif du pays :** 961
- **Indicatifs des régions libanaises.** Bekaa : 08 • Beyrouth : 01 • Kesrouan-Jbeil : 09 • Liban-Nord : 06 • Liban-Sud : 07 • Mont-Liban nord : 04 • Mont-Liban sud : 05.
- **Les numéros commençant** par 03, 70, 71 et 76 sont ceux des portables.

Comment téléphoner ?

- **De France au Liban :** vers un poste fixe, composer le 00 + 961 + indicatif de la région sans le 0 + le numéro à 6 chiffres du correspondant.

Beyrouth

Janvier	Février	Mars	Avril	Mai	Juin	Juillet	Août	Sept.	Octobre	Nov.	Déc.
9°/17°	9°/18°	11°/20°	13°/22°	16°/25°	19°/28°	21°/29°	22°/30°	21°/29°	18°/27°	14°/23°	11°/19°

Le drapeau du Liban

Il se compose de trois bandes horizontales : deux bandes rouges s'étendent en haut et en bas, d'un quart de hauteur chacune, et le milieu est rempli par une frange de couleur blanche. Au centre de cette ligne blanche est dessiné le symbole national : le cèdre.

Le cèdre du Liban est un arbre mythique dont on retrouve maintes références dans la Bible. C'est un symbole de force, de sainteté et d'éternité. Il apparut pour la première fois sur un drapeau en 1861. Le rouge représente l'abnégation du peuple et le blanc la paix, mais ces deux couleurs sont également liées aux Kassites et aux Yéménites, qui se partagèrent le contrôle du pays jusqu'au XVIIIe siècle. Ce drapeau fut officiellement adopté en 1943, au moment de la proclamation d'indépendance.

- **Du Liban en France :** 00 + 33 + indicatif régional sans le zéro + les 8 chiffres du numéro local.
- **Vers un portable :** composer le 00 + 961 + 3 (ou 70 ou 71) + le numéro à 6 chiffres du correspondant.
- **De Beyrouth à Beyrouth :** composer l'indicatif de la région + numéro à 6 chiffres du correspondant.
- **De Beyrouth en province :** code ville + numéro local à 6 chiffres.
- **De province à Beyrouth :** code Beyrouth ou ville correspondante + numéro local à 6 chiffres.
- **Deux grands opérateurs de téléphone mobile** au Liban (Alfa et MTC Touch). Sur présentation de votre passeport, il est possible d'acheter dans tous les magasins de téléphonie une carte prépayée : carte Alfa ou carte MTC Magic.
- **A Beyrouth, les cabines de téléphone public** sont principalement disponibles dans les quartiers touristiques comme Hamra. Elles fonctionnent avec des cartes, appelées « télécartes », de 10 000 LL à 30 000 LL.

Coût des communications

L'accès à Internet haut débit au Liban est très courant, mais pas aussi rapide qu'en France. Le wi-fi est gratuit dans un grand nombre de cafés, restaurants et bars.

Décalage horaire

GMT +2. Quand il est 8h à Paris, il est 9h à Beyrouth. Le Liban change d'horaire en hiver et en été au même moment que la France.

Formalités

Le visa est gratuit pour une durée d'un mois pour les ressortissants français. Il est délivré à l'arrivée, à l'aéroport de Beyrouth.

- **Attention** : aucune entrée ne sera possible au Liban si un visa israélien figure sur votre passeport.

Climat

Précipitations annuelles au Liban

- **Beyrouth :** 550 mm.
- **Kadisha :** 650 mm.
- **Zahlé :** 575 mm.
- **Bekaa :** 300 mm.
- **Liban-Nord :** 575 mm.

Saisonnalité

- **Haute saison touristique :** été et fêtes religieuses.
- **Basse saison touristique :** automne, hiver, printemps.

IDÉES DE SÉJOUR

Le Liban est un petit pays de 10 452 km². En une semaine, il est largement possible de découvrir les multiples paysages et sites archéologiques du pays. A partir de Beyrouth, il est facile de se rendre dans la majorité des lieux touristiques. La capitale reste un très bon camp de base. Toutefois, il est également sympa de visiter le pays en logeant au Nord-Liban, à la Bekaa ou au Sud-Liban. Un bon moyen de connaître l'hospitalité des Libanais. Quel que soit votre circuit, il est conseillé de louer une voiture, vous serez plus libre de vous arrêter où vous voulez. Les transports en commun relient surtout les grandes villes et parcourir l'arrière-pays n'est pas simple en bus ou en taxi-service. Bien sûr, le Liban dispose d'assez de richesses et d'activités pour prolonger le séjour. Petit pays, oui, mais ses vallées, ses plaines et ses montagnes allongent les déplacements. Au-delà du littoral, le Liban offre un décor fascinant qui mérite de s'y attarder. A l'opposé, si vous disposez d'un long week-end, vous aurez le temps d'explorer Beyrouth et ses environs. Idéal pour apprécier de bons restaurants, faire la fête et découvrir une capitale captivante et dynamique.

Le Liban en une semaine

- **Jour 1.** Journée à Beyrouth. Le centre-ville et ses rues piétonnes offrent une balade agréable. Le Musée national rassemble les merveilles archéologiques du pays. Une promenade au soleil couchant sur la corniche le long de la mer est vivement recommandée. La grotte aux Pigeons à Raouché révèle un site de toute beauté. On peut commencer la soirée dans l'un des restaurants de Hamra puis finir la journée devant une bonne bière locale dans un bar de Gemmayzé ou Mar Mikhael.

- **Jour 2.** Les grottes de Jeita sont des trésors naturels extraordinaires. Byblos est l'une des plus anciennes villes du monde. Le site archéologique porte 10 000 ans d'histoire. La vieille ville de Byblos et son petit port sont agréables.

- **Jour 3.** Les souks de Tripoli sont un dédale de ruelles aux mille couleurs et senteurs. Le château de Saint-Gilles témoigne du passage des croisés. Tripoli est également une destination culinaire. Au petit déjeuner, on peut commencer la journée avec un fatté puis à midi déguster un poisson dans un restaurant d'El Mina.

- **Jour 4.** Direction la plaine de la Bekaa (si les conditions sécuritaires le permettent !). Baalbek, la cité du dieu Soleil Baal, est le plus beau site du Liban. Il est impensable de le manquer. Les temples de Jupiter, de Bacchus et de Vénus construits sous l'Empire romain sont des merveilles. Anjar garde les vestiges de la dynastie des Omeyyades, première dynastie de l'islam.

- **Jour 5.** La vieille ville de Saïda offre de multiples curiosités culturelles et architecturales. Le château de la Mer datant des croisés, le musée du Savon, le palais Debanné construit en 1721, et le Khan el-Franj sont à découvrir. Les ruines hellénistiques, romaines et byzantines de Tyr témoignent de la richesse de cette ancienne cité commerciale. On finit la journée sur la plage de Tyr ou à déguster un poisson sur le vieux port.

- **Jour 6.** Direction la vallée de la Kadisha et ses monastères construits dans la roche. Dans l'après-midi, une promenade dans la fôret de cèdres de Tannourine s'impose.

- **Jour 7.** Journée dans la région du Chouf. Deir el Qamar est un charmant petit village qui fut la résidence des émirs Maan du XVIe au XVIIe s. Synthèse de tous les courants architecturaux au Liban, le palais de Beiteddine est une merveille.

Le Liban en deux semaines

- **Jour 1.** Journée à Beyrouth. Le centre-ville, ses vestiges archéologiques et ses rues piétonnes sont une halte incontournable. Vous pouvez continuer votre promenade vers Achrafieh et admirer les belles demeures des quartiers Sursock et Gemmayzé. Plus au sud, le Musée national rassemble les merveilles archéologiques du pays. Un petit passage au musée de la Préhistoire est possible.

- **Jour 2.** Journée à Beyrouth. La rue de Damas et les quartiers de Bachoura et Sodeco ont gardé les dernières traces des quinze années de la guerre civile. Les ruelles du quartier Basta sont l'occasion de goûter à la vie beyrouthine. La grotte aux Pigeons à Raouché mérite le coup d'œil. Une promenade au soleil couchant sur la corniche le long de la mer est remarquable. Vous finirez la soirée dans un bar de Gemmayzé ou dans une discothèque sur le toit d'un immeuble du centre-ville.

- **Jour 3.** Les grottes de Jeita sont des trésors naturels impressionnants. La vieille ville de

Byblos, une des plus anciennes au monde avec ses 10 000 ans d'histoire, et son petit port sont un plaisir. Le village d'Amchit conserve de multiples demeures traditionnelles de toute beauté.

- **Jour 4.** Vous visiterez la vieille ville de Batroun à pied avec son mur phénicien de 220 m de long, son église de 1867, ses souks et sa limonade. Smar Jbeil offre les ruines d'une imposante citadelle qui domine le village. Vous ne pourrez pas manquer au bord de l'autoroute le très beau château de Mseilha qui s'impose du haut de son promontoire.

- **Jour 5.** La presqu'île d'Enfé qui abritait jadis un château des croisés. A Tripoli, le château de Saint-Gilles offre une splendide proximité avec la mer. Les souks de Tripoli sont un dédale de ruelles aux mille couleurs et senteurs. Vous finirez la journée par une promenade sur la corniche d'El Mina.

- **Jour 6.** La visite de la vallée de la Kadisha commence par les ruines de Qasr Naous, deux temples romains d'où l'on distingue toute la plaine de Koura. La Kadisha abrite de multiples monastères et ermitages troglodytiques accrochés aux falaises (Deir Qannoubine, Qozhaya). Les villes d'Edhen et Bécharré méritent le détour. Au-dessus de Bécharré, vous y verrez les derniers cèdres du Liban, parfois millénaires.

- **Jour 7.** Dans la plaine du Akkar, il ne faut pas rater les agréables promenades en forêt de Qammouah et découvrir les vestiges des sites de Sfireh et de Akkar el Aatiqa (si les conditions sécuritaires le permettent !).

- **Jour 8.** Du Akkar, vous passerez à la plaine de la Bekaa (si la situation est calme, encore une fois !). Vous serez surpris par Qanouat al Hermel, une pyramide de 27 m datant du Ier siècle au milieu de terres arides. Baalbek, la cité du dieu Soleil Baal, est le plus beau site du Liban. Les temples de Jupiter, de Bacchus et de Vénus construits sous l'Empire romain sont des merveilles. Anjar garde les vestiges de la dynastie des Omeyyades, première dynastie de l'islam.

- **Jour 9.** Les amateurs de vins libanais pourront visiter les caves de Kefraya et de Ksara et feront une halte gastronomique à Zahlé, connue pour son mezzé. La Bekaa Sud offre de nombreux sites romains comme les temples de Aïn Hourche, Dekweh ou Manara.

- **Jour 10.** Retour à Beyrouth. Visitez les ruines de Beit Meri qui surplombent l'agglomération beyrouthine avec les restes d'un ancien temple romain et les vestiges d'une église byzantine du Ve siècle. Vous pourrez ensuite admirer le coucher du soleil sur le site des stèles du Nahr el Kelb.

- **Jour 11.** Avant d'arriver à Saïda, vous pouvez admirer le temple romain de Chhim et le site archéologique d'Echmoun. La vieille ville de Saïda offre de multiples curiosités culturelles et architecturales. Le château de la Mer datant des croisés, le musée du Savon, le palais Debanné, construit en 1721, et le Khan el-Franj sont à découvrir.

- **Jour 12.** La région de Jezzine permet une escapade agréable avec une promenade dans la superbe forêt des pins et un déjeuner typique libanais au-dessus de la cascade.

- **Jour 13.** Les ruines hellénistiques, romaines et byzantines de Tyr témoignent de la richesse de cette ancienne cité commerciale. Vous ne pourrez pas manquer l'imposant tombeau de Hiram situé au bord de la route. Lieu du premier miracle accompli par le Christ, le site de Qana montre plusieurs personnes gravées dans le roc qui pourraient représenter le Christ et ses disciples. Vous pouvez poursuivre votre chemin jusqu'à la citadelle de Tibnine.

- **Jour 14.** Deir el Qamar est un charmant petit village qui fut la résidence des émirs Maan du XVIe au XVIIe s. Synthèse de tous les courants architecturaux au Liban, le palais de Beiteddine est une merveille. De là, vous pourrez atteindre la forêt des cèdres du Barouk.

- **Jour 15.** Dernière journée à Beyrouth pour faire quelques achats culinaires et de souvenirs. Le quartier Hamra est le plus animé avec une grande variété de boutiques. La rue Verdun regroupe les franchises internationales. Le soir, vous pouvez dîner dans l'un des restaurants d'Achrafieh, de Badaro ou de Hamra.

Séjours thématiques

Le Liban gastronomique

On ne présente plus le mezzé libanais. Il est varié et succulent. Mais le Liban ne se résume pas uniquement à son mezzé. Ses pâtisseries sont des délices et ses vins commencent à se faire connaître dans le monde entier. Découvrir le Liban, c'est découvrir une cuisine riche :

- **Direction la plaine de la Bekaa** pour découvrir les vignobles locaux. Si Kefraya et Ksara sont les plus connus, le pays compte de multiples petites caves.

- **N'hésitez pas à déguster les sfiha** (galette de viande) à Baalbek.

- **Faire un crochet à Aamchit** pour goûter au mouwarraka (galette garnie de noix et d'amandes).

Impossible de commencer sa journée à Tripoli sans manger un foul ou fatté et prendre un sandwich de smaké harra à El Mina.

Les douceurs de Tripoli sont également à ne pas rater. Direction la pâtisserie Hallab. On ne vient pas au Liban pour faire un régime !

On fait une halte dans les fromageries (laban et labné) en arrivant à Chtaura.

On ne peut pas quitter la Bekaa sans déguster les mezzés de Zahlé qui s'est autoproclamée la capitale du mezzé.

Liban historique : des Romains aux Croisés

Le Liban a de nombreux sites historiques méconnus et oubliés des circuits touristiques. Leur découverte est toujours source de surprises. Parfois accessibles après quelques minutes de marche, ces sites témoignent d'une grande richesse archéologique. Terre de multiples invasions, le Liban recèle de merveilles. Les amoureux de vieilles pierres trouveront aisément multiples temples romains, entre autres témoignages du passé. Parfois intégrés dans la ville ou isolés dans la nature, ces vestiges sont autant d'occasions d'aller à la rencontre d'un Liban insolite.

La plaine de la Bekaa (Niha, Furzol, Dekweh, Yanta) regorge de sites qui présentent un double intérêt : le site archéologique et le cadre naturel souvent splendide.

Vous trouverez également des sites intéressants au Nord-Liban (Sfiré, Qasr Naous, Bziza) et dans le gouvernorat du Mont-Liban (Chhim, Faqra).

Vous pourrez partir sur les traces des croisés, présents du XIe au XIIIe siècle. Vous serez admiratifs devant les restes des citadelles et les ruines des châteaux (Tripoli, Saïda, Mseilha, Smar Jbeil, Beaufort).

Vous pourrez enfin pousser votre curiosité jusqu'aux sites de Tibnine, Dayr Kifa au Sud-Liban ou vers Akkar el Aatiqa dans le Akkar. Anciennes places fortes, et situés à des carrefours stratégiques, ces vestiges offrent de remarquables panoramas.

Merveilles naturelles

La variété des paysages naturels du Liban propose un large choix de randonnées et de découvertes à la fois sportives et culturelles. Les associations et les clubs ne manquent pas pour vous proposer de multiples activités.

Le Liban possède six stations de ski avec un domaine skiable varié qui se situe entre 1 650 et 3 000 m d'altitude. Si l'enneigement est favorable, vous aurez les conditions idéales sous un beau soleil pour dévaler les pistes.

Le nombre de grottes (plus de 400) permet différentes aventures souterraines. Les plus connues restent les grottes de Jeita, une merveille.

Avis aux amateurs de rafting et de kayak : les rivières Oronte dans le Hermel, le Nahr Ibrahim au nord de Byblos et le Litani au Sud-Liban sont des endroits pour vous !

Le Liban procure d'excellentes opportunités de trekking et de randonnées tant dans les montagnes du mont Liban que dans les plaines de la Bekaa et du Akkar ou sur les collines du Hermel. Le gouffre de Tannourine ou la forêt de Qammouah sont également des sites naturels à découvrir. Ces balades au grand air, enrichies de rencontres, vous permettront de garder une image totalement contrastée du Liban par rapport au littoral défiguré par une urbanisation chaotique et inesthétique.
Les fans de plongée, de VTT, de parapente ou d'équitation trouveront également leur bonheur.

À la rencontre des Libanais

La découverte du Liban sera l'occasion de multiples rencontres à la fois enrichissantes, captivantes et amusantes ou parfois émouvantes. La population de ce pays plein de diversité est très accueillante et chaleureuse. Le Liban a toujours été un point de rencontre entre les peuples. De nombreuses surprises vous attendent. La langue ne sera pas une barrière. Beaucoup de Libanais sont au minimum bilingues. Dans le cas où votre interlocuteur ne parlerait que l'arabe, vous arriverez toujours à vous faire comprendre grâce à un voisin ou un enfant qui assurera la traduction.

N'hésitez pas à vous arrêter sur la place d'un village du Chouf et discutez avec l'épicier ou les habitants qui se dorent au soleil. Vous pourrez très facilement vous retrouver chez eux autour d'un café ou d'un repas.

Perdez-vous dans les petites ruelles secondaires des souks de Tripoli et de Saïda à la rencontre des résidents.

Allez saluer les enfants qui jouent autour du temple romain de Bziza.

Prenez le temps de regarder les pêcheurs de Tyr dont les barques multicolores illuminent le petit port.

Evitez les terrasses sans originalité du centre-ville de Beyrouth et prenez un café turc à Manara, Hamra, Gemmayzé et Basta. Vous y fumerez un narguilé dans une ambiance animée mais toujours sympathique. Vous serez peut-être invité à faire une partie de cartes ou de backgammon.

COMMENT PARTIR ?

PARTIR EN VOYAGE ORGANISÉ

Carrefour des civilisations entre Orient et Occident, le Liban est une mosaïque culturelle. Les offres pour la destination sont donc majoritairement des circuits découverte accompagnés. A noter cependant que la situation politique du pays et les événements qui l'ont frappé depuis 2006 ont poussé certains tour-opérateurs et agences de voyages à suspendre leur offre sur cette destination. N'hésitez donc pas à prendre directement contact avec ces spécialistes pour plus d'informations.

Voyagistes

Spécialistes

Vous trouverez ici les tour-opérateurs spécialisés dans votre destination. Ils produisent eux-mêmes leurs voyages et sont généralement de très bon conseil car ils connaissent la région sur le bout des doigts. À noter que leurs tarifs se révèlent souvent un peu plus élevés que ceux des généralistes.

■ **AKAOKA**
Hameau de la Combe
Saint-Laurent-le-Minier (France)
✆ 04 99 53 08 57 / 0 825 000 84
www.akaoka.com – akaoka@akaoka.com
Spécialiste des voyages à pied en randonnée, Akaoka propose des circuits pour découvrir le Liban. Circuit de 8 jours, « Liban, parfum d'Orient » vous permettra de traverser les régions emblématiques de ce pays, berceau de l'Europe. Byblos ou Tripoli sont également au programme de cette grande randonnée.

■ **ATALANTE**
36, quai Arloing (9e)
Lyon (France) ✆ 04 72 53 24 80
www.atalante.fr – lyon@atalante.fr
Ouvert du lundi au vendredi de 9h à 18h et le samedi de 10h à 13h et de 14h à 18h.
Atalante est spécialisée dans les voyages à pied. Trekking de haut niveau ou simples promenades dans les campagnes, il y en a pour toutes les conditions physiques. Ils s'attachent à faire découvrir à leurs clients des régions du monde aux modes de vie préservés, riches de traditions et de cultures uniques.

▸ **Autres adresses :** Bruxelles, Rue César-Frank, 44A, 1050 ✆ +32 2 627 07 97 • Paris – 18, rue Séguier, 75006, fond de cour à gauche, 1er étage ✆ 01 55 42 81 00.

■ **IKHAR**
23, rue Danielle Casanova
2e étage (1er), Paris (France)
✆ 01 43 06 73 13
www.ikhar.com – ikhar@ikhar.com
M° Opéra ou Pyramides.
L'agence propose des voyages sur mesure au Liban et en Jordanie.

■ **TERRE ET NATURE VOYAGES**
23, rue d'Ouessant (15e)
Paris (France) ✆ 01 45 67 60 60
www.terreetnature.com
Ouvert du lundi au vendredi de 9h à 19h. Sur rendez-vous en dehors de ces horaires.
Terre et Nature Voyages propose des séjours à dominante sportive ou culturelle dans les plus beaux pays du monde.

■ **VOYAGES BYBLOS**
101, rue Sainte (7e), Marseille (France)
✆ 04 91 54 00 53 – www.voyagesbyblos.com
Cette agence de voyage, basée à Marseille, est spécialiste des voyages au Moyen-Orient. Vous trouverez toute une gamme de prestations : réservations d'hôtels, location de voitures, vols secs. Voyages Byblos propose des séjours à Beyrouth, des circuits sur demande au Liban.

■ **VOYAGEURS DU MONDE**
55, rue Sainte-Anne (2e)
Paris (France) ✆ 01 42 86 16 00
www.voyageursdumonde.fr
Du lundi au samedi de 9h30 à 19h.
Juste 1 800 m² consacrés aux voyages ! Depuis plus de trente ans, Voyageurs du Monde construit pour vous un univers totalement dédié au voyage sur mesure et en individuel, grâce aux conseils pointus transmis par des spécialistes qualifiés sur leur destination de cœur ou d'origine. Vous bénéficiez de leur aide pour la préparation du voyage mais aussi durant toute la durée du voyage sur place. Tous les circuits peuvent être effectués avec des enfants car tout est question de rythme. Vous invitez votre petite tribu familiale, enfants, petits-enfants, et VDM vous propose des tarifs étudiés au cas par cas, des découvertes pour les adultes et des activités ludiques pour les enfants. Choisissez parmi la bonne centaine de voyages sur mesure proposés.

Réceptifs

Il s'agit de tour-opérateurs présents dans le pays : de fait, ils connaissent extrêmement bien la zone.

BARAKAT TRAVEL

Azarieh Building, Downtown
BEYROUTH ✆ +961 1 972 111
www.barakat.travel
Fondée en 1990, l'agence Barakat propose des tours privés à travers tout le pays, à partir de 50 dollars par personne : une journée dans le Chouf, dans la Bekaa (Baalbek, Anjar et Ksara), autour de Byblos, dans le Sud (Saïda et Tyr), etc.

KURBAN

Downtown, BEYROUTH
✆ +961 1 368 958 / +961 3 510 333
www.kurbantours.com
Depuis 1952, l'agence Kurban organise de nombreux tours à travers tout le pays. Pour 70 $, vous pourrez partir une journée à la découverte des Cèdres, de la ville de Bécharré et du monastère de Qozhaya. La visite de la ville de Byblos et des sites de Jeita et Harissa est proposée au prix de 85 $. D'autres circuits sont organisés à Tripoli, dans le Sud, dans le Chouf et dans la Bekaa. Les départs sont réguliers et assurés à partir de deux personnes. Une demi-journée de visite dans Beyrouth est également proposée (45 $).

NAKHAL & CIE

Avenue Sami el-Solh
Badaro
BEYROUTH ✆ +961 1 389 389
www.nakhal.com –tours@nakhal.com.lb
Nakhal fait partie des agences les plus compétentes du marché avec plus de cinquante ans d'expérience au service du tourisme au Liban, mais aussi sur les pays voisins. Nakhal & Cie organise aussi bien les voyages individuels qu'en groupe, propose des circuits touristiques toute l'année avec des départs quotidiens garantis quel que soit le nombre de participants, mais aussi des tours privés pour les clients qui le souhaitent. 4 à 5 circuits sont organisés tous les jours (sur une demi-journée ou sur une journée entière) : Baalbek, Anjar et Ksara ; les Cèdres, Bécharré et Qozhaya ; Jeita, Byblos et Harissa ; Beyrouth, Beiteddine et Deir el-Qamar. Nakhal organise par ailleurs une visite de Beyrouth pendant une demi-journée à partir de 40 dollars.

VOLVER

Sodeco
Nasra Imm Saab
BEYROUTH ✆ +961 1 389 407
www.volvertours.com
info@volvertours.com
Volver est le spécialiste du voyage sur mesure, du plus classique au plus insolite. L'agence organise votre voyage au Liban, suivant vos goûts et vos demandes avec des extensions possibles en Jordanie. Elle organise des circuits d'une journée dans la Bekaa (Zahlé, Ksara, Baalbek), dans le CHouf (Deir el-Qamar, Beiteddine, cèdres du Barouk), dans le Sud (Tyr et Saïda), etc. Comptez 200 dollars par personne avec le transport et un guide. Volver propose également des circuits trekking, écotourisme, tourisme religieux, découverte des vins libanais, etc.

- **Autre adresse :** 31, rue de Châteaudun 75009 Paris ✆ 01 45 63 63 75.

WILD DISCOVERY

Gemmayzé, Rue Pasteur
BEYROUTH ✆ +961 1 565 646
www.wilddiscovery.com.lb
info@wilddiscovery.com.lb
L'agence organise des circuits touristiques d'une demi-journée à Beyrouth pour 32 $ par personne. Sinon, les grottes de Jeita et la cathédrale de Harissa sont comprises dans des circuits d'une demi-journée pour 60 $ par personne. L'agence assure les visites avec un minimum de 2 personnes. Le point de départ est fixé à l'agence de Gemmayzé à 8h30. Les enfants (moins de 12 ans) bénéficient de 25 % de réduction.
Wild Discovery est l'une des meilleures agences de voyage au Liban et assure des prestations très professionnelles. L'enseigne compte cinq autres adresses dans le Grand Beyrouth :

rue Verdun, à l'ABC d'Achrafieh, rue Furn el-Chebbak, à Zalka et à Kaslik.

Sites comparateurs et enchères

PROCHAINE ESCALE
www.prochaine-escale.com
contact@prochaine-escale.com

Pas toujours facile d'organiser un voyage, même sur internet ! Prochaine Escale a la solution : à vous de décrire le voyage de vos rêves et l'équipe de Prochaine Escale s'occupe du reste, en sélectionnant les meilleurs experts de la destination en fonction de vos attentes. Vous échangez ensuite avec eux et recevez un devis personnalisé. Du sur-mesure en quelques clics.

PARTIR SEUL

En avion

Vous n'aurez aucun mal pour vous rendre à Beyrouth : les vols au départ de Paris sont nombreux, quotidiens et directs. La durée du vol est d'environ 4 heures de Paris à Beyrouth.

Prix moyen d'un vol Paris-Beyrouth : à partir de 300 € (haute saison et basse saison).

A noter que la variation de prix dépend de la compagnie empruntée mais, surtout, du délai de réservation. Pour obtenir des tarifs intéressants,il est indispensable de vous y prendre très en avance. Pensez à acheter vos billets le plus tôt possible !

AIR-INDEMNITE.COM
✆ 01 85 32 16 28
www.air-indemnite.com
contact@air-indemnite.com

Des problèmes d'avion (retard de vol, annulation ou surbooking) gâchent le séjour de millions de vacanciers chaque année. Bonne nouvelle : selon la réglementation, les voyageurs ont droit jusqu'à 600 € d'indemnité par passager ! Mauvaise nouvelle : devant la complexité juridique et les lourdeurs administratives, très peu de passagers parviennent en réalité à se faire indemniser.

La solution ? le site air-indemnite.com ! Pionnier et leader français depuis 2007, il simplifiera toutes les démarches en prenant en charge l'intégralité de la procédure. Analyse et construction du dossier, échanges avec la compagnie, suivi de la procédure, versement des indemnités : air-indemnite.com s'occupe de tout et obtient gain de cause dans 9 cas sur 10. air-indemnite.com se rémunère uniquement par une commission sur l'indemnité reçue. Si la réclamation n'aboutit pas, rien ne sera donc déboursé !

Principales compagnies desservant la destination

AIR FRANCE
✆ 36 54
www.airfrance.fr
La compagnie assure quatre vols quotidiens et directs entre Paris-CDG et Beyrouth. Comptez 4h30 de vol et au minimum 400 € l'aller-retour.

CSA – CZECH AIRLINES
France
✆ 01 76 54 60 18 / +420 239 007 142
fr.csa.cz – par@czechairlines.com
Révélée plus économique, la compagnie aérienne tchèque propose des vols entre Paris-CDG et Beyrouth via Prague de mi-juillet à mi-août. L'avion décolle de la capitale tchèque à 21h50 et arrive à Beyrouth à 2h20 du matin, tous les jours sauf les mardi et dimanche. Si vous réservez à l'avance, les prix seront très intéressants, d'autant que – conseil futé – vous pourrez rejoindre Prague.

LUFTHANSA
France
✆ 08 92 23 16 90
www.lufthansa.fr
La compagnie nationale allemande propose cinq liaisons quotidiennes au départ de Paris. Il vous faudra prévoir une escale en Allemagne (à Francfort le plus souvent). De 6 à 10 heures 50 min de trajet.

MIDDLE EAST AIRLINES
Liban
www.mea.com.lb
callcenter@mea.com.lb
Ouvert tous les jours, de 8h30 à midi et de 14h30 à 17h. Le samedi, de 9h à midi.
La compagnie libanaise propose quotidiennement trois vols entre Paris et Beyrouth. La durée de vol est de 4h30 pour 500 € aller-retour.

PEGASUS
France
✆ 01 70 06 01 40
www.flypgs.com
La compagnie *low cost* turque propose deux vols quotidiens à partir de Paris-Orly avec une escale à Istanbul. En général, l'aller-retour revient à 220 €.

Aéroports

BEAUVAIS
France
✆ 08 92 68 20 66
www.aeroportbeauvais.com
service.clients@aeroportbeauvais.com

PARIS ORLY
France
✆ 39 50 / 0 892 56 39 50
www.aeroportsdeparis.fr

PARIS ROISSY – CHARLES-DE-GAULLE
France
✆ 39 50 / +33 1 70 36 39 50
www.aeroportsdeparis.fr

Sites comparateurs

Certains sites vous aideront à trouver des billets d'avion au meilleur prix. Certains d'entre eux comparent les prix des compagnies régulières et *low cost*. Vous trouverez des vols secs (transport aérien vendu seul, sans autres prestations) au meilleur prix.

EASY VOLS
✆ 08 99 19 98 79
www.easyvols.fr
Comparaison en temps réel des prix des billets d'avion chez plus de 500 compagnies aériennes.

KIWI.COM
France
fr.skypicker.com
info@skypicker.com
Kiwi.com (anciennement Skypicker) fut créé par un entrepreneur Tcheque Oliver Dlouhy en avril 2012 et est en passe de révolutionner le domaine de la vente de billets d'avion en ligne. Ce site permet à ses utilisateurs de débusquer les vols les moins chers et de les réserver ensuite. Il emploie pour cela une technologie unique en son genre basée sur le recoupement de données et les algorithmes, et permettant d'intégrer les tarifs des compagnies low cost à ceux des compagnies de ligne classiques créant ainsi des combinaisons de vols exceptionnelles dégageant des économies pouvant aller jusqu'à 50 % de moins que les vols de ligne classiques.

MISTERFLY
✆ 08 92 23 24 25
www.misterfly.com
Ouvert du lundi au vendredi de 9h à 21h. Le samedi de 10h à 20h.
MisterFly.com est le nouveau-né de la toile pour la réservation de billets d'avion. Son concept innovant repose sur un credo : transparence tarifaire ! Cela se concrétise par un prix affiché dès la première page de la recherche, c'est-à-dire qu'aucun frais de dossier ou frais bancaire ne viendront alourdir la facture finale. Idem pour le prix des bagages ! L'accès à cette information se fait dès l'affichage des vols correspondant à la recherche. La possibilité d'ajouter des bagages en supplément à l'aller, au retour ou aux deux... tout est flexible !

AIRFRANCE
SKYTEAM
FRANCE IS IN THE AIR
AU DÉPART DE PARIS
ALGER
JUSQU'À
4 VOLS
PAR JOUR

OPTION WAY

✆ +33 04 22 46 05 23

www.optionway.com

Option Way est une agence de voyage en ligne qui offre une toute nouvelle façon d'acheter ses billets d'avion. En proposant à ses utilisateurs de fixer le prix qu'ils souhaitent payer, elle leur permet de profiter des fluctuations de prix des billets d'avion avant l'achat.

Après l'achat, elle continue de faire profiter ses utilisateurs des variations de prix en les remboursant automatiquement si une baisse se produit. Lancée en octobre 2014, cette jeune agence de voyage traque jour et nuit l'évolution des tarifs des vols afin de faire bénéficier ses clients des prix les plus avantageux.

SKYSCANNER

www.skyscanner.fr

Ce moteur de recherche permet de comparer les vols bon marché, mais aussi les hôtels et locations de voiture dans le monde entier. Très populaire auprès des internautes, il dispose de sérieux atouts : une très grande rapidité, l'affichage en un clic de la durée du vol et des liaisons directes (ou non), la possibilité de comparer les prix sur un mois… Le site propose également de recevoir par mail une alerte en cas de changement de prix. Utile et pratique !

En train

Le réseau ferroviaire libanais n'est plus en fonction depuis des dizaines d'années. Les gares (Beyrouth, Tripoli et Riyak dans la Bekaa) sont abandonnées. Il est désormais impossible de se rendre au Liban en train.

En bus

LE BUS DIRECT-PARIS AÉROPORT

France

✆ 08 10 81 20 01 – www.lebusdirect.com

Les cars Air France, désormais rebaptisés Le bus direct, desservent Roissy et Orly Ouest et Sud, 7j/7.

- **Ligne 1 :** Orly-Montparnasse-La Motte Picquet-Tour Eiffel-Trocadéro-Paris-Etoile de 5h50 à 23h35. Dans le sens inverse de 4h50 à 22h30. Fréquence toutes les 20 min. Aller simple : 12 €. Aller-retour : 20 €. Gratuit pour les moins de 4 ans.
- **Ligne 2 :** Roissy-CDG-Porte Maillot-Trocadéro-Etoile de 6h à 23h15. Dans le sens inverse de 5h45 à 23h. Fréquence : toutes les 30 min. Aller simple : 17 €. Aller-retour : 30 €. Gratuit pour les moins de 4 ans.
- **Ligne 3 :** Roissy-CDG-Orly de 6h15 à 22h15. Dans le sens inverse de 6h30 à 22h30. Fréquence : toutes les 20 min. Aller simple : 21 €. Aller-retour : 36 €. Gratuit pour les moins de 4 ans.
- **Ligne 4 :** Roissy CDG-Gare de Lyon-Montparnasse de 6h15 à 22h45. Dans le sens inverse de 5h30 à 22h30. Aller simple : 17 €. Aller-retour : 30 €. Gratuit pour les moins de 4 ans.

En voiture

Depuis le début de la crise syrienne en 2011, il n'est plus possible de rejoindre le Liban en voiture. La frontière sud avec Israël est par ailleurs fermée.

SÉJOURNER

Se loger

Le Liban compte environ 250 hôtels dont 80 dans l'agglomération beyrouthine. Nous vous proposons une sélection de lieux d'hébergement établie en fonction de votre budget. Le Liban reste un pays où l'hébergement est cher. Il faut compter en moyenne 130 $ pour une chambre correcte, et trouver des hôtels « bien et pas cher » est une véritable chasse au trésor. De plus en plus d'établissements hôteliers ont une adresse Internet, ce qui permet de réserver et d'avoir un aperçu des prestations de chaque enseigne. N'oubliez pas qu'il est toujours possible de négocier une réduction surtout si votre séjour est long (plus de 10 jours). Désormais il est possible d'obtenir des offres très alléchantes via les sites de voyage sur Internet. Plus les suggestions seront larges, plus vous pourrez comparer les prestations en suivant les recommandations de notre guide.

AIRBNB

Suisse

www.airbnb.fr

Créée en Californie en 2008, cette société de locations saisonnières meublées, de particulier à particulier, a la cote. Ce concept simple, sorte de réseau social où il faut s'identifier pour conclure une transaction, tend à se développer dans le monde entier. Tout se passe directement sur Internet où l'on accède aux petites annonces affichant plusieurs photos et informations pratiques, fournies par les propriétaires.

La recherche est lancée par géolocalisation, selon les dates et l'hébergement souhaité (chambre, maison, villa à la plage, etc.). Hôtes et clients peuvent se renseigner en ligne, échanger directement et laisser des commentaires.

BEDYCASA

www.bedycasa.com
contact@bedycasa.com
Chez BedyCasa, pionnier de la location chez l'habitant, il est possible de louer une chambre, un appartement, une maison, une cabane (la liste est encore longue !) ou de trouver une famille d'accueil. BedyCasa propose aux voyageurs en quête d'échange une solution économique et sympathique.

BEWELCOME

www.bewelcome.org
Le système est simple : se faire loger partout dans le monde chez l'habitant, contacté auparavant via le site Internet. Avec leur carte interactive, les profils des « *welcomers* » s'affichent, avec leurs disponibilités. Certains font part de leurs projets de voyage afin de pouvoir être aidés par les membres du site. Pour un voyage solidaire !

COUCHSURFING

www.couchsurfing.com
Grâce au CouchSurfing, vous voyagez dans le monde entier en logeant gratuitement chez l'habitant. Il suffit de s'inscrire sur des sites Internet spécialisés pour accéder aux offres des membres prêts à mettre à disposition un couchage pour quelques nuits. Échange de bons procédés oblige, vous devez accepter en contrepartie (en principe) d'accueillir chez vous celle ou celui qui vous reçoit. Soyez rassuré, des systèmes de contrôle existent sur les sites : notation des membres, numéro de passeport exigé à l'inscription, etc. CouchSurfing est le service d'hébergement en ligne regroupant le plus d'adhérents. Les participants ont accès à des hébergements volontaires dans plus de 200 pays.

EASYROOMMATE

www.easyroommate.com
Un site de colocation plutôt sympathique pour trouver une coloc' d'une durée plus ou moins longue (par semaine ou par mois) triée par pays. La bonne alternative pour ne pas rentrer dans une chambre d'hôtel morne, et vivre dans une maison ou un appartement avec des personnes qui rendront le séjour plus agréable.

HELPX

www.helpx.net
Des fermes biologiques, des ranchs, des B&B, des hôtels où l'étranger aide tout en bénéficiant (selon les pays et hôtes) de cours d'anglais, de randonnées à cheval, de repas selon le travail fourni. Un panel de lieux, partout dans le monde, où vivre durant une année ou moins, afin d'améliorer une langue ou vivre une expérience hors du commun pendant une année de césure. Le prix d'adhérent est symbolique, seulement 20 €, et permet d'accéder aux offres.

HOSTELBOOKERS

fr.hostelbookers.com
Depuis 2005, cette centrale de réservation en ligne permet de planifier son séjour à prix corrects dans le monde entier. Afrique, Asie, Europe, Amérique… Hostelbookers est spécialisé dans les logements peu onéreux (auberges de jeunesse ou *hostels*…) mais proposant des services et un cadre plutôt soignés. Pour chaque grande ville, le site propose une sélection pointue d'enseignes partenaires et vous n'aurez plus qu'à choisir l'adresse la plus pratique, la mieux située, ou tout simplement la moins chère. Une plate-forme bien pratique pour les baroudeurs.

LOVE HOME SWAP

www.lovehomeswap.com
info@lovehomeswap.com
Partir en vacances seul, en famille, ou avec un groupe d'amis sans payer le logement résume l'objectif du site. Échangez votre studio, appartement, maison, villa, château etc. contre une villa à Sidney ou une immense maison avec piscine à Miami. Tout est permis, mais il faut un échange qui convienne des deux côtés. Pour bénéficier de tous les avantages les frais d'adhésion sont de 80 US$ environ et donnent l'accès au site.

TROC MAISON

France
✆ 05 59 02 02 02
www.trocmaison.com
Le slogan du site : « Échangez… ça change tout ». Un site pour échanger son logement (studio, appartement, villa…). Numéro 1 du troc de maison. Une aubaine quand on pense que 50 % du budget vacances des Français passe dans le logement. Propriétaire d'un appartement, trouvez l'échange idéal qui conviendrait au propriétaire de la maison désirée. Le choix est large : 40 000 offres dans 148 pays.

WORKAWAY

www.workaway.info
Ici, le système est simple : être nourri et logé en échange d'un travail. Des ranchs, des fermes, des maisons à retaper, des choses plus insolites comme un lieu bouddhiste à rénover. Une expérience unique en son genre.

Hôtels

La classification hôtelière libanaise ne correspond pas aux normes françaises. Elle s'échelonne de 1 à 5 étoiles, avec, au sommet de la hiérarchie, la classe internationale. Chaque classe est divisée en deux catégories : A et B, en fonction du confort proposé. Il est parfois possible de négocier. Le Liban est un petit pays mais son réseau hôtelier couvre la majorité des grandes villes libanaises, les sites touristiques et les centres de villégiature. Le site Internet www.lebhotels.com donne des informations très pratiques.

En bas de l'échelle, vous trouverez des pensions ou des foyers, dont les prix tournent autour de 15 à 30 $. Le confort est très sommaire et rudimentaire. On peut avoir des mauvaises surprises. Heureusement, l'accueil n'en demeure pas moins chaleureux ; ces établissements sont minoritaires. Par exemple, à Tripoli, la pension Haddad offre ce type de prestation.

Les hôtels de 30 à 50 $ sont également difficiles à trouver à Beyrouth. Par contre, au Liban, il est encore possible de trouver de tels tarifs, comme à Baalbek (hôtel Jammal). Ces établissements disposent d'une salle de bains dans la chambre, de ventilateur, parfois de climatiseur et de télévision. Demandez à visiter une chambre, ne serait-ce que pour choisir une vue agréable et éviter de dormir avec les bruits de la rue. Le petit déjeuner est parfois en supplément.

La majorité des hôtels à Beyrouth offre des chambres à partir de 150 $. Pour éviter les surprises, il est conseillé de choisir les établissements récemment ouverts. Vous serez sûr que le mobilier est relativement neuf. Cependant, les prix, la qualité du service et du petit déjeuner ne sont pas forcément liés. Entre autres, l'accueil peut être désastreux dans un hôtel, qu'il fasse partie d'un réseau international ou pas.

Les hôtels internationaux sont également de plus en plus nombreux comme Rotana, Crowne Plaza, Ramada, Four Seasons, Holiday Inn. Ils pratiquent des prix variant de 130 à 300 $. Les produits d'exception sont les boutiques hôtels, comme l'hôtel Albergo ou la Villa Clara.

Chambres d'hôtes

- **Foyers et couvents.** Il est possible de dormir en chambre d'hôte dans des couvents ou des maisons d'accueil à des prix allant de 60 à 80 $ par personne (nuitée dans une chambre simple) et de 80 à 130 $ (chambre double), petit déjeuner compris. Plusieurs adresses sont disponibles : à Achrafieh, Batroun, Zahlé, Bécharré… Deux principaux sites regroupent les chambres d'hôte et guesthouses du Liban : www.hotelibanais.com et www.diyafa.org

Auberges de jeunesse

Le Liban compte des dizaines d'auberges. La Fédération libanaise des auberges de jeunesse (FLAJ) a été fondée en 1965. De 1977 à 1999, les activités sont interrompues. Depuis quelques années, le nombre d'auberges ne cesse de croître. C'est un excellent moyen de se loger à moindre coût pour des prestations très correctes. Vous ferez des rencontres très attachantes. La nuitée avec le petit déjeuner tourne autour de 30 000 LL par personne. Le site internet www.hihostels.com propose quelques adresses.

Campings

Le camping n'est pas très répandu au Liban et la plupart des adresses ont récemment fermé. Celui d'**Aamchit**, baptisé Camping Les Colombes, est toujours ouvert.

Contact ✆ (09) 622 401 – www.campinglescolombes.com

Tourisme rural - Agritourisme

On trouve certains gîtes dans la région de Batroun (Kfar Hata, Tannourine Tahta, Rachana, Bechtoudar) mais aussi à Ghbalé, Choueir et Beit Meri. Il s'agit d'anciennes maisons libanaises restaurées.

Bons plans

Si vous devez rester entre 15 jours et un mois au Liban, il y a aussi la possibilité de louer un appartement meublé à Beyrouth. Cela pourrait être plus rentable que de loger à l'hôtel. Il est impératif de négocier en fonction de la durée de votre séjour. Une multitude d'adresses aux prestations diverses se trouvent à Hamra. Les enseignes les plus récentes sont par contre très bien tenues. Ces produits s'adressent principalement aux étudiants. Il est plus aisé de trouver des places au cours de la saison estivale pendant que les cours font une pause. Voici une petite sélection des meilleures adresses :

Hamra

- **Beirut Homes** – www.beiruthome.com. Cette enseigne compte trois adresses : une à Sodeco ✆ (01) 422 030 et deux à Hamra ✆ (01) 735 832 – (03) 956 805.
- **Diva** ✆ (01) 754 700 – www.diva-house.com – Rue Makhoul. Uniquement pour les filles !
- **Elysée Résidence** ✆ (01) 744 850 – www.elyseeresidence.com – Rue Abdel Aziz.
- **Casa Lina** ✆ (01) 355 600 – www.casalinabeirut.com – Rue Makdissi.

Achrafieh

- **Park Tower Suites** ✆ (01) 333 314 – www.parktowersuites.com – Rue Zahar.

Se déplacer

Avion

Il n'existe pas de vols internes reliant les villes libanaises. Le pays ne compte qu'un seul aéroport public (celui de Beyrouth). Les deux autres aéroports (Riyak dans la plaine de la Bekaa et Klaiat au nord du pays) sont militaires.

Bateau

Bien que le Liban possède une longue façade maritime avec la Méditerranée, il n'existe aucune liaison en bateau entre les villes libanaises côtières. Les seules excursions en bateau possible sont au port d'El Mina à Tripoli pour visiter les îlots autour de l'île aux lapins. A Jbeil et à Saïda, quelques bateaux proposent des balades au large.

Bus

Plusieurs compagnies privées sillonnent les routes entre les grandes villes libanaises. Il n'est donc pas difficile de se déplacer en bus au Liban et à Beyrouth, à cela près que les arrêts sont parfois difficiles à identifier, que les horaires sont fantaisistes et que les quartiers excentrés ne sont pas toujours desservis. Faire du tourisme en bus nécessite donc un peu de temps et de débrouillardise, mais cela s'avère très économique et convivial.

A Beyrouth, des bus numérotés circulent tous les jours de 5h30 à 21h environ. Le prix du trajet est de 1 000 LL. Impossible de frauder : le chauffeur veille scrupuleusement à ce que chaque passager paye sa course en descendant. Il n'y a pas d'arrêt officiel, il suffit, comme pour les taxis-service, de se mettre au bord de la route et de héler le bus lors de son arrivée. Confirmez bien votre destination avec le chauffeur en montant. Idem pour descendre : indiquer au chauffeur l'endroit où vous souhaitez vous arrêter. Il n'y a pas d'horaires fixes non plus, mais en moyenne le bus passe toutes les 5 à 10 minutes. Les bus ne brillent pas par leur propreté, surtout en fin de journée mais ils restent un moyen de transport pittoresque, idéal pour s'immerger dans la société. De plus, les temps de trajet étant élastiques, vous pourrez en profiter pour engager la discussion avec votre voisin de banquette.

- **Voici le détail des lignes :**

Ligne 1 : Hamra-Khaldé. Ligne 2 : Hamra-Antelias. Ligne 4 : AUH-Choueifat. Ligne 5 : Ain Mreissé-Choueifat. Ligne 6 : Cola-Jbeil. Ligne 7 : Musée national-Bharsaf. Ligne 8 : AUH-Ain Saade. Ligne 9 : Barbir-Nahr el-Mott. Ligne 12 : Wardieh-Borj el-Brajné. Ligne 15 : Cola-Qmatiyé. Ligne 15 (bis) : Ain Mreissé-Dora. Parallèlement, il existe un réseau très important de mini-vans qui couvre bien les différents quartiers de Beyrouth et assurent les liaisons avec les principales villes libanaises. Ces sociétés privées suivent les lignes des bus officiels à Beyrouth. Ces vans d'une dizaine de places sont efficaces et ont la réputation d'avoir une conduite sportive.

Il y a quatre emplacements clés pour prendre le bus à partir de Beyrouth. Chacun dessert des régions spécifiques de Beyrouth et sa banlieue :

- **Gare routière du port « Charles Hélou » :** vers le nord de Beyrouth. La gare routière est divisée en 3 zones, la zone A pour la Syrie, la zone B pour Beyrouth et la zone C pour Jounieh, Jbeil et Tripoli.
- **Place Cola :** vers le sud et l'est ; aéroport – Baalbek – le Chouf – Tyr – Saïda.
- **Dora :** vers le nord ; Zouk Mkayel – Jounieh – Byblos (Jbeil) – Tripoli.
- **Musée national :** vers l'est ; Aley et Broummana, et vers Jbeil. Les tarifs varient en fonction des compagnies (publiques ou privées) et des trajets.

Train

Le réseau est hors d'usage depuis le début des années 1990. Au cours de la guerre civile, certaines voies étaient encore utilisées pour alimenter en fuel et essence les centrales électriques du pays. Mais le réseau a été très affecté par les quinze années de conflit. Désormais, les gares sont abandonnées ou en ruine, les voies ont été détruites et bitumées pour devenir des routes. Le site (www.afacliban.org) est très intéressant pour connaître l'histoire du rail au Liban.

Prix en bus entre Beyrouth et les autres villes libanaises

- **Beyrouth – Bécharré :** 7 000 LL
- **Beyrouth – Zahlé :** 5 000 LL
- **Beyrouth – Baalbek :** 7 000 LL
- **Beyrouth – Tyr :** 5 000 LL
- **Beyrouth – Tripoli :** 4 000 LL
- **Beyrouth – Beiteddine :** 4 000 LL
- **Beyrouth – Saida :** 2 000 LL

Voiture

La voiture est au Liban le principal moyen de transport, c'est pourquoi à toute heure de la journée, et notamment sur la côte, le trafic demeure très dense. La sortie nord de Beyrouth est l'un des axes les plus embouteillés de la ville de 8h à 9h30 puis de 14h à 15h30 (sortie des écoles) puis de 17h à 19h au cours de la semaine. Le samedi, le trafic s'intensifie à partir de 13h. Le dimanche, tous les axes vers Beyrouth sont très encombrés dès 16h.Bien que des travaux de réhabilitation du réseau routier améliorent sensiblement la qualité des revêtements, de nombreuses routes restent en mauvais état (mauvais marquages au sol, éclairages rarissimes, nids-de-poule, pierres...). C'est le cas des routes de montagne, étroites et sinueuses où le conducteur doit redoubler de vigilance.Autre particularité du réseau routier libanais : la présence de barrages de l'armée libanaise. Il convient de ralentir, d'ouvrir sa fenêtre et de saluer le militaire qui tient le poste ; la nuit, il suffit d'allumer sa lumière intérieure et de ralentir. Il est rare de devoir présenter ses papiers. La voiture permet de se déplacer en tout point du Liban de façon autonome. La prudence est cependant fortement recommandée. Le code de la route n'est pas vraiment respecté. Les feux et les panneaux de signalisation (sauf au centre-ville de Beyrouth) sont souvent absents. Il y a toujours un gendarme pas très loin pour s'assurer que les automobilistes les respectent.Les accidents de la route font plus de 900 victimes par an. L'augmentation des tués est liée à plusieurs facteurs : absence du port de la ceinture (pourtant obligatoire pour le conducteur et le passager mais peu respecté), absence de signalisation, mauvais entretien des routes et inconscience de certains automobilistes. Le marché libanais de la voiture est dominé par les voitures européennes et asiatiques. Les gros 4X4 sont également très prisés. Les voitures de plus 3 ans doivent annuellement effectuer un contrôle technique obligatoire. De plus, 39 361 véhicules particuliers neufs ont été vendus en 2015. Parmi les cinq premières marques demandées, on retrouve Kya, Suzuki, Toyota, Hyundai et Nissan.

Conduite. On conduit à droite comme en France, mais attention... car les Libanais sont des conducteurs sans vergogne, amoureux du risque et de la vitesse. Rouler à contresens, dépasser à droite, ignorer les clignotants, franchir la ligne continue (lorsqu'elle existe), klaxonner pour un rien, brûler la priorité, tout cela est couramment pratiqué. Pourtant, malgré l'indiscipline et la fantaisie des automobilistes, les accidents ne sont pas si fréquents. On s'habitue en fait assez rapidement à la conduite libanaise, mélange d'égoïsme, de culot et de sang-froid. Les permis de conduire français et internationaux sont ici valables pendant une durée de six mois, date au-delà de laquelle il vous faudra obtenir un permis local.

Code de la route. Bien que le code libanais soit inspiré du code de conduite français, les comportements au volant des autochtones ne manqueront pas de vous surprendre. Par ailleurs, les feux de signalisation ne fonctionnent pas souvent ou alors, ils ne sont pas respectés. Les carrefours présentent donc des images de chaos, d'automobilistes se croisant dans tous les sens, évitant de justesse l'accident, et réussissant quand même à forcer le passage. Aux carrefours les plus importants, vous trouverez quand même un gendarme essayant de mettre un peu d'ordre. C'est qu'ici l'anarchie obéit à un code implicite qui fonctionne finalement bien. Si vous ne vous sentez pas capable d'affronter ce désordre, mieux vaut vous faire conduire par quelqu'un du cru. Vous apprécierez ainsi mieux ce pays qui ballotte ses visiteurs entre angoisse et ravissement.

« Qui voyage au Liban, connaît, pendant les premiers jours, l'angoisse, la fragilité de l'existence. Sur les routes sinueuses de la montagne ou de la côte, les voitures foncent, se dépassent dans les virages, se frôlent de près au point que l'on croirait participer à un spectacle de « stock-cars » dont la règle serait d'éviter les autres véhicules à la dernière seconde. Le chauffeur libanais est un virtuose ; il joue du moindre véhicule comme d'un Stradivarius. » Max-Pol Fouchet, *Liban, lumière des siècles* (1967).

Signalisation. Les principaux axes autoroutiers et les sites touristiques sont très bien signalés. Les panneaux de signalisation sont généralement bilingues, arabe et français. Toutefois, il peut arriver que certains villages reculés soient uniquement signalés en arabe. Cela sera l'occasion de côtoyer la population locale qui sera ravie de vous indiquer votre chemin.

Essence. L'essence a été particulièrement bon marché au Liban jusqu'aux années 2000. Puis les taxes se sont multipliées et le prix du baril a flambé. Elle est vendue au gallon. 20 litres : 22 600 LL (juin 2016), 1 litre : 1 130 LL soit 0,67 €. Le Liban compte plus de 2 000 stations-service, les principaux réseaux sont Total, Coral, Wardieh, Cogico-Levant Oil, Medco, IPT, Falcon et Hypco. Spécificité libanaise, ce sont les employés qui remplissent votre réservoir.

Parking. Garer les voitures peut se révéler être un exercice de patience et de fin stratège. Bien que les règles régissant le stationnement soient très laxistes, le nombre de places disponibles à Beyrouth est limité, et il n'est pas rare de perdre du temps à se garer. Heureusement, il existe un nombre important de parkings à Beyrouth et dans les sites touristiques dont le prix varie de 2 000 à 5 000 LL. Habituez-vous également aux voituriers qui prendront soin de votre véhicule dès lors que vous fréquenterez les restaurants à la mode de la capitale.

En cas d'accident. En cas d'accident, il est d'usage de régler à l'amiable les accidents mineurs. Pour les accidents plus importants, il faut nommer un expert qui viendra établir la responsabilité de chacun.
Si vous avez loué une voiture, il est conseillé de téléphoner au loueur qui pourra vous aider.

Location de voitures

De nombreuses agences nationales et internationales proposent une gamme variée de véhicules. Pour louer une voiture, il faut être âgé de 21 ou de 23 ans (selon les agences) au minimum. L'été, il est conseillé de choisir des voitures climatisées afin d'améliorer votre confort dans les fréquents embouteillages. De plus, méfiez-vous pendant la saison estivale, les touristes en provenance du Golfe se ruent sur les voitures de location. Résultat, il est parfois difficile d'en trouver. Il est donc préférable de réserver à l'avance son véhicule. Les prix de location varient pour les catégories les moins chères autour de 50 $ par jour pour une location à kilométrage illimité. En négociant et en cherchant bien, vous pouvez trouver moins cher, mais les garanties ou assurances ne seront peut-être pas forcément au rendez-vous. Si vous souhaitez être accompagné d'un chauffeur, cela revient à environ 50 $ de plus. Il est possible de récupérer votre voiture de location dès l'aéroport international de Beyrouth Quelques agences (Hertz, Avis, Budget, National, City Car, Europcar...) ont un stand à votre disposition.Vous trouverez de nombreuses brochures à l'accueil de votre hôtel. Egalement, le guide des hôtels édité par le ministère du Tourisme recense, avec leurs adresses et leurs numéros de téléphone, plus de 100 compagnies de location. Vous aurez l'embarras du choix.

ALAMO

✆ 08 05 54 25 10 – www.alamo.fr

Avec plus de 40 ans d'expérience, Alamo possède actuellement plus de 1 million de véhicules au service de 15 millions de voyageurs chaque année, répartis dans 1 248 agences implantées dans 43 pays. Des tarifs spécifiques sont proposés, comme Alamo Gold aux États-Unis et au Canada, le forfait de location de voiture tout compris incluant le GPS, les assurances, les taxes, les frais d'aéroport, un plein d'essence et les conducteurs supplémentaires. Alamo met tout en œuvre pour une location de voiture sans souci.

AUTO EUROPE

✆ 08 00 94 05 57
www.autoeurope.fr
reservations@autoeurope.fr

Auto Europe négocie toute l'année des tarifs privilégiés auprès des loueurs internationaux et locaux afin de proposer à ses clients des prix compétitifs. Les conditions Auto Europe : le kilométrage illimité, les assurances et taxes incluses à tout petits prix et des surclassements gratuits pour certaines destinations. Vous pouvez récupérer ou laisser votre véhicule à l'aéroport ou en ville.

AVIS

✆ 08 21 23 07 60 / 09 77 40 32 32
www.avis.fr

Avis est un loueur de voiture. Mais pas seulement ! Au-delà de la seule location de voiture, les agents d'Avis, présents dans 165 pays, conseillent et renseignent sur le choix du véhicule, sur les services, les accessoires... De la simple réservation d'une journée à plus d'une semaine, Avis s'engage sur plusieurs critères, sans doute les plus importants. Proposition d'assurance, large choix de véhicules de l'économique au prestige (petites citadines, berlines équipées, 4x4, cabriolets, minibus, prestige etc.) avec un système de réservation rapide et efficace.

BSP AUTO

France
✆ 01 43 46 20 74
www.bsp-auto.com

Ouvert du lundi au vendredi de 9h à 21h30, le week-end de 9h à 20h. Location de voitures sur votre ordinateur.

Ce prestataire vous assure les meilleurs tarifs de location de véhicules auprès des grands loueurs dans les gares, aéroports et centres-villes. A Angers il est présent sur 4 agences : Aéroport, Beaucouzé, Angers-centre et Angers-gare. Les tarifs comprennent toujours le kilométrage illimité et les assurances. Les bonus BSP : réservez dès maintenant et payez seulement 5 jours avant la prise de votre véhicule, pas de frais de dossier ni d'annulation, la moins chère des options zéro franchise.

BUDGET

✆ 08 25 00 35 64 – www.budget.fr

Budget possède de multiples agences à travers le monde. Les réservations peuvent se faire sur leur site, qui propose également des promotions temporaires. En agence, vous trouverez le véhicule de la catégorie choisie (citadine, ludospace économique ou monospace familial...) avec un faible kilométrage et équipé des options réservées (sièges bébé, porte-skis, GPS...).

DÉGRIFAUTO
✆ 01 84 88 49 14 – www.degrifauto.fr
DégrifAuto est spécialisé dans la location de voitures à prix dégriffés, partout dans le monde.

HERTZ
✆ 01 39 38 38 38 – www.hertz.com
Vous pouvez obtenir différentes réductions si vous possédez la carte Hertz ou celle d'un partenaire Hertz. Le prix de la location comprend un kilométrage illimité, des assurances en option ainsi que des frais si vous êtes jeune conducteur. Toutes les gammes de voitures sont représentées.

HOLIDAY AUTOS
✆ 09 75 18 70 59
www.holidayautos.fr
Avec plus de 4 500 stations dans 87 pays, Holiday Autos offre une large gamme de véhicules allant de la petite voiture économique au grand break. Ses fournisseurs sont des grandes marques telles que Avis, Citer, Sixt, Europcar, etc. Holiday Autos dispose également de voitures plus ludiques telles que les 4x4 et les décapotables.

TRAVELERCAR
✆ 01 73 79 27 21
www.travelercar.com
contact@travelercar.com
Service disponible aux aéroports de Roissy-CDG, Orly, Beauvais et Lyon St-Exupéry.
Agir en éco-responsable tout en mutualisant l'usage des véhicules durant les vacances, c'est le principe de cette plateforme d'économie du partage, qui s'occupe de tout (prise en charge de votre voiture sur un parking de l'aéroport de départ, mise en ligne, gestion et location de celle-ci à un particulier, assurance et remise du véhicule à l'aéroport le jour de votre retour, etc.). S'il n'est pas loué, ce service vous permet de vous rendre à l'aéroport et d'en repartir sans passer par la case transports en commun ou taxi, sans payer le parking pour la période de votre déplacement ! Location de voiture également, à des tarifs souvent avantageux par rapport aux loueurs habituels.

Taxi

Si vous prenez un taxi ou un taxi-service pour vous seul dans la rue, vous paierez 10 000 LL pour un trajet à Beyrouth. Les taxis ne sont pas équipés de compteur. A vous de négocier la course avant de monter dans la voiture. Depuis ou vers l'aéroport, il faut compter environ 15 à 20 dollars. Si vous souhaitez commander un taxi privé, il faudra demander le prix de la course à la compagnie lors de votre appel. Voici les coordonnées de quelques agences beyrouthines qui sont fiables et sérieuses. Les chauffeurs sont ponctuels et les véhicules sont propres.

Taxis-service. Le nom peut prêter à confusion. Les taxis-service sont le moyen de transport le plus populaire à Beyrouth. Vous les reconnaîtrez grâce à leur plaque d'immatriculation rouge et, parfois, à leur luminaire jaune placé sur le toit. Le principe : chaque passager paye sa place. Ces voitures – qui sont souvent de vieilles Mercedes colorées – desservent tous les quartiers de Beyrouth et les principales destinations dans tout le Liban. Pour les emprunter, il suffit de se mettre au bord de la route : tous les taxis-service s'arrêteront – quand bien même vous n'attendez que pour traverser – et vous klaxonneront pour vous demander où vous voulez aller. Il est impératif de préciser que vous souhaitez prendre un « service », surtout s'il n'y a pas d'autres passagers, sinon vous risquez de payer le prix fort, soit l'équivalent du prix pour 5 personnes. Le chauffeur vous acceptera en fonction du trafic, de son circuit et des clients déjà présents dans la voiture. Si le chauffeur ne comprend pas le nom de votre destination, demandez à un passant francophone ou anglophone de vous aider, il lui indiquera l'endroit où vous désirez aller. Un conseil, pour indiquer votre destination, préférez le nom d'un hôtel ou d'un bâtiment public ou religieux connu, ce sera plus simple. Ne soyez pas surpris car certains chauffeurs ne connaissent pas les noms de toutes les rues. Pour accéder à la vieille ville en taxi-service, vous pouvez indiquer au chauffeur : Solidere ou Downtown.Les taxis-service ne vous déposent pas exactement à l'adresse voulue, ils préfèrent des axes fréquentés ou des places importantes. Néanmoins, une balade en taxi-service peut offrir des moments très sympas pendant lesquels vous pourrez discuter avec les autres passagers ou avec le chauffeur (si celui-ci est honnête). Le trajet peut être lent. Il peut y avoir des embouteillages, le conducteur peut s'arrêter tous les 10 mètres pour solliciter un nouveau client ou alors faire un détour pour déposer un passager. Mais cela vous permettra de découvrir Beyrouth.La grande majorité des chauffeurs ne parle pas le français mais avec quelques mots d'anglais, la discussion est possible. Il faut compter 2 000 LL par personne pour une course à Beyrouth en fonction du trajet effectué. Mais le trajet passe à 3 000-4 000 LL si vous voulez vous rendre, par exemple, de Hamra à Dora ou de Hamra au cœur d'Achrafieh. Si la discussion devient interminable, soyez patient et attendez le deuxième ou le troisième véhicule. Il y en aura toujours un pour accepter votre demande. Il est impératif de clarifier le prix 2 000 LL, ou plus si le trajet est loin, avant de monter dans le taxi-service. Les chauffeurs ne vont pas hésiter une seconde pour essayer de vous arnaquer. Ils le font avec les locaux, pourquoi pas avec des touristes !

Deux-roues

Moto. Il est possible de circuler en moto au Liban mais à vos risques et périls ! Les grosses cylindrées sont rares. Par contre, les rues de la capitale comptent un nombre important de scooters. Moyen de transport rapide et facile, il est surtout utilisé par les services de livraison des restaurants.

Vélo. Il est possible de faire du vélo à Beyrouth et au Liban. Il existe quelques rares endroits où vous pourrez louer des vélos. La géographie et l'état des routes – tout autant que la pollution et le trafic intense – risquent cependant de décourager les plus valeureux. De plus, il n'est pas très aisé de se promener à vélo dans les rues de Beyrouth. L'irrespect des automobilistes, la présence de voitures en double file, la circulation chaotique ne facilitent pas la balade. Généralement, les gens qui louent un vélo limitent leur déplacement au périmètre du centre-ville et de la corniche qui offre un environnement plus sécurisé pour les cyclistes.

BEIRUT BY BIKE
Ain el Mreissé
BEYROUTH
✆ +961 3 435 524
www.beirutbybike.com
en face du restaurant Casablanca
Ouvert de 7h à minuit (jusqu'à 22h le dimanche). Les tarifs sont de 7 000 LL pour une heure et 40 000 LL pour la journée.
Beirut by Bike a également un stand dans le centre-ville à proximité du centre de conférence BIEL.

Auto-stop

Le stop n'est pas spécialement répandu au Liban. Il est inexistant à Beyrouth. Il y a assez de taxis-service et de vans privés pour vous amener à destination. Parfois, dans certaines régions reculées du pays, les Libanais essayent d'attraper une voiture en chemin mais cela reste rare. Mais les Libanais sont accueillants et s'ils comprennent que vous avez besoin d'aide, ils seront prêts à vous aider. Toutefois, nous déconseillons fortement ce type de transport pour éviter les malentendus, spécialement si vous êtes une femme.

A pied

Hormis quelques quartiers récents et bien aménagés (centre-ville, corniche, Zaitounay Bay...) et quelques rues commerçantes à Hamra, Beyrouth n'est pas une ville particulièrement adaptée à la marche. Seuls les touristes se prêtent à cet exercice de funambule puisque les trottoirs sont souvent défectueux et il n'y aucune réglementation favorable pour les piétons. Il faut donc être prudent, équipé d'une bonne paire de chaussures et être alerte ! La balade à pied permet toutefois de plonger plus amplement dans l'ambiance de la ville, de goûter au plaisir de l'imprévu et de rencontrer des personnes sur votre chemin. Les autres villes du Liban peuvent aisément se visiter à pied, notamment les villes historiques comme Tyr, Saïda, Byblos et Tripoli qui possèdent des rues piétonnes ou des souks.
En dehors des villes, les sentiers de montagne ne sont pas vraiment balisés et il est donc recommandé de s'adresser aux différentes associations/clubs pour s'aventurer dans les montagnes et à l'intérieur des terres. Ceux qui arpenteront la vallée de la Kadisha, le Akkar ou le Chouf, seront récompensés par des rencontres inattendues et de magnifiques paysages.

Visiter les pays voisins

Le Liban est un petit pays et les touristes ont longtemps profité de leur séjour pour visiter les pays voisins, et notamment la Syrie. Nul besoin de dire que depuis le début de la crise syrienne en 2011, il est strictement interdit de passer la frontière. Seuls les transferts par avion vers la Jordanie sont désormais possibles.

De et vers la Jordanie

Transports. Depuis le début de la guerre en Syrie, il n'est plus possible de traverser le pays pour rejoindre la Jordanie par la route. La seule façon de rejoindre Amman est donc désormais l'avion. Plusieurs vols quotidiens assurent la liaison entre Beyrouth et Amman. Il faut compter environ 1h de vol direct avec les compagnies MEA ou Royal Jordanian. L'aller-retour coûte en moyenne 200 €.

Formalités. Un visa touristique est obligatoire pour entrer sur le territoire jordanien. Il vous sera délivré à votre arrivée à l'aéroport d'Amman (37 €).

De et vers Israël et les territoires palestiniens

Aujourd'hui, il est impossible de se rendre en Israël via la frontière libano-israélienne. Elle est fermée. N'oubliez pas que toute trace de séjour en Israël sur votre passeport vous interdira l'entrée au Liban et en Syrie. Il faut faire apposer le tampon israélien sur une feuille volante.

Panorama sur Deir el-Qamar.

DÉCOUVERTE

LE LIBAN EN 40 MOTS-CLÉS

Arak

Boisson nationale du Liban et très répandue dans le Moyen-Orient, l'arak est sans doute le cousin de notre pastis marseillais. Fabriqué à base de vin distillé, l'arak est ensuite parfumé avec de l'anis. Il se boit frais, dilué dans de l'eau. C'est aussi le meilleur complément de la cuisine libanaise et de ses délicieux mezzés.

Bakchich

Un pourboire raisonnable est toujours le bienvenu pour divers services rendus. Au restaurant, il est d'usage de laisser un petit quelque chose au serveur (environ 10 % de l'addition), bien que le service soit compris. Pour les clients, c'est une question de prestige, dans ce pays où l'image publique de chacun est importante. Ne vous laissez cependant pas impressionner par cette coutume qui prend parfois des allures ostentatoires. Même si vous vous contentez d'adresser au maître d'hôtel un grand sourire en guise de remerciement, il vous servira aimablement la fois suivante.

Café turc

Vous n'allez pas y échapper. En fonction de vos rencontres, un café vous sera proposé. Il faut accepter de peur de contrarier votre interlocuteur. Précisez au préalable si vous le souhaitez sans sucre (*bala seccar*) ou moyennement sucré (*wasat*).

Cèdre

Emblème national du Liban, le cèdre est malheureusement une espèce en voie de disparition. Conifère de la famille des abiétinées, sa taille peut atteindre 40 m de haut et son tronc peut avoir une circonférence de plus de 15 m. Il peut vivre jusqu'à 3 000 ans. Aujourd'hui, on compte à peine 800 ha de cèdres soit 10 % de la forêt libanaise. Les plus belles cédraies se trouvent à Becharré qui compterait deux arbres trimillénaires, à Ehden, à Hadeth el-Joubbé avec 6 000 cèdres, à Aïn Zhalta et à Jabal Barouk.

Centre-ville de Beyrouth

Passage obligatoire des circuits touristiques, vitrine d'un nouveau Liban, quartier résidentiel

Municipalité de Beyrouth.

© DIAK – SHUTTERSTOCK.COM

Cèdre du Liban.

haut de gamme, plus forte concentration de grues de construction de la capitale, le centre-ville de Beyrouth est une véritable attraction. Rénové depuis la fin des années 1990 par une société foncière, Solidere, il se démarque du reste de la ville avec ses trottoirs uniformes, ses jardins et bancs publics, ses rues piétonnes, ses espaces verts et ses vigiles à chaque coin de rue. Siège des institutions publiques libanaises (Parlement, municipalité...), il est hautement surveillé et son accès est parfois partiellement bloqué lorsque la sécurité du pays est menacée.

Chirurgie esthétique

Les interventions chirurgicales enregistrées au Liban sont en constante progression. Le pays occupe une place dominante sur l'échiquier régional en matière de tourisme médical. La clientèle étrangère représente 30 à 35 % de l'activité. Au hit-parade des opérations : liposuccion et rhinoplastie, augmentation mammaire et lifting. Plus de 90 % des opérations sont pratiquées sur des femmes qui sont également adeptes des injections (contre les rides, volume des joues et des lèvres) et des traitements au laser.

Cigares

Le Liban est loin d'être un pays de production de cigares. Pourtant, les Libanais en sont amoureux. Le pays se classe au sixième rang mondial au niveau des ventes. Accessoire à la mode, signe de richesse et de standing, le cigare est tendance dans certains milieux beyrouthins. Parmi les meilleures enseignes du marché, La Casa del Habano compte plusieurs points de vente à Beyrouth.

Code de la route

Les Libanais appliquent un Code de la route très spécifique. Vous allez très vite remarquer que l'usage du klaxon est totalement généralisé voire indispensable pour circuler. A défaut d'utiliser le clignotant, les chauffeurs ont l'habitude de tendre le bras pour prévenir qu'ils tournent à gauche ou qu'ils s'arrêtent. Aussi, pour prévenir que le conducteur se prépare à effectuer un créneau, celui-ci lève sa main à travers la fenêtre en joignant les doigts, ce code permettra au véhicule de derrière de ne pas le coller. Vous serez par ailleurs surpris de voir le nombre de personnes qui conduisent avec leur jeune enfant sur les genoux, pratique particulièrement dangereuse.

Déchets

Depuis l'été 2015, le Liban est frappé par une crise des déchets sans précédent. Suite à la fermeture de la principale décharge du pays, située à Naamé au sud de Beyrouth, pour cause de saturation, des tonnes de déchets se sont accumulées sur les trottoirs de la capitale et dans la région du Mont-Liban. Sans solution durable à proposer, le gouvernement a adopté un plan de gestion de crise d'urgence en mars 2016 qui prévoit la réouverture temporaire de la décharge de Naamé et l'ouverture de deux nouvelles décharges. Vous serez frappé, lors de vos déplacements en dehors de Beyrouth, par les amas de déchets le long des routes, sous les ponts et même sur les plages du pays. Un véritable désastre écologique.

Dénomination des lieux

Rond-point Cola, carrefour Chevrolet, montée Berty, place Tabaris, carrefour Sultan Ibrahim, intersection Abou Taleb, carrefour Cocody, quartier Yazbek... De nombreuses enseignes commerciales (pharmacie, épicerie, hôtel, garage automobile, restaurant, café, galerie de meubles, etc.) sont aujourd'hui utilisées par la population pour désigner tel ou tel carrefour, quartier ou rue de Beyrouth. Ces dénominations non officielles sont tellement ancrées dans la mémoire de la population que certaines sont désormais inscrites sur les panneaux de signalisation posés par la municipalité. Parmi ces enseignes, certains établissements (usine Cola, garage Chevrolet, discothèque Tabaris, restaurants Sultan Ibrahim et Cocody, café Yazbek) sont fermés depuis plus de 30 ans. En cause : l'absence de planification urbaine et de dénomination des rues de la ville, notamment après la guerre civile.

Dollar

« Il est à combien aujourd'hui ? ». Dès 1984, date du début de la « dollarisation » du marché libanais, faisant suite au durcissement de la crise économique, ce fut une question récurrente au Liban. A partir de cette période, le dollar a atteint des sommets inégalés, et la valse des étiquettes a fait du pouvoir d'achat des Libanais une peau de chagrin. Un même article changeait de prix trois fois par semaine.
Aujourd'hui, la spéculation s'est un peu calmée. Le dollar se maintient depuis plusieurs années autour de la barre des 1 500 LL. Les prix ont un semblant de stabilité mais tout est calculé sur la base du dollar américain. Pour changer ses dollars, il vaut mieux s'adresser à un bureau de change officiel. N'hésitez pas à comparer les taux d'un changeur à un autre. Rue Hamra, ils sont concentrés dans un petit périmètre.

Épicerie

Une rue peut avoir plusieurs épiceries parfois l'une à côté de l'autre ou face à face. Leur rayon de chalandise reste évidemment limité et se résume à quelques immeubles, voire un îlot résidentiel. Culturellement ancré dans les habitudes, ce commerce de proximité est particulièrement apprécié des Libanais. Lieu de ravitaillement mais aussi de convivialité et d'échanges, les épiceries de quartier ne semblent pas encore trop affectées par le boom de la grande distribution. Elles ont des horaires souples et peuvent rester ouvertes tard le soir. L'épicier livre même à domicile.

Français

Les Français ont généralement une bonne cote auprès des Libanais. Chacun vous racontera qu'il a un frère, une sœur ou un cousin qui vit en France.

Haschisch

Le haschisch libanais – herbe en arabe – est cultivé dans la plaine de la Bekaa et plus spécialement au nord, dans les régions reculées du Hermel. En 1988, on répertoriait 25 000 hectares de cannabis et 9 000 hectares de pavot. Ce dernier a été introduit en 1983 au Liban. Au début des années 90, les autorités libanaises en collaboration avec l'armée syrienne avaient détruit la quasi-totalité des parcelles de haschisch. On proposa alors aux paysans des cultures de substitution : pommes de terre, tabacs ou tomates. Mais sans réel succès. La crise économique locale a incité les paysans à revenir à la culture du cannabis plus lucrative. Une campagne de destruction des plantations a été entreprise au début des années 2000, encore sans réel succès. Le haschisch a fait un retour en force dans le pays en 2007, année de production record. Les autorités estiment qu'environ 7 500 hectares de cannabis ont été semés en 2007, la plus grande surface depuis la fin de la guerre civile.
Les infractions à la loi sur les stupéfiants, y compris la détention de quantités minimes de drogue quelle qu'elle soit, sont passibles de lourdes peines de prison. La surveillance à l'aéroport a été renforcée.

Heure libanaise

Etre régulièrement en retard à ses rendez-vous est une malheureuse habitude locale. Il faut dire que dans un pays où les embouteillages sont nombreux, il est parfois difficile d'être tout à fait à l'heure.
Par ailleurs, la notion orientale du temps est très différente de la conception européenne. La signification de « demain » signifierait davantage « dans un futur proche » que « le jour après aujourd'hui »... Mais si les choses sont fréquemment remises au lendemain, elles finissent par se faire quand même. Ce n'est pas parce que vous avez du mal à joindre quelqu'un qu'il vous fuit, ou que votre travail commun ne se fera pas. Il faut s'armer de patience et savoir que, Inch'Allah, ce que vous n'avez pas réussi aujourd'hui marchera mieux demain.

Inch'Allah

« Si Dieu le veut » est une expression consacrée dans le monde arabe. Au Liban, elle était de rigueur pendant la guerre, quand tout projet pouvait être anéanti par un bombardement soudain. Aujourd'hui, elle est utilisée tous azimuts, dans un pays où le fatalisme sert à justifier un dilettantisme exaspérant.

Klaxon

L'usage du klaxon au Liban est maladif. Les automobilistes l'utilisent à outrance, pour un rien et à toute heure. S'il est un accessoire indispensable pour les taxis-service qui appellent ainsi un éventuel client, les klaxons résonnent pendant les embouteillages, quand quelqu'un fait un créneau (il prend trop de temps !), quand devant une voiture le feu passe au vert. On raconte avec humour que la « micro-seconde » au Liban est le temps qui sépare le passage du feu au vert et le premier coup de klaxon.

Libanais dans le monde

La présence libanaise dans le monde (on parle de plus de 10 millions de personnes) est considérable. Les premiers expatriés libanais datent de la fin du XIXe siècle. Fuyant la misère des campagnes, ils ont débarqué après des jours de bateau en Amérique centrale et du Sud. Aujourd'hui, la communauté libanaise est essentiellement présente dans les pays du Golfe (Arabie saoudite, Emirats arabes unis), en Europe (France, Allemagne), en Afrique (Côte d'Ivoire, Nigeria, Ghana), en Amérique (Canada, Etats-Unis, Brésil, Venezuela, Colombie, Argentine) et en Australie.
Beaucoup d'expatriés envoient de l'argent à leur famille au Liban. Plus de 7 milliards de dollars ont ainsi été transférés en 2015, ce qui représente près de 15 % du PIB.
L'émigration des Libanais reste importante. La crise économique et l'insécurité de ces dernières années poussent les jeunes diplômés à chercher du travail ailleurs. Selon certaines études, le Liban a perdu annuellement près de 50 000 personnes entre 2008 et 2011. Après la guerre de l'été 2006, près de 120 000 jeunes libanais auraient émigré en l'espace de 12 mois.

Littoral

Le Liban a plus de 200 km de côte. Malheureusement, vous allez rapidement le constater, les bords de mer sont particulièrement mal entretenus. On est souvent outré de voir les détritus sur les plages et l'indifférence des autorités. Les touristes (surtout européens) sont les premiers à manifester leur déception de voir ce littoral si sale. Plusieurs ONG et associations, comme Bahr Loubnan, tentent de sensibiliser la population, sans grand succès pour le moment.

Look

Très important au Liban, où il définit encore plus qu'ailleurs le profil socio-professionnel auquel son propriétaire prétend. Le Libanais aime la mode et l'élégance. Il prête également une attention toute particulière à son image à travers sa voiture, son téléphone portable, sa montre, etc.

Luxe

Après un passage au centre-ville de Beyrouth, vous serez surpris par le nombre de boutiques de luxe, principalement des franchises internationales. Depuis les années 2000, les enseignes Hermès, Louis Vuitton, Chanel, Marc Jacobs, JM Weston, Cartier, Rolex, Burberry, Hugo Boss, Yves Saint Laurent sont venues s'ajouter à la liste des points de vente haut de gamme du centre-ville.

Main-d'œuvre étrangère

La grande majorité des employées de maison au Liban est asiatique (Philippines, Sri Lanka, Inde). Leur condition de vie est contrastée. Certaines sont traitées avec respect mais dans des cas extrêmes, leur employeur ne leur accorde que peu de considération. On parle parfois de maltraitance et d'esclavage. On estime que près de 130 000 femmes étrangères travaillent comme employées de maison au Liban.

Mendicité

La mendicité a toujours été très faible dans la capitale libanaise. Hormis quelques enfants manipulés par des groupes organisés que l'on croisait dans les rues de Hamra, il était extrêmement rare de se voir demander de l'argent dans les autres quartiers de la ville. Une situation qui a toutefois beaucoup évolué depuis le début de la crise syrienne et l'afflux massif de réfugiés qui n'ont souvent d'autres choix que de mendier pour subvenir à leurs besoins.

Milliardaire

Sept Libanais figurent dans le classement annuel 2016 des milliardaires dans le monde, réalisé par le magazine *Forbes*. L'ancien Premier ministre Nagib Mikati et son frère Taha occupent la 688e place avec chacun une fortune estimée à 2,5 milliards de dollars. Les Mikati sont notamment actifs dans le domaine de la téléphonie mobile, l'exploitation pétrolière et l'immobilier. L'homme politique et d'affaires Rafic Hariri était, avant son assassinat en février 2005, le Libanais le plus riche du pays. Aujourd'hui, la fortune de ses fils Bahaa, Saad, Ayman et Fahed est estimée à 6 milliards de dollars. La famille Hariri a des participations dans plusieurs banques libanaises et européennes. Elle est active dans la construction avec le groupe Oger, les médias, la téléphonie mobile et possède de multiples biens immobiliers au Liban et dans le monde. Le joaillier Robert Mouawad se positionne, quant à lui, à la 1 198e place du classement avec 1,5 milliard de dollars.

Narguilé

« J'ai retrouvé le café dont on assure qu'il est le plus ancien de la ville. A l'intérieur, il abrite toujours des fumeurs de narguilé (ndlr, pipe à eau) et des joueurs invétérés, ceux qui tapent la carte à longueur de journée ou méditent devant un jacquet. Aussi longtemps que je verrai des narguilés, une certaine confiance ne me quittera pas. Ces fumeurs ressemblent à l'enfant qui tète. Le tuyau défie le temps, l'empêche de filer comme sur une autoroute, sa courbe ralentit la vie. Encore un instant de volute, monsieur le bourreau... Encore un songe de fumée. » Max-Pol Fouchet, *Liban, lumière des siècles.*

Le narguilé fait partie des plaisirs de l'Orient. Partagé entre amis, entre hommes ou femmes, il se savoure lentement pendant ou après un repas. Il existe plusieurs sortes de tabac, parfumé ou non dont la douceur accompagne les discussions pendant de longues heures. Phénomène de mode, de plus en plus de cafés-narguilé ont ouvert à Beyrouth et dans les grandes villes du pays.

Non

Les Libanais et surtout les chauffeurs de taxi ont une manière très particulière pour dire non : un petit coup de la tête ou des sourcils vers le ciel, très discret, donc quasiment incompréhensible pour celui qui ne sait pas, et qui peut être pris pour un signe de dédain. Mais non, c'est juste un refus !

Réfugiés

Selon les chiffres publiés par l'UNRWA en 2015, environ 270 000 Palestiniens résident au Liban dont 63 % à l'intérieur des 12 camps officiels. Le plus important est le camp d'Aïn el-Héloué à Saïda, qui rassemble 15 % des réfugiés. L'arrivée des Palestiniens au Liban a commencé dès 1948. Aujourd'hui, la majorité circule munie d'une carte de réfugiés émise par le ministère de l'Intérieur. En revanche, une minorité, surtout des Palestiniens chrétiens, a acquis la nationalité libanaise. Depuis le début de la crise syrienne, en mars 2011, plus d'1,3 millions de réfugiés syriens ont rejoint le territoire libanais, auxquels s'ajoutent plus de 40 000 Palestiniens en provenance de Syrie.

Panier

Il n'est pas rare de voir dans certaines rues résidentielles des paniers accrochés à une corde faire l'ascenseur le long des façades des immeubles. Le principe est simple. De son balcon, une résidente appelle l'épicier en bas de chez elle. Elle fait descendre son panier avec de l'argent à l'intérieur. L'épicier dépose la commande dans le panier qui remonte à son point de départ.

Pâques

Les fêtes de Pâques sont célébrées à deux reprises et à une semaine d'intervalle – une fois par les catholiques, une autre par les orthodoxes. Elles sont précédées évidemment du carême qui débute ici au lendemain du Mardi gras, surnommé au Liban « khamiss el señorita », le jeudi de l'ivresse, où un repas gargantuesque vient compenser les privations futures. Toutefois, si de nombreux chrétiens respectent les fêtes religieuses, l'allure de la ville ne s'en trouve pas modifiée. Le jour des Rameaux, commémorant l'entrée de Jésus-Christ à Jérusalem, reste cependant l'occasion de grandes processions où les enfants, dans leurs plus beaux habits, portent de longs cierges décorés de rubans et suivent un prêtre brandissant des branches d'olivier. La Pâque catholique se situe entre le 22 mars et le 25 avril, suivant la pleine lune de l'équinoxe du printemps. Les églises sont pleines, il faut dire qu'elles sont très fréquentées au Liban. C'est également le moment de déguster des pâtisseries libanaises.

Patrimoine mondial

Cinq sites libanais sont classés parmi le patrimoine mondial de l'Unesco : Anjar et sa cité de la dynastie des Omeyyades, la cité du dieu Soleil de Baalbek, Byblos considérée comme l'une des plus anciennes villes du monde, les ruines de Tyr et la vallée de la Kadisha.

Piraterie

Le Liban fait partie des pays où la piraterie occupe une grand place dans l'économie. Plus de 1 000 câblo-opérateurs retransmettent des programmes satellitaires sans autorisation à plus de 70 % de la population. 80 % des DVD et 70 % des CD en circulation sont des copies illégales. La piraterie touche également les logiciels informatiques.

Plages publiques

Le Liban compte très peu de plages publiques. Sales et non surveillées, elles sont souvent fréquentées par les classes pauvres de la population, l'élite préférant les plages privées où l'entrée est environ à 20 $. Il est toutefois possible de se baigner dans certaines régions du Liban, notamment sur la plage publique de Tyr et sur celle de Byblos, et dans la région de Batroun et Enfeh.

Ramadan

Pendant le mois du ramadan – déterminé en fonction de la lune – le rythme de vie, dans les quartiers résidentiels à majorité musulmane, est quelque peu modifié. Les fidèles s'abstiennent de manger, de boire, de fumer et de toucher une personne du sexe opposé, du lever au coucher du soleil. Le moindre écart rompt le jeûne. Celui-ci ne dispense pas des activités professionnelles. Si vous vous promenez dans les quartiers concernés par le jeûne et au-dessus desquels flottent des calicots chantant les louanges de ce mois béni, abstenez-vous de manger quoi que ce soit en pleine rue. Par contre, le soir, vous serez sûrement invité à un iftar, par l'une des relations nouées au cours du voyage. L'iftar – repas du soir à la fin d'une journée de jeûne – est annoncé par le chant du muezzin qui monte dans la ville. Les familles se retrouvent autour d'un repas généreux. Si l'iftar clôture la journée, le souhour, de son côté, précède le lever du soleil. Pour l'annoncer, un moussaher sillonne les rues, en battant son tambour afin de réveiller la population en vue du repas de l'aube qui donnera des forces pour la prochaine journée de jeûne. La fin du ramadan est marquée par la fête du Al-fitr.

Ski

Skier le matin et se baigner l'après-midi est l'un des clichés les plus connus du tourisme au Liban. Le pays compte plusieurs stations de sports d'hiver, souvent méconnues des Européens. Le domaine skiable comprend plusieurs stations (Les Cèdres, Faraya, Laklouk, Zaarour...). Leur capacité totale est estimée à 20 000 skieurs par jour. Aujourd'hui, le nombre de skieurs au Liban est limité à environ 30 000 personnes qui s'adonnent à la glisse au cours d'une saison réduite de 120 jours. Avec 80 km de piste, Faraya est la station la plus connue et la plus fréquentée. La station la plus ancienne est Les Cèdres, fondée dans les années 1930 par les Français.

Souk

Dédale de ruelles marchandes, le souk est un lieu envoûtant. Animé dès les premières lueurs du jour, l'odeur des épices se mêle à celle de la viande qui pend au bout d'un croc devant l'échoppe. Espace public d'échanges, de convivialité et de sociabilité, les souks sont à l'image de la société très contrastée. Une cordonnerie de 3 m^2 peut côtoyer une bijouterie rutilante et parfaitement climatisée. Depuis la guerre, Beyrouth n'a plus aucun espace soukier. Les souks (Tawilé, Sursock, Ayass, Bazerkane) ont été détruits. Le nouveau centre commercial, Les Souks de Beyrouth, au centre-ville reprend uniquement une partie du tracé ancien. Mais ni les enseignes, ni l'architecture, ni l'esprit n'ont été gardés. Heureusement, Tripoli a gardé ses souks. Ce sont les plus animés du Liban. A moindre échelle, on peut également visiter les souks de Saïda, Tyr et Baalbek.

Supermarché

Depuis la fin des années 1990, la grande distribution a fait une percée spectaculaire au Liban. Le marché compte deux enseignes étrangères : le koweïtien TSC et l'enseigne basée à Dubaï, Spinneys. Les supermarchés locaux (Bou Khalil, Le Charcutier Aoun, Coop, Metro, Fahed) résistent très bien. L'agglomération beyrouthine compte plus de 70 hypermarchés et supermarchés. A chaque caisse, des personnes se chargent de ranger vos achats dans des sacs puis de les déposer dans votre voiture. Ce service est très utilisé des clients qui donnent en moyenne 1 000 LL pour le porteur.

Taxis

Ils sont repérables à 200 m : plaque d'immatriculation rouge, usage intempestif du klaxon, une fâcheuse habitude de se rabattre au dernier moment à droite. Au Liban, le klaxon est devenu un langage : il sert à attirer l'attention des passants, il exprime la colère, la nervosité, la joie.

DÉCOUVERTE

Piste de ski de Faraya au Liban.

Pendant la guerre, certains chauffeurs, réels kamikazes, s'étaient même spécialisés dans la traversée de la ligne de démarcation. Devenus experts en formalités d'obtention des laissez-passer auprès des différentes milices qui contrôlaient le terrain, les chauffeurs de taxi ont souvent été de précieux auxiliaires pour les reporters de guerre.

Université

Le Liban compte plusieurs universités parfois très bien cotées à l'échelle régionale. Les plus prestigieuses et les plus anciennes sont privées : l'université américaine de Beyrouth (AUB) avec plus de 7 000 étudiants et l'université Saint-Joseph (USJ) avec près de 11 000 inscrits. Les autres établissements sont : l'Université arabe de Beyrouth, LAU, USEK, NDU et Balamand.

Valet parking

Un grand nombre de restaurants, de cafés et de boutiques comptent des valets parking devant leur entrée. Même Mc Donald's s'y est mis ! Cette pratique est très appréciée de la clientèle. Cela traduit à la fois le peu de patience des clients à chercher une place de parking, le peu d'énergie de ces derniers pour marcher de la voiture au restaurant et certainement une touche de snobisme de certains.

Zajal

Ne vous étonnez pas si, au cours d'une soirée libanaise copieuse en mezzé et en arak, un homme se lève, pour improviser des poèmes chaloupés. C'est ce que l'on appelle le zajal, une forme de poésie populaire spontanée faisant partie du folklore libanais. S'y mêlent la nostalgie du pays et des parents, l'amour de la montagne, ou celui de deux jeunes fiancés, des scènes de vendange... tout le quotidien des villages traditionnels. Le talent du zajal réside dans sa capacité d'improviser, car c'est bien de cela qu'il s'agit et de répondre habilement à ceux qui vont à leur tour improviser la réplique.

Faire / Ne pas faire

Faire

- **Apprendre quelques mots de politesse en arabe.** Cela fera toujours plaisir si vous arrivez à glisser un mot en arabe au milieu de la discussion. Cela peut aussi vous aider.
- **Discuter les prix avant de prendre un taxi service.** Persuadés que vous êtes une proie facile, les chauffeurs vont parfois essayer de récupérer 2 ou 3 billets en plus. Ils le font très bien avec les locaux donc pourquoi pas avec des touristes. Négociez bien le coût du trajet avant de monter. Même cas de figure pour les hôtels bon marché. Si vous visitez le Liban en basse saison, il est toujours possible de négocier un prix plus avantageux.
- **Avoir une tenue correcte pour visiter les lieux religieux.** Il est préférable de porter des vêtements décents et de se couvrir la tête (pour les femmes) dans une église ou une mosquée.
- **Demander à une personne l'autorisation de la prendre en photo.** Généralement, les Libanais aiment bien être pris en photo. Si vous croisez des enfants dans les ruelles des souks de Tripoli ou de Saida, ils seront ravis de poser. Par contre, certaines personnes âgées seront plus réticentes.
- **Rester réservé** vis-à-vis d'un inconnu au sujet de vos croyances et avis politiques.
- **Respecter le ramadan :** s'abstenir de manger, boire ou fumer en présence d'un musulman sans sa permission, pendant la période de jeûne du ramadan.

Ne pas faire

- **Photographier des sites stratégiques :** casernes militaires, immeubles occupés par l'armée, barrages routiers et le port militaire de Beyrouth.
- **Eviter de vous balader dans certains quartiers de Beyrouth.** Bien qu'il n'y ait pas de dangers réels, il est préférable d'éviter les camps palestiniens (à moins d'être accompagné par quelqu'un du camp ou le responsable d'une ONG), les quartiers de squatters comme dans la région littorale de Jnah et Ouzaï.
- **Montrer la semelle de sa chaussure** devant quelqu'un lorsque l'on croise les jambes.
- **Serrer la main (pour les hommes)** d'une femme voilée.

SURVOL DU LIBAN

Géographie

Le Liban est un pays montagneux où les courtes distances entre les paysages variés permettent dans la même journée de glisser sur des pentes enneigées tout en apercevant au loin les eaux accueillantes de la Méditerranée. Cette image de carte postale n'est pas fausse, mais mérite d'être plus nuancée. Ainsi, le Liban se compose de deux chaînes de montagnes (mont Liban et Anti-Liban) et deux plaines (littorale et Bekaa). Du nord au sud, le pays fait environ 210 km et s'étend de 25 à 80 km d'est en ouest.

Les montagnes

- **Le mont Liban**

Cette barrière naturelle, dont le sommet (Qornet es Saouda) culmine à 3 083 m, s'abaisse progressivement vers le sud, prolongée par le massif du Chouf. Le versant ouest du mont Liban abrite des grottes, des vallées, des fleuves. De nombreuses gorges ont creusé la montagne, dont la merveilleuse vallée de la Kadisha. Le versant occidental, autrefois recouvert de forêts de cèdres, présente aujourd'hui une végétation méditerranéenne de type maquis (genets, chênes kermès, plantes aromatiques...), à l'inverse du versant oriental, essentiellement minéral.

Autres sommets : Al Mnaitré, 2 702 m ; Sanine, 2 628 m ; Al Knaissé, 2 091 m ; El Barouk, 1 980 m. Cols : col des Cèdres, 2 500 m ; Dahr el Baidar, 1 550 m.

- **L'Anti-Liban**

Ce massif montagneux, qui délimite la frontière avec la Syrie, s'élève en moyenne à 2 300 m d'altitude. Sa plus haute cime est le mont Hermon (2 814 m).

Le mont Liban et l'Anti-Liban sont constitués de roches datant de l'ère secondaire, où apparaissent des couches de calcaire jurassique lité, de grès lité, des couches argilo-sableuses, des sols jaunâtres et des sols rouges en altitude. Dans le mont Liban, on trouve même des marnes blanches datant du tertiaire.

Les plaines

Le Liban compte deux plaines principales.

- **La plaine littorale** est longue de 210 km. Sa largeur maximale est de 2 à 3 km dans le Akkar où se sont développées d'importantes cultures céréalières.

- **La plaine de la Bekaa.** Longue de 120 km sur 10 à 15 km de large, elle s'étend entre le mont Liban et l'Anti-Liban, à une altitude moyenne de 900 m.

Climat

Le Liban est ensoleillé 300 jours par an. La très belle lumière qui inonde le pays a, sans aucun doute, amorti la violence des différents conflits successifs. Le moindre cessez-le-feu, accompagné de soleil, attirait les civils en dehors de chez eux. Difficile de croire au danger sous un ciel aussi bleu et dans une telle douceur de l'air. Ici, les hivers sont courts et pluvieux, et les étés très ensoleillés.

La température moyenne en février est de 12,7 °C. Les sommets sont couverts de neige de décembre à avril. Puis, un court printemps annonce l'arrivée de l'été. Pendant cette saison intermédiaire, le soleil ne se fait pas prier. Les plages accueillent les baigneurs dès le mois d'avril. Les fleurs couvrent la montagne et, de temps en temps, le khamsin, ce vent chaud et poussiéreux venant du désert syrien, souffle pour annoncer l'imminence de la saison suivante. En été, la température maximale moyenne est de 30 à 35 °C. Au mois d'août, les habitants de Beyrouth ont l'habitude de fuir la capitale trop chaude pour des stations estivales perchées à près de 750 m d'altitude. On peut se baigner jusqu'à la fin du mois de septembre, et parfois jusqu'en octobre. L'automne des pays occidentaux, celui qui déshabille les arbres et provoque la mélancolie, n'a pas d'équivalent au Liban. Ici, l'hiver côtoie la saison des plages. Seuls quelques orages violents annoncent le passage de l'automne à l'hiver.

Trois zones climatiques

- **Le littoral et la montagne moyenne** connaissent des hivers doux et humides. Ces régions très peuplées étaient auparavant couvertes de chênes et de pistachiers. On y pratique actuellement la culture des agrumes, des oliviers, des légumes et des primeurs.

- **La montagne,** de 100 à 2 000 m d'altitude, jouit également d'un climat méditerranéen humide en hiver. Elle est recouverte d'épines-vinettes – un arbuste très épineux – de cèdres, de pins et de chênes verts.

- **La haute montagne** est très aride et désertique.

Le Liban a une pluviométrie moyenne annuelle élevée avec 80 à 90 % des précipitations entre novembre et mars. La moyenne annuelle sur le littoral varie entre 700 et 1 000 mm et arrive à 1 600 mm dans les montagnes centrales. Elle varie de 800 mm dans la Bekaa du Sud et à moins de 200 mm à l'extrême nord-est de la plaine.

Environnement / Écologie

Malgré l'émergence de plusieurs organisations de protection de l'environnement, l'écologie ne semble pas être encore une priorité pour les responsables libanais. Ces derniers ne semblent pas conscients de l'importance de la crise environnementale. En plus de la saleté des routes et de celle des pique-niqueurs dans les forêts, les affiches publicitaires défigurent sauvagement toute la route du littoral nord et sud. Par ailleurs, plusieurs scandales concernant l'importation et le camouflage de déchets chimiques et industriels ont éclaté ces dernières années. Il reste à espérer que la pugnacité des rares écologistes soit plus forte que le manque d'éducation, en ce domaine, d'un peuple qui soigne plus l'intérieur de ses maisons que l'espace public.

Il existe pourtant plusieurs associations écologiques ainsi que des usines de recyclage de papier et de verre. Cependant, cela est très insuffisant. Parmi les gros dossiers, les déchets solides. Le pays en produit 1,5 million par an soit environ 335 kg par habitant. Beaucoup sont enterrés dans des décharges sauvages. Symbole du phénomène, le Liban compte deux énormes montagnes de déchets sur le bord de mer à Borj Hammoud (nord de Beyrouth) et à Saida. Les sites d'Ouzai et de Rachidié sont également dangereux. Une catastrophe écologique visible tous les jours par les Libanais.

Que dire de la marée noire au cours de l'été 2006 ! Le bombardement des réservoirs de fuel par l'aviation israélienne a entraîné la plus importante crise écologique au Liban.

La crise des déchets de 2015

En 2015, en plein cœur du mois de juillet, la plus grande décharge du pays située à Naamé, au sud de Beyrouth, ferme ses portes pour cause de saturation. A la même période, le contrat signé avec l'entreprise privée Sukleen, chargée du ramassage des déchets à Beyrouth et dans la région du Mont-Liban, prend fin. Il ne faut alors que quelques jours pour que les déchets s'accumulent sur les trottoirs de la capitale, provoquant l'ire des habitants. Les 22 et 23 août, des milliers de Libanais défilent dans les rues de Beyrouth pour exprimer leur mécontentement face à la corruption et l'incurie générale du pouvoir dans la gestion de la crise. Les manifestations pacifiques se multiplient et finissent par dégénérer : des militants du collectif « You stink » (« Vous puez ») sont violemment délogés du ministère de l'Environnement le mardi 1er septembre. Alors que la situation se tend, le 10 septembre, le gouvernement libanais annonce la mise en place d'un plan de gestion de crise qui comprend l'ouverture de deux nouvelles décharges et la réouverture temporaire de la décharge de Naamé. Alors que les décisions tardent à se concrétiser, les manifestations reprennent en janvier 2016. Le gouvernement envisage alors d'exporter les déchets hors du Liban avant de se raviser. En mars, le Conseil des ministres décide de rouvrir effectivement la décharge de Naamé. Une solution temporaire vivement critiquée par les citoyens qui estiment qu'elle ne résout pas le problème des déchets de manière responsable et respectueuse de l'environnement. En juin 2016, aucune solution durable n'était envisagée.

Les ressources hydriques

Le Liban est un pays riche en eau. Les grosses sources se trouvent soit en altitude (à 1 200 et 1 500 m), comme celles d'Afqa et d'Aqoura, soit enfouies dans les vallées comme la source de Jeita sur le Nahr el Kelb ou la source d'Antélias.

On dénombre également 15 fleuves, dont 12 sur la côte : les principaux sont Nahr el Kebir (50 km), Nahr el Bared (24 km), Nahr Abou Ali (42 km), Nahr Ibrahim (30 km), Nahr el Kelb (30 km), Nahr Beyrouth (23 km), Nahr el Damour (32 km), Nahr el Aouali (48 km) et Nahr el Zahrani (25 km).

Trois autres fleuves coulent à l'intérieur du pays :

- **Le Litani,** qui prend naissance dans la Bekaa à 1 000 m d'altitude et mesure 160 km de long.
- **L'Oronte ou Nahr el Assi,** qui naît au nord de la Bekaa et qui, après un parcours de 40 km au Liban, poursuit son cours en Syrie.
- **Le Nahr el Hasbani** s'étend sur 25 km au Liban. Il prend naissance à l'extrême sud, au pied du mont Hermon, et se dirige en direction de la mer Morte. Le Nahr el Hasbani constitue une des branches supérieures du Jourdain.

Enfin, le Liban compte plusieurs lacs, dont les principaux sont :

- **Le lac du Qaraoun,** le plus important du Liban (220 millions de m^3), est né d'un barrage sur le Litani dans la plaine de la Bekaa ouest.
- **Le lac de Chabrouh**, le plus récent. Situé dans la région de Faraya, il a une capacité de 8 millions de m^3 d'eau.
- **Le lac de Yammouné** situé sur le front oriental du mont Liban.

Intérieur de la grotte d'Afqa à Byblos.

Parcs nationaux

Les réserves naturelles

Le Liban compte dix réserves naturelles qui témoignent de la richesse de sa biodiversité. Certaines ont bénéficié d'un programme de financement lancé par le ministère de l'Environnement en collaboration avec le Programme des Nations Unies pour le Développement (PNUD).

- **La réserve des cèdres du Chouf (Mont-Liban)** est la plus vaste avec plus de 15 000 hectares (www.shoufcedar.org). Elle comporte six forêts principales dont Barouk (400 hectares), Maasser Chouf (6 hectares) et Bmohray-Aïn Zhalta (100 hectares).
- **La forêt d'Ehden (Liban Nord)** est un parfait exemple de biodiversité où les cèdres côtoient les sapins de Cilicie, les chênes, les genévriers, les pommiers sauvages. Ce site (www.horshehden.org) compte 26 espèces de mammifères, 157 espèces d'oiseaux, 300 champignons et 200 reptiles. Depuis la protection du site, les scientifiques ont observé le retour de sangliers, de chats sauvages et de loups.
- **Les îles des Palmiers** sont un site marin qui regroupe plusieurs îles au large de Tripoli communément appelées les îles aux lapins. Non habitées, on y trouve quelques restes d'une colonisation passée (poterie, puits, anciennes salines et une petite église). Les plages de ce site sont utilisées par les tortues de mer pour la ponte de leurs œufs. Les phoques moines y font quelques passages.
- **L'importance de la plage de Tyr,** classée depuis 1998, réside dans le fait qu'elle abrite plusieurs animaux en danger comme la tortue de mer.
- **Tannourine (Liban Nord)** est la plus grande forêt de cèdres du Liban avec 1 205 hectares.
- **La pinède de Bentael (Jbeil)** est la région protégée la plus ancienne du Liban (depuis 1981). La réserve de 228 hectares n'est pas encore prête à recevoir les visiteurs.
- **La région de Yammouné (Bekaa)** est une zone aride, parsemée de très anciens genévriers. Cette réserve de 2 100 hectares compte également dans ses cours d'eau des poissons endémiques extrêmement rares, Phoxinellus libani.
- **La réserve de Chnanir**, dans les environs de Ghazir, a été créée en 2010. Elle abrite une importante forêt de chênes et de pins.
- **Wadi al Hujair**, qui comprend une importante forêt de chênes et des cascades. Créée en 2010, elle se situe dans les environs de Marjayoun.
- **La réserve de Karm Chbat (Akkar)** s'étend sur plus de 520 hectares et compte de nombreuses espèces d'arbres (genévriers, cèdres, sapins...).

Les grands sites naturels

- **La vallée de la Kadisha.** Elle porte le nom du nahr (« fleuve ») Kadisha qui coule au fond de la vallée. On l'appelle aussi la vallée aux mille couvents, chaque grotte ayant abrité une communauté religieuse, un ermitage...
- **Sources de l'Oronte à Hermel.** Paysage biblique dans lequel l'Oronte prend sa source. La verdure contraste avec les kilomètres de désert qui s'étendent à quelques encablures de là.
- **Grottes de Jeita.** Célèbre dans le monde entier pour la richesse de ses concrétions, ce site extraordinaire, découvert en 1836, se visite en partie en bateau ; celui-ci vous emmènera dans un dédale de stalactites et stalagmites.

Animaux domestiques

Il suffit d'observer les rayons des hypermarchés réservés à la nourriture des animaux domestiques pour constater que le Libanais n'est pas un adepte de l'animal de compagnie. En effet, les chiens et les chats sont peu présents chez les citadins. La majorité vit à l'état sauvage. L'imposant campus de l'université américaine de Beyrouth a la particularité d'accueillir des dizaines de chats qui se prélassent dans cet espace de verdure.

Cependant, les choses tendent à changer : le nombre de vétérinaires augmente et plusieurs familles qui ont vécu à l'étranger, vivent avec un animal domestique, bien souvent un chien.

- **Forêt des cèdres.** A 1 920 m d'altitude, un petit bois de 300 cèdres (emblème national) – dont le plus bel arbre mesure 35 m de hauteur et 14 m de circonférence – a survécu miraculeusement à la déforestation massive de la montagne libanaise.
- **Grotte d'Afqa.** La grotte d'Afqa, creusée dans une roche rougeâtre, donne l'impression d'être plongé à l'intérieur de la gorge d'un monstre. Au fond, le nahr Ibrahim (fleuve Adonis) jaillit pour ensuite s'écouler tranquillement. C'est dans ce cadre majestueux qu'est né, au Ve siècle av. J.-C., le culte d'Adonis, mythe de l'éternel retour.

La vallée de Kadisha est située à proximité de la forêt des Cèdres de Dieu.

Faune et flore

Faune

Une étude a montré que le nombre total des espèces vivantes inventoriées au Liban était de 9 119 dont 4 633 espèces floristiques et 4 486 espèces faunistiques. Malheureusement les activités humaines constituent une sérieuse menace pour la biodiversité au Liban. Cependant quelques initiatives publiques et privées tentent d'enrayer le phénomène.

- **La faune terrestre** compte 2 085 espèces. La déforestation, l'urbanisation, le développement du réseau routier, le dessèchement de certaines zones marécageuses, la chasse, l'exploitation des carrières, l'agriculture et l'utilisation de certains produits chimiques sont les principales causes de la diminution de la faune au Liban.
- **La faune marine** est également menacée par l'aménagement du littoral, le ruissellement des eaux polluées et le rejet des déchets industriels.
- **A noter que plus de 246 espèces d'oiseaux** (soit près de 500 millions par an) migrent à travers le pays et que plus de 500 000 cigognes blanches y passent au printemps.

Flore

- **La flore** est particulièrement diversifiée au Liban, mais certaines espèces sont menacées de disparition. La coupe, l'urbanisation et le surpâturage en sont les principales causes.

La superficie des forêts est estimée à 80 000 hectares (soit 8 % du territoire libanais). Les principales espèces sont : Quercus, Cedrus libani, Abies cilicicia, Juniperus, etc. La cédraie représente seulement 800 hectares. Une campagne de reboisement est prévue entre 1 400 et 1 900 m d'altitude afin de freiner la dégradation de la forêt libanaise qui a atteint un degré alarmant.

HISTOIRE

Chronologie

- **A partir du IIIe millénaire** > Installation des Cananéens, puis des Phéniciens sur la côte libanaise.
- **A partir de 2300 av. J.-C.** > Conquêtes du pays par les Akkadiens, les Hyksos, les Hittites, les Assyriens, les Perses, les Grecs, les Romains (64 av. J.-C.) et les Byzantins.
- **1190 av. J.-C.** > Fondation des premiers comptoirs phéniciens en Méditerranée.
- **552** > Beyrouth, petit port phénicien, est détruit par un séisme accompagné d'un tsunami.
- **637** > Avènement de l'islam.
- **Ve siècle** > Premier maronite dans la vallée de l'Oronte.
- **1098-1291** > Présence des croisés.
- **1516** > Bataille de Marjdabek. Les Ottomans conquièrent la Syrie des mamelouks. Début de la domination ottomane
- **1590** > L'émir Fakhreddin II, le prince des Druzes, de la famille Ma'an, accède au pouvoir.
- **1697** > L'émir Bachir inaugure la dynastie des Chihabides, qui succède à celle des Ma'an.
- **1832-1840** > Conquête d'Ibrahim Pacha, vice-roi d'Egypte. Début de l'occupation égyptienne suivie de révoltes.
- **1840** > Destitution de l'émir Bachir II. Débarquement des troupes alliées à Jounieh.
- **1860** > Guerre civile entre Druzes et maronites, débarquement français à Beyrouth.
- **1861** > Instauration de la Moutassarifiat, assurant l'autonomie du Mont-Liban.
- **1866** > Fondation de l'université américaine à Beyrouth.
- **1916** > Accords Sykes-Picot qui répartissent le Moyen-Orient en zones d'influences.
- **1920** > Mandat français, proclamation du Grand Liban.
- **1943** > Proclamation du « pacte national » fixant les règles de la représentativité des diverses communautés confessionnelles.
- **1943 (22 novembre)** > Proclamation de l'indépendance.
- **1946 (31 décembre)** > Evacuation des troupes françaises.
- **1958 (mai-septembre)** > Guerre civile.
- **1969 (novembre)** > Accords du Caire avec l'OLP.
- **1973** > Affrontements entre l'armée libanaise et les combattants palestiniens de l'OLP.
- **1975 (avril)** > Début de la guerre civile.
- **1976 (juin)** > Entrée des troupes syriennes au Liban.
- **1978 (juin)** > Invasion israélienne, occupation du Liban du Sud, jusqu'au Litani.
- **1982** > Siège de Beyrouth par les troupes israéliennes. L'OLP quitte Beyrouth.
- **1989** > Accords de Taëf comportant une révision de la constitution. Election d'Elias Hraoui à la présidence de la République.
- **1992** > Nomination de Rafic Hariri comme Premier ministre. Début de la reconstruction de Beyrouth.
- **1998 (octobre)** > Le président de la République, Emile Lahoud, est élu par le Parlement pour 6 ans et désigne Sélim Hoss comme Premier ministre en décembre.
- **2000 (mai)** > Retrait des troupes israéliennes du Liban du Sud.
- **2004 (novembre)** > Nouveau mandat du président de la République, Emile Lahoud.
- **2005 (février)** > Assassinat de l'ancien Premier ministre Rafic Hariri dans un attentat.
- **2005 (mars)** > Le président syrien Bachar al-Assad annonce le retrait des troupes syriennes du Liban.
- **2006 (juillet-août)** > Guerre entre Israël et le Hezbollah.
- **2007 (novembre)** > Départ du président Emile Lahoud.
- **2008 (mai)** > Prise du contrôle de Beyrouth-Ouest par les partisans du Hezbollah. Accord de Doha et élection d'un président consensuel Michel Sleiman.
- **2009 (novembre)** > Saad Hariri devient Premier ministre.
- **2010 (août)** > Accrochage entre l'armée libanaise et Israël au Liban Sud, 4 morts.
- **2011 (12 janvier)** > Démission collective de 11 ministres et chute du gouvernement de Saad Hariri. Le président Sleiman nomme Najib Mikati comme Premier ministre.

QUELQUES LIBANAIS DANS L'HISTOIRE

- **Fakhreddine II Ma'an (1572-1635).** Emir libanais qui gouverna de 1598 à 1635, il est le premier grand homme politique que puisse revendiquer le Liban. Fakhreddine, émir des Druzes, était connu pour son intelligence et sa ruse. Apparemment soumis aux Ottomans qui le nommèrent gouverneur, il régna en réalité sur tout le Liban Nord, la Bekaa, le Liban Sud et la Galilée. En 1613, il sera obligé de s'exiler en Italie, après s'être allié au grand-duc de Toscane, et après que le pacha de Damas eut lancé ses troupes à l'assaut de ses territoires. Après un séjour de cinq ans en Italie, il en revint ramenant avec lui de Toscane architectes et artistes. Il régnera à nouveau pendant dix-sept ans. En 1635, craignant sa puissance, les Turcs décidèrent son exécution.

- **Bachir II Chéhab (1788-1850).** Bachir II Chéhab, nommé grand émir par les Ottomans, n'aura de cesse de restructurer l'administration, la justice et les finances de l'émirat. Farouche guerrier, il conserve un pouvoir très étendu. Il va appuyer l'Egyptien Méhémet Ali, qui veut mettre au pas une communauté druze refusant l'occupation égyptienne. Face au refus des Druzes de se plier à la conscription, Bachir II, sur ordre de Méhémet Ali, mobilise les maronites, perpétrant ainsi un terrible massacre des Druzes. En 1840, un mouvement de révolte s'organise pour s'opposer à l'ingérence égyptienne et lutter contre Bachir II. Les Ottomans, de leur côté aidés par les Autrichiens et les Anglais, refouleront Méhémet Ali jusqu'en Egypte. Bachir II sera alors destitué et devra partir en exil. En 1850, il mourra à Istanbul.

- **Boutros Boustani (1819-1883).** L'un des piliers de la Nahda. Il contribua à la traduction de *Twrat* en arabe. En 1863, Boustani créa l'Ecole nationale et fut l'un des premiers à prôner l'instruction des femmes.

- **Alfred Naccache (1887-1978).** Né en 1886, président de la République de 1941 à 1943, sous le mandat français et à la veille de l'indépendance, il a participé à la rédaction de la Constitution libanaise.

- **Béchara el-Khoury (1890-1964).** Premier président de la République du Liban indépendant. Né en 1890 à Rechmaya. Mort en 1964. Il fut à la tête de l'Etat jusqu'en 1958.

- **Michel Chiha (1891-1954).** Né en 1891 à Mekkine, dans la caza d'Aley. Fondateur, en 1934, du journal *Le Jour*, avec Béchara el-Khoury. Artisan de l'indépendance et du système politique libanais, il est le principal auteur de la Constitution de son pays. Avocat, banquier, député, poète, éditorialiste, grand humaniste, il marqua la vie politique libanaise de 1919 à 1954.

- **Riad el-Solh (1894-1951).** L'un des artisans de l'indépendance. Né à Saïda, en 1894, ce Premier ministre libanais fut assassiné en 1951 à Amman, en Jordanie.

- **Fouad Chéhab (1906-1973).** Président de la République, de 1958 à 1963, après avoir été commandant en chef de l'armée, Fouad Chéhab n'avait pas le profil traditionnel des hommes politiques libanais. Ambitionnant de moderniser les structures libanaises étatiques, il a su s'allier la sympathie d'une classe moyenne généralement mal représentée dans le pays. Cependant, le pouvoir pris par le IIe Bureau de l'armée, au cours de son mandat, a vite rebuté une population qui s'est sentie dépossédée de sa sacro-sainte liberté.

- **Kamal Joumblatt (1917-1976).** Homme politique, auteur de plusieurs ouvrages, adepte des disciplines spirituelles hindoues, Kamal Joumblatt est né en 1917 dans une famille féodale druze. Après des études de droit, il est élu député en 1943, l'année de l'indépendance du Liban, puis nommé ministre. En 1949, il fonde le Parti socialiste progressiste. En 1967, après la défaite arabe contre Israël, il s'allie avec les Palestiniens. Au début de la guerre de 1975, il se bat à leurs côtés. D'abord allié stratégique de la Syrie, il va s'opposer progressivement au président syrien Hafez al-Assad. Kamal Joumblatt sera assassiné le 16 mars 1976, sur la route de son fief de Moukhtara.

- **2011 (juin)** > Formation du nouveau gouvernement sous la direction de Najib Mikati après de nombreuses tractations.
- **2013 (mars-avril)** > Démission du Premier ministre Najib Mikati. Le président Michel Sleiman nomme Tammam Salam pour le remplacer.
- **2014 (mai)** > Fin du mandat du président Michel Sleiman.
- **2014 (novembre)** > Prolongation du mandat du Parlement élu en 2009 jusqu'en juin 2017.

Des origines à nos jours

Foyer de l'une des plus anciennes civilisations du monde, la région actuellement occupée par le Liban a séduit ses premiers habitants par son climat tempéré, sa terre fertile, son eau abondante et ses paysages boisés. Les archéologues y ont découvert les vestiges d'une période remontant à un million d'années. Des traces humaines dans des grottes datent du Paléolithique ancien, moyen et supérieur, soit à partir de 8500 av. J.-C. Par ailleurs, la ville portuaire de Byblos, au Liban Nord, est considérée comme la plus ancienne ville du monde bâtie en pierre. On y a notamment découvert les traces d'une agglomération humaine remontant au Néolithique – au cours duquel fut découverte la poterie – le nouvel âge de la pierre.

Les Cananéens (Phéniciens)

Du IVe au Ier millénaire, les Cananéens, peuple sémite que l'on retrouvera plus tard sous le nom de Phéniciens, émigrent des plateaux du Zagros, une région montagneuse fertile entre l'Irak et l'Iran, vers la côte orientale de la Méditerranée, pour s'installer le long de la côte du sud de la Turquie actuelle jusqu'à Gaza. Toute cette côte s'appellera le pays de Canaan, ce terme signifiant le sédentaire, à l'opposé de Ebrane, Hébreu, le nomade. Interrompant leur vie d'errance, les Cananéens se mêlent aux peuples de la région. Comme eux, ils choisissent de se fixer et se consacrent à l'agriculture. Ils construisent des maisons – pièces multiples et aux angles droits – y ajoutent des étables et domestiquent leurs animaux. Ils cultivent le blé, la vigne et l'olivier.

L'olivier existait depuis le néolithique. Les archéologues en ont découvert des noyaux dans les jarres funéraires, en forme d'œuf, symbole de la naissance et datant du Ve millénaire av. J.-C. Les squelettes humains y étaient disposés en position de fœtus pour qu'ils puissent renaître. Les morts étaient pourvus d'armes et d'aliments pour subvenir à leurs premiers besoins dans l'au-delà. Les jarres étaient enterrées sous les maisons, l'homme ne devant pas se séparer de ses racines. Ce rituel funéraire tend à prouver que déjà, au chalcolithique, l'âge du cuivre et de la pierre, dans cette région du monde, les gens croyaient en une vie après la mort.

Au cours du IVe millénaire, les Cananéens, désormais appelés Phéniciens, tissent des liens commerciaux avec l'Egypte des pharaons. A cette époque, les habitants de Byblos pratiquaient la navigation que les Egyptiens ne connaissaient pas, se contentant de quelques radeaux sur le Nil. Les pharaons importaient de Byblos le blé et la vigne, denrées qui n'étaient connues qu'en pays de Canaan et qui étaient exportées par mer sur des bateaux. La période cananéenne, riche dans les domaines agricole et architectural, l'était également sur le plan spirituel. Très pieux, les Cananéens vivaient selon des principes moraux très stricts, dont celui de la monogamie, et respectaient beaucoup la femme.

Le IIIe millénaire voit l'invasion du pays de Canaan par les Amorites, Sémites venus du désert syrien, qui détruisent toutes les cités phéniciennes. Byblos est mise à feu et à sang, puis reconstruite avec de nouveaux remparts.

L'alphabet phénicien

On ne peut affirmer, contrairement à ce qui a été fait pendant longtemps, que les Phéniciens sont les inventeurs de l'alphabet. Certes, le principe d'une écriture alphabétique est attesté dès le XIVe siècle av. J.-C. par les textes d'Ougarit et les signes eux-mêmes, ainsi que par les inscriptions découvertes à Byblos qui datent des environs du XIIIe siècle ; cependant, l'origine de ces signes reste inconnue. Ce qui est certain, en revanche, c'est que cet alphabet facilita fortement les relations commerciales des Phéniciens et que ce sont eux qui le répandirent dans tout le monde méditerranéen, le transmettant notamment aux Grecs.

Du phénicien, langue sémitique du groupe cananéen, l'alphabet ne notait que les consonnes. Lorsque les Grecs l'empruntèrent pour reproduire leur langue (précédemment écrite à l'aide d'idéogrammes), ils transcrivirent également les voyelles, utilisant pour cela ceux des signes consonantiques phéniciens, dont ils n'avaient pas l'emploi.

Au cours du IIe millénaire, les peuples cananéens et amoréens se mêlent et cette fusion est à l'origine d'une renaissance extraordinaire, avec le développement de la navigation et l'implantation de nouvelles colonies et surtout, la création de l'alphabet et de l'écriture. Le début du IIe millénaire voit également l'arrivée en pays de Canaan, en provenance d'Our en Chaldée, des peuplades hébraïques conduites par Abraham qui remontent le long de l'Euphrate pour atteindre le nord de la Syrie et de la Turquie et redescendre sur le versant est de l'Anti-Liban.

La naissance des villes

L'emplacement des cités côtières phéniciennes a été manifestement choisi en raison des avantages qu'il représentait pour la navigation. Les fondateurs de ces villes devaient appartenir à un peuple de marins. Les cités phéniciennes étaient toujours entourées de murs afin de parer les attaques venues de l'intérieur des terres. Une religion et des intérêts commerciaux communs les unissaient, mais politiquement, elles avaient chacune leur autonomie. Chaque cité avait son dieu protecteur : Melkart à Tyr, Astarté à Sidon, Baal (Hadad) à Ougarit…

Il n'y a jamais eu de tentative d'expansion territoriale chez les Phéniciens. Ils étaient principalement marchands, artisans, transporteurs, et gagnaient leur vie sur mer. L'essentiel de leur commerce était constitué par le bois du Liban, mais ils exportaient également de la gomme, de l'encens ainsi que de la pourpre fabriquée à Sidon. Les Phéniciens étaient renommés dans tout le Moyen-Orient pour leur orfèvrerie, leurs sculptures sur ivoire et leurs broderies. Dans l'intérêt de leur commerce, ils désiraient la paix. Ils prirent part à l'invasion de l'Egypte par les Hyksos en réaction à l'impérialisme des pharaons de la XIIe dynastie. Les Phéniciens nous donnent l'exemple, rare dans l'Antiquité, d'un peuple pacifique en même temps qu'énergique, riche et très attaché à la liberté.

Les Phéniciens

Phénicie et Phéniciens recouvrent des notions vastes et discutées. Originaire du mot grec *phoinix*, rouge pourpre, ou du nom du palmier dattier, la Phénicie désigne la région s'étendant entre le mont Carmel au sud et l'embouchure de l'Oronte au nord, soit un territoire légèrement plus grand que le Liban actuel.

Pour ce qui est du peuple phénicien, on réserve cette dénomination au « peuple de la mer », cette civilisation apparue vers 1100 avant notre ère et en usage jusqu'à la fin de l'époque perse, parlant et écrivant la langue phénicienne et utilisant l'alphabet du même nom. S'ils n'ont jamais formé une entité politique unifiée, les Phéniciens partageaient – en plus de leur langue commune apparentée à l'arabe et au grec – les mêmes valeurs artistiques, culturelles et religieuses. Célèbres parmi les peuples de l'Antiquité, les Phéniciens se distinguent par leur dynamisme commercial et leurs exploits maritimes autour de la Méditerranée. Des vestiges de leur civilisation perdurent dans les villes de Tyr, Sidon, Arwad et Byblos. Enfin, avec la conquête des Grecs puis la puissance de Rome, la langue et l'écriture phénicienne disparaissent au profit du grec.

Les Phéniciens sous domination

Sur la côte phénicienne, les invasions se succèdent. Après les Hittites, arrivent les Khourites puis les redoutables Hyksos qui atteindront, lors de leur offensive, le delta du Nil. L'Egypte, qui avait étendu son influence sur la Phénicie, chasse ses agresseurs. A cette occasion, les Egyptiens prennent le contrôle de la Palestine et des cités phéniciennes.

A la fin du IIe millénaire, l'Egypte perd de sa puissance. La région va être le théâtre de nombreuses migrations de peuples venus des côtes d'Europe, suivies de celles des Araméens et des Philistins.

Les Cananéens nouent de bonnes relations économiques, commerciales et culturelles avec les Doriens qui viennent de s'implanter en Grèce. La mythologie grecque est d'ailleurs inspirée de la mythologie cananéenne et phénicienne. Dès le début du IXe siècle av. J.-C., les Phéniciens subissent la domination assyrienne puis, au VIIIe siècle, l'hégémonie babylonienne avec le siège de Tyr imposé pendant treize ans par Nabuchodonosor II, et enfin la domination perse. Au cours de ces différentes périodes, des villes comme Byblos et Ougarit sont détruites et remplacées par Sidon, Tyr et l'île d'Arouad.

Alexandre le Grand

En 332 av. J.-C., Alexandre le Grand profitera de l'affaiblissement de l'Empire perse pour prendre – l'une après l'autre – les cités phéniciennes. Tyr tiendra tête au Macédonien pendant sept mois. Elle payera le prix de sa résistance par le massacre de sa population et la destruction de la ville. La puissance maritime de la Phénicie prend fin avec la conquête d'Alexandre. Si la civilisation phénicienne est absorbée par la civilisation grecque, certaines villes comme Sidon au sud, Beyrouth et Tripoli au nord vont pourtant profiter de cette période hellénistique.

Après la mort d'Alexandre, en 323, ses généraux se disputent ses conquêtes. Les possessions orientales du Macédonien tombent entre les mains de Séleucos Ier Nikator, satrape de Babylonie, qui en 305 se proclamera roi. La Phénicie, située entre le royaume séleucide et l'Egypte des Lagides, sera constamment la proie de ces deux dynasties.

Aux termes d'incessantes luttes d'influence, la Phénicie tombe au Ier siècle apr. J.-C. sous occupation romaine. On remarque au cours de cette période mouvementée que les cités phéniciennes réagissaient toujours en trois temps face à l'envahisseur, quel qu'il soit : dans un premier temps, elles essayaient de tergiverser et de négocier ; dans un deuxième temps, elles proposaient de payer un tribut à condition que l'envahisseur s'éloigne ; enfin, elles tentaient – mais souvent en vain – de résister. Plus de vingt siècles plus tard, rien ne semble avoir changé en terre de Phénicie.

L'Empire romain (66 av. J.-C. - 395 apr. J.-C.)

L'arrivée du général Pompée, en 64 av. J.-C., mettra un terme à l'Empire et instaurera la *Pax romana en Provincia Syria* – Syrie, Phénicie et Palestine. La Syrie en bénéficie pendant 500 ans. Les habitants de ces cités sont traités en citoyens romains. Les ports phéniciens connaissent un nouvel essor. Béryte, Byblos, Héliopolis (Baalbek) et Tyr voient s'épanouir leur commerce mais aussi leur vie culturelle et artistique. Le christianisme se propage rapidement au détriment du paganisme. L'école de droit de Beyrouth – fondée au IIIe siècle – connaît son premier âge d'or avec Ulpien, Papinien et Paul, trois professeurs de droit de Beyrouth, dont les statues ornent aujourd'hui l'entrée du palais de justice de Rome. Papinien, l'inspirateur du Code justinien, a été le premier dans l'Histoire à parler des droits de l'homme dans leur sens actuel. Lors de la scission de l'Empire romain en Empire d'Orient et Empire d'Occident, l'Orient passe sans heurts sous l'autorité byzantine.

La domination byzantine (395-634)

C'est l'époque où le christianisme se propage dans les cités phéniciennes, mais où apparaissent également des dissensions entre chrétiens. Ceux-ci se divisent en maronites, melkites et nestoriens. En 622, le prophète Mahomet s'installe à Médine.

Les Omeyyades (634-750)

Ravagé pendant 100 ans par les querelles religieuses et par la guerre entre empereurs byzantins et rois sassanides, l'Empire byzantin va devoir affronter les premières troupes arabes. En 636, la Syrie tombe entre les mains des armées arabes. Moawiya, devenu gouverneur de la région, se proclame calife en 661 après la bataille de Siffine qui se solde par la victoire de ses troupes sur celles du calife Ali, cousin et gendre du Prophète. Il installe à Damas la dynastie des Omeyyades. Les chrétiens se réfugieront au mont Liban, notamment dans cette vallée sainte de la Kadisha, dans le nord du pays, truffée de grottes qui deviennent autant de couvents et d'ermitages, avant de se soumettre aux califes. Sous le règne des Omeyyades, qui durera jusqu'en 750, des déportés politiques chiites de Perse s'installent dans la Bekaa et sur le mont Liban. L'empire prospère et s'étend de l'Indus aux Pyrénées. Avec la dynastie des Omeyyades, on passe d'une vieille organisation tribale au stade d'une monarchie centralisée.

Les Abbassides (750-977)

Aux Omeyyades succèdent les Abbassides, qui gouverneront de 750 à 977. On est loin de la politique tolérante de leurs prédécesseurs. Cette dynastie est célèbre par la tyrannie de ses gouvernants contre lesquels le peuple, excédé, se révolte à plusieurs reprises. Les chrétiens et les juifs, soumis à un tribut, sont les boucs émissaires du pouvoir.

Les luttes intestines et les guerres arabo-byzantines amorcent le déclin des califes. La Syrie tombe successivement entre les mains des Toulounides (868-905), des Ikhchidites (935-969), et des califes fatimides du Caire (969-1171). Sous les Fatimides, le duel arabo-byzantin reprend. Au milieu du XIe siècle, les Fatimides reculent devant les Turcs seldjoukides qui envahissent la Syrie et le Liban. En 1091, le pape Urbain II réclame l'intervention de l'Occident pour sauvegarder l'accès aux lieux saints.

Les Croisés (1098-1291)

Les Turcs furent les plus constants colonisateurs de la région, d'abord, avec les Seldjoukides au XIe siècle. Les Turcs seldjoukides réussissent en effet à contrer la première expédition des croisés, mais au cours de la seconde croisade, Godefroy de Bouillon s'empare d'Antioche (1098), d'Edesse (1098) puis de Jérusalem (1099) dont il se fait proclamer roi. Tripoli tombe en 1109, Beyrouth et Sidon, l'année suivante. Les croisés créent alors les Etats latins d'Orient qui s'étendent de la bande littorale syrienne nord à Jérusalem. Les maronites, comme les autres chrétiens d'Orient, retrouvent leur sécurité et nombre d'entre eux participent à l'administration croisée.

A la mort de Godefroy de Bouillon, le royaume de Jérusalem, attribué à son frère Baudouin de Boulogne, est divisé en quatre baronnies dont celle de Sidon et douze seigneureries dont celles de Tibnin et de Beyrouth. Cependant, la guerre entre les Arabes et les croisés n'est pas terminée. En 1187, Saladin (Salah el Dinn el Ayyoubi), maître de l'Egypte, reprend Jérusalem ainsi que plusieurs villes du littoral libanais dont Beyrouth. Tyr reste entre les mains des croisés, devenant une base arrière dans leur tentative de reconquête.

Les Mamelouks (1291-1516)

Les croisés doivent également faire face aux attaques des mamelouks et des Turcs khawakaziens, regroupés en milices au service des sultans ayyoubides du Caire qu'ils finiront par renverser. A partir de 1260, les mamelouks contrôlent la Syrie et, progressivement, toute la région. Tripoli tombe en 1289, Acre en 1291, ainsi que Tyr, Sidon et Beyrouth.
Sous le règne des mamelouks, la région jouit d'une stabilité politique et d'une renaissance économique. Les marchands occidentaux, en provenance de Venise, Gênes, la Provence et la Catalogne viennent désormais s'approvisionner à Beyrouth.

La domination ottomane (1516-1918)

La domination des mamelouks durera jusqu'en 1516, date à laquelle ils seront écrasés par les Ottomans, héritiers des Seldjoukides, conduits par Sélim Ier. Le territoire est divisé en trois pachaliks gouvernés par des pachas ou walis. Les émirs libanais sont maintenus à leur poste et jouissent d'une certaine autonomie. En accord avec les capitulations signées en 1536, entre François Ier et Soliman le Magnifique, les Français ouvrent des comptoirs commerciaux dans plusieurs villes syriennes, notamment à Tripoli et à Saïda.

La dynastie des Ma'an (1516-1697)

De nombreuses révoltes vont secouer la période de domination ottomane et notamment la tentative de sécession de Fakhreddine II Ma'an (1572-1635), nommé grand émir par la Sublime Porte. Foudre de guerre, grand tacticien, homme de grande culture, Fakhreddine II Ma'an avait fait de Deir el Kamar sa capitale politique, de Saïda, la capitale commerciale, et de Beyrouth, la capitale de l'art et des loisirs. Il y favorise l'installation de consulats représentant les grandes puissances européennes, nombreuses à intégrer les missions étrangères, laïques et religieuses qui s'installent au Liban : capucins, carmélites, jésuites, franciscains. Au XIXe siècle, ces missions deviendront de grandes universités et de grandes écoles.
Entre les autorités ottomanes et Fakhreddine qui s'est assuré le contrôle du Liban Nord, de la Bekaa et de la Galilée, ce sera un bras de fer permanent. En 1613, après avoir été informée par les Français et les Anglais des accords secrets passés entre Fakhreddine et Ferdinand Ier, grand-duc de Toscane, hostile à la Turquie, la Sublime Porte force l'émir libanais à l'exil.
De Toscane, où il vivra pendant cinq ans (de 1613 à 1618) chez les Médicis, Fakhreddine ramènera, à la fin de son exil, artistes et architectes. A la tête d'une armée constituée de chrétiens et de musulmans, l'émir étend son influence au-delà des frontières. En 1635, craignant l'extension du pouvoir de Fakhreddine, les Ottomans réagissent en l'exilant à Constantinople où il sera exécuté, avec ses deux enfants.

La dynastie des Chihabides

A la dynastie Ma'an, qui s'achève à la fin du XVIIe siècle, succède celle des Chihabides. Ceux-ci se montrent plus conciliants avec les Ottomans et le pays connaît une période de stabilité politique.
La seconde grande figure libanaise de la période ottomane est Bachir II Chéhab qui, en 1789, devient émir. Druze baptisé chrétien, comme certains de ses coreligionnaires de l'époque, Bachir II renforce son pouvoir en évitant de prendre parti dans les luttes entre les pachas d'Acre et de Damas. Il s'allie avec Méhémet Ali, gouverneur d'Egypte, lorsque celui-ci attaque la Syrie et souhaite conquérir le Liban. Méhémet Ali confie à Bachir le contrôle de la Syrie. Celui-ci tente de soumettre les Druzes en s'appuyant sur les maronites. Face à la menace de conquête de l'Empire ottoman par l'Egypte, l'Angleterre, la Prusse, l'Autriche et la Russie attaquent les troupes de Bachir II qui, lâché par la France, se rend. Il est exilé en 1840.
Son successeur, Bachir III, aura à faire face à des luttes entre féodaux, avivées par les Ottomans. En 1841, une guerre éclate entre Druzes et maronites, l'émir Chéhab est destitué par les Ottomans et le Liban coupé en deux caïmamats, l'un druze, l'autre chrétien.

La Moutassarifiat

Mais l'antagonisme druzo-maronite est loin d'être réglé. En 1860, une nouvelle guerre éclate entre les deux communautés. 20 000 chrétiens sont massacrés. La France envoie 8 000 hommes pour défendre les maronites.
Sous l'impulsion de Napoléon III, une commission internationale est réunie (France, Angleterre, Italie, Prusse, Autriche, Russie et Turquie) qui signe, en juin 1861, le protocole du Mont-Liban, accord qui régit le fonctionnement de l'Etat autonome, appelé « la Moutassarifiat du Mont-Liban ». A la tête de la Moutassarifiat, un gouverneur chrétien non libanais est nommé pour six ans. Il est entouré d'un conseil de douze membres représentant les différentes communautés du Mont-Liban. De 1864 à 1914, le Liban connaîtra ainsi, au cours d'une période pacifique, sept moutassarefs dont des Arméniens, des Italiens, des Autrichiens.

Le mandat français (1920-1943)

Au terme de la Première Guerre mondiale, l'Empire ottoman est dépecé par les vainqueurs et, en 1914, la Turquie déclare « caduc »

le protocole de 1861. Tout au long de la Première Guerre mondiale, la région vit sous la terreur jusqu'au débarquement, à Beyrouth de la coalition franco-anglo-italienne avec le général Gouraud à sa tête.
Les accords anglo-français de Sykes-Picot – en 1916 – répartissent le Proche-Orient en zones d'influence. Français et Anglais se partagent cette région. La France obtient un mandat sur la Syrie. Pour régner, elle cherche bien logiquement à diviser, c'est-à-dire à s'appuyer sur les spécificités religieuses et les liens tissés par l'histoire. Elle fait éclater la Syrie en cinq entités administratives, dont l'une d'elles va former le Liban.
Le 1er septembre 1920, le général Gouraud proclame la constitution de l'Etat du Grand-Liban dans ses frontières actuelles, Etat qui reste soumis à l'autorité d'un haut-commissaire français. En 1925, une révolte fomentée par les Druzes entraîne la puissance mandataire à proclamer, le 23 mai 1926, la République libanaise. En fait, aucun changement n'est perceptible sur le terrain.

L'indépendance du Liban (1943)

En juin 1941, les forces de la France libre et les Anglais chassent de Syrie et du Liban les troupes françaises dépendant de Vichy. De Gaulle compte sur ses alliés et, parmi eux, les pays sous mandat, pour l'aider dans sa résistance. Le 8 juin, le général Catroux proclame, au nom du général De Gaulle, l'indépendance du Liban et de la Syrie.
Cependant, l'indépendance du Liban ne devient effective qu'en 1943, après une période houleuse dans les rapports franco-libanais, la France faisant la sourde oreille face aux revendications indépendantistes de la population.
Le 8 novembre 1943, le parlement libanais abroge tout ce qui fait référence au mandat. Le haut-commissaire français, Helleu, riposte en faisant arrêter le président de la République libanaise, Béchara el Khoury (chrétien maronite), le Premier ministre, Riad el Solh (musulman sunnite) et les principaux chefs nationalistes. Le 22 novembre, les personnalités libanaises sont libérées sur l'injonction du général Catroux, envoyé sur place par De Gaulle pour mettre fin à la crise. Cette date, qui voit la consécration de l'indépendance du pays, devient jour de fête nationale. Un mois plus tard, l'accord sur le transfert des pouvoirs est signé. En 1943, un accord fondateur non écrit, intitulé « le pacte national », régit les relations entre chrétiens et musulmans au sein de l'Etat. Une répartition confessionnelle des trois présidences tente d'assurer l'équilibre entre les communautés religieuses.

Le général Chéhab (1958-1964)

Les querelles politiques entre chrétiens et musulmans persistent dans un Liban secoué par la guerre israélo-arabe de 1948, et qui doit supporter l'afflux massif de réfugiés palestiniens. En 1951, le président du Conseil, Riad el Solh, est assassiné ; le président de la République Béchara el Khoury démissionne au profit de Camille Chamoun. Ce dernier est pro-occidental et ennemi juré du courant panarabe qui arrive d'Egypte. La tension culmine en 1958.
Des combats intercommunautaires éclatent. Le Liban connaît sa première alerte. La sixième flotte américaine débarque au Liban en juillet 1958, plus concernée d'ailleurs par les événements d'Irak, où la monarchie est renversée par le général Kassem qui instaure la république et fait assassiner le jeune roi Fayçal, que par les événements du Liban. Le général Fouad Chéhab, commandant en chef de l'armée, est élu dès la fin du mandat de Chamoun. Le nouveau président de la République qui avait su, au cours des événements, maintenir la neutralité et l'unité de l'armée, augmente la participation des musulmans au pouvoir. Son objectif : la construction d'une société sans privilèges. Cependant, parallèlement au renforcement du pouvoir de l'administration civile, l'appareil militaire, notamment le 2e Bureau, infiltre tous les domaines de la vie publique sans se soucier des libertés.
Le chéhabisme décline sous le mandat du président Charles Hélou (1964-1970) et disparaît pratiquement avec son successeur, Soleiman Frangié (1970-1976), qui remet au goût du jour la politique traditionnelle.

Les années noires

Dans la première moitié des années 70, le Liban est en plein essor économique. Beyrouth grouille d'une activité littéraire et artistique. Le contexte régional fait du Liban le refuge des capitaux qui fuient le dirigisme et les nationalisations des pays arabes.
Pourtant, après la défaite arabe de juin 1967, l'installation sur le territoire libanais de la résistance palestinienne ébranle la stabilité du pays. L'ambivalence du peuple libanais par son identité nationale, son arabité, ses relations avec l'Occident... tous ces principes sont exposés au grand jour. Les chrétiens se posent en défenseurs de la souveraineté de l'Etat, les musulmans expriment leur malaise face à un système perçu comme privilégiant largement les maronites. La contestation des musulmans se mobilise autour de la résistance palestinienne armée, devenue de plus en plus incontrôlable dans le pays.

Il est difficile de résumer la guerre qui éclata en 1975 au Liban. Ses causes et ses manifestations sont multiples, comme nombre d'observateurs l'ont souligné. Elle fut sûrement l'expression du rapport de force entre notamment la Syrie, Israël, le Liban, et l'OLP et, sur le plan interne, entre les communautés, partis et leaderships politiques, avec, toujours au centre des enjeux, la question palestinienne. Le problème de la présence palestinienne se greffait sur un clivage communautaire interne à la société libanaise en crise. Le clientélisme et la corruption de la classe politique, mais aussi l'instabilité régionale, achevaient de miner le terrain libanais.

Loin de nous l'ambition d'analyser les raisons qui ont poussé à ce déchaînement de violence, jusqu'en octobre 1990. Nous nous contenterons de décliner ses différentes phases en nous reportant en priorité à l'analyse du journaliste Samir Kassir, auteur de *La Guerre du Liban*, paru aux éditions Karthala.

La tristement célèbre guerre du Liban a constamment changé de forme, de protagonistes, d'alliances et d'enjeux. Elle a débuté dans les années 70, alors que la résistance palestinienne était en pleine expansion, et s'est terminée il y a une quinzaine d'années, avec l'instauration du nouvel ordre international.

Comment le Liban en est-il arrivé là ?

Tout a commencé bien avant le 13 avril 1975 : le début remonte à 1943, lors de l'indépendance du Liban. La France, puissance mandataire, avait réussi jusqu'alors à maintenir l'équilibre dans ce pays constitué de dix-sept communautés religieuses. Dans cette région du monde où l'on ne sait pas où s'arrête la religion et où commence la politique, un « pacte national » non écrit, auquel se réfère d'ailleurs l'article 95 de la Constitution, répartit entre les différentes communautés les fonctions publiques : la présidence de la République revient aux maronites, la présidence de l'Assemblée aux musulmans chiites et la présidence du Conseil aux musulmans sunnites – et ceci se perpétue jusqu'au moindre fonctionnaire de l'Etat.

Dès le départ, toutefois, les données étaient faussées. On ne bâtit pas une nation sur deux négations. C'est pourtant ce que l'on avait fait. On avait demandé aux chrétiens de renoncer à leur attachement occidental ; on avait suggéré aux musulmans de renoncer au rêve d'un grand empire islamique. Bien plus, les chrétiens faisant du zèle se plaçaient aux premiers rangs du nationalisme arabe. Ils le faisaient d'autant plus naturellement qu'ils avaient toujours été les inspirateurs des courants d'idées et d'opinions arabes. Ce sont eux qui, au XIXe siècle, se trouvaient être à l'origine de la renaissance de la culture arabe menacée d'anéantissement par l'Empire ottoman. Sans doute avaient-ils l'arrière-pensée de s'opposer à un éventuel déferlement islamique sur la région et surtout au Liban. Une nouvelle fois, tout au long des années suivantes, les chrétiens produiront en quelque sorte leur certificat de nationalisme arabe, jusque lors de la bataille aux Nations unies, qui devait conduire à la création de l'Etat d'Israël.

Avec l'arrivée des Palestiniens en 1948 – soit près de 150 000 réfugiés –, l'équilibre communautaire et politique commence à s'éroder. C'est le temps des premières erreurs. En effet, établis autour des grandes villes du pays, les Palestiniens vont en devenir, en quelque sorte, la ceinture de misère. Ayant un titre de séjour mais pas le droit au travail, ils représentent vite une main-d'œuvre au noir et sous-payée. Les pays arabes, notamment ceux du Golfe, allaient se donner bonne conscience en distribuant leur manne pour aider les Palestiniens. Mais ce faisant, ils envoyaient les capitaux dans les banques libanaises, réputées « politiquement » plus sûres et plus stables qu'ailleurs.

Ce fut aussi le temps des illusions. Celui des étiquettes et des slogans touristiques : « Liban, Suisse du Proche-Orient », « Liban, carrefour des civilisations ». Les premiers nuages dans le ciel libanais surgissent en 1958 lorsqu'éclate dans le pays la guerre civile, manipulée par Nasser, le chef de l'Etat égyptien. Homme fort du monde arabe à cette époque, Nasser est au zénith de son prestige, auréolé de l'alliance entre l'Egypte et la Syrie au sein de la République arabe unie. La première alerte passée, les Libanais s'empresseront de l'oublier, trop heureux de reprendre leurs activités lucratives. Mais déjà le ver était dans le fruit... D'abord tous les pays arabes, soumis à des dictatures qui ne se différenciaient que par leur dénomination, provoquaient le départ d'une foule d'opposants vers le Liban, seule démocratie parlementaire de la région. Pour défendre leurs idées, ces opposants disposaient en général d'organes de presse. Pour les contrer sur ce terrain, les régimes en place entretenaient, via leurs ambassades, d'autres journaux. Que l'on en juge : à cette époque, le Liban comptait 51 quotidiens, 28 hebdomadaires, une dizaine de mensuels – et toute cette littérature pour une population de moins de 3 millions d'habitants !

De même, et toujours sous le couvert de la démocratie, sur les 5 universités qui avaient ouvert leurs portes dans la capitale, une seule était nationale ! L'université américaine, l'université Saint-Joseph (dépendant de l'université de Lyon), l'université arabe (directement financée à partir du Caire), l'université du Saint-Esprit (des moines maronites), et enfin l'université libanaise, seul établissement national.

En troisième lieu, si la Syrie voisine connaissait encore des troubles internes et avait subi une série de coups d'Etat, elle n'en entretenait pas moins une cinquième colonne permanente au Liban. En effet, quel que soit le régime en place à Damas, la Syrie n'a jamais reconnu le Liban comme Etat indépendant et souverain. Elle l'a toujours considéré comme une province occidentale de la Syrie. Ainsi, contrairement aux règles élémentaires des relations internationales, Damas n'a jamais ouvert d'ambassade à Beyrouth.
Mais l'élément le plus important, en ce début des années 1960, fut sans aucun doute l'émergence d'une nouvelle génération de la résistance palestinienne avec la création de l'organisation Fatah par Yasser Arafat et ses amis. La défaite arabe lors de la guerre avec Israël en 1967 et la chute du prestige de Nasser devaient permettre à Yasser Arafat non seulement de prendre la tête de l'OLP, mais de faire de la cause palestinienne le critère fondamental de tout nationalisme arabe. De mois en mois, et au fil des ans, les Palestiniens s'érigeaient en conscience du monde arabe.
Dès lors, au Liban comme en Jordanie, les affrontements entre Palestiniens et autorités locales devenaient de plus en plus fréquents. L'Etat libanais était miné de l'intérieur. Otage de ses propres contradictions – pays arabe n'ayant jamais participé aux guerres avec Israël en dépit de son appartenance au front des pays du champ de bataille, soumis aux pressions des pays frères –, en 1969 le Liban signait avec l'OLP les accords du Caire. Ils réglementaient la présence armée dans le pays et ils accordaient aux Palestiniens des facilités allant d'une manière flagrante à l'encontre de la souveraineté libanaise.
Liquidés en Jordanie en septembre 1970, muselés en Egypte, parqués en Syrie, les Palestiniens pouvaient se déchaîner au Liban et transformer leurs camps de réfugiés en véritables forteresses, érigeant ainsi un Etat dans l'Etat.
Les conflits se multipliaient, certes avec l'armée, mais aussi avec les représentants des communautés chrétiennes qui voyaient avec appréhension leur montagne assiégée.
En novembre 1974, devant l'assemblée générale des Nations unies, le président de la République libanaise, Soleiman Frangié, chrétien maronite, lançait un vibrant plaidoyer pour la cause palestinienne avant de céder la parole à Yasser Arafat. Tout semblait aller pour le mieux entre Libanais et Palestiniens. Cinq mois plus tard, le 13 avril 1975, le drame éclatait, plongeant le Liban dans la tragédie qu'il vit encore aujourd'hui.
Sa première séquence, appelée la « guerre des deux ans », se déroule au cours des années 1975-1976. C'est un affrontement entre les milices chrétiennes d'une part, et une coalition hétéroclite de partis nationalistes arabes de gauche et les Palestiniens de l'autre.
A l'époque, on devait se prononcer pour ou contre la résistance palestinienne. Celle-ci avait créé un véritable Etat dans l'Etat libanais et instauré des enclaves armées autonomes au nom du combat contre Israël.
Les combats commencent dans la banlieue de Beyrouth, puis gagnent le centre-ville ainsi que différentes provinces. Il s'agit à cette époque d'une guerre de positions au cours de laquelle les Syriens interviennent d'abord politiquement, puis militairement. La Syrie, qui veut mettre les Palestiniens sous tutelle, n'hésite pas à venir en aide aux milices chrétiennes. La fin de la « guerre des deux ans » voit la conclusion d'un accord arabe signé à Riyad, qui avalise la présence syrienne en y ajoutant quelques contingents arabes. La guerre, à peine terminée à Beyrouth, éclate de plus belle au Sud, où se crée un abcès de fixation qui va constamment miner le processus de pacification.
Dès 1975, les Israéliens effectuent des raids contre des villages du Liban du Sud et des camps palestiniens comme représailles contre les opérations palestiniennes effectuées à partir du territoire libanais.
La deuxième séquence de la guerre s'étend de la fin de l'année 1976 jusqu'en 1982. Elle est marquée par l'invasion, en 1978, du Liban Sud par l'armée israélienne et par deux grands affrontements entre les Syriens et les milices chrétiennes, l'un dans le quartier beyrouthin d'Achrafieh, l'autre à Zahlé, dans la plaine de la Bekaa. Parallèlement, à Beyrouth, les combats sur la ligne de démarcation entre les deux secteurs de la capitale sont quasi permanents. Sur la scène internationale, on prépare les accords de Camp David, et les Syriens cherchent par tous les moyens à se rendre incontournables dans les négociations menées avec l'Egypte.
La troisième séquence de la guerre voit l'invasion israélienne du Liban. L'armée de l'Etat hébreu, qui occupe déjà une partie du Liban Sud, avance jusqu'à Beyrouth et assiège la partie occidentale de la ville. C'est l'un des moments les plus sanglants de la guerre. Les bombardements navals se conjuguent aux bombardements aériens. Les civils des camps palestiniens de Sabra et Chatila sont massacrés par des membres des milices chrétiennes sous l'œil bienveillant de l'armée israélienne. La présence israélienne dans la capitale fera en un laps de temps record au moins 25 000 morts dont 6 000 à Beyrouth. Une force multinationale intervient alors pour faire cesser les combats et disperser les forces palestiniennes hors du Liban. Le commandement de l'OLP s'installe à Tunis. L'armée israélienne se retire de Beyrouth, mais occupe toujours un septième du territoire libanais.

La quatrième séquence de la guerre correspond aux combats du Chouf, de 1983. Les Israéliens, qui avaient entraîné à leur suite les combattants des milices chrétiennes dans les villages druzes, se retirent sans crier gare. Les habitants des villages chrétiens se retrouvent face à la colère des Druzes soudain libres de leurs mouvements. Des centaines de civils sont massacrés. Les chrétiens quittent la région et se réfugient à Beyrouth et dans sa banlieue. Dans la partie occidentale de la capitale, les milices chiites prennent leurs quartiers au détriment de l'armée régulière, obligée de céder la place. La division de Beyrouth est à son comble. Réunis en Suisse, les dirigeants libanais tentent encore une fois de trouver un terrain d'entente.

Le Liban se retrouve plongé dans une instabilité permanente entretenue par des affrontements intercommunautaires et politiques internes ainsi que régionaux (palestino-syriens). C'est le règne des milices, le temps de la décomposition sociale. L'autorité de l'Etat se réduit à la portion congrue. C'est dans ce climat qu'en 1989 le général Michel Aoun lance des attaques contre les forces syriennes installées au Liban, attaques suivies de près par les combats qui opposeront l'armée du général à la milice des forces libanaises. Ces épisodes guerriers se concluent par l'exil, en France, de celui qui les a déclenchés. L'accord de Taef (Arabie saoudite) est signé en octobre 1989 par les députés libanais étroitement encadrés. Le gouvernement libanais ratifie, en mai 1991, l'accord dit « de fraternité, de coopération et de coordination » entre la Syrie et le Liban. Le désarmement des milices s'amorce. Ainsi s'achève une guerre qui a mis le pays à genoux pendant dix-sept longues années.

Les phases de la guerre

La guerre a connu plusieurs phases. De 1975 à 1983, les acteurs libanais ont toujours été confrontés à des forces étrangères : Palestiniens, Syriens et Israéliens. Dans le même temps, l'Etat s'affaiblissait sous les coups de boutoirs de milices communautaires.

En effet, chacune des grandes communautés (sunnites, chiites, druzes et chrétiennes) avait sa propre armée qui, au gré des déplacements des populations, contrôlait à la fois la région et la communauté. Hier encore mixtes, ces régions devenaient au fil des ans homogènes et unicommunautaires.

Dès 1983, la guerre devient intercommunautaire. Druzo-chrétienne dans le Chouf en septembre 1993, chiito-chrétienne à Beyrouth en 1984...

En 1985, après la chute de la livre libanaise, l'inflation galopante déclenche une crise économique sans précédent. La livre libanaise, qui valait deux francs, dix ans auparavant, aborde une chute vertigineuse. Aujourd'hui, 1 euro vaut environ 1 682 livres libanaises.

En 1988, date de la fin du mandat du président Amin Gemayel, les députés libanais n'arrivent pas à se mettre d'accord sur le nom d'un candidat. Selon la Constitution et aussi la tradition, le général en chef de l'armée Michel Aoun est nommé président du Conseil d'un gouvernement militaire rejeté par les musulmans. Les Libanais se retrouvent avec deux gouvernements. La guerre repart de plus belle jusqu'au 13 octobre 1990. A cette date, la crise du Golfe renforce la position syrienne. Les Etats-Unis veulent à tout prix avoir la Syrie au sein de la coalition anti-irakienne. En contrepartie, les forces de Damas ont le feu vert pour « normaliser la situation » au Liban. Pour la première fois l'aviation syrienne intervient et les troupes de Hafez al Assad prennent d'assaut le palais présidentiel. Le général Aoun se réfugie à l'ambassade de France avant de s'exiler pendant 15 ans sur le territoire français.

L'homme miracle

Après une période transitoire, le milliardaire libano-saoudien, Rafic Hariri, musulman sunnite, est nommé à la présidence du Conseil. Entretemps, les députés libanais ont modifié la Constitution par les fameux accords de Taef (octobre 1989), donnant plus de poids et de pouvoirs au président du Conseil au détriment du président de la République, Elias Hraoui.

Hariri lance un important plan de reconstruction du Liban évalué à une dizaine de milliards de dollars et qui, aux yeux des dirigeants libanais, devait projeter le Liban au XXIe siècle. Beyrouth devient un immense chantier (reconstruction du centre-ville, construction d'autoroutes, de tunnels et de ponts), mais cette reconstruction s'accompagne d'un appauvrissement très net de la population au sein de laquelle émerge certes une classe de nouveaux riches, mais au détriment d'une classe moyenne traditionnellement ancrée dans le tissu social libanais. Les élections ont lieu en septembre 1992 et en août et septembre 1996.

La Chambre des députés deux fois renouvelée laisse une dizaine de sièges sur 128 au total aux opposants. Entre-temps le Liban, engagé dans le processus de paix avec Israël sous la houlette des Etats-Unis, se range totalement sur les positions syriennes et revendiquait jusqu'en mai 2000 l'application de la résolution 425 du Conseil de sécurité des Nations unies qui stipulait le retrait inconditionnel des troupes étrangères du Liban. Le gouvernement de Beyrouth suspectait Israël de vouloir contrôler au sud du Liban, zone occupée depuis mars 1978, les sources du fleuve Litani qui délimite les eaux du Jourdain.

Dans le même temps le nouveau président du Conseil, fort de ses amitiés occidentales, et notamment avec le chef de l'Etat français, Jacques Chirac, obtient des investissements et

des accords financiers ainsi que des protocoles d'Etat à Etat fortement avantageux pour le Liban. Mais l'année 1996 a connu des troubles sociaux vite et fortement réprimés par l'armée. Le gouvernement tente également, à travers la loi sur les médias, de contrôler les journaux et la télévision du pays. Devant le tollé suscité par cette initiative, il a dû faire marche arrière, pour le moins momentanément.
Corrélativement, le coût de la vie est en forte croissance, rendant plus difficile encore la vie quotidienne de la population. Dans un pays où l'enseignement et l'éducation relèvent pour plus de la moitié des enfants scolarisés du secteur privé, c'est devenu une gageure pour une famille de payer, à ses enfants, l'école et l'université.

La libération du Sud-Liban

Après 22 ans d'occupation douloureuse et coûteuse en vies humaines militaires et civiles, dans la nuit du lundi 22 au mardi 23 mai 2000, les soldats israéliens ont quitté le Liban du Sud. Le retrait s'est accéléré après la déroute de la milice alliée d'Israël, l'armée du Liban-Sud (ALS), face à l'avancée du Hezbollah. L'ALS, dans une totale débandade, a abandonné à l'ennemi position après position. En quelques heures, les étendards du Hezbollah flottaient sur la région qu'Israël avait appelée sa zone de sécurité : un territoire de 850 km² où vivaient 200 000 personnes dont près de 60 % étaient chiites et un peu plus d'un quart des chrétiens. Par peur des représailles, les 2 500 à 3 000 hommes de l'armée du Liban-Sud qui avaient leurs quartiers généraux à Marjayoun se sont réfugiés avec leurs familles en Israël (on parle de 5 000 à 6 500 personnes). Depuis le retrait israélien, des vols de centaines de voitures et d'habitations ainsi que des exactions contre des civils ont été signalés. Toutefois, des centaines de membres de l'ALS ont refusé de regagner Israël et se sont rendus aux autorités libanaises. La plupart ont fait de 6 à 12 mois de prison à Roumieh (à l'est de Beyrouth) avant de revenir dans leurs villages. Le départ des troupes israéliennes et de l'ALS constitue encore aujourd'hui une victoire pour le mouvement Hezbollah (Parti de Dieu). En grande partie financé par l'Iran, allié de la Syrie, le Hezbollah compte environ 5 000 combattants et 8 000 réservistes recrutés essentiellement au sein de la population chiite libanaise. Il se veut un modèle de résistance nationale contre Israël.

Sud-Liban, une zone sous tension

Malgré le retrait de l'armée israélienne du Liban du Sud en mai 2000 et le tracé d'une ligne bleue qui délimite la zone à l'intérieur de laquelle l'ONU atteste que le retrait israélien a bien eu lieu, la situation entre le Liban et Israël demeure toujours tendue : pour preuve la guerre de 33 jours en juillet 2006.
L'un des points de discorde est la zone contestée des fermes de Chebaa, une petite commune agricole et montagneuse située à l'extrême sud de la Bekaa. Le Hezbollah et l'Etat libanais affirment que ces terres sont libanaises. Mais elles sont aussi revendiquées par la Syrie et toujours occupées par les Israéliens depuis 1967 lors de l'invasion du Golan syrien. Toutefois, aucun des documents présentés n'a pu établir formellement la libanité des fermes de Chebaa. De plus, ce secteur ne figure pas dans le tracé de la ligne bleue. La communauté internationale, et notamment l'ONU le reconnaissent comme territoire syrien. La région de Chebaa est stratégique pour Israël pour le contrôle de certaines sources du Jourdain. Ainsi, le Hezbollah, qui règne en maître dans la région et qui avait été le fer de lance de la résistance anti-israélienne durant l'occupation du Liban Sud, lance sporadiquement des roquettes sur les positions israéliennes de cette zone.
En octobre 2000, le Hezbollah a capturé trois soldats israéliens dans cette zone. L'Etat libanais soutient les opérations de résistance du Hezbollah uniquement dans le cadre du secteur des fermes de Chebaa. De son côté, l'armée israélienne bombarde les montagnes voisines de Kfar Shouba et la chasse israélienne survole régulièrement le territoire libanais. Israël accuse la Syrie et l'Iran d'attiser la tension à la frontière libano-israélienne. De plus, depuis le début de la seconde intifada dans les villes palestiniennes, de nombreuses attaques à l'arme automatique et à la roquette Katioucha lancées du Liban et orchestrées par des Palestiniens réfugiés proches du mouvement Fatah ont visé des kibboutz israéliens frontaliers.
La situation s'est envenimée en septembre 2002 au sujet des eaux du Wazzani. Cette petite rivière qui prend sa source et coule sur quelques kilomètres au Liban, continue sa route en Israël. Afin d'alimenter en eau une vingtaine de villages du sud, les autorités libanaises ont augmenté les capacités de pompage de 7,5 millions de m³ par an à 10 millions. Le gouvernement israélien en a fait un casus belli. Le Liban se dit dans son droit.
En novembre 2004, la tension est montée d'un cran lorsqu'un ULM « Mersad 1er », un avion sans pilote, lancé par le Hezbollah à partir du Liban a survolé pendant 16 minutes plusieurs localités du nord d'Israël sans que ses radars ultra-sophistiqués n'aient pu le repérer. C'était la première fois depuis 1948 qu'un avion en provenance du Liban survolait le territoire israélien et rentrait indemne sur le sol libanais. En janvier 2005, un nouvel accrochage dans la région de Chebaa faisait trois morts : un milicien du Hezbollah, un officier israélien et un observateur français de l'ONU.

Dégâts de la guerre et leur coût :

- **Aéroport international Rafic Hariri :** 55 millions de $.
- **91 ponts détruits :** 337 millions de $.
- **137 routes endommagées :** 97 millions de $.
- **Réseaux de télécommunications :** 133 millions de $.
- **Réseaux de distribution d'électricité :** 68 millions de $.
- **Réseaux de distribution d'eau :** 81 millions de $.
- **Usines et bâtiments industriels détruits :** 220 millions de $.
- **40 km² de champs contaminés** par les bombes à sous-munitions.
- **345 villages** affectés.
- **862 écoles** partiellement ou totalement endommagées.
- **118 963 habitations** ont été totalement détruites ou endommagées. Par exemple, 15 % des immeubles du quartier Haret Hreik dans la banlieue sud de Beyrouth ont été touchés ou détruits.
- **L'agriculture** (olive et tabac), l'élevage, l'apiculture et la pêche ont été affectés. Des milliers de mines et de munitions non explosées interdisent l'accès aux terres agricoles.
- **La destruction des réservoirs de mazout** à Jiyé (plus de 15 000 tonnes de pétrole se sont déversées dans la mer) a entraîné une importante marée noire.

La guerre de l'été 2006

Le 12 juillet 2006 au matin, le Hezbollah attaque à la frontière israélo-libanaise une patrouille israélienne, huit soldats sont tués et deux autres sont capturés. La réponse d'Israël est immédiate avec le bombardement pendant 33 jours des infrastructures au Liban dont l'aéroport international de Beyrouth, une centaine de ponts, des routes, des usines. Israël impose un blocus aérien et maritime. Des quartiers de certains villages du Liban Sud sont bombardés et rayés de la carte. La population civile fuit les zones de combats et les bombardements. Le Hezbollah réplique par des tirs quotidiens de roquettes sur le territoire israélien qui feront une cinquantaine de morts. Suite à l'adoption de la résolution 1701, la cessation des hostilités intervient le 14 août 2006. L'armée libanaise entame le déploiement de 15 000 soldats dans le sud, après 40 ans d'absence. Conformément à la résolution onusienne, 13 500 casques bleus de la Finul prennent position au Liban Sud.

Le bilan du côté libanais est lourd : 1 183 morts et 4 059 blessés dont 15 % sont restés handicapés. Le bilan de cette guerre est considérable : victimes civiles, dégâts physiques et économie paralysée. Les destructions sont estimées à 3,6 milliards de $.

La crise politique

Avec les élections et la nomination d'Emile Lahoud à la présidence de la République en octobre 1998, la formation d'un gouvernement sous la présidence de Sélim Hoss en décembre 1998, puis le retour de Rafic Hariri à la tête d'un nouveau gouvernement en octobre 2000, on avait assisté à un nouveau renouvellement des personnes au pouvoir et à la volonté de changement affichée par les nouveaux responsables en place.

Nouveau chamboulement en novembre 2004 avec la prorogation du mandat du président Emile Lahoud pour trois ans. Dans le même temps, Rafic Hariri a laissé son poste de Premier ministre au tripolitain Omar Karamé, déjà chef du gouvernement au début des années 1990.

Le 14 février 2005, un attentat à l'explosif tue Rafic Hariri et 22 autres personnes et réveille de vieux démons. Incontournable sur la scène internationale, le meurtre de Rafic Hariri crée un vide considérable dans le jeu politique interne. L'assassinat de l'homme qui incarnait la reconstruction du Liban va chambouler les cartes de la scène politique libanaise. Devant la pression internationale et l'opposition libanaise, les soldats syriens quittent le 26 avril 2005 le Liban après trois décennies. Le 7 mai 2005, le général Michel Aoun, après 15 ans d'exil, rentre et se rapproche politiquement du Hezbollah. L'enquête internationale sur l'assassinat de Hariri se poursuit, des responsables libanais et syriens sont mis en cause par la commission de l'ONU. Suite aux élections législatives, le gouvernement Fouad Siniora inclut en juillet 2005 des ministres du Hezbollah qui démissionnent en novembre 2006. Le 1er décembre 2006, l'opposition qui réclame un gouvernement d'union nationale lance un sit-in dans le centre-ville de Beyrouth et occupe les places Riad Solh et Debbas.

De mai à septembre 2007, les combats entre l'armée libanaise et les islamistes du Fatah al-Islam dans le camp palestinien de Nahr el-Bared (Liban Nord) font plus de 400 morts dont 168 militaires.

Le 23 novembre 2007, Emile Lahoud quitte la présidence de la république. Son poste reste vacant pendant six mois puisque les séances parlementaires convoquées pour élire le nouveau président sont successivement reportées faute d'un accord entre la majorité et l'opposition.

Parallèlement à cette crise politique, plusieurs incidents communautaires dans différents quartiers de Beyrouth de janvier 2007 à janvier 2008 font craindre le pire. Le 7 mai 2008, l'attaque des milices du Hezbollah et de ses sympathisants sur les quartiers de Beyrouth Ouest (à prédominance sunnite) plonge Beyrouth dans l'une des crises les plus graves depuis la guerre civile de 1975-1990. Après une semaine de combat, on dénombre plus de 60 morts et 200 blessés. Sous l'égide de la Ligue arabe, des négociations entre l'ensemble des parties en conflit s'ouvrent à Doha (Qatar). Un accord est trouvé pour l'élection d'un président consensuel (le commandant en chef de l'armée libanaise Michel Sleimane, un chrétien maronite) et la formation d'un gouvernement d'union nationale. Suite aux élections législatives et la victoire de sa coalition, Saad Hariri devient le chef du gouvernement le 9 novembre 2009.

En 2010, les tensions politiques sont toujours présentes entre les camps du 14-Mars (coalition conduite par Saad Hariri et son courant du Futur) et l'alliance du Hezbollah et du Courant patriotique libre (CPL) du général maronite Michel Aoun, proche de la Syrie et de l'Iran. La situation s'est aggravée à l'approche de l'acte d'accusation du TSL (tribunal spécial pour le Liban) qui doit juger les responsables de l'assassinat de Rafic Hariri. Ce climat de crise s'ajoute à une situation toujours fragile au Liban Sud, comme l'illustre l'accrochage du 3 août 2010 entre les armées libanaises et israéliennes. L'incident frontalier fait 4 morts. C'est dans ce contexte que le président iranien Mahmoud Ahmadinejad a effectué une visite au Liban en octobre 2010 et s'est affiché publiquement pour la première fois aux côtés du Hezbollah à 4 km de la frontière israélienne.

Le 12 janvier 2011, suite à la démission collective de 11 ministres emmenés par le Hezbollah, le gouvernement d'union nationale de Saad Hariri est tombé. Le président Sleiman a nommé Najib Mikati comme nouveau Premier ministre. Il avait déjà occupé ce poste quelques semaines en 2005 après l'assassinat de Rafic Hariri et la démission du gouvernement d'Omar Karamé.

La crise des réfugiés syriens

Pays limitrophe de la Syrie, le Liban a, dès le début de la crise syrienne, vu des milliers de ressortissants traverser la frontière pour échapper aux combats. Selon les estimations de l'UNHCR, on dénombrait près d'1,3 millions de réfugiés syriens au Liban en 2015, soit près d'un quart de la population libanaise. Par peur de voir se reproduire le schéma des camps palestiniens, les autorités libanaises ont toujours refusé l'instauration de camps de réfugiés officiels pour les Syriens qui se sont donc installés où ils le pouvaient, au sein des communautés libanaises existantes. En raison de la proximité de la frontière avec la Syrie, la Bekaa est la région qui accueille le plus de réfugiés.

L'afflux de réfugiés syriens a des conséquences directes sur la situation économique du Liban. Si leur présence permet de soutenir la demande et donc la consommation globale dans le pays, l'emploi, l'éducation et l'accès aux ressources de première nécessité (notamment l'eau et l'électricité) sont fortement touchés. Selon une étude menée par la Banque Mondiale, la crise syrienne a déjà coûté au Liban 7,5 milliards de dollars entre 2011 et mai 2014, « poussant 170 000 Libanais sous le seuil de pauvreté, doublant le taux de chômage à 20 % en 2014 et pesant sur les dépenses gouvernementales à hauteur de 1,1 milliard de dollars par an ».

Le nouveau gouvernement de Mikati (le Hezbollah et ses alliés y ont 19 portefeuilles sur 30) a été mis en place après plus de cinq mois de tractations dans un contexte politique et militaire régional en ébullition : chute des régimes de Ben Ali et Moubarak en Tunisie et en Egypte, révoltes populaires au Yémen et en Syrie, attaques de la coalition internationale sur la Libye, incidents au Liban Sud lors de la commémoration de la Nakba en mai 2011 (10 Palestiniens tués). Après six mois de négociations, Najib Mikati annonce le 13 juin 2011 son gouvernement. Dix-neuf des trente postes ministériels reviennent au Hezbollah et à ses alliés. Les autres sont attribués à des personnalités choisies par le chef de l'État, le Premier ministre et le chef druze Walid Joumblatt. Le président syrien Bachar al-Assad qui, selon l'Alliance du 14-Mars de Saad Hariri, aurait influencé la composition du gouvernement, félicite aussitôt Najib Mikati.

Le Liban aujourd'hui

Le 22 mars 2013, le Premier ministre sunnite Najib Mikati annonce sa démission et justifie cette décision par son désaccord avec le Hezbollah au sujet de la reconduction du chef d'un des services de sécurité du pays et de la préparation des élections législatives prévues en juin. Le président Michel Sleiman charge ensuite le député sunnite de Beyrouth Tammam Salam de former un nouveau gouvernement. Issu de l'Alliance du 14-Mars, pro-occidentale, celui-ci dispose également du soutien de l'Alliance du 8-Mars, dominée par le Hezbollah, et du chef druze Walid Joumblatt. L'année 2013 est par ailleurs marquée par des attentats sanglants, souvent liés à l'exportation du conflit syrien. Le 15 août, un attentat à la voiture piégée dans la banlieue sud de Beyrouth, bastion du mouvement chiite du Hezbollah, cause la mort d'au moins 27 personnes. Il est revendiqué par un groupuscule syrien se proclamant proche des rebelles. Le lendemain, le chef du Hezbollah Hassan Nasrallah, s'exprimant devant des milliers de partisans, accuse les extrémistes sunnites d'être responsables de l'attentat et défend l'implication de son mouvement au côté du régime de Bachar al-Assad. Quelques jours plus tard, des attentats à la voiture piégée visant deux mosquées sunnites de Tripoli font au moins quarante-deux morts. En novembre, un double attentat suicide est mené contre l'ambassade d'Iran à Beyrouth et fait 24 morts. Il est revendiqué par un groupe djihadiste proche d'Al-Qaïda qui dénonce l'engagement du Hezbollah en Syrie. En août 2014, l'arrestation d'un chef djihadiste syrien est à l'origine d'affrontements meurtriers, autour d'Ersal, entre l'armée et des miliciens combattant le régime syrien de Bachar al-Assad. Cette enclave sunnite entourée de villages chiites et chrétiens, dans l'est de la plaine de la Bekaa, près de la frontière avec la Syrie, abrite de nombreux réfugiés syriens. Après des négociations avec l'État libanais, Ersal est finalement désertée le 7 août par les djihadistes qui détiennent alors toujours une vingtaine de soldats et policiers libanais. Fin 2015, 16 militaires seront libérés en échange de personnes détenues au Liban. Entre-temps, sur la scène politique intérieure, 2014 reste marquée par la fin du mandat présidentiel de Michel Sleiman au mois de mai. Faute d'accord entre les députés sur la tenue d'une élection, le poste de président de la République était, en juin 2016, toujours vacant. D'autre part, le Parlement issu des élections de 2009 a voté, en novembre 2014, la prolongation de son mandat jusqu'en juin 2017.

POLITIQUE ET ÉCONOMIE

POLITIQUE

Structure étatique

Symboles

- **Nom officiel du pays** : République du Liban – Al Jumhuriyah al Lubnaniyah.
- **Hymne national** : *Koullouna Lilonataan Lil Oula Lil Alam.*
- **Fête nationale** : elle a lieu le 22 novembre de chaque année et commémore l'indépendance du Liban, le 22 novembre 1943.

Constitution

En 1943, les Libanais ont conclu un pacte national, sorte de modus vivendi, non écrit, toujours en vigueur aujourd'hui et qui pose les bases du système politique. Ce pacte s'appuie sur le recensement officiel de 1932 pour la répartition des postes entre les communautés.
Le pouvoir exécutif est exercé par le président de la République (qui doit être chrétien maronite) assisté de ministres qu'il choisit. Le président est élu pour six ans par le Parlement. Le commandant en chef des armées est également maronite. Le chef du gouvernement, le Premier ministre, est musulman sunnite et le vice-président du Conseil des ministres est un grec-orthodoxe. Le pouvoir législatif est composé de députés élus tous les 4 ans au suffrage universel. Le président de l'Assemblée nationale (ou la Chambre des députés) est un musulman chiite.

Partis

Le Liban compte une multitude de partis politiques, parfois relevant d'une confession. Parmi les principaux, nous pouvons citer (entre parenthèses, leur leader) :

- **Amal** (Nabih Berri, chef du Parlement) ;
- **Courant du Futur ou Moustakbal** (Saad Hariri, ancien Premier ministre) ;
- **Courant el-Marada** (Sleiman Frangié) ;
- **Courant patriotique libre ou Bloc du changement et de la réforme** (Michel Aoun, ancien Premier ministre) ;
- **Forces libanaises** (Samir Geagea) ;
- **Hezbollah ou Bloc de la résistance et du développement** (Hassan Nasrallah) ;
- **Parti national libéral** (Dory Chamoun) ;
- **Parti social nationaliste syrien** (Assaad Hardan) ;
- **Parti socialiste progressiste** (Walid Joumblatt) ;
- **Phalanges libanaises ou Kataeb** (Amine Gemayel, ancien président de la République).

Enjeux actuels

Sans président depuis mai 2014, le Liban fait aujourd'hui face à une crise politique, économique et humanitaire. Sur le plan politique, le gouvernement de Tammam Salam est partisan de la dissociation vis-à-vis du conflit syrien. Il estime en effet que le Liban ne doit pas prendre partie, ni pour le régime de Bachar al-Assad, ni pour l'opposition syrienne. C'est donc la participation active du Hezbollah au conflit syrien qui divise la population et la classe politique libanaises. Le parti chiite et ses alliés chrétiens sont convaincus que la présence du Hezbollah en Syrie permet de sécuriser les frontières du Liban face aux tentatives d'entrée sur le territoire de combattants djihadistes. Les adversaires du Hezbollah lui reprochent quant à eux d'exporter le conflit sur le territoire libanais.
Avec plus d'1,3 million de réfugiés syriens (soit près d'un quart de la population du pays), le Liban est également confronté à une crise humanitaire, qui s'ajoute à une situation économique tendue. Les déficits s'aggravent et le chômage s'accentue, tandis que la croissance ralentit. De l'avis des experts, sans élection d'un nouveau président, et sans résolution du conflit syrien, il ne faut pas s'attendre à ce que la situation s'améliore.

REPÉREZ LES MEILLEURES VISITES

★ INTÉRESSANT ★★ REMARQUABLE ★★★ IMMANQUABLE ★★★★ INOUBLIABLE

ÉCONOMIE

Principales ressources

Après des années de croissance, avec un taux annuel qui tournait autour de 7-8 %, 2011, avec le début de la crise syrienne, a donné un coup de frein majeur à l'économie libanaise. Rapidement, la chute du tourisme, la baisse de l'activité immobilière et des flux de capitaux ont en effet plombé l'économie libanaise. Et malgré un léger rebond en 2014, la situation reste particulièrement tendue en 2015 et 2016.

La facture de la guerre civile (1975-1990)

Avant d'être économique, la facture de la guerre civile a été humaine : 150 000 à 200 000 morts (7 % de la population), 17 415 disparus, 300 000 blessés confondus, dont 50 000 handicapés partiels et 12 000 handicapés totaux, 800 000 déplacés, 3 641 voitures piégées qui ont fait 4 386 morts,

900 000 émigrés et 20 milliards de dollars de destructions. Plus de 450 000 Libanais, sur une population de 3 millions, ont dû quitter leur foyer. La dégradation de quartiers commerciaux entiers – à commencer par le centre-ville de Beyrouth – et la destruction d'habitations, d'hôpitaux, d'usines, de stocks de marchandises, d'écoles, d'universités, de bibliothèques, de monuments historiques représentent 7 milliards de dollars de pertes pour les équipements collectifs et 5 milliards de pertes pour les particuliers. Sans compter la fuite des cerveaux, de la main-d'œuvre qualifiée et des capitaux, l'arrêt des flux financiers venant des pays pétroliers et l'inflation galopante – le taux annuel d'inflation qui était de 19,3 % en 1982 a atteint 727, 4 % en 1987.

La reprise

L'héritage du conflit s'avère très lourd. Les dégâts matériels, la dépréciation de la livre libanaise, la totale désorganisation des administrations et la faiblesse d'un Etat sous tutelle syrienne sont autant d'éléments difficiles à gérer. Ceci étant, le PIB libanais a connu une rapide progression depuis la fin de la guerre, puisqu'il a quadruplé pour atteindre 16,2 milliards de dollars en 1998, puis 32,7 milliards en 2009. De plus, la croissance est passée de 0 % en 2000, 1,3 % en 2001, 2 % en 2002, et 2,3 % en 2003.

Les conséquences de la guerre de l'été 2006

La guerre de 33 jours a constitué un choc économique pour le Liban. Alors que tous les indicateurs de l'économie locale étaient au vert au premier semestre 2006, ils ont inexorablement viré au rouge au cours de la seconde moitié de l'année. Les économistes parlaient d'une croissance de 5 à 6 %, le résultat final a été catastrophique avec une croissance nulle. Autre exemple, les prix ont augmenté de près de 19 % entre juillet 2006 et février 2007.

Les grandes enseignes hôtelières du Liban

Les grandes chaînes hôtelières internationales sont depuis longtemps implantées au Liban, profitant, malgré un contexte sécuritaire souvent délicat, de la bonne santé du secteur touristique.

Ainsi, plusieurs opérateurs sont aujourd'hui présents à Beyrouth :

- **CampbellGray :** Le Gray (centre-ville).
- **Rezidor :** Radisson Blu Martinez (Ain Mreissé).
- **Wyndham :** Ramada (centre-ville).
- **Relais et Châteaux :** Albergo (Achrafieh).
- **InterContinental :** Crowne Plaza (Hamra), Holiday Inn (Verdun), Vendôme et Phoenicia (Ain Mreissé).
- **Sheraton :** Four Points (Verdun).
- **Four Seasons** (centre-ville).
- **Rotana :** Gefinor (Clemenceau), Arjaan (Raouché).
- **Al Habtoor :** Hilton Metropolitan et Hilton Habtoor Grand Hotel (Sin el Fil).
- **Movenpick** (Raouché).
- **Golden Tulip :** Serenada (Hamra), Hôtel de Ville (Ras el Nabah).
- **Accor :** Sofitel Le Gabriel (Achrafieh).

Pour en savoir plus sur l'économie libanaise

LE COMMERCE DU LEVANT
Hazmieh – Immeuble L'Orient-Le Jour – 3e étage
Route de Damas
BEYROUTH
www.lecommercedulevant.com
redaction@lecommercedulevant.com
Le Commerce du Levant est le seul mensuel francophone et économique de la région. Fondé en 1929, il appartient au même groupe que *L'Orient-Le Jour*. Son site internet recense tous les chiffres clés du tourisme, de l'industrie, de l'agriculture et des finances du pays. Le magazine est en vente chaque mois dans toutes les bonnes librairies au prix de 10 000 LL.

Aujourd'hui, l'économie libanaise se caractérise par :
Un secteur privé actif équivalant à près de 90 % du PIB ; un secteur des services important : 69 % de la population active, 70 % du PIB, avec un secteur bancaire actif qui tente de retrouver sa place d'avant-guerre ; un secteur industriel et agricole relativement faible ; l'agriculture, essentiellement axée sur la culture des fruits et légumes, ne représente plus que 5 % du PIB.

Le secteur bancaire
Les banques libanaises ont préservé leur croissance en 2015. Le bilan des banques a totalisé environ 185,99 milliards de dollars (+5,8 % par rapport à 2014). Les dépôts ont augmenté de 4,8 % en 2015 soit un total de 154,9 milliards de dollars.
Aujourd'hui, le secteur bancaire au Liban comptabilise 69 banques et 1 039 agences.

Place du tourisme

Après une excellente année en 2010, le secteur du tourisme au Liban a connu plusieurs années difficiles, dans un contexte régional particulièrement tendu avec la crise syrienne et l'afflux de réfugiés sur le territoire libanais. Depuis 2014, le Liban semble remonter la pente et 2015 a été une bonne année, avec 1,5 million de touristes enregistrés. Un chiffre en augmentation de 12 % par rapport à l'année précédente. Les touristes européens représentent le tiers des visiteurs et dépassent pour la première fois depuis de nombreuses années les touristes arabes, tandis que les Américains complètent le podium. Les visiteurs irakiens – dont la plupart sont des réfugiés – représentent toujours le plus gros contingent de visiteurs arabes (40 %). Suivent les Jordaniens (77 960), les Egyptiens (75 524) et les Saoudiens (47 831). La chute constante des visiteurs arabes s'explique en grande partie par l'obstruction de la voie terrestre consécutive au conflit syrien, ainsi que par les appels répétés des gouvernements du Conseil de coopération du Golfe à éviter la destination libanaise.
Le tourisme contribue pleinement au développement économique du pays et représente environ 20 % du PIB national.

Enjeux actuels

L'économie libanaise reste affectée par la dégradation du climat sécuritaire de la sous-région et par l'importance du flux de réfugiés que le pays reçoit sur son sol. L'intensification de la guerre en Syrie et les risques de déportation du conflit sur le territoire libanais continueront de constituer un frein à une réelle reprise économique en 2016, estiment les experts. Les moteurs de croissance habituels que sont les services financiers, le tourisme et l'immobilier continueront de souffrir de la détérioration de la confiance des ménages et des entreprises. Depuis le deuxième trimestre 2015, la construction et l'immobilier ralentissent et la perspective d'une reprise en 2016 semble peu probable.

Quelques chiffres

- **PIB :** 54,6 milliards de dollars.
- **Répartition du PIB :** agriculture 6 %, industrie 20 %, services 74 %.
- **Taux de croissance :** 2 %.
- **Inflation :** 3 %.
- **Chômage :** environ 20 %. 1/5e des 15 à 24 ans est sans emploi. Le chômage ne fait qu'augmenter les demandes d'émigration des jeunes vers les pays du Golfe comme Dubaï, l'Europe et les Etats-Unis.
- **Salaire minimum :** environ 300 $ par mois.
- **Exportations :** 3 milliards de dollars (agroalimentaire, bijoux et métaux précieux, matériel électrique, produits chimiques), principalement vers l'Arabie saoudite, les Emirats arabes unis, l'Irak, la Syrie et l'Afrique du Sud.
- **Importations :** 18,08 milliards de dollars (produits minéraux, matériel électrique, produits chimiques, matériel de transport) principalement depuis la Chine, l'Italie, l'Allemagne, la France et les Etats-Unis).

En effet, les ventes immobilières ont baissé de 10,4 % en 2015. La consommation devrait se maintenir en 2016 mais bénéficiera aux importations qui comptent pour plus de 70 % du PIB. Le ralentissement ainsi que les mesures de rigueur budgétaire annoncées dans les pays arabes où est présente une grande partie de la diaspora devraient également limiter le pouvoir d'achat des expatriés libanais. D'autre part, dans un contexte de durcissement de la politique monétaire américaine, la banque du Liban pourrait être contrainte de remonter ses taux, ce qui limiterait une reprise de l'investissement et du crédit aux ménages.

Un pays endetté

Aujourd'hui, le principal problème du Liban est l'augmentation de sa dette publique qui est devenue insoutenable pour l'économie locale. En 2015, elle a dépassé le seuil des 70 milliards de dollars pour atteindre 72 milliards de dollars (132 % du PIB). Pour rappel, cette dette était de 7 milliards de dollars en 1995. Le déficit public s'est lui aussi creusé et a représenté, en 2015, 29,2 % du PIB, tandis que la balance des paiements est tombée à -3,4 milliards de dollars.

POPULATION ET LANGUES

Population

La population est composée à 85 % de Libanais, 9 % de Palestiniens. Dans ces chiffres sont inclus les Arméniens et les Kurdes ayant la nationalité libanaise. Plus de 90 % de la population est urbanisée et 98,6 % des jeunes de 15 à 24 ans sont alphabétisés.

Qui sont les Libanais ?

Situé à un point de rencontre de trois continents, le Liban a connu beaucoup d'invasions et plusieurs flux migratoires. Le Libanais a donc de multiples origines. Après les populations dites asianiques à l'époque du néolithique arrivèrent successivement les Cananéens (ancêtres des Phéniciens), les Amorrhéens, les Egyptiens, les Assyriens, les Araméens, les Hittites, les Mèdes, les Perses, les Grecs, les Romains, les Arabes, les croisés, les Turcs, etc. Puis, plus récemment, le Liban a été une terre refuge pour les Arméniens, les populations chrétiennes de Syrie et d'Irak, les Iraniens et les Palestiniens, etc.

Les chiffres de la population

Le dernier recensement date de 1932. Vous aurez compris que les statistiques démographiques manquent au Liban. Les chiffres disponibles aujourd'hui sont des estimations ou le résultat d'études universitaires.

- **La population libanaise** est estimée à 5,612 millions d'individus. Le taux de croissance est en moyenne par an de 1,1 %. On compte près de 4,6 personnes par ménage, soit en moyenne 1 chef de famille, 0,84 conjoint, 2,52 enfants et 0,24 autres parents.

- **L'hypertrophie de l'agglomération de Beyrouth** est réelle puisque près de 40 % des ménages libanais y résident (9 % à Beyrouth même et 31 % dans ses banlieues).

- **Les moins de 15 ans** représentent 26,2 % de la population, les 15-64 ans 66,7 % et les plus de 65 ans 7,1 %. Le Liban a la particularité d'avoir un nombre d'hommes inférieur à celui des femmes dans la classe d'âge des 15-64 ans, le ratio est de 0,922 homme pour une femme. L'une des principales explications est l'émigration. Ce sont souvent les chefs de famille qui travaillent à l'étranger.

- **Le taux de célibat** (69 %) pour les jeunes de 18 à 35 ans ne cesse de progresser. Il était d'environ 35 % dans les années 1970. Cela s'explique par l'émigration, les conditions de vie de plus en plus difficiles et le prolongement des études. L'âge du mariage des jeunes varie d'une région à une autre : par exemple, 11,4 % des filles de 20 à 24 ans sont mariées à Beyrouth, la moyenne pour le reste du Liban tourne autour de 20 %.

- **3,1 % de la population libanaise** déclare avoir une deuxième nationalité (35 % d'un autre pays arabe et 22 % des Etats-Unis et du Canada).

- **3,1 enfants par femme** en 1995, 2,25 en 1999, 1,98 en 2003, 1,88 en 2007, et 1,5 en 2012. Le nombre annuel de naissances par femme au Liban ne cesse de diminuer. Avec le développement du travail des femmes, ces dernières ont de plus en plus de difficultés à concilier leur carrière professionnelle et leur rôle de mère. De plus, le changement des mentalités, la maîtrise de la fécondité, le mariage tardif et l'augmentation des divorces contribuent également à cette baisse de la natalité. Si le phénomène reste inchangé, la population libanaise diminuera d'ici quelques dizaines d'années.

Une population éduquée

Le Liban est l'un des pays les plus avancés de la région en matière d'éducation. En 2012, 97,3 % des enfants étaient inscrits à l'école primaire, qu'elle soit privée ou publique. Pour la tranche des jeunes âgés de 15 à 24 ans, le taux d'alphabétisation s'élevait à 98,6 %. Pourtant, la part des dépenses du gouvernement dans l'éducation reste faible : environ 6 % en 2012.

Les Palestiniens

- **Le conflit israélo-arabe** de 1948 provoqua l'exode de réfugiés palestiniens vers le Liban. Ils seront plus de 100 000 à traverser la frontière ou à venir en bateau en provenance de Jaffa et Haïfa. Les plus pauvres ont été installés dans des camps, les plus riches ont trouvé un nouveau logement. Dans les années 1950-1960, une petite partie d'entre eux a pu obtenir la nationalité libanaise. Il s'agissait essentiellement de Palestiniens chrétiens qui étaient des commerçants et des professeurs. Beaucoup vivaient dans le quartier de Hamra à Beyrouth. A cet exode de 1948 va venir se greffer celui de 1967.

Aujourd'hui, 495 985 Palestiniens sont enregistrés auprès de l'UNRWA au Liban, mais on estime qu'ils sont entre 260 000 et 280 000 à vivre encore sur le territoire libanais. Il faut désormais ajouter plus de 40 000 réfugiés palestiniens en provenance de Syrie. 63 % vivent dans les 12 camps officiels aux périmètres bien définis. Il y en a 4 dans l'agglomération de Beyrouth : Bourj Brajné (20 162 habitants), Chatila (12 116), Dbayé (1 414) et Mar Elias (1 411) ; 2 à Saïda : Aïn el-Héloué (44 775) et Mié Mié (4 995) ; 3 à Tyr : Rachidié (25 081), Bourj Chemali (18 375) et Bass (9 951) ; 2 à Tripoli : Nahr el-Bared (28 931 - chiffre donné avant sa destruction partielle en 2007) et Beddaoui (15 982) ; 1 à Baalbek : Wavell ou Al-Jalil (7 478).

Les Palestiniens qui vivent hors des camps tentent de se fondre dans la société. Ils sont plutôt nombreux dans la Bekaa comme à Rachaya, Deir Zanoun, Saadnayel, Bar Elias et Taalabaya. Généralement, ils se regroupent par quartier et cherchent en priorité à ne pas se faire remarquer. Ils ont un travail, souvent comme ouvrier dans des usines ou dans le bâtiment. La condition de vie des Palestiniens au Liban n'est guère enviable. Les camps sont surpeuplés et souvent insalubres. Privée de ligne de téléphone, approvisionnée en eau et en électricité de façon rudimentaire, souffrant du manque d'hygiène, la population des camps ne peut s'appuyer que sur l'aide d'associations et des services des Nations unies (UNRWA). Les données statistiques de la vie dans les camps sont alarmantes : 20,8 % des Palestiniens actifs sont au chômage, 65 % des Palestiniens vivent sous le seuil de pauvreté (soit avec moins de 6 $ par jour), 44 % des familles gagnent moins de 2 400 $ par an, 16 % des enfants ne sont pas scolarisés, 81 % des enfants sont scolarisés dans les écoles de l'UNRWA, on compte 1,3 médecin pour 10 000 réfugiés, 1 personne sur 4 dit n'avoir aucun espoir pour son avenir.

Langues

L'arabe moderne ou littéral, langue officielle de 22 Etats arabes, est une adaptation de l'arabe classique issu d'un ancien dialecte de l'Asie centrale. L'arabe classique est essentiellement une langue de l'écrit : droit coranique, religion musulmane, littérature ancienne.

L'arabe moderne, intermédiaire entre le classique et le dialectal, est devenu la langue commune à tous les habitants du Maghreb (Occident) et du Machrek (Orient). Il s'emploie dans les discours officiels, la presse, les émissions audiovisuelles, les organes de communication en général. Cependant, chaque pays conserve un dialecte spécifique réservé à l'expression orale, c'est le cas du libanais. Une forte proportion de la population libanaise a reçu une éducation occidentale. De nombreuses écoles privées d'origine étrangère se sont en effet implantées dans le pays (université américaine de Beyrouth, université Saint-Joseph…), maintenant un haut niveau d'instruction.

Le libanais

Une langue bigarrée, tout en images. Des phrases en libanais entrecoupées par des mots français et anglais : voilà ce que vous entendrez dans ce pays de tous les mélanges. Même si votre interlocuteur maîtrise presque parfaitement sa langue maternelle, le français ou l'anglais, ses phrases seront souvent trilingues. C'est ainsi, en s'adressant à vous dans la langue de Molière, qu'il laissera souvent échapper une interjection en libanais comme « *ya'neh'* » qui veut dire « cela signifie, je veux dire (*I mean*)… », mais qui sert en fait à marquer une pause dans son intervention. S'il parle en arabe, et pour savoir si vous êtes d'accord avec lui, il vous dira « *OK ?* ». D'autres mots viendront également faire chalouper ses phrases, que vous finirez vous-même par utiliser. Si vous n'êtes pas très porté sur les langues étrangères, il y aura toujours un moyen de s'arranger. Votre interlocuteur n'hésitera pas à allier les gestes à la parole pour communiquer. Vous serez rarement incompris au pays du Cèdre.

MODE DE VIE

Mœurs et faits de société

Hospitalité

L'hospitalité libanaise est remarquable et inégalée dans bien des pays ; en outre, les Français bénéficient d'une réelle « cote de cœur ». L'hospitalité et la spontanéité sont les deux qualités des Libanais qui vous accueilleront à bras ouverts, que vous soyez de passage ou que vous prévoyez de vous installer au Liban. Si vous voyagez en solo, vous serez d'autant plus sollicité, après avoir répondu à la question incontournable : « Tu as aimé le Liban ? ».

Famille

La famille est sacro-sainte au Liban. Au cours de la guerre, elle a joué un rôle fondamental de solidarité. Psychologues et sociologues sont quasi unanimes à souligner son rôle de bouclier psychologique face à la violence qui agressa les civils. Les désordres mentaux occasionnés par plus de 15 ans de guerre auraient été beaucoup plus graves sans la forte présence de repères familiaux.

Mariage

Le mariage est une fin en soi, un devoir religieux, une tradition, un passage obligé, une condition *sine qua non* pour vivre à deux. Sous ses airs émancipés, le Liban n'en garde pas moins ses traditions, le mariage en fait partie. Les mariages intercommunautaires restent marginaux, de même que les divorces, et il est difficile d'avoir des aventures avec des Libanais (es) sans sentir le poids et la joie des perspectives du mariage.

Mariage civil

Le mariage civil n'existe pas encore au Liban. Les couples de confessions différentes doivent se marier hors du pays. La principale destination (qui est également la plus proche) est l'île de Chypre. Un mariage peut y être célébré en quelques jours devant un juge dans une mairie de l'île. Par commodité (proximité des ministères chypriotes et de l'ambassade du Liban), les futurs mariés se rendent à Nicosie, la capitale de Chypre. De retour au Liban, le mariage est enregistré officiellement et sans problème.

Quelques chiffres sur la société libanaise

- **Les hommes** représentent 45 % de la population.
- **L'espérance de vie** est actuellement de 74,7 ans.
- **60 % des Libanaises** de 20 à 30 ans sont célibataires. Le chiffre est de 70 % pour les hommes.
- **28 % de la population** est active.
- **54 % des personnes sans emploi** ont moins de 25 ans.
- **46 % des foyers** ont au moins un membre de leur famille à l'étranger.
- **52 % des couples** de l'agglomération de Beyrouth ont au moins deux enfants.
- **50 % des femmes enceintes** ne bénéficient d'aucune couverture sociale.
- **30 % des Libanais** ont un diplôme universitaire.
- **53 % des étudiants** sont des femmes.
- **1 foyer sur 10** a une ou plusieurs employées domestiques (surtout philippines et sri-lankaises).
- **76 % des Libanais** sont propriétaires de leur domicile.
- **33 % des employés libanais** gagnent moins de 500 $ par mois et 27 % ont un salaire de 500 à 1 000 $ par mois.
- **27 % des foyers** ont deux voitures et plus.
- **38 % des Libanais** ont deux résidences.
- **3 % des Libanais** qui résident au Liban ont une seconde nationalité.
- **2 % des Libanais** lisent régulièrement un quotidien.

La place de la femme

De nombreuses voix s'élèvent pour dénoncer les disparités entre les hommes et les femmes au Liban. Bien que scolarisées autant que les hommes (le taux d'abandon scolaire est même plus élevé chez les garçons), les femmes ne représentent que 21,7 % de la population active. Le taux de femmes universitaires (16,5 %) est inférieur à celui des hommes (18,9 %). De plus, les femmes accèdent très difficilement à des postes à responsabilité. En 1996, 8,5 % des cadres en entreprise étaient des femmes. A tâches égales, le salaire des femmes est inférieur à celui des hommes. Seulement 11 % des femmes au travail gagnent plus de 1 million LL par mois, soit 526 €. Dans le domaine politique, le Parlement ne compte que 4 femmes parmi 128 députés.

Homosexualité

Le Liban, comme la plupart des pays du Moyen-Orient, demeure une société très phallocratique où les rapports entre l'homme et la femme sont assez distants – du moins officiellement – jusqu'au mariage. Et être gay au Liban relève encore du tabou. La guerre a quelque peu ébranlé le conservatisme social qui règne dans cette partie du monde, mais il n'est pas encore de bon ton de revendiquer son homosexualité. Les jeunes sont toutefois plus tolérants. Plusieurs bars de Beyrouth sont connus pour être fréquentés par la communauté gay.

Religion

Ce milieu montagneux riche en eau, et où l'on peut se cacher, a favorisé la présence des hommes : des chrétiens (Grecs catholiques et orthodoxes, maronites), des druzes, secte musulmane issue du chiisme, des musulmans sunnites et chiites. A l'instar de plusieurs pays de la région, dont la Syrie, l'Irak, la Palestine et l'Egypte, le Liban abrite une société multicommunautaire. Cependant, contrairement à ses voisins où la population musulmane sunnite est très largement majoritaire, au Liban, sur les dix-sept communautés officiellement reconnues (treize communautés chrétiennes dont six rattachées à Rome, une juive et trois musulmanes) aucune n'est majoritaire à elle seule. On compte approximativement 60 % de musulmans dont 30 % de chiites, 24 % de sunnites, 6 % de druzes et 40 % de chrétiens dont 24 % de maronites, 13 % de fidèles des Eglises grecque et catholique (melkites), 3 % liés à l'Eglise arménienne.

Musulmans sunnites

Les sunnites libanais seraient au nombre de 500 000. Ils vivent notamment à Beyrouth, Tripoli, au Akkar, et dans la Bekaa. C'est en envahissant la Syrie au VIIe siècle que les Arabes propagent la religion sunnite (terme provenant de la sunna, la « tradition »). On a coutume de définir les sunnites comme étant ceux des musulmans qui, outre leur adhésion à la profession de foi islamique (« Il n'y a d'autre Dieu qu'Allah et Mahomet est son prophète »), suivent les enseignements tirés de la sunna constitués par les hadith, lesquels sont la somme des paroles, faits et gestes attribués au prophète tels qu'ils ont été consignés, après sa mort, à partir des témoignages de ses premiers compagnons. Ces textes, aux yeux des sunnites, ne font que compléter le message coranique qui est la révélation directe de Dieu à son prophète. Cependant, cette définition générale s'applique également aux chiites. Eux aussi suivent la sunna. La différence entre les deux communautés chiite et sunnite se situe ailleurs. Le sunnisme se définit en particulier par la reconnaissance de la légitimité des quatre premiers califes élus ou nommés par leurs partisans : Abou Bakr, Omar, Othman et Ali. Le directeur spirituel de la communauté, au Liban, est le mufti de la République, élu à vie, mais rémunéré par l'Etat libanais dont le rôle est d'appliquer la loi religieuse et de gérer les biens communautaires. Les cinq piliers de l'islam, la religion des musulmans, sont : la shahada (profession de foi), la salat (prière répétée cinq fois par jour), la zakat (aumône légale), le sawm (jeûne du ramadan), le hajj (pèlerinage à La Mecque que l'on doit effectuer, si possible, une fois dans sa vie).

Musulmans chiites

Les chiites représentent 10 % des musulmans du monde. Ils sont environ 80 millions dans la région du Proche-Orient, dont un peu plus de 900 000 au Liban, où ils sont présents notamment dans le sud et dans la Bekaa. Ils sont, à l'origine, les partisans d'Ali, quatrième calife élu comme ses prédécesseurs par la communauté des croyants. Ali, cousin et gendre du prophète, revendiquait pour lui et ses descendants mâles la succession de Mahomet le prophète. Les chiites se sont divisés en plusieurs sectes au cours de leur histoire. La plus importante est celle des duodécimains, prépondérants au Liban. Les duodécimains tiennent leur nom de leur reconnaissance des douze imams, comme successeurs du prophète, les trois premiers étant Ali et ses deux fils, Al-Hassan et Al-Hussein. L'assassinat et le martyre en 680 de ce dernier à Kerbala en Irak marquèrent la rupture entre chiisme et sunnisme. Ce drame est commémoré par la fête annuelle de l'Achoura, au cours de laquelle les chiites s'autoflagellent en signe de compassion pour le martyre de leur imam. Le douzième imam, Mohammed al-Mahdi, qui disparut mystérieusement en 874, est le « Messie attendu », celui dont le retour doit faire triompher la paix, la vérité et la justice sur la Terre. La communauté chiite est dirigée par le Conseil islamique supérieur des chiites.

Druzes

Population professant une foi musulmane hétérodoxe, rassemblant environ 200 000 Druzes au Liban, qui vivent au cœur de la montagne libanaise. L'origine des Druzes remonte au calife fatimide d'Egypte, Hakim ibn Nizar, né en 985, et porté sur le trône en 996, et à son vizir Nachtkein Darazi. C'est de ce dernier que la secte tirerait son nom. Dans le cadre du conflit des Fatimides avec les Abbassides sunnites de Bagdad, les fidèles de Hakim, dont Darazi, parcoururent secrètement les provinces syriennes pour tenter de rallier les populations locales aux croyances religieuses du califat d'Egypte et préparer une percée fatimide dans ces régions. Hakim se proclamera « Incarnation de Dieu » et sa divinité sera admise par certaines populations de Syrie et des environs du Hermon. La doctrine du druzisme, élaborée au début du XIe siècle par les disciples de Darazi, est consignée dans les *Lettres de la Sagesse* (Rassail el-Hikma). L'admission, au sein des croyants druzes, s'est arrêtée en 1042. Au XVe siècle, la société druze est hiérarchisée selon des rites d'initiation, la dotant de chefs religieux, les âqil, qui se distinguent encore aujourd'hui par leur turban blanc. Les Druzes estiment qu'ils sont les seuls à professer l'unicité divine, le tawhîd, et que l'on naît druze, mais qu'on ne le devient pas. La doctrine druze est accessible aux seuls initiés et se pratique non pas dans les mosquées mais dans les « cellules » (khalwa). Elle se caractérise par le messianisme (retour de Hakim à la fin des temps), la croyance en la réincarnation des âmes et la pratique de la taqqiya (dissimulation religieuse) qui consiste à se plier extérieurement aux contraintes religieuses des nations dominantes, tout en conservant la doctrine dans son cœur. La communauté druze est formée des juhhal (les non-initiés) et des oqqal (les sages et les initiés).Sur le plan communautaire, le directeur spirituel, le cheikh Aql druze, détient les pouvoirs qui lui sont dévolus par la loi libanaise en ce qui concerne le statut personnel et successoral, ainsi que la gestion des biens communautaires. Les Druzes sont considérés comme des hérétiques par la plupart des musulmans, mais au Liban la religion est reconnue depuis 1942. Leur leader Kamal Joumblatt (assassiné en 1977) fonde le Parti socialiste progressiste avec une ambition politique nationale, mais les affrontements entre Druzes et milices chrétiennes (1983) les contraignent à se replier sur un canton homogène réduit à la région du Chouf.

Maronites

Communauté chrétienne la plus importante au Liban, elle regroupe environ 900 000 fidèles, principalement concentrés autour du Mont-Liban. Les maronites occupent au Liban une place toujours prépondérante, bien que quelque peu ébranlée par la guerre. Cela tient à leur poids politique et économique ainsi qu'à leur rôle dans l'histoire du pays. L'Eglise maronite tire son origine de saint Maron (Maroun), un pieux ermite qui vécut dans la région d'Antioche. A sa mort, en 423, ses disciples fondent un couvent (Mar Maroun) pour déposer ses restes. Ce monastère devient le fer de lance de la résistance aux monophysites anti-chalcédoniens. Suite aux persécutions des empereurs byzantins, les maronites remontent le cours de l'Oronte pour finalement se réfugier, lors de la conquête arabe, dans la vallée de la Kadisha. Ils se répandent ensuite dans tout le Mont-Liban et le Chouf et se mêlent aux populations autochtones. En 685, et sans demander l'avis de l'empereur byzantin, les Chalcédoniens élisent Jean Maron, premier patriarche maronite d'Antioche. La réaction ne se fait pas attendre. Le couvent de Mar Maroun est détruit, et 500 moines sont massacrés. Mais l'armée des maronites bat les troupes de Byzance et les oblige à évacuer la région. Désormais, les maronites ont leur place forte, la Montagne libanaise, qu'ils défendront à mort pendant des siècles. Dans la difficile émergence de la nation libanaise aux XIXe et XXe siècles, les maronites jouent un rôle essentiel. L'émir musulman Bachir Chéhab s'étant converti secrètement à la confession maronite, il favorisa les adeptes de celle-ci pendant tout son règne (1789-1840). Sa chute fut provoquée par l'insurrection paysanne qui dégénéra en conflit entre maronites et Druzes. Les maronites furent soutenus par la France. En 1861, celle-ci imposa un statut autonome pour le Mont-Liban, encourageant l'essor économique des maronites, notamment via la culture des vers à soie. A la fin du XIXe siècle et au début du XXe siècle, les maronites furent partisans de la renaissance culturelle et de la politique arabe avec des figures telles que Butros Bustnai ou Kahlil Jibran, une position en faveur de la culture qui se poursuit aujourd'hui.Le mandat français direct, entre 1920 et 1943, favorise encore les maronites. A la naissance officielle du Liban, la Constitution et le Pacte national stipulent que le président de la République doit être maronite – les musulmans devant se contenter de la présidence des Chambres. Cette domination sera d'ailleurs remise en cause par la guerre et le pacte de Taef de 1990 aura pour vocation de rééquilibrer cette donne politique. Aujourd'hui, la communauté maronite du Liban et du reste du monde est dirigée par un patriarche d'Antioche. Même si la communauté est moins nombreuse au Liban qu'auparavant, une importante diaspora leur assure un soutien extérieur non négligeable – elle est forte en Afrique noire et aux Etats-Unis. La prospérité économique des maronites tient à la fois à leur rôle dans le système bancaire international mais aussi à l'importance des liens avec l'Eglise.

Grecs orthodoxes

Environ 350 000 au Liban, ils sont concentrés à Beyrouth, Koura, Tripoli, Akkar et Marjeyoun. Habitant les villes côtières, prônant l'arabité et la laïcité, les Grecs orthodoxes sont généralement proches de l'islam. Dans les centres urbains, ils ont formé une aristocratie – de premier plan – de banquiers et de gros commerçants. Les Grecs orthodoxes ne reconnaissent pas l'autorité papale. Le schisme de 1054 a entériné la rupture entre les deux Eglises qui s'opposent par certains aspects du dogme et par le refus de la primauté du pape sur les autres patriarches.

Grecs catholiques

Les Grecs catholiques, dont la communauté s'élève au Liban à environ 200 000 fidèles, sont notamment présents à Beyrouth, Saïda, Tyr et Zahlé. On les retrouve dans les affaires et les professions libérales. Ils sont appelés melkites, à cause d'un rapport originel avec l'Eglise de Byzance de Basileus (le roi est le malak). Au XVIIIe siècle, les melkites reconnaissent la primauté de l'évêque de Rome. Le patriarche Cyrille VI est chassé de son siège patriarcal de Damas et se réfugie au Liban avec ses fidèles. La communauté est dirigée par un patriarche d'Antioche pour les Grecs melkites, qui réside à Damas et dont la juridiction s'étend sur tous les Grecs catholiques du monde.

Arméniens

C'est par vagues successives que les Arméniens, victimes d'un génocide perpétré par les Turcs, se réfugient au Liban. 1895, 1909, 1922 voient cette population s'installer dans la périphérie de Beyrouth. Il s'agit surtout de catholiques rattachés à Rome et de grégoriens spirituellement proches de l'Arménie soviétique. Ces nouveaux immigrants sont dynamiques, travailleurs, économes. Ils réussissent, à force de travail, à se tailler une place de choix sur le marché libanais, notamment dans les secteurs techniques et commerciaux. La bourgeoisie qui en a émergé a acquis une place politique importante. Aujourd'hui, les Arméniens sont représentés au Parlement libanais et au gouvernement avec un ou deux ministres.

Protestants

Convertis par les missions anglo-saxonnes, les protestants – anglicans, baptistes, adventistes, pentecôtistes – sont au Liban une minorité. Un pasteur résidant à Beyrouth en assure la direction.

Juifs

Avant 1967, la communauté juive comptait quelques milliers de membres. Elle vivait essentiellement à Beyrouth notamment dans le quartier Wadi Abou Jmil dans la partie occidentale du centre-ville. Cette communauté ne compte plus aujourd'hui qu'une centaine de personnes. Une synagogue, actuellement en rénovation, située à proximité du centre d'affaires Starco au centre-ville et un cimetière rue de Damas à Beyrouth attestent de cette présence passée.

Château de Mseilha.

ARTS ET CULTURE

La scène artisitique et culturelle libanaise est très dynamique. Intellectuels, artistes, musiciens, peintres, écrivains, photographes, créateurs, cinéastes s'activent pour positionner le Liban et Beyrouth sur l'échiquier culturel mondial. De multiples éléments démontrent que la scène libanaise est en plein essor : le nombre de festivals ne cesse de croître, les salles d'exposition se multiplient à Beyrouth et de nouveaux quartiers comme Mar Mikhael et La Quarantaine sont devenus des destinations recherchées, le Musée national est petit mais remarquable, les espaces de concerts avec des artistes locaux ouvrent régulièrement à Hamra ou à Gemmayzé, les films libanais sont souvent primés, la voix de Fayrouz a déjà séduit le monde entier, les créateurs habillent les plus grandes stars internationales et que dire des écrivains dont Gibran Khalil Gibran est une référence.

Michel Basbous

Sculpteur libanais (1921-1981), né à Rachana, il est le créateur, avec Alfred et Joseph Basbous, du musée en plein air de Rachana (1957). Fougueux, le regard empreint d'une sensibilité lucide, son art de tailler la pierre en a fait le sculpteur libanais le plus remarquable de son temps.

Les architectes majeurs

- **Nabil Gholam**. C'est la signature montante de l'architecture au Liban. Né à Beyrouth en 1962, Nabil Gholam a fait ses études d'architecture à Paris, puis a travaillé avec Ricardo Bofill jusqu'en 1994. De retour à Beyrouth, il crée sa société NGAP et s'impose rapidement sur le marché. Il a déjà dessiné plusieurs projets au centre-ville comme les immeubles Platinum Tower, Garden View, Saifi Village II et CMA-CGM.
- **Bernard Khoury**. L'un des meilleurs architectes du Beyrouth du XXe siècle. Né en 1968, Bernard Khoury est parti faire ses études aux Etats-Unis. De retour à Beyrouth, sa carrière a véritablement décollé en 1998 avec le projet B018, une discothèque enterrée dans le quartier de la Quarantaine au nord d'Achrafieh. C'est à lui que l'on doit également le design des restaurants Yabani et Centrale à Monnot et Saïfi. Inventif, audacieux, provocateur, Bernard Khoury signe désormais l'architecture d'immeubles résidentiels ultra-modernes.
- **Youssef Haidar**. Après avoir étudié et travaillé quelques années à Paris, Youssef Haidar est rentré au Liban en 1994. Outre de nombreux projets résidentiels et de bureau, il a travaillé sur de nombreux chantiers de réhabilitation de bâtiments endommagés pendant la guerre. C'est lui qui a notamment dirigé la rénovation du musée du Savon de Saïda, du Musée archéologique de l'AUB et de la mosquée Omari. Récemment, il a été en charge du chantier de Beit Beirut (immeuble Barakat) à Sodeco.
- **ERGA**. Elie et Randa Gebrayel de la société ERGA sont les architectes de la tour la plus haute du Liban : Sama Beirut. Située à Sodeco, à Achrafieh, Sama Beirut totalise 50 étages et doit être livrée fin 2016.
- **Pierre el-Khoury (1930-2005).** Diplômé de l'Ecole des beaux-arts de Paris en 1957, Pierre el-Khoury a été l'un des architectes libanais les plus respectés. Au cours de sa carrière, il a totalisé près de 200 projets dont des immeubles résidentiels, des centres d'affaires, des universités et des hôpitaux. L'un de ses derniers projets fut le siège social de la banque BLOM à Verdun.
- **Joseph Karam (1923-1976)**. Il est considéré comme l'une des figures de l'architecture moderne au Liban. Parmi ses projets : City Center Mall, Hôtel Phoenicia (la phase 2), le complexe balnéaire Aquamarina à Jounieh.
- **Youssef Aftimus (1866-1952)**. L'une des signatures de l'architecture arabo-mauresque à Beyrouth. Ses réalisations majeures encore préservées : l'immeuble de la municipalité de Beyrouth, l'horloge du Grand Sérail et l'immeuble Barakat à Sodeco.

Tout savoir sur l'actualité culturelle au Liban

L'AGENDA CULTUREL
www.agendaculturel.com
En vente en librairie.
L'Agenda Culturel est la seule publication qui recense les activités culturelles du Liban. Edité en français, *L'Agenda Culturel* paraît un mercredi sur deux et présente, au jour le jour, les rendez-vous culturels de la quinzaine. Le site Internet, complémentaire à l'édition papier, propose un large éventail d'informations culturelles sélectionnées et mises à jour au quotidien : articles, interviews, news, programme des festivals, ainsi que des activités et idées de sorties du week-end et autres rubriques. Sur le site, il est possible de s'inscrire à la newsletter gratuite. *L'Agenda Culturel* est en vente en librairie à 5 000 LL.

Architecture

Pendant des siècles, l'architecture libanaise s'est développée en étroite relation avec le paysage maritime, montagneux ou campagnard. C'est ainsi que sur la côte et à Beyrouth, tirant profit des carrières de pierres sablonneuses, les habitants ont bâti des maisons à plusieurs cellules, droites en forme de barre, ou construites autour d'une cour intérieure. Le toit était plat et servait à sécher les graines plantées et récoltées au soleil. L'accès au toit se faisait par une échelle extérieure qui peu à peu s'est transformée en escalier de pierre planté dans le mur sur l'un des côtés de l'habitation. Pour protéger l'entrée des maisons, et pour disposer d'une zone d'ombre, on les a dotées d'une véranda couverte appelée « galerie ». La disposition des différentes pièces en U avec leur galerie est appelée liwan. Le liwan s'est transformé en khan quand le U s'est refermé, l'accès de la maison se limitant alors à ses portes. Les maisons pouvaient posséder un ou deux niveaux, avec un rez-de-chaussée en voûte qui servait d'étable. Dans la montagne, l'habitat principalement en pierre s'étageait en terrasses pour pallier la pente. Dans la plaine de la Bekaa, on utilisait un mélange d'argile, de paille et de bouse d'animaux que l'on façonnait en briques et que l'on séchait au soleil. Le liant – fait de ce même mélange – avait l'avantage d'isoler thermiquement les pièces. Les maisons en cube, recouvertes de tuiles rouges, témoignaient de l'influence de l'architecture italienne introduite par Fakhreddine. Aujourd'hui, ces maisons pleines de charme disparaissent les unes après les autres dans les secteurs les plus anciens de Beyrouth.

Cinéma

Le cinéma libanais actuel est particulièrement dynamique : courts et longs métrages, documentaires, films d'animation et même films

Beautés architecturales du Liban

- **Le centre-ville de Beyrouth.** Beyrouth, éternelle pour certains, évanouie pour d'autres. Reste toute l'âme d'une cité dont le passé a resurgi après la guerre, à la suite des plans d'aménagement de la société foncière privée Solidere.
- **Palais de Beiteddine.** Petit village du Chouf, Beiteddine, « la maison de la foi », doit sa célébrité au palais du Peuple, joyau de l'architecture orientale dressé sur un éperon rocheux dominant une vallée verdoyante.
- **Deir el Qamar.** Ancienne capitale des Ma'an, Deir El Qamar, le « couvent de la Lune » – et ses belles maisons en pierre aux toits de tuiles rouges – fait face au palais de Beïteddine et s'élève à 850 m d'altitude.
- **Château Saint-Gilles de Tripoli.** Tripoli fut surnommée la « ville qui embaume ». C'est là que fut construit le château de Saint-Gilles, symbole de l'époque des Croisades.
- **Château de Mseilha.** Perché sur un piton rocheux entouré d'un ruisseau s'élève le petit château de Mseilha que l'on appelait au XIXe siècle « Kalaat Mezsbaheh ». Il était destiné à garder la route de Tripoli, pendant la croisade, du temps de Saladin.

Que rapporter de son voyage ?

- **Savons traditionnels** de Tripoli ou de Saïda. Ils sont multicolores, odorants et originaux. Les boutiques du Khan el Saboun dans les souks de Tripoli offrent un choix varié. On peut aussi se rendre à la boutique du musée du Savon de Saïda.
- **Coutellerie de Jezzine.** C'est la fierté de ce village situé dans les hauteurs de Saida. Spécificité : le manche est en forme de tête d'oiseau.
- **Verre soufflé.** L'un des derniers ateliers se trouve à Sarafand au sud de Saïda.

L'artisanat du Liban offre un large choix de souvenirs : objets de décoration, accessoires de mode, art de la table, savons, bijouterie, etc.

Deux adresses à Beyrouth : Clemenceau et Gemmayzé.

expérimentaux. Tous les styles sont explorés par les réalisateurs libanais.
Leurs créations sont souvent sous l'influence du drame de la guerre civile (1975-1991). Mais de nouvelles thématiques apparaissent, le succès et la reconnaissance internationale sont au rendez-vous.
Récemment, le film de Ziad Rahbani, *Bennesbeh labokra chou ?,* a battu tous les records au box-office libanais, avec 145 000 entrées enregistrées entre le 21 janvier 2016, date de sortie du film, et le 8 mars 2016. Cette adaptation de la pièce de théâtre du célèbre metteur en scène libanais a déjà réalisé 1,3 millions de dollars de recettes. Il s'agit du deuxième plus gros succès du cinéma libanais depuis 2010, après *Et maintenant, on va où ?,* un film de Nadine Labaki sorti en décembre 2011. En 2007, la réalisatrice libanaise avait déjà rencontré un franc succès avec *Caramel*, qui a totalisé plus de 500 000 entrées en France et près de 100 000 au Liban. L'histoire de ces cinq femmes qui se rencontrent dans un institut de beauté de Beyrouth a par ailleurs été ovationnée à Cannes (Quinzaine des réalisateurs), à Toronto (Festival international du film) et même dans le Golfe. Diffusé en France en novembre 2010 sur Arte, il a été suivi par plus de 300 000 téléspectateurs. L'autre surprise cinématographique aura été *Bosta* de Philippe Aractingi. Sorti en février 2007, ce film raconte l'histoire de sept amis qui se retrouvent pour reformer leur ancienne troupe de danse et parcourir le Liban à bord d'un autobus. C'est une vraie comédie musicale avec juste ce qu'il faut de désuet. A noter dans la distribution, Nadine Labaki, la réalisatrice de *Caramel*. Philippe Aractingi a par ailleurs réalisé *Sous les bombes* qui raconte l'histoire d'une jeune chiite à la recherche des membres de sa famille et qui se lie à un jeune chrétien pendant la guerre de l'été 2006. Tourné en partie pendant les événements, ce film, fort et réussi, est sorti en France au printemps 2008.D'autres films ont reçu de bonnes critiques : *West Beirut* (1998) de Ziad Doueiri, *Falafe* (2006) de Michel Kammoun, *A Perfect Day* (2006) de Joana Hadjithomas et Khalil Joreige, *Le Cerf-Volant* (2003) de Randa Chahal Sabbag qui remporte le Lion d'argent au Festival de Venise, *Yalla Yalla* (2001) de Josef Fares.N'oublions pas la filmographie de Danielle Arbid entre documentaires et fictions. Son film le plus connu reste *Dans les champs de bataille*, réalisé en 2003. Enfin notons la production du couple le plus connu du cinéma libanais, Joana Hadjithomas et Khalil Joriege. En 2008, ils réussirent à convaincre Catherine Deneuve de tourner *Je veux voir*, un petit film conceptuel réalisé juste après les événements de 2006. En août de chaque année se tient le Festival du film libanais, qui comme son nom l'indique est devenu en neuf éditions le principal rendez-vous des cinéastes et des cinéphiles au Liban.

Khalil Gibran (1883-1931), prophète de la littérature libanaise

Impossible de parler de littérature libanaise sans parler des fabuleux écrits de Khalil Gibran, peut-être le plus grand auteur libanais de tous les temps. *Le Prophète* (1921) est son livre le plus connu, que l'on trouve dans toutes les collections et qui est traduit dans toutes les langues. Né le 6 janvier 1883, à Bécharré, au Liban Nord, il émigre en 1856 avec ses parents à Boston où il publie ses premiers essais littéraires, dans un journal de langue arabe. Dès 1912, il vit à New York où il se consacre à la rédaction d'essais littéraires et d'histoires courtes en anglais et en arabe : *Le Prophète*, mais aussi *Les Ailes brisées* (1922), *Les Tempêtes* (1923). Ses œuvres, empreintes de romantisme et de mysticisme, sont influencées par la Bible, Nietzsche et William Blake. Il meurt aux Etats-Unis, mais sa dépouille est rapatriée au Liban où un mausolée a été érigé à sa mémoire.

Littérature

Le Liban est un pays de lettres. Que ce soit en arabe, en français ou en anglais, la production est riche et variée. On compte des dizaines de maisons d'édition rien qu'à Beyrouth et un nombre important de librairies, notamment à Hamra. En 2009, Beyrouth a été la capitale mondiale du Livre. Choisie pour son implication en matière de diversité culturelle, de dialogue et de tolérance, la ville a également été invitée au Salon du Livre de Paris. Chaque automne à Beyrouth, les amoureux des livres ont rendez-vous avec le Festival du Livre francophone (réalisé en partenariat avec l'ambassade de France). Ce rendez-vous devient au fil des années très attendu et de haute facture car, au Liban, on respecte et défend la francophonie.

Médias

Presse

Les Libanais ne sont pas de grands lecteurs. Seulement 2 % d'entre eux lisent chaque jour un journal.

Pourtant, la presse écrite est particulièrement riche. Arabes, français ou anglais, les titres varient de par leur langue et leur contenu, traduisant la diversité des courants politiques – d'où une liberté de ton que l'on ne retrouve pas dans les autres pays de la région.

- **Aujourd'hui,** une quinzaine de quotidiens se partagent le marché. Parmi la presse en arabe, *An-Nahar*, fondé en 1933, occupe la première place. Suivent dans le désordre, *Al-Balad*, *Al-Dyar*, *Al-Anwar*, *Al-Hayat*, *Al-Liwaa*, *Al-Mustaqbal*.

Les quotidiens arabes coûtent environ 2 000 LL. Il existe également deux quotidiens en arménien.

- ***L'Orient-Le Jour*** est le principal quotidien francophone. La politique locale y occupe une grande place. Les informations internationales et sportives viennent des agences AFP et Reuters. Le quotidien anglophone le plus répandu est *The Daily Star*.

- **Les mensuels économiques** (certains sont disponibles gratuitement dans les hôtels) sont de très bonne qualité et offrent un bon résumé de l'actualité commerciale, immobilière et financière du pays. Le plus ancien (depuis 1929) est le mensuel francophone *Le Commerce du Levant* à 10 000 LL. Il existe deux autres mensuels anglophones : *Lebanon Opportunities* et *Executive*. *L'Hebdomadaire Magazine* donne également un bon aperçu de l'actualité politique et sociale du Liban.

- **La presse libanaise** compte aussi de nombreux mensuels mondains sans grand intérêt. Ces « pavés » offrent des pages et des pages de photos de l'élite locale posant dans les plus prestigieux restaurants, plages et discothèques de la ville ou pendant un mariage ou un repas privé.

- **Quotidiens arabophones** : *An-Nahar*, *Al-Mustaqbal*, *Al-Balad*, *Al-Dyar*, *Al-Anwar*, *Al-Hayat*, *Al-Liwaa*, *Al-Akhbar*.

- **Quotidiens francophones et anglophones** : *L'Orient-Le Jour*, *The Daily Star*.

La presse française au Liban

On peut trouver les journaux français (*Le Monde*, *Le Figaro*, *Libération* et *L'Equipe*) avec 24 heures de décalage et les principaux magazines (dont *Paris Match*, *Le Point*, *Le Nouvel Observateur*, *L'Express*, *Voici*) dans les meilleures librairies dont Librairie Antoine et Virgin Megastore.

Le paysage audiovisuel libanais

Après la promulgation d'une loi sur l'audiovisuel à la fin des années 90, le paysage télévisuel a été modifié. Cette reforme voulait mettre fin au foisonnement de chaînes apparues durant la guerre. Celles-ci s'étaient multipliées par intérêt économique d'une part, et de l'autre par la volonté de nombre d'hommes politiques qui ont souhaité avoir à leur disposition un média largement suivi.

Tel était le cas de la LBC qui appartenait aux forces libanaises (milices chrétiennes) avant de devenir la propriété de notables et d'hommes d'affaires et qui, grâce à leur professionnalisme caracole en tête des audimats, ou encore Future TV appartenant à la famille Hariri, et diffusée par satellite dans les pays arabes.

Les autres chaînes libanaises sont : Télé Liban, Al Manar (chaîne du parti Hezbollah), New TV, Télé Lumière (chaîne proche de l'église maronite), OTV (chaîne proche de Michel Aoun) et NBN (chaîne d'information continue proche du président du Conseil Nabih Berri). Au niveau des programmes, c'est l'éclectisme. On trouve de tout : des séries mexicaines à l'eau de rose et des comédies arabes (surtout égyptiennes), des émissions politiques, des talk-shows avec des chanteuses libanaises, des jeux importés d'Occident mais en version arabe comme Star Academy, etc. Plusieurs chaînes libanaises diffusent un journal quotidien en français.

Depuis début 2004, la plupart des foyers reçoivent les chaînes satellite internationales via un abonnement (de 10 à 20 $ par mois) auprès d'un opérateur privé. Chaque quartier a son opérateur qui distribue inégalement une centaine de chaînes arabes et occidentales dont TF1, F2, F3, F5, Arte, M6, Canal Horizons, TV5, etc. Ce procédé est simple. Ces opérateurs ont des abonnements légaux auprès des distributeurs des différents bouquets satellite. Ensuite, ils redistribuent les programmes dans chaque appartement à partir d'un câble acheminé sur le toit des immeubles d'où partent les connexions pour chaque foyer. Actuellement, la proportion d'abonnés connectés illégalement est d'environ 80 % de la population totale. Une piraterie parfaitement orchestrée et organisée dont le montant s'élève à plus de 70 millions de dollars par an.

Magazines francophones et anglophones : *Le Commerce du Levant*, *Lebanon Opportunities*, *Executive*, *L'Hebdo Magazine*, *La Revue du Liban*.

- **Pour les sorties** : *L'Agenda culturel*, *Time Out*.

Radios

Radio Liban, France FM, RML, Nostalgie, Radio One, Light FM, Mix FM, NRJ, La Voix du Liban.

Télévision

- **Chaînes hertziennes** : LBC, Future TV, OTV, MTV, Al-Manar, NBN, Télé Liban, Télé Lumière. Les plus grands partis politiques possèdent leur propre télévision. La plupart des foyers ont un abonnement à un satellite (légal ou non) et reçoivent toutes les chaînes françaises (TF1, France 2, France 3, Canal +, M6, France 5, TV5, France 24...).

BEIRUT.COM
BEYROUTH
www.beirut.com
Ce site recense « toutes les choses à voir et à faire à Beyrouth ». La base de données est impressionnante et riche. En anglais, ce site rassemble toutes les bonnes adresses : bars, restaurants, magasins branchés, blogs et même un agenda des événements du jour ! Il y en a vraiment pour tous les goûts. Une mine de renseignements à explorer.

BEIRUT NIGHT LIFE
BEYROUTH
www.beirutnightlife.com
info@beirutnightlife.com
Un site généraliste bien connu des adeptes de la fête à Beyrouth. Tout y est : les dernières actualités, les photos, les tendances !

BLOG BALADI
BEYROUTH
www.blogbaladi.com
C'est des meilleurs blogs libanais en anglais ! Toujours bien informé, ce blog offre un regard différent sur Beyrouth. On y commente l'actualité locale, on y trouve des anecdotes, des avis sur les derniers restaurants à la mode et les films locaux.

Retrouvez l'index général en fin de guide

BYBLOS ONLINE
BYBLOS (JBEIL)
www.byblosonline.info
Tout est dans le nom : la ville de Byblos en un clic.

LE COMMERCE DU LEVANT
Hazmieh – Immeuble L'Orient-Le Jour – 3e étage
Route de Damas
BEYROUTH
Voir page 55.

EL-MINA
TRIPOLI
www.el-mina.com
Un site internet pour appréhender une certaine idée de « la vie de quartier » à El-Mina. Très instructif !

L'HÔTE LIBANAIS
174 rue Spears
Sanayeh
BEYROUTH
www.hotelibanais.com
hotelibanais@hotmail.com
Réseau de chambres d'hôte à Beyrouth et dans les autres régions du pays.
Un site riche d'informations sur le tourisme, la culture, la vie nocturne et la gastronomie. Il recense par ailleurs une dizaine de chambres d'hôte à Beyrouth, Batroun, Tyr…

ILOUBNAN.INFO
BEYROUTH
www.iloubnan.info
A la fois portail et magazine, Iloubnan.info propose les dernières infos et dépêches AFP, des reportages, des chroniques et photos sur ce qui se fait à Beyrouth.

LEBANON BEACH DIRECTORY
DAMOUR
www.lebbeach.com
Un site internet qui répertorie les plages privées libanaises. Les tarifs ne sont pas toujours à jour. Mieux vaut téléphoner.

LEBHOTELS
BEYROUTH
www.lebhotels.com
Tous les prix des hôtels à Beyrouth en un clic. Ce site est bien fait et très pratique. Excellent pour comparer tous les prix du marché.

LE LIBAN
BEYROUTH
www.le-liban.com
Un portail impersonnel dans lequel on peut trouver de nombreuses adresses et une multitude de liens sur l'actualité, la culture, l'économie, le tourisme ou l'histoire. Difficile de s'y retrouver mais ludique.

L'ORIENT LE JOUR
BEYROUTH
www.lorientlejour.com
Le principal quotidien francophone du pays.

NOW LEBANON
BEYROUTH
www.nowlebanon.com
english.editorial@nowlebanon.com
Un site d'actualité rédigé en anglais devenu depuis quelques années une référence et souvent cité par les agences de presse mondiales.

RADIO ORIENT
98, boulevard Victor Hugo
BEYROUTH
www.radioorient.com
Le site de la radio créée en 1982 et rachetée en 1995 par Rafic Hariri. Basée près de Paris, c'est une radio généraliste tournée vers le Moyen-Orient et le Maghreb.

SITE INTERNET DE LA MUNICIPALITÉ DE DEIR EL-QAMAR
DEIR EL-QAMAR
www.deiralqamar.com
Un site Internet très complet sur la ville de Deir El-Qamar.

SITE INTERNET DE LA MUNICIPALITE DE RASHAYA
RASHAYA EL WADI
www.rashaya.com
Le site incontournable pour une visite virtuelle de la ville de Rashaya.

THE DAILY STAR
BEYROUTH
www.dailystar.com.lb
editorial@dailystar.com.lb
Un quotidien en anglais très bien informé, bien écrit.

TRIPOLI CITY
TRIPOLI
www.tripoli-city.org
Un site internet consacré au joyau de l'est : Tripoli !

ZOUK MIKAEL CITY ONLINE
ZOUK MKAYEL
www.zoukmikael.com
Pour s'informer sur l'histoire de la ville et pour connaître la liste des sites historiques et touristiques à visiter.

Musique

Jusque dans les années 1950, la musique libanaise est essentiellement folklorique, donc rurale, bien qu'elle soit reprise par des musiciens professionnels. Avec l'arrivée sur la scène artistique des frères Rahbani, elle connaît un nouvel essor en s'inspirant des compositions et arrangements musicaux occidentaux. La guerre viendra couper les élans et décourager les ambitions. A la fin des conflits, les compositeurs essayent de se ressaisir, mais le public, laminé, n'est pas au rendez-vous. Quelques musiciens parviennent à sortir du lot, notamment les deux autodidactes Roméo Lahoud et Philémon Wehbé. Mais ce sont les frères Rahbani, véritables « producteurs » de la scène locale, qui pousseront la musique libanaise à se diversifier et à aller au-delà du folklore.Cela n'empêche pas évidemment les artistes, du plus connu au plus prometteur, de s'inspirer des productions passées. Fayrouz par exemple, la chanteuse libanaise la plus célèbre au monde, a consacré un de ses nombreux albums aux classiques de Philémon Wehbé. Mariée à un frère Rahbani, elle est, dans le cœur des Libanais, « leur ambassadrice auprès des étoiles. » Au-delà de la musique traditionnelle et folklorique, la scène libanaise s'est imposée depuis le début des années 1990 comme un espace expérimental où tous les genres se retrouvent. Après SoapKills, « l'ancêtre » de la musique actuelle libanaise, le groupe qui fait parler de lui au Liban s'appelle Aks'ser. Ce trio de jeunes Libanais joue un hip-hop teinté de folk et d'orientalisme. Dans le même genre, le rappeur Wael Koudeih, alias Rayess Bek, essaime ses morceaux en français et arabe pour dénoncer les maux de la société libanaise. L'ancienne chanteuse de Soap Kills, Yasmine Hamdane, a connu un succès d'estime en France en collaborant avec Mirwais sur le projet Y.A.S. A écouter également, les groupes Lumi et The New Government (formé par l'ancien DJ de Soap Kills) qui animent sur la scène electro-new wave libanaise, The Wanton Bishops et Mashrou'Leila qui enflamment quant à eux la scène rock du pays et qui s'exportent même en Europe depuis quelques années. Pour le reste de la scène undeground, branchez-vous sur Radio Liban et écoutez l'émission « Ruptures » de Ziad Nawfal.

A l'échelle internationale et dans un autre genre, la libano-colombienne Shakira, dont la famille habite Zahlé, dans la Bekaa, et Mika, chanteur pop anglais né à Beyrouth, sont devenus d'autres ambassadeurs libanais. Enfin, les stars libanaises de la variété arabe ont une notoriété considérable tant au Liban que dans les pays arabes. Certaines ont acquis des statuts d'icônes. Les publicitaires se les arrachent. On peut citer Hayfa Wehbé, Wael Kfoury, Nawal el-Zoghbi, Elissa, Ragheb Alameh et Nancy Ajram. Si Hayfa Wehbé est l'effigie de Pepsi, Nancy Ajram est liée à Coca-Cola dans le monde arabe et ses clips sont réalisés par Nadine Labaki de *Caramel*. Son style : de la pop orientale comme on peut en entendre toute la journée sur les chaînes satellitaires. Un vrai succès !

FESTIVITÉS

Les festivals sont la fierté des Libanais. Organisés dans certains sites historiques, les festivals de Baalbek, de Beiteddine et de Byblos sont les plus connus et attirent des personnalités internationales. Beyrouth n'est pas en reste et offre quelques festivals musicaux et cinématographiques au cours de l'année.

Janvier

FESTIVAL DU CINÉMA EUROPÉEN
BEYROUTH
✆ +961 1 204 080
www.metropoliscinema.net
En janvier et février.
La délégation de l'Union européenne au Liban organise en collaboration avec les ambassades et les instituts culturels européens la projection de dizaines de films dans le cinéma Metropolis à Sofil (Achrafieh). Le 22e festival a été célébré en 2016.

PHOTOMED LIBAN
BEYROUTH
www.photomedliban.com
info@photomedliban.com
En janvier et février.
Né à Sanary, sur la côte varoise en France, Photomed s'est appliqué à inviter les artistes émergents des pays méditerranéens à participer à son événement annuel. Depuis six ans, le festival Photomed met en scène et en lumière les beautés de la Méditerranée. En 2014, une édition libanaise de Photomed était créée. Trois ans plus tard, Photomed est devenu un rendez-vous incontournable de la photographie à Beyrouth.

Février

FESTIVAL AL BUSTAN
Beit Meri BEYROUTH
✆ +961 4 972 980
www.albustanfestival.com
festival@albustan-lb.com
Sur 5 semaines de mi-février à fin mars.
Lancé en 1994, ce festival se déroule à l'hôtel Bustan de Beït Meri à la périphérie de Beyrouth. Une trentaine de manifestations musicales se tiennent principalement à l'auditorium Emile Bustani qui a une capacité de 450 places. Certains concerts peuvent avoir lieu également à Beyrouth à l'université américaine et dans des églises du pays. Chaque année, il est organisé autour d'un thème spécifique. Si la musique classique occupe une place de premier choix, le festival offre également de l'opéra, des représentations théâtrales ou littéraires, de la danse, du jazz et de la musique orientale.

Mars

FESTIVAL INTERNATIONAL DU CONTE ET DU MONODRAME
BEYROUTH ✆ +961 3 224 614
En mars.
Chaque année, le théâtre Monnot organise ce festival où des conteurs internationaux viennent sur scène. Le festival se déroule dans la crypte de l'église Saint-Joseph à Monnot.

Avril

BEIRUT INTERNATIONAL PLATFORM OF DANCE FESTIVAL (BIPOD)
BEYROUTH
✆ +961 1 218 040 / +961 71 616 624
www.maqamat.org
En avril.
Créé en 2004, Beirut International Platform of Dance Festival est le rendez-vous annuel de la danse contemporaine à Beyrouth. Il propose des spectacles de danse d'artistes de différentes origines. Le festival compte également des ateliers, des conférences et des débats.

FESTIVAL DU FILM DE TRIPOLI
TRIPOLI
www.tripoli-filmfestival.org
En avril et mai.
Lancé en 2004, ce festival a pour ambition d'améliorer l'image de la ville de Tripoli en développant l'environnement culturel local, en promouvant le patrimoine culturel de la ville et ses artistes locaux et en permettant à Tripoli de devenir une destination touristique prometteuse. De nombreux films libanais et internationaux sont projetés dans différents lieux culturels de la ville.

Mai

AUB OUTDOORS
BEYROUTH
En mai.
Pendant deux jours, le campus de l'université américaine de Beyrouth est le théâtre de manifestations multiples : concerts, danse, jeux, parades. Ambiance bon enfant.

BEIRUT DESIGN WEEK
Beyrouth
www.beirutdesignweek.org
En mai.
Fondée en 2012, Beirut Design Week réunit plus de 25 000 visiteurs avec plus de 150 événements dans près de 100 lieux à Beyrouth, et met en valeur le meilleur du design libanais et international.

BEIRUT INTERNATIONAL TANGO FESTIVAL
BEYROUTH
✆ +961 1 511 824
www.tangolebanon.com
info@tangolebanon.com
En mai.
Des musiciens et des danseurs de renom sont au rendez-vous de ce festival qui se déroule au Centre Aresco.

CABRIOLET FILM FESTIVAL
BEYROUTH
✆ +961 1 322 744
www.cabrioletfilmfestival.com
info@cabrioletfilmfestival.com
En mai.
Ce festival propose une sélection de courts métrages (fictions, documentaires et animations) projetés en plein air à Gemmayzé sur les escaliers Saint-Nicolas. Entrée gratuite.

THE GARDEN SHOW & SPRING FESTIVAL
BEYROUTH
✆ +961 1 642 515
www.the-gardenshow.com
En mai.
Le Festival Garden Show & Spring est une exposition annuelle qui se déroule à l'hippodrome de Beyrouth. Les exposants sont liés aux secteurs du jardin, des plantes, des fleurs, des arrangements floraux, etc.

Juin

FÊTE DE LA MUSIQUE
BEYROUTH
Le 21 juin.
Comme plus de 250 villes dans le monde, Beyrouth n'échappe pas à la Fête de la musique le 21 juin. Les concerts se déroulent essentiellement au centre-ville et dans les quartiers de Hamra et de Gemmayzé.

LE PRINTEMPS DE BEYROUTH
BEYROUTH
✆ +961 1 397 331
www.beirutspringfestival.org
info@beirutspringfestival.org
En juin.
Festival culturel international organisé par la fondation Samir Kassir et dédié à la mémoire de ce journaliste assassiné en 2005.

Juillet

EHDENIYAT
EHDEN
✆ +961 6 664 466
✆ +961 76 908 020
www.ehdeniyat.org
En juillet et août.
Organisée par l'association al-Midan, Ehdeniyat est le festival d'Edhen dans la vallée de la Kadisha. Programmation éclectique : concerts, expositions, projections de films, théâtre, jeux, etc.

FESTIVAL DE BAALBEK
BAALBEK
✆ +961 1 373 150
✆ +961 3 041 006
www.baalbeck.org.lb
baalbeck@baalbeck.org.lb
En juillet et août.
Organisé l'été dans l'enceinte des ruines romaines de Baalbek autour des temples de Bacchus et Jupiter, le Festival international est un rendez-vous incontournable de la vie culturelle libanaise et régionale. Avec la guerre civile, le festival a été arrêté jusqu'en 1995. Après deux années d'absence en 2006 et 2007, les organisateurs ont relancé le festival en 2008. En raison de sa situation géographique, il peut être relocalisé, voire annulé si la situation sécuritaire est trop tendue.

FESTIVAL DE BEITEDDINE
BEITEDDINE
✆ +961 1 373 430
www.beiteddine.org
nora@beiteddine.org
En juillet-août.
Le festival de Beiteddine figure parmi les trois plus grands festivals du Liban, avec celui de Baalbek et Byblos. Créé en 1985, le festival voit le jour en pleine guerre civile sous l'impulsion de Walid Joumblatt. L'espace de deux saisons, le festival propose concerts, représentations théâtrales et conférences, avant d'interrompre ses activités en raison de la guerre. Depuis 1993, après sept années d'interruption, il accueille chaque année en juillet et août les plus belles voix de la région, du Liban, voire du monde dans les répertoires de la variété, de l'opéra et du jazz. Phil Collins, Elton John, Ricky Martin, Ziad Rahbani ou encore Charles Aznavour se sont ainsi produits sur la scène du festival qui se déroule dans le cadre majestueux du Palais

de Beiteddine. Le festival de Beiteddine propose également des spectacles de danse et des pièces de théâtre.

FESTIVAL DE BYBLOS
BYBLOS (JBEIL)
✆ +961 9 542 020
www.byblosfestival.org
info@byblosfestival.org
En juillet et août.
Créé dans les années 1960, le festival dispose d'un cadre splendide avec le port de Byblos et le site archéologique. La programmation du festival se modernise. Parmi les artistes locaux et internationaux : Stromae (2014), Lana del Rey (2013), One Republic (2013), Snow Patrol (2012), Moby (2011), Gorillaz (2010), Patti Smith (2008), Kool & The Gang (2007), etc.

FESTIVAL DE TYR
TYR (SOUR)
✆ +961 1 791 252
www.tyrefestival.com
En juillet et août.
Depuis 1996, le festival organise de multiples animations, spectacle et concerts, principalement avec des artistes locaux et arabes.

FESTIVAL INTERNATIONAL DE BATROUN
BATROUN
✆ +961 6 642 262
✆ +961 3 105 700
www.batrounfestival.org
info@batrounfestival.org
En juillet et août.
Depuis 2005, Batroun organise chaque été un festival : concerts, spectacles, animations, activités, etc.

FESTIVAL INTERNATIONAL DE JOUNIEH
JOUNIEH
✆ +961 9 832 263
www.jouniehinternationalfestival.com
jouniehfestival@hotmail.com
En juillet.
Jounieh s'anime au cours de son festival annuel créé en 2011. De nombreuses activités sont prévues principalement dans les vieux souks : feux d'artifices, parapentes, parades, montgolfières et concerts.

FESTIVAL INTERNATIONAL DE ZOUK MKAYEL
ZOUK MKAYEL
✆ +961 9 213 213
www.zoukmikaelfestival.org
En juillet.
Situé à proximité de la baie de Jounieh, ce festival se déroule chaque été dans la ville de Zouk Mikael qui bénéficie d'un amphithéâtre de 2 500 places.

Août

EHDENIYAT
EHDEN
✆ +961 6 664 466
Voir page 72.

Septembre

AYAM BEIRUT AL CINEMA'IYA
BEYROUTH
www.beirutdc.org – info@beirutdc.org
Tous les ans, en septembre
Les journées cinématographiques de Beyrouth proposent une sélection de films arabes et libanais dont la majorité est projetée pour la première fois au Liban et dont certains ont participé à des festivals internationaux.

BEIRUT ART FAIR
BEYROUTH
✆ +961 1 995 555
www.beirut-art-fair.com
info@beirut-art-fair.com
En septembre.
Créée en 2010, cette foire d'art contemporain accueille chaque année pendant plusieurs jours, dans l'enceinte du BIEL à Beyrouth, des professionnels de l'art du monde entier, des amateurs, galeristes, collectionneurs et artistes émergents. Beirut Art Fair est la première foire internationale spécialisée dans la découverte de la création artistique du Moyen-Orient et de l'Afrique du Nord.

Octobre

FESTIVAL INTERNATIONAL DU FILM À BEYROUTH
BEYROUTH ✆ +961 1 448 141
www.beirutfilmfestival.org
info@beirutfilmfestival.org
En octobre.
Cette compétition permet aux cinéphiles de visionner les films de jeunes réalisateurs. Les films projetés sont sous-titrés en français, anglais et arabe. Le festival a fêté ses 10 ans en 2010.

SALON DU LIVRE FRANCOPHONE DE BEYROUTH
BEYROUTH
✆ +961 1 995 222
www.salondulivrebeyrouth.org
En octobre et novembre.
C'est le rendez-vous incontournable de la littérature francophone. Créé par l'ambassade de France en 1992, le Salon attire des auteurs français et libanais. Depuis 2002, cet événement se tient au BIEL.

VINIFEST
BEYROUTH
✆ +961 1 280 085
www.vinifestlebanon.com
eventions.one@googlemail.com
En octobre
Ce festival du vin libanais propose dans les jardins de l'hippodrome de Beyrouth des dégustations des meilleurs vins du Liban et des produits du terroir.

Novembre

MARATHON DE BEYROUTH
BEYROUTH
✆ +961 5 959 262
www.beirutmarathon.org
volunteer@beirutmarathon.org
En novembre.
Depuis 2003, Beyrouth a son marathon. Avis aux amateurs, le record à battre est de 2h11'04'' ! Hormis le marathon, les organisateurs proposent des courses de 3 et 10 km. Plus de 30 000 personnes participent à cette manifestation sportive. Belle réussite pour une activité peu pratiquée au Liban. Plusieurs courses sont au programme (2 km pour les enfants à 30 000 LL, 5 km à 20 000 LL, 10 km à 40 000 LL et marathon à 60 000 LL). Le départ et l'arrivée de l'épreuve sont donnés de la place des Martyrs au centre-ville. Le parcours du 10 km particulièrement agréable et sélectif suit le front de mer d'Ain el-Mreissé à Raouché puis revient vers le centre-ville en passant par Ras Beyrouth.

Décembre

FESTIVAL DE MUSIQUE SACRÉE
BEYROUTH
www.beirutchants.com
En décembre.
Depuis 2007, Solidere célèbre Noël en proposant de nombreuses soirées de chants dans les églises du centre-ville de Beyrouth et ailleurs (Saint-Maroun, Saint-Georges des Orthodoxes, Saint-Nichan, Saint-Louis des Capucins, Saint-Elie, Sainte-Croix, etc.). Entrée libre.

FOIRE INTERNATIONALE DU LIVRE ARABE
BEYROUTH ✆ +961 1 995 222
En décembre
Rendez-vous annuel de la Foire du livre arabe au BIEL (centre-ville) : signatures de livres, conférences, discussions avec les auteurs.

Les mezzés des plats traditionnels libanais.

CUISINE LIBANAISE

Si le Liban est l'un des plus petits pays du monde, sa cuisine en revanche a déjà fait le tour de la planète. Riche, épicée, généreuse et savoureuse, la cuisine libanaise offre l'occasion de découvrir de nouvelles saveurs.

Produits caractéristiques

Le mezzé :

Le mezzé est un assortiment de petits plats (il en existe une quarantaine). Ces différents mets se dégustent à l'aide d'un morceau de pain arabe (khobz arabi) ou d'une feuille de salade. Le mezzé est constitué essentiellement de crudités et de féculents, préparés de manière variée, et savamment disposés, dont les éléments de base sont multiples : concombres, tomates, salade, radis, carottes... Elément de décoration et d'accompagnement, ce plateau de légumes est le premier servi.

Divers plats comme :

- **Le taboulé :** salade de persil, tomates et oignons hachés, blé concassé, assaisonné d'huile d'olive et de citron.
- **Le moutabal ou batenjane mtabal :** purée d'aubergines mélangée à de l'huile de sésame et du citron.
- **L'hommos :** purée de pois chiches à l'huile de sésame et au citron.
- **Le labneh :** fromage blanc obtenu à partir de lait caillé (laban), souvent servi avec de l'huile d'olive.
- **Les fatayers :** beignets triangulaires fourrés de légumes (blettes, épinards...).
- **Les samboussiks :** rissoles farcies de viande et de légumes.
- **Les waraq anab mehchi :** feuilles de vigne farcies de riz.

Parallèlement aux hors-d'œuvre sont préparés divers plats de viandes :

- **Le kebbé :** viande de mouton pilée et mélangée à du blé concassé, des épices et des oignons. La viande se consomme crue (kebbé nayé) ou cuite.
- **Le kafta :** viande hachée en brochettes.
- **Le chawarma :** morceaux de mouton ou de veau marinés et empilés sur une broche.

Pour en savoir plus sur la cuisine libanaise

On peut trouver en librairie :

- ***Cuisine libanaise d'hier et d'aujourd'hui***, Andrée Maalouf et Karim Haïdar, préface de Amin Maalouf, éditions Albin Michel, 2010. Superbe ouvrage de recettes aux photos léchées et à la mise en page soignée.
- ***La Cuisine libanaise***, Salma Hage, 2013. 500 recettes simples à faire à la maison.
- ***Cuisine libanaise***, Maya Baraka-Nuq et Lissa Streeter, éditions Hachette Pratique, 2006.
- ***La cuisine libanaise du terroir, la mémoire du goût***, Chérine Yazbeck, 2009.

Où acheter du vin à Beyrouth ?

Si vous n'avez pas le temps de visiter les vignobles libanais, on trouve naturellement les principaux vins dans les supermarchés et dans des boutiques spécialisées de Beyrouth :

ENOTECA
rue Tabaris
BEYROUTH © +961 1 204 377

- **Autre adresse :** rue Zalka © +961 1 898 597.

VINTAGE
Saifi Village
BEYROUTH
© +961 1 970 222

A la découverte des vins libanais

CLUB GRAPPE
BEYROUTH
✆ +961 3 611 603
www.clubgrappe.com
Soirée de dégustation (de 40 à 60 $), week-end de dégustation dans la Bekaa (à partir de 180 $).
Fondé en 2002 par Dr Carlos Khachan, Club Grappe est le premier club de dégustation de vin au Liban. Cette association organise de nombreuses activités pour découvrir la richesse des vins locaux.

- **Le chiche taouk :** poulet grillé en morceaux.
- **Les sawda nayé ou sawda mechwié :** cubes de foie crus ou grillés.
- **Les beid ghanam mechwi :** amourettes de mouton grillées.

Les Libanais préparent également beaucoup de légumes farcis, comme le koussa mehchi : courgettes farcies d'un mélange de viande hachée et de riz, cuites dans une sauce tomate épicée. Ce plat s'accompagne souvent de laban. Le zaatar est une épice qui accompagne certains plats : galettes, sandwichs.

Desserts :

Si vous êtes gourmand et pas encore rassasié, vous pourrez déguster en fin de repas les merveilleuses douceurs libanaises ou vous rafraîchir avec de la glace savoureuse ou plus simplement avec une tranche de pastèque. Laissez-vous tenter par les douceurs locales (baklawa, maamoul, kneffé, mahalabiyé, halawat djibin, asmaliyé, znoude sitt), souvent à base de pistaches, de dattes, de crème, de fromage blanc. Autant goûter à tout pour choisir vos préférés. Entrer dans une pâtisserie est un vrai plaisir pour les yeux et le palais. On vous conseille de prendre avec vous avant de partir une boîte d'assortiments. Cela se conserve bien. Vous serez ravi de les déguster une fois rentré chez vous !

Boissons :

Les Libanais accompagnent en général leur mezzé d'arak. Cet alcool de raisin aromatisé à l'anis se boit avec de l'eau et des glaçons. On peut également opter pour les très bons vins locaux. Certains préfèrent arroser leur repas de whisky, lequel ne fait pas encore partie des productions locales ! Par contre, les bières fabriquées sur place, dont la célèbre Almaza, méritent d'être dégustées ainsi que la liqueur d'amandes produite au domaine de Kéfraya. Tout repas se doit d'être couronné par un café turc (ahwé). On le prépare non sucré (mora ou bala seccar), moyennement sucré (ouassat) ou très sucré (helo). Mais peut-être lui préférerez-vous le café blanc (ahwé baïda), infusion à base d'eau de fleurs d'oranger, prisée pour ses qualités digestives.

Les vins

Il est bon, très bon, foi d'œnologue français ! Il y a le Kefraya, le château Musar, le Ksara, etc. Les historiens attribuent aux Phéniciens la propagation de la culture de la vigne, en même temps que l'invention de l'alphabet et la fabrication de la pourpre. En bons élèves, les Grecs puis les Romains assurèrent la succession : on peut voir, dans le merveilleux site de Baalbek, un temple dédié à Bacchus. En 1857, alors que les chrétiens répandent dans la Bekaa la culture de la vigne, les pères jésuites acquièrent la propriété de Ksara, l'origine du mot étant ksar ou castel franc. Le vignoble abrite également le premier observatoire du Liban, d'où les connaissances météorologiques des ecclésiastiques. Selon Gérard de Nerval, de passage dans la région, le vin des jésuites était un « vin d'or ». Après le concile de Vatican II, les jésuites durent abandonner leurs entreprises commerciales. Les cépages importés (sauvignon, chardonnay, grenache, malvoisie, muscat) furent rachetés par une société qui en est actuellement propriétaire. Aujourd'hui, le vin de Ksara est conservé dans des grottes naturelles, des caves idéales découvertes au début du siècle, lors de la poursuite d'un chacal qui volait les poulets des jésuites et s'y réfugiait avec son butin. Dans ces galeries de 2 km de longueur, les vins vieillissent dans des fûts en bois de chêne. En vous rendant dans la Bekaa, arrêtez-vous au domaine de Ksara. Vous y serez très bien reçu et aurez droit à une dégustation offerte de bon cœur.Aujourd'hui, le vignoble libanais représente presque 3 000 hectares de vigne. La production annuelle est estimée à 8 millions de bouteilles dont 40 % sont exportées. 80 % de cette production est du vin rouge.

DES VIGNOBLES AU LIBAN

Le Liban compte plus de 20 vignobles (contre 3 en 1990), parmi eux :

- **Château Ksara**, dans la plaine de la Bekaa (www.ksara.com.lb). La plus vieille entreprise vinicole libanaise. L'endroit abritait jadis un couvent jésuite fondé en 1857. En 1906, les prêtres découvrent par hasard des caves vieilles de 2 000 ans creusées dans la roche au temps des Romains. Plus de 2 millions de bouteilles sont produites chaque année.

- **Domaine de Kefraya**, dans la plaine de la Bekaa (www.chateau-kefraya.com). Fondé en 1946, le vignoble, qui est situé à 1 000 m d'altitude, est exploité par Michel de Bustros.

- **Massaya**, dans la plaine de la Bekaa (www.massaya.com). Nom qui signifie « crépuscule ». Le domaine produisait à l'origine de l'arak puis les fondateurs Ramzi et Sami Ghosn, en partenariat avec des producteurs français de saint-émilion et de châteauneuf-du-pape, se sont lancés en 1998 dans le vin de qualité.

- **Château Nakad**, dans la plaine de la Bekaa (www.chateaunakad.com). Caves fondées en 1923 par Joseph Nakad.

- **Domaine Wardy**, dans la plaine de la Bekaa (www.domaine-wardy.com). Initialement producteur d'arak, le domaine Wardy a fait son entrée sur le marché du vin en 1997.

- **Château Héritage**, dans la plaine de la Bekaa (www.chateauheritage.com). Vin haut de gamme produit à Qab Elias depuis 1997 par la famille Touma. La spécialité de la maison : un apéritif à base de vin et de noix.

- **Clos Saint-Thomas**, dans la plaine de la Bekaa (www.closstthomas.com). Ce vin est l'un des derniers-nés au Liban puisqu'il n'a été commercialisé qu'en 1999. Dans le domaine, vous verrez la chapelle Saint-Thomas creusée à même la roche. Vignoble appartenant à la famille Touma (différent du vin Héritage) qui s'est fait un nom à l'origine avec l'arak.

- **Château Musar**, dans la plaine de la Bekaa (vignobles) et à Ghazir, au nord de Jounieh (caves – www.chateaumusar.com.lb). Maison fondée en 1930 par Gaston Hochar.

- **Cave Kouroum**, dans la plaine de la Bekaa (www.cavekouroum.com). Entreprise vinicole de la région de Kefraya. Petite production de 500 000 bouteilles annuelles.

- **Château Khoury**, sur les coteaux de Zahlé dans la Bekaa (www.chateaukhoury.com). Entreprise familiale fondée par Raymond et Brigitte El Khoury en 2002.

- **Domaine des Tourelles**, dans la plaine de la Bekaa (www.domainedestourelles.com). Fondé en 1868 par le Français François-Eugène Brun, le domaine des Tourelles est l'un des plus anciens vignobles du pays.

- **Château Fakra**, dans la région du Mont-Liban (www.chateaufaqra.com). Fondé en 1985, ce petit vignoble est aussi réputé pour son arak.

- **Clos de Cana**, au cœur du Mont-Liban (www.closdecana.com). Vignoble originaire de Ras al-Harf dans la vallée dite de Lamartine.

- **Château Marsyas**, dans la plaine de la Bekaa. Sur un domaine de 55 hectares acheté en 2005, la famille Saadé produit 50 000 bouteilles par an (www.chateaumarsyas.com).

- **Château Ka**, dans la plaine de la Bekaa. Vignoble fondé par la famille Kassatly en 2005 (www.kassatlychtaura.com).

- **Ixsir**, dans la région de Batroun (www.ixsir.com.lb). Jeune vignoble arrivé sur le marché en 2010.

- **Domaine de Baal**, sur les contreforts du mont Liban (www.domainedebaal.com). Une cave écologique fondée en 2006 par Sébastien Khoury, qui a passé plusieurs années en France, à Saint-Emilion.

Bière

Le Liban produit une bière douce mais excellente : l'Almaza. Fondée en 1933, cette enseigne est depuis 2002 dans le réseau du groupe Heineken. Brassée dans son usine de Dora, au nord-est de Beyrouth, Almaza produit environ 150 000 hl par an. On trouve des bouteilles d'Almaza de 28 cl à 1 000 LL dans les épiceries et les grandes surfaces, le prix monte à 4 000-7 000 LL dans les restaurants et pubs. Deux autres bières, 961 Beer (en référence à l'indicatif téléphonique du Liban) et Beiru Beer, ont élé lancées ces dernières années. On les trouve de plus en plus en vente dans certains supermarchés et bars de Beyrouth.

Eau minérale

Le Liban est un pays montagneux et compte de nombreuses sources. Plusieurs marques d'eau minérale en bouteille sont en vente dans les épiceries et les supermarchés du pays. Les principales marques sont : Sohat, Rim, Tannourine, Sannine, Nada et Sabil.

Recettes

Le hommos

Ingrédients : 1 boîte de pois chiches • 2 à 3 cuillères à soupe de tahin (crème de sésame) • le jus d'1/2 citron • huile d'olive • 3 cuillères de jus de pois chiches • 1 gousse d'ail • 1 cuillère à café de sel, du poivre, une pincée de quatre épices, paprika.

Préparation. Mixer les pois chiches, puis réserver. Dans le mixeur, mélanger le tahin avec l'huile d'olive, le jus de citron et la cuillère d'eau froide. Rajouter la purée de pois chiches, le sel, le poivre, les quatre épices et l'ail écrasé. Mélanger, verser dans un bol et saupoudrer de paprika pour décorer. Servir frais.

JEUX, LOISIRS ET SPORTS

Disciplines nationales

Faute de nombreux espaces publics appropriés, le sport n'occupe pas spécialement une grande place dans le quotidien des Libanais. Pourtant, ils adorent le sport et par exemple suivent avec passion la Coupe du monde de football. A cette occasion, les Libanais n'hésitent pas à afficher leur équipe nationale préférée en mettant des drapeaux à leur fenêtre, des fanions sur leur voiture ou des bracelets à leur poignet. Le Brésil, l'Allemagne, la France, l'Italie font partie des équipes les plus appréciées. Après chaque victoire de leur équipe, les Libanais paradent dans les rues avec les drapeaux de leur favori.

De son coté, l'équipe nationale libanaise de football (151e au classement FIFA) n'a jamais participé à une phase finale de la Coupe du monde et n'a joué qu'une coupe d'Asie des Nations.

Avec le football, le sport préféré des Libanais est le basket. L'équipe nationale a déjà participé à 3 championnats du monde et championnats d'Asie avec quelques victoires historiques. Quelques clubs libanais (Sagesse et Riyadi) ont également atteint la finale de grandes compétitions internationales comme la coupe d'Asie des clubs champions.

Le Liban a déjà organisé la Coupe d'Asie des nations (football) en 2000, les Jeux méditerranéens en 1959 et les Jeux de la francophonie en 2009.

Aux Jeux olympiques d'été, le Liban compte 4 médailles (2 d'argent et 2 de bronze) gagnées en boxe aux jeux de Helsinki en 1952, Munich en 1972 et Moscou en 1980. Par contre, aucune médaille au cours de Jeux olympiques d'hiver.

Activités à faire sur place

Mer

Toute la façade occidentale du Liban est baignée par la Méditerranée. De nombreuses plages de sable ou de galets longent le littoral. Malheureusement, le système de récupération des déchets est désorganisé et les plages sont parfois sales et non entretenues. Parfois des associations se mobilisent et certaines plages publiques sont nettoyées. A Beyrouth, la plage publique la plus connue est à Ramlet el Baida.

Baignade

Pour nager dans une eau claire, rendez-vous dans la région de Byblos, de Batroun, d'Amchit ou dans le sud, à Damour, Jiyé, Rmeilé et Tyr. Vous pouvez aussi vous rendre dans les nombreuses piscines privées de Beyrouth : Saint-Georges (Ain el Mreissé), Riviera (Corniche), Sporting et Long Beach, (Manara), Movenpick (Raouché). Les stations balnéaires de Jbeil, Rmeilé et Jiyé sont également très prisées. Les prix sont élevés, comptez jusqu'à plus de 30 000 LL par personne pour la journée. Si l'accès est un peu cher, au moins vous aurez un service de qualité, des plages propres et des piscines entretenues. Privilégiez les jours de semaine car le week-end, les complexes sont bondés et la musique souvent étourdissante.

Clubs nautiques

Nombreux sur la côte, notamment à Jounieh où la mer est presque toujours calme. Pratique de ski nautique, parachute ascensionnel, voile, planche à voile, jet-ski et pédalo.

Plongée

Le Liban possède quelques clubs à Beyrouth, Saïda et autour de la baie de Jounieh. Plonger fait partie des sports encore peu pratiqués par les Libanais, mais les vestiges antiques qui gisent sur les côtes de Tyr et Saïda laissent prévoir le développement de cette activité. Aujourd'hui, il est possible d'organiser des plongées sur les sites anciens de Tyr, Sarafand et Saïda, de même que sur l'épave d'un sous-marin français. La visibilité dépend du temps. La faune et la flore ne sont pas resplendissantes, mais les vestiges archéologiques sont absolument extraordinaires.

Liban-France 74-73

En 2006, au championnat du monde de basket au Japon, le Liban décroche le plus grand succès de son histoire face à la France. Le héros du match est le libanais Fadi el-Khatib avec 29 points. Dans le camp d'en face, l'équipe de France (Tony Parker était blessé) réalise une contre-performance surréaliste. La presse française parle alors de défaite honteuse.

Randonnées pédestres

Souvent ignorée des touristes, la pluralité des paysages libanais invite à la randonnée. De nombreux sentiers parcourent la montagne. La vallée de la Kadisha et les régions du Chouf, de la Bekaa mais aussi du Akkar offrent de magnifiques randonnées où se mêlent l'effort physique mais également la découverte gastronomique, culturelle, archéologique et historique. De nombreux opérateurs spécialisés dans l'écotourisme et la randonnée organisent chaque week-end des circuits dans les quatre coins du pays.

De plus, l'association Lebanon Moutain Trail organise chaque année la traversée du Liban entre Qobayat et Marjayoun : 440 km entre 600 et 1 900 m d'altitude, 28 jours de marche, 26 étapes, 75 villages traversés. Les participants peuvent rejoindre cette aventure le temps d'une étape ou d'un week-end.

Rafting

Quelques rivières libanaises dont principalement Al Assi (Hermel au nord de la Bekaa) et Litani (au Liban Sud) offrent d'excellentes conditions pour s'adonner aux joies du rafting, du canoë et du kayak.

Ski

Le ski est apparu au Liban dès 1913. On raconte qu'un dénommé Ramiz Ghazzaoui de retour d'un séjour en Suisse s'est mis à skier du côté d'Aley. Puis les soldats français pendant le mandat faisaient du ski sur les pentes de Dahr el-Baidar, de Sannine et du mont Kneissé. Le premier club a été fondé en 1934.

Aujourd'hui, plusieurs stations de ski sont réparties sur le Mont-Liban. Skier au Liban sous le soleil méditerranéen est très agréable. C'est l'un des rares pays où il est possible de skier le matin et de se baigner l'après-midi. Les stations de Faraya, Laqlouq, Les Cèdres et de Zaarour sont les plus connues. Les fans de la glisse resteront sans doute sur leur faim par l'absence de grosses difficultés, mais les skieurs moins chevronnés seront ravis. Pour plus de renseignements, vous pouvez contacter la Fédération libanaise de ski au +961 1 914 550 et consulter le site www.skileb.com qui donne toutes les dernières infos sur la météo des pistes. Le site propose également de nombreuses offres hôtelières.

Vous pouvez aussi contacter certains organismes (déjà mentionnés auparavant) pour faire des randonnées en raquette, des sorties en moto-neige, du ski de fond, du snowboard.

Spéléologie

Le Liban dispose d'un vaste réseau de gouffres (plus de 400) dus à la nature calcaire du terrain. Les amateurs pourront découvrir les richesses du sous-sol en contactant l'un des clubs de spéléologie libanais.

ENFANTS DU PAYS

Adonis

De son vrai nom, Said Ali Ahmadi, ce journaliste, grand poète et écrivain, est né en 1930, à Lattaquié, en Syrie. Il est naturalisé libanais. Fut plusieurs fois candidat au prix Nobel de littérature.

Walid Akl

Pianiste et concertiste libanais, né en 1945, à Bikfaya, il a donné des récitals dans le monde entier : Canada, Paris, New York. Il a enregistré vingt-deux disques. Il interprète notamment les œuvres de Rachmaninov et de Prokofiev, Bach, Scriabine et Liszt.

Nidal al-Achkar

Actrice libanaise, fille de l'un des fondateurs du Parti populaire syrien, elle a travaillé sous la direction de John Littelwood à Londres, mais aussi à Tunis et au festival de Hammamet. Interprète vedette du film *Les Ailes brisées*, tiré du roman de Khalil Gibran, elle dirige aujourd'hui le théâtre Al-Medina à Beyrouth.

Amine el-Bacha

Né en 1932, à Beyrouth, il peint les vieux cafés de Beyrouth. Dans ses dessins à l'encre de Chine se côtoient l'Orient et l'Occident, le figuratif et l'abstrait.

Caracalla Abdel Halim

Artiste chorégraphe, né en 1938, à Baalbek. Fondateur en 1970, de la Caracalla Dance Company de renommée internationale, il se produit la première fois en 1973, à Beyrouth, à la tête d'une quarantaine de danseurs. Depuis, ses tournées l'emmènent à travers le monde. Il s'est produit au théâtre des Champs-Elysées à Paris, à Carnegie Hall à New York.

Fayrouz

La voix du Liban. De son vrai nom Nohad Haddad, Fayrouz est née en 1934, dans une famille nombreuse, au cœur d'un quartier populaire de Beyrouth. Elle se marie en 1954 avec Assi Rahbani, l'homme qui la révélera au monde entier, et qui forme avec son frère et deux autres artistes la « bande des cinq », bien connue au Liban. Ils composent, écrivent et font chanter leur égérie. En 1957, Fayrouz inaugure le festival de Baalbek. On est loin des interminables mélopées arabes axées sur le thème de l'amour trahi. Chez Fayrouz, les chants sont courts, les textes structurés, le genre musical très varié : comédies musicales, chansons pour la Palestine, textes de l'écrivain Khalil Gibran. En tout, près de 800 titres, dont l'instrumentation se base sur un savant arrangement d'accordéon, de buzuq, de nay, de tablah, de riqq, de violon et de piano.

Hrair

Artiste peintre, de son vrai nom Diar Bekirian. Né en 1943 à Beyrouth, il expose au Liban, à Paris, au Brésil, en Arabie saoudite. Nombre de ses tableaux ont été acquis par la reine Elizabeth d'Angleterre, le roi Hussein de Jordanie ou encore le prince Rainier de Monaco.

Amin Maalouf

Ecrivain, né en 1949 à Beyrouth, d'un père poète et journaliste. Installé à Paris depuis 1976, il a écrit plusieurs romans dont *Les Croisades vues par les Arabes* (1983), *Léon l'Africain* (1986), *Samarcande* (1988), *Les Jardins de lumière*, traduit dans plus de dix langues. Son roman, *Le Rocher de Tanios*, a obtenu le prix Goncourt 1993. Il a été élu à l'Académie française en 2011. Son dernier roman, *Les Désorientés*, a été publié chez Grasset en 2012.

Ziad Rahbani

Musicien, acteur, metteur en scène, le fils de la célèbre chanteuse Fayrouz, né en 1956, a plus d'une corde à son arc. C'est, entre autres un compositeur et arrangeur de génie qui a révolutionné la musique libanaise en rapprochant la musique traditionnelle et le jazz moderne. Vous ne le connaissez peut-être pas, mais Ziad est une énorme star dans tout le Moyen-Orient et même dans le monde entier !

LEXIQUE

Langue

L'arabe moderne ou littéral, langue officielle de 22 Etats arabes, est une adaptation de l'arabe classique issu d'un ancien dialecte de l'Asie centrale. L'arabe classique est essentiellement une langue de l'écrit : droit coranique, religion musulmane, littérature ancienne. L'arabe moderne, intermédiaire entre le classique et le dialectal, est devenu la langue commune à tous les habitants du Maghreb (Occident) et du Machrek (Orient). Il s'emploie dans les discours officiels, la presse, les émissions audiovisuelles, les organes de communication en général. Cependant, chaque pays conserve un dialecte spécifique réservé à l'expression orale, c'est le cas du libanais. Une forte proportion de la population libanaise a reçu une éducation occidentale. De nombreuses écoles privées d'origine étrangère se sont en effet implantées dans le pays (université américaine de Beyrouth, université Saint-Joseph…), maintenant un haut niveau d'instruction.

Le libanais

Une langue bigarrée, toute en images. Des phrases en libanais entrecoupées par des mots français et anglais : voilà ce que vous entendrez dans ce pays de tous les mélanges. Même si votre interlocuteur maîtrise presque parfaitement sa langue maternelle, le français ou l'anglais, ses phrases seront souvent trilingues. C'est ainsi, en s'adressant à vous dans la langue de Molière, qu'il laissera souvent échapper une interjection en libanais comme « ya'neh' » qui veut dire « cela signifie, je veux dire (*I mean*)… », mais qui sert en fait à marquer une pause dans son intervention. S'il parle en arabe, et pour savoir si vous êtes d'accord avec lui, il vous dira « OK ? ». D'autres mots viendront également faire chalouper ses phrases, que vous finirez vous-même par utiliser. Si votre vis-à-vis est moins porté sur les secondes langues, il y aura toujours un moyen de s'arranger. Votre interlocuteur n'hésitera pas à allier les gestes à la parole pour communiquer. Vous serez rarement incompris au pays du Cèdre.

Lexique

Formules usuelles

- **Oui :** Naam
- **Non :** Laa
- **Merci :** Choukrane
- **Merci beaucoup :** Choukrane jezzilane
- **S'il vous plaît ?** (en question) : Amel mârouf ?

Conversation

- **Je ne comprends pas :** Mabif-ham
- **Je comprends :** Ana af-ham
- **C'est-à-dire, je veux dire** : Yanii
- **Qu'est-ce que ça veut dire ? :** Yannii ay ?
- **Quel est votre nom ?** : Shu-ismak ? (masc.) – Shu-ismik ? (fém.)
- **Je m'appelle… :** Ismi…
- **Parlez-vous… ? :** Btah-ki/hal tatakall am… ?
- **Je suis français :** Ana fransaoui
- **Français :** Fransaoui
- **Anglais :** Inglesi
- **Arabe :** Arabi
- **Je parle :** Ana bah-ki/ana atakallam
- **J'aime (je n'aime pas) :** Ana (ma) bahib – Ana (la) uhib
- **Il n'y a pas :** Mafi
- **Pas de problème :** Mish mushkila
- **Ce n'est pas grave :** Ma'lesh

Salutations

- **Bonjour** (toute la journée) : Marhaba
- **Bonjour, bienvenue :** Ahlan wa sahlan, ahlan beek (réponse)
- **Bonjour** (le matin) : Sabah al-Kheir, Sabah an-Nour (réponse)
- **Bonjour** (l'après-midi) : Masâ al-Kheir, Masâ an-Nour (réponse)
- **Comment allez-vous ? :** Kif halak ? ou kifak (masc.) – kif halik ? ou kifik (fém.) – kif halkom (pour un groupe)
- **Je vais bien** (litt. grâce à Dieu) : Al-Hamdu Lilah
- **A votre santé :** Sohtak (masc.) – Sohtik (fém.) – Sohatkhom (groupe)
- **Pardon, excusez-moi :** Afwane
- **Désolé :** 'Assif
- **Félicitations ! :** Mabrouk !
- **Enchanté de faire votre connaissance :** Fursa sa'ida

Les jours

- **Lundi :** Al-Etneïn
- **Mardi :** Al-Taléta
- **Mercredi :** Al-Orbaa
- **Jeudi :** Al-Khamis
- **Vendredi :** Al-Jobaa
- **Samedi :** Al-Sabet
- **Dimanche :** Al-Ahad

Le temps

- **Quand :** Aymeta
- **Maintenant :** Hala'
- **Jour :** Nhar
- **Matin :** Soboh
- **Midi :** Dohor
- **Soir :** Achié
- **Nuit :** Leil
- **Aujourd'hui :** El-Yom
- **Hier :** M'Bareh
- **Demain :** Boukra
- **Heure :** Saa
- **Quelle heure est-il ? :** Aad'eich es-Sâa ?

Au restaurant

- **Addition :** Fatoura
- **Assiette :** Sahn
- **Arak :** Arak
- **Beurre :** Samné
- **Bière :** Bira
- **Café :** Kahoué
- **Café blanc :** Ahwé baïda
- **Couteau :** Sikkîn
- **Cuillère :** Mâlaqua
- **Déjeuner :** Ghadâ
- **Dîner :** Achâ
- **Eau :** Maï
- **Fourchette :** Chaouqu
- **Fromage :** Jebné
- **Œuf :** Baïd
- **Pain :** Khoubz, Khaak
- **Petit déjeuner :** Tarouiqua
- **Poivre :** Félfoul
- **Sel :** Méléh
- **Salade :** Salata
- **Sucré :** Ouassat
- **Non sucré** : Mora
- **Très sucré :** Helo
- **Viande :** Lahèm
- **Vin :** Nbitt

En ville

- **Où est... ? :** Wain... ?
- **L'ambassade :** Al-Safara
- **La banque :** Al-Masraf/al-Bank
- **L'hôtel :** Al-Funduk
- **Le marché :** Al-Souk
- **La mosquée :** Al-Jemeh/al-Masjid
- **Le musée :** Al-Mathaf
- **Office du tourisme :** Maktab as-Siyaha
- **La police :** Ash-Shurta
- **La poste :** Maktab al-Barid
- **Le restaurant :** Al-Mat'am
- **La rue... :** Sharia...

A l'hôtel

- **Avez-vous... ? :** Fi'andakum... ?
- **Une chambre :** Ghurfa
- **Une chambre simple :** Ghurfa mufada
- **Une chambre double :** Ghurfa bi
- **Une douche :** Douche

En faisant du shopping

- **Combien ? :** Qaddaysh/bikam ?
- **Combien ça coûte ? :** Kam fuulos ?
- **Bon marché :** Rakhis
- **Cher :** Ghaalli
- **Moins cher :** Arkhas
- **Gros :** Kabir
- **Petit :** Saguir
- **Fermé :** Maglouq
- **Ouvert :** Maftouh
- **Mauvais :** Mish kweiss
- **Bien, bon :** Kweiss

En route

- **Ici, là :** Hena/henak
- **Allez :** Yallah
- **A droite :** Al-Yamin
- **A gauche :** Al-Chmèl
- **Tout droit :** Alatul
- **Combien de kilomètres ? :** Kam kilometre ?
- **Aéroport :** Al-Mataar
- **Barrage :** Hajez

- **Gare :** Mahattat al-Qitaar
- **Gare routière :** Mahattat al-Baas
- **Essence :** Benzin
- **Voiture :** Aas-Sayaara
- **Les papiers** (voiture) : Al-Oura

En visitant

- **Bain :** Hamman
- **Caravansérail :** Khan
- **Cèdres :** Arz
- **Château fort :** Kasr
- **Chef de confrérie :** Cheikh
- **Couvent :** Deir
- **Eglise :** Knissé
- **Fleuve :** Nahr
- **Jardin :** Boustane
- **Lumière :** Nour
- **Marché :** Souk
- **Mer :** Bahr
- **Montagne :** Jebal
- **Mosquée :** Jeméh
- **Musée :** Mathaf
- **Olivier / Olives :** Zeitoun
- **Pont :** Jisr
- **Porte :** Bâb
- **Roi :** Malek
- **Route :** Tarike
- **Tour, fortin :** Mejdel, Bordj
- **Village :** Daïa
- **Ville :** Mdiné

Les nombres

- **0 :** Sefeur
- **1 :** Wahad
- **2 :** Tneine
- **3 :** Tlété
- **4 :** Arbaa
- **5 :** Khamsé
- **6 :** Sété
- **7 :** Sabaa
- **8 :** Tméné
- **9 :** Tessaa
- **10 :** Achra
- **11 :** Hdaache
- **12 :** Tnaache
- **13 :** Tlettaache
- **14 :** Arbataache
- **15 :** Khamstaache
- **16 :** Settaache
- **17 :** Sabataache
- **18 :** Tméntaache
- **19 :** Tésataache
- **20 :** Echrine
- **21 :** Wahad wa echrine
- **22 :** Tneine wa echrine
- **30 :** Tlétine
- **40 :** Arbaïne
- **50 :** Khamsine
- **60 :** Sittine
- **70 :** Sabaïne
- **80 :** Tménine
- **90 :** Tésaïne
- **100 :** Miyé
- **200 :** Miteine
- **300 :** Lété miyé
- **400 :** Arbaa miyé
- **500 :** Khamsé miyé
- **1 000 :** Alfe
- **2 000 :** Alfeine
- **1 000 000 :** Malioune
- **La moitié :** Nosse

BEYROUTH

Marina de Beyrouth et quartier Jamaa.

Les quartiers de Beyrouth

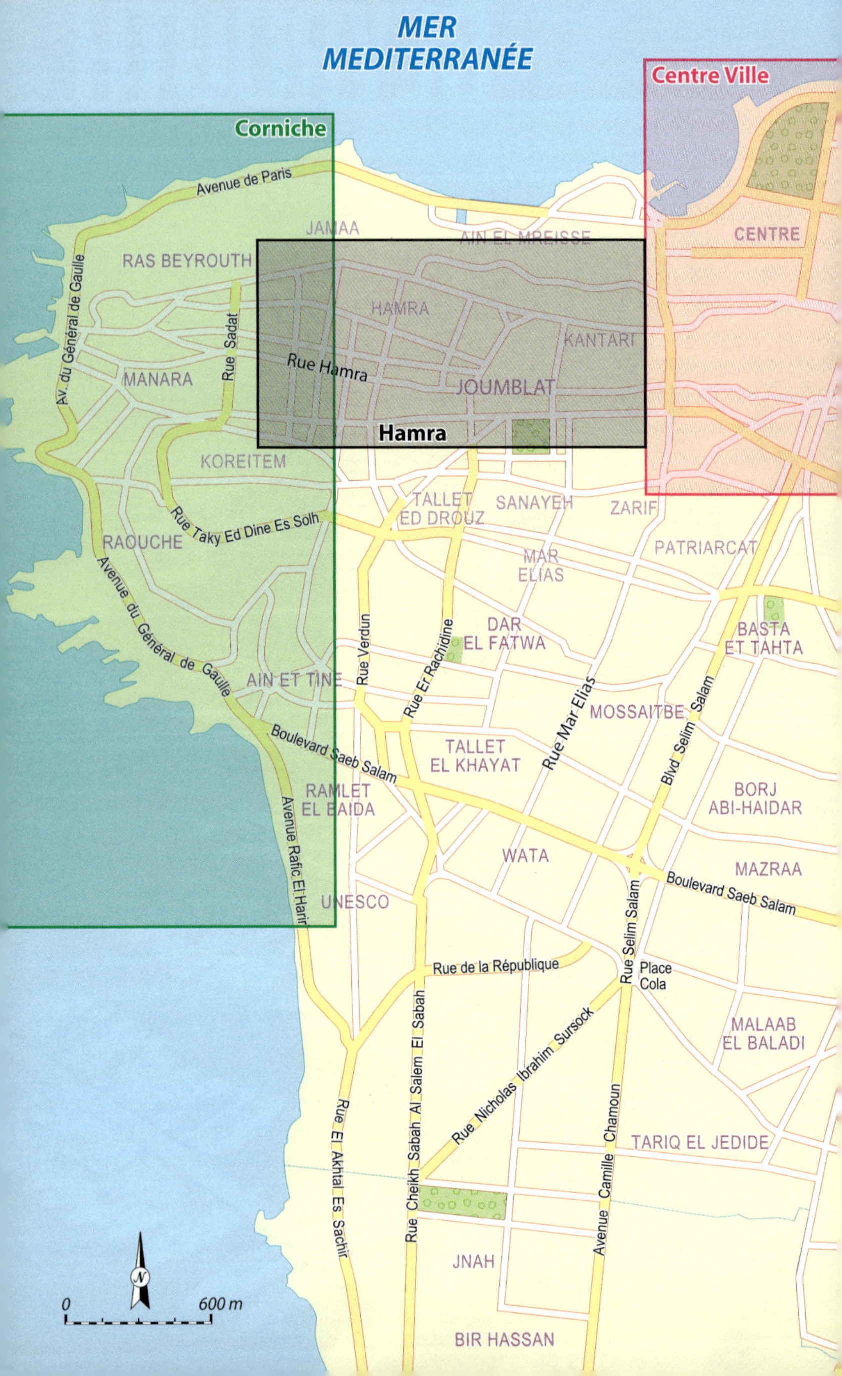

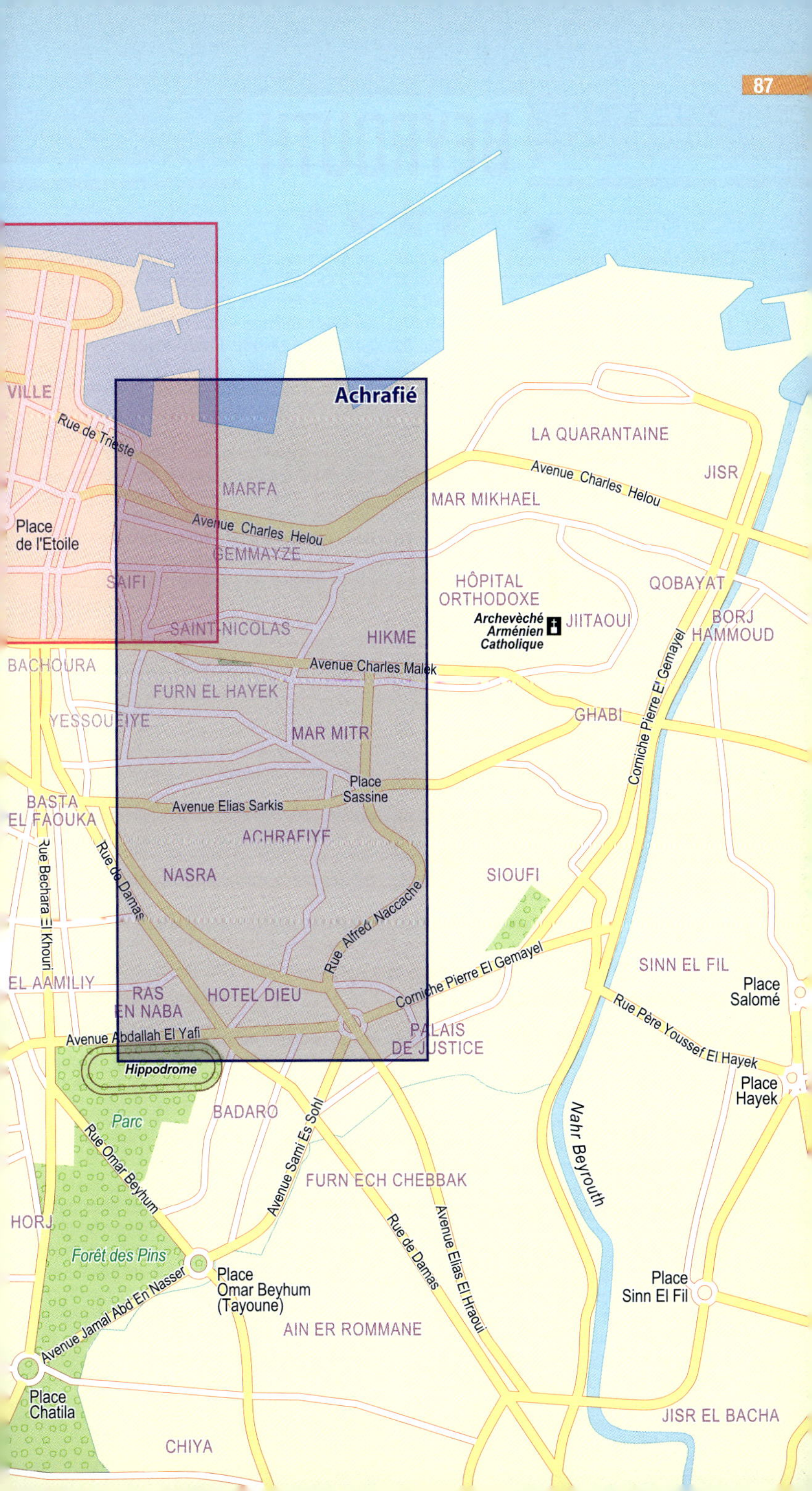
Achrafié
VILLE
Rue de Trieste
MARFA
Avenue Charles Helou
GEMMAYZE
Place de l'Etoile
SAIFI
SAINT-NICOLAS
HIKME
LA QUARANTAINE
JISR
MAR MIKHAEL
HÔPITAL ORTHODOXE
QOBAYAT
Archevèché Arménien Catholique
JIITAOUI
BORJ HAMMOUD
BACHOURA
Avenue Charles Malek
FURN EL HAYEK
YESSOUEIYE
MAR MITR
GHABI
Corniche Pierre El Gemayel
Place Sassine
Avenue Elias Sarkis
BASTA EL FAOUKA
ACHRAFIYE
Rue Bechara El Khouri
Rue de Damas
NASRA
SIOUFI
Rue Alfred Naccache
SINN EL FIL
Place Salomé
EL AAMILIY
RAS EN NABA
HOTEL DIEU
Corniche Pierre El Gemayel
PALAIS DE JUSTICE
Rue Père Youssef El Hayek
Avenue Abdallah El Yafi
Hippodrome
Place Hayek
Parc
BADARO
Nahr Beyrouth
Rue Omar Beyhum
Avenue Sami Es Sohl
FURN ECH CHEBBAK
HORJ
Rue de Damas
Avenue Elias El Hraoui
Forêt des Pins
Place Omar Beyhum (Tayoune)
Avenue Jamal Abd En Nasser
Place Sinn El Fil
AIN ER ROMMANE
Place Chatila
JISR EL BACHA
CHIYA

BEYROUTH

★★★★

Depuis de nombreuses années déjà, Beyrouth n'est plus cette ville détruite, en ruine, que les journaux télévisés nous ont montrée pendant des années. Revenue à la vie, la capitale libanaise est en perpétuelle reconstruction et se tourne résolument vers l'avenir, laissant derrière elle les maux divers qui la traversent. La guerre civile, le conflit de l'été 2006 et les attentats réguliers restent marqués dans les esprits, mais les séquelles visibles sont peu nombreuses. Le nouveau venu dans la ville aura bien du mal à se représenter les zones de conflit, les immeubles détruits ou percevoir la peur qui a habité ces quartiers. Beyrouth retrouve aujourd'hui l'allure d'une ville d'Orient, avec ses odeurs, ses bruits, où l'on s'interpelle d'un trottoir à l'autre, où les avertisseurs tiennent lieu de langage, où l'on rit et l'on se dispute sur le même diapason. On reconstruit un peu partout. Le boucan des pelleteuses a remplacé celui des mortiers. On asphalte les routes, on construit de nouveaux ponts et des voies rapides. L'ancienne ligne de démarcation – qui séparait les deux parties de la capitale – a vu ses familles regagner leur foyer et ses boutiques rouvrir. Si, en étranger curieux ou compatissant, vous demandez à des Libanais de vous raconter leur calvaire, ils risquent fort de vous prendre par l'épaule, en souriant, et de vous dire que le passé est oublié et qu'il faut regarder vers l'avenir. Un conseil, évitez de poser des questions sur la guerre civile. Les Libanais n'ont pas tellement envie de se replonger dans le passé. Pourtant, ils pourraient vous raconter des histoires vécues incroyables au cours du conflit. Des histoires de barricades où telle personne – un frère, un cousin ou un ami – a été enlevée. Des histoires de roquettes venues se planter dans le réfrigérateur d'une cuisine d'un appartement qui donnait sur le front. Des histoires de chef paramilitaire de quartier qui aujourd'hui passe ses journées, sur une chaise en paille, à regarder d'un œil vide la vie qui passe devant lui. Des histoires qui font froid dans le dos mais qui donnent une idée de ce qu'a pu être la vie à Beyrouth à cette époque. L'après-guerre a été une période de convalescence difficilement gérable, ce qui peut expliquer en partie les difficultés qui ont suivi.Mais au-delà de tout ça, Beyrouth est indéniablement une ville attachante. Vous y découvrirez l'aspect bon vivant et frimeur de ses habitants, le dynamisme de leurs commerces, leurs immeubles moches et modernes, leur culot et leur hospitalité, leur potentiel étonnant de survie. Hier et aujourd'hui sont décidément très liés, la laideur et la beauté aussi. Derrière un dépotoir immonde, vous découvrirez la mer. Au centre d'un dédale de rues sales et sans trottoir, vous trouverez de splendides demeures anciennes. A deux mètres d'une ex-caserne de miliciens où tout était permis, vous remarquerez un des cafés-restaurants les plus apaisants de la ville. Tout est comme cela ici : pluriel et contrasté. Un peu comme la vie.

QUARTIERS

La ville de Beyrouth est relativement petite. Elle s'étire du littoral à l'ouest au fleuve de Beyrouth à l'est, puis du port au nord à l'hippodrome au sud. Cette étroitesse permet ainsi de parcourir assez vite les différents quartiers de la ville. Hormis les collines de Koreytem et d'Achrafieh, la ville est relativement plate et il est facile de circuler à pied. *Le Petit Futé* a divisé Beyrouth en quatre zones géographiques qui regroupent les principales curiosités touristiques : centre-ville, corniche, Hamra et Achrafieh. Certaines zones sont plus vastes que d'autres. Par exemple, Achrafieh est un secteur très large. De plus, certains quartiers limitrophes ont été greffés à ces quatre zones, comme Badaro au sud d'Achrafieh, et Clemenceau et Zokak el-Blatt qui ont été rattachés à la zone Hamra. Les autres secteurs de Beyrouth non répertoriés sont purement résidentiels. Au cours de vos balades, vous serez surpris de constater que le nom des rues est rarement utilisé, voire connu, par les résidents. Beaucoup indiquent des adresses en précisant le commerce le plus connu ou l'hôtel le plus proche.

Centre-ville

Le centre-ville de Beyrouth, ce sont les habitants de la ville qui en parlent le mieux. Alors qu'ils sont nombreux à reconnaître sans mal qu'ils n'y viennent pas souvent, chacun affirmera tout de même avec force que le centre-ville est la fierté de la ville, sa vitrine, et qu'il participe à la renaissance de la capitale. Bombardé et déserté pendant de nombreuses années, ce quartier entièrement rénové accueille désormais la plupart des enseignes de luxe de la capitale, un centre commercial très moderne (Les Souks de Beyrouth), des restaurants haut de gamme, des hôtels cinq étoiles et des tours résidentielles ou de bureaux flambant neuves. C'est propre, beau et ultra-sécurisé. Mais cela manque de charme et les Libanais peinent à s'y reconnaître. C'est toutefois un quartier accueillant, un des rares de Beyrouth où il est agréable de se promener à pied.

Achrafieh

Achrafieh est un quartier résidentiel de Beyrouth qui se trouve dans l'est de la ville. La zone est traversée par des axes importants tels que la rue Gouraud, l'avenue Charles Malek et l'avenue Elias Sarkis. En son centre, la place Sassine, véritable point névralgique du quartier, mais également un carrefour quotidiennement embouteillé. Le centre commercial ABC en a fait une destination commerciale très appréciée. De plus, la présence d'anciens immeubles de caractère lui donne un charme spécifique. Les rues Sursock, Gouraud et Abdel Wahab el-Inglizi sont mignonnes et gardent les derniers spécimens de palais construits fin du XIXe siècle et début du XXe s. Certains secteurs résidentiels sont reliés par des escaliers dont le plus beau est le Saint-Nicolas. On y découvre une vie calme où les gens prennent le temps de se parler. Achrafieh est également un centre d'affaires, un centre artistique et culturel et un quartier festif, notamment du côté de Gemmayzé, Mar Mikhael et Badaro où sont rassemblés de très nombreux restaurants, bars et boîtes de nuit.

Hamra

Depuis le début des années 1950, Hamra est le quartier qui rassemble commerçants, intellectuels, artistes, employés, médecins, professeurs et étudiants. Ce savant mélange en fait un lieu unique où l'insouciance du jour présent permet tout. Petite ville dans la ville rénovée à la fin des années 1990, Hamra offre plusieurs visages au visiteur : celui d'un quartier animé, historique et festif, mais aussi celui d'un lieu attachant, contrasté que l'on aimerait adopter. La rue qui a donné son nom au quartier (l'origine de ce nom est controversée, pour certains il vient de la famille Hamra et, pour d'autres, c'est une référence à la couleur rouge) est un voyage à elle toute seule. Qualifiée jadis de Champs-Elysées locaux, Hamra représente aujourd'hui le poumon économique de la ville avec ses hôtels, ses restaurants et ses nombreux sièges sociaux. L'autre grande artère du quartier, la rue Bliss, autrefois tranquille et animée de petits commerces et de barbiers, est devenue le centre estudiantin de Beyrouth, l'Université américaine étant toute proche. Des dizaines de restaurants occupent désormais les espaces commerciaux. Le quartier ne dort (presque) jamais car, à la nuit tombée, la fête prend le dessus jusqu'au petit jour. Le caractère humain et moderne à la fois fait de Hamra un lieu à la mode et prisé des touristes.

Corniche

Voici une des cartes postales de Beyrouth : la corniche ! La plus célèbre des promenades de Beyrouth longe la mer Méditerranée sur 6 km. De Ramlet el-Baïda à l'hôtel Saint-Georges, vous n'y échapperez pas et vous ne devez pas y échapper ! La grotte aux Pigeons est le monument naturel qui illustre de nombreuses photos de Beyrouth. C'est ici que toute la diversité de Beyrouth apparaît entre les familles venues pique-niquer à même le trottoir, les vendeurs de cafés et friandises ambulants, les joggeurs en survetement griffé ou encore les jeunes couples qui se baladent bras dessus, bras dessous. Venir flâner ici offre un moment à part. Au-delà du paysage et de la vue sur le mont Liban, la mer et l'horizon, il y a de l'insouciance sur la corniche. La population se raccroche à ce lieu de vie informel et typique qui offre une vraie respiration dans la ville et un spectacle unique.

BEYROUTH

© RAMZIHACHICHO - ISTOCKPHOTO

Vue sur Beyrouth et la mosquée Muhammad al-Amîn.

SE DÉPLACER

L'arrivée

Avion

AÉROPORT DE BEYROUTH INTERNATIONAL
✆ +961 1 628 000
www.beirutairport.gov.lb
Se situe à 9 km au sud-ouest du centre-ville dans le quartier de Khaldé.
Beyrouth est le seul aéroport du Liban. Il existe deux autres aéroports hors service à Kolayaat (Nord-Liban) et Rayak (Bekaa). Le premier aérodrome de la capitale était situé dès 1939 dans le quartier de Jnah où se trouve actuellement la Cité sportive et le complexe commercial TSC. L'aéroport actuel a été inauguré en avril 1954. A la sortie de la guerre, il a été l'une des priorités des efforts de reconstruction des autorités libanaises. Entièrement reconstruit, l'aéroport actuel est spacieux et moderne. Il a accueilli 7,2 millions de passagers en 2015. Afin d'accueillir l'A380, une nouvelle piste de 3,4 km a été construite sur la mer. Cette piste permet aux avions de ne plus survoler Beyrouth et d'offrir aux passagers des vues remarquables sur la ville avant l'aterrissage. Aujourd'hui, les formalités administratives sont très simples. Etant donné que le visa est gratuit pour de nombreuses nationalités, présentez-vous directement au guichet du contrôle des passeports où on vous délivrera votre visa. La procédure est rapide. Important, la demande de visa est acceptée sous réserve que votre passeport ne comporte aucun timbre de l'Etat d'Israël. Une fois l'immigration franchie, vous attendrez vos bagages avant le passage à la douane. Là encore, pas de problème majeur. Une fois sorti, plusieurs services sont disponibles : banque ouverte 24h/24 (Byblos Bank), distributeur automatique de billets, bureau de change, bureau du ministère du Tourisme, boutique de souvenirs, buvettes et bureaux de location de voitures.

De l'aéroport au centre-ville :
Enfin vient l'épreuve la plus difficile : la confrontation avec une nuée de taxis qui vous proposeront leurs services à des tarifs souvent exagérés. Soit votre hôtel vous a envoyé quelqu'un vous chercher, soit vous négociez. Il n'y a pas encore de service organisé, et c'est la loi du marché qui règne.
Le tarif moyen pour une course vers le centre-ville est de 15 $ environ (soit entre 20 000 et 25 000 LL).

Train

Le réseau ferroviaire libanais n'étant plus en fonction depuis des dizaines d'années, il est désormais impossible de se rendre à Beyrouth en train.

Bus

A la sortie de l'aéroport, le service de bus est inexistant. Il faut beaucoup de ténacité et de courage pour sortir à pied de l'aéroport et attraper un bus dans le secteur de Cocodi. La ligne 5 permet de rejoindre les quartiers de Verdun, Raouché, Manara et Aïn el-Mreissé.

Bateau

Les liaisons maritimes entre Chypre et Beyrouth ou le port de Jounieh (au nord de Beyrouth) n'existent plus.

Voiture

De nombreuses agences nationales et internationales proposent une gamme variée de véhicules. Pour louer une voiture, il faut être âgé de 21 ou 23 ans (selon les agences) au minimum. L'été, il est conseillé de choisir des voitures climatisées afin d'améliorer votre confort dans les fréquents embouteillages. De plus, méfiez-vous pendant la saison estivale, les touristes en provenance du Golfe se ruent sur les voitures de location. Résultat, il est parfois difficile d'en trouver de disponible. Il est donc préférable de réserver à l'avance son véhicule. Le prix de location varie pour les catégories les moins chères entre 30 $ et 50 $ par jour pour une location à kilométrage illimité. En négociant et en cherchant bien, vous pouvez trouver moins cher, mais les garanties ou assurances ne seront peut-être pas forcément au rendez-vous. Si vous souhaitez être accompagné d'un chauffeur, cela revient à environ 50 $ de plus. Il est possible de récupérer votre voiture de location dès l'aéroport international de Beyrouth. Quelques agences ont un stand à votre disposition. Vous trouverez de nombreuses brochures à l'accueil de votre hôtel. Egalement, le guide des hôtels édité par le ministère du Tourisme recense, avec leurs adresses et leurs numéros de téléphone, plus de 100 compagnies de location. Vous aurez l'embarras du choix.

ADVANCED CAR (CENTRE-VILLE)

Immeuble Azarieh
Rue Emir Bechir
✆ +961 1 999 884 / +961 70 151 510
www.advancedcarrent.com
rent@advancedcarrent.com
Société de location de voitures à la journée ou au forfait. Très professionnel. Possibilité de choisir du petit modèle au 4x4 en passant par la limousine avec un chauffeur qui parle la langue de votre choix. Flotte renouvelée régulièrement et voiture non-fumeur disponible. Services personnalisés possibles.

AVIS (ACHRAFIEH)

Rue Amine Gemayel
Sioufi
✆ +961 1 762 621
www.avis.com.lb
complaints@avis-lebanon.com
Ouvert du lundi au vendredi de 8h30 à 18h, le samedi jusqu'à 13h.

AVIS (CENTRE-VILLE)

Rue de l'Armée
Kantari
✆ +961 1 762 616
www.avis.com.lb
complaints@avis-lebanon.com
Ouvert du lundi au vendredi de 8h30 à 18h, le samedi jusqu'à 13h.

BUDGET

Kantari
✆ +961 1 762 616
www.budget.com.lb
Ouvert du lundi au vendredi de 8h30 à 18h.

CITY CAR

Rue Kalaa
Ras Beyrouth
✆ +961 1 803 308
✆ +961 1 780 000
www.citycar.com.lb
citycar@citycar.com.lb

- **Autre adresse :** Aéroport ✆ +961 1 629 900.

EUROPCAR

Rue Fouad Chehab
Sin el Fil
✆ +961 1 480 480
www.europcar.com/location/lebanon
Ouvert du lundi au vendredi de 8h30 à 17h, le samedi jusqu'à 13h.

- **Autre adresse :** AIB ✆ +961 1 629 888.

HALA

Badaro
Avenue Sami el-Solh
✆ +961 1 393 904
✆ +961 3 272 817
www.halarentacar.com
rent@halarentacar.com

HERTZ

Avenue Sami el-Solh
Badaro
✆ +961 1 427 283
www.hertz.com
Ouvert du lundi au samedi de 8h30 à 18h.

- **Autre adresse :** AIB ✆ +961 1 628 999.

SIXT

Corniche al Mazraa
✆ +961 1 707 505
www.sixt.com.lb
Ouvert tous les jours de 9h à 20h.

- **Autre adresse :** New Jdeidé ✆ +961 1 883 388 / +961 3 265 385.

L'aéroport pendant la guerre

L'histoire de l'AIB (aéroport international de Beyrouth) est riche et sinistre. Il n'a pas été épargné par les conflits libanais. Dans la nuit du 28 décembre 1968, un commando israélien effectue une attaque surprise sur l'AIB et détruit 13 avions des trois compagnies libanaises dont la MEA. Pendant la guerre civile, à partir de 1975, l'aéroport est souvent fermé. Seuls MEA et TMA continuent à assurer quelques vols pendant les périodes d'accalmie. Le terminal rénové est détruit par les Israéliens lorsqu'ils envahissent le Liban en 1982. En octobre 1983, le quartier général des forces américaines, appartenant à la force internationale de maintien de la paix, installée dans un des bâtiments de l'AIB est victime d'un attentat suicide qui tue 241 militaires américains dont 220 Marines. Au même moment, les forces françaises sont frappées par un attentat, 58 parachutistes sont tués. Au cours de la guerre de juillet 2006, l'aéroport est bombardé par l'aviation israélienne, dans le cadre des représailles à l'enlèvement de deux soldats israéliens capturés par le Hezbollah. Il rouvre fin août 2006.

En ville

Bus

Depuis la fin de la guerre, les lignes d'autobus fonctionnent normalement. Compagnies publiques et compagnies d'Etat sillonnent les routes entre les grandes villes. Il n'est donc pas difficile de se déplacer en bus à Beyrouth – à cela près que les arrêts sont parfois difficiles à identifier, que les horaires sont fantaisistes et que les quartiers excentrés ne sont pas toujours desservis. Faire du tourisme en bus nécessite donc un peu de temps et de débrouillardise, mais cela s'avère très économique et convivial. A Beyrouth, des bus numérotés circulent tous les jours de 5h30 à 21h environ. Le prix du trajet est de 1 000 LL. Impossible de frauder : le chauffeur veille scrupuleusement à ce que chaque passager paye sa course en descendant. Il n'y a pas d'arrêt officiel, il suffit, comme pour les taxis-service, de se mettre au bord de la route et de héler le bus lors de son arrivée. Confirmez bien votre destination avec le chauffeur en montant. Idem pour descendre : indiquez au chauffeur l'endroit où vous souhaitez vous arrêter. Il n'y a pas d'horaires fixes non plus, mais en moyenne le bus passe toutes les 5 à 10 minutes. Les bus ne brillent pas par leur propreté, surtout en fin de journée, mais ils restent un moyen de transport pittoresque, idéal pour s'immerger dans la société. De plus, les temps de trajet étant élastiques, vous pourrez en profiter pour engager la discussion avec votre voisin de banquette.

- **Voici le détail des lignes :** Ligne 1 : Hamra-Khaldé. Ligne 2 : Hamra-Antelias. Ligne 4 : AUH-Choueifat. Ligne 5 : Ain Mreissé-Choueifat. Ligne 6 : Cola-Jbeil. Ligne 7 : Musée national-Bharsaf. Ligne 8 : AUH-Ain Saade. Ligne 9 : Barbir-Nahr el-Mott. Ligne 12 : Wardieh-Borj el-Brajné. Ligne 15 : Cola-Qmatiyé. Ligne 15 (bis) : Ain Mreissé-Dora.

- **Parallèlement**, il existe un réseau très important de mini-vans qui sillonne la ville. Ces sociétés privées suivent les lignes des bus officiels. Ces vans d'une dizaine de places sont efficaces et ont la réputation d'avoir une conduite « sportive ». Il y a quatre emplacements clés pour prendre le bus à partir de Beyrouth. Chacun dessert des régions spécifiques de Beyrouth et sa banlieue : **Gare routière du port « Charles Hélou » :** vers le nord de Beyrouth. La gare routière est divisée en 3 zones, la zone A pour la Syrie, la zone B pour Beyrouth et la zone C pour Jounieh, Jbeil et Tripoli. **Place Cola :** vers le sud et l'est ; aéroport – Baalbek – le Chouf – Tyr – Saïda. **Dora :** vers le nord ; Zouk Mkayel – Jounieh – Byblos (Jbeil) – Tripoli. **Musée national :** vers l'est ; Aley et Broummana, et vers Jbeil. Les tarifs varient en fonction des compagnies (publiques ou privées) et des trajets.

Taxi

- **Taxis-service :**

Le nom peut prêter à confusion. Les taxis-service sont le moyen de transport le plus populaire à Beyrouth. Vous les reconnaîtrez grâce à leur plaque d'immatriculation rouge et, parfois, à leur luminaire jaune placé sur le toit. Le principe : chaque passager paye sa place. Ces voitures – qui sont souvent de vieilles Mercedes colorés – desservent tous les quartiers de Beyrouth et les principales destinations dans tout le Liban. Pour les emprunter, il suffit de se mettre au bord de la route : tous les taxis-service s'arrêteront – quand bien même vous n'attendez que pour traverser – et vous klaxonneront pour vous demander où vous voulez aller. Il est impératif de préciser que vous souhaitez prendre un « service », surtout s'il n'y a pas d'autres passagers, sinon vous risquez de payer le prix fort, soit l'équivalent du prix pour 5 personnes. Le chauffeur vous acceptera en fonction du trafic, de son circuit et des clients déjà présents dans la voiture. Si le chauffeur ne comprend pas le nom de votre destination, demandez à un passant francophone ou anglophone de vous aider, il lui indiquera l'endroit où vous désirez aller. Un conseil, pour indiquer votre destination, préférez le nom d'un hôtel ou d'un bâtiment public ou religieux connu, ce sera plus simple. Ne soyez pas surpris car certains chauffeurs ne connaissent pas les noms de toutes les rues. Pour accéder à la vieille ville en taxi-service, vous pouvez indiquer au chauffeur : Solidere ou Downtown.

Les taxis-service ne vous déposent pas exactement à l'adresse voulue, ils préfèrent des axes fréquentés ou des places importantes. Néanmoins, une balade en taxi-service peut offrir des moments très sympas pendant lesquels vous pourrez discuter avec les autres passagers ou avec le chauffeur (si celui-ci est honnête). Le trajet peut être lent. Il peut y avoir des embouteillages, le conducteur peut s'arrêter tous les 10 mètres pour solliciter un nouveau client ou alors faire un détour pour déposer un passager. Mais cela vous permettra de découvrir Beyrouth. La grande majorité des chauffeurs ne parle pas le français mais avec quelques mots d'anglais, la discussion est possible. Il faut compter 2 000 LL par personne pour une course à Beyrouth en fonction du trajet effectué. Mais le trajet passe à 3 000 – 4 000 LL si vous voulez vous rendre, par exemple, de Hamra à Dora ou de Hamra au cœur d'Achrafieh. Si la discussion devient interminable, soyez patient et attendez le deuxième ou le troisième véhicule. Il y en aura toujours un pour accepter votre demande. Il est impératif de clarifier le prix 2 000 LL, ou plus si le trajet est loin, avant de monter dans le taxi-service. Les chauffeurs ne vont pas hésiter une seconde pour essayer de vous arnaquer. Ils le font avec les locaux, pourquoi pas avec des touristes !

LA VERSION NUMÉRIQUE DE CE GUIDE OFFERTE

© MAMA-MIA

UT2Z6GQZV2RS

Le code ne peut être utilisé qu'une seule fois.
Il faut respecter les caractères en majuscule du code.

1. Rendez-vous sur la boutique en ligne Petit Futé : http://boutique.petitfute.com/
2. Saisissez votre code de promotion à droite dans le carré **« La version numérique de votre guide offerte »** dans l'onglet Code de promotion et cliquez sur le bouton **OK**.
3. Cliquez sur **« Continuer le paiement »** avec un montant global à 0 €.
4. Si vous avez déjà un compte : connectez-vous avec le bouton **« S'identifier »** puis choisissez une adresse de facturation et cliquez sur **« Continuer »**.
5. Si vous n'avez pas de compte : cliquez sur le bouton **« S'inscrire »**, remplissez le formulaire d'inscription puis cliquez sur **« S'inscrire »** ensuite complétez votre adresse de facturation et cliquez sur **« Continuer »**.
6. Vérifier l'adresse de facturation.
7. Ensuite, cliquez sur « Continuer » puis **« Pas d'information de paiement nécessaire »** puis **« Passer la commande »**.
8. Cliquez directement sur le lien **« Mes produits téléchargeables »** ou cliquez tout en haut sur le lien **« Mon compte »** et cliquez plus bas sur le lien **« Mes produits téléchargeables »** dans la colonne gauche **« Mon compte »**, puis sélectionnez à droite votre format sous le titre.

Offre valable jusqu'au 31/12/2016 sous réserve de l'arrêt de commercialisation de certains titres en France métropolitaine et dans le monde et sous réserve que le nombre de téléchargements soit inférieur ou égal au nombre d'exemplaires de guides papier imprimés. Formats disponibles pour smartphones, tablettes, liseuses et ordinateurs PC ou MAC.

Taxi :
Si vous prenez un taxi ou un taxi-service pour vous seul dans la rue, vous paierez 10 000 LL pour un trajet à Beyrouth. Les taxis ne sont pas équipés de compteur. A vous de négocier la course avant de monter dans la voiture. Depuis ou vers l'aéroport, il faut compter environ 15-20 dollars. Si vous souhaitez commander un taxi privé, il faudra demander le prix de la course à la compagnie lors de votre appel. Voici les coordonnées de quelques agences beyrouthines qui sont fiables et sérieuses. Les chauffeurs sont ponctuels et les véhicules sont propres.

ALLO TAXI
Kantari ✆ +961 1 517 070
www.allotaxi.com.lb
callcenter@allotaxi.com

CHARLIE TAXI
Furn el-Chebbak
✆ +961 1 285 710
www.charlietaxi.com
operations@charlietaxi.com

LEBANON TAXI
✆ +961 1 353 153
www.lebanontaxi.com

SAFE TAXI
Achrafieh
✆ +961 1 216 398

TAXI GERYES
Achrafieh
✆ +961 1 333 666 / +961 1 222 600 / +961 1 206 666

Vélo

Il est possible de faire du vélo à Beyrouth. La géographie et l'état des routes – tout autant que la pollution et le trafic intense – risquent cependant de décourager les plus valeureux. De plus, il n'est pas très aisé de se promener à vélo dans les rues de Beyrouth. L'irrespect des automobilistes, la présence de voitures en double file, la circulation chaotique ne facilitent pas la balade. Généralement, les gens qui louent un vélo limitent leur déplacement au périmètre du centre-ville et de la corniche qui offrent un environnement plus sécurisé pour les cyclistes.

BEIRUT BY BIKE
Ain el Mreissé
✆ +961 3 435 524
Voir page 25.

CYCLO SPORT
Rue Gouraud
Gemmayzé ✆ +961 1 446 792
www.cyclosportlb.com
200 m sur la gauche après la boulangerie Paul
Ouvert tous les jours de 10h à 21h.
L'un des rares magasins de Beyrouth à proposer un large choix de vélos bien entretenus.

Moto / Scooter

Les grosses cylindrées sont relativement rares à Beyrouth. On voit parfois quelques caïds qui font des rodéos sur l'autoroute de l'aéroport. Néanmoins, en septembre 2010, la première franchise Harley Davidson a été inaugurée dans le quartier de Kantari. Par contre, les rues de la capitale comptent un nombre important de scooters, dont les conducteurs circulent sans casque et parfois en sens interdit. Un moyen de transport certes pratique et rapide, mais dangereux et donc à éviter.

À pied

La marche est un bon moyen pour découvrir un Beyrouth différent. La balade à pied permet plus amplement de plonger dans l'ambiance de la ville, de goûter au plaisir de l'imprévu et de rencontrer des personnes sur votre chemin. Naturellement, la météo n'aide pas les promenades en plein été. Mais si vous êtes à Beyrouth au printemps ou en automne, cela peut être un vrai plaisir. Bien souvent, l'exercice ressemble à un jeu de funambules : les trottoirs sont souvent défectueux et il n'y a aucune réglementation favorable pour les piétons. Il faut donc être prudent, équipé d'une bonne paire de chaussures et être alerte !

PRATIQUE

Tourisme – Culture

AMBASSADE DE FRANCE AU LIBAN
Rue de Damas
www.ambafrance-lb.org
Il n'est pas inutile de consulter ce site avant son voyage, notamment pour prendre connaissances des dernières formalités en cours.

BARAKAT TRAVEL
Azarieh Building
Downtown ✆ +961 1 972 111
Voir page 14.

DISCOVER LEBANON
www.discoverlebanon.com
info@discoverlebanon.com

Ce site permet de voir des vues panoramiques de différents lieux du pays. Ludique, le site en anglais est un portail dans lequel il n'est pas inintéressant de jeter un coup d'œil pour y trouver quelques adresses, des cartes ou des agendas culturels.

KURBAN
Downtown
✆ +961 1 368 958
Voir page 14.

NAKHAL & CIE
Avenue Sami el-Solh
Badaro
✆ +961 1 389 389
Voir page 14.

OFFICE DE TOURISME DU MINISTÈRE DU TOURISME LIBANAIS
Hamra
A l'angle des rues de Rome et de la Banque du Liban.
✆ +961 1 343 073 / +961 1 340 940
www.mot.gov.lb
info@destinationlebanon.gov.lb
Ouvert du lundi au samedi de 8h30 à 16h.
Le ministère du Tourisme libanais compte plusieurs bureaux de représentation au Liban (Beyrouth, Aéroport international, Tripoli, Jbeil, Baalbek et Zahlé) et à l'étranger (Paris et Le Caire). Si vous passez dans l'un d'entre eux, vous pouvez demander des prospectus sur les principaux sites touristiques du Liban (Hermel, Hasbaya, Tyr, Byblos, Echmoun, Aanjar, Les Cèdres, Tripoli, Baalbeck, le Musée national, Beyrouth, Saïda, Beïteddine, Jeïta, Zahlé) et des cartes qui vous seront distribuées gratuitement. Le principal office du tourisme au Liban se trouve au début de la rue Hamra au rez-de-chaussée du ministère du Tourisme. L'entrée est dans un passage situé sous le ministère. Ouvert officiellement tous les jours (du lundi au samedi) de 8h30 à 16h. Des brochures et des plans sont disponibles. L'accueil y est sympathique. Le personnel fera de son mieux pour vous aider, vous rendre service et vous informer. Mais ne vous attendez pas à des scoops ; il n'est pas toujours au courant des dernières nouveautés, des adresses à la mode et des nouveaux hôtels. Nous vous conseillons également d'aller directement au ministère du Tourisme (1er étage) au département des publications. Si vous voulez faire une escapade hors de Beyrouth, le ministère a publié des brochures très intéressantes et bien faites sur des sites méconnus du Liban : Arqa, Furzol, Nahr el-Kalb, Mtein, l'Aal, Baaqline, Tibnine, Ras el-Metn, Sfireh, Beit Mery, Kamid el-Loz, Qadisha. La société INMA avec des fonds américains (USAID) a sorti une série de brochures très pratiques et bien documentées sur plusieurs sites dont Baalbek, Beïteddine, Saida, Tripoli et Tyr. Cette même société a publié également des brochures par *caza* (districts) qui localisent toutes les curiosités (sites historiques et naturels, hôtels, restaurants) des villages libanais. Génial pour découvrir le Liban. Dommage que la cartographie soit illisible.

TLB DESTINATIONS
Main Road
Rabieh ✆ +961 4 419 848
www.tlb-destinations.com
contact@tlb-destinations.com
Créée en 1994, cette entreprise à taille humaine propose des circuits touristiques originaux de découverte et d'aventure à travers le Liban, mais aussi la Syrie et la Jordanie… La philosophie est entièrement basée sur un tourisme équitable et durable. Cette structure participe au développement et à la protection des différentes régions du Liban par un soutien aux communautés locales.

VOLVER
Sodeco
Nasra Imm Saab
✆ +961 1 389 407
Voir page 14.

WILD DISCOVERY
Gemmayzé
Rue Pasteur
✆ +961 1 565 646
Voir page 14.

Représentations – Présence française

AMBASSADE DE BELGIQUE
Immeuble Azarieh, block A
Rue Emir Bechir
Centre-ville
✆ +961 1 976 001
www.lebanon.diplomatie.belgium.be
beirut@diplobel.fed.be

AMBASSADE DE SUISSE
Immeuble Burj al-Ghazal
Avenue Fouad Chéhab
Achrafieh
✆ +961 1 324 129
www.eda.admin.ch/beirut
bey.vertretung@eda.admin.ch

AMBASSADE DU CANADA
Immeuble Coolrite
Jal el-Dib
✆ +961 4 726 700
berut@international.gc.ca

AMBASSADE ET CONSULAT DE FRANCE
Rue de Damas
Ras el Nabah ✆ +961 1 420 000
www.ambafrance-lb.org

INSTITUT FRANÇAIS DE BEYROUTH
Rue de Damas ✆ +961 1 420 200
www.institutfrancais-liban.com
info.beyrouth@if-liban.com
Situé à côté de l'ambassade de France et du consulat, l'Institut français propose de multiples activités culturelles : médiathèque, expositions, conférences, projections de films. Le programme est disponible sur le site internet de l'institut et dans l'*Agenda culturel* (www.agendaculturel.com).

Argent

Banques. Il existe 54 banques différentes, soit 962 succursales concentrées principalement à Beyrouth. Les cinq premières, selon le total de leurs actifs sont : BLOM, Byblos, Fransabank, Audi et BLF. Il n'est pas difficile de changer de l'argent, de trouver un distributeur automatique pour les cartes Visa et Mastercard.
La plupart des banques sont ouvertes de 8h30 à 14h du lundi au vendredi. Le samedi, les banques ferment à 12h.

Change. On peut changer sans problème les monnaies européennes dans les banques et les bureaux de change de Beyrouth. Notez que le change en dollar est plus avantageux au Liban qu'en France.
A Beyrouth et dans les grandes villes du pays (Tripoli et Saïda), on trouve de nombreux bureaux de change. A Beyrouth, la plus grande concentration est dans le quartier touristique de Hamra. A noter qu'il est préférable d'avoir de la monnaie, surtout quand vous prendrez un taxi-service. Le chauffeur peut vous dire en cours de route qu'il n'a pas la monnaie. Ainsi, ayez toujours avec vous des billets de 1 000 LL pour le payer.

Moyens de communication

LIBANPOST À BEYROUTH
309 rue Omar ibn el-Khattab (Basta)

Autres adresses : 15 place Sassine (Achrafieh), 779 boulevard Salim Salaam (Mazraa) • 228 rue Makdissi (Hamra), rue Riad Solh (centre-ville), 450 rue Gouraud (Gemmayzé).

RENSEIGNEMENTS
✆ 120
Depuis 2004, on trouve dans les rues des cabines téléphoniques à partir desquelles il est possible d'appeler l'étranger. A Hamra, on en trouve facilement.
Pour les utiliser, il faut acheter une carte, appelée télécarte. Les cartes sont paradoxalement plus difficiles à trouver. Certaines boutiques de téléphonie mobile en vendent.

Sinon, il faut se rendre dans les bureaux de la compagnie Ogero (numéro du service clientèle ✆ 1515 – www.ogero.gov.lb).

Santé – Urgences

Hôpitaux. Beyrouth compte plusieurs hôpitaux dont certains sont très réputés à l'échelle régionale. La majorité des médecins internes parle l'anglais et le français.

Numéros utiles : médecins à domicile ✆ +961 1 444 400 – ambulance ✆ +961 1 386 675.

Pharmacies. Les médicaments communs sont accessibles dans les pharmacies locales, mais il vaut mieux préparer sa pharmacie avant le départ. Les incontournables sont l'aspirine, le paracétamol, des antidiarrhéiques, des antibiotiques (contre la diarrhée, les infections respiratoires, ORL et cutanées), un antihistaminique et tout le nécessaire pour se protéger des piqûres d'insectes. N'oubliez pas non plus les crèmes solaires et les lunettes de soleil. Des pansements adhésifs et un désinfectant peuvent être utiles. Les pharmaciens libanais sont généralement compétents. Il est souvent plus pratique de les consulter pour des petits bobos que de se précipiter aux urgences. Dans ce pays où la majorité de la population n'a pas d'assurance maladie, le pharmacien fait souvent office de médecin. Beyrouth compte des centaines de pharmacies. Vous n'aurez aucune difficulté à en trouver une. Elles sont généralement le long des grands axes et dans les quartiers résidentiels.

AMERICAN UNIVERSITY OF BEIRUT MEDICAL CENTER (AUBMC)
Hamra
Rue du Caire ✆ +961 1 350 000
www.aubmc.org – aubmc@aub.edu.lb

BERTY
Achrafieh, en face du centre commercial ABC.
Place Sassine
✆ +961 1 200 767
Ouvert jusqu'à 23h.

CROIX-ROUGE
✆ 140

HÔPITAL RIZK
Achrafieh
Rue Zahar
✆ +961 1 200 800
www.umcrh.com – info@umcrh.com

HÔPITAL SAINT-GEORGES
Rue de l'Hôpital orthodoxe
✆ +961 1 575 700 / +961 1 441 000
www.stgeorgehospital.org

HÔTEL-DIEU
Achrafieh
Boulevard Alfred Naccache
✆ +961 1 615 300
www.hdf.usj.edu.lb – info@hdf.usj.edu.lb

MAZEN
Corniche Mazraa
✆ +961 1 313 362
Ouvert 24h/24.

MEHIO
Verdun
Tallet el-Khayat
✆ +961 1 786 771
Ouvert 24h/24.

PHARMACIE WARDIEH
Rue Souraty, Hamra
✆ +961 1 343 679
✆ +961 1 751 343
Ouvert 24h/24.

Adresses utiles

POLICE
Basta Rd
✆ 112 160 / +961 1 392 750

POLICE TOURISTIQUE
✆ +961 1 752 428
✆ +961 1 752 429

POMPIERS
✆ 175

RENSEIGNEMENTS
✆ 120

SE LOGER

L'agglomération de Beyrouth compte environ 80 hôtels. Depuis les années 1990, son parc hôtelier s'est reconstruit progressivement. Les grands hôtels du bord de mer avaient servi de casernes militaires et de tranchées aux miliciens de tout bord. Ce qu'on a appelé la « bataille des hôtels » à Ain el-Mreissé, en 1975-1976, a constitué l'un des épisodes les plus sanglants des combats de l'époque. Aujourd'hui, on cherche à effacer les traces de toute cette violence et les bâtiments ont été rasés ou rénovés les uns après les autres. Toutefois, il reste l'imposante carcasse de l'hotel Holiday Inn à l'ouest du centre-ville qui est moucheté d'impacts d'obus et qui témoigne 15 ans après de la violence des combats.Beyrouth reste une capitale où l'hébergement est cher. Il faut compter en moyenne 130 $ pour une chambre propre et de qualité. Ainsi, trouver des hôtels « bien et pas cher » est une véritable chasse au trésor. N'oubliez pas qu'il est toujours possible de négocier une réduction.

Centrales de réservation – Réseaux

BEIRUT NESTS
Tabaris
45 rue Université Saint-Joseph
Achrafieh
✆ +961 3 835 849
www.beirutnests.com
info@beirutnests.com
Exemple de prix : location d'un studio de 42m² dans Achrafieh pour la semaine, entre 560 et 770 $ selon la saison. Prix dégressifs selon la durée. Le détail de la tarification est mentionné pour chaque appartement sur le site, dans la rubrique « Équipement ».
Sept appartements de différentes tailles disponibles dans le centre de Beyrouth plus 2 chambres chez l'habitant. Au niveau des services, tous les appartements et chambres sont livrés propres avec literie et serviettes de bain. Un service de chambre est inclus une fois par semaine, sauf pour de plus longs séjours (négociable selon durée).

HOOJOOZAT
✆ +961 1 382 555
www.hoojoozat.com
administration@hoojoozat.com
Une centrale de réservation d'hôtels bien pratique ! Fondée par le groupe libanais Nakhal & Cie en 2007 – (*hoojoozat* veut dire tout simplement « réservation » en arabe) –, elle propose une large sélection d'adresses (plus de 35 000 hôtels) dans environ 120 pays. Un bon moyen d'obtenir de bons prix ou de comparer les tarifs des hôtels. Le site offre également une assistance téléphonique de 8h30 à 23h.

L'HÔTE LIBANAIS
174 rue Spears
Sanayeh
www.hotelibanais.com
hotelibanais@hotmail.com
Un joli site riche d'informations sur le tourisme, la culture, la vie nocturne et la gastronomie libanaise. Et qui recense surtout une dizaine de chambres d'hôte aux quatre coins du pays.

Centre-ville

Difficile de trouver à se loger à moindre coût dans le centre-ville de Beyrouth. Le cœur de la capitale est monopolisé par les établissements haut de gamme. Mais au moins les prestations sont impeccables et chaque adresse bénéficie de vues splendides et de services (restaurants, piscines et spa) de qualité.
On réside dans le centre-ville surtout pour la proximité des sites archéologiques, du quartier des arts de Saifi Village, des rues piétonnes de Foch-Allenby et du centre commercial Les Souks de Beyrouth.

Confort ou charme

MARKAZIA MONROE SUITES*****

Rue de Syrie ✆ +961 1 991 200
www.themonroehotels.com/markazia
info@markaziamonroesuites.com
Junior suite à partir de 115 $, suite avec terrasse à partir de 190 $. Ajouter 10 % de taxes. Petit déjeuner et wi-fi compris.
Situé dans la partie sud du centre-ville, Markazia Monroe Suites dispose de plus de 70 chambres bien équipées et spacieuses. Prestations très acceptables. L'hôtel possède un restaurant, le Jaipur, qui sert une cuisine indienne, et un salon de beauté. Proche des places Riad Solh et des Martyrs, Markazia Monroe Suites se trouve à 10 minutes à pied du centre commercial Les Souks de Beyrouth.

MONROE

Rue Kennedy
✆ +961 1 371 122
www.themonroehotels.com/monroe
info@monroebeirut.com
Chambre double de 125 à 160 $ en fonction de la vue. Ajouter 10 % de taxes. Petit déjeuner et wi-fi compris.
L'hôtel Monroe bénéficie d'un emplacement remarquable à quelques mètres seulement des nombreux restaurants de Zaytounay Bay. Il offre une vue splendide sur la marina du Saint Georges. Les 112 chambres de l'hôtel sont identiques : seule l'orientation diffère. Privilégiez les étages élevés pour éviter le bruit de la circulation, et les chambres qui ont vue sur la mer. L'établissement est propre et bien tenu, et l'accueil très sympathique. L'hôtel Monroe possède un spa et deux restaurants : le Sanderson (cuisine internationale) et l'Awtar (cuisine libanaise).

RAMADA****

Rue Chateaubriand
✆ +961 1 990 299
www.ramada.com
Chambre double de 130 à 220 $. Taxes et wi-fi compris.
Chaîne américaine qui appartient au groupe Wyndham, et qui gère plus de 6 500 hôtels dans le monde, Ramada est une valeur sûre. Ouvert en octobre 2008, l'hôtel Ramada du centre-ville de Beyrouth compte 77 chambres standard et 22 suites réparties sur 11 étages. Les chambres sont confortables et bien tenues. L'hôtel se situe à proximité des Souks de Beyrouth et à quelques minutes de la corniche et du front de mer. Au premier étage, le restaurant The Scarlet offre une cuisine internationale et libanaise. La présence de nombreux immeubles en construction (dont le Grand Hyatt Hotel) dans le quartier n'est pas gênante si on passe la journée hors de l'hôtel.

Luxe

FOUR SEASONS*****

Avenue Wafic Sinno
✆ +961 1 761 000 – www.fourseasons.com
reception.bei@fourseasons.com
Chambre double à partir de 315 $. Ajouter 10 % de taxes. Petit déjeuner à 40 $.
Inauguré au cours de l'été 2010, le Four Seasons de Beyrouth bénéficie d'un site géographique remarquable avec une vue imprenable sur la baie du Saint-Georges. L'hôtel, qui comporte 26 étages, compte 230 chambres de 38 à 193 m^2, qui sont toutes équipées d'un balcon. Il possède par ailleurs un spa réputé, une salle de gym avec sauna et plusieurs restaurants dont un en *rooftop* qui sert des tapas asiatiques. Le *must* de cet hôtel haut de gamme : sa piscine sur le toit qui offre une vue à 360° à couper le souffle sur la mer et la ville.

LE GRAY*****

Place des Martyrs ✆ +961 1 971 111
www.legray.com – reservations@legray.com
Chambre double à partir de 300 $. Ajouter 10 % de taxes. Petit déjeuner à 30 $. Wi-fi gratuit.
Membre des Leading Hotels of the World, Le Gray est l'un des établissements les plus chics de Beyrouth. Signé de l'architecte australien Kevin Dash, il possède 87 chambres spacieuses et de haut standing. La décoration est sobre et raffinée, et l'hôtel compte pas moins de 500 œuvres d'art « chinées » par Gordon Campbell Gray, lui-même, à travers le monde. Le Gray possède plusieurs restaurants dont le Gordon's Café, au rez-de-chaussée, avec une terrasse sur la rue, et l'Indigo on the Roof. L'hôtel possède par ailleurs une salle de gym et un spa, ainsi qu'une superbe piscine à débordement sur le toit, qui offre une vue imprenable sur la ville. Le personnel est très professionnel et aux petits soins. Situé au cœur du centre-ville, Le Gray est une excellente adresse qui vous permettra de découvrir Beyrouth dans les meilleures conditions.

Achrafieh

Contrairement à Ras Beyrouth (Hamra, Verdun, Raouché) qui compte des dizaines d'hôtels, Achrafieh dispose d'un panel hôtelier plus limité et dispersé. C'est toutefois le quartier qui accueille la meilleure offre pour les pensions et les Bed & Breakfast. Certaines adresses comme Saifi Urban Gardens sont très agréables pour les petits budgets. L'avantage de résider à Achrafieh est que vous serez à proximité des quartiers de Gemmayzé et de Mar Mikhael, connus pour leur vie nocturne animée, et à deux pas de la place Sassine et du centre commercial ABC.

Bien et pas cher

FOYER « LA SAGESSE »
Rue de la Sagesse ou rue Mgr. Moubarak
✆ +961 1 561 953 / +961 1 562 100
www.fdjlb.com – info@fdjlb.com
A deux pas de l'ancien cinéma La Sagesse.
Chambre pour filles à 20 $, chambre mixte double à 50 $, triple à 60 $. Possibilité de louer une chambre au mois. Petit déjeuner compris. Wi-fi payant (5 $/jour).
Situé dans un quartier calme à proximité de la place Sassine et de Gemmayzé, le foyer est divisé en deux bâtiments (F1 et F2) : le plus important (près de 80 chambres) est réservé aux filles (F1), et le second est mixte (F2). Une cafétéria permet de prendre sur place un petit déjeuner et un repas le soir. Possibilité de laver son linge. Une solution économique surtout pour les étudiantes qui viennent en stage au Liban. Il est en effet possible de louer une chambre au mois pour 250 dollars environ. Attention : le bâtiment des filles ferme toutes les nuits entre 00h30 et 6h.

HAYETE
Rue Ghandour al Saad
Furn el Hayek
✆ +961 70 239 912
www.hayete-guesthouse.com
info@hayete-guesthouse.com
Au premier étage, au-dessus du restaurant Frida.
Chambre simple sans salle de bains à 65 $, double sans salle de bains à 95 $, double avec salle de bains à 105 $, suite pour deux personnes à 120 $. 30 $ par personne supplémentaire. Petit déjeuner et wi-fi inclus.
A 5 minutes du centre commercial ABC, Hayete occupe le premier étage d'un magnifique immeuble traditionnel avec ses balcons arrondis, à l'angle des rues Ghandour al-Saad et Aabrine. Le secteur est connu pour avoir été la résidence de Bachir Gemayel. La *guesthouse* ne compte que quatre chambres dont deux doubles sans salle de bains, une double avec salle de bains et une suite familiale avec salle de bains. En entrant dans l'appartement, on arrive dans une vaste pièce de réception avec un grand canapé, des fauteuils, un coin café-thé, qui donne sur un large balcon où est servi le petit déjeuner. Chambres impeccables et très joliment décorées avec du mobilier vintage du Liban et de la région. Une adresse pleine de charme, idéalement située. Il faut donc bien penser à réserver longtemps à l'avance !

NOUVEAU HÔTEL DU LIBAN
Rue de Damas
Monnot
✆ +961 1 320 332
✆ +961 3 823 543
www.nouveauhotelduliban.com
nouveauhotelduliban@hotmail.com
Chambre simple à 40 $, double à 60 $ avec petit déjeuner léger (thé, café et part de gâteau). Internet payant (5 $ par jour).
Situé au premier étage d'une ancienne maison libanaise traditionnelle le long de la rue de Damas, à proximité des falafels Sahyoun, le Nouveau Hôtel du Liban est une excellente adresse pour se loger à moindre coût. Les chambres, spacieuses et propres, sont réparties autour d'un hall central typique de l'architecture libanaise. Certaines sont dotées d'une télévision et de l'air conditionné. Seuls bémols : les deux salles de bains de la maison sont partagées, et les chambres ne sont équipées ni de volets ni de double vitrage. L'établissement est tenu par Omar et Mouna Nasr, qui logent également dans cette vaste maison de 600 m². Très accueillants, et francophones, ils seront à votre disposition pour organiser votre séjour.

PENSION AL-NAZIH
62 rue Chanty
Saifi
✆ +961 1 564 868 / +961 3 475 136
www.pension-alnazih.8m.com
halaassali@hotmail.com
Chambre simple à 25-30 $, double sans salle de bains à 37 $, double avec salle de bains à 50 $, lit en dortoir à 17 $. Petit déjeuner et Internet payants.
Située au premier étage d'un immeuble, dans une petite rue perpendiculaire à l'avenue Charles-Helou, cette pension compte une dizaine de chambres. Confort minimal, mais l'adresse est bien tenue et propre. Certaines chambres sont dotées d'une télévision, de l'air conditionné et d'un balcon. N'hésitez pas à demander à en voir plusieurs avant de faire votre choix. La rue de la pension n'est pas très accueillante, mais vous accèderez facilement en seulement quelques minutes à pied aux nombreux bars et restaurants de Gemmayzé et Mar Mikhael.

PORT VIEW HOTEL

Rue Gouraud
✆ +961 1 567 500 / +961 1 562 722
www.portviewhotel.com
portviewhotel@hotmail.com
Chambre simple de 49 à 69 $, double à 89 $, triple à 119 $ TTC. Petit déjeuner, taxes et wi-fi compris.
Situé en plein cœur de Mar Mikhael, en face du bâtiment de l'Electricité du Liban, et au-dessus du bar Behind The Green Door, cet établissement de 27 chambres ne mérite d'être cité que pour son emplacement à proximité des nombreux bars et restaurants du quartier. Les chambres sont propres mais vétustes. L'accueil est toutefois très sympathique. N'hésitez pas à visiter plusieurs chambres avant de faire votre choix. Toutes sont équipées d'air conditionné, et certaines ont un balcon sur la rue.

SAIFI URBAN GARDENS

Rue Pasteur
✆ +961 1 562 509
www.saifigardens.com
hello@saifigardens.com
On y accède par un étroit passage (impasse 384) rue Pasteur devant la station service Coral.
Chambre simple à 50 $, double à 54 $, lit en dortoir à 18 $. Le prix décroît en fonction du nombre de nuitées. Petit déjeuner, taxes et wi-fi inclus.
Saifi Urban Gardens, c'est un peu la maison du bonheur. Situé à Gemmayzé, entre la rue Pasteur et la gare routière Charles-Helou, cet établissement familial propose des chambres, une école de langue (www.saifiarabic.com), un café (Café Em Nazih), un pub sur le toit (Coop d'Etat) et des salles d'exposition et de conférence répartis dans deux bâtiments dont une ancienne maison libanaise.
Les chambres sont jolies, simples et propres et sont toutes équipées de la climatisation et d'une salle de bains. Seul hic : la proximité de l'autoroute Charles-Helou rend certaines chambres bruyantes.

TALAL'S NEW HOTEL

Avenue Charles Helou
✆ +961 1 562 567 / +961 70 562 567
www.talalhotel.com – info@talalhotel.com
Chambre double sans salle de bains à 39 $, avec salle de bains à 46 $, lit dans dortoir à 17 $. Pas de petit déjeuner. Internet payant (1 $ par heure).
Talal's Hotel se situe dans une impasse perpendiculaire à l'avenue Charles-Helou, dont l'accès est bordé de chaque côté par les enseignes Kartell et Warde Steel & Metal. Aucune pancarte n'indique l'entrée de l'hôtel qui se trouve au premier étage du premier immeuble à gauche en entrant dans l'impasse. Confort rudimentaire mais les chambres sont propres et bien tenues. La plupart sont dotées d'air conditionné. Un coin cuisine est accessible aux clients qui souhaiteraient préparer leurs repas. La pension ne propose pas de petit déjeuner.

Confort ou charme

BAFFA HOUSE

Rue du Patriarche Arida
Mar Mikhael ✆ +961 81 668 221
www.baffahouse.com
opera@millenniumhotels.fr
Chambre simple à 95 $, double à 120 $. Petit déjeuner, taxes et wi-fi compris.
Située dans le même immeuble que le restaurant-galerie Makhan, cette chambre d'hôte, ouverte en mars 2014, propose quatre chambres confortables, toutes équipées d'une salle de bains privée. Chaque chambre possède une décoration raffinée et personnalisée. Le petit déjeuner, compris dans le prix de la chambre, est fait maison par les propriétaires à partir de produits locaux.
Baffa House se trouve dans un immeuble familial, acquis par le fils d'un émigré italien, Francesco Baffa Volpe, venu travailler au Liban après la Première Guerre mondiale pour participer à la construction des chemins de fer libanais, qui s'est ensuite marié à une Libanaise. La maison d'hôte se situe dans une petite rue calme de Mar Mikhael, à quelques minutes à pied seulement des nombreux bars et restaurants du quartier. Une adresse agréable et conviviale.

HÔTEL DE VILLE

Ras el Nabah ✆ +961 1 637 777
www.goldentuliphoteldeville.com
info@goldentuliphoteldeville.com
L'hôtel se situe derrière l'ambassade de France et l'université St-Joseph (il est indiqué depuis la rue de Damas).
Chambre double à partir de 95 $, suite à partir de 165 $. Petit déjeuner, taxes et wi-fi compris.
Situé à quelques minutes à pied du Musée national et de la maison Barakat, l'Hôtel de Ville, qui fait partie du groupe Golden Tulip, possède 118 chambres de standing international. Ouvert en juillet 2005, cet établissement a fait l'objet d'importants travaux de rénovation début 2016. La plupart des chambres sont équipées d'un balcon. Un coin cuisine partagé est par ailleurs accessible aux clients qui souhaiteraient préparer eux-mêmes leurs repas. Sinon, deux restaurants sont à leur disposition : le Café Rue 75, qui propose une cuisine internationale (ouvert de 6h30 à minuit), et un restaurant de sushi et noodles, le Sushi Shack, ouvert de midi à 23h. Les clients de l'hôtel ont également accès à une salle de gym, une laverie et un salon de coiffure.

■ **THE PRIVATE HOTEL**
Rue Salah Labaki
En bas de la descente Accaoui
✆ +961 1 567 890
www.theprivatehotel.com
private@theprivatehotel.com
Chambre double à 99 $, suite à partir de 132 $ TTC. Petit déjeuner non inclus (6 $).
Ouvert en 1998 dans une rue calme d'Achrafieh, juste au-dessus de Gemmayzé, ce petit hôtel se distingue surtout pour son emplacement. Les chambres, qui sont au nombre de 25, mériteraient en effet un sérieux coup de neuf. Le wi-fi est disponible seulement dans le lobby.

■ **THE SMALLVILLE HOTEL**
Route de Damas
✆ +961 1 619 999
www.thesmallville.com
info@thesmallville.com
Chambre double de 140 à 200 $. Petit déjeuner (20 $) et taxes (10 %) non compris. Wi-fi gratuit.
Ouvert en 2013, cet établissement de 156 chambres tire son nom de la célèbre série télévisée Smallville, qui raconte la jeunesse de Superman. Ici donc, les super-héros sont à l'honneur et c'est dans une ambiance ludique et créative que vous serez accueilli. Les chambres sont impeccables, spacieuses, joliment décorées, et bénéficient d'une superbe vue sur la *skyline* de Beyrouth ou sur l'hippodrome. Situé à quelques minutes à pied du Musée national et de la rue animée de Badaro, le Smallville Hotel possède trois restaurants, une salle de fitness et une jolie piscine en *rooftop*. Le personnel est dynamique, souriant et professionnel, et vous donnera toutes les informations dont vous aurez besoin pour organiser votre séjour à Beyrouth.

Luxe

■ **ALBERGO**
137, rue Abdel Wahab El Inglizi
✆ +961 1 339 797
www.albergobeirut.com
albergo@relaischateaux.com
Il faut compter une nuit à partir de 375 à 600 $. Le petit déjeuner (entre 24 et 30 $) et les taxes (10 %) ne sont pas inclus.
Ouvert en 1998, l'hôtel Albergo, qui fait partie du réseau Relais et Châteaux, est un des rares boutique-hôtels du Liban. Véritable havre de paix où se mêlent finesse orientale et élégance occidentale, cet établissement a le cachet de l'exclusivité : chacune des 33 suites, dont la surface varie entre 30 et 100 m^2, a sa personnalité, son décor, sa subtilité et son histoire. Le personnel est discret et très attentionné, et fera tout pour que vous passiez un excellent séjour à Beyrouth. L'hôtel est doté de deux restaurants : l'Albergo, qui sert une cuisine internationale, et Al Dente, qui propose une carte italienne. Lors de notre passage en mai 2016, des travaux d'agrandissement étaient en cours, privant les clients de la piscine située sur le *rooftop*. En attendant la fin des travaux prévue pour 2018, les résidents ont gratuitement accès à la piscine couverte du Metropolitan Club, situé à proximité de l'hôtel.

■ **LE GABRIEL**
Avenue de l'Indépendance
✆ +961 1 203 700 – www.sofitel.com
hotel@sofitel-legabriel.com
Chambre double de 160 à 280 $, taxes et petit déjeuner inclus.
Situé en plein cœur de Beyrouth sur l'avenue de l'Indépendance qui mène à la place Sassine, l'hôtel Gabriel est un établissement de bon standing de 75 chambres. L'hôtel dispose d'une piscine couverte chauffée et d'une salle de gym. Le personnel est accueillant et professionnel, et les prestations de bonne qualité. Le Gabriel, qui se trouve à 5 minutes à pied du centre commercial ABC, est sous l'enseigne Sofitel du groupe Accor.

■ **O MONOT**
Rue Monot
✆ +961 1 338 777 – www.omonot.com
reservations@omonot.com
Chambre double autour de 190 $, suite à partir de 300 $. Taxes, wi-fi et petit déjeuner inclus.
Ouvert en juin 2014, cet établissement, qui fait partie du réseau des « Small Luxury Hotels of The World », possède 41 chambres dont 4 suites très joliment décorées et de très haut standing. L'hôtel possède une superbe piscine en *rooftop*, ainsi que deux espaces de restauration gérés par un chef français. La terrasse au dernier étage offre une vue panoramique sur le quartier de Saifi et du centre-ville. Une salle de gym et un spa devraient être aménagés avant fin 2016.

■ **SAIFI SUITES**
Avenue Maroun Naccache
Saifi ✆ +961 1 566 567
www.saifisuites.com
reservations@saifisuites.com
Chambre double entre 200 et 250 $, suite à partir de 350 $. Petit déjeuner, parking et wi-fi inclus.
Ouvert en 2012, cet hôtel propose 70 chambres et suites spacieuses et joliment décorées, dont certaines avec un balcon. L'établissement possède un restaurant et un bar à vin, ainsi qu'une salle de gym et un spa. Toutes les chambres sont équipées d'un coin cuisine, d'une télévision et d'un minibar. Saifi Suites est idéalement situé, à quelques mètres seulement de la rue Gouraud où se succèdent bars et restaurants, et à quelques minutes à pied du centre commerçant de Beyrouth.

VILLA CLARA
Mar Mikhael
40 Rue Khenchara
✆ +961 70 995 739 / +961 1 566 898
www.villaclara.fr – olivier@villaclara.fr
Chambre simple à 165 $, double à 185 $. Petit déjeuner et wi-fi inclus.
Olivier, chef cuisinier français, et son épouse libanaise Marie-Hélène vous accueillent dans une superbe maison traditionnelle des années 1920 qu'ils ont entièrement rénovée. Ouvert en 2011, cet hôtel de charme possède sept chambres à la décoration raffinée, et un restaurant français haut de gamme. Passionnés d'art, Olivier et Marie-Hélène ont décoré la Villa Clara, du nom de leur fille, avec beaucoup de goût. De très nombreuses œuvres d'art ornent les murs de la maison dont une partie du mobilier a été acquis aux enchères : les fauteuils du restaurant proviennent par exemple du Sénat français et l'argenterie du Louvre. Située à l'écart de la rue principale de Mar Mikhael, quelques centaines de mètres après les bars et restaurants du quartier, cette maison offre un cadre très agréable et intimiste pour votre séjour à Beyrouth. N'hésitez pas à demander conseil à la propriétaire qui se fera un plaisir de vous donner ses bonnes adresses.

Hamra

Le premier hôtel qui a ouvert dans le quartier de Hamra a été le Bristol, inauguré en 1951 par la famille Doumit. Les adresses se sont ensuite multipliées au cours des années : le Plaza Hôtel en 1954, le Mayflower en 1956, le Commodore en 1958. Hamra est rapidement devenu le quartier des touristes. Mais de 1975 à 1990, le parc hôtelier a beaucoup souffert de la guerre. De nombreux établissements ont été occupés ou squattés par des miliciens et des familles de réfugiés. Aujourd'hui, après de lourds investissements de rénovation, Hamra offre la plus importante concentration d'hôtels de Beyrouth avec une trentaine d'établissements. Toutes les catégories y sont présentes : cela va du très bas de gamme à l'hôtel luxueux affilié à un réseau international. Hamra propose les hôtels les plus bon marché de la ville, mais la plupart sont globalement un peu vieillots et mériteraient une nouvelle campagne de rénovation.

Bien et pas cher

CEDARLAND HOTEL***
Rue Abdel Aziz
✆ +961 1 340 233 / +961 1 340 234
www.cedarlandhotel.net
info@cedarlandhotel.net
Chambre simple à 53 $, double à 63 $, taxes comprises. Petit déjeuner à 7 $. Internet payant (13 $ par jour).
Situé à mi-chemin entre les rues Hamra et Bliss, cet hôtel se trouve au cœur du quartier Hamra, à proximité des pubs et des restaurants des rues Makdissi et Hamra. L'établissement dispose de plus de 70 chambres dont une grande partie est occupée pendant l'année par des étudiants de l'université américaine ou des docteurs de l'hôpital américain. Cedarland reste l'un des hôtels les moins chers du quartier. A ce prix-là, il ne faut pas s'attendre à du grand luxe. Les chambres mériteraient un petit coup de neuf mais elles sont spacieuses et propres dans l'ensemble. Ne pas hésiter à en visiter plusieurs avant de faire son choix. Accueil très sympathique.

Confort ou charme

LE COMMODORE*****
Rue Baalbek
✆ +961 1 734 734
✆ +961 1 734 700
www.lecommodorehotel.com
info@lecommodorehotel.com
Chambre double de 105 à 120 $, suite à partir de 170 $. Petit déjeuner à 19 dollars. Taxes et wi-fi compris.
Inauguré en 1957, le Commodore a été l'un des premiers hôtels de Hamra. Au début de la guerre civile, il servait de camp de base pour les journalistes et diplomates étrangers. Il a été très endommagé à la fin des années 1980 par les combats entre les miliciens. Puis il a été entièrement rénové. L'hôtel compte plus de 200 chambres parfaitement équipées, mais qui mériteraient aujourd'hui un nouveau coup de neuf. L'hôtel possède un restaurant japonais, ainsi qu'un restaurant international, une salle de gym et une piscine.

GOLDEN TULIP SERENADA****
Rue Abdel Aziz
✆ +961 1 755 550
www.goldentulipserenada.com
info@goldentulipserenada.com
Chambre simple à 120 $, double de 130 à 150 $, suite à partir de 180 $. Ajouter 10 % de taxes. Petit déjeuner et wi-fi compris.
Situé rue Abdel Aziz au cœur du quartier Hamra, cet hôtel, qui fait partie du groupe Golden Tulip, offre de bonnes prestations. Le lobby peut suprendre, il est excessivement chargé dans un style très rococo. On se croirait à Versailles ! Mais heureusement, les 65 chambres, toutes équipées d'un balcon sur la rue, sont plus simples et correctes. Ouvert en 2009, cet établissement compte un restaurant libanais ainsi qu'un bar à sushi. Il possède par ailleurs un spa, un salon de coiffure et une petite piscine sur le toit. L'adresse est idéale pour rejoindre les rues Madkissi (pour les pubs), la rue Hamra (pour les cafés) et la rue Bliss (pour les fast-foods).

HOLIDAY INN****

Rue Verdun
Verdun
✆ +961 1 771 100
www.hidunes.com
info@hidunes.com
Chambre simple à partir de 140 $, double à partir de 160 $. Ajouter 10 % de taxe. Petit déjeuner et wi-fi compris.
Situé dans la partie sud de la rue Verdun, l'hôtel Holiday Inn est une bonne adresse au cœur du centre commercial Dunes, qui compte plusieurs salles de cinéma, de nombreux restaurants et boutiques. Les 127 chambres sont confortables et bien tenues. L'hôtel possède un restaurant qui sert une cuisine internationale, un spa, et un centre de remise en forme avec sauna et bain bouillonnant. Service très professionnel.

35 ROOMS HOTEL

Rue Baalbeck
Hamra
✆ +961 1 345 674
✆ +961 70 444 688
www.35rooms.com
stay@35rooms.com
Chambre simple autour de 110 $, double de 120 à 140 $. Ajouter 10 % de taxes. Petit déjeuner et wi-fi compris.
Inauguré au cours de l'été 2010, 35 Rooms est un hôtel particulièrement stylé pour le quartier. Le choix des couleurs et la décoration créent une ambiance agréable et relaxante. Bien situé à proximité de la rue Hamra, derrière le café Costa, cet hôtel possède, comme son nom l'indique, 35 chambres dont la superficie varie entre 32 et 62 m². Les chambres sont propres et spacieuses. Préférez celles situées au-delà du deuxième étage pour être plus tranquille. L'hôtel ne dispose pas de restaurant et ne sert donc que le petit déjeuner. Le personnel est serviable. Une bonne adresse.

CASA D'OR HOTEL****

Rue Jeanne d'Arc
✆ +961 1 347 850
✆ +961 3 348 300
www.casadorhotel.com
casador@cyberia.net.lb
Chambre simple à 88 $, double de 99 à 121 $. Petit déjeuner, taxes et wi-fi compris.
Au centre du quartier Hamra, Casa d'Or offre de bonnes prestations. Cet hôtel, ouvert depuis septembre 1995, a été récemment partiellement rénové. Les chambres de la catégorie Deluxe sont ainsi plus modernes, avec une décoration plus soignée. Bien que plus bruyantes, les chambres qui donnent sur la rue sont plus agréables car elles sont équipées de grandes baies vitrées et sont donc plus lumineuses. Une adresse centrale qui offre un bon rapport qualité-prix.

HÔTEL CAVALIER***

Rue Abdel Baki
✆ +961 1 353 001 / +961 1 353 002
www.hotelcavalier.com
reservation@hotelcavalier.com
Chambre double de 100 à 130 $. Petit déjeuner, taxes et wi-fi compris.
Bien placé dans une rue calme, perpendiculaire à la rue Hamra, l'hôtel Cavalier est situé à proximité de l'office de tourisme. Cet établissement propose 64 chambres et suites dont une partie ont été récemment rénovées. Toutes les chambres mesurent 27 m² et sont équipées d'un balcon qui donne sur la rue. Les chambres sont spacieuses et propres, et décorées avec goût dans les tons beige, taupe, et gris. Propreté impeccable et service très sympathique. L'hôtel possède un restaurant situé au premier étage, qui sert une cuisine internationale.

THREE O NINE

Rue Jeanne d'Arc
✆ +961 1 755 309 / +961 78 999 309
www.threeonine.com
info@threeonine.com
Chambre simple autour de 115 $, double autour de 130 $, junior suite à partir de 150 $, exécutive suite à partir de 240 $. Petit déjeuner, taxes et wi-fi compris.
Ouvert en 2015, cet établissement ultramoderne et branché, qui contraste avec les vieux hôtels du quartier, propose 55 chambres spacieuses et lumineuses possédant toutes de grandes baies vitrées. Situé à quelques mètres de l'Université américaine et à quelques minutes à pied de la rue Makdessi et de la rue Hamra, il bénéficie d'un emplacement idéal pour découvrir le quartier. L'hôtel possède un restaurant au rez-de-chaussée avec une terrasse sur la rue, ainsi qu'un bar en *rooftop* qui offre une superbe vue sur le campus de l'AUB et sur la mer. Excellent rapport qualité-prix. Personnel jeune, dynamique et serviable.

Luxe

LE BRISTOL*****

Rue Madame Curie
Verdun
✆ +961 1 351 400
www.lebristolbeirut.com
info@lebristolbeirut.com
Chambre double à partir de 180 $, junior suite à partir de 240 $. Ajouter 10 % de taxes. Petit déjeuner à 22 $. Wi-fi compris.
Situé dans la partie sud de Hamra à quelques mètres de la rue Verdun, Le Bristol a longtemps été une référence dans l'hôtellerie au Liban. Construit en 1951, il a été l'un des hôtels les plus modernes de la capitale et a accueilli de nombreuses personnalités de la région comme le shah d'Iran et le roi Hussein de Jordanie.

Après deux ans de travaux titanesques, l'hôtel a rouvert ses portes courant 2015 et offre désormais des chambres de très haut standing. Les clients peuvent choisir entre quatre ambiances : moderne, sixties, orientale ou classique. Les chambres classiques (entièrement rénovées mais dont la décoration rappelle l'ancienne architecture de l'hôtel) sont superbes. Elles sont par ailleurs plus spacieuses et plus lumineuses que les autres. Le Bristol possède deux restaurants (celui en *rooftop* était en cours d'aménagement lors de notre passage en juin 2016), une salle de gym et une jolie piscine sur le toit qui offre une magnifique vue sur le quartier. Un établissement que l'on recommande vivement !

CORAL AL HAMRA HOTEL*****

Rue Baalbek ✆ +961 1 343 411
reservations.alhamra@coral-hmh.email
Chambre double à 140 $, suite de 160 à 200 dollars. Taxes, petit déjeuner et wi-fi compris.
Situé au sud de la rue Hamra, l'hôtel Coral propose une centaine de chambres réparties sur onze étages. Toutes les chambres sont équipées d'un balcon, sauf celles situées au premier étage. Elles sont spacieuses et bien équipées et possèdent un coin kitchenette. L'hôtel compte un café-restaurant situé au rez-de-chaussée et une salle de gym. Le personnel est très amical et serviable.

CROWNE PLAZA*****

Rue Hamra ✆ +961 1 755 777
www.cpbeirut.com – info.cpbeirut@ihg.com
Chambre double de 180 à 200 $. Petit déjeuner, taxes et wi-fi inclus.
L'enseigne Crowne Plaza, qui détient plus de 270 hôtels dans le monde, appartient au groupe Intercontinental Hotels Group qui possède également la marque Holiday Inn. L'adresse de Hamra compte 198 chambres. Il s'agit de l'immeuble le plus élevé de la rue Hamra. Ouvert depuis le printemps 2002, l'hôtel affiche des prestations de qualité. Les chambres sont très correctes. L'hôtel possède une piscine au 21e étage, exclusivement réservée aux clients de l'hôtel, et un restaurant qui sert une cuisine internationale. Le Crowne Plaza est idéalement situé à Hamra, à quelques mètres seulement des restaurants, cafés et bars du quartier.

FOUR POINTS

Boulevard Saeb Salam
Verdun-Unesco ✆ +961 1 803 804
www.starwoodhotels.com/fourpoints
verdun.reservations@fourpoints.com
Chambre double de 130 à 180 $, junior suite de 260 à 300 $. Petit déjeuner, taxes et wi-fi compris.
Etablissement implanté à proximité de Verdun depuis 2005 et géré par la chaîne hôtelière Starwood, le Four Points possède 132 chambres impeccables, sans mauvaise surprise. L'hôtel dispose d'une petite salle de sport, et d'une piscine extérieure sur le toit. Une adresse haut de gamme avec un service très professionnel. Seul hic : l'hôtel est un peu éloigné de l'animation de la rue Hamra.

GEFINOR ROTANA HOTEL

Rue Clemenceau
✆ +961 1 371 888 – www.rotana.com
gefinor.hotel@rotana.com
Chambre double de 140 à 210 $. Ajouter 10 % de taxes. Petit déjeuner à 22 $. Internet payant (12 $ par jour).
Membre du groupe Rotana, spécialisé dans l'hôtellerie de luxe à travers tout le Moyen-Orient et notamment aux Emirats arabes unis, cet établissement propose 159 chambres et suites dont certaines avec balcon et vue sur les jardins de l'Ecole supérieure des Affaires de Beyrouth (ESA) et sur la mer. La décoration n'est pas très moderne mais les chambres sont propres et bien entretenues. Situé entre Hamra et le front de mer d'Aïn el-Mreissé, l'hôtel Gefinor Rotana possède deux restaurants et une piscine sur le toit qui offre un panorama splendide sur le littoral et la ville. Seul point noir : Internet est payant, et en plus au prix de 12 dollars par jour. Une hérésie alors que tous les cafés du quartier proposent le wi-fi gratuitement.

Corniche

Résider dans un hôtel de la corniche se justifie uniquement si l'on bénéficie d'une vue sur la mer. Mais attention, de nombreux établissements du front de mer n'ont pas toutes leurs chambres sur la Méditerranée ! Il serait dommage de payer le prix fort pour avoir un vue sur l'arrière-cour. Il faut donc bien se renseigner avant de réserver.
La corniche compte de grandes enseignes internationales comme Intercontinental, Movenpick, Rotana et Radisson. Les prestations sont globalement satisfaisantes. Movenpick est la plus importante station balnéaire de Beyrouth avec des services de qualité (piscines, restaurants variés, spa). Quelques hôtels indépendants comme Bayview, Bella Riva et Riviera complètent l'offre. Si la proximité de la mer est on ne peut plus indéniable, les hôtels de la corniche sont en revanche un peu excentrés des attractions touristiques et des destinations commerciales de la capitale libanaise. Il en est de même pour la vie nocturne qui est quasi absente de la corniche. Il faudra donc prendre un taxi-service pour se rendre à Hamra et à Gemmayzé et passer une bonne soirée.

Confort ou charme

ARJAAN ROTANA*****

Avenue du Général de Gaulle
Raouché
✆ +961 1 781 111 – www.rotana.com
raouche.arjaan@rotana.com
Chambre double de 140 à 170 $. Ajouter 10 % de taxes. Petit déjeuner à 22 $. Wi-fi gratuit dans le lobby, 11 $ par jour dans les chambres.
Situé sur la corniche face à la célèbre grotte aux Pigeons, l'Arjaan Rotana possède 175 chambres confortables dont certaines offrent une splendide vue sur la mer. Privilégiez les étages élevés pour éviter le bruit de la circulation. Les chambres sont propres et bien équipées, avec un petit coin cuisine. Celles de catégorie Deluxe sont très spacieuses et possèdent un balcon. L'hôtel propose une jolie piscine sur le toit avec un panorama à 360° sur la ville et le littoral. Une salle de gym et un spa sont également accessibles aux résidents de l'hôtel. Lors de notre passage en juin 2016, les étages supérieurs étaient en cours de rénovation. Les travaux devaient être finalisés dans le courant de l'été.

BAYVIEW HOTEL****

Rue Minet el Hosn
Ain el Mreissé
✆ +961 1 373 090 / +961 1 373 095
www.bayviewhotel.com.lb
info@bayviewhotel.com.lb
Chambre simple à 120 $, double à 130 $, junior suite à 200 $. Petit déjeuner, taxes et wi-fi inclus.
Situé au pied de la corniche qui longe le littoral de Beyrouth, cet établissement de 38 chambres confortables propose un service très correct. La décoration est un peu vieillotte mais les chambres sont spacieuses et propres. Le point fort de l'hôtel Bayview est incontestablement son emplacement et la vue superbe sur la mer qu'il offre depuis son restaurant en *rooftop*. Au coucher du soleil, le panorama est extraordinaire.

BELLA RIVA SUITE HOTEL***

Rue du Bahreïn
✆ +961 1 754 343 / +961 3 640 894
www.bellarivahotel.com
info@bellarivahotel.com
Chambre double à 94 $, junior suite à 105 $, executive suite à 117 $. Petit déjeuner, taxes et wi-fi compris.
Situé dans une rue calme descendant vers la corniche, l'hôtel compte 59 chambres. Bella Riva, dont le propriétaire possède la banque Lebanese Swiss Bank, est un petit hôtel inauguré à la fin des années 1990. Les chambres sont propres et bien équipées. Les tarifs sont raisonnables pour la qualité des prestations. Il se trouve à proximité de la corniche, de la plage du Sporting et du café Rawda. La vue sur la mer n'est possible qu'à partir du 4e étage. Le restaurant propose des repas à toute heure.

CITY SUITE HOTEL

Rue Simon Bolivar, Raouché
✆ +961 1 862 111 / +961 70 839 833
www.citysuitehotel.com
corporate@citysuitehotel.com
Chambre simple et double à 110 $, suite à 130 $. Petit déjeuner, taxes et wi-fi compris.
Ouvert en 2009 dans une parallèle à l'avenue du Général de Gaulle, City Suite est un petit hôtel d'une cinquantaine de chambres. L'établissement est propre et en parfaite condition. Les chambres sont assez grandes avec un petit coin salon, mais les salles de bains sont minuscules. L'hôtel est entouré d'immeubles et les chambres ne bénéficient donc pas d'une vue très agréable. Les tarifs sont toutefois très attractifs et permettent de se loger dans une zone assez centrale de Beyrouth : le City Suite Hotel est en effet à 10-15 minutes à pied du quartier Hamra et à quelques mètres de la grotte aux Pigeons.

PALM BEACH****

Rue Minet el Hosn
Ain el Mreissé ✆ +961 1 372 000
www.warwickpalmbeach.com
info@palmbeachbeirut.com
Chambre double à partir de 110 $. Ajouter 10 % de taxes. Petit déjeuner et wi-fi inclus.
Situé à proximité de la corniche et à quelques minutes de Zaytounay Bay et du centre-ville, cet hôtel propose 87 chambres au confort variable (les étages 3, 4 et 5 ont été rénovés). Privilégiez celles qui sont équipées d'un balcon donnant sur la mer. La décoration n'est pas des plus modernes mais les chambres sont bien tenues et très propres. L'hôtel Palm Beach possède deux restaurants : Al Hindi, l'un des rares restaurants indiens de Beyrouth, situé au rez-de-chaussée, et un restaurant au dernier étage, ouvert seulement l'été, qui offre une vue imprenable sur la mer. Juste au-dessus, une superbe piscine à débordement avec une vue à 360°.

PHOENIX HOTEL RESIDENCE

Rue Rustom Pacha
Ain el-Mreissé ✆ +961 1 368 668
info@myphoenixhr.com
Appartement pour deux personnes à 100 $. Petit déjeuner à 10 $. Taxes et wi-fi compris.
Phoenix propose une trentaine d'appartements de 80 m² environ, qui sont composés d'une cuisine entièrement équipée, d'un salon, d'une chambre et d'une salle de bains. La déco et le mobilier sont très basiques mais les chambres sont très spacieuses et les appartements bien agencés. Une bonne adresse à des prix tout à fait raisonnables.

Luxe

HÔTEL LE PHOENICIA

Minet El Hosn
✆ +961 1 369 100
www.phoeniciabeirut.com
phoenicia@phoeniciabeirut.com
Chambre double avec vue mer à partir de 295 $. Ajouter 10 % de taxes. Petit déjeuner et wi-fi inclus.

Ouvert en décembre 1961, Le Phoenicia est devenu, par son histoire, l'hôtel emblématique de Beyrouth. Composé de trois bâtiments, cet établissement grand luxe, entièrement rénové en 2010, propose pas moins de 464 chambres et suites résidentielles de haut standing. Le plus grand palace de Beyrouth offre des prestations de grande qualité : un club privé pour les hommes d'affaires, une piscine extérieure et une intérieure, un spa réputé pour la qualité de ses soins de thalassothérapie, et ses traitements ayurvédiques authentiques, une galerie marchande... Le Phoenicia possède cinq restaurants dont certains de référence à Beyrouth : l'Eau De Vie, fabuleux restaurant perché au sommet de l'hôtel avec sa cave à vins et whiskys, unique en son genre dans le Moyen-Orient ; l'Améthyste Lounge sophistiqué et simple, proposant une atmosphère orientale chill-out, une variété de cocktails inédits, et des chichas aux saveurs variées ; le Cascade Lounge, endroit de rencontre privilégié pour les hommes d'affaires et les Beyrouthins dans un cadre contemporain et moderne. Situé à quelques dizaines de mètres des nombreux restaurants de Zaytounay Bay, l'hôtel Phoenicia est une excellente adresse pour partir à la découverte de la capitale libanaise.

HÔTEL RADISSON BLU*****

Rue de Phénicie
Ain el-Mreissé
✆ +961 1 368 111
www.radissonblu.com
info.beirut@radissonblu.com
Chambre double de 160 à 200 $. Petit déjeuner, taxes et wi-fi compris.

Bien que cet hôtel de 185 chambres s'appelle désormais Radisson Blu, tous les Beyrouthins le connaissent comme l'hôtel Martinez. Inauguré en 2000, cet établissement offre de bonnes prestations. La décoration n'est pas très moderne mais les chambres sont spacieuses et propres. L'hôtel compte une salle de sport, un spa et une large piscine intérieure au sous-sol. Situé derrière le Phoenicia, le Radisson Blu possède un emplacement assez central, proche de la corniche et du centre-ville. A pied, il est possible de rejoindre le quartier de Hamra (il y a une petite côte à gravir au niveau de Clemenceau ou du Gefinor) et le complexe de cafés et de restaurants de Zaitunay Bay.

MOVENPICK HOTEL & RESORT BEIRUT*****

Avenue du Général de Gaulle
Raouché
✆ +961 1 869 666
www.moevenpick-hotels.com
hotel.beirut@movenpick.com
Chambre double de 200 $ (vue sur le jardin) à 260 $ (vue sur la mer), suite à partir de 300 $. Taxes et wi-fi compris. Petit déjeuner à 33 $.

L'hôtel Movenpick bénéficie d'un site exceptionnel dominant la baie de Ramlet el-Baïda. Ce complexe de 292 chambres est imposant : il compte une marina, une plage privée de sable, deux piscines extérieures et une intérieure, un spa réputé dans toute la ville, une salle de sport, plusieurs restaurants et courts de tennis. Les prestations sont de qualité, le personnel est très professionnel, et les chambres sont propres et agréables même si, pour ce prix là, la décoration et le mobilier sont un peu pauvres. Privilégiez les chambres qui offrent une vue sur la mer et qui possèdent un balcon, celles donnant sur le patio central ou la ville n'ont que peu d'intérêt. L'hôtel possède un superbe bar en *rooftop* qui domine les piscines et la plage, offrant une superbe vue au coucher du soleil. Seul bémol du Movenpick : son emplacement un peu excentré qui rend quasi obligatoire les trajets en taxi-service pour rejoindre Hamra, le centre-ville ou encore Achrafieh.

RIVIERA HOTEL****

665 avenue de Paris
Jal el-Bahr
✆ +961 1 373 210
www.rivierahotel.com.lb
info@rivierahotel.com
Chambre double de 209 à 242 $, suite à partir de 350 $. Petit déjeuner à 25 $. Taxes et wi-fi compris.

Inauguré en 1956, le Riviera a été l'un des premiers hôtels de la corniche. Il dispose de 120 chambres confortables même si la décoration et le mobilier ont pris un petit coup de vieux. Privilégiez celles qui sont équipées d'un balcon donnant sur la mer. De là-haut, la vue est superbe. L'atout majeur du Riviera est en effet son emplacement le long de la corniche, mais aussi sa plage privée. Avec ses deux grandes piscines, son restaurant et ses bungalows privés, le Beach Resort du Riviera est devenu l'un des principaux lieux de rendez-vous de la jet-set beyrouthine pendant l'été.

LE VENDÔME***

Rue Minet el Hosn
Ain el Mreissé
✆ +961 1 369 280
www.levendomebeirut.com
levendome@levendomebeirut.com
Chambre double de 230 à 300 $. Ajouter 10 % de taxes. Petit déjeuner et wi-fi inclus.

Membre du groupe Intercontinental, Le Vendôme est situé sur le front de mer et bénéficie d'une vue dégagée sur le littoral. L'hôtel possède 73 chambres confortables et très bien tenues, avec une décoration traditionnelle et raffinée. Privilégiez celles qui sont équipées d'un balcon et qui donnent sur la mer. Le Vendôme possède un superbe restaurant au dernier étage, le Sidney's, qui propose, 24h/24, une cuisine internationale. De là-haut, la vue est extraordinaire. Bon à savoir : les clients du Vendôme ont gratuitement accès à la piscine du Phoenicia.

SE RESTAURER

Beyrouth est une excellente destination gastronomique. On y mange libanais bien sûr, mais toutes les cuisines y sont proposées avec une certaine réussite. Tous les budgets pourront se faire plaisir, reste à choisir la bonne adresse, et le choix ne manque pas ! Pour trouver un libanais sur le pouce, direction le quartier Hamra, les snacks de manakich ne manquent pas. Ce type de sandwichs pourra vous caler, mais à force vous allez saturer. Pour une cuisine plus raffinée, Achrafieh compte quelques enseignes de qualité. Les menus y sont en français ou en anglais, étonnamment rarement en arabe. Toutefois, manger libanais n'est pas spécialement bon marché. Sans alcool, il faut compter souvent de 20 à 40 $ par personne. Une vraie découverte de la cuisine libanaise peut vous conduire à une facture plus importante, au delà de 50 $ par personne. En règle générale, le service est acceptable, quoique parfois un peu lent. Les restaurateurs misent beaucoup sur le design et la décoration. Une manière parfois de masquer une cuisine parfois quelconque. Heureusement, la présentation des plats est souvent innovante. Chaque mois, un nouveau restaurant ouvre à Hamra, Gemmayzé ou Achrafieh mais son espérance de vie est parfois limitée. Notre sélection ci-dessous s'est efforcée de répertorier les adresses « sûres ».

Pour en savoir plus

Quelques sites internet et autres blogs donnent des informations sur les derniers restaurants à la mode dans la capitale. De nombreuses informations (horaires, prix, adresse, coordonnées, etc.) sont mentionnées. Les avis sont souvent justes sur la cuisine proposée :

BEIRUT RESTAURANTS

www.beirutrestaurants.com
everyone@beirutrestaurats.com
Une sorte d'annuaire des restaurants de la capitale avec un moteur de recherche pratique en fonction du quartier, du type de cuisine ou du prix.

GINO'S BLOG

www.ginosblog.com
Le blog d'un Libanais qui parle à la fois d'actualités, de sorties, de restaurants, d'art et de voyages.

NO GARLIC NO ONIONS

www.nogarlicnoonions.com
Un blog fun qui fourmille d'adresses et de bons plans sur la gastronomie au Liban (et un peu ailleurs !).

ZOMATO

✆ +961 1 493 771
www.zomato.com/beirut
Un site indispensable ! Zomato recense la très grande majorité des restaurants et bars du pays et donne tout un tas d'informations sur chaque établissement : jours et horaires d'ouverture, coordonnées, menu, photos et critiques des clients.

Centre-ville

Avec la fermeture du centre-ville suite aux manifestations contre la crise des déchets à l'été 2015, et face au ralentissement du tourisme ces dernières années, la plupart des enseignes de restauration qui se trouvaient dans le quartier de la place de l'Etoile ont fermé leurs portes. Seuls 3 à 4 établissements étaient ouverts en juin 2016. En revanche, les quartiers de Zaitunay Bay et de Minet el-Hosn regorgent de nouvelles adresses, plutôt moyen-haut de gamme.

Sur le pouce

Où se restaurer aux Souks de Beyrouth ?
Les Souks de Beyrouth comptent une vingtaine de cafés et restaurants, qui proposent différents types de cuisine. Le complexe CinemaCity possède un espace dédié à la restauration rapide avec les enseignes Kababji, Zaatar w Zeit, Roadster Diner et Pinkberry (glaces et smoothies). Dans les allées des souks, les amateurs de cuisine asiatique pourront se rendre chez Sushi by Yabani. The Met, tout au bout des souks, face à l'ancien immeuble de L'Orient-Le Jour, propose une bonne cuisine internationale. Il est également possible de se restaurer à l'intérieur de l'épicerie fine TSC Gourmet qui compte plusieurs stands.

Bien et pas cher

PLACE DE L'ÉTOILE
Place de l'Etoile
✆ +961 1 985 219 / +961 1 985 220
Ouvert tous les jours de 9h à minuit. Mezzés froids de 6 000 à 10 000 LL, mezzés chauds de 8 000 à 26 000 LL, grillades de 14 000 à 22 000 LL, sandwichs de 16 000 à 18 000 LL. Espresso à 5 000 LL, limonade à 7 000 LL, narguilé à 18 000 LL.
Ce café-restaurant est l'un des derniers établissements encore ouverts autour de la place de l'Etoile. Il propose une cuisine libanaise traditionnelle correcte. Sa terrasse permet de faire une pause lors de sa visite du centre-ville mais les vitrines abandonnées qui l'entourent et la désertion du quartier rendent l'atmosphère un peu particulière.

ROADSTER DINER
Dans l'immeuble An-Nahar situé place des Martyrs.
Rue Kadi
✆ +961 1 996 622
www.roadsterdiner.com
contact@roadsterdiner.com
Ouvert de 11h à minuit. Salades de 10 750 à 20 250 LL, sandwichs de 10 500 à 19 250 LL, pâtes autour de 15 000 LL, burgers de 10 000 à 24 750 LL. Boissons fraîches autour de 4 000 LL, Almaza à 4 250 LL.
Roadster est une enseigne libanaise bien connue avec plus de dix adresses dans le Grand Beyrouth dont Verdun, Hamra et le centre commercial ABC Achrafieh. Incontestablement, il est l'un des leaders du marché libanais pour le concept du *diner*. Sa réussite repose sur une bonne cuisine, un service rapide et parfaitement rodé. Espace confortable décoré dans le style rétro nord-américain et fréquenté par une clientèle hétéroclite mais plutôt jeune, voire adolescente.

Bonnes tables

BALIMA
Saifi Village
✆ +961 1 985 295
Ouvert tous les jours de 8h à minuit. Salades de 16 000 à 23 000 LL, sandwichs de 16 000 à 21 000 LL, pâtes de 20 000 à 23 000 LL, burgers de 20 000 à 24 000 LL. Espresso à 5 000 LL, Almaza à 8 000 LL.
Au cœur du quartier de Saifi Village, Balima est une adresse agréable située sur l'une des rares petites places à l'européenne de Beyrouth. La décoration intérieure est un peu chargée mais la terrasse, avec ses fauteuils confortables, est un vrai bonheur ! Le Balima Café propose plusieurs formules pour le petit déjeuner, et sert une bonne cuisine internationale le reste de la journée. Le service pourrait être amélioré.

COAST
Zaitunay Bay
✆ +961 1 379 740 – www.boubess.com
Ouvert tous les jours de 9h à 23h30. Salades de 17 500 à 27 500 LL, burgers de 22 500 à 32 500 LL, viandes de 38 500 à 79 000 LL. Espresso à 5 000 LL, Almaza à 8 500 LL, cocktails autour de 18 000 LL.
Avec sa grande terrasse et ses banquettes confortables, ce restaurant est une adresse agréable pour déjeuner le long de Zaitounay Bay, à l'ombre de grands parasols. Le restaurant possède par ailleurs une grande salle intérieure avec une jolie décoration rétro. Coast sert une cuisine d'influence nord-américaine généreuse. La salade Caesar est très bonne ! Le personnel est jeune, dynamique et attentionné.

CUCINA
Rue Rafic Salloum
Minet el Hosn
✆ +961 1 984 984
cucina.dt@boubess.com
Ouvert tous les jours de midi à 23h30. Antipasti de 18 500 à 48 500 LL, salades de 24 500 à 36 500 LL, pizzas de 19 500 à 34 500 LL, pâtes et risotto de 21 500 à 56 500 LL, plats de 28 000 à 64 000 LL.
Ouvert en janvier 2015, ce restaurant italien haut de gamme, qui appartient au groupe Boubess (qui gère entre autres Napoletana,

Café Hamra, Cozmo Café), propose un menu alléchant rassemblant les grands classiques de la gastronomie italienne : des pizzas aux pâtes en passant par le risotto ou les antipastis. Mention spéciale pour la salade d'artichauts, le risotto à la truffe noire et la pizza à la burrata.

KARAM

Rue Souk Bazerkane
✆ +961 1 991 222 / +961 1 991 333
Ouvert tous les jours de midi à minuit. Mezzés froids de 8 000 à 10 000 LL, mezzés chauds de 9 000 à 17 000 LL, grillades de 17 000 à 32 000 LL. Almaza à 8 500 LL, narguilé à 19 000 LL.
Devant la mosquée Omari, prendre une étroite rue piétonne qui mène vers la place ombragée du souk Bazerkane. Cadre agréable et raffiné, bonne cuisine libanaise, Karam Beirut est une enseigne appréciée autrefois très fréquentée, mais beaucoup moins depuis la fermeture du centre-ville. Le restaurant sert un vaste choix de mezzés (froids et chauds) ou des brochettes. Karam compte également une enseigne à Zaitunay Bay (Karam al-Bahr) avec une carte plus orientée vers les produits de la mer.

KARAM AL BAHR

Zaitunay Bay
✆ +961 1 360 777 / +961 71 777 797
Ouvert tous les jours de midi à minuit. Mezzés froids de 8 500 à 36 000 LL, mezzés chauds de 8 500 à 24 000 LL, poissons frais au kilo. Espresso à 5 500 LL, Almaza à 8 500 LL.
L'un des rares restaurants traditionnels libanais le long de Zaitunay Bay ! Karam al Bahr est la deuxième adresse de chez Karam, situé dans le centre-ville, vers la place de l'Horloge. Ici, outre les mezzés traditionnels, on sert de très bons poissons et fruits de mer, sur une grande terrasse au bord de l'eau.

LINA'S

Rue Abdel Malek
Quartier Foch-Allenby
✆ +961 1 970 153 / +961 1 970 154
www.linaslb.com
Ouvert tous les jours de 8h à 22h. Salades de 19 500 à 24 500 LL, sandwichs de 18 000 à 22 500 LL, plats chauds de 19 000 à 44 000 LL. Almaza à 9 000 LL.
Il était tout à fait normal que l'enseigne créée en France en 1989 par la Libanaise Lina Mroué-Ghosn ouvre à Beyrouth. Le concept Lina's, qui a révolutionné le traditionnel jambon-beurre, a trouvé son public au centre-ville. D'inspiration outre-Atlantique, ce club du sandwich chic et de luxe est devenu le rendez-vous des cadres et des employés pressés et branchés. Décor raffiné et coloré. Espace convivial.

MEAT THE FISH

Saifi Village
✆ +961 1 993 606 – www.meatthefish.com
Ouvert du lundi au samedi de 10h30 à 22h30. Tartare de saumon à 30 000 LL, carpaccio de saumon à 20 000 LL, salade de crabe à 64 000 LL. Espresso à 5 000 LL, bière à 8 000 LL.
Lancée en 2012, la marque Meat The Fish s'est limitée pendant trois ans à la livraison de viandes et poissons frais à domicile. En janvier 2015, Karim Arakji décide d'ouvrir sa première boutique à Saifi. Une adresse qui fait également office de restaurant. A la carte : un menu qui change tous les jours. Tartare de saumon, sandwich au thon, sardines grillées, bœuf australien, plateau de fruits de mer... Ici, une chose est sûre : les produits sont rigoureusement sourcés et sont frais. Le restaurant possède une grande table d'hôte à l'intérieur et quelques tables basses alignées sur le trottoir. Confort minimal, mais l'ambiance est au rendez-vous.

BEYROUTH

Plats traditionnels libanais appelés « Mezzés ».

LE MÉTROPOLE

Rue Rafic Salloum
Minet el Hosn ✆ +961 1 999 938
Ouvert tous les jours de 8h30 à 23h30. Entrées de 16 000 à 48 000 LL, salades de 24 500 à 42 500 LL, plats de 37 000 à 115 000 LL, sandwichs de 28 000 à 34 000 LL, grillades de 48 000 à 115 000 LL.
Ouverte en 2013, cette grande brasserie française, qui propose également quelques plats d'influence américaine et italienne, possède une carte élaborée et variée du petit déjeuner au dîner. Poulet à l'estragon, steak-frites, pavé de saumon grillé, moules-frites... les nostalgiques de la cuisine française seront servis ! Le restaurant possède une grande terrasse très agréable.

Luxe

LA PETITE MAISON

Minet el Hosn
✆ +961 1 999 380
Ouvert du lundi au samedi de 12h30 à 15h30 et de 19h30 à 23h. Hors-d'œuvre de 8 000 à 38 000 LL, plats de 21 500 à 98 000 LL.
Après Dubaï, le restaurant niçois La Petite Maison, inauguré dans le Vieux Nice en 1988 et à Londres en 2007, a choisi Beyrouth pour y ouvrir sa deuxième adresse au Moyen-Orient. Initialement installé dans l'enceinte de l'hôtel Vendôme, le restaurant a déménagé début 2016 rue Omar Daouk, dans le centre-ville. Cet établissement haut de gamme propose des plats méditerranéens préparés avec des produits frais et de saison. Le restaurant, souvent complet, possède quelques tables en terrasse.

Achrafieh

Les restaurants et les cafés se concentrent dans six secteurs géographiques : Gemmayzé, Mar Mikhael, Monnot-Sodeco-rue de Damas, Sassine, Charles Malek et Furn el-Hayek.
Les plus en vogue sont les quartiers de Gemmayzé et Mar Mikhael. Le secteur de la restauration y a connu un développement rapide à partir du début des années 2000. Les premiers restaurateurs ont été séduits par le cadre architectural de la rue Gouraud. En 2012, on comptabilisait plus de 120 établissements généralement positionnés dans le milieu de gamme.
Mar Mikhael s'affiche depuis 2010 comme le nouveau Gemmayzé. Dans la continuité de la rue Gouraud, les enseignes se multiplient le long de la rue du Fleuve (de l'immeuble EDL à l'ancienne gare ferroviaire). La dynamique de Mar Mikhael s'étend également vers les secteurs Kobayat (avec les enseignes Tawlet et Seza) et Baddaoui.
L'ancienne zone de démarcation – Monnot, Sodeco et la rue de Damas – est devenue à partir de la fin des années 1990 l'une des destinations phare des nuits beyrouthines.
La place Sassine compte principalement le centre commercial ABC avec une vingtaine de restaurants et cafés.
L'avenue Charles Malek traverse le quartier d'Achrafieh. Cet axe concentre une gamme variée d'enseignes.
Le quartier résidentiel de Furn el-Hayek regroupe les établissements haut de gamme le long des rues Abdel Wahab el Inglizi, Chéhadé et Trabaud.

Sur le pouce

FERN GHATTAS

Rue Gouraud
Gemmayzé
✆ +961 1 585 218 / +961 70 288 467
Ouvert du lundi au vendredi de 6h à 15h, le samedi jusqu'à 13h et le dimanche jusqu'à midi. Fatayer aux épinards (sbenekh) 7 500 LL la douzaine, manakish de 1 500 à 4 000 LL, kayak de 3 500 à 5 000 LL, sandwichs roulés de 5 000 à 8 000 LL.
Fern Ghattas est un minuscule snack (pas de table) à la fin de la rue Gouraud devant l'église grecque catholique Saint-Antoine. Une adresse atypique parmi les restaurants tendance du quartier ! Depuis plus de soixante ans, Fern Ghattas est le roi du *fatayer* (chausson aux épinards) à Beyrouth. Certains clients n'hésitent pas à faire plusieurs kilomètres pour venir les déguster. Le snack sert également d'excellents *manakish.* Une adresse à ne surtout pas manquer si vous êtes dans le quartier pour déjeuner.

LALA CHICKEN

Rue Mar Mitr
✆ +961 1 203 986
Sandwiches à partir de 6 500 LL, poulet entier grillé 24 000 LL, frites 5 500 LL.
Lala Chicken, situé derrière le supermarché Spinneys, est considéré comme l'un des meilleurs snacks de poulet de Beyrouth. Certains clients viennent de loin pour passer commande et le déplacement en vaut la peine. La spécialité : un sandwich au poulet mariné accompagné de sa traditionnelle crème à l'ail ! Une autre adresse existe place Sassine.

ORFALI

Rue Petro Trad
Sodeco
✆ +961 1 323 613 / +961 76 505 072
Ouvert tous les jours de 11h à minuit. Mezzés de 5 000 à 9 000 LL, sandwichs de 5 000 à 7 500 LL, salades de 6 500 à 8 000 LL. Almaza à 3 500 LL.

Où se restaurer à l'ABC Achrafieh ?

L'un des plus grands centres commerciaux de Beyrouth compte une vingtaine d'enseignes de restauration. Le 3e étage, où se trouvent les cinémas, est presque exclusivement réservé à cela. Chaque enseigne dispose de larges terrasses. L'offre est variée et est censée satisfaire tous les goûts :

- **Cafés** : Starbucks, Urbanista, Paul, La Mie Dorée, Nespresso.
- **Sandwichs** : Casper & Gambini's, Lina's, Bar Tartine.
- **Glaces** : Haagen Dazs, Pinkberry.
- **Cuisine italienne** : Margherita, Napoletana, Duo.
- **Cuisine libanaise** : Leila, Café Blanc, Zaatar w Zeit.
- **Cuisine asiatique** : PF Chang's.
- **Cuisine internationale** : Duo, Roadster Diner, Cozmo Café, Shake Shack, Brgr.co.

Ouvert en 2012, Orfali est spécialisé dans le kebab. Ce petit snack moderne et agréable, qui propose quelques places assises, propose une vingtaine de sandwichs préparés devant vous. Une adresse pratique pour les visiteurs pressés.

SAHYOUN

Rue de Damas ✆ +961 3 352 323

Ouvert du lundi au samedi de 8h à 23h. Falafel à 3 000 LL.

Pour certains, Sahyoun, qui existe depuis les années 1950, vend les meilleurs falafels de Beyrouth. Ce petit snack niché en face d'immeubles criblés de balles (des restes de la guerre civile) attire des clients de toute la ville. Le *falafel* est une purée de fèves panée et frite en forme de petite soucoupe. Il se mange dans un sandwich accompagné au choix de menthe, de tomates et condiments. Suite à une querelle entre les deux fils du fondateur Moustafa Sahyoun, une deuxième échoppe a ouvert ses portes. Si vous préférez tester l'original, c'est celui qui est à droite (en bleu).

ZAATAR W ZEIT

Avenue Elias Sarkis

Sodeco ✆ +961 1 611 488

www.zaatarwzeit.net

Ouvert tous les jours 24h/24. Manakish de 2 000 à 6 750 LL, salades de 6 000 à 13 000 LL, sandwichs de 7 000 à 11 000, plats à 14 500 LL, pizzas de 13 500 à 15 500 LL. Boissons fraîches à 1 750 LL, Almaza à 4 000 LL.

Zaatar w Zeit est une chaîne de snack très réputée au Liban qui sert de très bons *manakish*. A la différence des fours de quartier qui vendent des *manakish* dans la rue, ZWZ a voulu moderniser ce produit traditionnel. Les prix sont un peu supérieurs aux petites adresses indépendantes mais le snack possède une salle de restaurant moderne et agréable. Avantage de Zaatar w Zeit : c'est ouvert 24h/24 ! L'enseigne de Sodeco est ainsi rapidement devenue le repère des noctambules qui ont un petit creux après leur folle soirée dans Beyrouth. Accueil jeune, dynamique et efficace. Une bonne adresse pour découvrir le secret de ces galettes dont les Libanais raffolent.

- **Autre adresse :** ZWZ est également à Hamra (rue Bliss), au centre commercial ABC d'Achrafieh, à Zaitunay Bay.

Pause gourmande

DOUAIHY

Place Sassine

Achrafieh ✆ +961 1 202 088

www.douaihy.com – info@douaihy.com

Ouvert tous les jours de 6h à minuit.

Fondée en 1936 par Fouad Douaihy à Ehden, l'enseigne propose de nombreuses pâtisseries libanaises, mais également françaises, des glaces et des confiseries. Elle est connue pour servir d'excellents *kneffé*, pas chers et très copieux.

- **Autre adresse :** Une enseigne existe également au duty free de l'aéroport.

OH BAKEHOUSE !

Rue Monot

✆ +961 76 662 552 / +961 1 217 644

www.ohbakehouse.com

info@ohbakehouse.com

Ouvert du lundi au samedi de 7h à 20h.

Cette boulangerie-pâtisserie sans gluten et sans lactose a été créée par le chef libanais Youssef Akiki en mai 2016. Elle propose de savoureux gâteaux, cakes et biscuits ainsi qu'une vingtaine de pains différents. Tous les produits sont préparés sur place, dans une cuisine ouverte. Une grande table en bois permet de déguster les pâtisseries sur place. Une bonne adresse pour une pause goûter !

Bien et pas cher

AL MAYASS

Rue Wadih Naim
Furn el Hayek
✆ +961 1 215 046 / +961 3 295 060
Ouvert du lundi au samedi de midi à minuit. Entrées de 6 000 à 13 000 LL, plats de 13 500 à 29 000 LL, desserts autour de 10 000 LL. Almaza à 7 500 LL, verre d'arak à 10 500 LL.
Situé dans une ancienne maison, ce restaurant est une excellente adresse, parmi les meilleures de la ville. Décor cosy et nostalgique du Beyrouth des années 1960. Les propriétaires sont des Libanais arméniens originaires d'Alep en Syrie. Cette spécificité se retrouve dans leur cuisine pleine de saveurs et de goûts délicieux. Essayez le *kabbab* aux cerises et le *bastarma* aux œufs d'oie.

BAR TARTINE

Rue d'Arménie
Mar Mikhael
✆ +961 1 567 490 / +961 1 445 151
www.bar-tartine.com
Ouvert tous les jours de 8h à minuit. Formule petit déjeuner à 18 500 et 22 000 LL, pizzas de 18 500 à 26 000 LL, salades de 16 500 à 22 000 LL, tartines de 13 000 à 24 500 LL, plats de 17 000 à 39 500 LL. Espresso à 5 500 LL, Almaza à 8 000 LL.
A l'origine, une boulangerie d'inspiration française qui propose de bonnes baguettes, des viennoiseries et des pâtisseries françaises traditionnelles. Puis le concept s'est élargi, la carte s'est étoffée et Bar Tartine accueille désormais les clients du petit déjeuner au dîner, en passant par le déjeuner et le goûter. A la carte, des salades rafraîchissantes, des pizzas goûteuses et des plats tout à fait corrects. L'adresse de Mar Mikhael possède une jolie terrasse en étage, à l'écart de l'agitation de la rue d'Arménie. Une pause idéale lors de la découverte du quartier.

BOUBOUFFE

Rue Mar Mitr
✆ +961 1 200 408 / +961 1 334 040
www.boubouffebrasserie.com
info@boubouffebrasserie.com
Ouvert tous les jours de 9h30 à minuit 30. Entrées de 6 000 à 14 000 LL, salades de 7 000 à 14 000 LL, grillades autour de 24 000 LL, sandwichs de 5 000 à 17 000 LL, plats du jour à 19 000 et 25 000 LL.
C'est l'une des références dans le paysage de la restauration à Beyrouth. Ce snack-restaurant libanais a des faux airs de brasserie parisienne. Le décor est un brin vieillot, mais cela fait partie de son charme. Ouvert en 1976 dans le secteur de Mar Mitr à proximité du supermarché Spinneys, Boubouffe offre l'un des meilleurs *chawarma* de la ville. Son secret est que la viande et le poulet sont cuits au feu de bois. La carte offre une variété de spécialités libanaises, avec un plat du jour différent chaque jour de la semaine : *koussa au laban, kebbé bel sanyé, moughrabié* d'agneau et poulet, *cheikh el-mehchi* avec du riz, etc. Les portions ne sont pas démesurées, mais c'est bon et fin.

CAFÉ EM NAZIH

Rue Pasteur
Gemmayzé
✆ +961 1 562 509 / +961 76 711 466
www.saifigardens.com
hello@saifigardens.com
Ouvert tous les jours. Manakish à partir de 2 000 LL, mezzés entre 3 000 et 6 000 LL, plat du jour entre 8 000 et 12 000 LL. Boissons gazeuses à 2 000 LL, espresso à 3 000 LL, Almaza à 4 000 LL, cocktails à 10 000 LL.
Au sein de la « communauté » des Saifi Urban Gardens, le café Em Nazih propose une cuisine simple et familiale dans un cadre très agréable. Les prix sont imbattables et l'ambiance est plus que conviviale. Des soirées à thème sont organisées toutes les semaines : quizz le mercredi soir, et soirées orientales avec musique *live* le week-end. Une très bonne adresse à découvrir à toute heure de la journée, pour le déjeuner, un café dans l'après-midi ou pour une soirée animée.

LE CHEF

Rue Gouraud
Gemmayzé
✆ +961 1 445 373
Ouvert du lundi au samedi de 7h à minuit. Mezzés de 1 000 à 7 000 LL, plats de 4 000 à 10 000 LL. Almaza à 4 000 LL.
Une institution ! Un des derniers petits restaurants rescapés de la guerre civile, rendez-vous des employés du quartier, des hommes d'affaires, des touristes, des expatriés européens, des amoureux de la cuisine libanaise traditionnelle. On mange parfois au coude à coude tellement l'adresse ne désemplit pas. Le décor est ringard et n'a pas changé depuis la fin des années 1960, mais on y est attaché tellement il est resté dans son jus. Il ne faut pas être très regardant sur la propreté et l'hygiène, mais les prix défient toute concurrence. Charbel, le maître de salle, vous accueille avec gentillesse et son célèbre « Welcome ! » qui résonne dans tout le restaurant dont la capacité ne dépasse pas 25 places. Il connaît sa partition par cœur et ses employés délivrent ses commandes en un temps record. Ce n'est pas de la grande cuisine mais l'ambiance et le cadre valent le détour.

CLASSIC BURGER JOINT

Rue Petro Trad
Sodeco
✆ +961 1 333 606
www.cbj.me

Une vingtaine de hamburgers différents de 12 500 à 19 550 LL. Frites à 4 500 LL. Boissons fraîches autour de 5 000 LL.

Envie d'un bon hamburger, direction Classic Burger Joint ! Installé dans le quartier de Sodeco depuis avril 2010, CBJ pour les intimes ne désemplit pas. Le petit restaurant aux couleurs jaune et noir ne peut accueillir qu'une trentaine de personnes. La salle, un peu bruyante, est ouverte sur la cuisine. Service rapide et souriant.

Autre adresse : CBJ compte également deux adresses au centre-ville de Beyrouth (rue Uruguay et Zaitunay Bay), une à Hamra et une à Jal el Dib.

LEIL NHAR

Avenue Charles Malek
✆ +961 1 325 326
www.leilnhar.com

Ouvert 7j/7, 24h/24. Salades entre 8 500 et 12 000 LL, pizzas autour de 14 000 LL, manakish à partir de 2 000 LL, sandwichs entre 8 500 et 13 000 LL. Espresso à 4 000 LL, boissons fraîches autour de 4 000 LL.

Pour combler une petite faim à toute heure de la journée, Leil Nhar est votre adresse. L'enseigne, qui existe depuis 2007, est en effet ouverte 24h/24. Leil Nhar est un petit restaurant chaleureux qui mélange les cuisines libanaise et internationale. Elle propose à la fois des manakish, des salades, des sandwichs et des pizzas. Design moderne et ambiance décontractée avec de gros canapés accueillants pour une pause café. Le restaurant dispose d'une terrasse qui surplombe l'avenue Charles Malek. Wi-fi gratuit.

MARGHERITA

Rue Gouraud
Gemmayzé ✆ +961 1 560 480
www.pizzeriamargherita.com
info@pizzeriamargherita.com

Ouvert tous les jours de midi à minuit. Pizzas de 16 500 à 27 000 LL, pâtes de 19 500 à 38 500 LL, desserts autour de 12 000 LL.

Ouverte en juillet 2008, cette petite « pizzeria de quartier », comme le veut le concept, propose une excellente cuisine italienne à prix décents. Le four à bois trône au milieu du restaurant qui sert non seulement des pizzas mais également une grande variétés de pâtes, d'antipasti et de plats italiens. Face à son succès, l'enseigne a multiplié les adresses et possède désormais trois restaurants à Beyrouth. Avant de régler, n'oubliez pas de jeter les dés qui pourront peut-être vous faire gagner votre repas !

OLIVER'S

Rue Gouraud
✆ +961 1 566 375

Ouvert tous les jours de 9h à minuit. Entrées à partager de 7 500 à 16 000 LL, sandwichs et burgers de 14 500 à 22 500 LL, plats de 16 000 à 38 000 LL, pizzas de 15 000 à 24 000 LL. Espresso à 5 000 LL, Almaza à 5 000 LL.

C'est dans une ambiance industrielle que le café restaurant Oliver's vous accueillera. Fauteuils clubs, tables en métal, grande bibliothèque, on pourrait passer ici des heures à se prélasser, à lire un livre, à discuter. Ouvert en 2015, cet établissement à la clientèle jeune et dynamique propose des formules petit déjeuner et un brunch servi tout au long de la semaine.

PAUL

Rue Gouraud
Saifi
✆ +961 1 570 170 – www.paul.fr

Ouvert tous les jours de 8h à 23h30. Salades de 20 000 à 33 000 LL, plats de 30 000 à 43 000 LL. desserts autour de 6 000 LL. Espresso à 5 000 LL.

Célèbre enseigne française ouverte en 2002 à Beyrouth, Paul est l'un des lieux de rendez-vous préférés de la classe aisée beyrouthine. Le service est attentionné et la cuisine de qualité. Le cadre est agréable bien que la terrasse expose à un assourdissant concert d'avertisseurs. Pratique pour le petit déjeuner (formule à 23 000 LL) ou pour faire une pause goûter dans l'après-midi. Paul a également ouvert dans le centre-ville de Beyrouth, en face d'Aïshti, et dans l'enceinte du centre commercial ABC à Achrafieh.

SEZA

Rue Patriarche Arida
Mar Mikhael
✆ +961 1 570 711 / +961 3 251 257
www.bistroarmenien.com
seza@bistroarmenien.com

Ouvert du mardi au dimanche de midi à 17h, puis de 19h à minuit. Entrées froides de 7 000 à 18 000 LL, entrées chaudes de 12 000 à 22 000 LL, salades de 8 000 et 10 000 LL, plats de 23 000 à 35 000 LL. Espresso à 5 000 LL, Almaza à 7 000 LL.

Au cœur du quartier de Mar Mikhael, dans le secteur de Kobayat, Seza est un bistro arménien plein de charme. Situé à deux minutes du restaurant Tawlet dans une rue parallèle à la rue du Fleuve, Seza propose une cuisine familiale traditionnelle de qualité. On entre par un petit portail, qui donne sur une terrasse ombragée où l'on pourrait rester des heures. La salle du restaurant est joliment décorée, on se sent comme à la maison. Ambiance convivale. Une adresse à découvrir !

Bonnes tables

ABDEL WAHAB

51 Rue Abdel Wahab el Inglizi
Monnot
✆ +961 1 200 550 / +961 1 200 551
www.ghiaholding.com

Ouvert tous les jours de midi à minuit. Entrées froides de 6 500 à 12 000 LL, entrées chaudes de 6 500 à 24 000 LL, grillades de 17 500 à 25 000 LL. Boissons fraîches à 5 000 LL, Almaza à 7 500 LL.

Situé à l'extrémité de la rue Abdel Wahab el Inglizi à proximité de la rue de Damas, ce restaurant est une valeur sûre. Il propose les grands classiques de la gastronomie libanaise, sans grande originalité mais tout est bon. Le restaurant possède une immense salle au rez-de-chaussée, qui peut vite être bruyante lorsqu'elle est pleine, et une terrasse à l'étage très agréable. Il fait partie de ces établissements capables de servir une centaine de personnes en même temps. Le service est rapide et rodé, et le personnel efficace et souriant.

AL DIWAN

Avenue Charles Malek
✆ +961 1 565 757
www.aldiwanbeirut.com

Ouvert tous les jours de midi à minuit. Plat du jour à 22 000 LL, salades autour de 8 500 LL, mezzés froids de 5 000 à 17 000 LL, mezzés chauds de 6 500 à 22 000 LL, grillades autour de 22 000 LL, sandwichs de 6 000 à 12 000 LL. Almaza 3 500 LL.

L'enseigne Al Diwan Sultan Ibrahim a été fondée en 1968 à Jnah. Le succès est vite arrivé et plusieurs adresses existent désormais dont celle d'Achrafieh, ouverte en 1999. A proximité de l'école La Sagesse, le restaurant s'étend sur deux étages : au rez-de-chaussée, on sert une bonne cuisine libanaise à des prix corrects. Le pain chaud en boule est un délice ! Au premier étage, c'est plutôt haut de gamme et les prix y sont plus élevés. On préfère nettement le rez-de-chaussée où le service est rapide et parfaitement rodé. Bon rapport qualité-prix. Une excellente adresse.

AL-FALAMANKI

Rue de Damas
✆ +961 1 323 456 / +961 70 605 090
www.alfalamanki.com
info@alfalamanki.com

Ouvert tous les jours 24h/24. Mezzés froids de 6 000 à 14 000 LL, mezzés chauds de 8 500 à 20 000 LL, manakish de 5 250 à 13 750 LL, grillades de 21 000 à 27 000 LL. Espresso à 6 500 LL, Almaza à 9 000 LL, verre d'arak à 9 500 LL, narguilé à 17 500 LL.

Ouvert depuis septembre 2008, Al-Falamanki est très rapidement devenu l'un des meilleurs cafés à chicha de la ville. Les amateurs de narguilé y viennent en famille ou entre amis. On fume, on mange, on rigole, on joue au backgammon et aux cartes : Al-Falamanki ne s'arrête jamais. Une adresse agréable la journée où l'on peut venir profiter de la grande terrasse ombragée. Déco originale avec de gros fauteuils confortables. Le soir, le restaurant est souvent plein et l'ambiance plus animée !

AL-MANDALOUN CAFÉ

Avenue Charles Malek
✆ +961 1 321 600
✆ +961 3 299 393
www.almandaloun.com
info@almandaloun.com

Ouvert tous les jours de 8h à minuit. Petit déjeuner à 29 500 LL, bar à salades à 29 500 LL, sandwichs de 19 000 à 27 000 LL, pâtes à 24 000 LL, pizzas de 23 000 à 30 000 LL, quiches de 22 000 à 26 000 LL, desserts de 4 000 à 14 000 LL. Espresso à 5 000 LL, jus de fruits frais autour de 11 000 LL, Almaza à 8 000 LL.

Le long de l'avenue Charles Malek, à proximité de la place Tabaris, Al-Mandaloun est un grand café de près de 150 places. Une adresse prisée des habitants du quartier qui devient un peu bruyante à l'heure du déjeuner. Le restaurant propose une formule petit déjeuner avec un copieux buffet. Sinon, Al-Mandaloun est un endroit agréable dans l'après-midi où il fait bon prendre un café sur la terrasse.

La marque Al-Mandaloun ne cesse de se développer. Le groupe gère également Al-Mandaloun sur Mer (au centre-ville à coté du BIEL, une excellente adresse de poissons), et Al-Mandaloun (un club sélect qui occupe un ancien cinéma dans le quartier de Mar Mikhael).

BAB SHARKI LE JARDIN

Rue Trabaud
✆ +961 1 218 450
✆ +961 79 117 774
www.babsharki.com
info@babsharki.com

Ouvert tous les jours de midi à minuit. Mezzés froids de 7 000 à 32 000 LL, mezzés chauds de 5 000 à 15 000 LL, grillades de 15 000 à 30 000 LL, kebab à 25 000 LL. Espresso à 6 000 LL, Almaza à 7 000 LL, verre d'arak à 9 000 LL.

Ouvert début 2016, Bab Sharki propose une bonne cuisine arménienne et alépine. Le restaurant possède une terrasse ombragée agréable et une très jolie salle intérieure en pierre. Le vendredi et le samedi soir, l'ambiance monte d'un cran avec la présence d'un chanteur qui entonne les airs populaires syriens.

BAR JAMON

Rue de Madrid
Mar Mikhael
✆ +961 1 569 949
Ouvert tous les jours de 18h à minuit. Tapas de 12 000 à 20 000 LL, fromage de 10 000 à 24 000 LL, jambon de 12 000 à 36 000 LL.
Dans cette petite rue animée, Bar Jamon propose une jolie sélection de tapas espagnoles. Le restaurant possède de grandes tables en terrasse, très agréables pour une soirée entre amis. Bar Jamon est l'un des rares bars à tapas de Beyrouth.

CAFÉSHO

Rue Monnot
✆ +911 1 424 051
Ouvert du lundi au samedi de 8h à 23h30. Brochettes de 23 000 à 34 000 LL, salades de 24 000 à 30 000 LL, desserts de 8 000 à 12 000 LL. Espresso à 4 000 LL, jus de fruits frais autour de 6 000 LL, Almaza à 6 000 LL.
Derrière la maison Barakat à Sodeco, tout en haut de la rue Monnot, CaféSho est un petit restaurant français très convivial ouvert en 2006. De l'extérieur, il ne paie pas de mine, mais on y mange bien et les portions sont généreuses. L'enseigne est réputée pour ses brochettes de bœuf, de poulet ou de poisson qui sont accompagnées d'une salade (ou plutôt une montagne de salade !) et d'un accompagnement au choix (riz ou pommes sautées). Une adresse calme, saine et agréable, préservée du brouhaha de la ville.

CHARLOTTE

Rue de Madrid
Mar Mikhael
✆ +961 71 104 242
Ouvert tous les jours de 12h30 à 23h30, le week-end de 11h30 à 00h30. Entrées de 15 750 à 32 750 LL, grandes salades de 24 750 à 33 000 LL, pâtes de 22 500 à 36 000 LL, viandes et poissons de 33 500 à 53 000 LL. Café gourmand à 11 000 LL.
Après Goûtons Voir et Nonna Pizza, Ziad Rahmé et Laura Ayoub ont ouvert ce nouvel établissement aux airs de brasserie parisienne début 2016. On y mange des plats d'inspiration française, avec une touche asiatique dans un décor agréable et moderne. Une bonne adresse malgré des prix un peu élevés.

THE CHASE

Place Sassine
✆ +961 1 202 390
yves.azar@glion.ch
Ouvert tous les jours de 7h à 2h du matin. Salades de 16 500 à 22 750 LL, pizzas de 17 000 à 25 750 LL, burgers à 21 500 LL, brochettes autour de 23 000 LL. Espresso à 4 500 LL, Almaza à 7 500 LL, narguilé à 15 000 LL.
The Chase est l'un des plus anciens restaurants de la place Sassine. Ouvert en 1977, il a depuis été plusieurs fois rénové. The Chase propose une cuisine variée mais surtout internationale avec des hamburgers, des salades, des pizzas, des pâtes ainsi que quelques grands classiques de la cuisine libanaise (hommos, fattouche, chiche taouk, kafta…). Le restaurant propose également une carte de sushis. Si l'intérieur ne présente pas d'intérêt majeur, la terrasse permet d'observer l'agitation de la place Sassine.

COUQLEY

Rue Gouraud
Gemmayzé
✆ +961 1 442 678
www.couqley.com
Ouvert tous les jours de midi à 15h30 et de 20h à 23h30. Brunch le week-end de 11h à 16h. Salades de 12 000 à 24 000 LL, fruits de mer de 27 000 à 55 000 LL, plats de 17 000 à 37 000 LL, plats à base de bœuf de 23 000 à 59 000 LL. Formule déjeuner en semaine à 29 000 LL.
Avec ses airs de brasserie parisienne, Couqley, dont le chef Alexis Couqueley est français, propose une bonne cuisine à des prix acceptables. Croque-monsieur, steak tartare, soupe à l'oignon, foie gras… tous les incontournables de la gastronomie française sont présents. Mention spéciale pour le steak frites et la crème brûlée ! Ambiance conviviale et détendue, mais un peu bruyante lors du rush du déjeuner. Le restaurant se trouve à la fin de la rue Gouraud, au fond de l'impasse The Alleyway.

ENAB

Rue d'Arménie
Mar Mikhael
✆ +961 1 444 441
Ouvert tous les jours de midi à 1h du matin. Mezzés froids de 6 000 à 12 000 LL, mezzés chauds de 6 500 à 13 500 LL, salades autour de 7 000 LL, grillades de 15 000 à 28 000 LL. Jus de fruits frais à 7 500 LL, espresso à 4 500 LL, Almaza à 7 000 LL, verre d'arak à 8 000 LL.
Ouvert en février 2012 au premier étage d'une maison libanaise traditionnelle, Enab propose une excellente cuisine libanaise dans un décor chaleureux. Les tables sont dispersées sur une immense terrasse ombragée et dans plusieurs pièces intérieures à la décoration personnalisée. Une très bonne adresse pour découvrir les innombrables mezzés libanais. Le personnel est attentionné, souriant et efficace. En dehors des repas, il est également agréable de venir boire un café ou une limonade sur la terrasse dans l'après-midi. Wi-fi gratuit.

FRIDA

Rue Furn el Hayek
✆ +961 1 333 226
✆ +961 3 808 358
www.fridacuisine.com
andre.mattar@fridacuisine.com

Ouvert tous les jours de midi à minuit. Salades de 9 500 à 16 500 LL, mezzés froids de 6 500 à 18 500 LL, mezzés chauds de 7 500 à 19 500 LL, fajitas à 13 500 LL, chiche taouk à 21 500 LL, desserts autour de 11 500 LL. Espresso à 3 500 LL, Almaza à 7 500 LL.

Les amoureux de l'architecture libanaise ne pourront pas rester insensibles aux charmes de l'immeuble Massabni, l'un des plus beaux de Furn el-Hayek, à quelques mètres en contrebas du centre commercial ABC. Au rez-de-chaussée, le restaurant Frida (en référence à Frida Kahlo, artiste mexicaine) invite au voyage avec un menu libanais teinté d'une touche mexicaine. L'expérience est réussie et riche en surprises. On adore le pain *markouk* en guise d'entrée, les rouleaux de fromage et les *makanek* au piment (*jalapeños*). Ouvert depuis octobre 2010, Frida possède une terrasse très agréable en été.

GINETTE

Rue Gouraud
✆ +961 1 570 440
www.ginettebeirut.com

Ouvert tous les jours de 8h à 20h. Salades 15 000 à 27 500 LL, sandwiches 16 000 à 27 500 LL, desserts de 10 000 à 16 000 LL. Espresso à 5 000 LL, Almaza à 8 000 LL.

Ouvert en décembre 2010, Ginette est difficile à cataloguer : pâtisserie, café, restaurant, salle d'expostion, boutique. Ginette, c'est un peu tout ça à la fois. Cet espace de 320 m² répartis sur deux étages combine en effet un espace restaurant qui sert une cuisine saine à base de produits frais (grandes salades – dont celles à base de quinoa sont délicieuses –, jus de fruits frais, gâteaux maison), une galerie (qui expose notamment la marque de meubles suisses USM) et un coin boutique (articles de décoration, produits Aesop...). Petite terrasse agréable et wi-fi gratuit. Une bonne adresse malgré des prix un petit peu trop élevés pour les quantités.

GOÛTONS VOIR

Rue Abdel Wahab el Inglizi
✆ +961 70 595 951
✆ +961 333 644

Ouvert tous les jours de 12h30 à 15h30 et de 20h à 23h30. Entrées de 22 000 à 28 000 LL, grillades de 31 500 à 54 500 LL, accompagnements de 6 000 à 13 000 LL.

Installé au rez-de-chaussée d'un immeuble traditionnel de la rue Abdel Wahab depuis 2010, Goûtons Voir propose des assiettes saines et copieuses d'inspiration française. Le concept est simple : choisir une grillade parmi 5à 6 propositions (saumon, volaille, bœuf...), puis ajouter un ou plusieurs accompagnements (purée à l'huile de truffe, riz basmati aux amandes, champignons grillés, pommes frites...). L'endroit est charmant, avec ses petites tables en bois et son joli carrelage, et le personnel très sympathique.

KAHWET LEILA

Rue Gouraud
Gemmayzé
✆ +961 1 561 888
✆ +961 70 184 033
www.kahwetleila.com

Ouvert tous les jours de 10h à minuit. Mezzés froids de 6 500 à 9 500 LL, mezzés chauds de 7 500 à 18 000 LL, chiche taouk à 18 500 LL. Almaza à 7 500 LL, verre d'arak à 8 500 LL, narguilé à 16 500.

Depuis le 27 septembre 2011, Kahwet Leila a remplacé le célèbre café Kahwet el-Ezez au rez-de-chaussée d'un ancien immeuble des années 1920 de la rue Gouraud, au début du quartier de Gemmayzé. Kahwet Leila a conservé une ambiance chaleureuse dans un décor rétro. Le restaurant se structure autour d'un large espace ouvert où il est très agréable de dîner. La carte propose les grands classiques de la gastronomie libanaise. Produits de qualité, personnel agréable et efficace, prix raisonnables... de quoi faire de Kahwet Leila une adresse incontournable du quartier. L'enseigne a d'ailleurs ouvert un autre restaurant à Hamra.

LIZA

Metropolitan Club Doumani Street
✆ +961 1 208 108
✆ +961 71 717 105
www.lizabeirut.com
info@lizabeirut.com

Ouvert de 12h30 à 15h30 et de 20h à 23h30. Fermé le dimanche soir et le lundi. Mezzés froids de 9 500 à 22 000 LL, mezzés chauds de 9 000 à 25 000 LL, grillades de 26 000 à 38 000 LL. Espresso à 6 000 LL, Almaza à 6 000 LL, limonade maison à 8 000 LL.

Dans une jolie maison traditionnelle superbement restaurée, Liza vous accueille dans un cadre élégant et raffiné. Ouvert en novembre 2013, ce grand restaurant, qui peut accueillir jusqu'à 180 personnes, revisite les grands classiques de la gastronomie libanaise. La décoration est superbe, des papiers peints au carrelage en passant par le mobilier. Une formule plat du jour + salade est proposée du lundi au vendredi pour le déjeuner, et un brunch est organisé tous les dimanches de midi à 16h. Liza et Ziad Asseily possèdent par ailleurs une adresse à Paris, rue de la Banque.

MAKAN
Rue du Patriarche Arida
Mar Mikhael
✆ +961 70 954 057
Ouvert du lundi au samedi de midi à minuit.
Makan, ce n'est pas vraiment un restaurant comme les autres. Ce n'est d'ailleurs pas vraiment un restaurant. C'est une galerie, un espace d'échange, une cuisine où des chefs sont conviés à faire découvrir leurs spécialités pendant trois jours d'affilée. Ici, il n'y a ni prix, ni menu. Les clients laissent ce qu'ils veulent à la fin du repas. Chaque jour, un buffet est proposé pour le déjeuner de midi à 15h. Le soir, c'est dîner en 6-7 plats. Le cadre : un appartement traditionnel qui expose les œuvres d'artistes de la région ou qui travaillent sur le Moyen-Orient, avec un bar en extérieur et quelques tables dispersées dans une jolie cour arborée. Une expérience !

MARINELLA
Rue de Madrid
Mar Mikhael
✆ +961 1 442 342
Ouvert du lundi au samedi de 12h30 à 15h45. Antipasti de 20 000 à 42 000 LL, salades de 20 000 à 25 000 LL, pâtes et risotto de 20 000 à 38 000 LL, desserts autour de 12 000 LL. Espresso à 4 500 LL, Almaza à 6 000 LL.
Mieux vaut réserver ou venir tôt si vous souhaitez venir déguster les bons petits plats italiens de chez Marinella. Ce restaurant, ouvert en 2011, affiche en effet vite complet. Ouvert seulement pour le déjeuner, il sert de très bons antipastis, pâtes et risottos. Il possède quelques tables en terrasse.

MAYRIG
282 Rue Pasteur
Gemmayzé
✆ +961 1 572 121 / +961 3 228 227
www.mayrigbeirut.com
info@mayrigbeirut.com
Ouvert tous les jours de midi à 23h30. Salades autour de 10 000 LL, mezzés froids de 7 000 à 18 000 LL, mezzés chauds de 6 000 à 22 000 LL, plats de 22 000 à 33 000 LL.
L'un des meilleurs restaurants arméniens de Beyrouth. Ouvert depuis juillet 2003 à l'initiative d'Aline Kamakian et Serge Maacaron, Mayrig (« maman » en arménien) propose une cuisine traditionnelle dans le cadre raffiné d'une ancienne maison libanaise. Le service est attentionné, surtout si on n'est pas spécialement familiarisé avec la cuisine arménienne. Ne pas hésiter à demander des conseils aux serveurs. Il faut se laisser tenter par les salades *haigagan* et *vospi*, les plats chauds *sou beureg, havgitov basterma, soujouk hats et fishna kebab* (viande grillée avec des cerises griottes, un délice). Les desserts sont excellents : *banirov maamoul* et *kaymakleh*. Mayrig offre un beau voyage vers une cuisine pleine de richesses. Les produits sont de qualité. Vous ne serez pas déçu.

MITSU-YA
Rue Gouraud
✆ +961 1 561 110
✆ +961 71 561 110
Ouvert tous les jours de 11h à 16h et de 19h30 à minuit. Izakaya de 14 500 à 24 000 LL, tempura de 19 500 à 22 500 LL, noodles à 27 500 LL, sushis de 8 500 à 11 500 LL.
Ce restaurant japonais, ouvert au printemps 2015, est spécialisé en *izakaya*, des tapas japonaises à partager. La carte propose tout de même les traditionnels sushis et sashimis. Cet établissement, qui possède une quarantaine de couverts, est une adresse agréable pour dîner et découvrir la créativité de la gastronomie japonaise.

NONNA PIZZA
Rue Abdel Wahab el Inglizi
✆ +961 1 333 082 / +961 71 383 836
Ouvert tous les jours de 12h30 à 23h30. Entrées de 9 750 à 24 250 LL, pizzas de 14 500 à 30 500 LL. Almaza à 4 000 LL.
Situé dans le même immeuble que Goûtons Voir, en face du Relais de l'Entrecôte, ce restaurant italien ouvert en 2013 sert de très bonnes pizzas dans un cadre convivial. Une adresse agréable aussi bien pour le déjeuner que le dîner.

PACIFICO
Rue Monnot
✆ +961 1 204 446
✆ +961 3 858 622
Ouvert tous les jours de 18h30 à 1h30 du matin. Entrées de 12 500 à 29 500 LL, salades de 16 500 à 29 500 LL, quesadillas de 14 500 à 19 500 LL, tacos de 29 500 à 31 500 LL, fajitas de 31 500 à 49 500 LL, plats de 29 500 à 49 500 LL. Espresso à 5 000 LL, Almaza à 10 000 LL, cocktails autour de 17 000 LL.
Le Pacifico est le principal instigateur du boom de la restauration à Monnot à la fin des années 1990. Ouvert en 1997, il est depuis indéboulonnable. Alors que les enseignes ferment à tour de rôle, le Pacifico est toujours là, c'est un signe qui ne trompe pas ! Ce célèbre restaurant mexicain a déménagé début 2015 dans un bel immeuble traditionnel en haut de la rue Monnot. Dès que l'on pousse la porte de l'établissement, on est directement transporté en Amérique centrale. Ventilateurs en bois, murs colorés, verres de margharita qui défilent… Le restaurant possède une terrasse-jardin très agréable où il est possible de juste venir boire un verre. Les cocktails du Pacifico sont d'ailleurs très réputés.

LA PIZZARIA

Rue Gouraud
✆ +961 1 585 586
✆ +961 70 386 386
www.lapizzariabeirut.com
Ouvert tous les jours de midi à minuit. Entrées et salades de 18 000 à 28 500 LL, pizzas de 10 500 à 48 000 LL. Espresso à 4 000 LL, Almaza à 4 000 LL.

Après avoir travaillé des années chez Nestlé, Fady Abounaoum a décidé de tout plaquer. Il est parti pendant un an à Naples pour tout apprendre de la pizza napolitaine. De retour à Beyrouth, il a ouvert fin 2015 cette pizzeria colorée et pleine de charme où tout est fait maison, avec des produits rigoureusement sélectionnés. L'établissement ne compte que quelques tables, dont quatre en terrasse. Alors le week-end, mieux vaut réserver !

PRUNE

Rue de Madrid
Mar Mikhael
✆ +961 1 569 939
Ouvert tous les jours de midi à minuit. Entrées et salades à 18 000 LL, grillades et plats à 28 000 LL, desserts à 12 000 LL. Verre de vin à 12 000 LL, bouteille à 65 000 LL.

Ce restaurant aux airs de brasserie parsienne a ouvert ses portes en 2013. Depuis, il a su séduire une clientèle d'habitués avec ses grandes salades fraîches et nourrissantes, son entrecôte grillée et son poulet aux prunes. Les serveurs sont habillés à la parisienne avec leurs chemises blanches, tabliers et cravates noirs. Une adresse agréable où le personnel est jeune, dynamique et à l'écoute.

LE RELAIS DE L'ENTRECÔTE

Angle des rues Monnot et Abdel Wahab el Inglizi.
Monnot
✆ +961 1 332 087
Ouvert tous les jours, de 12h30 à 15h30 et de 19h30 à 23h30. Formule unique à 30 $.

La France vous manque déjà ? Direction la rue Abdel Wahab el Inglizi et le célèbre Relais de l'Entrecôte. Cette réplique de l'institution française propose la même formule avec un contre-filet et sa sauce discrète, des pommes allumettes et une salade, le tout pour 45 000 LL. Service professionnel. Le décor est, sans surprise, dans l'esprit des brasseries parisiennes. Le Relais de l'Entrecôte, qui est géré par le groupe Boubess (café Hamra, Scoozi, Bob's, Laziz, etc.), a également des adresses au centre-ville de Beyrouth (rue Maraad) et rue Verdun.

TAWLET

Rue du Fleuve
Mar Mikhael
✆ +961 1 448 129
www.tawlet.com
info@tawlet.com
A la fin de la rue du Fleuve, après la station-service Coral, prenez la première impasse à votre gauche (si vous venez de Gemmayzé).
Ouvert du lundi au samedi de 13h à 16h (midi le samedi). Buffet à 49 500 LL par personne.

Commencée en 2004, la belle histoire du Souk el-Tayeb (le premier marché bio de Beyrouth) a continué à se développer au fil des années avec l'ouverture d'un restaurant 100 % libanais avec des produits du terroir préparés par les producteurs qui investissent à tour de rôle les cuisines de l'établissement. Ouvert depuis novembre 2009 au fond d'une petite impasse qui donne sur la rue du Fleuve, Tawlet offre un décor soigné et reposant : des pots de fleurs suspendus, des lampes rouges au plafond, de larges photos aux murs, un haut plafond, une grande table (*tawlet* en arabe) en bois au centre de la salle, des produits *Made in Lebanon* sur les étagères. La formule du buffet est simple. Après un verre de limonade ou d'arak, on se dirige vers le buffet où plusieurs plats présentés (salades, mezzés, brochettes, etc.). Les menus changent régulièrement. Les produits sont frais et goutus, on a envie de tout tester ! Une expérience culinaire à ne pas manquer !

THE JUNKYARD

Rue d'Arménie
Mar Mikhael
✆ +961 1 448 632 / +961 3 945 961
A droite juste avant la station essence United.
Ouvert tous les jours de 18h à 2h du matin.

Un décor surréaliste fait de conteneurs, de carcasses de voitures, de graffitis géants, de barils de pétrole… On pourrait passer des heures à inspecter la décoration de cet immense bar-restaurant qui s'étend sur plus de 1 000 m^2. Ouvert en août 2014, The Junkyard propose un concept de restauration original : plusieurs chefs proposent leur cuisine, chacun dans leur *corner* ou leur *foodtruck* : burgers, tacos syriens (oui syriens !), brochettes japonaises, bouchées vietnamiennes, saucisses-frites… Impossible de se lasser puisque les chefs changent toutes les 3-4 semaines ! Les clients doivent acheter à l'entrée des coupons d'une valeur unitaire de 5 000 LL et payent ensuite leur repas avec, directement auprès du ou des chefs qu'ils auront choisis. Un lieu atypique qui mérite vraiment le détour, même juste pour boire un verre.

Luxe

AL DENTE

Rue Abdel Wahab el Inglizi
Furn el-Hayek
✆ +961 1 202 440
www.albergobeirut.com

Ouvert tous les jours de 12h30 à 15h30 et de 20h à 23h30. Antipasti de 25 000 à 42 000 LL, pâtes et risotto de 25 000 à 85 000 LL, plats de 58 000 à 79 000 LL, desserts autour de 18 000 LL.

Al Dente fut l'un des premiers restaurants haut de gamme à ouvrir dans le quartier, c'était en 1990. La rue Abdel Wahab n'était qu'une adresse résidentielle et le secteur Monnot sortait de quinze années de guerre. Le pari de quelques investisseurs fut finalement payant. Aujourd'hui, Al Dente est l'un des meilleurs italiens de Beyrouth. Installé dans une superbe résidence des années 1920 aux murs ocre, au rez-de-chaussée de l'hôtel de charme Albergo, Al Dente vous offre les délices et le raffinement de la cuisine italienne. Le service est pro, la carte est variée et les portions sont généreuses. Adresse huppée, il vaut mieux réserver.

ÉCAFÉ

198 Rue Sursock
✆ +961 1 333 240
www.eddeyard.com
eddeyard@eddesands.com

Ouvert tous les jours de 9h à 1h du matin. Happy hour de 17h à 19h. Salades de 19 000 à 36 000 LL, pâtes et risotto de 25 000 à 29 000 LL, viandes et grillades de 37 000 à 68 000 LL, poissons et crustacés de 42 000 à 49 000 LL.

Après Byblos et le succès de Eddé Sands, l'enseigne « é » s'est installée à Beyrouth et plus précisement rue Sursock en haut des marches de l'escalier Saint-Nicolas. Ouverte en septembre 2010, cette brasserie de luxe propose une cuisine variée de qualité. Service attentionné et efficace. La terrasse est agréable et permet de se restaurer ou de faire une pause lors de votre visite du quartier.

EM SHERIF

Rue Victor Hugo
Monnot
✆ +961 1 206 206
✆ +961 70 919 119
www.emsherif.com
info@emsherif.com

Ouvert tous les jours de 12h30 à 16h et de 20h30 à 23h30. Formule déjeuner à 40 $, formule dîner à 63 $.

Entre les rues Monnot et de Damas, Em Sherif propose une cuisine orientale haut de gamme. Le décor est inattendu et la formule est atypique. Le menu est fixe et imposé : les serveurs vont à tour de rôle vous servir des dizaines de mezzés (*hommos, taboulé, fattouche, labneh...*). Puis viendra le tour des grillades (*kafta* et *chiche taouk...*) et des desserts (*mouhalabieh, moghleh...*). Autant avoir faim, sinon vous aurez du mal à finir vos plats. La note est salée mais l'expérience est à vivre. Service impeccable, voire un poil trop présent. Souvent, le repas s'accompagne d'un fonds musical oriental joué en *live* devant vous. Il est conseillé de réserver.

Hamra

A l'inverse des cafés et restaurants très branchés du centre-ville, Hamra a longtemps préservé sa spécificité et son authenticité. Le quartier compte un nombre important de cafés, même si ceux qui représentaient le Hamra des années 1960-1970 ont tous fermé.

La rue Bliss

Pour les petits budgets, la rue Bliss compte de nombreux snacks-restaurants. Du nom du fondateur du Syrian Protestant College, en 1866, Bliss longe l'université américaine de Beyrouth (AUB) situé au nord de Hamra. La rue s'est affirmée comme l'une des plus importantes concentrations de snacks et de fast-foods de Beyrouth. Les enseignes internationales y sont présentes : McDonald's, Burger King, KFC, Pizza Hut, Dunkin Donuts... Si les étudiants en ont fait leur cantine et leur lieu de rendez-vous, Bliss est également une véritable destination familiale capable de drainer une clientèle hétéroclite de jour comme de nuit. Le soir, les Beyrouthins adorent y prendre une glace ou un sandwich. Les voitures s'agglutinent en double file. Si les enseignes de la restauration rapide cherchent par tous les moyens à s'implanter rue Bliss, la succession de fermetures laisse deviner que le secteur n'est pas toujours si lucratif que cela. Les enseignes changent vite d'une année sur l'autre.

Sur le pouce

BLISS HOUSE

Rue Bliss
✆ +961 1 756 657
www.blisshouse-lb.com
info@blisshouse-lb.com

Ouvert tous les jours de 6h à 3h du matin. Sandwichs de 5 500 LL à 7 000 LL, jus de fruits de 2 500 à 4 500 LL, glaces autour de 2 000 LL.

La saga Bliss House, qui compte une dizaine de points de vente au Liban et au Moyen-Orient, a commencé en 1979, rue Bliss, évidemment ! Bliss House ne vendait à l'origine que des jus et des glaces. Puis en 1985, le menu s'est étoffé de sandwichs qui sont préparés devant le client. Les prix sont très compétitifs. Une bonne adresse pour manger vite et pas cher.

FALAFEL TABBARAH

Rue Tabari
✆ +961 1 360 821

Ouvert du lundi au samedi de midi à 19h. Falafel à 2 500 LL.

Ouvert depuis 40 ans, l'enseigne Tabbarah vend l'un des meilleurs *falafels* de Hamra. Ce petit snack de quartier, où l'on prend son sandwich à emporter, est situé rue Tabari, une rue perpendiculaire à la rue Emile Edde, entre l'hôtel Royal Garden et le snack Ghalayini. Sur le trottoir de gauche, à côté d'un coiffeur.

SNACK BARBAR

Rue Abdel Aziz
✆ +961 1 753 330

Ouvert 24h/24. Sandwichs autour de 6 000 LL, manakish au zaatar à 1 250 LL, au fromage à 3 000 LL, shawarma à 4 000 LL, falafel à 3 000 LL, plats à environ 12 000 LL.

Depuis 1981, l'enseigne Barbar est une véritable institution à Hamra. Ouvert 24h/24, il n'a pratiquement jamais été fermé même durant la guerre civile. A toute heure de la journée, les clients viennent y prendre un petit en-cas. Entre les rues Emile Edde et Baalbek, vous trouverez six enseignes Barbar, chacune spécialisée dans un produit. Au total, plus de 180 produits libanais et internationaux : glaces, jus, *falafels*, grillades, galettes de *zaatar*, de fromage, *shawarma*, sandwichs. Les prix sont réduits et la nourriture est correcte. Des tables sont disponibles au niveau de Barbar Shawarma.

SNACK FAYSAL

Rue Bliss

Ouvert tous les jours 24h/24. Manakish de 1 500 à 3 000 LL, pizzas à 4 000 LL. Boissons fraîches à 1 000 LL.

Ce petit snack, très populaire dans le quartier, se situe au bout de la rue Bliss, en direction du Raouché, en face du commissariat. Il propose d'excellents manouchés et a l'avantage d'être ouvert 24h/24. Accueil jeune et sympathique. Le snack possède deux petites tables sur le trottoir pour ceux qui souhaiteraient déjeuner sur place.

SNACK GHALAYINI

Rue Emile Edde
✆ +961 1 751 946

Ouvert tous les jours 24h/24. Manakish de 750 à 2 000 LL, kebab à 5 000 LL, hamburgers à 3 500 LL, plats à 12 500 LL.

Le snack Ghalayini se compose de deux adresses situées l'une en face de l'autre, à côté de l'hôtel Royal Garden. L'une sert des manakish, et l'autre des plats traditionnels, des sandwichs et des hamburgers. La plus grande des deux possède quelques tables pour déjeuner sur place. Ouvert 7j/7 et 24h/24, ce snack est le concurrent direct de Barbar.

Pause gourmande

AMAL BOHSALI

Rue Alfred Nobel
Hamra
✆ +961 1 745 323
✆ +961 1 785 566
www.abohsali.com.lb

Ouvert du lundi au samedi de 8h30 à 17h.

Depuis 1878, Amal Bohsali régale les Beyrouthins avec ses délicieuses pâtisseries orientales. Baklawas, maamouls, knefe… tout est un délice ! Le personnel est très accueillant et se fera un plaisir de vous préparer un assortiment à rapporter en France, histoire de prolonger un peu votre séjour !

GUSTAV

Rue Antoun Gemayel
✆ +961 1 747 199
www.gustav.ws

Ouvert tous les jours de 7h à minuit, le dimanche de midi à minuit. Pâtisseries autour de 5 000 LL.

Ouverte depuis octobre 2010, la pâtisserie Gustav (dont le nom est un clin d'oeil à Gustav Klimt) fait déjà partie des meilleures adresses de Beyrouth. A l'origine de cette réussite, un duo : Chef Noor Ramlawi et Khaled Kara. Leur secret est de proposer des créations d'inspiration française à base de produits de qualité. Ils préfèrent parler d'innovations sucrées ! Situé rue Antoun Gemayel, une perpendiculaire à la rue Hamra (après l'hôtel Crowne Plaza prendre à droite), Gustav occupe un minuscule local de 55 m^2. Au rez-de-chaussée, la cuisine ouverte au public. On choisit ses gâteaux puis on peut les déguster en montant sur la mezzanine. Gustav propose des produits sans gluten et 100 % végétalien. On a adoré la brioche Panettone, les macarons, les tartes au citron ou à la grenade et les fondants au chocolat. C'est délicieux !

Bien et pas cher

ASHGHÂLOUNA

Rue Fares Nemr
Zokak el Blatt
✆ +961 1 366 758
Buffet chaque vendredi à 40 $ par personne.
Installée dans l'ancienne annexe de la maison de l'ambassade britannique (devenue depuis Dar al-Aytam), l'association Ashghâlouna, qui s'occupe de veuves musulmanes, organise chaque vendredi de 13h30 à 16h un buffet très convivial. Il est possible de découvrir les richesses de la cuisine libanaise préparée par un groupe de femmes. Du printemps à l'automne, le repas se déroule dans le jardin. C'est sans doute un peu cher mais c'est pour une bonne cause ! Il est préférable de réserver.
Situé dans la montée du lycée Abdel Kader à proximité de la tour Murr, Ashghalouna vend également des articles faits par les femmes de l'association (travaux d'aiguilles, du bois et de la vannerie).

AUNTY SALWA

Rue Abdel Aziz
✆ +961 1 736 727
✆ +961 70 541 827
Ouvert du lundi au samedi de 8h à 16h. Plats du jour à 12 000 LL. Café turc à 3 000 LL.
Aunty Salwa, qui se trouve dans une rue perpendiculaire à la rue Abdel Aziz, juste avant la banque Al Mawarid, est un restaurant-cantine très sympathique qui propose des plats faits maison à partir de produits frais rigoureusement sélectionnés. Chaque jour, trois ou quatre plats du jour sont proposés. Aunty Salwa sert une cuisine saine et légère, avec de généreuses portions. Le service est rapide et efficace. A midi, le restaurant attire de nombreux employés du quartier. Une adresse vivante et authentique à découvrir.

CHEIKHA

Rue Emile Edde
✆ +961 1 351 656
✆ +961 1 351 565
Ouvert tous les jours de 7h à minuit. Mezzés de 4 000 à 16 000 LL, sandwichs autour de 6 000 LL, grillades à 16 000 LL, burgers de 6 000 à 17 000 LL, shawarma de 4 000 à 6 000 LL.
Situé au sud de Hamra, à l'intersection des rues Emile Edde et du Caire, Cheikha est en réalité une boucherie qui, au fur et à mesure, a développé son offre et s'apparente aujourd'hui à un traiteur. L'enseigne fonctionne surtout pour les livraisons mais il est possible de déjeuner sur place, sur l'une des deux tables installées à l'intérieur. Attention, les odeurs de viande sont parfois un peu fortes !

DAR BISTRO & BOOKS

Rue de Rome, Wardié
✆ +961 1 373 348 / +961 76 158 429
Ouvert tous les jours de 8h à minuit. Salades de 15 000 à 20 000 LL, sandwichs de 14 000 à 18 500 LL, plats de 19 500 à 38 000 LL. Espresso à 4 500 LL.
Entre Hamra et Clemenceau, impossible de manquer l'immeuble futuriste en béton armé de la galerie Interdesign. De là, une impasse mène à Dar Bistro & Books, un café-restaurant-librairie situé au rez-de-chaussée d'un ancien immeuble. Ce petit bistrot au décor rétro est un lieu calme et convivial où l'on se sent bien. Sa terrasse ombragée est ravissante et invite à y rester des heures. Au fond du restaurant, se trouve une petite librairie et au premier étage, un atelier de photographie, Dar al Mussawir.

MEZZYAN

Rue Hamra
✆ +961 1 740 608 / +961 71 293 015
Ouvert tous les jours de 11h à 2h du matin, jusqu'à 3h du matin le week-end. Salades de 6 000 à 12 000 LL, tapas de 5 000 à 12 000 LL, mezzés de 5 000 à 11 000 LL, plats de 13 000 à 20 000 LL. Espresso à 3 000 LL, Almaza à 6 000 LL, cocktails de 13 000 à 15 000 LL.
Dans le même esprit que T-Marbouta, Mezzyan est un lieu cosmopolite où se mélangent intellectuels, étudiants et étrangers dans un cadre rustique et chaleureux. La carte est étoffée et propose des plats d'inspiration méditerranéenne délicieux. Les portions sont plus que copieuses et les prix très raisonnables. Le soir, Mezzyan devient un bar animé où jouent régulièrement des groupes en *live*.

O'GRILL

Rue Makdessi ✆ +961 1 752 076
Ouvert tous les jours de midi à minuit. Sandwichs à 6 500 LL, entrées de 5 000 à 6 000 LL, grillades de 11 000 à 20 000 LL. Café à 3 500 LL, Almaza à 4 000 LL.
Ouverte en février 2016, cette adresse est spécialisée dans les grillades. Ici, tout est préparé au grill sous le regard des clients. Le restaurant possède une salle agréable avec une décoration moderne et les prix sont très raisonnables. Service accueillant et efficace.

OLIO

Rue Abdel Al ✆ +961 1 741 133
Ouvert tous les jours de 11h à minuit. Antipasti de 19 000 à 32 000 LL, salades de 16 000 à 22 000 LL, pâtes et risotto de 19 000 à 28 000 LL, pizzas de 14 000 à 36 000 LL, viandes et poissons de 32 000 à 38 000 LL. Espresso à 5 000 LL, Almaza à 6 500 LL.
Situé dans une perpendiculaire à la rue Makdissi, Olio propose des pizzas cuites au feu de bois. Le restaurant est agréable, sans prétention. Une bonne adresse avec un bon rapport qualité/prix.

T-MARBOUTA

Rue Hamra
✆ +961 1 743 882
✆ +961 1 350 274
Ouvert tous les jours de 10h à 1h du matin. Salades de 6 500 à 12 000 LL, sandwichs de 4 500 à 8 000 LL, mezzés froids de 5 500 à 8 000 LL, mezzés chauds de 6 500 à 10 000 LL, grillades de 13 500 à 16 000 LL. Espresso à 4 000 LL, Almaza à 6 000 LL.

Ouvert en juillet 2006, le T-Marbouta est un vrai succès tant il brasse une clientèle variée : du groupe d'hommes venus causer autour d'un café aux jeunes les yeux rivés sur les ordinateurs (le wi-fi est en accès libre) en passant par les étudiants qui révisent, les écrivains et les intellectuels du quartier. Situé au fond à gauche de la galerie où se trouve le Starbucks, T-Marbouta propose une très bonne cuisine libanaise à des prix très raisonnables. Le cadre est simple mais agréable avec une cour extérieure et des fauteuils confortables. On y vient à toute heure de la journée. Un vrai coup de cœur.

Bonnes tables

APPETITO TRATTORIA

Rue Mahatma Gandhi
✆ +961 1 347 346
Ouvert tous les jours de midi à minuit. Salades de 14 000 à 34 000 LL, antipasti de 14 000 à 28 000 LL, pizzas de 16 000 à 28 500 LL, pâtes et risotto de 16 000 à 28 000 LL, viandes de 32 000 à 42 000 LL. Espresso à 5 000 LL, Almaza à 6 000 LL.

Ouverte en 2012, cette trattoria de quartier propose les grands classiques de la gastronomie italienne dans un cadre chaleureux. Nappes vichy rouge et blanche, tables en bois, véritable four à pizza… tout est là pour vous faire voyager en Italie. Accueil très sympathique. Le restaurant possède quelques tables en terrasse. Le midi, un menu à 25 dollars est proposé avec une salade, une pizza ou des pâtes, un dessert ou un café, et une boisson fraîche. Une bonne adresse qui ne désemplit pas.

BAGATELLE

Rue Jabre Doumit
✆ +961 1 342 842
www.bagatellebeirut.com
bagatellebeirut@gmail.com
Ouvert tous les jours de 10h à minuit. Entrées de 12 000 à 38 000 LL, salades de 18 000 à 32 000 LL, burgers de 20 000 à 26 000 LL, viandes et poissons de 26 000 à 46 000 LL, risotto et pâtes de 22 000 à 30 000 LL, pizzas de 22 000 à 26 000 LL. Espresso à 5 000 LL, Almaza à 6 000 LL.

Dans une maison jaune traditionnelle, Bagatelle propose, depuis 2012, une cuisine méditerranéenne savoureuse dans un cadre raffiné et agréable. Pizzas, grandes salades, tartare de saumon, risottos… Bagatelle propose une carte variée. A l'écart de l'agitation de la rue Hamra, ce restaurant situé dans une rue perpendiculaire à la rue Jeanne d'Arc, possède une belle terrasse ombragée et plusieurs petites salles joliment décorées.

BREAD REPUBLIC

Rue Hamra
✆ +961 1 739 040
Ouvert tous les jours de 7h30 à 2h du matin. Salades de 15 500 à 21 500 LL, sandwichs de 12 500 à 19 500 LL, pâtes de 16 500 à 26 500 LL, plats de 27 000 à 39 000 LL. Espresso à 4 500 LL, Almaza à 6 000 LL, cocktails à 14 000 LL.

Au cœur de Hamra, adjacent à l'immeuble Strand, un étroit passage relie les rues Hamra et Makdissi. Bread Republic (BR) occupe un petit local avec une vingtaine de places assisses, auxquelles s'ajoutent quelques tables installées dehors dans le passage. Bread Republic propose une cuisine saine de qualité. Ambiance conviviale, personnel amical. Bread Republic est aussi une boulangerie donc le pain est fait maison. L'enseigne compte également un bar qui s'anime à partir de la fin de l'après midi.

CAFÉ HAMRA

Rue Hamra
✆ +961 1 348 999
www.boubess.com
Ouvert tous les jours de 9h à minuit. Salades de 19 500 à 23 500 LL, sandwichs et burgers de 20 000 à 24 500 LL, plats de 27 500 à 38 500 LL, pizzas de 18 500 à 20 500 LL, pâtes de 19 500 à 23 500 LL. Espresso à 4 900 LL, Almaza à 8 000 LL, jus de fruits autour de 8 000 LL.

Ouvert en octobre 2010, Café Hamra appartient au groupe Boubess, l'un des leaders de la restauration au Liban avec les enseignes Napoletana, The Met, Cucina ou encore Le Relais de l'entrecôte. Son nom est trompeur, puisque l'enseigne est plutôt un restaurant qu'un café. Café Hamra est un vaste établissement qui dispose d'une charmante terrasse à l'abri du brouhaha de la rue Hamra. Une première au Liban, l'enseigne compte un espace fumeur séparé par une baie vitrée de l'espace non-fumeur. L'adresse répond à toutes les envies avec une soixantaine de plats différents dont des mezzés, des sandwiches, des pizzas, des pâtes et des salades. La carte propose également une vingtaine de cafés, du mocha en passant par

le café turc et le cappuccino. Pour les fumeurs de narguilé, il faut compter environ 15 000 LL la pipe à eau.
Café Hamra offre de prestations correctes à des prix acceptables. Mais il ne faut pas s'attendre à de la grande cuisine. On y va surtout pour le cadre et l'ambiance décontractée.

JAÏ

Rue de Mexico
✆ +961 1 341 940
Ouvert du lundi au samedi de 11h à 23h. Entrées de 9 000 à 14 000 LL, salades de 15 000 à 18 000 LL, soupes de 10 000 à 12 000 LL, sandwichs de 14 000 à 18 000 LL, plats de 16 000 à 23 000 LL.
Ouverte en 2013, cette toute petite adresse sert une cuisine thaïlandaise et indienne délicieuse. Avec une table seulement à l'intérieur, qui donne directement sur la cuisine ouverte, et quelques tables hautes sur le trottoir, cette adresse fait le plein en permanence. Le chef Wael Lazkani a étudié à l'école de Lausanne avant de travailler dans la restauration en Suisse puis à Londres. A son retour au Liban, il a réalisé son rêve : monter son propre restaurant. Jaï est une adresse pleine de charme.

KABAB-JI

Rue Hamra
✆ +961 1 741 555
✆ +961 3 265 100
www.kabab-ji.com
info@kababji.com
Ouvert tous les jours de 9h à minuit. Salades de 7 000 à 12 000 LL, mezzés de 4 000 à 16 000 LL, sandwichs de 5 000 à 8 500 LL, grillades de 18 000 à 25 000 LL.
Cette chaîne de restauration rapide créée en 1993 est réputée pour ses kebabs et ses grillades. Les sandwichs sont préparés à la minute, devant le client. Une bonne adresse pour déjeuner rapidement. La salle n'est pas très chaleureuse mais le service est rapide et efficace.

KAHWET LEILA

Rue Abdel Aziz
✆ +961 1 346 646
www.leilarestaurant.com
hr@leilarestaurant.com
Ouvert tous les jours de 10h à minuit. Mezzés froids de 6 500 à 9 500 LL, mezzés chauds de 7 500 à 20 000 LL, salades autour de 8 000 LL, manakish de 7 500 à 12 500 LL, grillades de 14 500 à 22 000 LL. Almaza à 7 500 LL, narguilé de 16 500 à 20 000 LL.
Cette enseigne, qui possède plusieurs adresses à Beyrouth, propose une bonne cuisine libanaise avec un large choix de mezzés. L'occasion de goûter des plats peu présents généralement dans les restaurants libanais comme le *kafta* au yaourt (cuisine plutôt d'Alep) et du *soujouk* (cuisine arménienne). Les grillades sont bonnes, les mezzés parfaits. La terrasse couverte est agréable avec ses sofas multicolores et permet de faire une pause à l'écart de l'agitation du quartier. L'ambiance est sympa et le personnel accueillant.

SALON BEYROUTH

Rue Abdel Baki
✆ +961 1 739 317
Ouvert tous les jours de 9h à 2h du matin. Entrées de 12 000 à 18 000 LL, salades de 15 000 à 26 000 LL, sandwichs de 19 000 à 23 000 LL, viandes de 23 000 à 35 000 LL. Espresso à 5 000 LL.
Situé au rez-de-chaussée d'un immeuble traditionnel superbement rénové, Salon Beyrouth propose une jolie cuisine d'influence française et américaine. Le lieu est magnifique avec sa décoration vintage, son grand bar en bois, son mobilier rétro, son sol en marbre et sa grande terrasse ombragée. Un vrai coup de cœur ! Outre sa cuisine, Salon Beyrouth, qui a ouvert fin 2015, est également réputé comme bar à jazz et à whisky. Le mercredi soir, un groupe joue en *live* pour le plus grand bonheur des clients.

SOCRATE

Rue Sidani
✆ +961 1 846 646
www.socrate.com
info@socrate.com
Ouvert tous les jours de 9h à 22h. Mezzés de 6 000 à 12 000 LL, plats du jour de 15 000 à 26 000 LL.
Présent depuis plus de 40 ans rue Bliss devant le campus de l'AUB, Socrate est une institution à Beyrouth ! L'enseigne s'est ensuite délocalisée dans un nouveau local rue Sidani à quelques mètres du restaurant historique. Socrate propose des plats traditionnels libanais et des plats internationaux avec une formule fixe. Chaque jour de la semaine, les clients ont le choix entre six plats. Bon rapport qualité/prix. Le restaurant possède plusieurs tables en terrasse. Un endroit agréable pour déjeuner, à l'écart de l'agitation de la rue Bliss.

Corniche

Le nombre de restaurants le long de la corniche est relativement limité. Pour les petits budgets, il y a le McDo à Ain el-Mreissé, et de nombreux snacks le long de la corniche. Certains grands cafés (Rawda, Petit Café, Bayrock) sont installés du côté de la mer et offrent une superbe vue sur le littoral de Beyrouth.

Bien et pas cher

ABOU HASSAN
Rue Salaheddine el-Ayoubi
Caracas
✆ +961 1 741 725 / +961 71 234 969
Ouvert tous les jours de 8h30 à 20h. Mezzés froids à 5 000 LL, mezzés chauds de 5 000 à 14 000 LL, salades à 5 000 LL, grillades de 10 000 à 15 000 LL.
Ce petit restaurant se trouve entre Hamra et Raouché dans le quartier de Caracas. Prenez la rue qui longe l'hôtel Arjaan Rotana sur la gauche, continuez tout droit, Abou Hassan est au bout de la rue sur le trottoir de droite. Ce petit boui-boui libanais, qui existe depuis une trentaine d'années, est un endroit très sympathique pour déjeuner. Il propose une bonne cuisine libanaise sans prétention. Le service est rapide, et les prix très raisonnables. Abou Hassan est réputé pour sa viande crue et ses grillades.

BAYROCK CAFÉ
Raouché
✆ +961 1 796 700 / +961 3 845 531
Ouvert tous les jours de 7h à 2h du matin. Mezzés froids de 5 500 à 17 500 LL, mezzés chauds de 4 500 à 18 500 LL, salades autour de 15 000 LL, grillades de 17 000 à 25 000 LL, poissons frais au kilo. Espresso à 5 500 LL, Almaza à 8 500 LL.
Le Bayrock Café n'est certainement pas le restaurant libanais le plus raffiné de Beyrouth, mais il offre une superbe vue sur la grotte aux Pigeons. Il possède une immense terrasse qui surplombe la mer. Idéal pour boire un café dans l'après-midi ou assister au coucher du soleil. Le restaurant propose une cuisine libanaise correcte, ainsi que quelques plats internationaux (notamment pizzas et pâtes).

CAFÉ RAWDA
Avenue du Général De Gaulle
Manara ✆ +961 1 743 348
Ouvert tous les jours de 7h à 2h du matin. Mezzés froids de 4 000 à 7 000 LL, mezzés chauds de 5 500 à 10 000 LL, sandwichs de 4 000 à 6 500 LL, grillades de 13 000 à 17 500 LL. Espresso à 4 000 LL, jus de fruits à 5 500 LL, narguilé de 8 500 à 15 000 LL.
Surplombant la mer, le café Rawda se trouve sur une petite route perpendiculaire à l'avenue du Général de Gaulle, au niveau du Luna Park de Manara. Ouvert en 1930, il est aujourd'hui un café populaire apprécié des Beyrouthins. Ici, à l'écart du brouhaha de la ville, on termine tranquillement sa journée dans l'atmosphère magique des vapeurs de narguilés. Les inconditionnels de la pipe à eau peuvent également satisfaire leur estomac en commandant les traditionnels plats libanais (*hommos, chiche taouk*...). On prend le temps de regarder la mer, boire son café, lire un livre, parler à son voisin, se détendre. Un petit plaisir à moindre coût. Pendant la guerre et jusqu'à l'invasion israélienne de 1982, le café était occupé par des combattants palestiniens qui piquaient une tête dans la mer entre deux batailles rangées. Les Israéliens l'ont réduit à l'état de ruine avant que le propriétaire n'en fasse à nouveau un lieu convivial au look un peu vintage. Le service n'est pas terrible mais cela fait visiblement partie du charme de cet endroit ! Bon à savoir : le café Rawda ne sert pas d'alcool.

DARDACHAT
Avenue de Paris, Ain el Mreissé
✆ +961 1 372 001 / +961 71 155 883
www.dardachatcafe.com
Ouvert tous les jours 24h/24. Mezzés de 6 500 à 10 000 LL, salades de 7 500 à 16 500 LL, grillades et sandwichs de 14 000 à 23 000 LL. Espresso à 4 500 LL, bière sans alcool à 6 500 LL, narguilé à 14 500 LL.
Situé le long de l'avenue de Paris dans la même maison que le restaurant Casablanca, Dardachat va ravir les amateurs de narguilé. 90 % des clients y viennent pour cela. La terrasse est agréable avec ses sofas et sa musique orientale. A l'intérieur de cette vieille maison rénovée, une ambiance cosy tout à fait différente. Une bonne adresse avec des tarifs très acceptables. Dardachat est également implanté à Zokak el-Blat dans le secteur de Batrakié, et à Verdun.

Bonnes tables

BORJ EL-HAMAM
Hôtel Movenpick ✆ +961 1 797 503
burjalhammam.beirut@movenpick.com
Ouvert tous les jours de midi à minuit. Mezzés froids de 9 500 à 19 750 LL, mezzés chauds de 7 500 à 22 000 LL, grillades de 19 000 à 28 000 LL, poissons frais au kilo. Espresso à 8 000 LL, Almaza à 11 000 LL.
Implanté au rez-de-chaussée du Movenpick, Borj el-Hamam propose une excellente cuisine libanaise. C'est d'ailleurs sans doute l'un des meilleurs restaurants libanais de Beyrouth ! Bien que le décor soit un peu fade, le restaurant offre une jolie vue sur la mer. Le service est attentionné, rapide et efficace.

BOULEVARD BEIRUT
Rue Choucri Ghanem
Aïn el Mreissé ✆ +961 1 366 222
Ouvert tous les jours de 7h à 3h du matin. Salades de 8 500 à 18 000 LL, mezzés froids de 7 500 à 15 000 LL, mezzés chauds de 7 000 à 26 000 LL, sandwichs de 8 500 à 19 000 LL, grillades de 19 000 à 24 000 LL. Espresso à 4 000 LL, Almaza à 10 000 LL.

Trois restaurants et une piscine ont ouvert à l'emplacement du célèbre restaurant La Plage, à Aïn Mreissé. Derrière cette opération, le groupe Addmind qui gère de nombreuses enseignes de restauration et de divertissement comme le bar et la plage Iris, la boîte de nuit White ou encore l'hôtel Urban à Fakra. Parmi les trois restaurants de ce nouveau complexe inauguré au printemps 2015 : Boulevard Beirut. L'établissement, qui occupe deux étages, propose une cuisine libanaise moderne et savoureuse dans un cadre très agréable qui surplombe la mer.

CASABLANCA

Rue Dar el Mreissé
Ain el Mreissé
✆ +961 1 369 334 / +961 3 856 111
Ouvert tous les jours de 12h30 à 16h (le dimanche à partir de 11h) et de 20h à minuit. Entrées de 24 000 à 36 000 L, plats de 36 000 à 55 000 LL, desserts autour de 15 000 LL. Espresso à 6 000 LL, Almaza à 8 000 LL, cocktails à 24 000 LL.
Casablanca invite au voyage. Situé le long d'une rue parallèle au front de mer, le restaurant se trouve dans une ancienne maison beyrouthine blanc et bleu. Situé au premier étage, on y accède par un petit escalier. Une belle surprise vous attend. Riche en couleurs, le Casablanca compte une soixantaine de couverts. Le restaurant n'a pas de terrasse mais possède de grandes vitres avec une superbe vue sur le littoral. Le Casablanca (qui signifie en définitive « la Casa Blanca » à cause de la couleur de la maison) est un exemple d'éclectisme : style moderne, asiatique et ethnique avec une cuisine *fusion food* pleine d'originalités. Les prix sont élevés, mais la cuisine est très bonne. On peut également y prendre un très bon petit déjeuner le dimanche. Une adresse à découvrir.

POPOLO

Rue Choucri Ghanem
Aïn el Mreissé
✆ +961 1 366 222 / +961 3 374 437
Ouvert tous les jours de midi à minuit. Antipasti de 20 000 à 39 000 LL, salades de 22 000 à 45 000 LL, pizzas de 19 000 à 41 000 LL, pâtes de 18 000 à 32 000 LL, viandes et poissons de 29 000 à 61 000 LL. Espresso à 4 000 LL.
Popolo a pris la place de l'ancien Café d'Orient. Ce restaurant italien élégant et raffiné propose une cuisine italienne élaborée. Le cadre est très agréable : la salle de restaurant possède en effet d'immenses baies vitrées sur la mer. Service attentionné et professionnel. Les prix sont toutefois un peu élevés.

SEASALT

Rue Choucri Ghanem
Aïn el Mreissé
✆ +961 1 366 222
✆ +961 3 374 437
www.seasaltbeirut.com
Ouvert tous les jours de midi à minuit. Mezzés froids de 8 500 à 34 000 LL, mezzés chauds de 9 000 à 24 000 LL, plats de 18 000 à 40 000 LL, poisson frais au kilo. Espresso à 4 000 LL, Almaza à 10 000 LL.
Au bord de l'eau, en-dessous du restaurant Boulevard Beirut, Seasalt met à l'honneur une cuisine de la mer aux accents méditerranéens. Le cadre est superbe, et le soir, dîner ici donne l'impression d'être déjà loin de la ville.

SORTIR

Les Beyrouthins aiment faire la fête, il y en a pour tous les goûts, et les lieux à la mode changent tout le temps ! Beyrouth est l'une des capitales du Moyen-Orient où la vie nocturne est la plus dynamique. Les plus grands DJ de la scène internationale y ont fait des concerts. Les architectes locaux rivalisent de prouesses pour imaginer de nouveaux restaurants et cafés dans des endroits insolites comme des anciens cinémas et d'anciennes maisons auparavant à l'abandon. Des centaines de milliers de dollars sont dépensés dans la décoration pour en mettre plein la vue. Hamra, Gemmayzé, Monnot, Mar Mikhael, etc. Beyrouth ne manque pas de destinations où les soirées se terminent tard, voire au petit matin. En été, les toits des immeubles de bureau accueillent des centaines de convives et les plages privées autour de Beyrouth organisent des soirées autour des piscines. Cette sélection non exhaustive est donc le moyen de ne pas rester en panne un soir de fête, mais laissez-vous conseiller par les gens que vous rencontrerez. Ils seront les meilleurs indicateurs des endroits en vogue du moment.

Le top 5 de la nuit à Beyrouth

- **Profiter des happy hours** des pubs de la rue Makdissi.
- **Prendre une bière** rue Gouraud.
- **Assister à un concert** au Music Hall.
- **Faire la fête** au Sky Bar.
- **Finir la nuit** au B018.

Pour en savoir plus

A Beyrouth, les tendance en matière de vie nocturne se font et se défont vite. Certaines adresses ne restent ouvertes que quelques mois, d'autres perdurent et trouvent leur clientèle. Aussi, pour connaître le dernier endroit branché lors de votre séjour, n'hésitez pas à demander autour de vous ou dans la rue.

BEIRUT NIGHT LIFE
www.beirutnightlife.com – info@beirutnightlife.com
Un site généraliste bien connu des adeptes de la fête à Beyrouth. Tout y est : les dernières actualités, les photos, les tendances !

Cafés – Bars

Avec le temps ensoleillé qui domine à Beyrouth, prendre un verre sur une terrasse est un moment fort agréable. Le quartier Hamra possède le plus grand rassemblement de cafés, avec notamment le célèbre Café Younes, une adresse agréable pour lire la presse du jour et déguster un bon café. Le front de mer le long de la corniche offre également un cadre exceptionnel pour faire une pause.Gemmayzé, Mar Mikhael et Badaro sont les quartiers de prédilection pour sortir boire un verre le soir. Les bars se succèdent les uns après les autres, chacun avec leur concept et leur ambiance particulière. Le quartier Hamra n'est pas en reste et compte plusieurs bars très sympas, notamment regroupés rue Makdissi et rue Maklhoul.

Info Futée : de nombreux pubs et bars de Gemmayzé, Mar Mikhael et Hamra proposent des *happy hours*, en général jusqu'à 20h. Un bon plan pour boire une Almaza à moindre coût.

Centre-ville

LE CAPITOLE
Downtown
Rooftop of Asseily Building
✆ +961 1 999 339 / +961 70 302 402
www.capitolebeirut.com
contact@capitolebeirut.com
Ouvert tous les jours de mai à octobre, de 19h à 3h du matin. Cocktails autour de 18 000 LL.
Situé en plein cœur du centre-ville, le Capitole est l'un des plus beaux *rooftops* de Beyrouth. Situé en haut de l'immeuble Asseily, il offre une vue imprenable sur la ville et notamment sur la mosquée Al Amine. La nuit tombée, le panorama est saissant !

IRIS
Immeuble An Nahar
Place des Martyrs
✆ +961 3 090 936
www.irisbeirut.com
irisbeirut@add-mind.com
Ouvert tous les jours en été de 18h à 2h du matin. Salades de 19 000 à 46 000 LL, viandes et poissons de 32 000 à 61 000 LL. Cocktails autour de 20 000 LL.
Ouvert en 2011, en remplacement du White qui s'est déplacé sur la route de la mer au nord de Beyrouth, Iris est un bar en *rooftop* à la décoration raffinée. Design moderne, comptoir en bois, banquettes blanches… Iris offre un cadre superbe pour prendre un verre en fin de journée avec une jolie vue sur le port de Beyrouth. A partir de 21h, il est possible de dîner. La cuisine internationale est correcte et le service impeccable. Un peu plus tard dans la soirée, l'ambiance grimpe d'un cran avec un DJ qui fait danser les *beautiful people* de Beyrouth.

MUSIC HALL
Centre Starco
✆ +961 1 371 236 / +961 3 807 555
www.themusichall.com
bookbeirut@themusichall.com
Ouvert tous les jours de 22h à 4h du matin.
Aménagé dans un ancien cinéma au sous-sol du complexe de bureaux Starco, Music Hall est l'une des références pour la scène musicale et artistique à Beyrouth. Ouvert en 2003 par Michel Elefteriades, ce théâtre-cabaret reste une valeur sûre des nuits beyrouthines. Ce club accueille des artistes locaux et internationaux dont quelques vedettes francophones telles qu'Arthur H, Arno, Bernard Lavilliers, Jane Birkin, Grand Corps Malade, Yann Tiersen, Olivia Ruiz, Rachid Taha et Jeanne Cherhal. Music Hall revendique son étiquette avant-gardiste. L'ambiance y est assurée les soirs de concert. Une quinzaine de groupes (15 minutes chacun) avec des styles de musique très variés se succède de 22h30 à 4h du matin. Ambiance déchaînée garantie !

SKYBAR
BIEL ✆ +961 3 939 191
www.skybarbeirut.com
info@sky-management.net
Ouvert de juin à septembre, de 20h à 6h du matin.
Situé sur le toit du pavillon Royal du BIEL, une salle d'exposition sur le front de mer du centre-ville de Beyrouth, Skybar est le restaurant-bar le plus couru de la ville. C'est ni plus ni moins la référence des nuits beyrouthines.

OÙ BOIRE UN VERRE À MAR MIKHAEL ?

Après Monnot et Gemmayzé, les noctambules beyrouthins ont posé leurs valises du côté de Mar Mikhael. Depuis 2012, les adresses se multiplient, chacune avec son concept, sa déco, sa musique. Parmi la trentaine d'établissements du quartier, voici les bars à cocktails qui ont retenu notre attention :

INTERNAZIONALE

Mar Mikhael

Ouvert tous les jours de 11h à 1h du matin. Cocktails de 13 000 à 20 000 LL.

Fondé par le propriétaire du célèbre Torino de Gemmayzé, Internazionale a été l'un des premiers bars à s'implanter à Mar Mikhael. Ce bar à cocktails à la déco vintage et épurée propose une grande sélection de cocktails maison à déguster à l'intérieur ou sur les quelques tables installées sur le trottoir. Un DJ vient mettre un peu d'ambiance le week-end.

RADIO BEIRUT

Mar Mikhael

✆ +961 76 715 445

www.radiobeirut.net

Ouvert tous les jours de 10h à 2h du matin. Almaza à 7 000 LL, Cocktails de 12 000 à 15 000 LL.

Radio Beirut, c'est tout un concept ! Station de radio en ligne, plate-forme musicale, bar, salle de projection, scène de concert... Ce bar, qui a véritablement lancé la vie nocturne à Mar Mikhael, propose de la musique *live* cinq soirs par semaine (jam session le mardi, hip-hop le mercredi...). Le lundi, c'est soirée cinéma à partir de 20h. A la rentrée 2016, Radio Beirut devrait lancer une application sur laquelle seront diffusés en *live* les concerts qui se produisent sur la scène du bar. Une adresse authentique et vivante !

STAIRWAY

Mar Mikhael

✆ +961 76 777 091

Ouvert tous les jours de 17h à 1h du matin. Cocktails autour de 18 000 LL.

Situé au premier étage de l'immeuble qui jouxte l'Internazionale, le Stairway possède une terrasse très agréable, avec de grandes banquettes et tables basses. Préservé du bruit et du passage de la rue d'Arménie, ce bar à cocktails, ouvert en mai 2015, propose une carte alléchante, avec de nombreuses spécialités maison. Exclusivement en extérieur, le Stairway est (logiquement) fermé les (rares) jours de pluie.

TRAIN STATION

Mar Mikhael

✆ +961 78 907 090

Ouvert du mercredi au samedi de 18h à 2h du matin. Cocktails de 18 000 à 30 000 LL.

Depuis 2014, l'ancienne gare ferroviaire de Mar Mikhael, abandonnée depuis la guerre civile, renaît de ses cendres. Les rails et les vieilles locomotives accueillent désormais chaque été les fêtards de Beyrouth qui viennent boire des cocktails et faire la fête dans ce lieu chargé d'histoire. La magie opère, une expérience à vivre !

VYVYAN'S

Mar Mikhael ✆ +961 3 127 274

Ouvert tous les jours de 10h à 2h du matin. Cocktails de 14 000 à 17 000 LL.

Réputé pour ses cocktails maison et sa sélection de shots, le Vyvyan's, qui a ouvert en octobre 2012, fait partie du même groupe que le Kissproof de Badaro. C'est un gage de réussite ! Ce bar chaleureux à la décoration brute propose quelques tables en terrasse. Un DJ est derrière les platines tous les soirs.

Il peut se vanter de faire partie des clubs les plus connus à l'échelle internationale. Les DJs David Guetta et Bob Sinclar s'y sont déjà produits. Skybar, c'est une grosse machine : 2 500 personnes par soir avec un record à 4 800, plus de 150 employés et une centaine de valets parking qui s'occupent des plus belles voitures de la ville. Ravagé par un incendie en 2015, le Skybar était fermé lors de notre passage en juin 2016. Il devrait rouvrir à l'été 2017.

Achrafieh

CAFÉ VERT

Rue du Liban
✆ +961 3 251 717 / +961 1 568 717
Ouvert tous les jours de 17h à 2h du matin. Almaza à 6 000 LL, cocktails de 13 000 à 17 000 LL, shots de 7 000 à 10 000 LL.
Ouvert en 2014 en retrait de la rue Gouraud, le Café Vert s'est spécialisé dans les cocktails frais et faits maison.
Et le propriétaire ne manque pas d'imagination pour surprendre ses clients ! Le bar propose par ailleurs une large sélection de bières (pas loin d'une vingtaine). Le Café Vert accueille un DJ tous les soirs du mardi au samedi, et propose une *happy hour* tous les jours de 17h à 21h. Si le cadre manque un peu de charme, l'accueil est néanmoins très sympathique et convivial.

THE CELTIC IRISH PUB

Rue Monnot
✆ +961 3 288 688
Ouvert tous les jours de 17h à 2h du matin. Almaza à 10 000 LL, cocktails autour de 14 000 LL.
Depuis 2002, le Celtic Irish Pub est le rendez-vous des amateurs de bières. C'est d'ailleurs l'un des rares bars du Liban à servir de la Guinness. Le bar accueille tous les jeudis et samedis soir un DJ et un groupe vient se produire en *live* tous les vendredis soir.

CENTRALE

Rue Mar Maroun
Saifi
✆ +961 1 575 858
✆ +961 3 915 925
Ouvert tous les jours à partir de 20h. Cocktails de 15 000 à 18 000 LL, Almaza à 10 000 LL.
On entre par une longue allée arborée joliment éclairée. Au rez-de-chaussée, le restaurant avec sa grande terrasse ombragée (et climatisée !) et sa salle surplombée par une tour de bouteilles d'alcool de 11 mètres de hauteur. Pour accéder au bar, un ascenseur qui conduit directement dans un long tube d'acier et de verre dont les baies vitrées s'ouvrent lorsque le temps le permet. Le Centrale est une prouesse architecturale réalisée par le célèbre architecte libanais Bernard Khoury à qui l'on doit également la boîte de nuit B018, située à La Quarantaine, et la fondation Aïshti, récemment ouverte à la sortie nord de Beyrouth. Rien que pour cela, une visite s'impose. Un endroit superbe, et donc très prisé, qui est rapidement devenu l'une des adresses incontournables des nuits beyrouthines.

DEMO

Rue du Liban
✆ +961 3 958 504
demobeirut@gmail.com
Ouvert tous les jours de 10h à 1h30 du matin. Espresso à 3 000 LL, Almaza à 6 000 LL, cocktails de 10 000 à 18 000 LL.
Ce petit bar indépendant accueille depuis 2009 les artistes libanais et étrangers dans un cadre cosy et convivial. Au Demo, on boit du bon café tout au long de la journée, mais aussi de délicieux cocktails et jus de fruits frais. Chaque mercredi, des cuisiniers amateurs s'emparent de la cuisine et proposent leurs recettes aux clients du bar. Un DJ est présent tous les soirs avec un mot d'ordre : la musique commerciale est strictement interdite et le volume ne doit jamais empêcher les clients de discuter entre eux. Car on vient surtout au Demo pour son ambiance chaleureuse où tout le monde se connait et s'installe le long du bar pour refaire le monde. *Happy hour* tous les jours de 17h à 20h.

THE GREEDY GOOSE

Rue Monnot
✆ +961 1 337 883
Ouvert tous les jours de 17h jusqu'à 2h du matin. Almaza à 7 000 LL, cocktails de 13 000 à 15 000 LL.
Ouvert en 2008, The Greedy Goose est un pub agréable qui sert un excellent *fish and chips* ! Outre sa large sélection de bières et de whiskys, le bar propose de bons cocktails dans une ambiance chaleureuse. Tous les lundis, une soirée quizz est organisée, ambiance garantie !

TORINO EXPRESS

Rue Gouraud
Gemmayzé
✆ +961 1 443 797
Ouvert de 10h à 2h. Espresso à 3 000 LL, Almaza à 5 000 LL, cocktails de 12 000 à 15 000 LL.
Le Torino, c'est l'institution de Gemmayzé ! Un tout petit bar ouvert en 2004 par Andreas Boulos, né en Allemagne d'une mère allemande et d'un père libanais. La journée, on vient boire un café au comptoir et manger un sandwich rapide. Le soir, le bar se remplit vite et il faut alors jouer des coudes pour se faire une place, mais cela vaut le coup ! Les cocktails sont bons, les shots aussi, les serveurs sympas et la musique très bonne. Un lieu à ne pas manquer !

Quartier résidentiel situé au sud d'Achrafieh, à proximité du Musée national et du palais de justice, Badaro connaît depuis 2013 une métamorphose spectaculaire. La rue principale, qui accueillait dans les années 1970 plusieurs établissements emblématiques des nuits beyrouthines, semble connaître une seconde jeunesse avec l'ouverture de nombreux bars et restaurants. Plus calme et aéré que Gemmayzé ou Mar Mikhae, Badaro, qui tient son nom de Habib Badaro, un homme d'affaires qui y avait installé son usine de textile, est un quartier très agréable pour dîner ou boire un verre sur l'une de ses nombreuses terrasses. Parmi la vingtaine d'établissements qui s'y sont installés, voici ceux qui ont retenu notre attention.

L'AVOCAT

Badaro © +961 1 382 552

Ouvert tous les jours de 10h à 1h du matin, le dimanche à partir de 18h. Espresso à 3 500 LL, Almaza à 7 000 LL, cocktails de 15 000 à 23 000 LL.

Avec sa déco vintage, ses canapés confortables et ses quelques tables en terrasse, L'Avocat est un café agréable pour prendre un verre. Ambiance calme et intimiste avec musique jazzy en fond et *happy hour* tous les jours de 16h à 20h (-40 % sur les boissons). Jolie carte de cocktails maison.

EAST VILLAGE

Badaro © +961 76 838 386

Ouvert tous les jours de 9h à minuit. Salades de 14 500 à 19 500 LL, burgers et steaks de 19 000 à 34 000 LL. Espresso à 4 000 LL, Almaza à 7 000 LL, cocktails à 15 000 LL.

Avec son décor de briques rouges et son mobilier industriel, East Village vous fait voyager outre-Atlantique. Carte nord-américaine agrémentée de quelques plats plus européens (tartare de saumon, risotto de fruits de mer...). Le restaurant possède une grande terrasse très agréable.

KISSPROOF

Badaro © +961 70 426 444

Ouvert du mardi au dimanche de 10h à minuit, jusqu'à 1h du matin le week-end. Espresso à 3 500 LL, bière pression à 7 500 LL, cocktails à 16 500 LL.

Ouvert en décembre 2013, ce café-bar propose une large sélection de bières importées et locales (chose rare au Liban !) et une jolie carte de cocktails signature, dont les infusions et sirops sont faits maison. La déco est jolie, les serveurs charmants, la musique sympa (DJ tous les soirs) et la terrasse ombragée très agréable. Une excellente adresse qui sert également une bonne cuisine (salades, sandwichs, brunch le week-end).

ONNO

Badaro

© +961 1 393 293

Ouvert tous les jours de midi à minuit. Mezzés froids de 6 000 à 18 000 LL, mezzés chauds de 5 000 à 14 000 LL, spécialités arméniennes de 10 000 à 22 000 LL, grillades de 17 000 à 24 000 LL.

Célèbre restaurant arménien de Bourj Hammoud, Onno a profité du développement du quartier pour ouvrir une deuxième adresse. La cuisine est fraîche, raffinée et délicieuse. Mention spéciale pour le *ras asfour karaz chicken*, des morceaux de poulet sautés dans une sauce à la cerise et aux noix de cajou. Un délice ! Réservation vivement conseillée.

L'ORIENT EXPRESS

Badaro

Ouvert tous les jours de 9h à 1h du matin. Espresso à 4 000 LL, Almaza à 6 000 LL, cocktails autour de 15 000 LL.

Ouvert en 2014, ce petit bar à cocktails d'une dizaine de tables accueille tous les soirs un DJ différent. Le mercredi, c'est jazz, le jeudi, ambiance années 80, et le week-end, house music ! Un nouveau cocktail est proposé chaque semaine.

ROY'S PUBLIC HOUSE

Badaro

© +961 1 390 308

Ouvert tous les jours de 7h à 1h du matin, le dimanche à partir de 16h. Espresso à 2 500 LL, Almaza à 5 000 LL, cocktails de 12 000 à 14 000 LL.

Ce bar, créé à l'été 2013 par Roy Youssef Fares, est l'un des premiers établissements à s'être installé à Badaro. Ambiance café de quartier avec sa grande terrasse et ses fauteuils et tables basses. Les prix sont très raisonnables et le personnel très friendly.

VILLA BADARO

Badaro

© +961 1 385 155

Ouvert tous les jours de 9h à minuit. Salades de 18 000 à 25 000 LL, sandwichs de 17 000 à 21 000 LL, plats de 18 000 à 48 000 LL. Espresso à 3 000 LL, Almaza à 8 000 LL, cocktails autour de 16 000 LL.

Ouvert en février 2016 au rez-de-chaussée d'une maison traditionnelle des années 1950, ce restaurant sert une cuisine internationale avec une bonne sélection de poissons et de viandes, dans un cadre ravissant. La terrasse, à l'écart de la rue principale, compte une quinzaine de tables. Mieux vaut réserver.

Hamra

ALES & TALES

Rue Makdissi
Hamra
Ouvert tous les jours de 17h à 1h du matin. Almaza à 7 000 LL, cocktails autour de 15 000 LL.
Ouvert en 2015, ce petit bar sur deux étages possède un petit *rooftop* secret très agréable. Les propriétaires ont misé sur une décoration vintage chaleureuse qui contribue à faire de ce bar un endroit où l'on se sent bien. Un DJ est présent tous les week-ends. Au bar, une grande sélection de cocktails et une vingtaine de bières. Une très bonne adresse !

BARDO

Rue du Mexique
Clemenceau
✆ +961 1 340 060 / +961 70 160 060
www.bardo-cafe.com
info@bardo-cafe.com
Ouvert tous les jours de 10h à 2h du matin, le dimanche à partir de 17h. Almaza à 8 000 LL, cocktails à 15 000 LL.
A proximité de l'université Haigazian, le Bardo est un bar-restaurant *gay friendly* un peu à l'écart du reste de l'agitation du quartier. Décor agréable et service attentionné. De nombreuses soirées à thème y sont organisées : projections de films, événements gastronomiques, expositions, conférences d'écrivains et d'artistes… Le Bardo se définit d'ailleurs plus comme un espace culturel que comme un simple bar.

BAROMÈTRE

Rue Abdel Aziz ✆ +961 3 678 998
Ouvert tous les jours de 18h à 2h du matin. Mezzés de 6 000 à 9 000 LL. Almaza à 5 000 LL, cocktails à 12 000 LL.
Situé dans le Blue Building à l'angle des rues Bliss et Abdel Aziz, au fond d'un petit passage sombre. Pas facile à trouver en pleine nuit ! La salle est petite et peut contenir une cinquantaine de personnes, mais l'ambiance est conviviale et chaleureuse. Idéal pour prendre une bière. Si le Baromètre a été l'un des pionniers de la nuit à Hamra, d'autres adresses plus récentes semblent lui avoir volé un peu la vedette.

BIG SHOT

Rue Makdissi
The Alleyway ✆ +961 3 170 629
Ouvert du lundi au samedi de 18h à 4h du matin.
Situé dans le passage du Dany's, Big Shot est un bar uniquement dédié à la musique R&B, au rap et au hip-hop. Ouverte depuis décembre 2011, la salle est tout en longueur ; à gauche, le bar avec une impressionnante bibliothèque de bouteilles de vodka et, à droite, quelques tables et tabourets. Le design des murs est entièrement tourné vers la musique des Etats-Unis. L'ambiance est garantie. Attention, les décibels !

BLUE NOTE

Rue Makhoul
(parallèle à la rue Bliss)
✆ +961 1 743 857 – www.bluenotecafe.com
Ouvert du lundi au samedi de midi à minuit, jusqu'à 2h du matin les soirs de musique live. Entrée : 25 $ les soirs de musique live.
Ce piano-bar est l'une des plus anciennes adresses de la vie nocturne de Hamra. Ouvert depuis 1987, le Blue Note attire les noctambules et les amoureux du jazz. Sur les murs de la salle exiguë s'affichent les stars mondiales du jazz : Charlie Parker, John Coltrane, etc. Les Libanais viennent ici se détendre autour d'un verre en écoutant les orchestres jazzy de la capitale (vendredi et samedi soir principalement). Au fil des années, le Blue Note accueille des groupes plus ecclectiques et s'ouvre à la musique orientale, au blues…

CAFÉ HAMRA

Rue Hamra
✆ +961 1 348 999
Voir page 122.

CAFÉ YOUNES

Rue Nehmé Yafet
✆ +961 1 347 531 – www.cafeyounes.com
info@cafeyounes.com
Ouvert du lundi au vendredi de 7h à 19h, le samedi jusqu'à 17h. Café de 2 000 à 6 000 LL.
Plus qu'un café, une institution. La famille Younes travaille dans la torréfaction depuis plus d'un siècle. En 1935, l'enseigne était située au centre-ville, dans le quartier de Bab Idriss, avant d'ouvrir à Hamra en 1960. C'est par l'odeur alléchante du café fraîchement torréfié que vous trouverez l'adresse. Calme et convivial, Café Younes dispose de quelques tables, des chaises hautes et de comptoirs en terrasse. On ne peut pas faire plus simple. C'est devenu un lieu de rendez-vous très apprécié. Notre café préféré à Hamra !

CAFÉ YOUNES GOURMET

Rue Nehmé Yafet
✆ +961 1 750 975 – www.cafeyounes.com
info@cafeyounes.com
Ouvert tous les jours de 8h à 23h, le dimanche à partir de 10h. Café de 4 000 à 8 000 LL, thé à 4 500 LL, chocolat chaud à 7 000 LL, limonade à 7 000 LL.
Café Younes a étoffé sa carte. Avec son enseigne Gourmet, il propose désormais des formules petit déjeuner, des salades et des sandwichs à déguster dans des fauteuils confortables. La carte des boissons comprend bien évidemment de multiples cafés, mais aussi des jus de fruits et plusieurs variétés de thé.

Une adresse très agréable pour faire une pause dans la journée, et qui a largement de quoi concurrencer les grandes enseignes internationales comme Starbucks ou Costa.

CARIBOU COFFEE

Rue Hamra ✆ +961 1 743 436

www.cariboucoffee.com

Ouvert tous les jours de 7h à 1h du matin.

La guerre des cafés « à l'américaine » bat son plein à Hamra. Après Starbucks, Costa et Gloria Jeans, Caribou Coffee est l'un des derniers nés dans le quartier. Ouverte en juillet 2010, l'enseigne américaine offre des prestations similaires à ses concurrents : wi-fi gratuit, commande au comptoir, décor lounge, fauteuils, petite musique d'ambiance, atmosphère conviviale, petite terrasse qui permet de suivre l'animation de la rue Hamra. Il faut compter environ 10 $ pour une boisson + un dessert.

DANY'S

Rue Makdissi

The Alleyway

✆ +961 76 997 992 – www.danyslb.com

Ouvert tous les jours de 10h à 2h du matin, le dimanche à partir de 17h. Almaza à 6 000 LL, cocktails de 13 000 à 17 000 LL. Happy hour jusqu'à 20h.

Dany Khoury a été l'un des premiers à croire au potentiel de Hamra. En août 2008, il ouvre un petit pub qui rencontre rapidement le succès et qui s'aggrandit au fil des années. Les clés de cette réussite : une excellente ambiance, de la bonne musique, des prix corrects, un DJ qui électrise la salle tous les vendredis et samedis soir… Dany's figure toujours parmi les adresses les plus courrues de Hamra.

FERDINAND

Rue Gandhi ✆ +961 1 355 955

Ouvert tous les jours de 17h à 1h du matin. Almaza à 8 000 LL, cocktails à 15 000 LL.

Ouvert en 2009, ce pub ne désemplit pas. Déco vintage avec vieux fauteuils et tables basses, et quelques tables en terrasse. Ferdinand est spécialisé dans les burgers et les cocktails, et il est l'un des rares bars du Liban à proposer plus de 20 bières différentes. Ambiance amicale, musique de bon goût, accueil sympathique. Ferdinand est un petit bar où l'on se sent bien et où l'on a vite envie de revenir. Il fait partie des adresses à ne pas manquer à Hamra.

MAIN STREET

Rue Makdissi

✆ +961 1 344 343 / +961 76 680 674

Ouvert tous les jours de 17h à 2h du matin. Almaza à 10 000 LL, cocktails autour de 18 000 LL. Happy hour de 17h à 20h.

Main Street est un immense pub qui manque un peu de charme mais l'ambiance y est souvent agréable. La musique est sympa, le service rapide. Bon rapport qualité-prix.

DE PRAGUE

Rue Makdissi

✆ +961 1 744 864 / +961 3 575 282

Ouvert tous les jours de 9h à 1h du matin. Salades de 14 500 à 16 500 LL, sandwichs de 16 000 à 19 000 LL, plats de 23 000 à 29 000 LL. Espresso à 5 000 LL, jus de fruits à 6 500 LL, Almaza à 8 000 LL, cocktails autour de 16 000 LL, shots à 8 000 LL.

L'ouverture du De Prague a été l'un des catalyseurs du renouveau de Hamra sur l'échiquier de la restauration à Beyrouth. Depuis, les pubs, les cafés et les restaurants se sont multipliés dans le quartier. On y vient aussi bien pour prendre son petit déjeuner, pour boire un café dans l'après-midi en travaillant sur son ordinateur portable, que pour prendre un verre le soir. Tous les soirs à partir de 20h30, un DJ vient mettre un peu d'ambiance. Une adresse indéboulonnable du quartier.

Clubs et discothèques

B018

Avenue Charles Helou

La Quarantaine ✆ +961 3 800 018

Entre le Forum de Beyrouth et la galerie Sleep Comfort.

Ouvert du jeudi au samedi de 22h à 8h du matin.

Depuis son ouverture en 1998, cet *after* a un succès fou à tel point qu'il a plusieurs fois été désigné comme l'une des meilleures boîtes de nuit du monde entier. C'est l'une des références des nuits beyrouthines. Une fois la nuit noire, le toit se retire, le vent s'engouffre et la nuit s'offre à vous sous des rythmes alternatifs. C'est alors que se referment les banquettes (également pliantes) et que la foule libérée commence à danser sur les tables dans une ambiance acid-jazz et disco. L'architecture innovante du B018 est signée Bernard Khoury. Un endroit à ne pas manquer, rien que pour le décor !

WHITE CLUB

Sea Side Road

✆ +961 3 060 090 / +961 1 877 118

www.whitebeirut.com

Ouvert du mercredi au samedi de 22h à 4h du matin.

Changement d'adresse pour ce club, qui figure parmi l'un des plus réputés de Beyrouth. Après avoir été le *rooftop* du centre-ville, le voici en bord de mer. Les propriétaires ont mis le paquet, tous les ingrédients sont au rendez-vous pour en faire une adresse du *Beirut by night* : très belle décoration, musique à la mode, restauration internationale et service au top afin que les fêtards beyrouthins puissent s'y retrouver tous les week-ends.

Pour se faire une toile à Beyrouth

Le marché des cinémas à Beyrouth est dominé par trois compagnies (Circuit Empire, Circuit Planete et Grands Cinemas) qui possèdent la majorité des salles de la capitale. Les centres commerciaux disposent de complexes ultramodernes avec des films toutes les 15-30 min comme l'ABC Achrafieh, Les Souks de Beyrouth et CityMall. Les films sont importés pour la plupart, encore que les cinéastes libanais reviennent sur le devant de la scène.

Tarifs : Une place coûte environ 14 000 LL. Si le film est en 3D la place est à 15 000 LL. La plupart des cinémas diffusent des films récents en version originale (sous-titrage bilingue) dans des salles confortables. Le cinéma français est quasi absent sur le marché libanais. Toutefois, les meilleurs succès français passent dans une salle du centre Sodeco Square à Achrafieh.

Ne soyez pas étonné, parfois le spectateur libanais peut être indiscipliné dans les salles obscures. Il utilise son téléphone portable, parle durant le film, arrive en retard, part avant le début du générique de fin, etc.

Pour en savoir plus sur la liste des films : www.cineklik.com

Spectacles

METRO AL MADINA

Rue Hamra
✆ +961 76 309 363
www.metromadina.com
Ouvert tous les jours de 19h à minuit, jusqu'à 3h du matin le week-end. Cocktails autour de 15 000 LL.
Situé rue Hamra dans l'ancien cinéma Saroulla, Metro al Madina est un lieu ecclèctique, à la fois cabaret, bar et salle de concert. De nombreux groupes locaux et régionaux s'y produisent. Ambiance survoltée le week-end !

THÉÂTRE MONNOT

Rue de l'USJ
Monnot ✆ +961 1 202 422
C'est l'une des adresses phare du théâtre à Beyrouth ! Situé à proximité de l'université St-Joseph, ce théâtre est ouvert depuis 1997. Le programme est disponible sur la page Facebook du théâtre ou sur le site de l'Agenda culturel.

À VOIR - À FAIRE

Les 10 incontournables

Visiter le Musée national (Achrafieh). Les trésors archéologiques du Liban sont exposés dans un bâtiment inauguré en 1942 et réhabilité à la fin de la guerre civile.

Flâner sur la corniche qui longe le littoral de Beyrouth. C'est le lieu de promenade le plus agréable de la ville. A Raouché (Corniche), la grotte aux Pigeons – deux énormes rochers calcaires au milieu de l'océan – est à ne pas rater.

Découvrir le campus de l'université américaine de Beyrouth (Hamra). Un havre de paix avec de la verdure, des bâtiments du début XXe siècle et un Musée archéologique qui possède plus de 4 000 pièces.

Déambuler dans le centre-ville de Beyrouth. Les rues piétonnes proposent un cadre idéal pour découvrir l'ancien centre rénové qui offre également plusieurs sites archéologiques, des églises et mosquées, un quartier des arts (Saifi Village) et un centre commercial (Les Souks de Beyrouth) très élégant.

Visiter le nouveau musée Sursock qui expose de nombreux artistes contemporains du pays.

Apprécier la terrasse d'un café de Hamra. C'est l'une des traditions du quartier ! Les enseignes internationales et locales proposent une large gamme de cafés turcs ou espressos.

Monter les 202 marches de l'escalier Saint-Nicolas qui relie les quartiers Gemmayzé et Sursock (Achrafieh).

Rechercher les derniers palais bourgeois de la rue Sursock (Achrafieh) et des quartiers Clémenceau et Zokak el-Blatt (Hamra). Certains sont des musées, des résidences privées, des bâtiments abandonnés et en ruine. Beyrouth conserve quelques beaux spécimens d'architecture traditionnelle.

Se baigner sur l'une des plages privées du front de mer (Corniche). Certaines adresses comme Le Sporting sont très vintage, d'autres comme le Riviera sont ultramodernes.

Sortir dans l'un des pubs et restaurants de la rue d'Arménie (Mar Mikhael) ou de la rue Hamra (Hamra). La soirée se terminera sur le toit d'un immeuble d'affaires du centre-ville ou dans un ancien cinéma comme le Music Hall (centre-ville) ou dans un bar en forme de cercueil au B018 (Achrafieh).

Visites guidées

ADVENTURES IN LEBANON
✆ +961 71 443 323
www.adventuresinlebanon.com
Le transport est assuré à partir de Beyrouth. Frais 40 000 LL.
L'association Adventures in Lebanon organise une fois par an (généralement fin mai) une ascension nocturne vers le site de la Vierge à Harissa. Un guide vous indiquera le chemin à travers la forêt. La randonnée est accessible à tous et les paysages sont remarquables.

CLUB GRAPPE
✆ +961 3 611 603
Voir page 76.

Centre-ville

« Un désert de poussière blanche », c'est ainsi qu'un sociologue libanais décrivait le centre de Beyrouth cinq ans après la fin de la guerre officiellement signée le 13 octobre 1990. Aujourd'hui, le centre-ville de Beyrouth est loin d'avoir retrouvé son aspect d'origine, et il ne retrouvera d'ailleurs jamais sa physionomie d'antan. Les plans de la société foncière (Solidere) qui est chargée de sa reconstruction en ont en effet décidé autrement. L'ancienne trame urbaine a été totalement modifiée et donne ainsi une nouvelle image du cœur de la capitale libanaise.
L'ancien centre-ville d'avant-guerre était un dédale vibrant, le lieu de rencontre des Libanais de toutes les régions, on y trouvait de quoi passer ses journées et ses nuits. On s'y croisait dans les cafés, au théâtre, au cinéma, dans les vieux souks voûtés des bijoutiers ou encore dans les marchés aux épices. A l'opposé, pendant la guerre civile de 1975 à 1990, la vieille ville fut un *no man's land* où seuls combattants et squatteurs acculés par la pauvreté osaient s'aventurer. On y rencontrait également des chiens errants visiblement à l'aise dans ce décor sauvage où les entrailles de la ville – canalisations d'eau, câbles électriques et égouts – pourrissaient en plein air.
Depuis la fin des années 1990, une partie du centre-ville de Beyrouth (les secteurs de la place de l'Etoile, de Foch et Allenby) a été rénovée, mettant en valeur essentiellement d'anciens immeubles de l'époque du mandat français. Le centre rénové compte également quelques sites archéologiques et des jardins.

La reconstruction du centre-ville de Beyrouth

Le projet du nouveau centre-ville de Beyrouth a été très ambitieux et entend marier tradition et modernité. De l'ancien centre, seulement 265 bâtiments anciens, datant du XVIIIe siècle jusqu'à l'époque du mandat français, ont été préservés. Les autres immeubles susceptibles d'être restaurés, ou non, ont été systématiquement détruits. Une décision prise par les entrepreneurs au terme d'une violente polémique dans les années 1990 entre promoteurs et nombreux architectes, journalistes et intellectuels libanais. Les entrepreneurs, avec à leur tête l'ancien Premier ministre Rafic Hariri, avaient été pris à partie pour leurs velléités commerciales. Il est vrai que la réhabilitation du vieux Beyrouth est une excellente affaire pour ces entrepreneurs et personne n'a jusqu'à présent pu mettre sur la table des moyens financiers assez importants pour contrecarrer le projet de Rafic Hariri, l'homme providentiel et l'investigateur de la reconstruction du centre-ville. Il aurait eu entre 5 et 10 % des actions de la société Solidere (société libanaise pour le développement et la reconstruction du centre-ville de Beyrouth) – www.solidere.com.lb – qui est chargée de réaliser les travaux d'infrastructures, de rénover certains immeubles, d'exploiter ou de vendre les terrains. Ainsi, Solidere a exproprié 120 000 propriétaires et locataires avec un dédommagement sous forme d'actions de cette même société foncière. Cette société a expliqué que c'était la meilleure solution pour régler les problèmes de certaines parcelles qui comptaient des milliers d'ayants droit. Elle s'est surtout libérée de toute contrainte légale pour élaborer un nouveau schéma directeur et pour essayer de donner à ce centre-ville un visage compétitif à l'heure de la mondialisation. Une maquette du projet se trouve dans le souk des bijoutiers qui est une partie du centre commercial Les Souks de Beyrouth.

Centre de Beyrouth

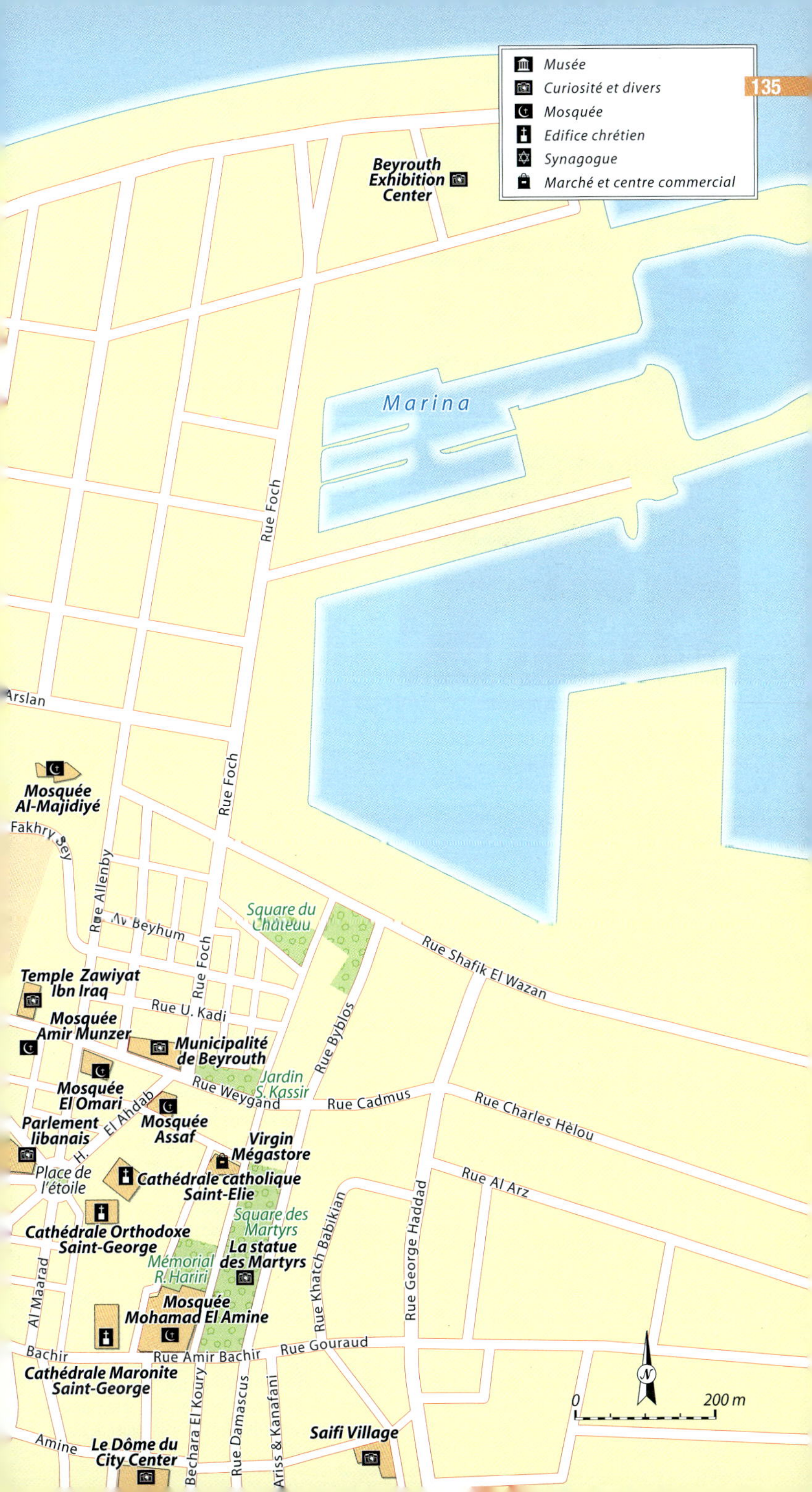
Musée
Curiosité et divers
Mosquée
Edifice chrétien
Synagogue
Marché et centre commercial
Beyrouth Exhibition Center
Marina
Rue Foch
Arslan
Mosquée Al-Majidiyé
Fakhry Bey
Rue Allenby
Av Beyhum
Square du Château
Rue Shafik El Wazan
Temple Zawiyat Ibn Iraq
Rue U. Kadi
Mosquée Amir Munzer
Municipalité de Beyrouth
Rue Byblos
Jardin S. Kassir
Rue Weygand
Rue Cadmus
Rue Charles Hèlou
Mosquée El Omari
El Ahdab
Mosquée Assaf
Parlement libanais
H.
Virgin Mégastore
Place de l'étoile
Cathédrale catholique Saint-Elie
Rue Al Arz
Square des Martyrs
Cathédrale Orthodoxe Saint-George
La statue des Martyrs
Mémorial R. Hariri
Rue Khatch Babikian
Rue George Haddad
Al Maarad
Mosquée Mohamad El Amine
Bachir
Rue Amir Bachir
Rue Gouraud
Cathédrale Maronite Saint-George
Bechara El Koury
Rue Damascus
Ariss & Kanafani
N
0
200 m
Amine
Le Dôme du City Center
Saifi Village

Cathédrale Saint-Georges des Maronites.

BEIRUT EXHIBITION CENTER ★

Remblai du BIEL

✆ +961 1 962 000

www.beirutexhibitioncenter.com

bec@solidere.com.lb

Ouvert tous les jours de 11h à 20h.

Inauguré le 22 juin 2010, le BEC est un espace d'exposition spécialisé dans l'art contemporain libanais et de la région. De nombreux événements temporaires sont organisés dans ce bâtiment de 1 200 m² en structure de verre et métal pensé par les architectes Makram El-Kadi et Ziad Jamaleddine. Photographie, sculpture, peinture, installations… toutes les formes d'art y sont représentées.

LE CAMPANILE DE SAINT-GEORGES DES MARONITES ★

Rue Emir Bechir

Au moment de la rédaction de ce guide, les travaux du campanile de Saint Georges des Maronites étaient toujours en cours. Ce monument culmine à 71 mètres de hauteur, soit un mètre de moins que les minarets de la mosquée Amine qui sont adacents à la cathédrale. Le campanile sera accessible au public jusqu'à une plate forme située à 50 mètres d'altitude. Au sommet, sera fixé un bourdon d'environ 3 tonnes. Il a été coulé dans une fonderie normande et fera partie des plus grosses cloches du Moyen-Orient.

CATHÉDRALE SAINT-GEORGES ★

Place de l'Etoile

Adjacente à la mosquée el-Amine.

La cathédrale Saint-Georges des Maronites domine la rue Emir Bechir. Construite de 1884 à 1894 selon les plans de l'architecte italien Giuseppe Maggiore, elle fut à cette époque le bâtiment le plus élevé de la ville. Sa façade rappelle celle de la basilique Sainte-Marie-Majeure de Rome. En face de la cathédrale, le célèbre immeuble de bureaux Al-Azarié. A gauche, les restes d'un édifice romain. Ces quelques colonnes, appelées « colonnes des Quarante Martyrs », sont les rares vestiges encore visibles de cette époque.

CRYPTE ARCHÉOLOGIQUE ★

Place de l'Etoile

Ouvert du mardi au dimanche de 10h à 18h. Entrée : 5 000 LL.

Inaugurée le 3 janvier 2011, cette crypte est un voyage dans le temps. Situé au sous-sol de l'église, cet espace a été dégagé au cours des excavations de 1994 à 1995. Au total, 316 m² ont été explorés, soit un quart de l'emprise au sol de l'église. Tout neuf, le musée est parfaitement tenu et est très intéressant. On survole les époques grâce à des passerelles qui surplombent les vestiges. Des panneaux explicatifs sont bien utiles et clairs. Un film de 9 minutes permet de comprendre l'évolution architecturale de l'église et l'évolution des autels. La crypte regroupe six périodes dont les vestiges se sont superposés. On observe les objets des fouilles et les ruines : tombe mamelouke, mosaique byzantine, canalisation ottomane, traces de l'église médiévale.

LE DÔME DU CITY CENTER ★

En face de Saifi Village.

Face à Saifi Village, de l'autre côté de la place, on est surpris par cet imposant dôme grisâtre de forme ovale criblé d'impacts de balles. Il s'agit d'un ancien cinéma qui faisait partie du centre commercial City Center financé par les promoteurs Samadi et Salha. Construit de 1965 à 1968 par l'architecte Joseph-Philippe Karam, il est appelé le Blob, le Champignon, le Dôme ou l'Œuf… Le bâtiment contient 1 000 places et mesure 24 m de longueur et 11 m de hauteur. Des expositions et performances y ont parfois lieu. L'ouverture de la boutique Louis Vuitton à Beyrouth y a par exemple été célébrée à l'été 2010. Menacé, des pétitions et groupes se mobilisent pour sauver ce vestige de la guerre qui fait partie du paysage beyrouthin. Le mouvement Save the Egg (Sauvez l'Œuf) a été créé en 2009 dans ce but. Les architectes Philippe Stark et Jean Nouvel se sont manifestés pour sa sauvegarde. Mais en vain, puisque aucun texte ne le protège formellement. Il a été vendu à des investisseurs des Emirats arabes unis, et la rumeur veut qu'il soit sur le point d'être détruit. Sa visite est interdite.

ÉGLISE SAINT-LOUIS ★

Rue des Capucins

Derrière le CDR (Conseil pour le développement et la reconstruction), la rue des Capucins mène à la très belle église latine Saint-Louis construite en 1864. L'intérieur, très sobre, permet de découvrir une nef de style gothique. Les travaux de rénovation ont mis en valeur la pierre jusqu'alors cachée sous un morne crépi.

GRAND SÉRAIL ★★

Place Riad el Solh

De la place des Martyrs, il est possible de rejoindre le secteur du Grand Sérail, en passant par la rue Emir Bechir avec la cathédrale Saint-Georges, la rue Maarad, la place de l'Etoile, la rue du Parlement et la place Riad el-Solh.

De la place Riad el-Solh, on a une vue parfaite sur le Grand Sérail. Siège du Premier ministre, il s'agit d'une zone ultra sécurisée. Le bâtiment ne se visite pas. Il faut se contenter des façades extérieures.

L'histoire de ce monument commence en 1840. Aidés par les Anglais, les Ottomans ont rétabli leur autorité sur Beyrouth et la Syrie après avoir vaincu les Egyptiens, sous le commandement d'Ibrahim Pacha. Sous les Egyptiens, les Beyrouthins désignaient cette colline Al-Thakanat (les casernes) parce que Ibrahim Pacha y avait établi son camp et ses casernes dès 1831.

En 1840, les autorités ottomanes s'intéressent au site pour y bâtir un édifice qui servira de quartier général aux administrations militaires et civiles. Le nouvel édifice devient alors le siège des gouverneurs ottomans. On le nomme Al-Kichlah, qui signifie « garnison » ou « quartier de soldats » en turc.

A la proclamation en 1887 du wilayat de Beyrouth, le bâtiment a été progressivement appelé le Sérail du Wilayat, puis Le Grand Sérail pour le distinguer du Petit Sérail situé au nord de la place des Martyrs.

A la fin de la Première Guerre mondiale et le retrait des Ottomans, le Grand Sérail est jusqu'en avril 1941 le siège du Haut Commissariat français de Gouraud à Helleu.

Ensuite, Béchara Al-Khoury fut le premier président de la République après l'indépendance du Liban à s'y installer avant de partir vers la résidence présidentielle de Kantari (entre le centre-ville et Hamra). Le Grand Sérail devient alors le siège du gouvernement.

Au cours de la guerre civile, l'édifice est bombardé, incendié et laissé en ruines. Ce n'est qu'en 1998 que sa reconstruction et sa restauration furent entreprises avec notamment l'ajout d'un nouvel étage. Désormais, le Grand Sérail compte 430 salons et salles. Les façades extérieures et intérieures ont été richement décorées avec, entre autres, des arcs en ogive et des arcs brisés.

HORLOGE DU SÉRAIL ★

Dans le Grand Sérail.

En 1897, à l'occasion du 10e anniversaire de l'accès au trône de l'Empire ottoman du sultan Abdul Hamid, une tour d'horloge (25 m de hauteur) a été édifiée près du Sérail ; elle faisait partie des trois tours érigées en cette occasion dans la région (Beyrouth, Tripoli et Haïfa). La construction de la tour du Sérail fut décidée par la municipalité de la ville présidée alors par Cheikh Abdul Kader Qabbani. Elle fut rénovée en 1997. A cause de la sécurité du Sérail, il n'est pas possible d'approcher de l'horloge. Il faut se contenter de l'apercevoir au niveau des thermes romains.

Ancien cinéma dans le vieux centre-ville.

Marina Towers.

HÔTEL EXCELSIOR

Entre les hôtels Palm Beach et l'ancien Saint-Georges.

On ne peut pas rater la structure abandonnée de l'hôtel Excelsior. Certaines scènes du film *La Grande Sauterelle* de Georges Lautner en 1967 avec Hardy Krueger et Mireille Darc y ont été tournées. L'hôtel comptait l'une des discothèques les plus connues du Moyen-Orient, les Caves du Roy.

HÔTEL HOLIDAY INN ★

Adjacent au Phoenicia, cet hôtel fantôme est un témoignage douloureux de la guerre civile au Liban. Il est immanquable dans le paysage de Beyrouth. Sinistre, triste, partiellement détruit par les obus, il n'a jamais été rénové et constitue à la fois un « souvenir » et un véritable « fardeau » pour le Beyrouth d'aujourd'hui. Construit au début des années 1970 par des fonds koweitiens et libanais, le bâtiment comptait l'hôtel Holiday Inn, des bureaux, un cinéma et un centre commercial. Durant la guerre, sa possession a été âprement disputée par les milices. Son avenir est dans les mains de ses propriétaires dont certains ne veulent pas vendre.

HÔTEL PHOENICIA ★

Ain Mreysseh Street,

Aujourd'hui, le quartier Ain el-Mreissé a retrouvé une partie de sa notoriété grâce à la réouverture de l'hôtel Phoenicia Intercontinental. Surnommé La Grande Dame, il est une référence dans le paysage hôtelier beyrouthin. C'est l'un des hôtels préférés des personnalités internationales de passage à Beyrouth. Il a été construit sur une parcelle de 5 000 m^2 qui abritait une zone industrielle (hangars et usines), par l'architecte américain Edward Durell Stone. Le projet a été financé par l'homme d'affaires libanais Najib Salha. Inauguré en décembre 1961, le Phoenicia s'est agrandi en 1965 sur un terrain adjacent. Au cours de la guerre civile, l'immeuble a été abandonné. Sa reconstruction a repris à la fin des années 1990 et sa réouverture a eu lieu en mars 2000. Très abîmé par l'attentat perpétré contre Rafic Hariri en 2005, sous les fenêtres de l'hôtel, Le Phoenicia a subi trois mois de travaux avant de rouvrir ses portes.

HÔTEL SAINT-GEORGES ★

Aïn Mreisseh

✆ +961 1 370 741

www.saintgeorgebeirut.com

hotel@stgeorges-hotel.com

L'hôtel Saint-Georges fut construit en 1932 par le célèbre architecte français Auguste Perret. Il fut l'un des plus célèbres établissements hôtelier du Liban. En 1973, décrit par le magazine *Fortune* comme l'un des plus beaux hôtels du monde, il est alors la destination préférée des personnalités locales et internationales. De nombreux rois, des ministres et des dirigeants politiques du monde entier y ont séjourné comme le roi Hussein de Jordanie et sa famille, le shah d'Iran, George Bush (avant de devenir président des Etats-Unis), la princesse Soraya et des ministres français dont André Malraux. Des grandes stars du cinéma et de la chanson française y ont également été vues : Brigitte Bardot, Charles Aznavour, Johnny Hallyday, Catherine Deneuve, Alain Delon ou encore Gilbert Bécaud.

Pendant la guerre civile, l'hôtel est complètement détruit, pillé et occupé par les milices. Fermé depuis 1975, sa reconstruction se fait attendre. L'actuel propriétaire, Fady el-Khoury est en conflit depuis de nombreuses années avec la société Solidere qui gère la reconstruction du centre-ville. Le problème vient entre autres de l'exploitation de la baie. Désormais, M. El-Khoury fait partie des fervents détracteurs de Solidere. Si l'hôtel Saint-Georges a fermé ses portes dès 1975, le club, lui, est demeuré ouvert pour les rares baigneurs qui venaient faire trempette entre deux volées d'obus. Pendant les dures années du conflit, près d'une dizaine de milices ont pris leurs quartiers dans ce qui était auparavant le lieu de rendez-vous de la bourgeoisie du pays. A chaque cessez-le-feu, les clients les plus fidèles faisaient leur apparition, protégés, selon les périodes, par des hommes de la sécurité armés qui montaient la garde, à l'affût des intrus.

IMMEUBLE L'ORIENT ★

Esplande Ajami

Au niveau de l'esplanade Ajami, on est frappé par l'immeuble L'Orient (du nom du quotidien francophone devenu depuis *L'Orient le Jour*) qui garde des centaines d'impacts de balles. Construit dans les années 1920, il est abandonné depuis 1975. Il se trouvait au cœur des anciens souks qui ont été pillés pendant la guerre civile. Aujourd'hui, il se dresse là, avec sa superbe façade jaune qui fait face aux nouveaux souks modernes.

JARDIN SAMIR KASSIR ★

Derrière l'immeuble du quotidien arabophone *An-Nahar*, le jardin Samir Kassir du nom d'un journaliste assassiné le 2 juin 2005. Militant de gauche, il était un ardent défenseur de la cause palestinienne, et de la démocratie au Liban et en Syrie. Cet espace a été réalisé par l'architecte serbo-libanais Vladimir Djurovic. Ce projet de 815 m^2 a gagné le prix d'excellence Agha Khan d'architecture en 2007. Une statue en bronze de Samir Kassir se trouve sur le site. Méconnu, ce jardin est composé d'un bassin au bord duquel il est agréable de faire une halte à l'ombre des arbres.

MINET EL-HOSN ★

Certains voient déjà dans la région littorale de Minet el-Hosn le prochain Monte-Carlo du Moyen-Orient. Une comparaison plutôt hâtive ! Cependant, les constructions de tours résidentielles de luxe se succèdent. Naturellement, cette région ne s'adresse pas aux Libanais moyens, mais plutôt à la crème de la crème locale et aux riches expatriés libanais. Au pied des tours Marina Towers, on est surpris de retrouver une petite église anglicane.

MOSQUÉE AL-MAJIDIYÉ

Esplanade Ajami

Derrière l'immeuble L'Orient, on aperçoit la mosquée Al-Majidiyé autrefois située sur le front de mer. A l'origine, le bâtiment fut une forteresse bombardée lors du siège de Beyrouth par les Alliés (Grande-Bretagne, Russie, Autriche) en guerre contre les forces égyptiennes. Puis, en 1841, il fut converti en mosquée. Détruite pendant la guerre civile, elle a été reconstruite. Un minaret a été ajouté à proximité de l'ancien toujours visible.

MOSQUÉE ASSAF

Rue Weygand

Au nord de la place des Martyrs

Appelée « mosquée du Sérail » ou mosquée de l'émir Mansour Assaf, datant du XVIe siècle, ce petit édifice a été rénové après avoir subi quelques outrages pendant la guerre civile.

Son nom lui vient de la proximité du Petit Sérail qui occupait jusqu'au début du XXe siècle le nord de la place des Martyrs.

MOSQUÉE EL-OMARI ★★

Rue Weygand

Entre la place de l'Etoile et la rue Weygand, la Grande Mosquée ou mosquée El-Omari est la plus vieille mosquée de Beyrouth. Suite à la guerre civile, une citoyenne koweïtienne a financé sa rénovation supervisée par l'architecte Youssef Haidar.

Son histoire est riche, à l'image de celle de Beyrouth. Selon certaines sources, il y aurait eu une mosquée au même emplacement dès 635 apr. J.-C. Elle fut détruite par les croisés, et le site devint une église en 1110. Elle fut transformée en mosquée à la « libération » de la ville par le sultan Saladin en 1187. Le site redevint une cathédrale de 1197 à 1291. Elle devint ensuite définitivement une mosquée. Elle porte ce nom en hommage au calife Omar ibn al-Khattab. Mais cette thèse n'est pas acceptée par tous les historiens.

Le portail principal de la mosquée El-Omari se trouve sous des arcades. Il est possible de la visiter. Il faut se déchausser et les femmes doivent se couvrir et porter une abaya. Les photos sont permises. L'esplanade qui longe la rue Weygand est récente et compte certaines colonnes de l'époque romaine. En créant cette cour pendant la réhabilitation du site dans les années 2000, l'architecte a voulu faire revivre ce lieu de rassemblement, ce qui explique ce jeu de lumière avec le moucharabieh (un maillage qui permet de voir sans être vu). A l'intérieur, la structure de l'ancienne cathédrale romane possède toujours ses arcs et sa voûte. C'est parfaitement visible de l'extérieur au niveau du petit jardin qui fait face à l'immeuble de la municipalité. L'étage supérieur est réservé aux femmes.

Mosquée de l'émir Assaf.

MOSQUÉE MOHAMED EL-AMINE ★★★

Place des Martyrs

A l'intersection de la place des Martyrs et de la rue Emir Bechir, on ne peut pas rater l'imposante mosquée sunnite Mohammed el-Amine. Jouxtant la cathédrale Saint-Georges des Maronites, cette mosquée est la plus grande du Liban avec ses 9 700 m² de surface bâtie, ses 5 dômes et ses 4 minarets de 65 m de hauteur. Sa construction (de 2002 à 2007) entièrement financée par le milliardaire Rafic Hariri a coûté plus de 20 millions de dollars. C'est son fils Saad Hariri qui l'a officiellement inaugurée le 17 octobre 2008. Erigée dans le style ottoman avec des pierres locales (*chemlan*), la mosquée El-Amine peut accueillir 6 400 fidèles. L'architecture a été signée par Azmi Fakhoury. De la porte d'entrée, il est possible d'admirer l'immense salle de prière et l'imposant chandelier.

MOSQUÉE NAOUFARA

Rue Riad el-Solh

Vous apercevrez la mosquée de la Naoufara (située au nord de la rue Riad el-Solh, derrière le jardin Souk Bazerkane) qui fut érigée en 1620 par l'émir Mounzer. Son nom An-Naoufara vient de la fontaine qui se trouvait dans sa cour. Cette mosquée se trouve dans le quartier qui fut pendant longtemps le centre d'affaires de Beyrouth (avec de nombreux sièges de banques). Aujourd'hui, plusieurs banques sont revenues rue Riad el-Solh, mais ce n'est plus une destination dominante dans le milieu des finances.

PARLEMENT LIBANAIS ★

Place de l'Etoile

Autour de la place se trouve également le Parlement libanais construit de 1932 à 1935. Son architecte Mardiros Altounian a également dessiné l'horloge Abed (1935).

PLACE DE L'ÉTOILE ★★

Place de l'Etoile

A l'origine, les urbanistes français avaient prévu une place avec sept branches. Seulement cinq ont été percées, les deux autres demandaient la destruction des deux cathédrales, ce qui n'a jamais été accepté. Celle de gauche est la **cathédrale Saint-Elie des Grecs catholiques,** construite en 1849 dans le style byzantin, puis rénovée en 2006 et ouverte au public en 2010. Celle de droite est la **cathédrale Saint-Georges des Grecs orthodoxes** qui fut bâtie sur les ruines de cinq églises superposées. Construite en 1767, cette dernière est considérée comme la plus ancienne église grecque orthodoxe de Beyrouth. Il est possible de la visiter. En revanche, les photos sont interdites. Durant la guerre civile, la cathédrale a été très endommagée. Au cours de sa rénovation à partir de 1995, des fouilles archéologiques ont révélé les vestiges de trois églises superposées dont la plus ancienne avait été détruite par un tremblement de terre en 551 de notre ère.

La place de l'Etoile est dominée par **une horloge**. Elle est un don à la municipalité d'un Libanais de la famille Abed qui avait fait fortune au Mexique au début du XXe siècle.

Avant la fermeture du centre-ville, la place était un lieu de rendez-vous très fréquenté par les familles. Aujourd'hui, le quartier est un peu désert.

PLACE DES MARTYRS ★★

Place des Martyrs

Egalement appelée place des Canons ou Borj, cette place a été nommée en hommage aux martyrs libanais pendus ici le 6 mai 1916 par les autorités ottomanes pendant la Première Guerre mondiale.

La place est aujourd'hui un vaste terrain vide, percé par deux axes routiers, en attendant la réalisation de vastes projets immobiliers.

Il est difficile d'imaginer qu'au temps de l'émir Fakhreddine cette place abondait d'arbres verdoyants et de superbes statues importées d'Italie. On l'appelait Al-Borg, « la tour », à cause d'une tour d'observation au coin nord de la rue Gouraud d'où l'émir pouvait admirer à la fois ses vergers, la mer et le mont Sanine auréolé de neige. En 1860, l'armée française s'installe avec ses armes sur la place, la baptisant « place des Canons ». En 1915 et 1916, les Turcs y pendent des leaders nationalistes arabes. Depuis, ce qui fut le verger de Fakhreddine est connu sous le nom de place des Martyrs.

Comme le reste du centre-ville de Beyrouth, la place des Martyrs a été, dès 1975, le théâtre de violents combats entre milices rivales qui se disputaient la domination de la capitale. Au début des combats entre 1975 et 1976, les souks Sursock, Tawilé ou Ayass ont été minutieusement pillés, volés et incendiés. Par la suite, il y a eu très peu de combats au corps à corps. En effet, chaque camp prenait possession d'un immeuble, d'une rue ou d'un secteur. Combattants et tireurs embusqués se sont neutralisés chacun de leur côté au-delà d'une ligne de démarcation. C'est ainsi qu'ont disparu de nombreuses bâtisses ocre ou de pierre blanche aux façades ornées, construites dans un style franco-oriental à l'époque du mandat français. Aussi une grande partie des anciens souks et des immeubles endommagés durant la guerre a-t-elle été détruite dès la fin des années 1970 à la dynamite ou au bulldozer en prévision de divers plans de reconstruction. Des souvenirs de la place des Martyrs en 1975, il ne reste que l'ancien cinéma Opéra (Virgin Megastore) et la statue des Martyrs.

© PHILIPPE GUERSAN – AUTHOR'S IMAGE

Mosquée Mohamed el-Amine.

© PHILIPPE GUERSAN – AUTHOR'S IMAGE

Horloge de la place de l'Étoile.

Au sud-est de la place des Martyrs, on aperçoit le nouveau **quartier résidentiel de Saifi Village**. Surveillé par des vigiles à chaque coin de rue, ce quartier offre un cadre urbain parfaitement maîtrisé avec des voies pavées, un jardin public, des trottoirs uniformes, des ruelles, des placettes et des espaces verts. A l'initiative de la société foncière Solidere, ce quartier compte une quinzaine d'immeubles résidentiels. Saifi Village a également une vocation commerciale avec une vingtaine de boutiques consacrées aux arts (galeries d'art et de peinture, salles d'exposition, antiquaires et designers).

PLACE RIAD EL-SOLH

Place Riad el-Solh

En remontant la rue du Parlement, on atteint la **place Riad el-Solh.** Au niveau de la place, la statue de Riad el-Solh : à sa droite, l'immeuble Capitole datant du début des années 1950 ; à sa gauche, l'immeuble de l'ESCWA, organisation relevant des Nations unies, imposant cube de verre inauguré en 1997.

PLACE SOUK BAZERKANE

Place Souk Bazerkane

Cette placette est l'une des plus mal connues du centre-ville. Peu fréquentée, elle reste un lieu de repos pour les employés du restaurant Karam. Pourtant sous les arbres et à l'abri de la cacophonie des klaxons, elle demeure un espace bien agréable.

RUE MAARAD

Avant la fermeture du centre-ville, **la rue Maarad**, avec ses allées sous arcades, possédait la plus forte concentration de restaurants et de cafés du quartier. Aujourd'hui, seuls un ou deux établissements subsistent. Si vous descendez la rue, vous atteindrez la place de l'Etoile dessinée sous le mandat français.

LES RUES FOCH ET ALLENBY ★

En venant de la place des Martyrs, on découvre sur la rue Foch de magnifiques bâtiments, aujourd'hui rénovés, datant de l'époque du mandat français. Les rues Foch et Allenby se distinguent par une succession de prestigieuses enseignes locales (Au Gant Rouge, Wardé, Aïshti) et internationales (Cartier, JM Weston, Hugo Boss, Giorgio Armani, Fendi, Marc Jacobs, Louis Vuitton...). Pour la petite histoire, ce périmètre considéré comme le quartier du luxe de Beyrouth est surnommé le carré d'or en référence au triangle d'or parisien situé près de l'avenue des Champs-Elysées. En dehors des centres commerciaux, les loyers dans le secteur de Foch-Allenby sont les plus chers de Beyrouth (autour de 1 500 dollars le m² par an). Le quartier est également un centre d'affaires important. Les bureaux de la société Solidere y occupent plusieurs immeubles.

SAINT-GEORGES YACHT CLUB ★

✆ +961 1 370 741 / +961 3 958 379

www.stgeorges-yachtclub.com

hotel@stgeorges-hotel.com

Ouvert d'avril à octobre de 8h30 à 18h. Entrée : 30 000 LL en semaine, 40 000 LL le week-end.

Les pieds dans l'eau, le Saint-Georges Yacht Club accueillait avant la guerre une clientèle prestigieuse. On raconte que c'est au bord de sa crique que les parlementaires libanais préparaient l'élection présidentielle, à tel point que le président de la Chambre se plaignait de l'absentéisme des députés qui formaient plus volontairement quorum au bord de l'eau que dans son hémicycle. Aujourd'hui, le Saint-Georges Yacht Club fait partie des plages privées les plus connues de la ville. C'est une expérience de se baigner sous la carcasse abandonnée de l'hôtel !

Terrasses de la rue Maarad.

© PHILIPPE GUERSAN – AUTHOR'S IMAGE

Municipalité de Beyrouth.

SIÈGE DE LA MUNICIPALITÉ DE BEYROUTH ★

Rue Weygand

Le bâtiment de la municipalité de Beyrouth a été construit en 1927 par l'architecte Youssef Aftimos.

SIÈGE DU C.D.R. (CONSEIL POUR LE DÉVELOPPEMENT ET LA RECONSTRUCTION)

Rue des Capucins

Ce bâtiment réhabilité occupe le site de l'ancienne école des Beaux-Arts. Il fut construit en 1861 comme hôpital militaire ottoman

SOUKS DE BEYROUTH ★★

Rue Weygand ✆ +961 1 957 000

www.beirutsouks.com.lb

communications@solidere.com.lb

Ouvert tous les jours de 10h à 22h (les restaurants jusqu'à minuit ou 1h du jeudi au samedi). Deux bureaux d'information sont situés sur les esplanades Ajami et Imam Ozai le long de la rue Weygand.

A l'ouest de la rue Weygand se trouve un vaste complexe commercial d'environ 100 000 m² baptisé Les Souks de Beyrouth. Cet espace se compose de multiples allées marchandes couvertes ou non.

Ce projet, dont les travaux avaient repris début 2005 après six ans d'interruption, a été inauguré à l'été 2010. A cette occasion, Jean-Michel Jarre a donné un concert sur l'esplanade Ajami. Les Souks de Beyrouth englobent deux sites archéologiques : le mur médiéval qui se trouve au niveau du souk Bab Idriss et le quartier Phénicien-Persan (au nord de la rue Fakhry Bey). Le projet suit les anciens tracés des souks d'antan. C'est pour cela que les différentes allées du centre commercial reprennent les noms des anciens souks : Jamil, Arwam, Tawilé, Sayyour, Ayass, Bustros, Arwad. Au total, le centre compte 60 000 m² d'espaces piétons et compte environ 150 boutiques. La grande majorité d'entre elles sont des enseignes de mode (habillement, chaussures, accessoires, etc.). Si le centre commercial regroupe de nombreuses marques déjà présentes dans les autres zones marchandes de la ville, Les Souks de Beyrouth ont réussi de jolis coups en attirant des enseignes internationales de renom : Hermès, Louis Vuitton, YSL, Chloe, Burberry... Le centre compte également un souk des bijoutiers avec la majorité des joailliers locaux et quelques griffes mondiales (bijoux et montres) comme Boucheron, Chopard, IWC, Jaeger-LeCoultre.

Les Souks de Beyrouth comptent plusieurs sites avec des œuvres d'art dont *The Visitor* de l'artiste belge Arne Quinze, qui est connu pour ses grandes constructions en bois qu'il fait édifier sur la voie publique. *The Visitor* fait 12 m de hauteur et totalise 6 km de planches en bois. Sur la place Bab Idriss se trouvent quinze sculptures en basalte de l'artiste espagnol Xavier Corbero. Les Souks de Beyrouth, qui s'adressent à une clientèle haut de gamme, sont un espace élégant où il est agréable de se promener, malgré l'absence totale d'authenticité.

STARCO

Quartier Minet el-Hosn

www.starco-sal.com – info@starco-sal.com

Construit en 1957, ce centre d'affaires est très vintage avec ses façades blanches. Ses architectes suisses Addor et Julliard ont également dessiné l'immeuble de la Banque centrale à Hamra. Son architecture plutôt austère ne l'empêche pas d'avoir un excellent taux d'occupation. Il abrite de nombreux bureaux ainsi que le Music Hall.

LA STATUE DES MARTYRS

Place des Martyrs

Plantée au centre d'un terre-plein jonché de gravats, la statue des Martyrs est devenue la principale curiosité du quartier. On s'arrête pour se faire photographier devant. Pour les besoins de la reconstruction du centre-ville, la statue a été retirée au milieu des années 1990 afin d'être restaurée. Finalement, le monument a été remis à sa place en novembre 2004. Un retour symbolique.

On distingue encore nettement les impacts de balles. Impressionnant ! C'est le sculpteur italien Mazacurati qui avait été chargé par la municipalité de Beyrouth en 1956 de la créer. Elle fut officiellement posée le 6 mai 1960 par le président Fouad Chéhab.

STATUE RAFIC HARIRI

Au pied de l'ancien hôtel Saint-Georges

C'est au pied de l'ancien hôtel Saint-Georges que l'ancien Premier ministre Rafic Hariri fut assassiné le 14 février 2005. Le site garde peu de traces de ce terrible attentat qui a tué au total 22 personnes dont les gardes du corps de l'homme politique, deux ministres, des passants et des personnes qui travaillaient à proximité. A 12h55, le convoi de Rafic Hariri constitué de plusieurs voitures pourtant blindées a été soufflé par un attentat commis par une camionnette contenant une charge explosive de plusieurs centaines de kilogrammes. Longtemps fermée à la circulation, la route a été asphaltée et le cratère de l'explosion bouché. Un monument y a été aménagé à la mémoire des victimes.

SYNAGOGUE MAGEN ABRAHAM

Dans Wadi Abou Jmil

Construite en 1926, la synagogue est l'un des derniers vestiges de la présence juive dans le quartier. Elle a été récemment rénovée mais n'est pas encore accessible au public. Lors de la rédaction de ce guide en juin 2016, le quartier était en effet bouclé par l'armée. L'édifice était tombé dans l'oubli à la suite de la guerre civile. Le dernier rabbin avait quitté les lieux en 1977. Cette synagogue fait partie des derniers vestiges israélites du Liban, avec le cimetière juif de Sodeco à Beyrouth et deux autres synagogues à Saida et Bhamdoun.

Au Liban la communauté juive, dont la religion est reconnue comme l'une des 18 confessions du pays, ne compte plus que quelque 300 personnes actuellement.

TOMBE DE RAFIC HARIRI

Depuis sa mort tragique dans un attentat en février 2005, Rafic Hariri est enterré sur une parcelle adjacente à la mosquée El-Amine avec six de ses gardes du corps et un secouriste qui ont perdu la vie avec lui. La construction d'un mausolée était en préparation lors de notre passage en juin 2016 et l'accès était donc interdit.

TOUR MURR

Zokak el-Blatt

En levant les yeux, vous ne pouvez pas manquer la tour Murr, cette structure de béton de 34 étages. La construction de ce bâtiment a commencé en 1974. Quand la guerre débuta, les travaux étaient arrivés au 22e étage. Terminée en 1978, la tour est devenue un repère de francs-tireurs et une base pour les milices. En 1994,

Tombe de Rafic Hariri (ancien premier ministre assassiné en 2005).

Vestige des thermes romains.

Solidere achète la tour aux frères Michel et Gabriel Murr. La société foncière ambitionne de la réhabiliter pour en faire un Beirut Trade Center. Par la suite, les choses se sont compliquées : un litige éclate entre les frères Murr, l'un deux tente de récupérer son bien, la structure de la tour s'avère défectueuse, des architectes conseillent de la démolir... Aujourd'hui, aucune solution n'est en vue.

VESTIGE DES THERMES ROMAINS ★

Derrière l'église Saint-Louis, arrêtez-vous autour du magnifique jardin étager qui était au moment de notre passage fermé pour des raisons de sécurité. Le site offre une vue remarquable sur les restes des **thermes romains.** Cette zone est particulièrement appréciée des jeunes couples qui y sont à l'abri des regards indiscrets. Ces thermes sont les plus grands parmi ceux qui ont été découverts jusqu'à ce jour au Liban. Les Romains les avaient construits au Ier siècle. Les salles (frigidarium, tepidarium et caldarium) sont encore visibles.

VIRGIN MEGASTORE

Place des Martyrs
✆ +961 1 999 666
www.virginmegastore.com.lb
Ouvert tous les jours de 10h à 22h.

Inaugurée le 3 juillet 2001, l'enseigne qui fut la première au Moyen-Orient occupe une superficie de 3 900 m² répartie sur cinq niveaux. Virgin a fait le pari de s'implanter dans un ancien immeuble-cinéma datant de 1932. Plus de 7 millions de dollars d'aménagement et de rénovation ont été nécessaires pour redonner au bâtiment endommagé durant la guerre un cachet unique qui en fait l'un des plus beaux « Virgin Megastore du monde » dixit Richard Branson, fondateur de la chaîne rachetée par le groupe français Lagardère en 2001. Une fois à l'intérieur, on remarque encore parfaitement le grand escalier de l'entrée, la salle de projection et le balcon de l'ancien cinéma qui s'appelait Opéra. Sur le toit du Virgin, un café ouvert l'été permet d'avoir un agréable panorama sur la place des Martyrs.

WADI ABOU JMIL

Au pied du Grand Sérail

Construit vers le milieu du XIXe siècle, selon une architecture levantine, Wadi Abou Jmil est l'ancien quartier juif de Beyrouth. Situé au pied du Grand Sérail, le quartier a été partiellement épargné par la guerre. Inclus dans le projet de reconstruction du centre-ville, Wadi Abou Jmil fut habité au cours des années 1980-1990 par une population de réfugiés qui a touché des indemnités pour le quitter. Aujourd'hui, la plupart des anciens immeubles ont été rasés par les bulldozers. Les urbanistes de Solidere n'ont pas eu de sentiments pour préserver une zone qui comptait de très belles maisons traditionnelles. Il ne reste qu'une poignée d'anciens immeubles dont certains n'ont pas encore été rénovés. La zone a été redessinée pour accueillir de nouveaux complexes résidentiels sécurisés comprenant plusieurs immeubles répartis autour d'espaces verts.

ZAITUNAY BAY

Adjacent à la marina du Saint-Georges, **Zaitunay Bay** est un complexe résidentiel et touristique qui comprend une vingtaine de restaurants et cafés. Inauguré fin 2011, il a été construit sur l'ancien remblai du Normandy, du nom de l'hôtel Normandy qui se trouvait jadis à proximité. Durant la guerre civile, cette région fut un vaste dépotoir abritant plus de 5 millions de m³ d'ordures et de débris. Après des années de traitement et de nettoyage, 18 ha ont été aménagés par l'entreprise Solidere, chargée de la reconstruction du centre-ville. Aujourd'hui, Zaitunay Bay offre une promenade piétonne agréable.

ZAOUIYAH IBN IRAQ

Rue Weygand
A l'intérieur des souks
Le centre commercial Les Souks de Beyrouth intègre un minuscule monument mamelouk que l'on distingue au bord de la rue sur la place Imam Ozai. Construit en 1517, ce petit sanctuaire à coupole a été entièrement rénové. Cet édifice fut construit par le soufi Ibn Iraq pour ses disciples. Plus tard, on y enseigna la jurisprudence et la théologie. La pièce à coupole, conservée jusqu'à nos jours, servait de mausolée et abritait la tombe de l'un des disciples d'Ibn Iraq.

Achrafieh

Perché sur une colline, 100 mètres environ au-dessus du niveau de la mer, le quartier d'Achrafieh doit son nom au roi Al-Ashraf Khalil, fils du roi Al-Mansour Kalaoun (1291), qui arracha Tyr, Saïda et Beyrouth aux croisés. Ces faits d'armes sont d'ailleurs connus sous le nom des conquêtes d'Achrafieh. Avant que la ville ne se densifie, elle était entourée de mûriers servant à la culture du ver à soie. C'était la périphérie agricole du vieux centre de Beyrouth. Avec l'augmentation démographique, la ville a commencé à s'étirer et s'est étalée vers les premiers versants de la colline d'Achrafieh. Au milieu du XIXe siècle, la bourgeoisie s'est installée dans de beaux palais entourés de jardins privés. Au fur et à mesure que de nouvelles routes et avenues ont été ouvertes, le quartier a accueilli de nouvelles constructions. C'était le début d'une urbanisation massive qui se poursuit encore aujourd'hui.

Nous conseillons aux marcheurs impénitents de se balader dans le dédale des rues d'Achrafieh. Vous y trouverez les derniers spécimens d'une architecture libanaise en voie de disparition, progressivement remplacée par des immeubles résidentiels. Depuis quelques années, le marché de l'immobilier y est en plein boom. Les projets se multiplient pour répondre à l'intérêt des Libanais qui vivent actuellement à l'étranger et qui recherchent un pied-à-terre dans le quartier. Au cours de votre promenade, vous rencontrerez sans doute des Beyrouthins très heureux de vous conter l'histoire de leur quartier. L'hospitalité libanaise étant bien réelle, vous serez peut-être invité à prendre un café.

BEIRUT ART CENTER

Corniche du Fleuve
Jisr al Wati ✆ +961 1 397 018
www.beirutartcenter.org
info@beirutartcenter.org
Ouvert du mardi au vendredi de midi à 20h, le week-end de 11h à 18h. Fermé les jours fériés.
Situé à la limite orientale d'Achrafieh, le long du fleuve de Beyrouth, le BAC occupe une surface de 1 500 m² sur deux niveaux. Inauguré début 2009 dans une ancienne zone industrielle, ce bâtiment aux formes très épurées est signé de l'architecte libanais Raed Abillama. Le BAC dispose d'une salle d'exposition sur l'art contemporain, d'une librairie, d'un auditorium et d'une terrasse. De nombreuses expositions y sont organisées tout au long de l'année. Le programme est disponible sur le site internet du Beirut Art Center.

Fouilles archéologiques à Achrafieh

Hors du centre-ville, les découvertes ont également été riches. Les projets immobiliers ont permis à la Direction générale des Antiquités d'intervenir pour effectuer des fouilles. Sur le site du nouveau campus de l'USJ, rue de Damas derrière l'immeuble Berytech, les archéologues ont découvert des vestiges préhistoriques et des habitations de l'âge du bronze ancien. Dans le quartier de Gemmayzé, avenue Georges Haddad, l'archéologue français Jacques Teixier a découvert un matériel en silex taillé enfoui sous les vestiges de l'époque romano-byzantine. Ce matériel remonterait à plus de 60 000 ans. Rue Maroun Naccache, des fouilles ont permis de découvrir les restes d'un temple romain (colonnes de marbre et de granite, autels), un système de canalisation d'eau, des habitations de type rural, une réserve de monnaies, des débris de verre et de poteries et des tombes. En 2004, lors de la construction d'un projet immobilier, rue Gouraud, dans ce même quartier, deux sarcophages ont été également découverts. A Furn el-Hayek, rue Ghandour el-Saad, des dizaines de sarcophages datant du Ier au IIIe siècle de notre ère et renfermant des squelettes humains ont été mis au jour lors de la construction de l'immeuble résidentiel FAL Towers.

Port
0
450 m
N
MARFA
GEMMAYZE
vers Tripoli
MAR MIKHAEL
Place des Canons (Martyrs)
Avenue Charles Helou
Rue Pasteur
vers Gare de Mar Mikhael
Collège Sacré-Coeur
Poste
Rue Gouraud
SAIFI VILLAGE
Escalier Saint-Nicolas
MAR NQOULA
Rue de l'Archevêché Orthodoxe
Rue Mont e Accaoui
Foyer la Sagesse
HIKME
Collège de la Sagesse
vers Hamra
Place Tabaris
Rue Sursock
Musée Sursock
Ministère des Affaires Etrangères
MONNOT
Avenue Charles Malek
Rue Selim Bustros
Rue du Liban
Rue Mar Mitr
vers Bourj Hammoud
FURN EL HAYEK
Université St-Joseph
Rue Gandour Es Saad
Supermarché Spinneys
Mission des Lazaristes
YESSOUEIYE
Rue Furn El Hayek
MAR MITR
Centre commercial ABC Mall
Rue Monot
Rue Abd El Warab El Inglizi
Police
Rue Achrafieh
Immeuble Barakat
Place Sassine
BALADE SURSOK-SODECO
Avenue Elias Sarkis
SODECO
ACHRAFIEH
Rue de Damas
Rue Mohamed El Hout
NASRA
Rue Ishac Adib
Université Saint-Joseph
Rue Toufic Salem
Rue Alfred Naccache
Grand Lycée Franco-Libanais
Hôtel de Ville
Stade de Chayla
Rue Habib Bacha Es Saad
Hôtel-Dieu
RAS EN NABA
Ambassade de France
Rue Koleilat
HOTEL DIEU
Centre Culturel Français
Corniche Pierre El Gemayel
Place du Palais de Justice
Place du Musée
PALAIS DE JUSTICE
vers Verdun
Avenue Abdallah El Yafi
Musée National
Palais de Justice et Ministère de la Justice
Hippodrome
ésidence es Pins
Rue du Musée
Avenue Sami Es Solh
Forêt des Pins
BADARO
vers Damas

BEIT BEIRUT (MUSÉE ET CENTRE CULTUREL URBAIN) ★★

www.beitbeirut.org

Une fois dans le quartier de Sodeco, vous ne pouvez pas rater l'**immeuble Barakat** du nom de ses anciens propriétaires, à l'intersection des rues de Damas et de l'Indépendance. Edifié en 1924 par l'architecte libanais Youssef Afandi Aftimos, puis surélevé en 1932 de deux étages supplémentaires par l'architecte Fouad Kozah, ce bâtiment, également baptisé « Maison Jaune », du fait du grès ocre employé pour sa construction, témoigne de la violence des combats qui ont frappé la capitale pendant la guerre civile. Situé sur l'ancienne ligne de démarcation entre l'est et l'ouest de Beyrouth, il a été un poste de contrôle avancé et un repaire de francs-tireurs pendant la guerre civile. Longtemps abandonné et menacé de destruction, l'immeuble a fait l'objet d'une mesure d'expropriation en 2003 au profit de la municipalité de Beyrouth pour cause d'utilité publique. Il a ensuite fait l'objet d'importants travaux de rénovation, dirigés par l'architecte libanais Youssef Haidar, et devrait prochainement accueillir un centre culturel et un musée sur l'histoire de Beyrouth.

ESCALIER SAINT-NICOLAS ★

Entre le quartier Sursock et la rue de l'Archevêché orthodoxe.

Avec ses 202 marches et ses 23 paliers colorés, l'escalier, également appelé Daraj el-Fan, est charmant. Aujourd'hui nettoyé et réhabilité, il offre une agréable et sportive balade. Chaque année en juin, cet espace devient l'escalier des arts avec de multiples manifestations culturelles et musicales.

FORÊT DES PINS ★

Derrière l'hippodrome et le Musée national, cernée par un grand mur, s'élève la forêt des pins, plantée par l'émir Fakhreddine. « La pinède de rêve », décrite par Lamartine lors de son voyage en Orient, essaye aujourd'hui de survivre tant bien que mal au milieu de la poussière et de la pollution. Un programme mené conjointement par la région Ile-de-France et la ville de Beyrouth a permis de la réaménager en 1995. Longtemps réservée aux Occidentaux et aux personnes munies d'un permis, la forêt des pins est désormais accessible à tous, tous les jours, depuis le 6 juin 2016.

MUSÉE DE LA PRÉHISTOIRE DE L'UNIVERSITÉ SAINT-JOSEPH ★

Rue de l'université Saint-Joseph

✆ +961 1 421 860

www.usj.edu.lb/mpl

mpl@usj.edu.lb

Avant de passer sous le ring qui encercle le centre-ville, prendre à droite la rue de l'université Saint-Joseph. Derrière le théâtre Monnot et la bibliothèque orientale.

Ouvert du mardi au vendredi de 8h30 à 15h. Entrée : 5 000 LL.

Ce petit musée très bien fait retrace les différentes découvertes préhistoriques au Liban qui a compté plus de 400 sites de fouilles. Des vitrines, des panneaux et des scènes reconstituées représentent les divers aspects de la vie quotidienne de l'homme préhistorique. Approche pédagogique idéale pour les plus jeunes et leurs parents. La visite est parfois assurée par des étudiants libanais en archéologie.

MUSÉE NATIONAL DE BEYROUTH ★★★

✆ +961 1 426 703 / +961 1 612 297

www.beirutnationalmuseum.com

info@beirutnationalmuseum.com

A partir de Hamra (au niveau de l'office du tourisme), plusieurs lignes de bus privées se rendent au musée. En taxi-service, vous devez demander au chauffeur : « mate haaf » (qui veut dire « musée » en arabe). A partir de Sodeco, suivre la rue de Damas en direction de l'ambassade de France.A l'intersection de la route de Damas et du boulevard Fouad Ier se dresse le Musée national.

Ouvert du mardi au dimanche de 9h à 16h30. Fermé les jours fériés. Entrée : 5 000 LL pour les adultes, 1 000 LL pour les étudiants et les moins de 18 ans.

Construit sous le mandat français (de 1930 à 1937), il a été officiellement inauguré le 27 mai 1942. Pendant la guerre civile, le musée de Beyrouth était fermé. Situé sur la ligne de démarcation, le bâtiment était trop exposé. Pour limiter le pillage et les destructions, le conservateur ordonna de recouvrir les plus grosses pièces (sarcophages, mosaïques...) d'un revêtement de béton, tandis que les petits objets étaient déposés au sous-sol du musée dont l'accès fut muré. Certaines pièces ont tout de même été volées et endommagées au cours de la guerre. Restauré à partir de 1993, il est à nouveau ouvert depuis le 25 novembre 1997. Le musée se compose de deux salles d'exposition, d'une salle de projection et d'une boutique. Les pièces sont joliment présentées avec une courte description. On déambule facilement. Le volume du rez-de-chaussée est impressionnant. Visite captivante.

Rez-de-chaussée

Il est consacré aux IIe et Ier millénaires av. J.-C. et à l'époque romano-byzantine. 83 pièces y sont exposées : sarcophages, mosaïques, statues et bas-reliefs. Par exemple, on y découvre le sarcophage d'Ahiram, roi de Byblos au XIIIe siècle av. J.-C. Il s'agit du plus ancien sarcophage marqué d'inscriptions phéniciennes. C'est l'une des pièces maîtresse du musée.

MUSÉE NATIONAL DE BEYROUTH ★★★

La Mosaïque des Sept Sages est une des pièces majeures du musée. Elle représente 7 des grands penseurs de la Grèce antique autour de la muse Calliope et de la figure tutélaire de Socrate.

Le Musée National propose une immersion dans toute l'Antiquité, de l'Âge du Bronze à à l'époque byzantine. À l'image de la statue d'Hygie, déesse de la santé.

Il offre quelque 6 000 m2 d'espace d'exposition permanente ; ici le hall d'entrée.

A voir également :

- **un obélisque** inscrit au nom d'Abi Chemou (roi de Byblos), daté du XIXe av. J.-C.
- **une stèle du pharaon Ramses II** avec une inscription hiéroglyphique découverte à Tyr (XIIIe av. J.-C.).
- **une statue du pharaon Osorkon II** en basalte (IXe av. J.-C.) découverte à Byblos.
- **deux sarcophages anthropoïdes** en marbre (Ve av. J.-C.) découverts en 1901 à Saida. Ces sarcophages portent sur leur couvercle une figure humaine sculptée.
- **le chapiteau** aux protomés de taureaux (Ve av. J.-C.).
- **les statuettes d'enfants** (Ve av. J.-C.) découvertes dans un temple dédié au dieu guérisseur Echmoun.
- **la tribune** (350 av. J.-C.) d'Echmoun présente des scènes figurées.
- **une stèle funéraire de Robia** avec une inscription grecque (époque hellénistique).
- **un sarcophage** à la légende d'Achille (IIe apr. J.-C.).
- **une tête de l'empereur Septime Severe** (193-211 apr. J.-C.).
- **le colosse en calcaire de Byblos** (date indéterminée).

Cette salle compte plusieurs mosaïques de l'époque gréco-romaine et byzantine : dont les sept sages de la Grèce entourés des sept grands philosophes.

On est impressionné par la maquette en calcaire du temple A de Niha (Bekaa) qui date du IIe apr. J.-C. Il s'agit d'un avant-projet réalisé pour l'édification du temple.

Deuxième niveau

Il compte plus de 1 240 pièces qui évoquent la préhistoire (1000000-3200 av. J.-C.), l'âge du bronze (3200-1200 av. J.-C.) et du fer (1200-333 av. J.-C.), l'époque hellénistique (333-64 av. J.-C.) et la période romaine (64 av. J.-C.-395 apr. J.-C.). Sont très rapidement évoquées la période byzantine (395 apr. J.-C.-635 apr. J.-C.) et la conquête arabe du temps des mamelouks (de 635 apr. J.-C. à 1516 apr. J.-C.).

On se perd un peu chronologiquement au deuxième niveau, surtout après le rez-de-chaussée, mais cela vaut le coup d'œil pour les statuettes et figurines de l'âge du bronze et feuille d'or (que l'on retrouve sur toutes sortes de supports à la boutique) et les monnaies de l'époque perse. Des loupes posées sur les vitrines permettent d'examiner les détails de chaque objet. Nous avons été séduits par les figurines zoomorphes (hippopotames, singes, béliers, rongeurs, etc.), les masques, les colliers, les haches fenestrées, les boîtes à jeux et à fard en ivoire et le musicien à la lyre (découvert à Kamed el-Loz dans la Bekaa).

Il ne faut pas manquer le film diffusé toutes les heures dans le salon vidéo à droite de l'entrée. En 12 minutes, ce film montre les ravages de la guerre civile sur le bâtiment et les différentes phases de sa restauration.

Passage du Musée

Le Musée national a donné son nom au tristement célèbre « passage du Musée », qui a constitué l'une des voies de communication entre les parties ouest et est de Beyrouth pendant la guerre civile. Enlèvements, bombardements, deuils ont ponctué l'histoire de cette avenue qui était, avant 1975, l'une des plus animées de la capitale. Dès le début du conflit, ses immeubles bourgeois furent réduits en ruines. Bâtiments vérolés, balcons déchiquetés, murs béants… C'est dans ce décor apocalyptique que furent organisées, envers et contre tout, des manifestations non violentes au cours des quinze années de conflit. Des Libanais de différentes confessions y ont procédé, au milieu des tirs, à l'échange de sacs de sang, signifiant ainsi leur volonté de résister ensemble et de rendre aux civils cette vie que les miliciens de tout bord tentaient de leur ôter.

MUSÉE SURSOCK ★★

Rue de l'Archevêché grec orthodoxe
✆ +961 1 202 001
www.sursock.museum
info@sursock.museum

Ouvert tous les jours, sauf le mardi, de 10h à 18h. Nocturne le jeudi jusqu'à 21h. Entrée libre.

Après sept ans de travaux faramineux, le musée Sursock, dédié à l'art moderne et contemporain, a rouvert ses portes en octobre 2015. Ancien hôtel particulier construit en 1912 par Nicolas Sursock, ce palais traditionnel fut légué en 1952 à la République libanaise qui le transforma pour en faire un musée public dès 1961. Le musée ouvre alors ses portes à l'occasion d'expositions de peinture et sculpture contemporaine, tel le Salon d'automne qui regroupe chaque année pendant une dizaine de jours les meilleurs artistes libanais. Bernard Pivot a d'ailleurs réalisé, au printemps 1994, son *Bouillon de culture* spécial Liban devant la façade blanche du musée. Aujourd'hui, le musée, entièrement rénové par les architectes Jean-Michel Wilmotte et Jacques Abou Khaled, héberge une collection permanente d'art moderne libanais depuis la fin des années 1800 jusqu'au début des années 2000, ainsi que la collection de photographies de Fouad Debbas. Des expositions temporaires sont par ailleurs organisées au rez-de-chaussée du musée, qui abrite également un café-restaurant doté d'une agréable terrasse.

PALAIS DAGHER

Rue Gouraud

Un super palais rénové à coté des locaux de la Croix-Rouge. Il s'agit de l'ancienne demeure d'Anastasia Dagher, l'épouse de Moussa Sursock (qui a contruit le palais Sursock qui se trouve dans un quartier limitrophe à Gemmayzé). Le palais Dagher a été réhabilité par son arrière petit-fils, Alfred Sursock Cochrane.

PALAIS LINDA SURSOCK

Mitoyen du musée Sursock

Le projet résidentiel Sursock Residences écrase le petit palais Linda Sursock. Normalement, il ne se visite pas, mais parfois la gentillesse du gardien permet d'y jeter un coup d'œil rapide. L'intérieur est somptueux. Le palais est parfois utilisé pour des expositions.

PALAIS SURSOCK

✆ +961 1 218 720 – www.sursockpalace.com
events@sursockpalace.com

Construit entre 1850 et 1860 par Moussa Sursock, le palais Sursock est un petit bijou à Beyrouth. L'un de ses fils, Alfred décora le palais de vastes collections de tapis persans, de peintures des XVIe et XVIIe siècles et de belles pièces de mobilier. Le palais ne se visite pas. Il faut se contenter de l'apercevoir derrière les grilles et son portail. Il est habité par la famille du petit-fils d'Alfred Sursock, Roderick. Les jardins du palais sont parfois loués pour des événements et des célébrations.

RÉSIDENCE DES PINS

Mitoyen de l'hippodrome

La **résidence des Pins** est l'habitation traditionnelle des ambassadeurs de France. Elle accueille a nouveau le représentant de la France depuis 1998. Cette splendide bâtisse de style ottoman, destinée en 1917 à devenir un casino, fut réquisitionnée par la suite comme hôpital militaire avant d'être choisie en 1920 comme résidence du haut commissaire par le général Gouraud. Si ce militaire se contentait d'un simple lit de camp, ce n'était pas le cas de ses successeurs. Il fallut aménager les lieux pour loger les familles des hauts commissaires, puis celles des ambassadeurs de France, et surtout permettre aux représentants de la République de recevoir décemment leurs invités locaux.

Hamra

Hamra est un quartier bruyant, commerçant et haut en couleur. Il est à l'image du Liban : plein de vie, contrasté, surprenant et cosmopolite. Les vitrines de vêtements y côtoient de petites échoppes étroites et sombres où s'entasse un bric-à-brac d'objets hétéroclites. De jeunes femmes voilées marchent bras dessus, bras dessous avec de jeunes femmes en jeans. Une mosquée et une église font face à la terrasse d'un café où l'on s'arrête pour boire une bière. Il est difficile d'imaginer aujourd'hui le quartier de Hamra planté de figuiers de Barbarie et parcouru de ruelles en terre. C'est pourtant le paysage qu'il offrait en 1930.

Espace résidentiel d'une population aisée, situé à proximité de l'Université américaine, Hamra se retrouve rapidement propulsé dans les années 1950 au rang de nouvel espace de consommation, de distractions et de loisirs de la ville. Sous l'impulsion de multiples acteurs (classe moyenne palestinienne, commerçants originaires d'Egypte et de Syrie, émigrés de retour d'Amérique et d'Afrique, anciens employés du centre-ville de Beyrouth), Hamra s'impose dans le paysage commercial local en attirant de nombreuses activités ludiques (salles de cinéma, restaurants, cafés-terrasses), des commerces de luxe et des sociétés internationales qui y installent leurs sièges sociaux. Hamra s'affirme comme l'espace porteur de modernité pour une société idéalisant le modèle occidental de consommation.

Les deux espaces économiques, le centre-ville et Hamra, assurent une parfaite visibilité et une reconnaissance socio-urbaine aux différents acteurs, certains se sentant plus proches de l'un ou de l'autre. En effet, à partir des années 1950, le centre-ville connaît un cycle de dévalorisation incontestable, l'espace est saturé, il n'y a plus de parcelles et d'emplacements disponibles, et la plupart des plans d'aménagement urbain ne se concrétisent pas. La question de l'accessibilité au centre-ville (problème de disponibilité et loyers onéreux) implique également de nouvelles stratégies. Cette saturation entraîne plusieurs phénomènes : de nombreux commerçants du centre dédoublent leur activité vers Hamra qui capte les investissements locaux et régionaux. De plus, de nouveaux acteurs ne voient pas le centre de Beyrouth comme un espace de leur représentation, ils lui préfèrent d'autres espaces urbains plus modernes et intégrés à un nouvel ordre économique. L'arrivée d'une jeune génération de commerçants (parfois ayant un membre de la famille au centre-ville) traduit une logique d'affirmation sociale et d'indépendance spatiale. Ainsi, le centre-ville et Hamra vont cohabiter en symbolisant la coexistence des réseaux commerciaux présents à Beyrouth à cette période et en soulignant la coexistence confessionnelle.

Au cours des premières années de la guerre civile qui a débuté en 1975, et tant que les combats ne l'ont pas encore atteint, Hamra renforce son statut d'espace des affaires en accueillant de nombreuses fonctions financières. Cependant, le quartier perd ses budgets touristiques et ludiques qui migrent vers des lieux éloignés des conflits (salles de cinéma et restaurants qui s'installent à Jounieh et à Kaslik par exemple) et n'arrive pas à maintenir ses commerces de luxe.

La présence de milices qui contrôlent fièrement le quartier et l'arrivée de populations réfugiées qui occupent illégalement certains immeubles de bureaux et hôtels donnent un coup d'arrêt à la dynamique économique des années 1960-1970. De nombreux commerçants quittent le quartier, qui perd ainsi sa force initiale, celle de la coexistence de multiples réseaux socio-économiques. Toutefois, si certains commerçants partent, d'autres – de toutes les confessions – arrivent en provenance de l'ancien centre-ville (les bijoutiers palestiniens orthodoxes et les commerçants sunnites de l'habillement par exemple).

Aujourd'hui, Hamra a fait une croix sur ses belles années passées. Les cinémas ont fermé les uns après les autres, les anciens cafés-trottoirs (Horse Shoe, Modca, Wimpy et Café de Paris) ont disparu, les façades de certains immeubles se sont dégradées lentement et les boutiques de luxe ont été remplacées par des franchises internationales grand public. Toutefois, Hamra a gardé son dynamisme et demeure le quartier le plus commerçant de Beyrouth. C'est ici que se trouvent la plupart des enseignes locales, des librairies, des agences de voyages, des banques et le bureau d'information du ministère du Tourisme. Lieu de passage de toutes les lignes de bus et des taxis-service, Hamra constitue un point de repère incontestable à Beyrouth.

En 2004, la rue Hamra a bénéficié d'un projet d'embellissement (élargissement des trottoirs, mise en place de pavés, arbres, lampadaires, etc.) de plusieurs millions de dollars. Financée par le Fonds arabe pour le développement économique et social, cette initiative a redonné des couleurs au quartier. De plus, l'association Help Lebanon, en partenariat avec des sponsors privés, a passé un coup de peinture sur plus de 30 immeubles de la rue. Un agréable bain de jouvence pour le quartier.

AMERICAN UNIVERSITY OF BEYROUTH (AUB) ★★

Rue Bliss
Hamra
✆ +961 1 340 460
www.aub.edu.lb
visitors@aub.edu.lb

Avec un campus de 300 000 m², l'AUB est un havre de verdure au cœur de Beyrouth. Les étudiants bénéficient d'un cadre splendide avec d'immenses espaces verts, une cafétéria, des bâtiments historiques, des terrains de sport, et même une piscine. Une promenade dans le parc permet de trouver un peu de calme, ce qui contraste avec la cacophonie du quartier. Pour rejoindre l'AUB, il suffit de descendre la rue Jeanne d'Arc ou Abdel Aziz.

En 1862, des missionnaires américains au Liban et en Syrie ont demandé à Daniel Bliss de créer un collège d'enseignement supérieur qui comprendrait une formation médicale. Le 24 avril 1863, tandis que le Dr Daniel Bliss collecte des fonds aux Etats-Unis et en Angleterre, l'Etat de New York accorde une charte pour la Syrian Protestant College. L'établissement, qui sera renommé l'Université américaine de Beyrouth en 1920, démarre le 3 décembre 1866 avec une classe de 16 élèves dans un local loué à Zokak el-Blatt. Finalement, les Américains acquièrent des terrains dominant la mer en 1870. Les premiers cours y sont donnés en 1873. Le Dr Bliss a été le premier président, de 1866 jusqu'en 1902.

L'AUB jouit d'une notoriété locale et régionale. L'université forme l'élite : présidents, premiers ministres, députés, ambassadeurs, gouverneurs des banques centrales, présidents et doyens des collèges et des universités, hommes d'affaires, ingénieurs, médecins, enseignants.

L'entrée sur le campus est en général assez surveillée : pour pénétrer dans l'enceinte de l'université, il faut remettre une carte d'identité à la sécurité.

JARDIN SANAYEH ★

Rue Emile Edde
A l'extrémité est de Hamra

Le jardin de Sanayeh, créé en 1907 par le wali Khalil Pacha, est le plus grand espace public de Beyrouth, à la limite du quartier Hamra, derrière le ministère du Tourisme. Entièrement rénové en 2014, Sanayeh est un endroit agréable pour faire une pause et voir un panel de la société libanaise que l'on ne retrouve pas dans le nouveau centre-ville. Sous un arbre, un attroupement d'hommes âgés joue aux cartes ou aux dames (avec des bouchons bleus et blancs de bouteilles d'eau). Des enfants courent désespérément derrière des pigeons. Des étudiants de l'université voisine font une pause entre deux cours. On y vient lire le journal, discuter entre amis, rêvasser sur un banc, se promener en famille et y faire du sport. A ne pas manquer. Le jardin de Sanayeh ouvre aux premières lueurs de la journée et ferme dès le coucher du soleil. Un vendeur de boissons chaudes est à l'entrée. A l'intérieur du parc, on peut remarquer la fontaine Hamidiyé, une réalisation de 8 m de hauteur hors service, construite en 1900.

Face au jardin de Sanayeh, le ministère de l'Intérieur et les anciens locaux de l'Université libanaise se situent dans deux remarquables bâtiments construits de 1905 à 1907 sous les ordres du sultan Abdel Hamid.

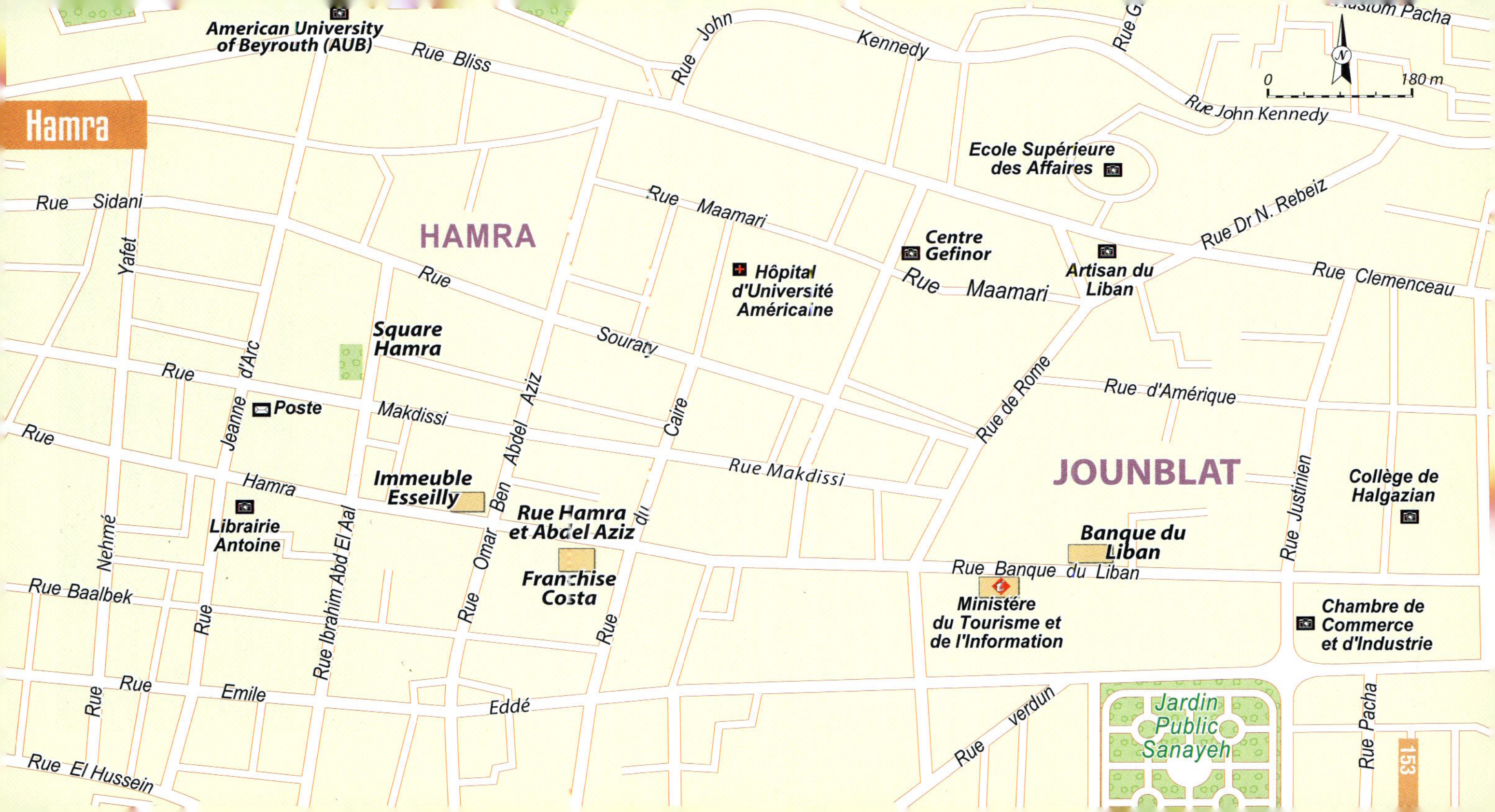
American University of Beyrouth (AUB)
Rue Bliss
Rue John Kennedy
Rue John Kennedy
Rue Dr N. Rebeiz
Rue Clemenceau
Ecole Supérieure des Affaires
Centre Gefinor
Artisan du Liban
Rue Maamari
Rue Maamari
Hôpital d'Université Américaine
HAMRA
JOUNBLAT
Rue Souraty
Rue de Rome
Rue d'Amérique
Rue Makdissi
Rue Makdissi
Rue du Caire
Rue Omar Ben Abdel Aziz
Square Hamra
Poste
Rue Jeanne d'Arc
Rue Hamra
Immeuble Esseilly
Rue Hamra et Abdel Aziz
Franchise Costa
Librairie Antoine
Rue Ibrahim Abd El Aal
Rue Sidani
Yafet
Nehmé
Rue Baalbek
Rue Emile Eddé
Rue El Hussein
Rue Justinien
Collège de Halgazian
Banque du Liban
Rue Banque du Liban
Ministère du Tourisme et de l'Information
Chambre de Commerce et d'Industrie
Rue Verdun
Jardin Public Sanayeh
Rue Pacha
0
180 m
N

MUSÉE ARCHÉOLOGIQUE DE L'AUB ★

Rue Bliss
✆ +961 1 340 549
http://ddc.aub.edu.lb
museum@aub.edu.lb
Ouvert du lundi au vendredi de 10h à 16h. Fermé pendant les vacances officielles et les vacances universitaires. Entrée libre.

Le musée archéologique de l'AUB (American University of Beirut) est le troisième plus ancien musée du Proche-Orient. En 1868, deux ans après la fondation de l'université, le consul américain à Chypre a fait don d'une poterie chypriote, qui fut la première pièce du futur musée. De 1902 à 1938, le musée a acquis les pièces de collections du Liban, de Syrie, de Palestine, d'Egypte, d'Irak et de l'Iran. En 1956, l'administration de l'AUB a obtenu des fonds pour doubler l'espace du musée et acheter du nouveau matériel. Rénové et agrandi, le musée est rouvert au public en 1964. Au cours de la guerre civile, le musée est resté ouvert. Au début des années 2000, le musée entreprend une modernisation de ses locaux et inaugure ses nouvelles salles d'exposition le 2 juin 2006. Situé dans une bâtisse (Post Hall) construite en 1904, ce musée abrite près de 4 000 pièces exposées dans 56 vitrines. Il possède d'admirables collections du Moyen-Orient, s'étendant de la préhistoire à la période islamique : collection de tablettes sumériennes (écriture cunéiforme), céramiques, pièces de monnaie de toutes les époques, poteries phéniciennes, verres irisés romains, figurines de plomb. En pleine guerre, le musée de l'AUB a participé à deux expositions internationales sur les Phéniciens. Imaginez la dose de ruse et de ténacité pour transporter sous les bombes, des objets inestimables jusqu'à l'aéroport de Beyrouth. Heureusement, les collections n'ont jamais souffert, excepté lorsque l'une des tours du musée fut touchée de plein fouet par un obus. Les dégâts, relativement légers – deux vitrines avec leurs objets – furent rapidement réparés. « Quand il fallait transporter des pièces, raconte le conservateur, les nuits blanches que nous passions ne se comptaient plus tellement l'opération était périlleuse. » Heureusement, ces péripéties sont aujourd'hui du passé et l'art peut être de nouveau apprécié en toute sérénité. Pour entrer dans l'enceinte de l'université : fouille obligatoire effectuée par l'armée et remise par les services de sécurité d'une carte individuelle d'accès au musée en échange de votre passeport. Pour les groupes voulant visiter le musée, il est nécessaire de prendre rendez-vous auprès de l'administration de l'AUB.

En contrebas de l'AUB se dressait l'ambassade des Etats-Unis. Le 18 avril 1983, alors que des personnalités politiques et des responsables de la CIA tenaient une réunion secrète au 7e étage, un camion suicide chargé d'explosifs vint heurter de plein fouet l'établissement, tuant 63 personnes.

Corniche

A partir de l'ancien hôtel Saint-Georges commence la corniche de Beyrouth : une promenade qui longe le front de mer d'Ain el-Mreissé jusqu'à Ramlet el-Baïda sur 4 km. On suit ainsi les avenues de Paris, du Général-de-Gaulle et enfin Rafic Hariri. La corniche traverse cinq secteurs géographiques : Ain el-Mreissé, Manara, Jal el-Bahr, Raouché et Ramlet el-Baïda.

La corniche de Beyrouth.

vers le centre-ville
Mosquée Ain El-Mreissé
Bain Militaire
Avenue de Paris
Nouveau Phare
Bain Long Beach
RAS BEYROUTH
Rue Bliss
Ancien Phare
Police
Bain Sporting
Rue Negib Ardati
Rue Sadat
Rue Makdissi
Rue du Koweit
Rue Hamra
Av. du Général de Gaulle
MANARA
Rue Jeanne d'Arc
Rue Emile Edde
Rue El Hussein
Rue K. Chehab
KOREITEM
Rue Chatila
Poste
Rue Madame Curie
Rue Taky Ed Dine Es Solh
Grotte aux Pigeons (Raouché)
RAOUCHE
SAKIET EL JANZIR
Rue Itani
Avenue du Général de Gaulle
Rue de l'Australie
VERDUN
Rue de Berlin
AIN ET TINE
Boulevard Saeb Salam
MER MEDITERRANEE
RAMLET EL BAIDA
Avenue Rafic El Hariri
N
0
400 m
vers Saïda

L'origine de la corniche remonte à 1885, lorsqu'il est question de relier le phare de Manara, construit en 1862, au port de pêche d'Aïn el-Mreissé. Entre les années 1920-1930, les déblais, résultant des destructions opérées sous le mandat français dans l'ancien centre-ville, servent à élargir une partie de la façade maritime en créant une bande côtière. Au gré des différents plans d'urbanisme, la corniche devient l'une des voies qui ceinturent Beyrouth. Elle est constituée d'une voie de circulation à double sens, divisée par un terre-plein et une série de palmiers. Mais c'est surtout son large trottoir équipé en mobilier urbain récemment aménagé qui en fait un attrait unique.

La corniche est l'un des lieux de promenade favoris des Beyrouthins. Sa popularité est très forte. Elle reste l'un des rares lieux publics où les Beyrouthins de toutes les confessions peuvent se croiser. Tous les jours, de l'aube au crépuscule, de nombreux marcheurs viennent ici flâner, se ressourcer en contemplant l'horizon ou l'infatigable ressac de la mer. L'activité démarre généralement vers 6h30 du matin. Hommes et femmes y débutent leur journée par un jogging léger. Vous croiserez des adolescentes sportives qui s'entraînent avant l'école, des mères de famille qui savourent le petit moment qui leur appartient avant d'avoir à faire face à leur exigeante progéniture, des superwomen carriéristes, qui n'hésitent pas à se lever tôt pour mieux entrer dans leur tailleur, ainsi que des hommes d'affaires qui essaient de faire fondre leurs poignées d'amour. Vous assisterez au spectacle de tout un monde qui côtoie la mer au pas de course, échange des sourires complices sans s'arrêter et se quitte en étant presque sûr de se revoir le lendemain. Puis, avec le passage des heures, la corniche change d'aspect. La mer est toujours là, bien sûr. Peu avant que la nuit ne tombe, on rencontre encore des sportifs un peu moins acharnés qui, écouteurs sur les oreilles, se déplacent par groupes et racontent, entre deux foulées, leur journée ou leur vie. Des grappes humaines les entourent : celles de nombreux habitants de la banlieue sud, femmes, foulard sur la tête, hommes fiers de leur progéniture qui court devant eux et revient en criant se cacher entre leurs jambes. La corniche est moins propre qu'au matin. Des épluchures de pistaches jonchent le sol, des épis de maïs glissent sous les pas. Bambins comme adultes jettent sans scrupule papiers gras et autres gobelets. Le souci de l'environnement n'est pas toujours une priorité ici… Pourtant les poubelles attendent tous les 50 m ! Malgré ce désordre ambiant qui peut surprendre, le soleil est superbe, et vous aurez du mal à repartir lorsqu'il aura disparu. De toute façon, vous garderez longtemps en mémoire la musique orientale des voitures et les regards de tous ces gens qui constituent un paysage humain plein de charme et typiquement beyrouthin.

Le week-end, les familles se réunissent sur la grande esplanade de terre et de rochers qui avance vers la mer. Femmes et hommes s'y regroupent pour discuter, parfois à même le trottoir sur une couverture, pour fumer le narguilé ou pour y préparer un barbecue. Un peu plus loin, les jeunes rivalisent en plongeant du haut des rochers, même au cours d'une journée ensoleillée d'hiver.

GROTTE AUX PIGEONS ★★★

A pied ou en voiture, vous vous rendrez vite compte que pour accéder à Raouché, ça monte ! Mais le résultat vaut bien un petit effort… Ce quartier a acquis sa réputation grâce au voisinage de la célèbre grotte aux Pigeons, des îlots de calcaire modelés par l'érosion. Ce rocher, qui figure sur la majorité des photos touristiques de Beyrouth, s'élève à 46 m de hauteur. C'est l'une des principales attractions naturelles de la ville. Un escalier naturel sur le rocher permet d'accéder au sommet.

A partir de la corniche, on a une vue remarquable sur le site.

- **En contrebas** de la grotte aux Pigeons, il est possible de descendre vers le front de mer et d'obtenir une très belle vue sur le site. On peut aussi apercevoir le port de Dalia qui compte encore un petit groupe de pêcheurs. Ce port a été affecté par une marée noire suite à la guerre de juillet 2006 et le bombardement de la centrale de Jiyé.
- **Quelques mètres après** la grotte aux Pigeons, l'immeuble Shams, avec sa façade multicolore, symbolise le Raouché des années 1950. Il a été conçu par l'architecte Joseph Philippe Karam.

MOSQUÉE AIN EL-MREISSÉ

Cette mosquée fut construite en 1887-1888 par Abdullah Beyhum et Sheikh Mohammad al-Hibri.

PLAGE DE RAMLET EL-BAÏDA ★

Plus loin sur la corniche, après avoir passé l'hôtel Movempick, on aperçoit au loin la seule plage publique de Beyrouth. Cette plage de sable s'étend sur 1 km de longueur. Si la baignade n'est pas conseillée, cela reste un endroit agréable et convivial où les familles viennent nombreuses se promener. En fin d'après-midi, les jeunes du quartier entament des parties endiablées de football ou de volley-ball.

PLAGES PRIVÉES DE MANARA ★

En direction de Manara, la corniche longe le campus de l'Université américaine de Beyrouth, puis l'école internationale Collège, avant d'arriver au niveau de l'hôtel Riviera.

Un passage souterrain permet d'accéder à sa plage privée et son petit port de plaisance. Après la zone Manara avec son nouveau phare, la corniche est moins séduisante. On n'a plus la vue directe sur la mer. On longe les plages privées du Bain Militaire, de Long Beach et du Sporting. Créées dans les années 1930 et 1950, ces adresses sont très connues, mais également anciennes et cela se voit. Peu accueillantes, vieillottes et dotées d'un service rudimentaire, certaines mériteraient un coup de jeune et pourtant elles sont bondées chaque été ! Fondé en 1955, Le Sporting est très vintage et n'a pas trop changé depuis 50 ans. Manara compte l'un des cafés les plus pittoresques de la ville, Café Raouda.

Le nouveau phare mitoyen à la plage du Bain Militaire a remplacé l'ancien phare dans son habit blanc rayé de noir que l'on distingue entre deux immeubles sur la colline qui surplombe la région.

Pour guider les bateaux venant de plus en plus nombreux à Beyrouth, Daoud Pacha (le premier *moutassarif* nommé au Liban durant l'occupation ottomane) avait décidé, en 1863, de confier la construction du phare à des ingénieurs français. Ce vieux phare fut éteint de 1977 à 1994, puis la construction d'un immeuble en contrebas au début des années 2000 lui a été fatal. Ne pouvant plus éclairer correctement, il a été fermé et un nouveau phare fut construit un peu plus bas.

Au pied de ce phare, on peut admirer la « maison rose », splendide maison libanaise dont le premier étage est à l'abandon. Son balcon compte neuf arcades. Construite en 1882, elle domine le secteur de Ras Beyrouth. Bien que classée, la maison occupe un site remarquable qui attire les regards des promoteurs immobiliers.

PORT AIN EL-MREISSÉ

Port Ain Mreissé

Des trois ports que comptait Ain el-Mreissé, seul Mina al-Fakhoura – le port de la poterie – demeure encore en service à coté d'Uncle Deek. Son bassin a été séparé de la mer par la construction de l'avenue au milieu des années 1970. Depuis, les petites barques doivent emprunter un passage sous la route.

UNCLE DEEK

Port Ain Mreissé

✆ +961 1 362 290

Ouvert tous les jours 24h/24.

Ce petit café ouvert 24h/24 fait partie du décor de la corniche. Mitoyen du port d'Ain el-Mreissé, Uncle Deek propose café, chocolat chaud, thé, jus et glaces. Le café y est particulièrement savoureux, et les clients sont nombreux à s'arrêter en voiture juste devant. Un serveur vient prendre la commande et revient quelques instants plus tard avec un gobelet. Pratique lorsque l'on est pressé ! Ce va-et-vient est un vrai spectacle !

La corniche et le nouveau phare.

BALADES

Au cœur de la rue Hamra

La visite de la rue Hamra commence par l'imposant immeuble de la Banque du Liban (1) construit de 1963 à 1964. Son architecture est signée du bureau suisse Abdor et Julliard. On passe devant l'office du tourisme (2) et le siège de la banque Fransabank (architecture de la fin des années 1960 dessinée par le Finlandais Alvar Aalto et l'Allemand Alfred Roth). C'est la multiplication des immeubles de bureaux – centre Estral, centre Broadway et immeuble Saroulla (1963) – qui assure à Hamra une parfaite image de centre d'affaires. Puis, on passe devant la franchise Costa (3) qui occupe l'ancien local du café Horse Shoe, inauguré en 1959. Cette adresse connut un succès considérable. C'était le café des intellectuels et des artistes. Quelques mètres plus loin, l'ancien local du Café de Paris, un café très renommé qui a fermé à la fin des années 2000. Les étages de cet immeuble de bureaux sont aujourd'hui abandonnés. Sa construction remonte à 1955. Son propriétaire Manuel Arida était un Libanais expatrié en Amérique du Sud. Le premier cinéma Al-Hamra de la rue Hamra y fut inauguré avec une salle de 850 sièges. L'entrée du cinéma est désormais occupée par le café Caribou.À l'intersection des rues Hamra et Abdel Aziz (4), l'immeuble Piccadilly date de 1968. Son théâtre aujourd'hui fermé, fut l'un des plus renommés de Beyrouth avant guerre. A l'angle opposé (5), l'immeuble Esseilly (boutiques Domtex, Adidas et Patchi) date de 1947. Ses bureaux furent loués par la société pétrolière américaine TaplineHamra Square (6) est le centre d'affaires le plus moderne de la rue Hamra. Sa construction remonte au milieu des années 1990. Son esplanade est occupée par les terrasses du café Starbucks. En face, la façade de l'immeuble Eldorado (1964) fait peine à voir. Cet immeuble de bureaux qui appartient à un propriétaire koweitien n'a jamais retrouvé son lustre d'antan. Son cinéma est occupé par la boutique Eldorado Shopping Center et son café-restaurant a fermé en 1977, le local a été divisé en plusieurs boutiques. En face, le centre Strand (avec la pizzeria Napolitana) date de 1964. Plus de 30 ans après sa dernière séance, l'ancien cinéma Strand est toujours fermé... Plusieurs restaurants et cafés se sont agglutinés autour de Taj Tower, notamment Deek Duke et Roadster Diner. L'immeuble abrite l'hôtel Crowne Plaza. Le secteur entre la rue Hamra et l'AUB est mixte : immeubles résidentiels, restaurants et pubs, hôpital américain, appartements meublés et hôtels. Rue Makhoul, l'église orthodoxe de la Vierge remonte à 1860. Un petit cimetière est adjacent à l'église.

Quartier Zokak el-Blatt (Hamra)

Entre le centre-ville et Hamra, au pied de la tour Murr, inachevée, le quartier Zokak el-Blatt garde encore quelques magnifiques immeubles et palais. La plupart sont abandonnés et dans un état pitoyable. Ce patrimoine architectural beyrouthin est en danger. Malheureusement leur visite est interdite. Il faut se contenter de les admirer de l'extérieur. Néanmoins, cela reste une belle occasion de découvrir un quartier de Beyrouth dont l'histoire est riche. Zokak el-Blatt (qui veut dire « route pavée ») fut l'un des premiers quartiers à se développer hors des murs de la vieille ville au début du XIXe siècle. Il devint le quartier résidentiel de la bourgeoisie : riches négociants, politiciens, diplomates et intellectuels qui y construisirent de belles résidences et palais. Il en reste aujourd'hui quelques « miettes ».La visite peut commencer rue Hussein Beyhum. En bas de la rue, face à face, les palais Heneiné (1) et Ziadé (2). Le palais Ziadé est splendide. Construit à la fin des années 1860 par un architecte italien pour un riche commerçant Youssef Nasr, le bâtiment de deux étages se distingue par ses façades longées d'une galerie d'arcades et ses murs émaillés d'œil de bœuf. On remarque deux petites tours carrées très endommagées sur le toit appelées masyaf ou aaliyya. Devenu la propriété de la famille Ziadé dans les années 1930, le palais (actuellement très délabré) fut occupé par des familles de réfugiés durant la guerre civile. Le palais Heneiné fut construit vers 1880 ; il appartenait à la famille Mezher. Il fut autrefois le consulat des Pays-Bas, puis des Etats-Unis de 1914 à 1936. En 1936, Marie Mezher épousa le médecin Joseph Heneiné. La façade du bâtiment, plutôt austère, masque en définitive une bâtisse d'une grande richesse architecturale avec ses ogives, ses frises et ses plafonds parsemés de miroirs. De 1968 à 1970, Marie Mezher-Heneiné transforma le premier étage en restaurant, Le Petit Palais. Toujours dans la même rue en remontant vers la mosquée, on aperçoit la City International School (3) – ancienne école Michan Palandjian dont l'un des bâtiments date de 1890 – et l'institut allemand d'Orient (4) qui occupe depuis 1963 le palais Farjallah – dont la construction initiale date des années 1850. Il s'agit d'une des plus anciennes maisons de Zokak el-Blatt.

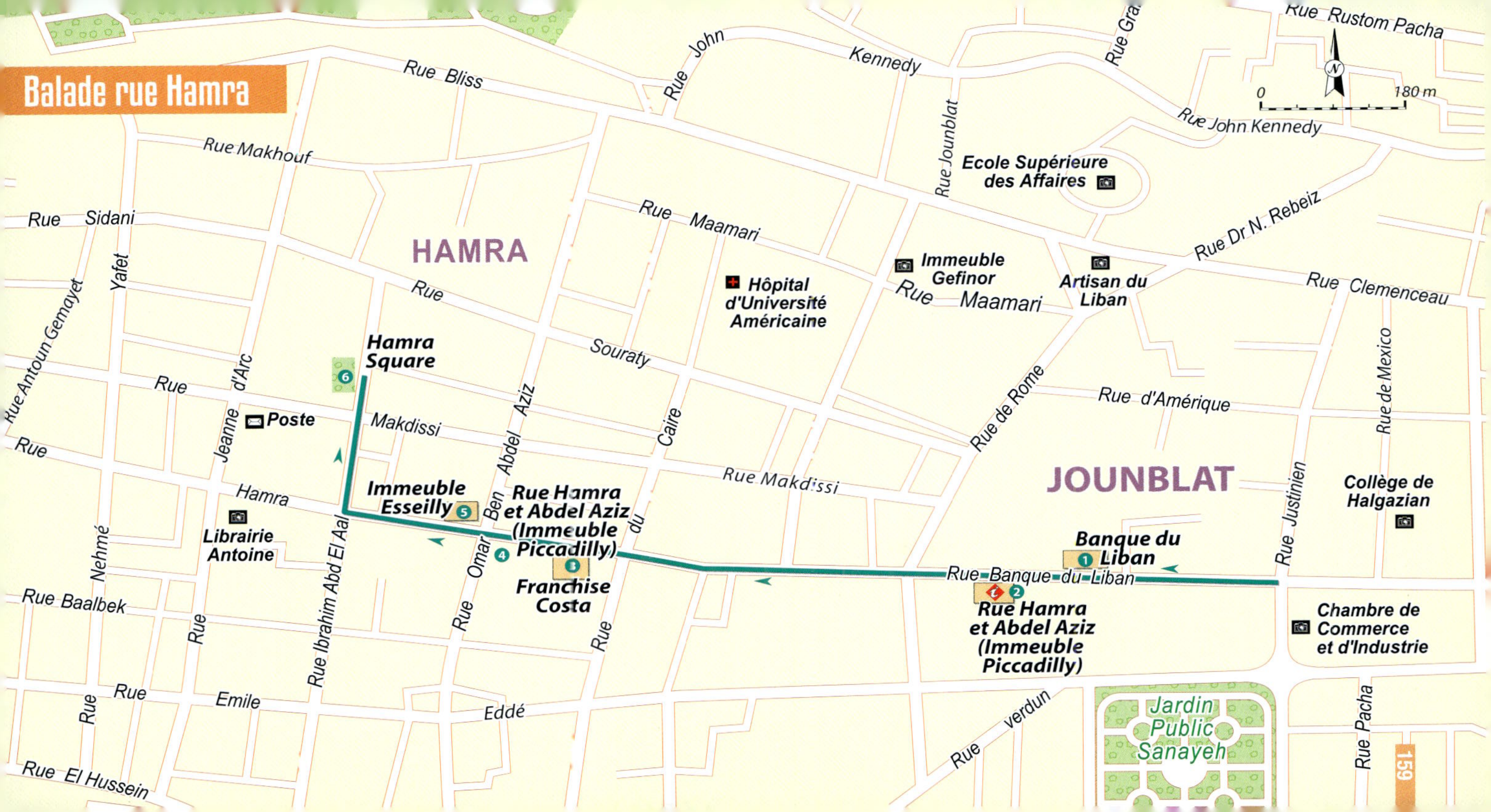
Balade rue Hamra
HAMRA
JOUNBLAT
Hamra Square
Immeuble Esseilly
Rue Hamra et Abdel Aziz (Immeuble Piccadilly)
Franchise Costa
Banque du Liban
Rue Hamra et Abdel Aziz (Immeuble Piccadilly)
Poste
Librairie Antoine
Hôpital d'Université Américaine
Immeuble Gefinor
Artisan du Liban
Ecole Supérieure des Affaires
Collège de Halgazian
Chambre de Commerce et d'Industrie
Jardin Public Sanayeh
Rue Bliss
Rue John Kennedy
Rue Rustom Pacha
Rue Makhouf
Rue Sidani
Rue Maamari
Rue Jounblat
Rue Dr N. Rebeiz
Rue Clemenceau
Rue Souraty
Rue Makdissi
Rue de Rome
Rue d'Amérique
Rue de Mexico
Rue Justinien
Rue Banque du Liban
Rue du Caire
Rue Abdel Aziz
Rue Omar Ben
Rue Ibrahim Abd El Aal
Rue Jeanne d'Arc
Rue Hamra
Rue Yafet
Rue Antoun Gemayet
Rue Nehmé
Rue Baalbek
Rue Emile Eddé
Rue El Hussein
Rue verdun
Rue Pacha
0
180 m
N

La mosquée sunnite du quartier fut construite par Abdel Rahman Hout vers 1860. Depuis plus de trente ans, la mosquée est gérée par le mouvement fondamentaliste des Al-Ahbaches qui a pris naissance en Ethiopie. En continuant le long de la rue parallèle à la voie rapide se trouve le hammam Al-Nozha ((03) 013 032 – rue Mohamed Kasti) (5). Ouvert depuis 1920, ce hammam (uniquement pour les hommes, sauf le mercredi) est l'un des derniers bains turcs encore fonctionnels de Beyrouth, à proximité de la mosquée de Zokak el-Blatt en direction du boulevard Selim Salam. La rue Amine Beyhum compte une rangée d'anciens immeubles de trois étages qui datent de la période du mandat français dans les années 1930 (6). L'ancien président de la République Emile Lahoud grandit dans l'un d'eux. Devant la station-service, on distingue l'ancienne résidence de l'ambassade de Grande-Bretagne (7) qui date de 1920. Depuis 1986, le palais appartient à Dar el-Aytam al-Islamiyya (orphelinat islamique). Le cœur de Zokak el-Blatt dispose de plusieurs établissements scolaires : lycée Abdel Kader (8) et Hariri II High School (9). Ce dernier est l'ancienne Bristish Syrian School fondée entre 1860 et 1867 et compte un bâtiment dont la façade est agrémentée des trois arcades traditionnelles. Le site a été acheté par Rafic Hariri en 1980. L'administration du lycée Abdel Kader occupe l'ancienne résidence Brun (de 1885 à 1926), un médecin français. En 1928, la mission laïque française ouvre un lycée dont le site appartient depuis 1986 à la fondation Hariri. L'école est toujours dirigée par la mission laïque française. Devant l'école Hariri II High School, l'église Notre-Dame-de-l'Annonciation (10) date de 1890, elle conserve l'iconostase et les icones d'une ancienne église construite au même emplacement en 1845. Située sur l'un des points culminants de Zokak el-Blatt, l'école du Patriarcat grec-catholique (11). Cet imposant bâtiment date de 1864. Réputé pour la qualité de son enseignement, l'établissement eut parmi ses élèves qui ont fait l'histoire du Liban : Charles Debbas (premier président de la République), Riad el-Solh (Premier ministre) et Khalil Moutran (écrivain et poète). Derrière l'école du Patriarcat, mitoyen aux maisons Hibri, un petit escalier ombragé mène à la résidence privée d'Assem Salam qui loue une partie de l'ancienne demeure de la famille Soussa (12), grand propriétaire foncier à Zokak el-Blatt dans la seconde moitié du XIXe siècle. La visite de Zokak el-Blatt se termine au pied du palais Bechara al-Khoury (13). Son état de délabrement fait peine à voir. Deux escaliers encerclent une grotte baroque incrustée de pierre. Le premier niveau est occupé par un charpentier. Ce palais somptueusement décoré qui appartenait à un riche marchand dispose d'une galerie en arcade.

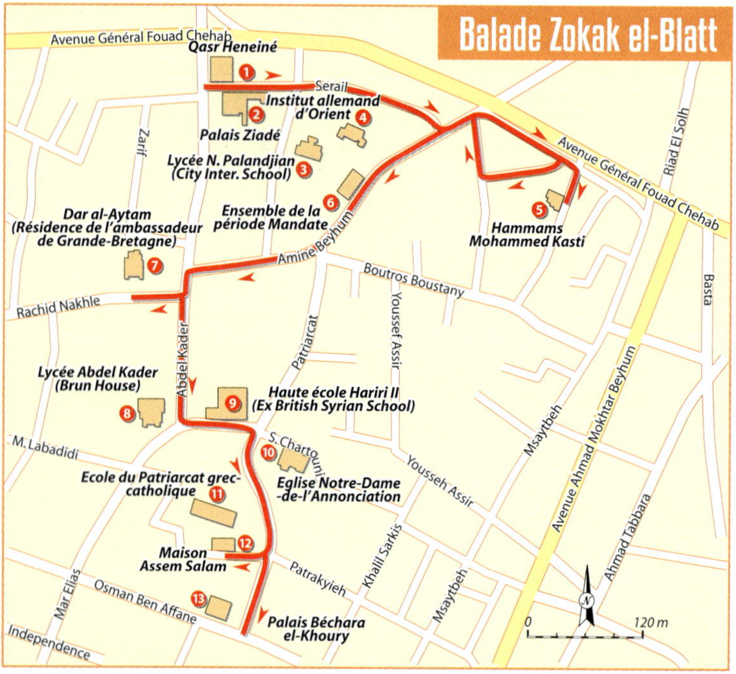

Balade Sursock/Sodeco
1 Escalier Saint-Nicolas
2 Palais Linda Sursock
3 Musée Sursock
4 Palais Sursock
5 Centre Sofil
6 Villa Audi
7 Jardin Saint-Nicolas
8 Palais Sehnaoui
9 Pension Hayete
10 Centre commercial ABC Achrafié
11 Bayt Beyrouth (Immeuble Barakat)
12 Restaurant Yabani
SAYFEH
RMEIL
ACHRAFIEH
Rue Gouraud
Rue AMir Bachir
Syria
Amir Amine Gellas
Ghalghoul
Avenue Bechara El Khoury
Al Shouhada
Rue Mkhallissiye
Rue Charles Debbas
Rue George Haddad
Rue du Général Fouad Chehab
Rue Charkles Malek
Rue Charles Malek
Rue Lebanon
Mar Antonios
Mar Nkoula
Boutros Dgaher
Rue Emile Sursock
Mouaitau
St-Nicholas
Rue Michel Bustros
Rue Debbas
Rue Andraos
Rue Geaza
Rue Ecole d Sagesse
Rue Salah Labaki
Rue trois docteurs
Rue Mharak
Rue Mansour Dahdah
Saint-Joseph University
Rue Salim Butros
Rue Chehade
Saint Coeurs
Tobbaji
Gerios Twaini
G. Khahra
el Ihsan
Rue Yazigi
Rue Damascus
Rue Monot
Yessouiyeh
Rue Petro Trad
Rue Furm El Hayek
Rue Abdet Haui
Rue Abdul Hadi
Chukri Assali
Siryan Patraircat
Rue Bachoura
Rue Huvelin
Rue Ghandour El Saad
Rue Ecole el Salam
Rue Mariam Geahchan
Adib Nahhas
Rue St-Charbel
Mar Mitr
Rue Tyane
Daoud Ammoun
Rue V. Hugo
Rue Roucheid el Dahdah
Rue Yared
Rue Wadi Naim
Chebaro
Rue Baroudi
Rue Zarat
Rue Furm el Hayek
Rue Tasso
H. Zahrawi
El Nakib
Avenue de l'Indépendance
Abdallah Khaled
Rue Doumani
Femeini
Rue Naccache
Rue Bethleem
Nasra
Rue Achrafieh
Rue Moumneh
Rue Abdel Wahab el Inglizi
P. Trad
Rue George Haimari
Adib Ishac
Rue Alfred Naccash
Rue Adib Nahhas
Ave. de l'Indépendance
Rue Sioufi
0
150 m
N

Quartier Sursock/Sodeco (Achrafieh)

Une fois avalé les marches de l'escalier Saint-Nicolas (1), commence le quartier Sursock. Le nom vient de la famille Sursock, originaire d'Istanbul en Turquie et établie à Beyrouth en 1714. Elle a bâti sa fortune au milieu du XIXe siècle et fait désormais partie d'une des plus célèbres familles aristocratiques de Beyrouth. Calme et verdoyant, Sursock présente des immeubles de luxe et de magnifiques demeures d'inspiration italienne, cachées des regards indiscrets par des jardins exubérants, tels le musée Sursock, à gauche (3), le palais Linda Sursock, mitoyen du musée (2), ou encore le palais Sursock (4). Puis, en quittant Sursock, vous allez atteindre le carrefour Sofil, du nom d'un centre d'affaires construit à la fin des années 1970 (5). Dans les jardins du centre, la magnifique villa Audi toute blanche (6) est une salle d'exposition. La famille Audi possède l'une des premières banques du Liban. On aperçoit également l'imposante église Saint-Nicolas, reconstruite à partir de 1991. Depuis 1876, le site est occupé par une église.Traversez l'avenue Charles Malek et rejoignez la rue Selim De Bustros. Ce quartier garde encore quelques exemples de vieilles maisons libanaises. Ouvert depuis 1964, le petit jardin Saint-Nicolas (7) est très vintage, il a été dessiné par l'architecte Ferdinand Dagher. Vous pouvez prendre la rue Gabriel Khabbaz d'où vous pourrez voir la très belle façade du palais Sehnaoui (8). N'hésitez pas à vous perdre dans les rues d'Achrafieh et de tourner à gauche et à droite pour découvrir au détour d'une ruelle une belle maison aux tuiles rouges ou une allée ombragée. Au croisement des rues El-Saad, Baroudi et Assali, vous arrivez au niveau d'une intersection où s'élèvent de belles bâtisses. Colonnades et loggias ornent les façades tandis qu'un escalier extérieur dessert les différents niveaux. Au premier étage, se trouve la pension Hayete (9). Là, vous prendrez sur votre gauche la rue Furn el-Hayek et remonterez jusqu'à la place Sassine. Vous passez devant le centre commercial ABC (10) inauguré à l'hiver 2003. Avec plus de 37 000 m² de surface commerciale, il comporte une galerie marchande avec une centaine d'enseignes, plusieurs salles de cinéma et de nombreux restaurants. À partir de l'ABC, il est possible de rejoindre le quartier Sodeco en longeant la rue Abdel Wahab el Inglizi, l'une des destinations résidentielles les plus cotées d'Achrafieh. La rue est élégante avec ses anciens immeubles des années 1940-1950 (11) et ses vieilles maisons à l'architecture traditionnelle. Toutefois, la pression immobilière bat son plein et plusieurs projets immobiliers y sont en construction.Une fois à Sodeco, on peut rejoindre le centre-ville en descendant la rue de Damas qui garde encore quelques stigmates de la guerre (immeubles abandonnés, criblés d'impacts).

SHOPPING

Beyrouth est une ville branchée. La ville regorge de petites boutiques de jeunes designers, de salles d'exposition de créateurs et de boutiques de mode. Vous serez étonnement surpris par la créativité et le savoir-faire des Libanais. En tête de liste, les stylistes locaux rivalisent avec les meilleurs du monde et les stars internationales sont fières de s'exposer dans des robes signées d'Elie Saab, de Zuhair Mrad ou Reem Acra. Mais Beyrouth compte également des créateurs plein de talent qui sauront vous séduire par un sac design, un bijou fantaisiste et une robe originale. Pour trouver des objets et accessoires avec une touche made in Beyrouth, direction le quartier Saifi Village en bordure du centre-ville. Le Port, la rue Gouraud et Mar Mikhael sont également des adresses à visiter.Plus classique, Beyrouth compte deux centres commerciaux très élégants (ABC Achrafieh et Les Souks de Beyrouth). Les principales enseignes internationales du luxe et de la mode y sont présentes. Les amateurs d'antiquités trouveront quant à eux leur bonheur aux marchés aux puces de Basta. Pour ceux qui sont à la recherche de produits artisanaux, quelques boutiques comme L'Artisan du Liban offrent un large choix de souvenirs qui raviront vos proches. Le vin du Liban est très bon et mérite plus de considération. On aura aucune peine à se procurer de bonnes bouteilles dans les supermarchés locaux et les boutiques spécialisées. Il est bon de savoir que Beyrouth compte un nombre considérable de petites épiceries ouvertes souvent tard le soir, voire 24h/24. On y trouve les produits de base et les prix n'y sont pas aussi élevés que dans un supermarché. Ces boutiques d'alimentation sont encore très appréciées des Beyrouthins.

Bons plans

SOUK EL-TAYEB

Rue de Tripoli © +961 1 442 664

www.soukeltayeb.com

Tous les samedis matin de 9h à 14h.

Au centre-ville, au fond des Souks de Beyrouth, se tient tous les samedis matin un marché bio, baptisé Souk el-Tayeb, qui regroupe des dizaines de producteurs locaux. Une excellente adresse pour découvrir les produits libanais qui viennent des quatre coins du pays. On salue cette initiative lancée en 2006 par Kamal Mouzawak qui encourage la productivité locale,

une agriculture biologique et de qualité et le commerce équitable. La clientèle est familiale, plutôt aisée et un brin bobo. Ambiance conviviale.
Le label « Souk el-Tayeb » s'est diversifié avec l'ouverture d'un restaurant Tawlet à Mar Mikhael puis de plusieurs chambres d'hôte, notamment à Deir el-Qamar, Douma et Ammiq.

THE EARTH MARKET

Rue Hamra
www.earthmarkets.net
devant le restaurant Bread Republic
Tous les mardis de 8h à 14h.
Chaque mardi, The Earth Market réunit une quinzaine de producteurs qui viennent des quatre coins du pays pour proposer leurs produits du terroir. Fruits et légumes, manouchés, pâtisseries, confitures... un excellent moyen de découvrir la gastronomie traditionnelle libanaise !

Centre-ville

Le centre-ville compte trois principales destinations de shopping : Les Souks de Beyrouth, un vaste centre commercial inauguré en 2010 avec une partie spécialisée dans la bijouterie ; le quartier Foch et Allenby, qui regroupe de nombreuses franchises internationales de luxe ; Saifi Village, un secteur dédié à l'art, la mode, la déco et l'artisanat.

Artisanat - Déco - Maison

ASSYLA

Saifi Village
Rue Said Akl ✆ +961 1 970 333
www.saifivillage.com/shops/assyla
Ouvert du lundi au vendredi de 10h à 19h, le amedi jusqu'à 18h.
Installées depuis 2004 à Saifi Village, Najwa Rifai Sinno et Hareth Haidar proposent une variété d'articles artisanaux : abayas, vestes, châles, bijoux, babouches, poteries, tapisseries, accessoires, etc. Assyla fait travailler des femmes de Baalbeck (plaine de la Bekaa).

BOKJA

Saifi Village
Rue Said Akl
✆ +961 1 975 576
www.bokjadesign.com
info@bokjadesign.com
Ouvert du lundi au vendredi de 10h à 18h, le samedi de 11h à 15h.
Bokja propose une interprétation innovante de mobilier ancien, moderne et contemporain décoré de somptueux tissus traditionnels d'Asie centrale (Ouzbékistan, Mongolie) et du Moyen-Orient. C'est beau et original !

NADA DEBS

Saifi Village
Rue Moukhalsieh
✆ +961 1 999 002
www.nadadebs.com – info@nadadebs.com
Ouvert du lundi au vendredi de 10h à 19h, le samedi jusqu'à 18h.
Depuis 2002, Nada Debs s'est fait un nom dans le centre-ville de Beyrouth. Elle est désormais reconnue à l'échelle internationale pour sa créativité. Son design mélange les styles, les motifs traditionnels et les influences de l'Extrême-Orient (où elle a vécu) au Moyen-Orient (d'où elle est originaire). Sa boutique expose également des articles pour la maison, faciles à rapporter dans sa valise.

© PHILIPPE GUERSAN – AUTHOR'S IMAGE

Souk el-Tayeb, premier marché bio du Liban.

■ **ORIENT 499**
Clemenceau
Rue Omar Daouk
✆ +961 1 369 499
✆ +961 3 411 624
www.orient499.com
orient499@orient499.com
Ouvert du lundi au samedi de 10h30 à 19h.
Fondée par le duo Frank Luca et Aida Kawas, cette enseigne très haut de gamme propose des meubles et objets de décoration raffinés et de qualité. Même si vous n'avez pas le budget, allez y jeter un coup d'œil, c'est splendide ! La boutique se trouve juste en face de l'ancien hôtel Holiday Inn, aujourd'hui abandonné.

■ **OUMNIA**
Saifi Village
Rue Siad Akl
✆ +961 1 993 339
www.oumniaboutique.com
info@oumniaboutique.com
Ouvert du lundi au vendredi de 10h à 19h, le samedi de 11h à 16h.
Issue d'une grande famille de marchands de tapis, Nivine Maktabi propose une ligne de tapis et d'accessoires (coussins, sacs, pachminas, etc.) qui mélangent tradition et modernité. Le patchwork est réussi.

Bijouterie

■ **PURRL**
Saifi Village
Rue Saad Zaghoul
✆ +961 1 974 475
Ouvert du lundi au samedi de 10h à 19h.
Rola Kassem expose ses créations de bijoux dans une grande boutique lumineuse. Achetées au Japon, les perles sont travaillées au Liban.

■ **RANDA TABBAH**
Saifi Village
Rue Mkhallasiyé
✆ +961 1 975 030
www.randatabbah.com
info@randatabbah.com
Ouvert du lundi au vendredi de 11h à 19h, le samedi jusqu'à 18h.
Issue d'une famille de joailliers, la créatrice Randa Tabbah expose ses collections très contemporaines, pour la plupart des pièces uniques en or 18ct serties de diamants et de pierres de couleurs. Son style est tres diversifié : on y retrouve l'or brut, texturé, net ou brillant. Ses bijoux, pendentifs, bagues et bracelets sont accessibles pour tous les budgets.

Cadeaux

■ **JOHNNY FARAH**
Saifi Village
Rue Said Akl
✆ +961 1 974 808
www.johnnyfarah.com
Ouvert du lundi au samedi de 11h à 19h.
Johnny Farah propose une gamme variée d'articles en cuir : sacs, ceintures, portefeuille et chaussures (babouches et ballerines). Produits de qualité dans un style très épuré. Le cuir utilisé est libanais ou importé d'Italie. Le traitement de la matière se fait dans une tannerie locale.

Centres commerciaux

■ **SOUKS DE BEYROUTH**
Rue Weygand
✆ +961 1 957 000
www.beirutsouks.com.lb
communications@solidere.com.lb
Ouvert tous les jours de 10h à 22h. Les restaurants sont ouverts de 9h à minuit (jusqu'à 1h du jeudi au samedi).
Inaugurés officiellement en 2010, Les Souks de Beyrouth (ou Beirut Souks) ont été construits sur le tracé des anciens souks d'avant la guerre civile. Le nouveau centre en a gardé les noms des allées (souk El-Tawileh, souk El-Jamil, souk Ayass) et le côté labyrinthe. Les Souks de Beyrouth offrent 60 000 m² de surfaces piétonnes et des centaines d'enseignes essentiellement haut de gamme et de renommée internationale. Ce centre commercial est esthétiquement parlant très beau, très sécurisé et propre. Des œuvres d'art (Xavier Corbero, Arne Quinze et Lluis Lleo) sont exposées sur certaines esplanades.

Librairie

■ **LIBRAIRIE ANTOINE**
Souks de Beyrouth
Rue Weygand
✆ +961 1 999 650
www.antoineonline.com
Ouvert tous les jours de 10h à 22h.
Ouvert depuis 2012, la Librairie Antoine – le leader de la distribution de produits culturels au Liban – occupe plus de 1 000 m² dans les Souks de Beyrouth. Cet espace va ravir tous les amoureux de la culture. Les plus jeunes bénéficient d'un large espace jeunesse avec des bandes dessinées, des livres et des jeux éducatifs. Pour les plus grands, l'établissement qui est une institution à Beyrouth dispose de la majorité des magazines français. La presse (*Le Monde, Libération, L'Equipe,* etc.) est disponible avec 24 heures de retard.

Librairie Antoine propose aussi un large choix de livres, de guides, de cartes sur le Liban. L'adresse des Souks dispose d'un espace café. L'enseigne compte également des points de vente à Hamra, à Verdun, à l'ABC d'Achrafieh, à Sassine…

Mode - Sport

CREAM
Rue Said Akl
Saifi Village
✆ +961 1 987 787
Ouvert du lundi au samedi de 10h30 à 19h.
Situé à l'angle de la jolie place de Saifi, qui abrite également le café Balima, cette boutique de vêtements et d'accessoires pour femme propose d'élégantes créations : robes, bijoux, tops, etc., ainsi que quelques livres et objets de décoration.

MILIA M
Saifi Village
Rue Said Akl
✆ +961 1 990 336
www.miliam.com
commercial@analuiza.com
Ouvert du lundi au samedi de 11h à 19h.
Milia Maroun est une designer de mode qui crée sous sa marque Milia M des vêtements haute couture et de prêt-à-porter, ainsi que des costumes de spectacle. La marque s'exporte dans plusieurs pays du monde. En 2008, Milia M a eu le privilège de participer à la Fashion Week de Milan.

STARCH
Saifi Village
✆ +961 1 566 079
www.starchfoundation.com
tala@starchfoundation.org
Ouvert du lundi au samedi de 10h à 18h.
A l'initiative de Rabih Keyrouz et Tala Hajjar Khalaf, Starch est une association qui donne l'occasion à de jeunes stylistes libanais (sélectionnés chaque année) d'exposer leur création (habillement, accessoires, design, etc.) et de lancer leur carrière. Starch dispose d'une salle d'exposition et de vente à Saifi Village. Mieux vaut téléphoner avant de s'y rendre pour être sûr que le lieu soit bien ouvert.

Panier gourmand

AWAN
Rue du Port
✆ +961 1 444 288
✆ +961 71 713 536
www.awan-tea.com
info@awan-tea.com
Ouvert du lundi au vendredi de 10h à 19h, le samedi jusqu'à 16h.
Awan propose plus de 70 types de thés et d'herbes. L'enseigne dispose également d'une petite sélection de spécialités libanaises : *babounej* (camomille du Chouf), *toot* (mûres de Bsous) et *safa wa hana* (sélection d'herbes du Chouf). Awan (qui veut dire en arabe « le bon moment ») occupe une élégante boutique dans le quartier du port.

Achrafieh

Artisanat - Déco - Maison

LIWAN
Rue de Madrid
Mar Mikhael
✆ +961 1 444 141
www.liwanlifestyle.com
Ouvert du lundi au samedi de 10h à 19h, le samedi jusqu'à 18h.
Situé à Mar Mikhael entre la rue du Fleuve et l'avenue Charles Helou, Liwan n'est pas de l'artisanat à proprement parler. Chaque produit est une création de Lina Audi, une création réalisée par des artisans libanais avec qui elle travaille depuis des années. Chaque produit est dûment signé Liwan : du verre soufflé au coussin de soie, des babouches à l'abaya, des parures de lit aux cuivres et poteries. Liwan a également une adresse à Paris, 8 rue Saint Sulpice dans le 6e.

La rue Pharaon, la destination branchée de Mar Mikhael

Au cœur du quartier Mar Mikhael, à proximité des anciens garages automobiles et des épiceries, la rue Pharaon est un phénomène à découvrir. En l'espace de quelques années, de nouveaux commerces ont ouvert leur porte : une boutique d'accessoires design (Pink Henna), deux galeries de meubles (Liwan et Maria Halios Design), un café-librairie (Papercup), une salle d'exposition… Plus d'informations sur : www.marmikhael-district. com

Beauté - Bien être

THE NAIL BAR

Mar Mitr
Achrafie
✆ +961 1 205 040 / +961 3 249 060
www.nailbaronline.com
handson@nailbaronline.com
A côté de Spinneys.
Ouvert du lundi au samedi de 9h à 19h (jusqu'à 20h le jeudi et le vendredi). Manucure à 15 $, pédicure à 20 $.
Une envie urgente de soigner son look jusqu'au bout des ongles ? The Nail Bar est un bar à ongles qui va ravir les femmes et les hommes pressés. Les prestations sont de qualité et l'accueil est sympa. The Nail Bar se trouve à proximité du supermarché Spinneys en contrebas de la place Sassine.

Bijouterie

CYNTHIA RAFFOUL

Rue Gouraud
Gemmayzé
✆ +961 1 443 491
www.cynthiaraffoul.com
info@cynthiaraffoul.com
Ouvert du mardi au vendredi de 11h à 19h, le samedi sur rendez-vous.
La créatrice franco-libanaise Cynthia Raffoul commence à se faire un nom. Ses bijoux (bagues, boucles d'oreilles, colliers, manchettes, etc.) sont des pièces uniques avec un brin de fantaisie et d'originalité.

ROSA MARIA

56 Rue de Madrid
Mar Mikhael
✆ +961 1 571 985
✆ +961 76 636 835
www.rosamariajewellery.com
Ouvert du lundi au samedi de 10h à 19h.
Situé dans le quartier tendance de Mar Mikhael, Rosa Maria expose depuis juin 2011 une gamme variée de bijoux uniques. Rosy Abourous mélange des matériaux (argent, or, zinc, cuivre) pour créer des combinaisons originales.

Centres commerciaux

ABC ACHRAFIEH

Centre Commercial ABC
Sassine
✆ +961 1 212 888
www.abc.com.lb
Ouvert tous les jours de 10h à 22h. Les restaurants sont ouverts de 10h à minuit.
Ouvert fin 2003, ABC Achrafieh a été le premier véritable centre commercial à Beyrouth. Avec plus de 140 000 m² de surface bâtie, il offre un large panel d'enseignes internationales et locales. Elégant et aéré, le centre qui s'étire sur 4 étages compte un grand magasin ABC, une galerie marchande, un complexe de cinémas et une vingtaine de restaurants et cafés dont la plupart sont situés au dernier étage et disposent de grandes terrasses.

Librairie

PAPERCUP

Rue Pharaon
Mar Mikhael
✆ +961 1 443 083
www.papercupstore.com
info@papercupstore.com
Ouvert du lundi au vendredi de 10h à 20h, le samedi de 10h à 19h. Espresso à 5 000 LL, cappuccino à 7 000 LL, latté à 8 000 LL, jus d'orange à 3 500 LL, chocolat chaud à 7 500 LL.
Rue Pharaon, à côté de l'église Mar Mikhael, une minuscule façade cache une adresse atypique. Qui n'a jamais aimé prendre un café ou un thé en lisant un bon livre ? C'est l'idée directrice de Papercup et de sa directrice Rania Naufal. A l'intérieur : un long présentoir avec des magazines internationaux, une grande bibliothèque avec des centaines de livres sur l'art, l'architecture, la peinture et la photographie, quelques tables et un sofa. C'est mignon ! Papercup est intimiste et très agréable.

Mode - Sport

C BY CYNTHIA

Rue Mar Maroun
Saifi
✆ +961 1 585 758 / +961 76 666 274
Ouvert du lundi au samedi de 10h30 à 18h.
Située dans une rue étroite à proximité de l'église Mar Maroun et du restaurant Centrale, la boutique C by Cynthia s'est fait connaître par ses créations originales signées de Cynthia Bouchakjian Donikian : petits sacs à main, accessoires, bijoux et ceintures. Ses sacs en cuir sont superbes ! Mieux vaut téléphoner avant de se rendre à la boutique.

SARAH'S BAG

100 rue du Liban
Tabaris
✆ +961 1 575 585
www.sarahsbag.com
Ouvert du lundi au samedi de 10h30 à 19h.
La marque de sacs à main s'est fait connaître quand une petite pochette blanche signée « Sarah's Bag » a été portée en 2004 par Rania de Jordanie à l'occasion du mariage du prince héritier à la couronne d'Espagne Felipe de Bourbon et dont la photo est apparue dans le magazine *Vogue*.

Depuis, le succès ne s'arrête pas. Situé au premier étage de l'immeuble Mhanna, rue du Liban, Sarah's Bag occupe un ancien appartement des années 1940 avec beaucoup de charme : carrelage, haut plafond, arcades. C'est splendide ! Le sac brodé de calligraphies arabes a été l'une des premières créations de Sarah Beydoun. Un portrait coloré à la Andy Warhol représentant la diva égyptienne Oum Kalthoum, une carte de Beyrouth transformée en pochette ou des sacs de soirée finement brodés de proverbes arabes sont parmi quelques-unes de ses créations. Sarah's Bag s'implique également dans la réinsertion des femmes libanaises sortant de prison qui deviennent ses couturières. Une adresse à voir !

THE OUTLET

Saint Nicolas
Rue Selim Bustros
✆ +961 1 200 865
Ouvert du lundi au samedi de 10h à 19h.
L'adresse des bonnes affaires ! The Outlet offre une large gamme de vêtements et d'accessoires (femme, homme et enfant) signés avec 70 % de reduction sur le prix initial. The Outlet se trouve à proximité du jardin public de Saint Nicolas. L'enseigne compte également deux adresses à Verdun et à Jal el Dib.

Y.KNOT

Rue Kiwan
Badaro
✆ +961 70 108608
www.y.knot-lebanon.com
y@y.knot-lebanon.com
Ouvert du lundi au vendredi de 9h à 14h. Mieux vaut téléphoner avant.
C'est le temple du tricot ! Une boutique originale, un arc-en-ciel de couleurs. La créatrice Yildiz Diab est née au Caire, a grandi à Héliopolis et vit à Beyrouth depuis 1988. Elle est la spécialiste de la laine et propose de multiples pulls et accessoires.

Panier gourmand

CHÂTEAU MUSAR

Rue Baroudi
Furn el Hayek
✆ +961 1 328 211
www.chateaumusar.com
Ouvert du lundi au vendredi de 8h30 à 18h.
C'est l'un des meilleurs vignobles du Liban ! Située entre les rues Achrafieh et Abdel Wahab el-Inglizi, cette boutique propose les différentes cuvées (vins rouges, blancs et arak) de ce vignoble fondé en 1930 par Gaston Hochar et produit dans la plaine de la Bekaa.

DOMAINE DES TOURELLES

250 rue Monnot ✆ +961 1 330 114
www.domainedestourelles.com
info@domainedestourelles.com
Ouvert du lundi au vendredi de 10h30 à 19h, le samedi de 11h à 17h.
Installé dans la Bekaa, le Domaine des Tourelles a ouvert en 2011 une boutique de vente et de dégustation rue Monnot. L'ensemble de la production de la plus ancienne maison viticole du Liban (depuis 1868, une dynastie franco-libanaise de plus de 3 générations) est ainsi accessible au public à Beyrouth. Pour ceux qui souhaiteraient découvrir un autre type de boissons, le domaine produit également un excellent arak connu sous le nom d'Arak Brun dont une sélection spéciale est vieillie pendant 5 ans dans des jarres en argile.
Le Domaine se trouve à 45 min de Beyrouth et des visites (accompagnées de dégustation) peuvent y être organisées sur rendez-vous (par téléphone ✆ + 961 8 540 114).

FERME SAINT JACQUES

Rue Ghandour el Saad
Furn el Hayek ✆ +961 1 216 076
www.lafermestjacques.com
Ouvert du lundi au samedi de 10h à 19h.
Acheter du foie gras 100 % libanais c'est possible ! Rue Ghandour el Saad, une perpendiculaire à la rue du Liban, une petite boutique expose les produits de la Ferme Saint Jacques qui se trouve sur les hauteurs de Batroun.

Hamra

L'ARTISAN DU LIBAN

Rue Clemenceau
✆ +961 1 364 880
www.alyad.com – lartisan@lartisanlb.com
Ouvert du lundi au vendredi de 9h30 à 19h, le samedi jusqu'à 17h.
L'Artisan du Liban est une adresse incontournable pour les touristes de passage à Beyrouth. Situé à proximité de l'hôtel Gefinor Rotana, en face de l'entrée de l'Ecole supérieure des Affaires, ce magasin offre un très bel éventail de l'artisanat libanais. Sur trois étages, vous trouverez de multiples articles pour décorer la maison et divers objets en verre soufflé, cuivre, de coutellerie, marqueterie et des bijoux, mais également des travaux de couture : nappes brodées, coussins, sacs, trousses de toilettes… Une excellente adresse pour faire vos cadeaux !

Autres adresses : L'artisan du Liban a également un point de vente à Paris – 30 rue de Varenne (7e) ✆ 01 45 44 88 57 – www.alyad.com
• Une succursale se trouve à Achrafieh, immeuble Saint-Antoine, rue Gouraud (✆ +961 1 587 007).

■ **NAIIMAN**
Rue du Chili, Verdun
✆ +961 1 787 858 / +961 3 787 856
www.naiiman.com
Ouvert du lundi au samedi de 8h30 à 19h30. Manucure à 25 000 LL, pédicure à 30 000 LL.
Situé derrière l'épicerie fine Goodies, rue Verdun, Naiiman est une adresse haut de gamme dédiée au bien-être et à la beauté. L'enseigne propose une large gamme de soins : manucure et pédicure, massages (de 15 à 60 minutes), maquillage, coiffure (femme et homme). L'accueil y est convivial. La déco est moderne et raffinée. Naiiman est l'un des spas les plus prisés de Ras Beyrouth.

■ **THE EARTH MARKET**
Rue Hamra
Voir page 163.

■ **WAW DESIGN**
Rue John Kennedy
✆ +961 1 379 099 – www.wawdesigns.com
Ouvert du lundi au vendredi de 10h30 à 20h, le samedi jusqu'à 18h.
Situé dans l'immeuble Orient Queen Homes à proximité de l'AUB, le *concept store* Waw Design offre un large panel de créations originales et 100% libanaises : accessoires, meubles, sacs, articles pour la maison, chaussures, vêtements femmes et enfants. Waw fait aussi office de café.

Corniche

■ **ALI MAKTABI & SONS**
Avenue Général de Gaulle
Raouché
✆ +961 1 800 164 / +961 1 800 214
www.maktabicarpet.com
info@maktabicarpet.com
Originaire d'Iran, Ali Maktabi s'est installé à Beyrouth et a commencé son activité de fabrication et commerce de tapis. Ses fils ont depuis repris l'affaire, dont la qualité des produits a depuis longtemps fait sa réputation.

■ **LA MAISON DE L'ARTISAN**
Rue Minet el-Hosn
Ain el Mreissé ✆ +961 1 368 461
Ouvert du lundi au samedi de 9h30 à 18h30.
Situé dans le même bâtiment que les restaurants Boulevard Beirut et Popolo, La Maison de l'Artisan est une initiative de l'Etat libanais (ministère des Affaires sociales) pour la promotion de l'artisanat local. Cette initiative concerne des centaines d'artisans à travers le Liban qui participent donc à cette démarche de conservation des anciennes méthodes de fabrication (par exemple la dentelle). A défaut d'être une adresse aussi innovante et créatrice que ses concurrentes, cette boutique est très agréable et offre des prix compétitifs.

SPORTS - DÉTENTE - LOISIRS

Sports - Loisirs

■ **CLUB SPORTIF FRANCAIS**
Rue Mazboudi
Koreytem
✆ +961 1 811 744 / +961 3 969 867
Ouvert du lundi au samedi de 8h à 22h.
Situé dans le quartier de Koreytem à Ras Beyrouth à proximité du Collège protestant français, ce club sportif dispose d'un court de tennis et d'une salle polyvalente.

■ **DOMAINE SKIABLE DE ZAAROUR**
Pour accéder à Zaarour, prendre à Beyrouth la voie rapide qui monte à Baabdate, puis suivre Dhoueir el Choueir, Mrouj.
Forfait : 35 000 LL en semaine, 65 000 LL le week-end. Forfait demi-journée : 25 000 LL en semaine, 45 000 LL le week-end.
C'est la station la plus proche de Beyrouth ! Il faut compter un peu moins d'une heure pour s'y rendre. Zaarour est une station familiale qui contraste avec la station de Faraya, plus branchée et jet-set. Si le domaine skiable est limité, la station de Zaarour est agréable et compte des espaces de restauration et des chambres de location. Une boutique de sport à l'entrée du domaine skiable permet de louer skis et luges pour la journée.

■ **HIPPODROME DE BEYROUTH**
✆ +961 1 632 515
www.beiruthorseracing.com
Ouvert tous les dimanches durant l'année, courses à partir de 12h30 en hiver et de 13h30 en été.
« L'hippodrome du parc de Beyrouth pour l'encouragement des races chevalines arabes en Syrie et au Liban » a été créé en 1916. Auparavant, les compétitions hippiques se déroulaient, depuis 1885, à Bir Hassan, dans la banlieue sud de Beyrouth, sur une piste de sable de 1 600 m, sans tribune, avec de simples tentes dressées lors de chaque rencontre.
Dès l'inauguration de l'hippodrome actuel, les courses deviennent un lieu de rencontres mondaines. En 1925, l'hippodrome est le club le plus sélect de Beyrouth, connu dans tout le Moyen-Orient. On y rencontre le haut commis-

saire français, les membres du corps diplomatique ainsi que de nombreux notables libanais. Progressivement – à partir du cheval arabe du désert syrien – se constitue ce fleuron du patrimoine libanais qu'est le cheval arabe de course. De 1944 à 1967, le mois de septembre est consacré aux courses internationales. De 1968 à 1975, ce sont les années de gloire. L'hippodrome de Beyrouth est le seul au Moyen-Orient à accepter les paris.

En 1975, ce rendez-vous social et sportif devient rapidement un no man's land bombardé par les miliciens de tout bord. Situé en plein cœur du passage du Musée, entre les deux parties de Beyrouth, il servira, dans les périodes d'accalmie, de point de rencontre aux personnalités politiques libanaises n'osant pas se rendre – par crainte d'enlèvement – dans l'une ou l'autre région de la capitale. Ainsi, plusieurs conseils de ministres se tiendront dans les locaux de l'hippodrome, à proximité des écuries.

En 1982, l'armée israélienne encercle Beyrouth. Des chevaux abandonnés sont enfermés dans leurs boxes. Nombre d'entre eux seront atteints par les obus. D'autres périront de faim et de soif, sans que quiconque n'ose s'approcher de cette zone de combat. On raconte que pour sauver les survivants, le président de la République de l'époque, Elias Sarkis, persuada l'émissaire américain Philip Habib, en visite officielle dans le pays, de négocier un cessez-le-feu. Ce qui fut fait. Ce sera le premier cessez-le-feu de cette tranche de guerre israélo-libanaise.

Aujourd'hui, l'hippodrome qui s'étend sur un domaine de 200 000 m^2, est un espace atypique à Beyrouth. Oasis de verdure, miroir de la société libanaise, toutes les classes sociales et toutes les confessions s'y retrouvent pour assouvir leur passion du jeu et du cheval. Mais à l'aube de son centenaire, faute de rentabilité et d'investissement, l'hippodrome de Beyrouth pourrait bien disparaître.

■ SKILEB

✆ +961 70 103 222 / +961 3 236 623

www.skileb.com

C'est le site des amateurs de ski au Liban ! On y trouve de nombreuses infos sur les stations, les forfaits, la location de matériel, la météo des pistes et les hôtels des principales stations du pays. Des webcams à Faraya, Laklouk et aux Cèdres permettent de suivre l'état des pistes.

Où se baigner à Beyrouth ?

Si la mer qui borde Beyrouth n'invite pas à la baignade, de nombreuses piscines ont fleuri dans la capitale, principalement dans les hôtels de luxe qui longent le front de mer.

- **Hôtel Riviera**. Ouverte tous les jours de 9h à 19h. Entrée à 35 000 LL en semaine, et 43 000 LL le week-end.

  ✆ +961 1 373 210.

- **Madame Bleue**. Ouverte tous les jours de 9h30 à 18h30. Entrée à 40 000 LL en semaine, et 55 000 LL le week-end et pendant les vacances. En face de l'hôtel Vendôme, sur la corniche.

  ✆ +961 366 222

- **Hôtel Arjaan Rotana**. Ouverte tous les jours de 9h à 18h. Entrée à 22 000 LL en semaine, et 33 000 LL le week-end.

  ✆ +961 1 781 111

- **Le Sporting**. Ouverte tous les jours de 7h à 19h. Entrée à 30 000 LL en semaine, et 40 000 LL le week-end.

  ✆ +961 1 742 482

- **Saint Georges Yacht Club**. Ouverte tous les jours de 8h30 à 18h. Entrée à 30 000 LL en semaine, et 40 000 LL le week-end.

  ✆ +961 3 958 379

- **Hôtel Bristol**. Ouverte tous les jours de 10h à 19h. Entrée à 30 000 LL.

  ✆ +961 1 351 400

- **Hôtel Gefinor Rotana**. Ouverte tous les jours de 6h à 21h. Entrée à 45 000 LL.

  ✆ +961 1 371 888

- **Hôtel Palm Beach**. Ouverte tous les jours de 10h à 18h. Entrée à 30 000 LL en semaine, et 37 500 LL le week-end.

  ✆ +961 1 372 000.

WATER NATION SPORTS CENTER

Zaitounay Bay
Centre-ville
✆ +961 1 379 770
✆ +961 3 204 455
www.waternation.com.lb
info@waternation.com
Une envie de découvrir le littoral de Beyrouth assis à bord d'un bâteau, c'est possible avec Water Nation Sports Center ! Implantée à Zaitounay Bay, cette compagnie propose une multitude d'activités liées à la mer : ski nautique, voile, plongée sous-marine, location de bateau et de jet ski… Pour un bateau accueillant une dizaine de personnes, compter 1 500 $ la journée.

Détente – Bien-être

G SPA

Avenue Elias Sarkis
Achrafieh
✆ +961 1 210 220
www.gspa.com
Ouvert du lundi au samedi de 8h à 21h.
Pédicure, manucure, massages, soins relaxants, épilation… Chez G Spa, vous trouverez sans aucun doute votre bonheur. Accueil professionnel, propreté impeccable, prix plus abordables que dans les spas des grands hôtels. Une bonne adresse.

HAMMAM AL-NOZHA

Rue Mohamed Kasti ✆ +961 3 013 032
Ouvert tous les jours de 9h à minuit. Entrée à 30 000 LL.
Ouvert depuis 1920, ce hammam est l'un des derniers bains turcs encore fonctionnels de Beyrouth. A proximité de la mosquée de Zokak el-Blatt en direction du boulevard Selim Salam, il est réservé aux hommes sauf le mercredi. Cadre rustique. Le hammam mériterait un petit coup de neuf.

MOVENPICK ESSENTIAL SPA & HEALTH

Hôtel Movenpick
Raouché, avenue Charles de Gaulle
✆ +961 1 869 666
www.moevenpick-beirut.com
Ouvert tous les jours de 9h à 21h.
Le spa de l'hôtel Movenpick vous accueille sur plus de 2 000 mètres carrés dans un cadre luxueux et relaxant.

PUREGRAY SPA

Hôtel Le Gray
Place des Martyrs ✆ +961 1 962 885
www.campbellgrayhotels.com
puregray@legray.com
Ouvert tous les jours de 10h à 22h. Soins et massages de 70 à 200 $.
Le spa de l'hôtel Gray est l'un des plus réputés de la ville. Soins du visage et du corps, séances d'acupuncture, aromathérapie, massages detox… vous n'aurez que l'embarras du choix.

LES ENVIRONS

BORJ HAMMOUD ★★

Borj Hammoud est une ville en soi à la périphérie de Beyrouth. Il y a moins de cent ans, c'était une région agricole et marécageuse en bordure du fleuve. Puis, à partir des années 1900, le secteur a accueilli ses premiers résidents. Avec l'accord du pouvoir mandataire français, les Arméniens survivants du génocide de 1915 se sont cotisés pour acheter des terres agricoles sur cette rive du fleuve. Quelques quartiers de Borj Hammoud portent encore le nom de villages de Cilicie (Nor Marach, Nor Sis, Nor Adana).
Au fur et à mesure, le quartier s'est densifié et les fonctions commerciales se sont multipliées au rez-de-chaussée des immeubles de deux à trois étages.
Aujourd'hui, le quartier compte de nombreuses boutiques de chaussures, de vêtements et surtout, de nombreuses bijouteries le long de la rue d'Arménie. C'est un quartier aux mille couleurs, aux mille senteurs. Borj Hammoud est un voyage et une découverte aux portes de la capitale. Il n'y a pas de sites spécifiques à voir, ni de musées à visiter, mais on vient à Borj Hammoud pour découvrir une ambiance, une atmosphère. N'hésitez pas à vous perdre dans les ruelles orthogonales, il y aura toujours une surprise quelque part.
Le quartier regorge d'anciens artisans qui perpétuent des métiers traditionnels oubliés et en voie de disparition : étameur, mouleur et marteleur de cuivre, chapelier, cordonnier, relieur, rempailleur, marqueteur, potier, médailleur, sertisseur, fabricant de kilims, calligraphe, etc.

Borj Hammoud compte également quelques restaurants et snacks. Une excellente occasion de goûter aux spécialités culinaires arméniennes comme le *basterma* et le *soujouk*.

Transports

Comment y accéder et en partir

Il est très facile de rejoindre Borj Hammoud en taxi-service (2 000 LL) à partir de Beyrouth. Le quartier est limitrophe du fleuve de Beyrouth, le trajet n'est pas très long. Vous pouvez demander à descendre au niveau du pont de Borj Hammoud (à côté de la station Total). Une fois le pont traversé, vous n'avez qu'à longer la rue d'Arménie. Autre solution, si vous avez une voiture, de la voie rapide en direction de Dora, sortir à la première rue à droite après le pont du Nahr el Beyrouth. Il y a des parkings à côté des immeubles Harboyan et Master Mall.

Se restaurer

Sur le pouce

BAKERY HAROUT
Rue Arax
✆ +961 1 250 138 / +961 1 257 109
Ouvert tous les jours de 8h à minuit.
Prendre la rue Arax, sur votre droite, on ne peut pas rater la boutique d'habillement Chirak (avec un tel nom !), prendre à gauche, la boulangerie Harout se trouve à 20 m sur la gauche. Ce n'est ni un restaurant, ni une boulangerie classique. Mais le va-et-vient des clients est un bon signe. L'adresse est très appréciée. Le décor est très basique mais Harout propose d'excellentes galettes de fromage dont les formes sont originales : en triangle (3 000 LL) ou en « fusée » saroukh (4 000 LL). Il faut également essayer tahinov hatz, une galette sucrée à la crème de sésame (1 500 LL).

Bien et pas cher

APO
Center Harboyan
✆ +961 1 261 789 / +961 3 325 402
www.restaurantapo.com
order@restaurantapo.com
Ouvert tous les jours de 11h à 22h, jusqu'à 15h le dimanche. Sandwichs de 3 000 à 5 000 LL, mezzés de 5 000 à 10 000 LL, grillades de 11 000 à 14 000 LL. Almaza à 3 000 LL.
Depuis 1976, Apo Karadeulian nourrit Borj Hammoud avec ses kebabs. Apo est une vraie institution dans le quartier. Son petit snack se trouve à proximité du centre Harboyan, rue Aztag (il y a les bureaux du quotidien *Aztag* et la radio Van). La déco est sommaire. Au rez-de-chaussée, le barbecue et, à l'étage, un petit restaurant avec quelques tables. On ne vient pas chez Apo pour le service ni l'accueil qui y sont rudimentaires mais pour ses sandwiches bons et pas chers. Le secret de la maison est une viande fraîche cuite au feu de bois.

BASTERMA BEDO
Place de la municipalité
✆ +961 1 261 439
www.basterma-bedo.com
info@basterma-bedo.com
Ouvert tous les jours de 9h à 2h du matin. Sandwichs de 2 500 à 5 000 LL.
Devant la place de la municipalité, rue d'Arménie, Basterma Bedo offre les classiques de la cuisine arménienne dont de nombreux sandwichs.

BASTERMA MANO
Rue d'Arménie ✆ +961 1 268 560
www.basterma-mano.com
info@basterma-mano.com
Ouvert tous les jours de 10h à 2h du matin. Sandwichs de 5 000 à 6 5000 LL.
Une enseigne très connue à Borj Hammoud. Situé à l'intersection de la rue d'Arménie et de la rue qui longe l'église St. Vartan, Mano est un snack très propre. Comme son nom l'indique, sa spécialité est le basterma, une viande de bœuf séchée. Un délice de la cuisine arménienne. Des chaises hautes sur le trottoir permettent de s'asseoir le temps de déguster son sandwich.

COFFEE SHOP
Place de la municipalité
✆ +961 1 261 406 / +961 3 585 389
Ouvert du lundi au samedi de 7h30 à 19h30. Espresso à 2 000 LL, jus de fruits frais à 3 000 LL.
Au milieu de la place de la municipalité qui a été aménagée dans les années 1960, se trouve un petit café très simple avec des chaises en plastique et des parasols. Coffee Shop propose un vaste choix de boissons chaudes et fraîches. Sa terrasse a une vue parfaite sur la circulation chaotique de la rue d'Arménie, une vraie zizanie.

TIMES CAFÉ
Master Mall ✆ +961 1 243 620
Ouvert tous les jours de 8h à minuit. Salades de 8 000 à 16 000 LL, sandwichs de 7 000 à 15 000 LL, plats de 16 000 à 22 000 LL. Espresso à 3 000 LL, smoothies autour de 6 500 LL.
Derrière l'église Saint-Vartan, au rez-de-chaussée de la galerie marchande Master Mall, Times Café est l'adresse idéale pour faire une pause après votre balade dans les ruelles de Borj Hammoud. Ce café-restaurant est propre, moderne et surtout propose une cuisine correcte à des prix très acceptables. Le service est sympa. Le décor et la formule rappellent le style des chaînes de cafés comme Starbucks, Costa ou Caribou. Wi-fi gratuit.

Bonnes tables

ONNO

Devant l'église Nour al-Hayat (Life Center).
✆ +961 3 801 476
Ouvert du lundi au samedi de 9h30 à 23h. Mezzés froids de 6 000 à 18 000 LL, mezzés chauds de 5 000 à 20 000 LL, salades à 10 000 LL, spécialités arméniennes de 10 000 à 22 000 LL.
Trouver l'adresse dans le dédale de ruelles de Borj Hammoud est un exploit ! Onno se trouve à l'intersection des rues Al-Sikeh (ancienne voie de chemin de fer) et Bechara el-Khoury (entre Borj Hammoud et Nabaa) sous l'autoroute qui relie Achrafieh à Bauchrié. Pour ceux qui ont trouvé Varouj, c'est à 5 minutes vers le sud. Onno est un petit restaurant arménien sans charme extérieur. Pourtant une fois à l'intérieur, que de bonnes surprises ! Au rez-de-chaussée, la cuisine et deux, trois tables puis, au premier étage, une dizaine de tables. C'est familial, simple et convivial. On retrouve les classiques de la cuisine arménienne : *soujouk, soubeureg, manti,* etc. Les plats sont généreux et surtout c'est bon marché. Une adresse à découvrir ! Onno possède désormais deux autres adresses : à Badaro et à Hamra.

VAROUJ

Rue Marash
✆ +961 3 882 933
Ouvert tous les jours de 12h30 à 17h et de 19h30 à minuit. Entre 20 et 30 $ par personne sans compter l'alcool.
La référence culinaire à Borj Hammoud ! Déjà pour trouver l'adresse, c'est toute une aventure : prendre la rue Marash, une perpendiculaire à la rue principale (rue d'Arménie). La route est bordée de commerces dont des vendeurs d'épices. Au sud de cette rue, se trouve la pharmacie Marash sur votre gauche, prendre la première rue à droite, après 50 m, une petite façade rouge : Bienvenue chez Varouj. Un restaurant familial de 4-5 tables avec une vingtaine de places. L'endroit est minuscule. Varouj, le propriétaire, est un vrai personnage. Son fils est en cuisine. Le décor est chargé et un peu dépassé. L'accueil est moyen. Mais heureusement, le meilleur est dans l'assiette. On retrouve les classiques : fattouche, hommos et moutabbal, batata harra + les plats de la cuisine arménienne : basterma, soujouk (saucisse grillé, délicieux !), makanik, manté (croissant de viande avec du labban), su-beurek (feuilletté au fromage, excellent !). Il n'y a pas de menu, les prix ne sont pas affichés, c'est la surprise au moment de l'addition. Cela fait partie du charme de l'adresse. A ne pas manquer. Il est préférable de réserver à moins de venir tôt.

À voir – À faire

LE SOUK DE BORJ HAMMOUD ★

Avec ses centaines de boutiques, Borj Hammoud est devenu une destination commerciale très fréquentée. On y trouve de tout. Toutes les rues comptent des ateliers, des boutiques, des snacks et des épiceries. Borj Hammoud est un quartier commerçant. Le savoir-faire des Arméniens n'est plus à débattre. Trois spécialités : la bijouterie, le commerce d'habillement et la fabrication de chaussures. Hormis la bijouterie, on trouve surtout des produits bas de gamme et des copies de grandes marques.
Le souk compte plusieurs rues majeures : d'Arménie (surtout des bijouteries et des boutiques d'artisanat), Marach (habillement, chaussures, épices), Arax (habillement, chaussures). Les tarifs y sont parfois plus bas qu'ailleurs. Il ne faut pas hésiter à négocier les prix affichés.

Shopping

GARO JOAILLERIE

1er étage Niveau Banque AUDI
Place Municipalité ✆ +961 1 266 514
✆ +961 3 207 772 – garobijou@inco.com.lb
Située dans le quartier arménien de Borj Hammoud, cette bijouterie familiale depuis deux générations, au premier étage, vous étonnera par la diversité des produits qu'elle propose, la qualité des matériaux et la rapidité de création. Ici, c'est tout d'abord un atelier avec une main-d'œuvre des plus qualifiées, équipé à la fois de formes, de modèles rarissimes mais aussi des nouvelles technologies. Vous pouvez acheter ou commander n'importe quel modèle sur place ou par mail, une création originale ou un modèle spécifique, de la boucle d'oreille à la rivière de diamants, or, argent, platine à des prix très avantageux. Une garantie pour toute imperfection ou réparation, même en France. La réputation des artisans arméniens est internationale, ils sont les fournisseurs officiels de l'ambassade de France ou de l'ONU. Une référence depuis plus de cinquante ans.

BEIT MERI ★

A 750 m d'altitude et 16 km à l'est de Beyrouth, Beit Meri bénéficie d'un magnifique panorama sur le littoral. En été, le village permet d'échapper à la chaleur suffocante de la capitale. D'ailleurs, de nombreux touristes, Arabes et Beyrouthins ont choisi ce village pour établir leur résidence estivale. A l'entrée de Beit Meri, un panneau du ministère du Tourisme indique le site de ruines localisé à l'extrémité sud du village sur un piton qui domine toute l'agglomération de Beyrouth. Ce site est particulièrement agréable à visiter. Peu connu et peu fréquenté, on s'y balade librement.

Couvent de Deir el-Kalaa

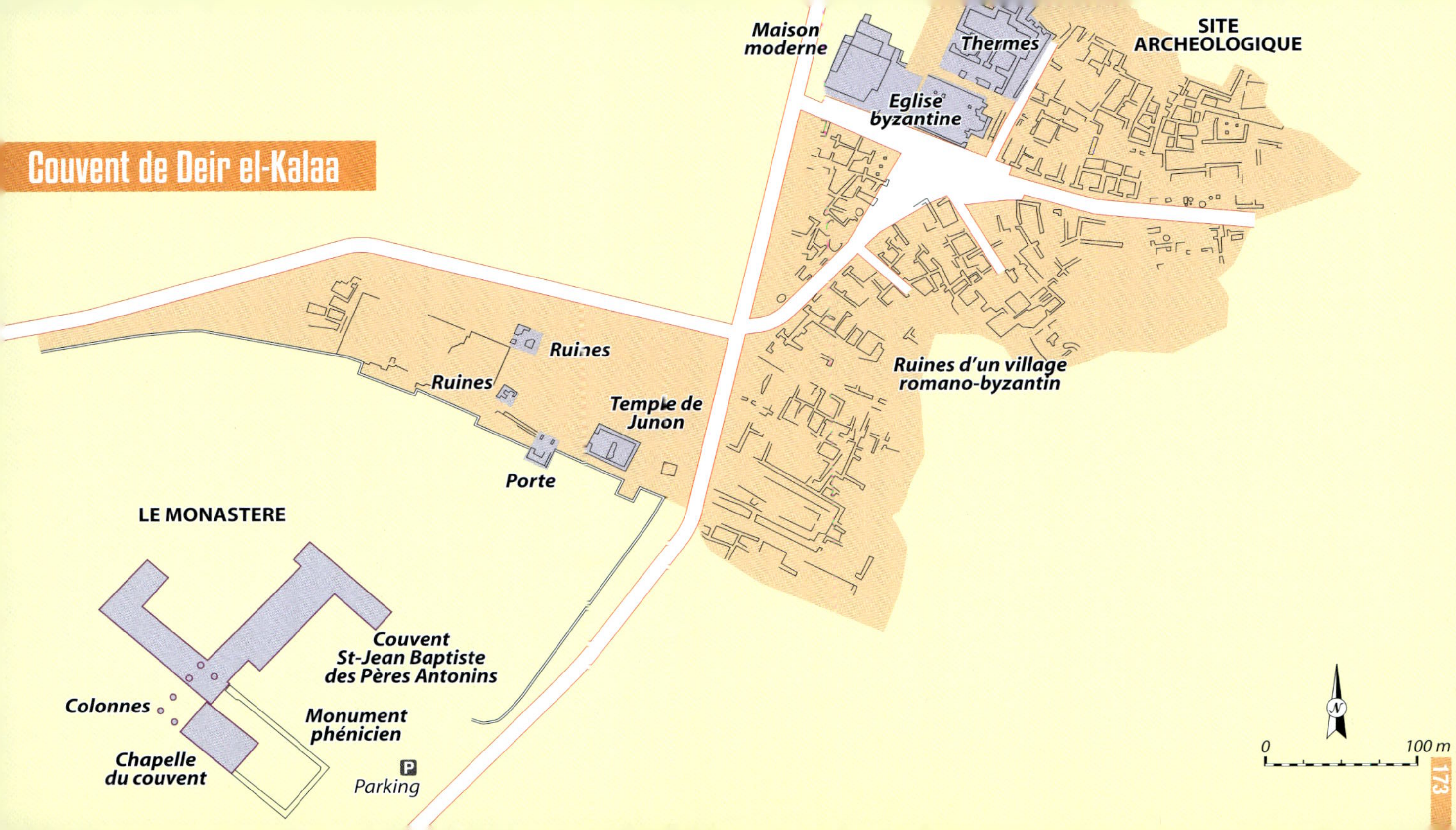

Transports

Comment y accéder et en partir

Il est possible d'accéder à Beit Meri et Broumana en prenant un taxi-service et la ligne de bus 7 à partir de la place du Musée national. Le bus vous déposera à quelques minutes du site qui est indiqué par un panneau du ministère du Tourisme. Il faudra ensuite continuer à pied (10-15 minutes). Si vous avez votre propre voiture, vous devez vous rendre de Beyrouth à Sin el-Fil pour rejoindre le rond-point Mkalles, puis vous avez 20 minutes de montée vers Beit Meri et Broumana en passant par Mansourié et Ain Saadé.

Pratique

UNION DES FRANÇAIS DE L'ÉTRANGER
Section du Liban
Immeuble Raymond Edde
Route de l'Est ✆ + 961 4 871 551
✆ +961 3 173 355 / +961 3 173 366
www.ufe-liban.com – ufe@ufe-liban.com

Se loger

AL BUSTAN
Sur les hauteurs de Beit Meri.
✆ +961 4 972 980 / +961 4 870 400 /
✆ +961 3 752 000
www.albustanhotel.com
Hotel@albustan-lb.com
Chambre simple de 230 à 280 $, double de 250 à 320 $. Ajouter 10 % de taxes. Petit déjeuner et wi-fi compris.
L'hôtel surplombe toute la région et les chambres ont un superbe panorama sur Beyrouth et la Méditerranée. L'adresse bénéficie de nombreuses commodités : piscine, deux restaurants, pub écossais, salon de thé, salles de conférences. Un auditorium, équipé d'un système de traduction simultanée, accueille des conférences internationales, des représentations théâtrales, cinématographiques et musicales tout au long de l'année. Une bonne adresse dans un cadre naturel agréable et calme. Cet hôtel est aussi connu pour son festival annuel de musique (ballet, chant oriental, opéra, piano, etc.) qui se déroule en février et mars (www.albustanfestival.com).

Se restaurer

MOUNIR
✆ +961 4 873 900
www.mounirs.com – ffadel@mounirs.com
A la sortie de Beit Meri vers Broummana, prendre sur votre gauche.
Ouvert tous les jours de midi à minuit. Mezzés froids de 6 000 à 10 000 LL, mezzés chauds de 1 750 à 16 000 LL, grillades de 15 500 à 22 000 LL. Espresso à 4 000 LL, Almaza à 5 500 LL, narguilé à 16 000 LL.
C'est l'une des meilleures adresses de la région. Les clients viennent de Beyrouth pour déguster une cuisine locale de qualité (mezzés, poissons et grillades) à des prix très raisonnables. Service rapide et parfaitement orchestré. Ce restaurant libanais qui a une solide réputation dispose d'une vaste terrasse pouvant accueillir des centaines de convives le week-end. Certaines tables ont une splendide vue sur le littoral beyrouthin. En été, une aire de jeux est accessible pour les enfants.

À voir - À faire

COUVENT MARONITE SAINT-JEAN-BAPTISTE DES PÈRES ANTONINS DE DEIR EL-KALAA ★
Endommagé durant la guerre civile, il a été entièrement rénové. La chapelle du couvent fut construite en 1750 sur les bases (imposants blocs de pierre) d'un ancien temple romain, lui-même édifié sur l'emplacement d'un monument phénicien dédié au culte de Baal Markod (dieu des séismes et de la danse). Le temple date du Ier siècle apr. J.-C., trois des six colonnes sont encore présentes (à l'entrée du couvent, on peut voir la base d'une quatrième colonne intégrée au bâtiment existant). Leur dimension (1,62 m de diamètre) rappelle celle des temples de Baalbek. L'entrée de la chapelle est remarquable avec de belles inscriptions (datant de 1768) et des symboles gravés. Ce temple comprend une cella de 33 m sur 17 m.

▸ **En contrebas**, soit à l'entrée du site, derrière le panneau du ministère du Tourisme, on distingue parmi un amas de pierres de petits sanctuaires dont l'un, dédié à Junon, fut érigé sous le règne de l'empereur Trajan (98-117). Une imposante porte avec des inscriptions latines était probablement l'entrée d'un chemin de procession séparant ce temple avec celui d'en haut.

▸ **A gauche de l'entrée du site,** il faut voir les vestiges d'une église byzantine du Ve siècle située à proximité des résidences actuelles. Des colonnes romaines furent utilisées pour sa construction. Le sol est recouvert d'un gros pavement de mosaïques relativement bien conservées. On distingue un décor géométrique, des oiseaux et des symboles chrétiens. Cette église à plan basilical fut restaurée à la fin du règne de Justinien au VIe siècle. A côté, de remarquables thermes (vraisemblablement d'époque romaine, mais qui ont pu servir à l'époque de l'église byzantine) dont on distingue très nettement les différentes pièces.

A proximité s'est développé un village romano-byzantin dont on peut encore voir quelques vestiges (autel romain, voie dallée, magasins, maisons privées, un pressoir à vin...).

SITE ARCHÉOLOGIQUE DE BEIT MERI ★

A l'entrée de Beit Meri, un panneau indique le site de ruines localisé à l'extrémité sud du village sur un piton qui domine toute l'agglomération de Beyrouth.

Ce site est particulièrement agréable à visiter. Il est peu connu et peu fréquenté, et on s'y balade librement. Les ruines de Beit Meri sont un remarquable et vaste site, occupé de 1989 à 2002, et accessible au public depuis le printemps 2002. Un important projet de réhabilitation du site est prévu : reboisement, éclairage, organisation de circuits pour les visiteurs, installation de panneaux de signalisation, construction d'une billetterie et aménagement d'un parking.

BROUMMANA ★

Ce village a une très longue tradition touristique. C'est une station traditionnelle de la villégiature dans la région du Metn. Le premier hôtel (Cedars Hotel) y a été implanté en 1840. Ancienne station estivale, Broummana était réputée pour son agréable climat pendant les chaleurs du littoral en été et sa verdure. Les ressortissants fortunés des pays du Golfe y venaient régulièrement. Durant la guerre, Broummana a été une région de repli. Au cours de cette période, la population a considérablement augmenté (50 000 habitants avec Beit Meri qui lui est mitoyen) et les boutiques se sont multipliées. Aujourd'hui, Broummana n'a plus autant la cote. Les touristes du Golfe tendent actuellement à bouder cette destination pour se rendre dans d'autres stations estivales comme Aley et Bhamdoun. Pour contrer cette tendance, le maire a mis en place une nouvelle stratégie de développement. Son objectif est de transformer Broummana en une destination touristique de prestige pour une clientèle très fortunée. Pour cela, la municipalité a entrepris plusieurs travaux de rénovation de la voirie, des trottoirs, la réhabilitation des façades d'immeubles. Finalement, Broummana reste une destination agréable avec ses cafés, ses restaurants et ses hôtels. Au cours de la traversée de Broummana, vous ne pourrez pas manquer l'imposant complexe hôtelier Grand Hills (www.grandhillsvillage.com) qui appartient à un bijoutier libanais, Robert Mouawad, très fortuné. Ce complexe comporte 12 restaurants, 3 piscines, un club de sport et des boutiques de luxe. Par ailleurs, Broummana, à 780 m d'altitude, bénéficie comme sa voisine Beit Meri d'une vue splendide sur les environs. Station estivale très recherchée, elle abrita jadis la résidence des émirs Abillama qui régnaient sur la région du Metn.

Se loger

HÔTEL LE CRILLON

✆ +961 4 865 555 – www.lecrillon.com

Chambre double à partir de 110 $. Ajouter 10 % de taxes. Petit déjeuner et wi-fi compris.

Hôtel familial situé sur le versant sud de Broumana donc sans la vue sur Beyrouth. Un peu vieillot mais les chambres sont correctes et les prix sont bon marché. L'hôtel possède une piscine et une salle de gym.

PRINTANIA PALACE HOTEL

Rue Chahine Achkar

✆ +961 4 862 000 – www.printania.com

Chambre double de 200 à 400 $, en fonction de la saison.

Le Printania est un hôtel 5-étoiles qui appartient à l'hôtelier libanais Pierre Achkar, qui gère également les établissements Monroe et Markaziah au centre-ville de Beyrouth. Le Printania est une adresse agréable et conviviale. Pendant la saison estivale, l'hôtel n'est quasiment occupé que par des ressortissants arabes. L'établissement compte une piscine et deux restaurants.

Se restaurer

LE GARGOTIER

Rue principale ✆ +961 4 960 562

Ouvert du mardi au dimanche de midi à 15h et de 19h à minuit. Entrées de 13 000 à 22 000 LL, salades de 7 000 à 20 000 LL, crustacés et poissons de 28 000 à 38 000 LL, viandes de 22 000 à 38 000 LL. Espresso à 3 000 LL.

Restaurant de bonne qualité situé à l'entrée du village. Ouvert depuis 1971, Le Gargotier est situé dans un cadre très charmant et reposant. On s'y sent à l'aise. Ce restaurant bénéficie d'une très bonne réputation pour sa cuisine française de qualité arrosée d'un bon verre de vin local. Le propriétaire Joe Abi Saab possède également le restaurant La Gargote situé non loin.

KASR FAKHREDDINE

Non loin de l'hôtel Printania.

A la sortie de Broummana.

✆ +961 4 960 407 / +961 4 961 387

Ouvert tous les jours de midi à minuit.

Avec Mounir, ce sont les stars de la restauration dans la région. On entre dans ce restaurant à l'architecture typiquement libanaise par de grandes arcades en pierre. La salle de réception possède une vue merveilleuse sur la montagne. En contrebas, une vaste terrasse permet de manger à l'extérieur en été. Ouvert en 1977 par Raymond Abou Antoun, Kasr Fakhreddine propose une cuisine orientale très variée. Ses mezzés, tous délicieux, rivalisent avec des grillades et des viandes crues d'une extrême fraîcheur.

MANHATTAN
Rue principale
✆ +961 4 961 967
Ouvert tous les jours de 8h à 1h du matin. Mezzés de 6 500 à 12 500 LL, salades de 7 000 à 22 000 LL, pizzas de 15 000 à 17 5000 LL, pâtes de 14 500 à 22 000 LL, burgers de 12 000 à 22 000 LL, plats de 22 500 à 39 500 LL. Espresso à 5 500 LL, Almaza à 7 500 LL, narguilé à 14 500 LL.
Sur la route principale de Broummana, cette enseigne est immanquable avec son logo en forme de McDonald's. Adresse familiale très connue à Broummana. Terrasse agréable malgré la présence de la rue. Cuisine libanaise variée. Il ne faut pas s'attendre à de la grande cuisine mais au moins, c'est pratique et pas cher.

TONINO
A l'entrée de Broummana
Après l'hôtel Bellevue
✆ +961 4 862 472
Ouvert tous les jours de 8h à minuit. Salades de 6 000 à 10 000 LL, manakish de 1 500 à 5 500 LL, burgers et grillades de 12 000 à 14 000 LL, crêpes salées de 4 000 à 8 500 LL, crêpes sucrées de 3 000 à 7 500 LL.
Tonino est l'adresse idéale pour les petits budgets. Restaurant simple et cuisine variée (crêpes, pizzas, salades, hamburgers). Même gamme de choix que Crepaway. Bon rapport qualité/prix.

Shopping

MAISON TARAZI
Mosaique sal
Rizk Plaza
✆ +961 4 862 194
www.maisontarazi.com
info@maisontarazi.com
En 1862, Dimitri Tarazi fonde sa première galerie et son atelier de fabrication de broderies de soie, tapis, cuivres anciens et de meubles artistiques de style traditionnel oriental à Beyrouth, puis à Damas. Plus tard, avec l'ouverture des branches à Jérusalem, au Caire et à Alexandrie, Dimitri Tarazi et Fils devient le fournisseur de sa Majesté Impériale le sultan ottoman ainsi que de plusieurs cours royales d'Europe. Depuis des génération, la Maison Tarazi crée et réalise des meubles de style oriental, dans divers matériaux, ainsi que des objets décoratifs et des luminaires. Aujourd'hui encore, elle peut concevoir les designs qui correspondent au mieux à votre intérieur, et ce, dans différents styles (syrien, marocain, égyptien...). Bois peint, bois sculpté, icônes, incrustations de nacre, luminaires, tapis, antiquités, cuivre, verreries, céramiques peintes, armes anciennes, marqueteries de bois et de marbre, ornements muraux, mobiliers de style oriental. Visite de l'atelier sur RDV.

BSOUS ★

Transports

Comment y accéder et en partir

Prendre la sortie Est de Beyrouth. La route de Damas est particulièrement fréquentée. Vous devez passer par Hazmié, Louaizé puis Jamhour. Un panneau indique sur votre droite la direction de Bsous où se trouve un musée de la Soie, fort intéressant. Il faut 5 minutes de la route de Damas pour rejoindre le site. Au niveau de l'église Notre-Dame à Bsous, descendre dans la vallée sur votre droite. Plusieurs lacets et vous serez devant le musée.

À voir – À faire

MUSÉE DE LA SOIE
✆ +961 5 940 767
www.thesilkmuseum.com
Ouvert de mai à octobre, du mardi au dimanche, de 10 à 18h. Entrée à 8 000 LL pour les adultes, 5 000 LL pour les étudiants, gratuit pour les moins de 4 ans.
Si l'activité de la soie a totalement disparu du Liban depuis les années 1970, il faut savoir que le commerce de la soie représentait plus de 60 % des exportations libanaises en 1914. Ce musée est un hommage à l'âge d'or de cette activité au Liban qui a connu ses meilleures années de 1861 jusqu'à la Première Guerre mondiale. L'activité a eu un sursaut durant la Seconde Guerre mondiale. La soie était très demandée par l'armée anglaise en particulier. Situé dans une ancienne maison parfaitement rénovée, ce musée retrace les différentes étapes de la sériciculture. Un agréable jardin entoure le musée, idéal pour y boire un verre. On apprécie le calme du site à quelques minutes de Beyrouth. Visite très pédagogique et agréable qui peut plaire aux petits comme aux grands.
La demeure appartient à Georges et Alexandre Asseily qui en sont tombés amoureux en 1966. Alors en ruine et abandonnée, ils ont eu un véritable coup de cœur. Ils l'achètent en 1973 à la famille Fayad. Avec la guerre civile, leur projet d'y résider est remis. Finalement, ce n'est qu'à la fin des années 1990 qu'un projet de rénovation se met en place avec l'aide et le soutien d'amis du couple. Les terrasses sont aménagées, le jardin planté et les bâtiments réhabilités. En 2001, le site accueille pour la première fois le public, au cours du colloque « Ainsi soie t-elle ».

LE LITTORAL

BATROUN – La région de Chakka.

JOUNIEH ET SA RÉGION

Située en bordure de mer, la région de Jounieh s'est largement développée depuis une trentaine d'années. La guerre ayant paralysé de nombreux quartiers beyrouthins, une partie des civils est venue trouver refuge autour de la baie de Jounieh. Dans cette ville-champignon, les immeubles ont poussé dans tous les sens, grignotant progressivement la montagne. La fièvre immobilière a réussi en quelques années à transformer une baie somptueuse en terrain d'essais architecturaux pour le moins déconcertants. On a ainsi du mal à imaginer la beauté sauvage de la baie telle que l'a vue Maurice Barrès lors de son passage en 1914 : « Sérénité de cette baie de Djouné. Renan a raison de l'appeler le plus beau paysage du monde. Au bord de la mer, dont les eaux sont vertes à la rive et plus foncées dans le lointain, ce sont des jardins d'orangers, de mûriers, de citronniers, et puis, sur les premières pentes, des maisons dans les vergers. Alors s'élèvent les montagnes vêtues de lumière et d'ombre, déchirées parfois par des ravins jaunâtres d'or clair, et leurs grandes formes simples, sévères, sont d'une noblesse religieuse. »

JOUNIEH ★

La ville de Jounieh, ancienne capitale du Kesrouan, s'est fait connaître par les négociants européens au cours de la révolution industrielle. On vient alors y acheter de la laine, du coton et de la soie, stockés dans les entrepôts du port par les fabricants de l'arrière-pays. Le port de Jounieh se développe pendant le moutassarifiat. Les commerçants des cazas environnantes le préfèrent souvent à celui de Beyrouth soumis aux taxes ottomanes. En quelques années, une nouvelle classe de provinciaux va naître. On construit des maisons cossues à tuiles rouges, inspirées du style vénitien. Les bâtisses servent à la fois d'entrepôts et de résidences. Le rez-de-chaussée abrite les magasins et un escalier extérieur conduit aux appartements. En 1861, on compte quinze magasins dans la ville. En 1896, on en recense trois cents. A partir de 1913, le port de Jounieh, jusque-là réservé aux bateaux battant pavillon ottoman, s'ouvre au commerce international. Pourtant, sous le mandat français, l'activité économique de la ville décline. Les quelques maisons de 1920 ne ressemblent en rien aux constructions en pierre de taille de la seconde moitié du XIXe siècle. En 1975, à la veille de la guerre, Jounieh n'est qu'une petite ville paisible, à 16 km de la capitale. Les conflits lui redonnent une place de choix dans l'activité économique du pays.

Transports

Comment y accéder et en partir

Pour se rendre à Jounieh ou à Kaslik, c'est le même principe que pour rejoindre les stèles du Nahr el-Kelb. Vous devez quitter la capitale par l'autoroute du nord, du centre commercial CityMall à Dbayé, vous verrez des néons, des panneaux publicitaires et des enseignes commerciales dans tous les sens. Des centaines de boutiques et de restaurants se trouvent le long de cette voie rapide qui avec les embouteillages quotidiens n'est plus rapide du tout. Ainsi pour rejoindre Jounieh, il faut parfois plus de 30 minutes pour faire quelques kilomètres. Une fois le tunnel du Nahr el Kalb passé, il y a plusieurs sorties, la première monte vers Jeita, puis les sorties Zouk, Kaslik et Jounieh sont bien indiquées.

On peut prendre à partir de Beyrouth, de Dora, un bus ou des taxis-service. Attention, il faut que le bus ou le taxi-service vous dépose au bord de l'autoroute au niveau du pont qui rejoint Jounieh.

Les immanquables de Jounieh et sa région

- **S'émerveiller** devant la splendeur des grottes de Jeita.
- **Découvrir** les ruines du temple romain de Fakra.
- **Descendre** (en hiver) les pistes de Faraya.
- **Déguster** un poisson à la terrasse d'un restaurant du littoral de Jounieh.
- **Admirer** le coucher du soleil sur la baie de Jounieh à partir d'Harissa.

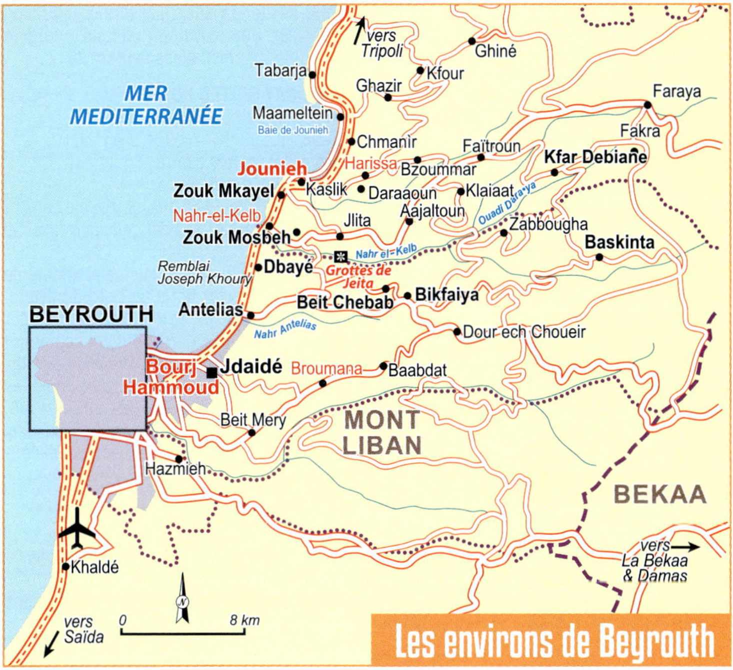

Les environs de Beyrouth

Se déplacer

ASCENSION À HARISSA

Haret Sakher
✆ +961 9 914 324
✆ +961 9 936075
www.teleferiquelb.com
comments@teleferiquelb.com
Ouvert tous les jours de 10h à 22h en été (en saison basse de 10h à 18h et fermé le lundi). Aller-retour à 11 000 LL le week-end pour les adultes (9 000 LL la semaine), 6 000 LL le week-end pour les enfants (5 000 LL la semaine).
Fondé en 1967, un téléphérique part de Jounieh devant l'hôpital Saint-Louis et vous conduit au pied de la statue de la Vierge du Liban qui surplombe toute la baie.
L'ascension est impressionnante, d'autant plus que les cabines semblent frôler les immeubles construits en dépit de toute règle. Au pied de la forêt, la pente s'accentue et on arrive rapidement au niveau de la plate-forme du funiculaire. Le câble fait 1 570 m de longueur et la montée dure 9 min. Au total, la dénivellation est de 530 m. Une fois arrivé, il faut descendre des cabines pour s'installer dans ce drôle de wagonnet rouge qui permet d'atteindre la grande esplanade dominée par la Vierge du Liban et la nouvelle cathédrale maronite. Nous vous conseillons de monter à Harissa à la tombée du jour afin de bénéficier du soleil couchant. On peut prendre un verre en admirant la baie de Jounieh.

Où se baigner à Jounieh ?

Moins tendance que les plages du sud de Beyrouth à Damour, Jiyé et Rmeilé, la baie de Jounieh compte néanmoins quelques plages privées qui se sont modernisées et qui sont devenues des destinations balnéaires appréciées. Voici quelques adresses :

CYAN

Kaslik
✆ +961 9 223 323

MOCEAN

Kaslik
✆ +961 9 214 412

VEER

Kaslik
✆ +961 9 225 623

Orientation

Le centre-ville de Jounieh conserve une vingtaine de belles maisons en pierre. Certaines ont un accès direct à la mer. Malheureusement, ces maisons traditionnelles à triples arcades et d'un étage sont parfois abandonnées et dégradées. Le seul intérêt de venir à Jounieh est de s'aventurer dans les petites ruelles parallèles à la rue principale au niveau de la municipalité et de l'hôtel Holiday Suites. On peut accéder au littoral qui est parfois peu entretenu. Certaines ruelles sont délabrées. La balade est rapide mais agréable. La présence de bancs publics est la bienvenue.

En juillet, la ville de Jounieh organise son festival. La circulation automobile est interdite à partir de 19h, la rue regroupe alors des stands de boissons, glaces, sandwichs et des articles d'artisanat. Au rez-de-chaussée de ces vieilles bâtisses, des magasins de prêt-à-porter et de tapis remplacent progressivement les ateliers de réparation, remettant progressivement en valeur la richesse du patrimoine libanais.

Se loger

La région de Jounieh compte un grand nombre d'hôtels ; malheureusement, on trouve le pire comme le meilleur. Beaucoup d'établissements bordent le front de mer de Jounieh, la plupart à deux ou trois étages. Egalement, de nombreux établissement ont été construits en retrait du front de mer et sur les premiers versants de la montagne. Certains proposent des tarifs à l'heure… d'autres logent des filles d'Europe de l'Est qui « travaillent » dans la région et dans les discothèques voisines. C'est pour cela que vous verrez certaines enseignes en cyrillique.

AL MURJAN PALACE HOTEL

Haret Sakhr
✆ +961 9 832 199 / +961 9 838 199
✆ +961 71 284 112
www.murjanpalace.com
info@murjanpalace.com
A proximité de l'hôpital Pasteur.
Chambre double de 77 $ (sans balcon) à 99 $ (avec balcon et vue sur mer). Petit déjeuner, taxes et wi-fi inclus.
Ouvert en 2014, Al Murjan propose 35 chambres confortables et spacieuses, dont certaines sont équipées d'un balcon avec vue sur la mer. A quelques minutes du téléphérique qui monte à Harissa, l'hôtel bénéficie d'un emplacement central tout en étant à l'écart de l'agitation de la rue principale de Jounieh. Il possède un restaurant avec terrasse, un bar ouvert 24h/24 et un *cigar lounge* au dernier étage avec une superbe vue sur la baie. Décoration simple et sans véritable cachet, mais l'établissement est propre et l'accueil très chaleureux. Ne pas hésiter à visiter plusieurs chambres et à négocier. Une piscine et une salle de gym devraient être aménagées courant 2017.

HOLIDAY SUITES HOTEL

Rue principale du vieux Jounieh
✆ +961 9 933 907 / +961 9 934 120
www.holidaysuites.com
holidays@inco.com.lb
Chambre simple de 55 à 80 $, double de 60 à 100 $, suite à 120 $. Petit déjeuner, taxes et wi-fi inclus.
Bien situé au cœur de Jounieh à proximité de la municipalité, cet hôtel au bord du littoral possède une piscine et une superbe vue sur la baie. L'immeuble de six étages comprend une trentaine de chambres. Privilégiez celles qui donnent sur la mer et qui sont équipées d'un balcon. Fondé au début des années 1990, l'Holiday Suites Hotel n'a rien de luxueux, mais les chambres sont propres et l'accueil chaleureux.

PORTEMILIO HOTEL AND RESORT****

Route côtière de Kaslik
✆ +961 9 933 300 – www.portemilio.com
portemilio@portemilio.com
Chambre double à partir de 125 $. Wi-fi gratuit. Petit déjeuner à 15 $. Parking payant.
Situé sur le littoral juste avant Jounieh, cet hôtel, ouvert en 1995, possède 180 chambres dont 59 suites. Les chambres, dont certaines sont équipées d'un balcon avec vue sur la mer, sont spacieuses et propres, décorées à l'ancienne. Le Portemilio n'est pas un établissement très récent – il a ouvert en 1995 –, mais il est bien entretenu et possède deux piscines extérieures dont une olympique, un spa, un restaurant (cuisine internationale), un espace de jeux pour enfants, un bar lounge ouvert de 16h à 2h du matin, une salle de gym, des courts de tennis et un espace coiffeur.

VEER BOUTIQUE HOTEL & RESORT

Kaslik
✆ +961 9 222 623 / +961 70 441 444
www.veer.com.lb
info@veer.com.lb
Chambre double de 350 $ à 400 $ (vue sur mer). Petit déjeuner et wi-fi inclus. 4 villas en duplex pouvant accueillir 4 personnes à 1 000 $.
Cube noir ultramoderne situé au bord du littoral, juste avant la baie de Jounieh, le Veer Hotel est un établissement de très haut standing qui propose 35 chambres luxueuses et spacieuses. Cet établissement ouvert en 2012 possède une immense piscine avec un bar dans l'eau, un restaurant libanais qui sert un excellent petit déjeuner et un bar lounge ouvert tard le soir. Si les prix sont prohibitifs, il est toutefois possible de venir profiter de la piscine pour 35 $ le week-end (25 $ en semaine).

Se restaurer

Si une galette de fromage, un sandwich, une salade, un chich-taouk ou un chawarma vous suffisent, vous trouverez facilement des petites échoppes pour combler vos désirs dans le vieux Jounieh.
La région commerciale de Kaslik compte également plusieurs cafés et restaurants (Bliss House, Lina's, Petit Café, Georges Farah, Eatalian, Casper and Gambini's, KFC, etc...). Il s'agit souvent des mêmes chaînes locales et internationales bien connues déjà évoquées à Beyrouth.
Les restaurants de Jounieh et Maameltein qui bordent le front de mer sont surtout connus pour leurs poissons et leurs fruits de mer. Les établissements disposent de larges terrasses les pieds dans l'eau ou bénéficient de vues splendides sur la baie de Jounieh. Les meilleures adresses sont : Chez Sami (à proximité du vieux Jounieh), Table Fine (au cœur de Jounieh), Al Jazira Chez Louis (à proximité du complexe balnéaire Aquamarina II en direction de Tabarja), et L'Ancre (à la fin de Maameltein en direction de Tabarja).

Bien et pas cher

LE CRÉMIER

Autoroute de Kaslik
(dans le sens Jounieh-Beyrouth)
✆ +961 9 938 936
Ouvert tous les jours de 10h30 à 1h30 du matin. Glaces de 2 500 à 4 000 LL.
Les Libanais s'arrêtent au Crémier en revenant de la plage pour manger une glace sur le bord de l'autoroute ou dans la voiture. Pas moins de 25 parfums au choix !

Bonnes tables

AL SULTAN BRAHIM

Baie de Jounieh
✆ +961 9 853 753 / +961 70 853 753
Ouvert tous les jours de midi à minuit. Mezzés froids de 7 000 à 15 000 LL, salades de 7 500 à 16 000 LL, mezzés chauds de 2 000 à 8 000 LL, assiettes de poissons et fruits de mer autour de 24 000 LL, poissons frais au kilo. Espresso à 5 500 LL, Almaza à 8 000 LL.
Ce restaurant de poissons et fruits de mer est l'un des plus réputés de la région. Initialement installé à Antelias, Al Sultan Brahim possède désormais quatre adresses au Liban. Situé au bord de l'eau, le restaurant de Jounieh possède une vue imprenable sur la baie. Les produits sont frais et finement préparés. Une excellente adresse.

CHEZ SAMI

Début de la route littorale entre Jounieh et Maameltein.
✆ +961 9 910 520 / +961 9 646 064
Entrées et salades de 8 250 à 11 000 LL, assiettes de crustacés autour de 24 000 LL, poisson frais en fonction de la pêche du jour. Espresso à 4 000 LL, Almaza à 9 250 LL.
Installé depuis 1969 dans une vieille maison libanaise superbement rénovée avec goût et simplicité, Chez Sami offre une cuisine orientale et présente un large choix de poissons frais que l'on sélectionne en entrant dans le hall. C'est l'une des meilleures références au Liban pour le poisson. Le restaurant possède une immense terrasse au bord de l'eau. L'endroit est très réputé, mieux vaut réserver à l'avance.

LA CRÊPERIE

Kaslik
✆ +961 71 202 022
reservations@lacreperie.restaurant
Ouvert du mardi au dimanche de midi à minuit. Salades de 18 000 à 33 000 LL, viandes et volailles de 27 000 à 66 000 LL, poissons de 45 000 à 65 000 LL, pâtes de 21 000 à 42 000 LL, galettes de 7 500 à 22 500 LL, crêpes sucrées de 6 000 à 22 500 LL. Espresso à 4 500 LL, Almaza à 7 500 LL.
Restaurant emblématique de Jounieh, La Crêperie se cache depuis 1968 dans une vieille maison libanaise du XIXe siècle accrochée à la falaise au-dessus du port. Après plusieurs années de fermeture, l'adresse a été reprise en juin 2015 par le groupe Sky Management qui gère, entre autres, le SkyBar à Beyrouth. Si crêpes et galettes figurent toujours au menu, la carte de la nouvelle Crêperie s'est élargie avec des plats internationaux et méridionaux comme la salade d'artichauts, les pâtes aux fruits de mer ou la côte de bœuf. Le restaurant possède une grande salle intérieure soigneusement décorée, une belle terrasse qui surplombe le port, et un jardin pouvant accueillir jusqu'à 500 personnes. La rénovation du lieu est particulièrement réussie et la Crêperie figure parmi nos adresses préférées dans la région de Jounieh.

GEORGES FARAH

Kaslik
✆ +961 9 916 757 / +961 9 832 954
Ouvert tous les jours de 11h à 16h. Mezzés froids de 3 000 à 7 000 LL, mezzés chauds de 4 500 à 7 000 LL, sandwichs de 3 500 à 8 000 LL, pizzas de 5 500 à 14 000 LL, burgers de 4 000 à 10 000 LL, grillades de 10 000 à 15 000 LL, crêpes autour de 6 000 LL. Espresso à 2 500 LL.
A la sortie de la rue marchande de Kaslik en allant vers Jounieh, George Farah est sur votre gauche. Cette adresse est une institution dans le quartier. L'enseigne y a été créée en 1983. Depuis, ce snack-restaurant ne désemplit pas. On y retrouve un choix énorme (qui satisfera tous les goûts et toutes les envies). La salle intérieure n'a aucun charme, en revanche le service est rapide. Cuisine internationale et libanaise. Bon rapport qualité/prix.

■ **MARGHERITA MARE**
Route littorale de Jounieh ✆ +961 9 830 816
Ouvert tous les jours de 12h30 à minuit. Antipasti et salades de 14 500 à 32 000 LL, pâtes et risottos de 21 000 à 38 000 LL, viandes et poissons de 28 500 à 59 000 LL, pizzas de 16 500 à 46 000 LL. Espresso à 4 750 LL, Almaza à 7 000 LL.
Après le succès de la pizzeria Margherita située rue Gouraud à Beyrouth depuis l'été 2008, l'enseigne s'est exportée dans la baie de Jounieh en juillet 2012. Margherita Mare propose, les pieds dans l'eau, une cuisine italienne traditionnelle, avec une sélection de plats à base de poissons et fruits de mer. Un endroit convivial qui possède une jolie terrasse au bord de l'eau. On peut d'ailleurs accéder au restaurant en bateau !

Luxe

■ **TABLE FINE**
Route littorale de Jounieh
✆ +961 9 919 666 / +961 70 919 666
Ouvert du mardi au dimanche de 12h30 à 15h30, et de 20h à 23h30. Salades de 23 000 à 68 000 LL, entrées de 35 000 à 45 000 LL, pâtes et risottos de 34 000 à 75 000 LL, viandes de 39 000 à 68 000 LL, poissons de 48 000 à 62 000 LL, desserts autour de 15 000 LL.
Situé dans le complexe balnéaire U Bay, Table Fine est un pari osé : imposer une adresse gastronomique à Jounieh. C'est le défi de Toufic Khoueiry qui a déjà réussi avec son enseigne Kabab-ji. Ouvert depuis septembre 2010, Table Fine est une adresse raffinée dans un cadre et un décor exceptionnels. Le service est attentionné et la cuisine est délicieuse. Table Fine occupe une ancienne maison libanaise, sa terrasse est vitrée mais donne directement sur le littoral. Une très bonne expérience culinaire !

Sortir

■ **CAFE TONI**
Rue principale du vieux Jounieh
✆ +961 9 914 576
Ouvert tous les jours de 8h à 1h du matin. Jus de fruits frais de 2 000 à 8 000 LL, coupes de fruits de 10 000 à 15 000 LL.
Le Café Toni et son confrère d'en face Maroji servent d'impressionnantes coupes de fruits frais et des cocktails variés. Cette fois-ci pas de vue sur la mer, mais une terrasse sur la route et une salle sous une voûte de pierre. Adresse agréable à ne pas manquer lors des grosses chaleurs.

■ **CASINO DU LIBAN**
Maameltein
✆ +961 9 859 859 / +961 9 859 000
www.cdl.com.lb – lhafez@cdl.com.lb
Ouvert de 16h à 4h du matin. Entrée interdite au moins de 21 ans, tenue correcte exigée.
Inauguré en 1959, il fut l'un des plus célèbres casinos de la Méditerranée. Fermé durant la guerre et partiellement détruit, le Casino du Liban a rouvert en 1996 avec 5 restaurants, 400 machines à sous, 60 tables de jeu et un théâtre de 1 200 places. Vous pouvez également n'y prendre qu'un verre. Il bénéficie d'une vue splendide sur la baie de Jounieh.

■ **TONIC**
Rue principale du vieux Jounieh
✆ +961 9 635 939 / +961 71 099 934
Ouvert tous les jours de 15h à 2h du matin. Cocktails de 15 000 à 18 000 LL.
A proximité de la mairie de Jounieh, Tonic anime les soirées des vieux souks. Il est devenu l'un des meilleurs pubs de la ville. C'est simple et convivial ! Ambiance garantie.

DANS LES ENVIRONS

NAHR EL-KELB ★★

Transports

Comment y accéder et en partir

Prendre l'autoroute qui longe le littoral nord de Beyrouth. Vous allez traverser sur plusieurs kilomètres les banlieues de Dora, Zalka, Jal el Dib et Dbayeh. Après Dbayeh, vous arriverez au tunnel de Nahr el-Kelb. Juste après le tunnel, bifurquez toute de suite à droite et garez votre voiture le long de la colline. C'est plutôt dangereux et il n'y a pas de parking approprié.

En transport en commun, Nahr el-Kalb est très facile d'accès en bus ou en taxi-service. Au départ de Beyrouth, vous pouvez vous rendre à la station Charles Helou ou au rond point Dora. On vous déposera au pied des stèles.

À voir – À faire

■ **STÈLES DU NAHR EL-KELB** ★★

Histoire

La barrière rocheuse s'étendant au sud de la vallée du Nahr el-Kelb (fleuve du Chien) a longtemps représenté un obstacle difficile à franchir. Aussi, depuis l'Antiquité, de nombreux conquérants ont gravé dans la roche les récits de leurs exploits.

Stèles du Nahr el-Kelb

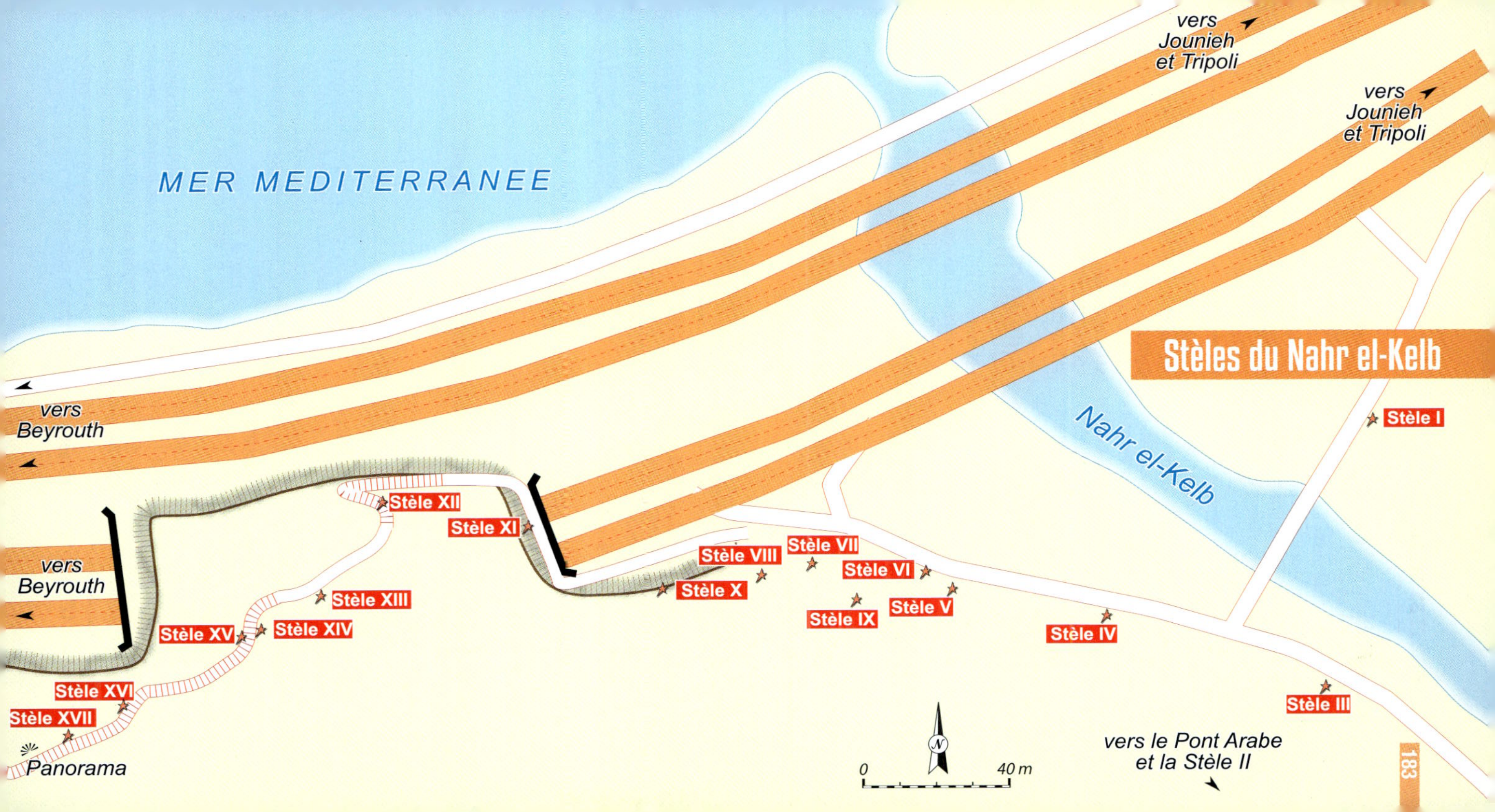

Une légende raconte qu'un chien de pierre, placé au-dessus des gorges, se mettait à hurler à la moindre approche de l'ennemi, d'où le nom donné à la rivière. Lieu stratégique, cet éperon rocheux connut jusqu'à la dernière guerre de multiples épisodes sanglants. L'importance du site a été soulignée au XIIIe siècle par un voyageur qui avait dit que seuls quelques hommes pourraient empêcher le monde entier de passer par là.
Aujourd'hui, les stèles qui rappellent les hauts faits des troupes passées par là commencent à souffrir de l'érosion. Les plus anciennes – datant du passage de Ramsès II et de son armée (1276 av. J.-C.) – restent bien difficiles à déchiffrer. Pharaons, rois d'Assyrie, Grecs, Romains, Arabes, Français et Anglais y ont tous apposé leur sceau pour immortaliser leur venue, transformant ce passage en véritable livre d'histoire.
Le site de Nahr el-Kalb a été, en 2003, nettoyé de la suie et de la pollution. Plus de 200 000 US$ ont été dépensés pour réhabiliter les marches qui mènent aux stèles, poser des panneaux explicatifs (trilingues) et des auvents et boiser le site. La proximité de l'autoroute rend la visite atypique. Le bruit est ahurissant. Heureusement, une fois que l'on atteint le sommet du promontoire rocheux, on oublie un peu le brouhaha des voitures.

Visite

- **Stèle 1.** Gravée par Nabuchodonosor II (605-562 av. J.-C.), cette stèle, située sur la rive droite au pied du pont, est très difficile à découvrir. Ses caractères cunéiformes sont plus ou moins dissimulés sous la végétation.
- **Stèle 2.** Texte arabe gravé dans le roc par le sultan Seif Eddine (1421) face au second pont et attribuant la construction de ce dernier au sultan Barqouq.
- **Stèle 3.** Inscription latine due à l'empereur Caracalla (211-217).
- **Stèle 4**. Entrée du général Gouraud et de ses troupes à Damas, le 20 juillet 1920.
- **Stèle 5**. Stèle égyptienne détruite pour faire place à une inscription commémorant l'expédition française de Napoléon III au Liban (1861).
- **Stèles 6, 7, 8.** Rois d'Assyrie. Stèles abîmées par le temps. Il est difficile de distinguer nettement les bas-reliefs. La stèle 8 n'est pratiquement plus visible.
- **Stèle 9.** Située en hauteur, elle rappelle la prise de Homs, de Damas et d'Alep par les Anglais, en octobre 1918.
- **Stèle 10.** Inscription anglaise relatant l'occupation anglo-française de la région (octobre 1918). Peu après la stèle 10, un petit chemin grimpe à l'assaut de l'éperon rocheux et passe au-dessus du tunnel.
- **Stèles 11 et 12.** Inscriptions grecques.
- **Stèle 13.** Roi d'Assyrie.
- **Stèle 14.** Ramsès II est représenté avec un prisonnier agenouillé à ses pieds devant le dieu Ra-Harakhte.
- **Stèle 15.** Roi assyrien.
- **Stèle 16.** Ramsès II tire un prisonnier par les cheveux et le sacrifie en présence du dieu Amon.
- **Stèle 17.** Stèle relativement bien conservée du roi assyrien Assarhaddon – le texte en écriture cunéiforme recouvre le bas-relief.

La visite de ce site au moment du coucher du soleil est magique. Au niveau des stèles 16-17, vous aurez un panorama splendide sur la mer et Beyrouth.

ZOUK MIKAEL

La municipalité de Zouk Mikael affiche sa différence. Zouk contraste avec l'anarchie de l'autoroute envahie de panneaux publicitaires et qui offre un paysage affligeant. Ici, on trouve encore de jolies maisons traditionnelles et un vieux souk entièrement rénové en 1995. La ville de Zouk Mikael est connue pour son artisanat et son festival de musique organisé chaque été.

Transports

Comment y accéder et en partir

Après avoir franchi le pont du Nahr el-Kelb, « le Fleuve du Chien », continuez l'autoroute sur 3 km et bifurquez à droite en direction du Vieux Zouk. Ne pas prendre la première direction de Zouk Mikael juste après le tunnel. Suivre les panneaux de signalisation, le Vieux Zouk est bien indiqué. La route est fleurie, les ronds-points sont verts.

Pratique

ZOUK MIKAEL CITY ONLINE
Voir page 68.

Se loger

ZOUKOTEL
✆ +961 9 215 900 / +961 3 622 226
www.zoukotel.com – zoukotel@dm.net.lb
Rue parallèle à l'autoroute, sur les hauteurs de Zouk Mikael
Chambre simple à 70 $, double à 80 $, suite de 120 à 160 $. Petit déjeuner à 4 $. Ajouter 10 % de taxes.
Simple, propre et calme, l'hôtel est intéressant pour les familles avec des grandes chambres. Les 42 chambres de l'hôtel ont été rénovées en 2010. L'hôtel dispose désormais d'un club de sport. Il est possible de négocier en fonction du nombre de nuitées.

Se restaurer

AWTAR

✆ +961 9 220 258 / +961 3 656 650
www.awtarrestaurant.com
Au niveau de l'entrée principale du vieux Zouk, surplombant la route. Pour atteindre le restaurant, sortir du Vieux Zouk par l'ancienne porte, dépasser le centre d'artisanat et monter quelques mètres avant de trouver le restaurant sur la gauche.
Ouvert tous les jours 7j/7 de midi à 4h du matin.
Ouvert depuis 1996, ce restaurant est connu pour être l'un des meilleurs de Zouk. On y mange des mezzés avec une vue splendide sur la baie de Jounieh. Si le temps le permet, installez-vous sur la magnifique terrasse du premier étage. Le plaisir des yeux se mêlera à celui des papilles ! Le soir, un orchestre traditionnel et une danseuse viennent animer la grande salle, souvent bondée.

À voir – À faire

LE VIEUX SOUK

Célèbre pour ses tissages, le vieux souk de Zouk Mikael a su mettre en valeur ses qualités architecturales. Une rue piétonne et des petites ruelles, entièrement rénovées en 1988 et en 1995, regroupent de nombreux ateliers, kiosques, boutiques et stands. De vieilles maisons libanaises en pierre ouvrent leurs beaux portails de bois et présentent des œuvres de toutes sortes : sculptures, tissages, maroquinerie… Ce bel ensemble accueille des restaurants aux spécialités diverses ce qui redonne vie à ce quartier. Le souk sert également d'exposition de dessins et de tableaux. Cet espace est calme le jour et très animé le soir. Les cafés, où le narguilé et le trictrac sont rois, restent bondés. La vue sur la mer et la reprise des activités artisanales (fer forgé et verre soufflé) attirent de nombreux visiteurs. Un amphithéâtre a récemment été aménagé et accueille des concerts pendant le festival de Zouk Mikael. La municipalité de Zouk a misé sur la carte de l'espace public vert et fleuri, et on ne va pas s'en plaindre !

Shopping

Zouk Mikael est connue pour avoir tissé les trois premiers drapeaux libanais ! En vous promenant dans le vieux souk, vous verrez les tisserands travailler sur des métiers à basse lisse des tapisseries de toutes les couleurs destinées à devenir des sacs, des « abayas »… et autres réalisations, que vous pourrez acheter en vous promenant au fil des échoppes.

CENTRE D'ARTISANAT LIBANAIS

Située à l'entrée du vieux souk en face du restaurant Awtar, la société pour le relèvement de l'artisanat libanais présente une collection complète de l'artisanat libanais. Broderie, tapisserie, coutellerie, verre soufflé, bois sculpté, le centre rassemble de nombreuses pièces. Ce centre, fondé par Mme Emile Edde en 1938, a pour vocation de promouvoir la production artisanale dans les zones reculées du Liban. En visitant la cour carrée autour de laquelle s'affairent quelques brodeuses, vous aurez une idée de la variété de l'artisanat libanais.

JEITA ★★★

Transports

Comment y accéder et en partir

Après avoir franchi le pont du Nahr el-Kelb, prendre sur votre droite, à environ 500 m, la route de Faraya. Vous passerez devant le supermarché Le Charcutier Aoun. Vous traverserez alors Zouk Mosbeh. A quelques kilomètres au-dessus de Zouk, une route sur la droite mène aux grottes de Jeita, célèbres dans le monde entier pour la richesse de leurs concrétions. Le site est indiqué par des panneaux.
Il est aussi possible de prendre un bus à partir de Beyrouth (du Musée national de Beyrouth ou de Dora). Il vous déposera à Zouk Mosbeh au bord de l'autoroute à quelques mètres du supermarché précédemment cité. Ensuite, il faut négocier un taxi pour se rendre à Jeita. Les négociations peuvent être difficiles. Soyez patient et persévérant. Plus vous serez nombreux, plus vous aurez des arguments de négociation. Même galère pour le trajet de Jeita à l'autoroute. A nouveau, il faut négocier.

À voir – À faire

GROTTES DE JEITA ★★★

✆ +961 9 220 840 / +961 9 220 841
✆ +961 9 220 842 – www.jeitagrotto.com
Ouvert du mardi au dimanche de 9h à 17h. Droit d'entrée à 18 150 LL pour les adultes, 10 175 LL pour les enfants de moins de 12 ans, gratuit pour les moins de 4 ans.
A noter qu'il est malheureusement interdit de filmer ou de photographier les grottes qui sont divisées en deux galeries. Une fois vos tickets en poche, un téléphérique vous conduit à la galerie supérieure. Un film documentaire de 21 minutes sur l'histoire des concrétions et des grottes de Jeita est diffusé à l'entrée de la galerie supérieure. Il y a seulement deux projections en français par jour (à 11h30 et à 15h30). Parfois des concerts de musique classique sont donnés à l'intérieur des grottes. Après la visite, un petit tram vous déposera à l'entrée de la galerie inférieure.

La galerie supérieure n'a été découverte qu'en 1958 par des spéléologues libanais et inaugurée en 1969. Un tunnel d'accès en béton, de 117 m de longueur, permet au visiteur de découvrir, avec surprise, un paysage fantastique : voûtes monumentales, piliers stalagmitiques, stalactites, colonnettes de toutes tailles, champignons, draperies et concrétions cristallines diverses. Cette partie supérieure a une longueur totale de 2 130 m dont seulement 750 m sont accessibles aux visiteurs à pied par le biais d'une passerelle spécialement conçue. La galerie est éclairée. La partie accessible aux visiteurs est formée de trois chambres énormes dont certaines font plus de 100 m de hauteur.

La galerie inférieure fut découverte par hasard en 1836 et ouverte au public en 1958. Cette découverte est attribuée au révérend William Thomson (un missionnaire américain) qui s'aventura jusqu'à près de 50 m au cours d'une partie de chasse. Au cours de deux expéditions menées en 1873 et 1874, des explorateurs américains ont pénétré jusqu'à 1 060 m. Cette galerie est parcourue par une rivière souterraine qui est la source principale du Nahr el-Kelb qui fournit l'eau potable à Beyrouth. Cette grotte a une longueur totale de 6 200 m et est située à 60 m au-dessous de la galerie supérieure. La rivière est divisée en plusieurs petites cataractes et rapides. Les visiteurs sont transportés dans des petites chaloupes électriques sur une distance de 250 m. En hiver, cette galerie est fermée parce que le niveau de l'eau est trop élevé.

FARAYA ★★

Ce village est devenu au fil des années la station huppée du Liban. Rendez-vous de la bourgeoisie pour le réveillon, Faraya et ses villages alentour tels que Faqra et Kfardebian sont pris d'assaut par de nombreux Libanais et de vacanciers arabes qui y louent des appartements en altitude. Le trafic pouvant être terrible le week-end, notamment durant la saison de ski, il convient de se lever très tôt pour éviter les bouchons qui se forment à l'entrée de la station.

De même, en fin d'après-midi, après avoir respiré l'air vivifiant des montagnes, on risque fort de s'asphyxier lentement au contact des gaz d'échappement ! Mis à part ces désagréments, la route permet de découvrir un paysage minéral saisissant, même si là aussi, le béton a fait son apparition et dénature le caractère sauvage des îlots de calcaire qui la bordent.

Transports

Comment y accéder et en partir

Située à 46 km de Beyrouth, on peut rejoindre la station de Faraya en prenant l'autoroute jusqu'à Zouk Mosbeh : passez le tunnel puis tournez à droite en direction des grottes de Jeita. Grimpant à l'assaut de la montagne, la première route indiquée pour accéder à Faraya, bien qu'assez large, draine une circulation souvent dense. Après avoir traversé les villages de Ballouné, Raifoun, Faitroun, Mayrouba et Hrajel, on atteint enfin Faraya. A 1 310 m d'altitude, le village s'est développé depuis la création de la station de ski d'Ouyoune el-Simane située à 6 km de là.

Se loger

Faraya-Mzaar, qui fait partie de la municipalité de Kfardebian, compte une vingtaine d'hôtels et de chalets. Il s'agit souvent de petits établissements de quelques chambres qui fonctionnent principalement quelques semaines dans l'année pendant la saison de ski. Les établissements sont souvent anciens, mais la dynamique immobilière et touristique de la station attire de nouveaux investisseurs. Ainsi de nouveaux établissements ont ouvert depuis la fin des années 2000, notamment en haut de la station à proximité du grand hôtel Mzaar Intercontinental.

Bien et pas cher

HOTEL COIN VERT
Route principale
Juste avant le rond-point du centre de Faraya.
✆ +961 9 321 556 / +961 3 724 611
Ouvert toute l'année. Chambre simple à 30 $, double à 45 $, triple à 60 $. Petit déjeuner à 5 $.
Construit dans les années 1970, ce petit hôtel familial propose une vingtaine de chambres propres mais au confort rudimentaire. Idéal pour les petits budgets, il mériterait quelques travaux de rénovation mais possède toutefois un certain charme avec ses étages biscornus et ces petites fenêtres qui donnent sur le torrent adjacent. Au rez-de-chaussée, un salon et une salle de restaurant avec une cheminée vous accueilleront après votre journée de ski. A noter : l'accès à Internet n'est pas toujours garanti mais un cybercafé est installé en face de l'hôtel.

Confort ou charme

HÔTEL CHÂTEAU D'EAU
3 km après Faraya sur la route des pistes
✆ +961 9 341 424 / +961 3 605 790
www.chateaudeauhotel.com
Ouvert de juillet à septembre et de décembre à mars. Chambre double de 80 à 130 $,

suites de 110 à 350 $. Petit déjeuner, taxes et wi-fi (dans le lobby) inclus.
Rénové en 2006, cet établissement propose 26 chambres (21 standards et 5 suites) assez confortables. Les chambres et les salles de bains sont spacieuses. Un grand salon avec une cheminée est aménagé au rez-de-chaussée, idéal pour se reposer après une journée de ski. A noter que le restaurant de l'hôtel est définitivement fermé et que seul le petit déjeuner est désormais proposé.

MERAB
A proximité du Mzaar Intercontinental
✆ +961 9 341 000 / +961 9 341 341
✆ +961 70 305 306 – www.merabhotel.com
info@merabhotel.com
Chambre double de 70 à 125 $, triple de 90 à 145 $, quadruple de 150 à 250 $. Ajouter 10 % de taxes. Petit déjeuner et wi-fi compris.
L'avantage de ce petit hôtel d'une vingtaine de chambres est d'être bien situé à proximité des pistes. Les chambres ne sont pas grandes mais elles sont propres et bien tenues. Elles ont été rénovées il y a quelques années. L'établissement compte un restaurant snack pratique, Chez Mansour.

SAN GIORGIO
Situé à l'entrée de Faraya
✆ +961 9 320 320 / +961 3 720 750
www.sangiorgio-hotel.com
sgiorgiohotel@yahoo.com
Ouvert toute l'année. Chambre double à 75 $, suite à partir de 110 $. Petit déjeuner, taxes et wi-fi compris.
Situé à l'entrée de Faraya, un peu éloigné du centre, cet hôtel de 51 chambres est l'un des rares de la région à posséder une piscine extérieure chauffée, très agréable pour les week-ends d'été. Il est d'ailleurs possible de venir s'y baigner même si on ne séjourne pas au San Giorgio, pour la somme de 12 000 LL. Les chambres sont un peu vieillottes mais confortables et spacieuses. Un appartement avec deux chambres et un salon est disponible pour les groupes ou les familles.

TAMER LAND HOTEL
✆ +961 9 321 268 / +961 3 818 981
✆ +961 70 772 000
tamerlandhotel@hotmail.com
Ouvert toute l'année. Chambre double de 80 à 100 $, suite de 150 à 180 $. Petit déjeuner, taxes et wi-fi compris.
Cet établissement 3-étoiles compte 35 chambres, toutes équipées d'un balcon. Tamer Land est relativement ancien dans le paysage hôtelier de Faraya – il a ouvert en 1985 et a été rénové en 2010 –, mais il est agréable puisque situé en retrait des axes routiers au milieu des pins. Il possède un restaurant avec une grande terrasse au bord de la rivière. L'hiver, un vaste salon intérieur accueille les skieurs.

Luxe

ELEVEN
✆ +961 9 341 741 / +961 70 999 931
www.hotel-eleven.com
info@hotel-eleven.com
Chambre double de 170 à 230 $, triple de 250 à 320 $, quadruple 290 à 440 $. Petit déjeuner, taxes et wi-fi compris.
Comme son nom l'indique, l'hôtel Eleven compte 11 chambres dont 4 suites. A quelques minutes du Mzaar Intercontinental, l'établissement propose des chambres modernes, spacieuses, aménagées avec goût et bien équipées. Le restaurant de l'hôtel a une bonne cuisine.

GIO
✆ +961 70 341 441 / +961 9 341 441
www.montagnou.com
info@montagnou.com
Chambre double à partir de 200 $. Petit déjeuner, taxes et wi-fi compris.
L'hôtel Gio pourrait être rebaptisé l'Auberge du Montagnou ! Les deux enseignes sont en effet indissociables. L'hôtel se trouve à quelques pas du fameux restaurant Le Montagnou. Gio est un petit établissement de neuf chambres inauguré au cours de l'hiver 2007-2008. Les prestations sont de qualité. Le bâtiment avec ses façades en bois ressemble à un chalet savoyard. C'est simple et propre. La vue est superbe.

MZAAR INTERCONTINENTAL
Mazraat Kfardebiane
✆ +961 9 340 100
www.intercontinental.com
mzaar.resort@ihg.com
Ouvert toute l'année sauf au mois de mai. Chambre double standard de 165 $ (hors saison) à 300 $ (week-end en haute saison). Petit déjeuner et wi-fi compris. Rajouter taxe de 10 %.
Cet hôtel très haut de gamme possède 140 chambres et suites, plusieurs restaurants dont Le Refuge, connu pour ses fondues et raclettes, et le Khaymet el Hor, qui sert une cuisine libanaise, un spa, un centre de fitness et deux piscines (une extérieure et une intérieure). Il bénéficie d'un emplacement idéal, à deux pas des pistes de ski. Les chambres sont spacieuses et de bon standing. Mais attention, elles ne sont pas toutes équipées d'un balcon et les vues sont très inégales, alors à ce prix-là, mieux vaut se renseigner lors de la réservation.

Se restaurer

Chaque hôtel ou presque de Faraya a son restaurant. Le choix ne manque pas. La cuisine est principalement française avec les classiques : fondues, raclettes, soupes et pierrades. Il faut compter de 40 à 50 $ par personne. Pour les petits budgets, il y a quelques snacks et des vendeurs de manakish dans le centre de Faraya, ainsi que quelques chaînes de Beyrouth qui ouvrent en haute saison (Lina's, Classic Burger Joint, Olio…).

LE MONTAGNOU

✆ +961 9 341 441 / +961 3 341 441
www.montagnou.com
info@montagnou.com

Ouvert du jeudi au dimanche de midi à 16h30 et de 19h30 à 23h30. Entrées de 14 000 à 32 000 LL, soupes de 15 000 à 17 000 LL, pizzas de 16 000 à 23 000 LL, plats de 38 000 à 70 000 LL. Formule dîner à 98 000 LL par personne.

C'est l'adresse chic et branchée de Faraya ! Le Montagnou se situe à proximité des hôtels Gio et San José. Construit sous la forme d'un chalet en bois en 2005, le restaurant ne désemplit pas été comme hiver. Montagnou peut servir plus de 1 000 personnes certains week-ends. Le cadre est simple. Le menu propose essentiellement une cuisine française avec les classiques de la cuisine de montagne : raclette, fondue, soupe, pierrade, etc… Le restaurant propose aussi des salades et des pizzas. En été, les clients profitent de la piscine et du bar qui domine la région. Très agréable.

Sports - Détente - Loisirs

DOMAINE SKIABLE DE FARAYA-MZAAR

✆ +961 3 236 623 / +961 70 103 222
✆ +961 9 341 501 – www.skimzaar.com

Forfait : 33 $ en semaine, 63 $ le week-end pour l'ensemble du domaine skiable. Pour les enfants, 27 $ en semaine et 50 $ le week-end. Il est également possible de se contenter d'une partie du domaine skiable avec les sites Jonction et Wardeh. Forfait : 27 $ en semaine, 47 $ le week-end pour les adultes. Pour les enfants, 20 $ en semaine et 37 $ le week-end.

Faraya-Mzaar est la mieux équipée des stations de ski du Liban. Ouverte en 1957, la station rassemble aujourd'hui 18 remonte-pentes qui donnent accès à une quarantaine de pistes de niveaux variés. Le domaine, qui s'étend sur 80 km et culmine à 2 465 m d'altitude, est agréable et sans grosses difficultés pour les bons skieurs. Il est possible de louer des skis et surfs dans de nombreux établissements le long de la route qui mène à Faraya. Une fois arrivé sur le parking des pistes, on achète son forfait pour la journée ou la demi-journée. Les pistes sont généralement ouvertes de 8h à 15h30 (semaine) ou 16h (week-end).
Très huppée, Faraya est la petite Courchevel du Liban. Rendez-vous de la bourgeoisie locale, Faraya et les villages voisins tels que Faqra et Kfardebian sont pris d'assaut dès que la neige arrive et la station est vite bondée le week-end. Il convient de se lever tôt pour éviter les embouteillages qui se forment entre Beyrouth et la station.

Skier au Liban

Plusieurs sites internet peuvent vous renseigner sur les mille façons de skier au Liban. Et notamment :

- **www.skileb.com**
- **www.skimzaar.com**
- **www.skiinglebanon.com**

FAKRA ★★

Pour Ernest Renan, le site de Fakra constitue tout simplement « le groupe de ruines le plus spectaculaire de la montagne ». Qalaat Fakra offre un paysage saisissant qui vaut le détour. En hiver, sous la neige, c'est splendide ! Perdus au milieu d'une forêt de rochers aux formes étranges sculptées par la nature, que la population locale nomme « la demeure des fantômes », se dressent les vestiges d'un ensemble étonnant. Le site comporte un grand temple qui s'élève au-dessus des blocs de calcaire, face au soleil levant. Il était dédié au grand dieu Belgalassos. Les six colonnes du portique ont été relevées, et donnent une idée de la dimension de l'édifice. Ce temple ferait partie d'un ensemble construit par les Romains à partir de l'an 64. Fakra se trouvait sur la voie impériale des légions romaines de Byblos à Baalbek. On pense que Fakra était une garnison avant le passage du col qui mène à la Bekaa. Fakra, c'est aussi un pont naturel impressionnant et une station privée de ski.

Transports

Comment y accéder et en partir

Au niveau de la place du village de Faraya, prendre tout droit. A gauche, c'est la direction de la station d'Ouyoune el Simane. Vous emprunterez une nouvelle route assez large qui longe la montagne. A la première intersection, prendre à gauche. A droite, c'est la route qui rejoint Kfar Zibyane. Après 200 m, un panneau vous indiquera le site de Fakra sur votre droite. La route qui mène du pont naturel à Qalaat Fakra offre une vue splendide sur les ruines. On peut rejoindre Fakra en redescendant de la station d'Ouyoune el Simane par une petite route sur votre gauche (un panneau indique Fakra-Club) qui vous mènera jusqu'au site antique de Fakra.

Se loger

L'AUBERGE DE FAKRA
✆ +961 9 300 600 / +961 3 211 127
www.faqraclub.com
reservations@faqraclub.com
Chambre double à 265 $, suite de 365 à 450 $, appartement pour 4 personnes autour de 600 $. Petit déjeuner, taxes et wi-fi compris.
Ouverte en 1981, l'Auberge de Fakra a été entièrement rénovée en 2012-2013. Situé au-dessus des ruines romaines, cet hôtel de 24 chambres fait partie du Fakra Club, un village de vacances privé qui bénéficie d'un accès au domaine skiable de Fakra. Les chambres sont très confortables et décorées avec goût, et certaines sont équipées d'un balcon. L'hôtel possède une grande piscine et un restaurant international, Le Grill. De multiples activités sont proposées aux clients de l'hôtel : équitation, tennis, location de vélos, jeux pour enfants, salle de sport… Accueil très professionnel et prestations de grande qualité.

TERREBRUNE
Avant le rond-point du président Emile Lahoud.
Rue Principale
Kfardebian
✆ +961 9 300 060 / +961 9 300 065
www.terrebrunehotel.com
info@terrebrunehotel.com
Chambre deluxe de 170 à 290 $, premium de 200 à 320 $, executive de 230 à 375 $, suites de 300 à 750 $. Ajouter 10 % de TVA. Petit déjeuner et wi-fi compris.
Ouvert depuis décembre 2004, l'hôtel Terrebrune offre des prestations de qualité. Les 43 chambres sont modernes, spacieuses et parfaitement équipées. Les tarifs fluctuent en fonction de la saison et des jours de la semaine. L'hôtel dispose en été d'une piscine, d'une salle de sport, d'un spa-hammam. Les clients auront le choix entre trois restaurants : Chez Michel, réputé pour sa cuisine libanaise, Les Caves, ouvert seulement l'hiver et qui sert une cuisine française, et Le Resto, qui propose une carte internationale.

URBAN FAQRA
Rond-point du président Emile Lahoud
✆ +961 9 341 541 / +961 76 070 605
www.urbanfaqra.com
urbanfaqra@add-mind.com
Chambre double de 150 à 250 $ (en fonction de la saison), suite de 250 à 350 $. Petit déjeuner, taxes et wi-fi compris.
Ce petit hôtel, construit en 2012, en bordure du rond-point principal de Fakra, propose 8 chambres modernes et confortables, dont deux suites. Chaque chambre possède une décoration personnalisée. Les équipements sont récents et bien entretenus. L'hôtel possède par ailleurs un restaurant italien avec de grandes baies vitrées donnant sur la montagne.

Se restaurer

Bien et pas cher

AL KANATER
Kfardebian
✆ +961 9 300 818
✆ +961 76 300 818
Ouvert tous les jours de 9h à 21h. Mezzés froids de 6 000 à 15 000 LL, mezzés chauds de 7 000 à 20 000 LL, grillades autour de 6 000 LL.
Proche du site de Fakra, Al Kanater est un restaurant accueillant et calme qui offre un beau panorama, aussi bien en été qu'en hiver. Il dispose d'une grande salle intérieure ainsi que d'une terrasse agréable. On y sert une cuisine libanaise traditionnelle bonne et copieuse. Clientèle surtout locale.

CHEZ MICHEL
Rue principale
✆ +961 9 300 614
Ouvert tous les jours de 10h30 à 23h. Mezzés de 7 500 à 15 000 LL, salades à 16 000 LL, viande crue de 16 500 à 18 000 LL, grillades de 16 000 à 25 000 LL. Almaza à 8 000 LL, narguilé de 15 000 à 22 000 LL.
Implanté à Fakra depuis 1984, ce restaurant domine les ruines. Cuisine libanaise servie dans une ambiance musicale orientale. Chez Michel a une excellente réputation dans la région. Bon accueil et vue splendide sur la montagne.

Bonnes tables

BLACKROCK
Route de Faqra Club
✆ +961 70 009 199
Ouvert du mardi au dimanche de midi à minuit. Salades de 16 000 à 25 000 LL, tartares de 26 000 à 30 000 LL, grillades de 42 000 à 72 000 LL. Espresso à 4 500 LL, Almaza à 8 000 LL.
Isolé sur un versant de la montagne, ce restaurant en forme de chalet tout noir est réputé pour ses grillades de viande et de poisson. Ici, la viande vient d'Argentine, d'Australie, du Brésil, des Etats-Unis ou encore de Nouvelle-Zélande. Le cadre est chaleureux avec son mobilier tout en bois.

FIREPLACE

✆ +961 70 122 414 / +961 9 322 778
www.massaya.com
faqra@massaya.com
Juste avant le rond-point du Président Lahoud, à côté de l'hôtel Terrebrune.
Ouvert tous les jours de 11h à 23h. Buffet le dimanche de 11h à 17h30, à 65 $. Salades de 18 000 à 26 000 LL, grillades de 46 000 à 71 000 LL, marmites de 26 000 à 46 000 LL. Espresso à 7 000 LL, verre de vin de 8 000 à 25 000 LL.
Initialement installée dans la Bekaa, la famille Ghosn, propriétaire des vignobles Massaya, a ouvert un deuxième domaine à Fakra en juillet 2014. Le restaurant de la maison, baptisé Fireplace, est un lieu convivial et chaleureux où vous pourrez déguster plusieurs grillades (saumon, faux-filet, côte de veau...) mais aussi des plats traditionnels cuits dans des marmites comme le lapin au whisky ou à la moutarde. Le week-end, un buffet est proposé pour le déjeuner.

RIKKY'S

Route de Faqra Club
✆ +961 9 341 422 / +961 9 341 433
✆ +961 3 120 201
www.rikkyz.com
info@rikkyz.com
Ouvert tous les jours de 11h à 23h, jusqu'à 3h du matin le week-end. Salades de 14 000 à 24 000 LL, entrées de 15 000 à 44 000 LL, plats de 20 000 à 48 000 LL, grillades de 28 000 à 90 000 LL, pierrade à 55 000 LL.
Le rendez-vous de la jet-set locale et expatriée, en été comme en hiver. Rikky's se trouve sur la route du Faqra Club sur votre gauche après le rond-point. Impossible de le manquer ! Rikky's est un chalet en bois perché sur le flanc de la colline. Sa terrasse offre une vue dégagée. La nourriture est sans plus et chère, mais l'ambiance est garantie. Ouvert depuis le 15 décembre 2007, Rikky's fait partie de la catégorie des lieux branchés du Liban comme le Sky Bar et l'Iris au centre-ville de Beyrouth.

À voir – À faire

LE PONT NATUREL DE FAKRA

A proximité du site archéologique de Fakra, rejoindre le rond-point du Président-Emile-Lahoud, sur votre droite, vous pouvez admirer le pont naturel du Nahr el-Laban. Impressionnante création de la nature avec une arche de 38 m d'ouverture sous laquelle le torrent se précipite en cascade au printemps. Pour certains géologues, il s'agit d'un des ponts les plus spectaculaires au monde. Le site se trouve à 1 700 m d'altitude.

LES RUINES DE FAKRA ★★

Ouvert tous les jours de 9h à 18h. Entrée : 3 000 LL.
A gauche du panneau qui indique le site de Fakra, se dressent les restes d'une grande tour carrée de 15 m de côté à laquelle on peut accéder par un escalier. Il ne reste que l'étage inférieur de forme cubique. Elle aurait comporté un second étage couronné d'une pyramide comme celle du Hermel. Une inscription grecque indique que la tour a été construite en 355 de l'ère séleucide (soit l'an 43). Une seconde inscription latine prouve que le site était voué au culte de l'empereur Claudius associé au dieu local Belgalassos. De nombreuses hypothèses sont évoquées quant au rôle de cette tour : tombeau, lieu de culte ou trésor du temple ? En effet, certaines thèses historiques croient que la tour abritait un trésor composé d'offrandes faites à Belgalassos.
En face, un autel monumental domine les vestiges, tandis qu'un autre plus petit, orné de douze colonnes, émerge un peu plus bas. Une niche sculptée d'une coquille inversée laisse supposer qu'il était dédié à Astarté. Autel ou tabernacle ?
En contrebas, à 1 550 m d'altitude, émerge le temple de Qalaat Fakra, ancien lieu de culte romain. A côté, se trouve un petit temple dédié dans un premier temps à la déesse de la Fertilité, Atargatis, puis à Astarte. Il aurait été édifié par les Cananéens, il y a plus de 3 000 ans. Ils étaient installés dans cette région pour couper les cèdres qui couvraient les collines puis les acheminer vers l'Egypte des pharaons. A l'intérieur, on trouve une grande cuve de pierre destinée à contenir l'eau purificatrice. Ce temple fut transformé au cours de l'époque byzantine (au IVe siècle) en basilique chrétienne. De ses trois nefs, il ne subsiste que deux colonnes.
Au sud du temple d'Atargatis, de l'autre côté du ruisseau, on peut remarquer des sépultures dans les rochers surmontés d'une croix.
Le site de Fakra sous la neige est d'une stupéfiante beauté.

Sports – Détente – Loisirs

LA STATION DE SKI DE FAQRA CLUB

✆ +961 9 300 601
www.faqraclub.com – info@faqraclub.com
Forfait : 12 $ en semaine, 20 $ le week-end.
Située entre 1 735 et 1 975 m d'altitude au pied du mont Sanine, Faqra Club, construit en 1974 avec l'aide d'architectes suisses, propose une dizaine de pistes de niveaux variés. Faqra Club a été l'une des premières stations de ski privées au monde. Il est possible de skier la nuit mais uniquement le week-end. L'accès est réservé aux membres du Faqra Club et à leurs invités.

Quelques fois, les touristes sont admis. Il faut alors se renseigner. Une fois au sommet des pistes et si le temps le permet, vous pouvez admirer la mer et Beyrouth, plaisir rare que le Liban vous offre. La station est ouverte de 8h à 16h.

LA STATION DE SKI DE QANAT BAKICHE
Qanat Bakiche ✆ +961 3 441 112 /
✆ +961 3 340 300 / +961 1 585 478
Forfait : 15 000 LL en semaine, 30 000 LL le week-end.
A quelques kilomètres de Faqra, il est possible de rejoindre le domaine de Qanat Bakiche. Créée en 1967 par la famille Karam, cette petite station culmine à 2 000 m d'altitude. Pour les skieurs débutants à la recherche d'une station calme et familiale. On peut louer son matériel à proximité de l'hôtel Snowland. En hiver 2016, une seule remontée fonctionnait, suite à un projet de liaison avec les stations voisines.

HARISSA ★★★

Transports

Comment y accéder et en partir

On peut accéder à Harissa depuis Jounieh par une magnifique route en lacet ou en prenant les cabines du téléphérique.

Se loger

BZOMMAR PALACE HOTEL
✆ +961 9 261 800 / +961 3 017 777
www.bzommar.com – info@bzommar.com
Chambre simple de 80 à 120 $, double de 130 à 180 $. Petit déjeuner, taxes et wi-fi compris.
A quelques kilomètres au nord de Harissa, l'hôtel Bzommar bénéficie d'un panorama exceptionnel sur le littoral et la montagne. Construit dans une petite pinède, l'établissement est très bien indiqué depuis la route qui monte à Harissa. Les chambres sont spacieuses et bien équipées. Naturellement, celles qui donnent sur la baie de Jounieh sont plus agréables. Bzommar Palace est souvent réservé pour des cérémonies de mariage. Ainsi, certaines soirées peuvent être animées et bruyantes. L'hôtel dispose d'une piscine, d'un tennis, d'un espace de jeux (billard, baby-foot) et d'une salle de sport. Une excellente adresse à proximité de Jeita et à quelques kilomètres des pistes de ski de Faraya.

Se restaurer

RESTAURANT AL SIWAN
Sakiet el Zaarfaran, Meyrouba
Village situé 7 km avant Faraya (bifurcation sur la gauche).
✆ +961 3 748 477 / +961 3 456 956
www.al-siwan.com
Ouvert tous les jours de 11h à minuit.
Al Siwan, réputé pour ses mezzés, est un must qu'il faut absolument découvrir pendant le week-end. Les Libanais viennent ici en famille ou entre amis et, dès la fin du repas, tout ce beau monde ondule au centre de la pièce sur les rythmes langoureux de la musique orientale. Une bonne adresse.

À voir – À faire

COUVENT ARMÉNIEN-CATHOLIQUE DE BZOUMMAR
Sur la route étroite et sinueuse entre Achqout et Harissa, on trouve plusieurs lieux de recueillement et de prière. De nombreux couvents se sont en effet installés sur des promontoires rocheux, bénéficiant ainsi d'un panorama exceptionnel, propice à la méditation. Le couvent Notre-Dame de Bzoummar, qui domine la baie de Jounieh à plus de 900 m d'altitude, a été fondé en 1749 par Abraham Pierre Ier Ardzivian. C'est l'unique monastère arménien, après celui de Jérusalem, établi au Moyen-Orient. Edifiée en 1771, l'église est riche en tableaux de maîtres du XVIIIe siècle dédiés à la vierge. Le couvent produit ses vins et ses spiritueux que les visiteurs peuvent acheter à la boutique du monastère.

Conseil futé : Ascension nocturne à Harissa

ADVENTURES IN LEBANON
BEYROUTH ✆ +961 71 443 323
www.adventuresinlebanon.com
info@adventuresinlebanon.com
Le transport est assuré à partir de Beyrouth. Frais 40 000 LL.
L'association Adventures in Lebanon organise une fois par an (généralement fin mai) une ascension nocturne vers le site de la Vierge à Harissa. Un guide vous indiquera le chemin à travers la forêt. La randonnée est accessible à tous et les paysages sont remarquables.

LA VIERGE DU LIBAN

www.harissa.info

Harissa est un lieu de pèlerinage important au Liban. Située au-dessus de Jounieh, à 650 m d'altitude, une immense statue de Marie, appelée « Notre-Dame du Liban », ou « la Vierge du Liban » a été inaugurée en 1908. Le panorama y est incroyable. A l'intérieur du piédestal sur lequel s'élève la statue se trouve une petite chapelle. A quelques mètres de la Vierge se dresse une immense basilique en béton. Légèrement en contrebas, une très belle basilique grecque-catholique aux coupoles jaunes surplombe également la baie. La principale fête est le premier dimanche de mai. Elle marque le commencement de la saison des pèlerinages. En 1997, Jean Paul II est venu à Harissa.

GHINE

Rarement mentionné dans les guides touristiques, le village de Ghiné mérite un rapide déplacement pour les personnes qui veulent découvrir un Liban un peu plus insolite.

Transports

Comment y accéder et en partir

Pour vous y rendre, quittez l'autoroute au niveau de Ghazir puis suivez la route principale large et bien asphaltée. Après Kfour, vous arriverez à Ghiné.

À voir – À faire

RÉSERVE DE JABAL MOUSSA

Ftouh Kesrouan

✆ +961 9 643 464 / + 961 71 944 405

www.jabalmoussa.org – info@jabalmoussa.org

Trois accès possibles pour rejoindre la réserve : 1- Beyrouth, Zouk Mosbeh, Meyrouba et Qehmez (c'est l'accès le plus rapide !) 2- Beyrouth, Jounié, Ghazir, Ghiné et Nahr ed-Dahab.3- Beyrouth, Jounié, Nahr Ibrahim et Yahchouch.

Après les Cèdres du Chouf et le mont Rihane, Jabal Moussa est la troisième réserve de biosphère classée par l'Unesco au Liban depuis 2009. Situé à 45 km de Beyrouth et dominant la vallée d'Adonis, Jabal Moussa offre un paysage végétal et karstique de toute beauté et compte une faune et une flore très variées : plus de 550 espèces végétales dont des plantes endémiques uniques au Liban, 14 espèces de mammifères (loups, hyènes, damans des rochers, renards et sangliers sauvages) et plus de 83 espèces d'oiseaux. La forêt couvre 1 250 hectares et s'étend de 350 à 1 574 m d'altitude. Le site conserve également des vestiges historiques romains et byzantins. Le cadre est idéal pour les randonneurs : l'association pour la protection de Jabal Moussa organise plusieurs promenades par semaine. Le dépaysement est garanti.

LE ROCHER D'ADONIS

La première curiosité est le rocher d'Adonis. A l'entrée du village, prendre à gauche en suivant les panneaux. Un gros rocher sort du paysage et porte un bas-relief interprété par Renan comme le combat légendaire d'Adonis avec un sanglier. Il s'agit en fait d'un ours lors d'une scène de chasse illustrant un épisode de la vie du personnage qui fut inhumé dans le caveau situé au pied du rocher. A droite, un autre bas-relief, très dégradé, représente un personnage armé d'une lance et suivi de deux chiens, ces détails sont quasi illisibles aujourd'hui. La visite du site se fait en 10 minutes. Si vous voulez rester plus longtemps, vous pouvez continuer votre chemin par un petit sentier au-dessus du rocher d'Adonis pour atteindre les ruines d'une maison en pierre occupée aujourd'hui par un troupeau de chèvres.

LES RUINES ROMAINES

La seconde curiosité se trouve à la sortie de Ghiné, à la bifurcation pour le village de Hosain, un panneau indique des ruines romaines. Il est aussi possible de rejoindre ce site à partir du rocher d'Adonis, continuez tout droit puis après une légère descente prendre à gauche jusqu'à l'église. Le site est sur votre gauche. Il s'agit d'un champ de ruines entouré d'un petit muret (qu'il faut enjamber !) au milieu desquelles on distingue les vestiges d'un temple transformé en église. Celle-ci conserve des mosaïques datant du Ve siècle. Bien qu'elles soient à l'air libre et sans protection, ces mosaïques sont encore très bien conservées à l'image de celles sur lesquelles sont représentés des animaux comme un oiseau, des poissons et des gazelles.

Naas, une destination culinaire réputée

Entre Baabdate et Bikfaya – soit à quelques kilomètres avant Dhour ech Choueir, la colline de Naas située à environ 1 000 m d'altitude offre un paysage très agréable avec sa large forêt de pins. Le cadre est idéal pour se restaurer. La présence d'hôtels prouve que l'adresse est une destination de villégiature. Une source d'eau y fut découverte en 1917. L'usine d'embouteillage (l'eau était commercialisée sous la marque Fawar) fut fermée en 1986. Dans ce secteur, plusieurs restaurants principalement haut de gamme y sont renommés.

FADEL
Naas Bikfaya ✆ +961 4 980 979
Ouvert tous les jours de midi à 16h30 et de 19h30 à 23h. Hors-d'œuvre de 8 000 à 25 000 LL, grillades de 20 000 à 31 500 LL. Almaza à 8 000 LL, narguilé à 18 000 LL.
Un excellent restaurant libanais traditionnel qui est une institution dans la région. Pour découvrir, et redécouvrir la cuisine locale dans un cadre très agréable.

LOCANDA CORSINI
Naas Bikfaya
✆ +961 4 982 689 – www.locandacorsini.com
Ouvert du mardi au dimanche de 13h à 15h30 et de 20h à 22h30. Antipasti de 15 000 à 32 000 LL, pâtes de 25 000 à 36 000 LL, plats de 46 000 à 85 000 LL. Espresso à 6 000 LL, Almaza à 8 000 LL.
Un bon restaurant italien au cœur de la colline. Construit dans une villa de la fin du XIXe s., ce restaurant possède une grande terrasse ombragée.

LOLA
Naas Bikfaya ✆ +961 71 062 706 / +961 4 983 440
Ouvert du mardi au dimanche de 12h30 à 16h30 et de 20h30 à 23h30. Entrées de 13 000 à 42 000 LL, plats de 16 000 à 65 000 LL.
Lola sert une délicieuse cuisine française dans un cadre très reposant. Le restaurant possède une immense terrasse qui domine la vallée.

DHOUR EL CHOUEIR

Transports

Comment y accéder et en partir

Avec la nouvelle autoroute qui monte à Baabdate, Dhour el Choueir n'est qu'à 30 minutes de Beyrouth. Après Baabdate, prendre la direction de Douar, Ain el Safsaf puis Bolonia. La région est appelée également Bois de Boulogne ou Ghabet Bolonia.

À voir – À faire

LA PINÈDE DE DHOUR EL CHOUEIR
Situé à 1 250 m d'altitude, Dhour el Choueir est une station de villegiature très connue au Liban. Les présences de plusieurs hôtels (dont certains sont abandonnés depuis la guerre civile) et de belles demeures en témoignent. La région connaît une nouvelle dynamique depuis le milieu des années 2000 et plusieurs résidences secondaires sont en cours de rénovation et en construction.
La pinède de Dhour el Choueir est composée de pins d'Aldep. Le cadre est idéal pour les balades. La station reste une destination calme et très agréable du printemps à l'automne. Le village voisin, Mrouj organise un festival annuel pour la fête de Saint-Takla en septembre.

MTEIN ★

Transports

Comment y accéder et en partir

A partir de Beyrouth, prendre la nouvelle autoroute qui monte à Baabdate. Ensuite suivre Douar, Bolonia, Dhour ech Choueir puis au carrefour de Mrouj, prendre à droite vers Mtein.

À voir – À faire

MIDANE AL-OUMARA
www.mtein.org
La place centrale de Mtein (de 4 000 à 5 000 m²) nommée Midane al-Oumara conserve quatre magnifiques palais datant du XVIIe et XVIIIe siècle. Malheureusement, plusieurs sont dans un état de dégradation avancé suite à la guerre civile, de longues années d'abandon et le manque de moyens de leur propriétaire.

La richesse architecturale du village remonte à l'arrivée de la famille Abillama qui y construisit sa résidence dont Alameddine Abillama en 1616. Après sa victoire en 1711, l'émir du Mont-Liban élève les Abillama en signe de gratitude à la dignité émirale. Sous les émirs Abillama, Mtein connait une période de prospérité : festivités, spectacles, jeux. A cette époque, quatre palais furent construits autour de la place Midane. Parmi ces demeures, l'ancien palais de justice en pierre de style traditionnel. Son portail alterne les pierres jaunes et blanches et est surmonté d'une double arcature. A l'étage, les baies s'ouvrent sur un balcon soutenu par neuf corbeaux. On remarque aussi deux baies surmontées d'arcs polylobés.
Après l'abolition du régime féodal en 1860, les Abillamas ont vendu leur palais aux habitants du village. Les palais de la place de Mtein ont été classés à l'inventaire des monuments historiques du Liban en 1958.

ZAAROUR ★

Transports

Comment y accéder et en partir

A la sortie de Beyrouth, au niveau de Nahr el Mott (centre commercial CityMall) prendre la nouvelle autoroute en direction de Baabdate. Puis suivre les indications vers Douar, Bolonia, Dhour ech Choueir et Mrouj. Il faut compter une petite heure de voiture entre Beyrouth et Zaarour.

Sports - Détente - Loisirs

LA STATION DE SKI DE ZAAROUR
✆ +961 4 310 010
✆ +961 3 310 011
www.zaarourclub.com
info@zaarourclub.com
Forfait : 35 000 LL en semaine, 65 000 LL le week-end. Forfait demi-journée : 25 000 LL en semaine, 45 000 LL le week-end.
Les pistes de Zaarour, qui culminent de 1 600 m à 2 000 m d'altitude, et s'étendent sur un peu plus de 7 km, font partie d'un club privé. C'est la station de ski la plus proche de Beyrouth. Elle compte plusieurs restaurants, un hôtel et des chalets à la location. Zaarour est une destination familiale beaucoup moins jet-set que Faraya-Mzaar. Il est possible de prendre le télésiège pour se promener au sommet des pistes et bénéficier d'une vue splendide sur la région. Plusieurs boutiques de sport se trouvent aux pieds des pistes et louent à la journée tout l'équipement nécessaire (ski, luge, etc.).

BYBLOS ET SA RÉGION

Byblos est l'un des plus beaux sites touristiques au Liban. Son petit port, sa vieille ville entourée de remparts et son site archéologique sont splendides. Mais c'est également l'une des plus anciennes villes du monde.

BYBLOS (JBEIL) ★★★★

C'est là, sur le tertre surplombant la Méditerranée que commence la fabuleuse histoire de Byblos. Celle d'un village de pêcheurs au néolithique qui devint à l'époque romaine l'un des centres religieux, culturels et commerciaux les plus importants du monde méditerranéen. Connu sous le nom de Gebal (Jbeil) dans l'Ancien Testament, les Grecs lui donneront celui de Byblos, terme désignant le papyrus.

La première installation humaine à Byblos remonte à la période néolithique (5250-3800 av. J.-C.). Regroupés dans des cabanes rondes, les habitants cultivaient des céréales et élevaient de nombreux animaux. Au IVe millénaire av. J.-C., à l'époque chalcolithique (3500-3100 av. J.-C.), Byblos est envahie par une nouvelle peuplade. Techniquement plus avancée, celle-ci travaille déjà le cuivre. Grâce aux connaissances de leurs conquérants, les hommes de Byblos perfectionnent leurs armes et outillages, développent l'art de la céramique et enterrent leurs cadavres en position fœtale dans de grandes jarres placées à l'intérieur même du village.

A la fin de cette période, une transformation s'opère dans le mode de construction. Les installations proto-urbaines (3100-2900 av. J.-C.) sont de solides maisons rectangulaires regroupées derrière une enceinte. Au sein du village, les artisans affinent leurs poteries façonnées au tour et cuites au four. L'utilisation du métal se généralise et les rites funéraires sont modifiés : les morts sont dorénavant enterrés à l'extérieur des enceintes.

Pendant la période dite du bronze ancien (2900-2300 av. J.-C.), Byblos passe au stade de l'organisation urbaine. La cité se développe alors derrière un rempart. Les maisons, constituées de plusieurs pièces, se collent les unes aux autres pour créer un réseau de rues étroites qui relient les différents quartiers, et un ingénieux système de canalisations assure l'écoulement des eaux. A cette époque, Byblos établit des relations commerciales privilégiées avec la Mésopotamie et l'Egypte. L'apparition de l'écriture, dans ces deux contrées, accélérera l'évolution culturelle des cités phéniciennes. Dans la seconde moitié du IIIe millénaire av. J.-C., des résidences monumentales vont émerger, attestant la présence d'une bourgeoisie opulente. Les temples se multiplient et celui de la déesse Hathor ou Baalat-Gebal, Dame de Byblos, s'enrichit grâce aux offrandes envoyées par les pharaons. Les relations économiques avec l'Egypte vont en effet permettre à la cité de prospérer. En échange du bois de cèdre nécessaire à la construction des bateaux et des temples, Byblos reçoit de multiples matériaux tels du lin, des cordages ou de l'or.

A la fin de ce millénaire (2150-2000 av. J.-C.), les Amorrites, originaires du désert de Syrie, envahissent la Phénicie, détruisant au passage toutes les cités du littoral. Cette période de troubles interrompt pendant 200 ans les échanges commerciaux avec l'Egypte. Byblos va très vite se reconstruire, modifiant au passage la structure de ses temples. Elle renoue alors avec l'Egypte dont elle s'inspire pour créer une écriture pseudo-hiéroglyphique.

Moins de trois siècles plus tard, des conquérants venus d'Asie prennent le pouvoir en Egypte (1725 av. J.-C.). Les Hyksôs introduisent de nouveaux types d'armement (poignards, lances…). On retrouvera d'ailleurs de très belles armes datant de cette époque dans les tombeaux de Byblos.

Les immanquables de Byblos et sa région

- **Faire** un voyage dans le temps en pénétrant sur le site de Byblos, le seul au monde dont l'histoire s'étend sur 7 000 ans.
- **Visiter** l'impressionnante grotte d'Afqa qui ressemble à une gueule de monstre.
- **Partir** en randonnée à travers les superbes paysages de Laqlouq.
- **Déambuler** dans le musée de sculptures géantes des frères Basbous à Rachana.
- **Découvrir** les ruelles de Douma, un petit village plein de charme.

vers Amchit & Hotel Ahiram
vers Tripoli
Parking
Rest. Cookery
Hôtel Byblos-sur-Mer
Rest. El Molino
Eglise des orthodoxes
Remparts
Missé
VIEILLE VILLE
Faculté de Droit
il Gustino
Parking
Voie romaine
Voie romaine
Parking
Bab el-Mina
Baladi
Information
LE PORT
Fishing Club
Eglise de St-Jean-Baptiste
Musée de Cire
Forno
Kaddoum Center
Café
Rest. Rif Grill
Mosquée Abed-el-Majid
Rest. Locanda a la Granda
Gelateria
Old Pub
Librairie Gibran's Lebanon
les Souks

Chapelle Nossa Senhora da Penna
Eglise N-D-de-la-Porte
Château des croisés
Forteresse des Achémides
Théâtre romain
Temple de Baalat-Gebal
Temple aux obélisques
Logis chalcolithiques
Maison du Bronze ancien
SITE ARCHÉOLOGIQUE
MER MÉDITERRANÉE
Musée
Curiosité
Eglise
Mosquée
Information
Restauration
Hébergement
Souk
Parking
0
200 m
vers Beyrouth

Le roi de Thèbes chasse finalement les Hyksôs d'Egypte, en 1580 av. J.-C., et les poursuit jusqu'en Palestine. Ses successeurs entreprennent d'étendre leur domination vers les rives de l'Euphrate et la chaîne du Taurus, établissant une sorte de protectorat sur la Syrie et la Palestine. Pourtant, malgré l'appel au secours lancé par le roi de Byblos, Rib Addi, aux pharaons Amenhotep III et Akhenaton (tablettes de Tell el-Amarna, XIVe siècle av. J.-C.), l'Egypte abandonne son vassal à l'emprise des Hittites qui contrôlent alors une bonne partie du territoire syrien. Il faudra attendre l'arrivée au pouvoir de Ramsès II (1290-1224 av. J.-C.) pour stopper l'avancée hittite et conclure un traité de paix. C'est à cette période qu'apparaissent à Byblos les premiers documents utilisant l'écriture alphabétique proprement phénicienne, dotée de vingt-deux signes.

Un siècle plus tard, les peuples de la mer, repoussés des îles et des rivages de l'Europe du Sud-Est, investissent la Phénicie. Les tribus installées au sud prennent le nom de Philistins, les autres – appelées Tjekers – se livrent à la piraterie dans la région de Tyr. L'assimilation des peuples de la mer aux populations des villes de la côte entraîne un formidable essor de la navigation. Ces marins que les Grecs nomment « Phéniciens » naviguent jusqu'aux confins de la Méditerranée occidentale et ouvrent en Algérie et en Espagne leurs premiers comptoirs.

Du XIe au XIIe s. av. J.-C., Tyr et Aradus (Syrie) dominent le commerce maritime. L'Egypte a perdu sa suprématie et ne maintient plus qu'une simple emprise religieuse sur les cités phéniciennes. Aussi a-t-on retrouvé des statues de pharaons dans le temple de Baalat-Gebal (la Dame de Byblos) datant de cette époque.

Cependant, à partir du IXe siècle av. J.-C., l'Assyrie va menacer les villes phéniciennes. En échange de leur indépendance et de leur sécurité, celles-ci doivent envoyer de lourds tributs au monarque assyrien. Pour éviter toute rébellion contre le pouvoir en place, les souverains assyriens puis babyloniens entament une politique de déportation. Le peuple d'Israël est ainsi envoyé en captivité à l'autre bout de l'empire à la suite de la prise de Jérusalem par l'armée de Nabuchodonosor (587 av. J.-C.). Durant cette période assyro-babylonienne, l'araméen devient la langue commune à tous les peuples d'Orient qui connaissent de ce fait un formidable essor culturel.

C'est alors que Cyrus, roi des Perses, conquiert l'ensemble de l'Empire babylonien (539). La Phénicie fera partie de l'une de ses provinces (5e satrapie). La volonté de dominer l'Egypte et le bassin méditerranéen pousse Cyrus à autoriser le retour des Juifs sur leur terre d'origine (édit d'Ecbatane, 538 av. J.-C.). Une ère de grande prospérité succède, assurée par le développement de l'agriculture et du commerce. Byblos en profite pour s'agrandir et frapper une série de monnaies au nom de ses monarques. Une forteresse achéménide est édifiée et le temple de Baalat-Gebal est reconstruit par le roi Yehawmilk. Les Perses choisissent de s'allier aux Phéniciens pour construire une flotte puissante et s'engagent dans de rudes combats avec les Grecs.

La défaite de Darius III, en 333, oblige l'armée perse à se retirer jusqu'aux rives de l'Euphrate. Cette situation permet à Alexandre le Grand de déployer ses troupes le long de la côte phénicienne, à l'exception de Tyr qui résistera pendant treize ans. De nombreuses colonies grecques s'implantent sur le territoire. Byblos adopte très vite les coutumes et la langue de ses nouveaux maîtres. On a d'ailleurs retrouvé, lors de fouilles, des documents mentionnant l'existence d'un gymnase. Cette institution spécifiquement grecque assurait l'éducation des éphèbes et prônait les vertus de la culture physique. Après des années de lutte avec leur voisin égyptien, les Séleucides (Grecs) s'affaiblissent et le roi d'Arménie, Tigrane, sera amené à régner sur la Phénicie (83-69 av. J.-C.).

L'arrivée de Pompée au Proche-Orient, en 63 av. J.-C., coupe court à la période hellénistique et la Phénicie se voit intégrée à la province romaine de Syrie. L'empereur ramène calme et sécurité dans un pays menacé par des brigands venus du désert arabique.

Profitant des nouvelles voies qui s'ouvrent à eux, les Phéniciens développent leur réseau commercial sur l'ensemble de l'Empire romain. Cette prospérité permet à Byblos de s'étendre jusqu'au pied de la montagne. Des voies, bordées de colonnades, amènent les chars à l'intérieur de la ville qui, au fil des jours, s'embellit de temples et de nouveaux édifices publics (théâtre, bains, etc.). La cité demeure également le centre incontesté des cultes d'Adonis et d'Osiris célébrant le triomphe de la vie.

Pourtant, l'ère romaine va bientôt sombrer. Le déferlement de hordes barbares sur l'Europe, la conversion de Constantin le Grand à la religion chrétienne et le transfert de sa capitale à Byzance (330) précipitent la chute de Rome. Le christianisme réussit malgré tout à rétablir l'unité du nouvel Empire byzantin, et un évêché voit même le jour à Byblos. Les fouilles, entreprises sur le site, n'ont cependant pas pu apporter d'éléments très précis sur cette période du fait de la mauvaise conservation des bâtiments.

Le christianisme ne pourra pas longtemps tenir tête à la conquête musulmane qui, à partir de 636, étendra son empire des Pyrénées jusqu'à l'Inde centrale. De 661 à 750, le Proche-Orient sera gouverné par les califes omeyyades siégeant à Damas. Par la suite, les Abbassides établissent leur capitale à Bagdad. L'époque des Omeyyades – et des Abbassides – ne laissera que peu de traces sur le tertre de Byblos.

L'arrivée des croisés (1098) venus reconquérir Jérusalem, permet au commerce oriental de retrouver son élan en s'ouvrant à l'Europe. Dès 1108, les croisés occupent Byblos qu'ils appellent « Gibelet ». Ils construisent un château et élèvent des remparts autour de la ville. Byblos est reprise et démantelée par Saladin en 1187, puis, après quelques années d'une nouvelle domination croisée, elle tombera en 1266 aux mains du sultan Baïbars.

Après le départ des croisés, le pays passe sous la domination des mamelouks (1289-1515) et Byblos sombre dans l'oubli.

En 1515, le Proche-Orient est envahi par les Ottomans. Le Liban vivra alors sous la coupe de seigneurs locaux régissant leurs domaines de manière féodale.

En 1860, suite à l'intervention de l'armée française au Liban, Napoléon III demande à Ernest Renan de faire une étude sur les sites phéniciens. Grâce à des écrits datant du Ier siècle apr. J.-C., Renan repère le site de l'antique Byblos, alors recouvert par la végétation et quelques habitations. Cette première étape sera suivie, dès 1919, par des fouilles plus approfondies de deux archéologues français : Pierre Montet et Maurice Dunand. Au gré des explorations, le tertre sur lequel s'étend la ville antique va progressivement livrer les richesses de civilisations aujourd'hui disparues.

Transports

Comment y accéder et en partir

Située à 37 km de Beyrouth et à 20 km au nord de Jounieh, Byblos (une agglomération d'environ 50 000 habitants) fait partie de la région du Mont-Liban (caza de Jbeil) On y accède facilement par l'autoroute littorale. Après le pont de Fidar qui fut bombardé par l'aviation israélienne en 2006 puis reconstruit, la sortie Byblos (Jbeil) est parfaitement indiquée.

La ville ancienne apparaît avec ses remparts. Il faut les longer en direction de la mer et l'hôtel Byblos sur Mer. Le plus pratique est de garer sa voiture dans le grand parking à votre droite avant d'arriver sur le port.

Pour se rendre à Jbeil, les personnes non motorisées pourront se poster sur le bord de l'autoroute et héler au passage un autobus ou un service. Il n'existe pas d'horaires bien précis ni d'arrêt en ce qui concerne les autobus desservant la ligne Beyrouth-Tripoli. Depuis Beyrouth, aller au rond-point Dora. Prendre un bus ou un taxi-service pour Byblos. Demander Jbeil qui est le nom arabe. Le trajet en bus par la route côtière est un peu long, mais vous passerez par les petits villages du littoral qui ne manquent pas de charme. De l'autoroute, descendez à la sortie Jbeil, la vieille ville est à peine à 10 minutes à pied.

Pratique

BYBLOS ONLINE

Voir page 68.

CENTRE D'ACCUEIL ET D'INFORMATION TOURISTIQUE DE BYBLOS-JBEIL

✆ +961 9 543 100
✆ +961 9 543 101

Situé place de l'Unesco dans le quartier des souks, ce centre dépend du Festival international de Byblos (www.byblosfestival.org) et est nettement plus efficace que l'office du tourisme. On peut y trouver des cartes, des brochures et des programmes du festival. L'accueil y est parfait.

OFFICE DE TOURISME

✆ +961 9 540 325
www.destinationlebanon.gov.lb

Il se trouve sur la place de la citadelle, en face de l'entrée du site archéologique. D'un intérêt très limité. On vous proposera les mêmes brochures qu'à l'office du tourisme de Beyrouth.

Se loger

Bien et pas cher

BYBLOS FISHING CLUB GUESTHOUSE

Rue Pepe Abed
✆ +961 9 540 213
✆ +961 3 983 566
pepefishingclub@gmail.com

Chambre double de 88 à 132 $. Pas de petit déjeuner. Taxes et wi-fi inclus.

Situé à trois minutes de la citadelle et du vieux souk, juste derrière le restaurant Pepe Fishing Club qui surplombe le vieux port de Byblos, cette charmante guesthouse possède 7 chambres, simples mais confortables. Chacune d'entre elles possède sa propre salle de bains. Le confort un peu rudimentaire des chambres est compensé par l'emplacement idéal de la guesthouse en plein cœur de Byblos.

Confort ou charme

ÉL'HOTEL

✆ +961 9 545 888 / + 961 9 545 999
www.eddesands.com
hotelreception@eddesands.com
Chambre simple de 80 à 175 $, double de 90 à 200 $, junior suite de 150 à 250 $, en fonction de la vue et de la saison. Taxes et wi-fi compris.
L'établissement se trouve dans la partie sud de la ville, à 10 minutes à pied des souks. Il est facile à retrouver avec son énorme inscription mauve sur le toit. Cet hôtel propose 28 chambres dont la plupart offrent une vue imprenable sur la baie de Byblos. Les chambres sont propres et bien équipées. Un conseil : privilégiez les chambres situées à un étage élevé et avec vue sur la mer. Les clients de l'hôtel ont accès au spa, à des cours de yoga et au complexe balnéaire Eddé Sands situé à quelques minutes à pied.
EddeSands gère également un boutique hôtel 5 étoiles. Cet adresse de charme dont l'architecture est inspirée par les maisons libanaises traditionnelles dispose de 9 chambres tout équipées en bord de piscine avec un jardin privé et 8 bungalows ou « chambres VIP » en bord de mer avec une terrasse privée sur le toit équipée d'un coin lounge.

HÔTEL AHIRAM

✆ +961 9 540 440 – www.ahiramhotel.com
info@ahiramhotel.com
A environ 500 m au nord du port de Byblos, au-dessus de la plage publique.
Chambre simple de 80 à 100 $, double de 100 à 120 $, triple de 120 à 140 $, en fonction de la saison. Petit déjeuner inclus. La TVA est de 10 %.
Construit en 1964, Ahiram fut le premier établissement hôtelier installé à Byblos. 25 chambres avec salles de bains sont réparties dans cet immeuble de cinq étages. Préférer celles qui sont côté mer et qui offrent un panorama superbe sur le littoral. De l'hôtel, on peut accéder, pour 10 dollars, à la piscine de la résidence voisine, le Byblos Marine, ou descendre vers la plage – publique – de galets (jonchée de détritus en hiver mais plutôt bien nettoyée l'été). Ahiram se trouve à quelques minutes à pied de la vieille ville. Si l'établissement ne présente pas de charme particulier, l'accueil y est néanmoins familial et fort sympathique. Le personnel est discret mais disponible.

HÔTEL MONOBERGE

Rue principale
✆ +961 9 550 999 / +961 70 394 409
www.monoberge.com
reservation@monoberge.com
Chambre simple de 87 à 275 $ en fonction de la catégorie et de la saison, chambre double de 99 à 290 $. Petit déjeuner, wi-fi, parking et taxes inclus. Lit supplémentaire : 28 $.
Ouvert en 2011, cet établissement, situé dans le centre de Byblos, entre l'autostrade et la vieille ville, propose une trentaine de chambres spacieuses, propres et bien entretenues. Privilégiez les chambres avec vue sur la mer et celles qui sont équipées d'un balcon. L'hôtel ne possède pas de restaurant mais sert un buffet international pour le petit déjeuner. Accueil francophone très sympathique.

Luxe

BYBLOS SUR MER

✆ +961 9 548 000
www.byblossurmer.com
info@byblossurmer.com
Chambre simple à partir de 180 $, double de 200 à 350 $, junior suite de 250 à 420 $. Ajouter 10 % de taxes. Petit déjeuner et wi-fi compris.
C'est l'hôtel le plus célèbre de Byblos qui dispose d'un emplacement exceptionnel à l'entrée du port et face à la mer. Fermé au cours de l'été 2007, l'établissement a fait l'objet d'importants travaux de rénovation, avant de rouvrir ses portes fin 2010. Un succès ! Byblos sur Mer offre 30 chambres et suites de 36 à 52 m^2. Aucune mauvaise surprise sur la qualité des chambres qui sont parfaitement tenues et équipées. Le personnel est attentionné et très professionnel. L'hôtel possède une plage privée agréable et une piscine, ainsi que deux restaurants : le Café Tournesol, ouvert toute la journée au premier étage de l'hôtel et qui sert une cuisine internationale, et le Dar l'Azrak, en bord de mer, fermé l'hiver, réputé pour sa cuisine libanaise et ses poissons.

Se restaurer

Pour les petits budgets, un grand nombre de petits restaurants ou snacks se concentrent autour de la vieille ville ou le long de l'autoroute à quelques pas des remparts médiévaux. A l'intérieur de la vieille ville, les restaurants ne manquent pas. Autour du port, la cuisine est naturellement méditerranéenne, à base de poissons. Manger en terrasse est très agréable. Dans les anciens souks, Eddé Yard compte plusieurs enseignes qui pourront satisfaire toutes les envies.

Bien et pas cher

FENIQIA

Place de la Citadelle
✆ +961 9 540 444
Ouvert tous les jours de midi à minuit. Manakish de 5 000 à 9 000 LL, salades de 9 000 à 19 000 LL, mezzés froids de 4 500 à 9 000 LL,

mezzés chauds de 6 000 à 12 000 LL, sandwichs de 12 000 à 15 000 LL, grillades autour de 25 000 LL. Espresso à 5 500 LL, limonade à 6 500 LL, Almaza à 7 000 LL, narguilé à 15 000 LL.
Situé face à l'entrée du site archéologique, sur la jolie place de la citadelle, le bar-restaurant Feniqia possède une terrasse couverte agréable qui permet de se rafraîchir après avoir déambulé dans les ruelles de la vieille ville. On vient surtout ici déguster la délicieuse limonade maison. Une pause incontournable à Byblos !

KADDOUM CENTER

Rue principale
✆ +961 9 946 806 / +961 9 546 606
info@kaddoumcenter.com
Ouvert 7j/7 de 8h à 2h du matin. Cuisine locale et internationale : salades autour de 16 000 LL, pizzas entre 14 000 et 17 000 LL, pâtes entre 15 000 et 27 000 LL, burgers entre 17 000 et 24 000 LL, chiche taouk à 24 000 LL, jus de fruits entre 6 000 et 8 000 LL, espresso à 4 000 LL.
Au beau milieu de la rue principale, Kaddoum Center est un café-restaurant local parfait pour boire un verre ou manger un morceau. Il possède quelques tables en terrasse et les prix sont acceptables.

RIF GRILL

Rue principale
✆ +961 9 545 822 / +961 3 676 798
Ouvert 7j/7 de midi à minuit. Service accueillant, propre, cuisine locale et internationale : salades de 9 000 à 16 000 LL, 20 types de sandwich de 8 000 à 12 000 LL, hamburgers de 7 500 à 11 000 LL, chiche taouk à 23 000 LL, 5 types de pizza de 12 000 à 22 000 LL en fonction de la taille, café à 3 000 LL et Almaza à 5 000 LL.
Situé à la limite des souks à quelques mètres de la rue principale, Rif Grill dispose d'une petite salle voûtée agréable où les grillades sont préparées devant les clients. C'est simple, rapide et d'un bon rapport qualité/prix. Une vraie bonne adresse pas trop chère où l'on peut aller les yeux fermés. Elie, le patron, se fera un plaisir de vous aider si vous avez besoin de renseignements sur la ville.

Bonnes tables

BAB EL MINA

Port de Byblos
✆ +961 9 540 475 / +961 3 540 475
www.babelmina.com
info@babelmina.com
Ouvert tous les jours de midi à minuit. Mezzés de 5 500 à 31 500 LL, salades de 12 750 à 26 250 LL, poissons frais au kilo. Formule pour deux à 86 500 LL. Espresso à 5 500 LL, Almaza à 7 500 LL.
Bab el Mina est sans doute l'un des meilleurs restaurants autour du port de Byblos. Il est vrai qu'il dispose d'une terrasse splendide qui domine le littoral. L'enseigne est spécialisée dans la cuisine de poissons que l'on vient choisir au fond du restaurant adossé au rocher. Le poisson grillé se déguste avec une sauce locale, baptisée taratour (à base de tahiné, une crème de sésame). Bien que les prix soient un peu élevés, c'est une bonne adresse. Le service est rapide et les serveurs sont attentionnés.

EDDÉ YARD

✆ +961 9 542 224
www.eddeyard.com – info@eddeyard.com
Ouverts tous les jours, en moyenne de 9h à minuit. Quelques exemples de prix : éCafé (salades de 16 000 à 28 000 LL, croque-monsieur à 14 000 LL, plats de 39 000 à 65 000 LL), éForno (pâtes de 18 000 à 25 000 LL, pizzas de 12 000 à 27 000 LL, risottos de 18 000 à 25 000 LL), éBaladi (manouché au fromage à 4 000 LL, au zaatar à 2 000 LL), é il gustino (desserts autour de 10 000 LL).
Eddé Yard regroupe toutes les enseignes du groupe Eddé : éCafé (café-bistrot qui sert une cuisine d'inspiration française), éBaladi (manouchés et mezzés), éForno (pâtes et pizzas), Old Pub, éSweets (glaces et pâtisseries), Gibran's Lebanon (librairie), Miss é (boutique de sacs et d'accessoires).

FISHING-CLUB

Port de Byblos
✆ +961 9 540 213
Ouvert tous les jours de midi à minuit. Mezzés froids de 6 500 à 10 000 LL, mezzés de poissons autour de 20 000 LL, salades de 8 000 à 13 000 LL, grillades de 20 500 à 40 000 LL, poissons frais au kilo. Espresso à 4 500 LL, Almaza à 6 000 LL.
Pépé Abed, le propriétaire de ce restaurant qui est décédé en 2005, était très connu au Liban pour être l'ami des stars. Les photos accrochées aux murs en témoignent. Originaire du Mexique mais de père libanais, il s'était installé à Byblos en 1962 après être tombé sous le charme du site. Acteur, restaurateur et séducteur, Pépé était un mythe. Le restaurant est désormais tenu par sa famille et a gardé cet univers insolite du Liban des années 1970. En ces années de gloire, le Fishing-Club était alors très réputé dans toute la Méditerranée.
La terrasse, décorée de filets de pêche et de vieilles amphores offre une jolie vue sur le vieux port ; vous pourrez alors manger des mezzés ou des poissons grillés, ou simplement prendre une bière bien fraîche. L'enseigne et la cuisine ne sont plus aussi réputées qu'auparavant mais Chez Pépé reste une adresse agréable.

Site archéologique de Byblos.

LOCANDA A LA GRANDA

Place du château

✆ +961 9 944 333 / +961 9 946 333

Ouvert tous les jours de midi à minuit. Mezzés de 9 500 à 38 000 LL, pâtes de 19 500 à 25 000 LL, pizzas de 19 000 à 28 000 LL, grillades de 28 500 à 52 000 LL. Espresso à 4 500 LL, Almaza à 7 500 LL, narguilé à 18 000 LL.

Situé au premier étage d'une ancienne maison qui domine le site archéologique, Locanda a la Granda est une adresse un peu branchée ouverte depuis l'été 2008. L'établissement propose un large menu où les plats sont présentés d'une manière originale avec la liste des ingrédients. Locanda a la Granda sert une cuisine libanaise et internationale avec pour ambition de revisiter les grands classiques. C'est parfois très réussi, parfois moins. Les prix sont un peu élevés mais la terrasse est agréable et la présentation des plats soignée.

EL MOLINO

✆ +961 9 541 555 / +961 70 236 366

Ouvert tous les jours de midi à minuit. Entrées de 10 250 à 26 250 LL, salades de 18 750 à 22 500 LL, fajitas de 18 500 à 32 250 LL, burritos à 28 250 LL. Almaza à 7 000 LL, cocktails autour de 12 000 LL.

Situé derrière l'hôtel Byblos Sur Mer, El Molino propose, depuis 1992, une cuisine mexicaine savoureuse qui en fait l'une des meilleures adresses de cuisine mexicaine du Liban. Service rapide, ambiance détendue et grandes baies vitrées sur le port de Byblos.

SULTAN AL MINA

Vieux port

✆ +961 9 550 777

✆ +961 3 113 776

Ouvert tous les jours de midi à 2h du matin. Mezzés froids de 6 000 à 32 000 LL, mezzés chauds de 6 500 à 22 000 LL, poissons et fruits de mer de 18 000 à 38 000 LL. Espresso à 5 500 LL, Almaza à 6 000 LL.

Situé sur le vieux port, après Pépé Fishing Club et Bab el Mina, ce restaurant libanais possède une grande terrasse qui surplombe le port et ses nombreux bâteaux de pêcheurs. Sultan al Mina propose une très bonne cuisine libanaise avec sa longue liste de mezzés tradi-

Le mythe d'Isis et Osiris

Le mythe d'Osiris, spécifique de Byblos et rapporté par Plutarque, auteur grec du Ier siècle apr. J.-C., exprime l'universelle volonté humaine de maîtriser la force invincible de la Nature qui meurt et resurgit sans cesse. Seth, dieu égyptien, aurait tué Osiris et placé son corps dans un cercueil de bois qu'il jeta dans le Nil. Le cercueil fut emporté par le courant et vint s'échouer à Byblos, au pied d'un tamaris. En se développant, l'arbre enroba progressivement le coffre de bois. Le roi Malcandre le fit couper et utilisa le fût pour soutenir le toit de son palais. Partie entre-temps à la recherche de son frère et époux, Isis, grâce à ses dons divins, réussit à pénétrer dans le palais. Métamorphosée en hirondelle, elle volait ainsi chaque nuit autour de la colonne puis, reprenant forme humaine, venait pleurer dès l'aube au bord d'une fontaine. Devenue l'amie intime de la reine, elle réussit enfin à récupérer le tronc de tamaris et repartit avec le cercueil de son mari.

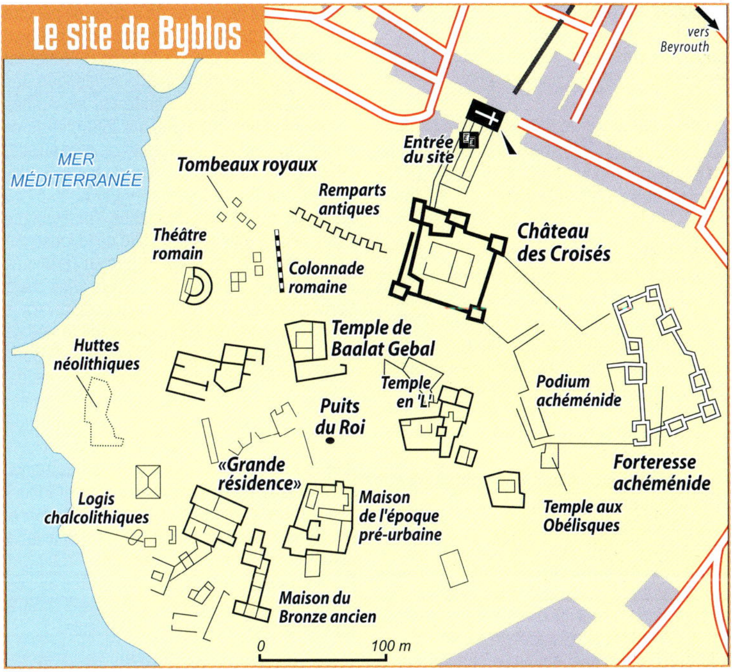

tionnels, auxquels s'ajoutent plusieurs assiettes de poissons et crustacés. Service jeune et sympathique.

À voir – À faire

La visite de la vieille ville de Jbeil (Byblos) est rapide et agréable. Le point de départ le plus pratique est le vieux port, très mignon avec ses bateaux de pêche. Situé dans une crique naturelle protégée par deux tours dont une subsiste encore, le port regroupe quelques terrasses de restaurants.

Au niveau du restaurant Pépé, une rue étroite monte vers le site archéologique que l'on distingue sur la droite avec son château des Croisés qui prédomine. Du donjon, on aperçoit l'ensemble du vieux Jbeil, idéal pour repérer les lieux à visiter. On accède au site par le château des Croisés. Avant de pénétrer sur le site antique, des marches mènent au sommet des tours ouest du château et de son musée. Puis redescendre et passer sous le pont à l'est du château vers le nymphée romain. Le site est vaste mais magnifique. Il est parfois difficile de s'y repérer sans une carte. Heureusement, les principales curiosités sont expliquées par des panneaux trilingues avec des schémas et des cartes. Il faut compter une bonne heure pour la visite. Il est préférable de se promener dans le site le matin. En plein été et sous un soleil de plomb, la visite pourrait être pénible.

Après la visite du site archéologique, il est très agréable de se promener dans la vieille ville, qui compte quelques anciennes églises et maisons. Il est également possible de faire une pause dans les souks où l'enseigne Eddé compte de nombreux établissements.

■ ÉGLISE DES ORTHODOXES ET ÉGLISE SAINT-JEAN-BAPTISTE

A l'angle de l'hôtel Byblos-sur-Mer, une route monte légèrement et domine la crique. On longera alors l'église des Orthodoxes (édifiée par les Byzantins) pour rejoindre la belle église Saint-Jean-Baptiste (ou Saint-Marc).

Bâti au centre de la ville médiévale, en 1115, par les croisés, ce bel édifice roman se distingue par son élégant baptistère à coupole, édifié sur le flanc nord. Malheureusement détruite en partie par les bombardements de la flotte anglaise en 1840 et 1857, la façade a dû être entièrement refaite. L'église étant souvent fermée, vous pourrez en obtenir la clé au presbytère maronite voisin. Face à l'entrée de l'église, un petit jardin et des mosaïques byzantines. Face à l'église, un beau bâtiment de couleur ocre abrite la faculté de droit qui, à toute heure de la journée, anime le quartier du va-et-vient de ses étudiants.

MUSÉE DE CIRE

✆ +961 9 540 463

Ouvert de 9h à 18h. Entrée : 8 000 LL pour les adultes, 5 000 LL pour les enfants de – de 10 ans.

Accolé à la faculté, le musée de Cire de Jbeil fut inauguré en 1970. Restituant des scènes mythiques ou historiques, il offre un aperçu des costumes villageois à diverses époques. Intérêt limité.

LE PORT ★★

Situé dans une petite crique protégée par des rochers, le port de Byblos accueille essentiellement des bateaux de pêche. Le site est mignon mais un brin trop touristique. Autrefois, le rempart venait se fermer sur chaque extrémité de la crique où il ne reste plus aujourd'hui, au nord, qu'une tour en assez mauvais état. Quelques marins ont installé sur leur embarcation plusieurs rangs de fauteuils en plastique et proposent aux visiteurs une petite balade sympathique (tarifs à négocier !). De la mer, d'où l'on bénéficie d'une vue panoramique, on peut admirer toute la ville s'étendant sur les contreforts du Mont-Liban. Une promenade a par ailleurs été construite sur la jetée au sud du port. C'est l'occasion d'avoir une magnifique vue sur le littoral, le port de Byblos et le château des Croisés. Le port accueille chaque été le festival international de Byblos : une scène et des gradins sont installés à gauche du port et offrent aux spectacteurs un cadre idéal pour leur concert ou spectacle.

LES SOUKS ★

De la place située au pied du tertre, une porte traverse les remparts et permet d'accéder aux souks. Bien loin de l'image traditionnelle d'un souk oriental, celui de Byblos offre un tout autre spectacle. Depuis que l'enseigne Eddé Sands a repris plusieurs emplacements, les souks sont très bien tenus et élégants. Un alignement de maisons cubiques au toit plat imprime une ombre sur les passants grâce à l'avancée d'auvents en tuile. Sur les façades en pierres jaunes s'ouvrent de grands portails de bois. Les souks comptent les classiques boutiques touristiques mais aussi des cafés, des restaurants, une librairie et des boutiques de vêtements, d'accessoires et d'artisanat. Le soir, les souks restent animés jusque tard dans la nuit.

LE VILLAGE ★★

Byblos est un charmant petit village qui sera l'occasion d'une agréable promenade. Dommage toutefois que la vieille ville soit accessible aux automobiles !

Après la visite des ruines de Byblos, on pénètre dans la ville médiévale dominée par le château des Croisés. Adossée au site antique, la cité est entourée d'un rempart édifié à l'époque des croisés et reconstruit ensuite par les Arabes et les Ottomans. Il s'étend sur 270 mètres de l'est à l'ouest et sur 200 mètres du nord au sud. Intégrée aux remparts, la chapelle Notre-Dame-de-la-Porte borde l'extrémité est de la place adjacente au site archéologique. On distingue également le joli minaret blanc de la mosquée Sultan Abed el-Majid (construite en 1648 puis rénovée en 1783). A l'ouest, d'étroites rues, bordées de lauriers roses, descendent vers le port. On peut ainsi se perdre dans le dédale de ces ruelles et admirer les belles maisons libanaises. Murs de pierre, toits de tuiles rouges, fenêtres en ogive, colonnades... Byblos est l'une des rares villes du pays à avoir réussi à préserver son architecture typique. Les matinées d'été, les rues sont calmes. Les habitants, retranchés derrière leurs volets, vaquent à leurs occupations dans la fraîcheur de la pénombre. En soirée et pendant le festival, c'est une autre histoire !

En descendant vers le port et accolée au site archéologique, la chapelle Nossa Senhora Da Penna est charmante et minuscule.

VILLE ANTIQUE DE BYBLOS ★★★★

✆ +961 9 540 001

Ouvert tous les jours de 8h à 18h (16h en hiver). Entrée : 8 000 LL, 2 000 LL pour les étudiants.

Avant de pénétrer sur le site antique, des marches mènent au sommet des tours ouest du château des Croisés d'où l'on peut admirer le magnifique paysage et observer l'agencement des ruines. Il est préférable de commencer la visite du site par la gauche, soit à l'est du château. On remarque quelques colonnes et des restes du pavement de la voie romaine, puis le nymphée romain, une fontaine monumentale ornée de niches. Puis on longe les fossés nord-est du château pour passer par la porte de la ville, taillée à travers les remparts datant du IIIe millénaire. A gauche, la forteresse perse (550-300 av. J.-C.) témoigne que Byblos était un point de passage stratégique pour les Perses. Les fondations sont encore visibles. On rejoint ensuite le temple en L, formé de deux bâtiments et d'une cour renfermant un sanctuaire. Erigé en 2600 av. J.-C. au pied d'un étang sacré, ce temple était consacré à une divinité que les archéologues n'ont toujours pas identifiée. Les Amorrites l'incendièrent lors de la conquête de la ville puis le reconstruisirent partiellement.

Retrouvez l'index général en fin de guide

VILLE ANTIQUE DE BYBLOS ★★★★

© F8GRAPHER / SHUTTERSTOCK.COM

Le théâtre romain siècle surplombe la Méditerranée.

© F8GRAPHER / SHUTTERSTOCK.COM

© DIAK / SHUTTERSTOCK.COM

Habitée continuellement depuis 8000 ans, Byblos est l'une des plus vieilles cités du monde.

© ANTON_IVANOV / SHUTTERSTOCK.COM

Elle recèle des traces de constructions de l'Âge de Bronze, des perses, des romains, des phéniciens, des byzantins, des ottomans ou des Croisés, à l'image de sa citadelle du XIIe siècle.

© PHILIPPE GUERSAN – AUTHOR'S IMAGE

L'église Saint-Jean-Baptiste fut bâtie par les Croisés.

© PHILIPPE GUERSAN – AUTHOR'S IMAGE

Le port de Byblos.

© DIAK – SHUTTERSTOCK.COM

Herbes et épices dans le souk de Byblos.

CHÂTEAU DES CROISÉS ★★★

Bâti en 1108 pour servir de base militaire aux seigneurs de Gibelet (originaires de Gênes), il fut détruit par un tremblement de terre en 1170, entraînant des réparations qui s'étalèrent sur plusieurs années. Il est composé d'un donjon central séparé par la cour, d'une enceinte carrée munie de cinq tours protectrices. Le donjon fut construit à partir de blocs récupérés dans les ruines perses et romaines du voisinage. De même, de nombreuses colonnes furent employées pour consolider le mur d'enceinte. Le château fut remanié au cours des siècles, et seule sa base date encore de l'époque des croisés. On entre à la forteresse par une grande porte donnant sur un pont à deux arches qui enjambe le fossé nord. Un petit musée sur deux niveaux occupe le cœur du château. Il est bien fait et intéressant. Ce musée évoque les fouilles du site, l'histoire de Byblos et l'alphabet phénicien.

TEMPLE DE BAALAT-GEBAL ★★★

Au nord d'Ain Malek (le puits du Roi), on passe à côté d'une ancienne carrière amorite et les restes d'un grand bâtiment de l'époque pré-amorite. Puis on arrive aux ruines du temple de Baalat-Gebal, « la Dame de Byblos ». Durant deux millénaires, la Dame de Byblos fut représentée sous les traits de la déesse égyptienne Hathor-Isis, coiffée d'un disque solaire enserré dans deux cornes de vache. Lors des fouilles, on retrouva de nombreuses offrandes envoyées par les pharaons : vases en albâtre, scarabées, haches de bronze. Construit vers 2800 av. J.-C., le temple fut détruit lors de l'invasion amorite (2300-2100 av. J.-C.) et reconstruit par les rois de Byblos. Important centre de culte, le temple connaîtra de nombreux remaniements jusqu'à l'époque romaine. Une voie érigée de colonnades sera construite pour lui donner accès. Six de ces colonnes ont d'ailleurs été redressées au pied de la nécropole royale.

TEMPLE AUX OBÉLISQUES ★★★

A quelques mètres des vestiges perses, se trouve le temple aux obélisques (XIXe-XVIe siècle av. J.-C.). Originellement construit au-dessus du temple en L, il fut déplacé par les archéologues pour permettre l'exploration des bâtiments qu'il recouvrait. Au centre du temple se dresse le sanctuaire (cella). Le site est entouré d'une grille. Il est conseillé de se repérer avec le panneau descriptif situé devant le site. Sur sa partie supérieure, un énorme cube de pierre soutenait un obélisque monumental. D'après les inscriptions qui y furent retrouvées, le temple était consacré à Rechef, dieu égyptien de la Guerre. De nombreux obélisques de tailles différentes ont également été érigés dans la cour entourant la cella. Ils permettaient aux fidèles qui les élevaient d'immortaliser leur présence auprès de la divinité. Au cours de leurs travaux, les archéologues retrouvèrent dans le sol de très belles offrandes votives. Lorsque la place venait à manquer, les prêtres réunissaient ces objets précieux et les enterraient sous le temple en les recouvrant de chaux. Ces trésors, parmi lesquels figurent des statuettes de bronze et des disques solaires en or, sont réunis au Musée national de Beyrouth.

Du temple aux obélisques, un petit sentier mène à une énorme dépression (d'environ 20 m de profondeur) au fond de laquelle s'écoulait une source vive. Pendant des millénaires, la source servit aux usages domestiques et cultuels. Pour en préserver l'accès, les Romains construisirent un puits, connu sous le nom d'Ayn el-Malik. C'est là qu'Isis venait pleurer son frère Osiris.

THÉÂTRE ROMAIN ★★★

Actuellement situé entre le temple de Baalat-Gebal et la mer, le théâtre romain fut déplacé pour permettre la continuation des fouilles sous son emplacement primitif (nord-est du tertre). A l'origine, il se trouvait entre la porte de la ville et les deux temples superposés. De ce théâtre du IIIe siècle ne subsistent que les cinq premiers gradins, la scène ornée de petites colonnes corinthiennes et le sol de l'orchestre autrefois recouvert d'une mosaïque représentant Bacchus.

© DKARANOUH

Château de Sidon.

Devant le théâtre, une nécropole royale fut découverte en 1922, à la suite d'un glissement de terrain. Ces puits carrés d'une dizaine de mètres de profondeur donnaient accès aux chambres funéraires situées latéralement. Ces dernières renfermaient le sarcophage et les offrandes déposées au roi défunt. Après l'enterrement, un mur obstruait la chambre funéraire et l'on recouvrait le puits de pierres, de terre et de cendres. Cela n'empêcha pas les pillards de fouiller quelques tombes dès l'Antiquité.
La découverte de la nécropole a permis de mettre au jour de magnifiques objets (miroirs, coupes en faïence, vases, bijoux en pierres précieuses...) et plusieurs sarcophages de grande valeur. Le plus intéressant est certainement le sarcophage du roi Ahiram (XIIIe siècle av. J.-C.), exposé au Musée national de Beyrouth. Soutenu par quatre lions agenouillés, il comporte des bas-reliefs fortement influencés par l'art égyptien. Les inscriptions visibles sur le couvercle du sarcophage représentent la forme la plus ancienne de l'alphabet phénicien. En redescendant vers le château, on longe les remparts antiques construits vers 2800 av. J.-C. A l'époque, deux portes, maritime et terrestre permettaient d'accéder à la ville.

MAISONS DU BRONZE ANCIEN ET LOGIS CHALCOLITHIQUES ★★

Regroupées derrière une grande enceinte située face à la source, les maisons de l'époque proto-urbaine (3100-3200 av. J.-C.) constituent les premiers exemples de constructions en dur. Les logis rectangulaires, isolés les uns des autres, sont en général composés d'une seule pièce. Les pierres posées en épi et l'adoption de la pierre d'angle assurent la solidité des murs tandis que deux poteaux soutiennent la poutre faîtière sur laquelle reposent les branchages ou les peaux formant le toit.
En continuant vers le sud du tertre, on accède aux maisons du bronze ancien (2900-2300 av. J.-C.). Cette première grande résidence témoigne de l'essor de la cité. Byblos entretient en effet à cette époque d'intenses échanges commerciaux avec l'Egypte. En raison de la taille du bâtiment, 120 fûts de bois furent réquisitionnés pour soutenir les murs et la toiture. Derrière la grande résidence, un autre groupe de maisons correspond à la phase initiale du développement urbain.
Les constructions en grès se regroupent autour d'une cour et sept poteaux soutiennent le toit.
Au pied de la seule maison contemporaine subsistant sur le tertre, les fouilles ont permis de mettre au jour les restes de logis chalcolithiques (3500-3100 av. J.-C.). A cette époque, les habitants de la région commencent à se sédentariser et construisent des logis circulaires délimités par des rangées de pierres contre lesquelles s'appuient des branches arquées, recouvertes de peaux ou de nattes – mais ce sont surtout les jarres funéraires qui caractériseront cette époque. Celles-ci, découpées latéralement en deux parties, permettaient d'introduire le défunt. La seconde partie était ensuite remise en place et l'orifice de la jarre rebouché. De nombreux objets (cruches, bols, bijoux...) accompagnaient le mort dans sa « nouvelle vie ». Lors de ses fouilles, Maurice Dunand mit au jour une nécropole contenant 1 451 jarres funéraires.
Après avoir contourné la maison, on arrive aux installations néolithiques (5000-4000 av. J.-C.). Les habitations, dont le sol était recouvert de chaux, semblent – d'après les hameçons retrouvés dans les alentours – avoir abrité des pêcheurs.

Sports - Détente - Loisirs

Comme Damour, Jiyé, Rmeilé et Batroun, les plages de Byblos qui sont situées au sud de la ville sont très fréquentées en été. Incontestablement, l'ouverture en 2003 d'Eddé Sands a dynamisé le secteur qui compte désormais des adresses haut de gamme et de qualité.

BAY 183

✆ +961 79 183 183
Ouvert tous les jours de 10h à 20h. Entrée : 15 000 LL en semaine et 30 000 LL le week-end.
Bay 183 est située juste à côté d'Eddé Sands. L'enseigne a repris le site La Voile Bleue. Destination familiale le jour avec des *beach parties* organisées parfois le soir. Il est possible d'y faire de multiples activités nautiques.

EDDÉ SANDS

✆ +961 9 546 666 / +961 9 542 222
www.eddesands.com – info@eddesands.com
Adultes : 33 000 LL (week-end) et 25 000 LL (semaine).Enfants : 10 000 LL (week-end et semaine).
Inauguré en août 2003 et situé à 500 m au sud de Jbeil, Eddé Sands est sans aucun doute la plus grande plage privée du Liban. D'une superficie de 100 000 mètres carrés, le complexe comprend six piscines, une dizaine de bars et restaurants, une longue plage de 220 mètres, un spa... De quoi accueillir près de 3 000 personnes les week-ends d'été. Eddé Sands offre un panorama splendide sur la vieille ville de Byblos. Malgré le monde, le cadre est idéal pour passer une agréable journée. Le complexe organise des activités pour les enfants tout au long de l'année et les restaurants offrent une cuisine variée. En été, des soirées avec des DJ locaux et internationaux ont lieu sur la plage et autour des piscines. Eddé Sands est ouvert toute l'année.

OCEAN BLUE

Mastita – au sud de Byblos
✆ +961 9 796 046
www.oceanbluebyblos.com
Ouvert tous les jours de 9h à 19h. Entrée : 15 000 LL en semaine (8 000 LL pour les enfants)

et 25 000 LL le week-end (13 000 LL pour les enfants).

Inaugurée en 2005, Ocean Blue est une plage privée haut de gamme dans la même catégorie que Bay 183 et Eddé Sands qui s'étend sur 37 500 m². Le complexe compte des chalets à louer à la saison, une plage de 150 m de long, deux piscines, un snack et un restaurant. Service impeccable et décor soigné.

■ OCEAN BLUE

Mastita – au sud de Byblos ✆ +961 9 796 046
www.oceanbluebyblos.com
Ouvert tous les jours de 9h à 19h. Entrée : 15 000 LL en semaine (8 000 LL pour les enfants) *et 25 000 LL le week-end (13 000 LL pour les enfants).*

Inaugurée en 2005, Ocean Blue est une plage privée haut de gamme dans la même catégorie que Bay 183 et Eddé Sands qui s'étend sur 37 500 m². Le complexe compte des chalets à louer à la saison, une plage de 150 m de long, deux piscines, un snack et un restaurant. Service impeccable et décor soigné.

■ PLAGE PUBLIQUE DE BYBLOS

✆ +961 70 118 620
Plage publique accessible toute l'année. Restaurant ouvert tous les jours de mai à octobre, de 8h à minuit. Location de chaise longue à 7 000 LL la journée.

La plage de Byblos est une des rares plages publiques du Liban où il est possible de se baigner. La mer est généralement propre et la plage plutôt bien entretenue, même si les abords sont parfois jonchés de déchets. Un petit restaurant propose de louer des transats et sert une cuisine libanaise basique et correcte.

Shopping

■ LIBRAIRIE GIBRAN'S LEBANON

Sortie Est des souks ✆ +961 9 542 226
Ouvert de 9h à 20h (de midi à 20h le dimanche).

La librairie Gibran's Lebanon propose un vaste choix de livres sur le Liban. Accueil francophone très sympathique. Gibran's Lebanon est également une enseigne d'Eddé Yard.

■ MISS É

Entrée Nord des Souks
✆ +961 9 943 023
Ouvert tous les jours de 10h à 19h.

Miss é est l'une des dernières enseignes ouvertes à Eddé Yard. La boutique est charmante et offre une gamme d'accessoires et de sacs très design, parfois de créateurs originaires de Byblos.

DANS LES ENVIRONS

AANNAYA ★

Rarement le nom de ce village situé à 1 200 m d'altitude aura été autant lié à celui d'un homme : Charbel Youssef Makhlouf, qui vécut durant la seconde moitié du XIXe siècle une vie d'ascète. Il mourut en 1898 à 70 ans pendant la messe de Noël. On lui attribue trois miracles de son vivant. Peu après sa mort, des miracles eurent lieu près de sa tombe. En 1977, le pape Paul VI décida de le sanctifier. Il deviendra ainsi le premier saint du Liban canonisé par le Vatican.

Transports

Comment y accéder et en partir

A partir de Byblos, prendre la route de Tourzaiya. Vous traverserez les villages de Hboub, Jenjel et Ras Osta.

Pratique

■ AGENCE LEBANON ROOTS

✆ +961 9 600 444 / +961 3 199 338
www.lebanonroots.com
info@lebanonroots.com

Vous pouvez vous adresser à cette agence pour la visite. En effet, spécialisée dans le tourisme religieux, elle a été fondée en 2003 par l'Ordre Libanais Maronite.

À voir – À faire

■ MONASTÈRE DE SAINT-CHARBEL (CHARBEL YOUSSEF MAKHLOUF) ★

Tombeau de Saint Charbel
✆ 09 760 130
www.saintcharbel-annaya.com
info@saintcharbel-annaya.com

Ce monastère est très célèbre et le tombeau de saint Charbel est devenu un véritable lieu de pèlerinage. Dans la salle voisine, située au sous-sol du monastère, des vitrines présentent les reliques du saint. Il est possible d'associer ce voyage religieux avec des découvertes gastronomiques puisque le couvent propose ses produits du terroir aux visiteurs (mouneh, vin, arak, vinaigre, confitures, cornichons, épices et essences d'herbes médicinales).

Le village d'Aannaya compte également une dizaine de restaurants. Vous n'aurez que l'embarras du choix pour vous restaurer.

Au-dessus du monastère, sur un promontoire à 2 km du village culmine l'ermitage de Saint-Charbel où le saint a vécu les 23 dernières années de sa vie de 1875 à 1898. Ce petit bâtiment en pierre composé d'une petite chapelle et de 5 cellules domine une vallée jalonnée de cultures en terrasses.

AAMCHIT ★

Transports

Comment y accéder et en partir

A 3 km au nord de Byblos. A partir de l'autoroute, la sortie Aamchit est parfaitement mentionnée. Pour se rendre à Aamchit en bus ou en taxi-service, prendre la direction de Tripoli. Demandez à descendre sur la voie rapide au niveau d'Aamchit. Puis il faut trouver un taxi-service qui vous dépose au centre du village situé sur les hauteurs. A pied, la pente est assez raide.

Se loger

CAMPING LES COLOMBES

✆ +961 9 622 401
www.campinglescolombes.com
contact@campinglescolombes.com

Situé sur le littoral, à 3 km au nord du port de Byblos (il est plus facile de venir de Byblos, de la voie rapide, descendre à la sortie Aamchit puis prendre la route côtière vers Byblos). Ouvert en 1965 par Denise et Malek Lahoud, Les Colombes est l'un des rares campings du Liban. Une esplanade, dominant majestueusement la mer, accueille, à l'ombre des pins et des eucalyptus, les clients munis de tentes (15 000 LL par jour et par personne). On peut aussi choisir de dormir à l'étroit dans de petits bungalows (de 7 m²) qui permettent de loger deux personnes (40 000 LL par nuit pour 2 personnes). Le propriétaire du terrain propose également des chalets de 25 m² (à partir de 60 000 LL par nuit pour 2 personnes), et même un appartement pouvant accueillir 8 personnes et qui possède une piscine privée (600 000 LL la nuit). Réparti sur 27 000 m² au sud d'Aamchit, le site est superbe, face à la mer. De l'esplanade, un escalier creusé dans la falaise conduit à une jolie plage de rochers (la baignade n'est pas sécurisée). En sortant du camping, on peut rejoindre à pied, en une demi-heure, le centre d'Aamchit.

Se restaurer

CASINO MHANNA SUR MER

✆ +961 9 621 777 / +961 9 621 888

Il faut compter entre 30 et 45 $ par personne. Par exemple : fattouche à 8 250 LL, chiche taouk ou kafta autour de 20 000 LL, Almaza à 5 500 LL.

Le restaurant est spécialisé en poisson frais, que l'on choisit soi-même directement : rouget, dorade, calamars, aiguillettes. On trouve aussi des mezzés libanais, entièrement préparés avec des produits frais. Le restaurant donne sur le bord de mer et ses rochers, éclairés la nuit ! On s'installe au choix en terrasse ou à l'intérieur, pour profiter de l'air climatisé et d'une ambiance feutrée. La vue est exceptionnelle. Les meilleures tables sont souvent réservées à l'avance. Le service est rapide. L'enseigne Mhanna qui a plusieurs restaurants dans le pays bénéficie d'une bonne réputation.

FURN AL SABAYA

✆ +961 3 112 880 / +961 9 624466

Manouché au fromage à 3 000 LL, muwaraka à 5 000 LL.

A la sortie du village d'Aamchit sur la route littorale en direction de Batroun, après 1 km, deux panneaux bleus sur votre gauche : un en français, Chez Zakhia, l'autre en arabe Furn al Sabaya. La route descend vers les dépôts d'essence de la ville, traverse l'ancienne ligne de chemin de fer, puis à nouveau le panneau en arabe sur votre gauche. Au rez-de-chaussée d'une maison sans charme, Furn al Sabaya est une petite boulangerie locale créée en 1994 dont la réputation n'est plus à faire. Elle sert d'excellents manouchés (dont le manouché bi beyd, aux œufs) et surtout un dessert délicieux : le muwaraka, un gâteau roulé et fourré d'amandes, de noix, de sucre et d'eau de fleur d'oranger. Divin ! Ici, tout est fait maison. Les trois sœurs participent chaque mardi au Earth Market à Hamra. Une escale incontournable sur la route de Batroun. L'été, vous verrez d'ailleurs de

Les fossiles de Haqel

A partir d'Aamchit, continuez votre route en direction des villages de Ghorfine, Aafs, Hbaline et Aabeidat. A 15 km du littoral, vous arriverez à Haqel, célèbre par ses poissons fossiles conservés dans le calcaire cénomanien. Une bonne adresse pour les collectionneurs. Plusieurs boutiques dans le village vendent des pierres renfermant des squelettes de poissons fossilisés. Pourtant situé à 600 m d'altitude, ces découvertes prouvent qu'il y a 90 à 110 millions d'années, une partie du Liban était sous les eaux.

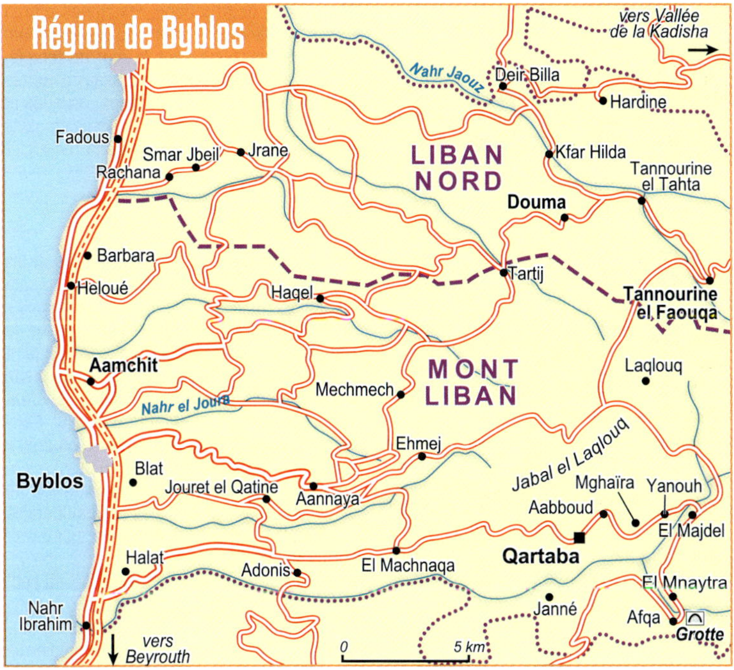

nombreux jeunes s'arrêter prendre leur manouché avant de se rendre à la plage.

À voir - À faire

Vous serez surpris par la tranquillité de ce village et par la beauté de ses maisons et ses jardins. Aamchit (qui est la ville natale de l'ancien président libanais Michel Sleiman) est un charmant village qui a préservé ses maisons traditionnelles (on en compte encore à peu près 90) face à la frénésie immobilière. Certaines villas (dont celle des familles Wehbé, Zakhia, Lahoud) sont remarquables avec leur grand jardin et leur architecture de style vénitien et oriental. Par chance, vous serez peut-être invité à en visiter une. Souvent, les propriétaires sont ravis de montrer une partie de leur patrimoine. La tombe de la sœur de l'écrivain français Ernest Renan (Henriette Renan) se trouve dans la partie supérieure du village. Foudroyée par une crise de paludisme, elle repose dans le caveau de la famille Zakhia qui avait hébergé Ernest Renan au cours de son séjour à Aamchit en 1861 lorsqu'il faisait des fouilles dans la région de Byblos. Suivre la route principale puis au niveau de la Banque Byblos, prendre à droite pour arriver au niveau de la petite église Notre-Dame. La tombe est adjacente à celle-ci. Autour de ce lieu, plusieurs magnifiques maisons méritent le coup d'œil.

Le village d'Aamchit compte également de nombreuses anciennes églises (plus d'une vingtaine) dont les plus belles sont : St. Zakhia, St. Sophia, St. Georges et Naya.

AFQA ★

Transports

Comment y accéder et en partir

Pour rejoindre Afqa, 2 options : soit par Qartaba soit par Faitroun et Mairouba. Par Qartaba, il faut prendre l'autoroute du nord, après Jounieh, Tabarja puis le pont du Nahr Ibrahim, vous devez bifurquer pour emprunter la route de Qartaba. Un magnifique paysage se déroule tout au long du trajet menant à Afqa. Au fond, les sommets du Mont-Liban dressent leur fière silhouette tandis que de profondes gorges plongent brusquement vers le torrent. A la fin de l'hiver, les prairies se couvrent d'un tapis multicolore. A partir de Qartaba, l'univers minéral impose ses rudes falaises et la route se rétrécit progressivement pour enfin atteindre la fameuse source du fleuve Adonis. La seconde option commence après le pont du Nahr el Kalb, prendre la direction de Jeita, Raifoun, Faitroun, Mairouba, Lassa puis Afqa.

À voir – À faire

La grotte d'Afqa est l'un des plus beaux sites naturels du Liban. Une immense paroi verticale se dresse vers le ciel. Le paysage est impressionnant. Sur sa partie inférieure, une bouche gargantuesque s'entrouvre et crache un torrent convulsif. La grotte d'Afqa, creusée dans une roche rougeâtre, se situe à quelques centaines de mètres au-dessus d'un petit pont de pierre. La salle voûtée impressionne tant par ses dimensions que l'on se croirait plongé à l'intérieur de la gorge d'un monstre. « L'un des sites les plus beaux du monde » pour Ernest Renan. Au fond, le Nahr Ibrahim (fleuve Adonis) jaillit d'un large orifice taillé dans le roc pour ensuite s'écouler paisiblement dans la vallée. Près du pont, un bassin d'eau claire invite à se rafraîchir pendant les périodes de grosses chaleurs. C'est dans ce cadre majestueux qu'est né, au Ve siècle av. J.-C., le culte d'Adonis, mythe de l'éternel retour. Pendant l'Antiquité, des fêtes – en l'honneur d'Adonis – étaient célébrées dans un temple élevé près de la grotte (au pied du second pont). Dédié à Aphrodite, le temple était le lieu de multiples scènes de prostitution sacrée. Ces festivités étaient évidemment très mal vues par l'Eglise catholique. A cette époque, un ecclésiastique nommé Eusèbe de Césarée (260-340) s'insurge contre ces pratiques qu'il juge immorales : « Ce temple était dédié à Aphrodite, une déesse infâme. C'était une religion perverse ; toutes personnes dépravées qui avaient usé leurs corps par le péché y trouvaient place. » L'Eglise catholique condamna donc les rites païens et ordonna la disparition de tous les temples au IVe siècle apr. J.-C. Le plan du temple est plutôt méconnaissable. Une portion de la canalisation d'eau est visible dans les fondations. Détruit par Constantin le Grand (285-337), le temple a été reconstruit sous Julien dit l'Apostat (360-363). On distingue aujourd'hui qu'un vaste champ de pierres de dimensions importantes dispersées.

Malgré ces destructions, les ruines d'Afqa restent un sanctuaire et un lieu de vénération. Le figuier, enraciné dans le mur du temple, est d'ailleurs recouvert de morceaux d'étoffes et d'offrandes diverses. Infirmes, malades et femmes stériles viennent de toutes les régions du Liban implorer la déesse ou la remercier pour ses faveurs.

YANOUH ★

Pour les adeptes des temples romains et les fans d'archéologie, vous pouvez faire un saut au site de Yanouh, niché dans la haute vallée du Nahr Ibrahim, que l'on rejoint à partir de Qatarba, puis Aabboud et Mghaira. On peut visiter les restes encore imposants d'un grand temple romain datant du IIe siècle, construit en calcaire bleuté et entouré d'un mur d'enceinte en grès jaune. Transformé en église à l'époque byzantine, il porte aujourd'hui le nom de Saint-Georges-le-Bleu en raison de sa couleur. Cet édifice a des portes latérales et, dans le mur du fond, une niche qui devait abriter une statue.

Autour de ce site, on retrouve un second petit temple en calcaire, un bâtiment en grès de culte hellénistique, les ruines d'une basilique protobyzantine à trois nefs, une chapelle médiévale des XIIIe-XIVe siècles, et des pressoirs à huile et à vin.

LAQLOUQ ★

Située à 62 km de Beyrouth et à 28 km de Byblos, petite station de ski familiale, Laqlouq permet d'échapper à la ruée vers l'or blanc de Faraya. Equipée de six remonte-pentes dont trois télésièges, la station est située entre 1 650 m et 1 920 m d'altitude. Aussi bien conçue pour le ski de fond que pour le ski alpin, elle offre également de nombreuses possibilités de randonnées pendant la période d'été.

Le mythe d'Adonis

Fruit des amours incestueuses entre Théias, roi de Syrie et sa fille, Myrrha, le bel Adonis fut recueilli par Aphrodite (Astarté) qui s'éprit aussitôt de lui. Le mythe raconte que le jeune Adonis – allant un jour de printemps chasser le sanglier dans les montagnes – fut tué par une bête. Son amante, Astarté, s'élance à sa recherche. Les épines lui écorchent les pieds d'où s'échappent des gouttes de sang qui se transforment sur son passage en autant d'anémones rouges. Lorsque Astarté voit son amant étendu au milieu d'une flaque de sang, elle pleure si fort que l'eau qui coule de ses yeux rend vie à Adonis au bout de trois jours. Entre-temps, le sang d'Adonis a teint en rouge la source du fleuve Nahr Ibrahim, à Afqa. Depuis, chaque année, au début du printemps, la rivière est effectivement rougeâtre, à cause de la terre rouge entraînée par le vent et la fonte des neiges. Le mythe d'Adonis est inspiré de celui d'Isis et d'Osiris en Egypte.

Transports

Comment y accéder et en partir

Il est possible de rejoindre Laqlouq à partir d'Afqa, prendre la direction de Majdel puis Aaqoura. Du village, une route mène directement à Laqlouq (7,5 km). Sinon le trajet le plus simple est d'aller jusqu'à Byblos puis prendre l'échangeur en direction d'Aannaya (couvent de Saint Charbel) puis suivre Ehmej et Moukhada. La route est étroite jusqu'à Laqlouq.

Se loger

■ HOTEL SHANGRI-LA

✆ +961 3 441 112 – www.laqlouqresort.com
info@lakloukresort.com

Au cours de la saison de ski, chambre double à 200 $, triple à 240 $ et quadruple à 300 $ TTC en demi-pension (avec petit déjeuner et dîner). Les prix grimpent davantage durant les week-ends d'été.

A l'entrée de Laqlouq, l'hôtel – construit dans les années 1950 – est très convivial. Adresse idéale pour les familles. Les 20 chambres sont spacieuses et bénéficient, chacune, d'une petite véranda permettant d'admirer en toute saison le paysage de montagne ; en hiver, l'hôtel est proche des pistes de ski. En été, l'hôtel organise de multiples activités : randonnées équestres, VTT, tennis, piscine, tir à l'arc et escalade.

Sports - Détente - Loisirs

■ STATION DE SKI DE LAQLOUQ

✆ +961 9 441 112 – www.laqlouqresort.com
info@lakloukresort.com

Ouvert en fonction de l'enneigement à partir de 8h jusqu'à 15h30 en semaine et 16h le week-end. Forfait : 35 000 LL (week-end), 25 000 LL (en semaine). Pour la demi-journée, 25 000 LL (week-end) et 20 000 LL (en semaine).

Laqlouq est une petite station familiale fondée en 1958. Avec six remontées mécaniques, elle offre un domaine accessible pour les débutants et les skieurs qui veulent fuir la cohue de la station Faraya. Possibilité de louer son équipement sur place et de réserver des cours.

■ STATION DE SKI DE LAQLOUQ

✆ +961 9 441 112 – www.laqlouqresort.com
info@lakloukresort.com

Ouvert en fonction de l'enneigement à partir de 8h jusqu'à 15h30 en semaine et 16h le week-end. Forfait : 35 000 LL (week-end), 25 000 LL (en semaine). Pour la demi-journée, 25 000 LL (week-end) et 20 000 LL (en semaine).

Laqlouq est une petite station familiale fondée en 1958. Avec six remontées mécaniques, elle offre un domaine accessible pour les débutants et les skieurs qui veulent fuir la cohue de la station Faraya. Possibilité de louer son équipement sur place et de réserver des cours.

TANNOURINE ★★

Située dans le Jurd de Batroun, la région de Tannourine est l'endroit idéal pour les randonneurs. Cette zone montagneuse est d'une beauté à couper le souffle. On y trouve à la fois une réserve, trois gouffres naturels et des sites historiques. Dans la vallée, la région d'Aïn el-Raha a abrité une communauté de moines adeptes de saint Simon le Stylite. On trouve aujourd'hui des ruines d'églises et de cellules de moines creusées dans les rochers. Il est préférable d'être accompagné pour se rendre sur ce site.

■ LE GOUFFRE DE BALAA ★

A 6 km au nord des pistes de ski de Laqlouq, prendre la bifurcation à gauche vers Tannourine. Après 3 km, un virage à gauche est particulièrement serré. On peut continuer à pied (5-10 minutes). On distingue un gouffre impressionnant de 240 m appelé aussi Houet Baakara (ou le gouffre des trois ponts). Il suffit de descendre sur plusieurs centaines de mètres pour découvrir cette curiosité géologique. Durant la fonte des neiges, une cascade d'eau jaillit et tombe sur 90 mètres. A en croire les gens du coin, les soldats ottomans y auraient été jetés au début du XXᵉ siècle. Quand le gouffre se dessine en contrebas, le spectacle est saisissant. Attention toutefois, le site n'est pas du tout sécurisé. Plus loin, on retrouve deux autres gouffres dont celui de Jouret Abed. Il est également possible de visiter ces sites avec des associations de randonnées. La région est connue pour être une aire de pique-nique et une destination familiale en été.

■ LA RÉSERVE NATURELLE DE TANNOURINE ★★

✆ +961 6 500 550 / +961 3 815 029
www.arztannourine.org

Entrée : 5 000 LL.

Au-delà du village de Tannourine al-Faqwa, on peut atteindre la magnifique cédraie, classée depuis 1999, réserve naturelle. Bordée de montagnes, cette forêt de plusieurs hectares culmine de 1 250 à 1 870 mètres. On y a comptabilisé plus de 400 000 arbres. Les randonneurs peuvent y accéder facilement en suivant les sentiers tout en respectant la nature. Il est interdit d'y faire un feu, de pique-niquer et de chasser. La faune y est riche. Certains observateurs ont constaté la présence de hyènes, de renards, de sangliers et d'un loup. Ils sont tellement rares que ces animaux ne constituent pas un danger pour les promeneurs. Quatre sentiers de randonnée, plus ou moins longs et difficiles, sont proposés.

DOUMA

Transports

Comment y accéder et en partir

Deux options possibles pour rejoindre Douma : Jbeil – Annaya – Laqlouq – Tannourine ou Jbeil – Mechmech – Jaj – Tartej – Bcheale. Il faut compter une bonne heure à partir de Jbeil. Les routes sont belles mais parfois étroites et sinueuses.

Se loger

BEIT DOUMA
✆ +961 6 520 702 / +961 70 082 225
www.soukeltayeb.com – info@beitdouma.com
Chambre double à 220 $. Petit déjeuner, taxes et wi-fi compris.
Perchée à 1 000 m d'altitude, sur les hauteurs de Batroun, cette maison d'hôte gérée par Souk el Tayeb propose six chambres ravissantes à la décoration soignée. Installée dans une superbe maison traditionnelle du XIXe siècle entièrement rénovée, Beit Douma est un véritable havre de paix.

GRAND HOTEL DOUMA
✆ +961 9 520 202 – www.hoteldouma.com
Chambre double entre 80 et 100 $, suite de 135 à 240 $. Petit déjeuner inclus.
Très bien indiqué, cet hôtel rouge de forme cylindrique, construit à l'extrémité du village de Douma sur un promontoire, choque quelque peu le regard. Mais l'établissement, qui compte 36 chambres et 4 suites, est sympathique. Ce dernier n'est plus tout jeune ni ultra moderne mais il reste bien tenu et confortable. Les week-ends en été, de nombreuses familles de Beyrouth viennent s'y détendre. Grâce au dynamisme du patron, l'hôtel propose à ses clients un certain nombre de randonnées en montagne (dans la vallée de Ras Ibnaya, à Balaa, à Tannourine Tahta, à Slayyeb et au monastère de Mar Yacoub) et des sorties VTT. Le restaurant de l'hôtel sert de la cuisine libanaise.

À voir – À faire

Douma (1 150 m d'altitude) est un très beau village de montagne ayant conservé de jolies maisons à l'architecture typiquement libanaise. Ses maisons de tuiles rouges et en pierre de taille dominent la longue vallée de Kfar Hilda. Le village compte plusieurs grandes et belles bâtisses. On en compte plus de 200 préservées et désormais classées au patrimoine national. La majorité date de 1881 à 1914. Cette richesse architecturale est liée à l'argent des expatriés libanais au Brésil, en Argentine et aux Etats-Unis. Douma était connu pour la production d'armes à feu et d'épées.
Au centre du village, une curiosité surprenante : un sarcophage du IVe siècle. On remarque parfaitement les inscriptions grecques. Son propriétaire est Castor, un prêtre d'Hygie et d'Asklépios (déesse et dieu de la Santé et de la Médecine). On peut également se promener dans le petit souk qui compte une centaine d'échoppes. Sa notoriété remonte à l'époque ottomane. Un plan de rénovation est prévu. Les Libanais disent de ce village qu'il a la forme d'un scorpion. C'est vrai, lorsque l'on remonte sur le flanc occidental de la montagne, on distingue nettement la forme de l'animal.

Etape gastronomique à Douma

La spécialité de Douma est le loukoum. Mais certaines échoppes du vieux souk permettent d'apprécier les produits de la mouné (ensemble des aliments préparés et stockés pendant les récoltes comme les légumes et le bourghoul), l'huile d'olive et le foie gras produit par La Ferme Saint-Jacques que nous avons déjà mentionnée à Batroun.

HARDINE

Transports

Comment y accéder et en partir

A partir de Douma, il faut prendre la direction de Kfar Hilda (qui compte de splendides cascades d'eau et plusieurs restaurants au bord de la rivière al-Jawz), de Deir Billa puis de Hardine.

À voir – À faire

Ce village isolé qui est situé à 110 km de Beyrouth, a la particularité d'avoir 30 églises (auparavant le nombre était de 40). C'est devenu aujourd'hui le lieu de pèlerinage le plus fréquenté du Liban. Au centre du village, se trouvent les ruines d'une chapelle médiévale à nef unique. Sur le sommet montagneux, on distingue un temple romain partiellement restauré. Ce temple se caractérise par son style ionique, sa vaste cour et son énorme muraille, ses trente piliers de plus d'un mètre de diamètre, son grand autel et ses trois entrées décorées. Voué au dieu Mercure, il fut bâti sous l'empereur Hadrien vers l'an 117-138. Durant la guerre du Liban, le temple fut pillé et endommagé. Parmi les 30 églises, beaucoup conservent leur forme d'origine mais tombent également en ruine.

BATROUN ET SA RÉGION

Entre les curiosités archéologiques de Byblos et la grande ville de Tripoli, la région de Batroun mérite le détour. Le littoral de Batroun à Enfé offre d'excellentes occasions de découvrir des ruelles ombragées, des sites méconnus, des criques splendides et des terrasses les pieds dans l'eau. La mer est ici très propre et la baignade hautement conseillée ! Les amoureux de tranquillité seront ravis. Entre Batroun et Enfé, le promontoire Ras ech Chaqaa s'impose. Alors que l'autoroute s'engouffre dans le tunnel de Chekka pour franchir cet obstacle naturel, la route littorale longe la côte rocheuse. A l'intérieur des terres, les citadelles de Smar Jbeil, Mseilha et Enfé replongent le visiteur à l'époque des Croisades.

BATROUN ★★★

Batroun est une charmante ville de 20 000 habitants où l'on peut encore voir des vestiges antiques et de vieilles églises. Une balade au cœur de la vieille ville est très agréable. L'idéal est de laisser sa voiture derrière le café Chez Hilmi puis de flâner à pied dans les ruelles de la ville.

Transports

Comment y accéder et en partir

De Beyrouth, il faut prendre l'autoroute du nord en direction de Jbeil puis de Tripoli. Batroun se trouve à 53 km de la capitale. La sortie de l'autoroute est parfaitement indiquée. Une fois que vous avez rejoint la route côtière, prendre à droite puis au feu rouge, suivre à gauche. La route traverse l'ancienne ligne de chemin de fer. La rue principale de Batroun est bordée de quelques snacks, restaurants et de nombreux pubs et discothèques. Il est également possible de rejoindre Batroun par la route côtière qui est très agréable. Peu urbanisé, le paysage mêle une côte rocheuse et de petites baies de galets. De Jbeil à Batroun, vous allez longer quelques plages privées et des restaurants de poissons. De nombreux panneaux vous indiqueront leur emplacement. Vous pouvez facilement rejoindre Batroun en transport en commun, en prenant un bus en direction de Tripoli. Le trajet coûte 4 000 LL.

Se déplacer

Vous pouvez tranquillement visiter la ville à pied. La municipalité a judicieusement installé de nombreux panneaux de signalisation indiquant les différentes curiosités : vieux souks, fort, mur phénicien, églises Estephan et Georges, amphithéâtre romain. Certains panneaux sont abîmés mais on se repère finalement très bien.

Se loger

■ **L'AUBERGE DE LA MER**
Mina Street
✆ +961 6 740 824
✆ +961 6 740 825
www.laubergedelamer.com
reservation@laubergedelamer.com
Chambre simple à partir de 200 $, double à partir de 300 $, suites à 500 et 600 $. Petit déjeuner et wi-fi inclus.
Ouverte en 2014 dans une superbe bâtisse traditionnelle libanaise, l'Auberge de la mer est un hôtel charmant, composé de 7 chambres et 2 suites. Les chambres sont spacieuses et bien décorées. Certaines possèdent un balcon et une jolie vue sur le port de Batroun. Les prix sont exagérés mais l'accueil est sympathique et les prestations de qualité.

Les immanquables de Batroun et sa région

- **Se promener** dans la vieille ville de Batroun : petites ruelles, anciennes églises, mur phénicien, jardins fleuris.
- **Déguster** la limonade de Batroun.
- **Visiter** le château de Mseilha perché au sommet d'un rocher.
- **Se baigner** dans les eaux turquoise de Batroun.
- **Admirer**, à partir du château de Croisés de Smar Jbeil, le Mont-Liban d'un côté, la mer de l'autre.
- **Découvrir** la presqu'île d'Enfé.

Se restaurer

Batroun est une charmante destination gastronomique qui ne manque pas de charme. Ville côtière, son kebbé de poisson est fameux et sa limonade très célèbre. Autrefois entourée de vergers et de citronniers, la ville a perpétué la tradition. On raconte qu'avant la construction de l'autoroute, les commerçants de Batroun offraient des limonades aux automobilistes qui empruntaient la rue principale. Depuis, le secret est bien gardé ; même si l'on sait que la limonade se prépare à base de citron (souvent d'origine de Saida au Liban Sud), dont on rappe l'écorce et on presse la pulpe. Mélangée à du sucre et de l'eau, la limonade est reposée une journée. On peut goûter également à Batroun la mouwarraka, une galette au sucre et au beurre.
Sur les hauteurs de Batroun à Eddé, à Rachkida, à Kfifane et à Jrane, on produit un bon vin et un excellent arak. Aussi à proximité de Batroun se trouve la ferme Saint-Jacques où la société des volailles de Batroun élève des canards fermiers et produit l'un des rares foies gras au Moyen-Orient.

FURN MERSHAK

En face de Mrah ech Chaykh (restes de l'amphithéâtre).
✆ +961 6 740 050
✆ +961 70 740 050
Ouvert tous les jours de 2h du matin à 14h. Manakish à 1 500 LL, galette au sucre à 2 500 LL.
Après avoir traversé l'ancienne ligne de chemin de fer, en face du restaurant Beit Merchak, se trouve, dans une cave voûtée, le minuscule four Furn Merchak qui prépare de fantastiques manouchés et une galette au sucre (mouwarraka) à tomber ! Une expérience à ne surtout pas manquer.

CHEZ MAGUY

Baie Bahsa
Makaad el Mir ✆ +961 3 439 147
Ouvert tous les jours de 10h à minuit. Mezzés entre 6 000 et 9 000 LL, assiette de crustacés autour de 20 000 LL, kilo de poisson à partir de 45 000 LL. Almaza à 6 000 LL, verre de vin à 7 000 LL.
De loin notre restaurant préféré à Batroun ! A partir de l'église Notre-Dame-de-la-Mer, suivre vers le sud en direction de la baie Bahsa. A votre droite, un panneau indique Makaad el Mir. Entre deux maisons, on arrive au bord de mer. Bienvenue chez Maguy ! Chez Maguy est une paillote sur les rochers avec une jolie terrasse au bord de l'eau qui offre une vue imprenable sur la baie. On y mange du poisson frais, que l'on choisit à l'entrée du restaurant, accompagné d'une assiette de fattouche et de quelques frites. C'est simple mais très bon et les prix sont tout à fait raisonnables. Le restaurant possède également une salle intérieure décorée de bric et de broc. Une adresse à ne pas manquer !

LE MARIN

En direction du complexe balnéaire Aqualand
Baie Bahsa
Au sud de Batroun
✆ +961 6 744 016 / +961 3 328 678
Ouvert tous les jours de midi à minuit. Mezzés et salades de 6 500 à 15 000 LL, assiettes de poissons de 11 000 à 25 000 LL, poisson frais au kilo en fonction de la pêche du jour.
Surplombant la baie de Bahsa, Le Marin bénéficie d'un panorama de toute beauté. C'est l'un des plus anciens restaurants de poissons de Batroun et sa réputation n'est plus à faire. Sa spécialité : le poisson cru mariné dans de l'huile d'olive, du citron et du piment. Le restaurant comprend une salle intérieure qui ne présente pas de grand intérêt, mais il possède également une terrasse sur pilotis très agréable.

Les vins de Batroun

La région de Batroun compte une dizaine de vignobles. Il s'agit souvent de petites productions qui commercialisent leur production souvent par le bouche-à-oreille. Parmi eux :

- **Domaine Najm** – depuis 1990.
- **Côteaux de Botrys** – depuis 1998.
- **Aurora** – depuis 2003.
- **Adyar** – depuis 2003.
- **Château Sanctus** – depuis 2005.
- **Atibaia** – depuis 2006.
- **Ixsir** – depuis 2008.

Batroun
PORT
Eglise Mar Estephan
Le garage
Eglise St-Georges
Parking
Souk
Furn Mershak
Amphithéâtre
Ancienne voie de chemin de fer
Parking
Vestiges du Fort
Eglise Notre-Dame de la place
Parking
Chez Hilmi
Carrière
Chapelle Notre-Dame de la Mer
Mur de mer
Chez Magny
Mazaad el Mir
Vers le Marin
Rue principale
0
200 m
Curiosité et divers
Edifice catholique
Marché et souk
Restauration
Parking

Le port de Batroun.

Les anciens murs phéniciens.

Église maronite de Mar Estéphan.

Sortir

Au début des années 2000, l'activité nocturne de Batroun a explosé. Les pubs, bars et boîtes de nuit se sont multipliés dans la rue principale, accueillant des centaines de personnes le samedi soir. Avec les années, cette dynamique s'est un peu tarie ; le va-et-vient des ouvertures et des fermetures traduit une certaine saturation du marché. Taïga reste une valeur sûre.

À voir - À faire

Batroun – la Botrys gréco-romaine – était une ancienne cité phénicienne, dépendant de Byblos. La ville était peuplée de pirates lorsqu'elle fut prise par Antiochos le Grand. Sous le nom de Boutron, elle fut au Moyen Age une des villes épiscopales du comté de Tripoli. Au temps des Croisades, Batroun abritait le château des seigneurs de Boutron, aujourd'hui disparu.

De ces temps, il ne reste que des vestiges épars. Il est possible de distinguer en se promenant quelques-unes des parois de l'ancien château croisé et les ruines d'un passé romain florissant. Une fois dans le port, qui continue à approvisionner la ville en poisson, perdez-vous dans les petites ruelles qui bordent la mer à partir de l'extrémité nord de la vieille ville.

AMPHITHÉÂTRE ★

Roman Amphitheatre

A l'époque romaine, Batroun était dotée de temples et de théâtres. Vous remarquerez les vestiges d'un amphithéâtre dans le jardin du photographe Joseph Jammal. Pour y accéder, remonter la rue Principe vers le nord, puis tourner à droite à la pharmacie Traboulsi. Le théâtre antique se trouve à 50 m sur la droite en contrebas. Cet amphithéâtre conserve quelques gradins qui forment un demi-cercle de 40 m de diamètre. Du bord de la route, on peut les voir. Ce site fait partie des rares vestiges romains de la ville. Le site, qui daterait de 218-222 av. J.-C., n'aurait jamais été terminé. Auparavant recouverts de vignes, ces gradins ont été mis au jour dans les années 1990 par le propriétaire du terrain. Aussi, en 2003, un habitant qui voulait construire un restaurant au bord de mer a trouvé à 3 m de profondeur une dizaine de sarcophages probablement de l'époque romaine.

CHAPELLE DE SAYDET EL-BAHR ★

En continuant à marcher dans ces petites ruelles où les anciennes maisons sont détruites puis remplacées les unes après les autres par d'autres plus grandes et plus bétonnées, on trouve la chapelle de Saydet el-Bahr, ou Notre-Dame-de-la-Mer récemment restaurée. Elle aurait été construite sur les ruines d'une église byzantine. Ses icônes datent de 1813. Là, une petite terrasse sous arcades vous permet d'admirer « le mur de mer » (220 m de long), reste d'une immense carrière de l'époque romaine et grecque. Vue splendide et endroit très reposant, à ne pas manquer. On distingue également les bassins de l'ancien port phénicien, taillés dans le rocher, qui servaient à recueillir le sel.

ÉGLISE MARONITE DE MAR ESTEPHAN ★

A proximité du petit port de pêche, vous pouvez admirer l'architecture de l'église maronite de Mar Estéphan ou Saint-Etienne, édifiée en 1896 par un architecte italien mais inaugurée en 1904. Vous remarquerez dans le chœur un tableau représentant saint Etienne. En remontant dans une rue adjacente, poursuivez en direction de l'église orthodoxe datant de 1867 et dédiée à saint Georges qui rassemble de belles icônes.

MAKAAD EL MIR ★

Continuer vers le sud de la vieille ville en direction de Makaad el Mir, il s'agit d'un simple rocher dans la mer au niveau de la baie Bahsa.

Par contre au niveau de la petite plage, on aperçoit les restes d'une façade à trois arcades. A partir de Makaad el Mir, longer le fossé puis prendre la direction des vieux souks. De splendides demeures restaurées se cachent dans les petites ruelles.

SOUKS ★

On pourra jeter un coup d'œil au vieux souk construit au XIXe siècle et rénové au début des années 2000. Les échoppes sont devenues de plus en plus prisées par les pubs mais les souks gardent quelques fonctions artisanales : épiceries, boucheries, vendeurs de fruits et légumes.

Sports - Détente - Loisirs

Détente - Bien-être

Dans la continuité des plages au sud de Jbeil, le littoral autour de Batroun compte plusieurs plages privées très prisées en été. A partir d'Amchit, il faut prendre la route côtière. Les bonnes adresses se trouvent dans les villages de Thoum, de Madfoun et de Kfarbida.

LOCO BEACH RESORT

Thoum

✆ +961 6 744 844

Ouvert tous les jours d'avril à novembre, de 9h30 à minuit. Entrée à 10 000 LL la semaine et 15000 LL le week-end.

Ouvert en 2001, le Loco Beach Resort (anciennement Bonita Bay) dispose d'une plage de galets de 120 m de long devant une eau très claire et d'une piscine. L'établissement compte également un restaurant qui sert une cuisine libanaise et méditerranéenne, ouvert toute l'année. Ambiance jeune et décontractée avec de nombreuses *beach parties* organisées. Voir le programme sur le compte Facebook de la plage.

Ô GLACÉE
Kfar Aabeida ✆ +961 6 741 841
Ouvert tous les jours de 9h à 20h, d'avril à octobre. Entrée libre et transats gratuits. Restaurant : mezzés autour de 8 000 LL, poissons de 15 000 à 25 000 LL. Almaza à 5 000 LL, cocktails autour de 12 000 LL.
Inaugurée en 2013, Ô Glacée est aménagée sur une plage publique et gratuite. Le site est beau, la mer propre et turquoise. Des chaises longues sont proposées gratuitement aux clients du restaurant. Clientèle jeune, ambiance décontractée, service très sympathique. En voiture, il faut quitter l'autostrade juste avant le barrage militaire de Batroun et rejoindre la route du littoral. Continuez quelques centaines de mètres en direction de Batroun, après Pierre & Friends.

ORCHID LOUNGE
✆ +961 71 949 404 / +961 6 740 840
www.orchid-lifestyle.com
info@orchid-lifestyle.com
Quitter l'autoroute au niveau du barrage militaire, puis remonter la route maritime en direction de Batroun.
Ouvert tous les jours de 10h à 19h. Entrée : 45 000 LL. Interdit aux moins de 21 ans.
Après le succès de sa plage privée à Jiyé, au sud de Beyrouth, Orchid a récemment ouvert une deuxième adresse dans la région de Batroun. Orchid Beach Lounge possède, dans un cadre luxueux, une grande piscine et plusieurs terrasses face à la mer où sont soigneusement alignées les chaises longues. Un spa, un bar et un restaurant sont également proposés.

PIERRE & FRIENDS
Madfoun ✆ +961 3 352 930
Ouvert tous les jours d'avril à septembre, de 10h à 22h. Entrée gratuite. Mezzés de 5 000 à 10 000 LL, salades de 8 000 à 22 000 LL, grillades de 16 000 à 20 000 LL, poissons autour de 20 000 LL. Espresso à 3 000 LL, Almaza à 7 000 LL, narguilé à 20 000 LL.
A 5 km au sud de Batroun dans le village de Madfoun, Pierre & Friends est une petite adresse réputée et très conviviale. Inaugurée en 2003 par Pierre Tannous, cette plage de galets s'étend sur 85 m de long devant une eau bleu turquoise. Les clients du restaurant disposent gratuitement de transats pour se prélasser au soleil. Les places sont chères donc ne pas hésiter à venir un peu tôt. Le restaurant propose une bonne cuisine libanaise les pieds dans l'eau.

WHITE BEACH
Thoum
✆ +961 6 742 505 / +961 3 732 404
www.whitebeachlebanon.com
Ouvert tous les jours de 10h à 19h. Entrée : 7 000 LL en semaine, 10 000 LL le week-end.
A 5 km au sud de Batroun, White Beach est une plage très appréciée et bon marché. Son restaurant de poissons est recommandé et de multiples activités nautiques sont proposées.

DANS LES ENVIRONS

RACHANA ★

Transports

Comment y accéder et en partir

A 10 km au nord de Byblos, au niveau de Madfoun, bifurquez à droite (il y a un barrage de l'armée libanaise). La route monte en direction de Rachana, Smar Jbeil et du couvent de Kfifane. Au bout de 3 km, vous ne pouvez pas manquer Rachana et ses sculptures monumentales.

À voir – À faire

Dans ce traditionnel village libanais surplombant la mer, les trois frères (Michel, Alfred et Youssef) Basbous, tous trois décédés, avaient installé leurs ateliers de sculptures, créant un musée en plein air. De multiples œuvres méritent le détour. Le parc dont l'entrée est libre toute l'année fut créé en 1994 à l'initiative d'Alfred Basbous. Pierre, marbre et métal se mêlent aux oliviers et aux amandiers donnant à ce village un charme particulier.
Du figuratif à l'abstrait, les frères Basbous et leur descendance cultivent chacun son propre style et ont acquis au cours des années une réputation internationale. C'est ainsi que, du Japon à la France, leurs chefs-d'œuvre font connaître un aspect de l'art moderne libanais. La maison de Michel n'est pas sans rappeler le style de Gaudí. Il est possible de visiter le musée de Michel et l'atelier d'Alfred.

SMAR JBEIL ★

Se restaurer

A la sortie de Smar Jbeil, en direction de Jran al-Hara, plusieurs restaurants de cuisine libanaise offrent l'occasion de faire une pause.

À voir - À faire

CHAPELLE AL-SAYDEH

Derrière l'église Mar Nohra, la vieille chapelle al-Saydeh à nef unique. On remarquera à gauche de l'entrée un bloc emprunté à un temple romain. Sans toit, non entretenue, cette chapelle est dans un état de délabrement avancé.

CHÂTEAU CROISÉ ★

A 2 km de Rachana se dressent les ruines du château croisé de Smar Jbeil (qui veut dire gardien de Jbeil). Smar Jbeil serait l'un des plus anciens villages au Liban. Au Moyen Age, les maronites y ont trouvé refuge.
Située sur un promontoire rocheux, cette forteresse, entourée d'un fossé, taillée dans le roc et datant de l'époque des croisés, se dresse majestueusement au sommet du village. Malheureusement méconnu des touristes, ce site est remarquable. Vous ne serez pas déçu de faire un petit crochet par Smar Jbeil. Certaines des fondations du château ont été taillées dans le rocher. On trouve même des cuves funéraires. Ce site faisait partie du fief de Sainte-Montagne des seigneurs de Batroun. On y distingue très bien son plan carré, son donjon central, ses tours. Le château date semble-t-il du début du XIIe siècle. L'accès au site est libre. Du haut du château, un paysage magnifique s'étale sous les yeux. D'un côté jaillit le Mont-Liban tandis que de l'autre s'étend le bleu de la mer.

ÉGLISE MAR NOHRA

Au centre du village, l'église Mar Nohra, où le saint du même nom aurait été enterré, attire de nombreux visiteurs venus implorer la guérison de leurs yeux. Saint Nohra – en syriaque, Nohra veut dire lumière –, d'origine persane, serait venu en Phénicie vers la fin du IIe siècle pour y prêcher le christianisme. Il aurait été martyrisé. Après avoir eu les yeux crevés, il aurait continué à voir grâce à sa foi. Puis il fut exécuté à Batroun sous le roi Dioclétien. Cette église est charmante avec ses arcades et son architecture tout en pierres. L'entrée principale est décorée d'une chaîne aux anneaux taillés... à même la pierre.

MSEILHA ★★

Transports

Comment y accéder et en partir

A 3 km après la sortie de Batroun, sur la droite à l'écart de l'autoroute de Tripoli, il est impossible de rater le château de Mseilha. Si vous venez en transport en commun, demandez au chauffeur du taxi-service ou du bus de vous déposer au bord de l'autoroute, le site est à 2 minutes à pied.

À voir - À faire

CHÂTEAU DE MSEILHA ★★

Perché sur un piton rocheux à proximité d'un ruisseau (le Nahr el-Jaouz : le fleuve du noyer) qui est asséché l'été, s'élève le petit château de Mseilha, que l'on appelait au XIXe siècle « Kalaat Mezsbaheh ». Il était aussi connu à l'époque des croisés comme le Puy du Connétable ou Passe Saint-Guillaume.
L'état actuel du château remonte à l'époque de l'émir Fakhreddine, qui en 1624 donna l'ordre de le construire afin de garder la route de Tripoli pendant la croisade. Saladin y aurait, au terme de la bataille de Hittine, installé une garnison. Toutefois, son origine reste encore floue mais de par sa position stratégique, le site devait sans doute être une fortification bien avant Fakhreddine. Pour certains chercheurs, le site a des similitudes avec les châteaux cathares ! Ce château occupait une position stratégique sur la route entre Beyrouth et Tripoli qui contournait l'éperon rocheux de Ras ech-Chekka par l'intérieur.
On peut accéder au château par un chemin – étroit – taillé dans le roc. Entrée libre et gratuite. Le site n'est pas surveillé. Du haut, on y distingue différentes salles avec leurs voûtes, de petits escaliers, des gouffres, des casemates et un remarquable système de défense. Les couloirs et les salles sont obscurs, seules les archères donnent un peu de lumière. Ces fentes de tirs sont surtout concentrées à l'angle sud-ouest du château. Certains chercheurs avancent l'idée que des vestiges d'une chapelle se trouvent à l'angle sud-est du site.
Quant au pont qui se trouve aux abords du château, il est de la même époque que le château et lui donne ainsi un air pittoresque. Quel dommage que ce magnifique château soit abandonné et négligé ! De plus, l'environnement du site est un peu défiguré par des carrières et des décharges sauvages.

HAMAT ★

Transports

Comment y accéder et en partir

Pour rejoindre Hamat à partir de Batroun, prenez la direction de Koubba puis montez sur votre droite, la route accède à la colline de Ras ech Chakaa. Vous serez surpris de traverser au niveau d'Ouajh el-Hajjar une piste d'aérodrome. Il s'agit d'une ancienne piste construite dans les années 1980, aujourd'hui abandonnée, et qui servait durant la guerre civile.

À voir - À faire

DEIR SAYDAT AL-NOURIÉ

Lieu de pèlerinage, lieu saint et miraculeux, le couvent orthodoxe Deir Saydat al-Nourieh ou Notre-Dame des Lumières remonte au XVIIe siècle et fut terminé au XIXe siècle. Sa structure est celle d'un cloître. L'église est à plan basilical et ne possède qu'une nef tandis que l'iconostase moderne est en marbre. Un chemin, qui part du couvent, conduit à une petite chapelle d'où l'on a une vue splendide sur Tripoli.

ENFÉ ★★

Transports

Comment y accéder et en partir

Sur l'autoroute qui relie Beyrouth à Tripoli, après Batroun et le tunnel de Chekka, la voie rapide arrive à Enfé, situé à 71 km de Beyrouth et à 15 km de Tripoli. Quittez la voie rapide au panneau indiquant Anfeh (selon cette orthographe !). Suivre la route littorale qui traverse le village de Chekka, puis, après 5 km, vous serez à Enfé, ce petit village côtier de 7 000 habitants dont la rue principale a récemment été rénovée.

Pour rejoindre Enfé, même principe que pour le château Mseilha, il faut prendre un bus qui se rend à Tripoli et descendre au niveau du pont qui mène à Enfé. Il faut compter quelques minutes de marche pour atteindre le centre du village, à moins de prendre un taxi-service.

À voir - À faire

LES ÉGLISES D'ENFÉ ★

Enfé possède 7 églises historiques. La plus impressionnante est Notre-Dame-du-Vent située dans le cimetière à proximité des petites maisons colorées du front de mer. Cette modeste chapelle en ruine est l'une des plus anciennes de la région. Elle est enterrée par l'exhaussement du sol et conserve quelques restes de peintures murales de style byzantin. L'église Sainte-Catherine date du XIIe siècle et fut construite en pierre calcaire selon un plan rectangulaire.

Enfé permet également de découvrir Mar Seaman et Mar Mickael, deux églises des XVIIe et XVIIIe siècles, où des cruches sont incorporées au plafond afin d'absorber l'écho. Mar Youhanna, église entourée de curieux rochers creusés. Notre-Dame d'Al Natour, située un peu en retrait au nord d'Enfé à proximité de salines, offre une vue remarquable sur le village.

LES RUINES DU CHÂTEAU DES CROISÉS

Un château à l'époque des croisades occupait la presqu'île (400 m de long sur 120 m de large) située au nord du village. Il fut l'un des plus importantes forteresses croisées de la région. Le site comprenait 12 tours. On accède au site, au niveau du cimetière, en s'aventurant dans des ruelles à sens unique. Rien ou presque ne subsiste, seuls quelques pans de murs et surtout deux fossés dont l'un, long de 100 m, 12 à 15 m de large et 8 à 10 m de profondeur, coupe l'isthme au niveau de l'eau. Le site a été démantelé par les Mamelouks à la fin du XIIIe siècle. Les pierres du château ont été réutilisées pour la construction de maisons. N'hésitez pas à vous promener sur la presqu'île. Contact direct avec la nature, le bruit des vagues et du vent pour compagnie. Au siècle dernier, le site était entièrement occupé par des salines dont il reste de nombreuses traces aujourd'hui. Au hasard de la promenade autour du site, vous trouverez des cavités creusées dans la roche. Le site est un bien privé, mais cela n'empêche pas d'y accéder librement.

Enfin, Enfé viendrait d'Anf el-Hajar qui signifie le nez de la pierre qui pointe vers la mer. Enfé fait partie depuis 1998 des 100 sites les plus endommagés dans le monde. Dans cette liste, on retrouve également la vallée des rois en Egypte et la muraille de Chine.

QALAMOUN ★

Transports

Comment y accéder et en partir

Situé entre Batroun et Tripoli, après les villages de Chekka et Enfé, l'autoroute arrive à El Qalamoun, 10 km avant Tripoli. L'ancienne route côtière traverse le village réputé pour son couvent (Deir Balamand) et son artisanat du cuivre.

À voir - À faire

DEIR BALAMAND

✆ +961 6 930 311

www.balamandmonastery.org.lb

Belmont ou Deir Balamand est une belle abbaye des XIIe et XIIIe siècles, bâtie à 350 m d'altitude par les cisterciens. En 1289, lors de la prise de Tripoli par Qalaôun, les moines durent s'enfuir de l'abbaye qui fut plus tard occupée par des religieux orthodoxes. Le couvent présente une importante collection d'icônes des XVIIIe et XIXe siècles, dont le célèbre Saint-Georges terrassant le dragon. Ce site abrite également l'université Balamand.

LIBAN NORD

TRIPOLI – Quartier Qobbet al-Nasr.

TRIPOLI ET SA RÉGION

Le Liban Nord est une région de 1 981 km² que traversent, d'est en ouest, plusieurs rivières, dont Nahr el-Kebir, au nord, qui le sépare de la Syrie, mais aussi Nahr el-Bared, Nahr Kadisha ou Abou Ali et Nahr el-Jawz. La région est limitée au nord par la Syrie, au sud par le mont Liban, à l'est par la Syrie et la Bekaa et à l'ouest par la Méditerranée. Avec ses multiples visages et paysages, le Liban Nord a un attrait singulier. On ne peut pas rester insensible à la beauté de la plaine du Akkar et de la vallée de la Kadisha. Les amateurs de randonnées seront ravis. Les inconditionnels de vieilles pierres découvriront les ruines de quelques temples romains dont celui de Sfiré, méconnu mais pourtant l'un des mieux conservés du pays. Que dire de Tripoli, la capitale du Liban Nord, qui offre les plus beaux souks du Liban, riches en couleurs, en odeurs et en saveurs. Essentiellement montagneuse, la région dispose également de sa station de ski, Les Cèdres, et de lieux de villégiature comme Ehden. Finalement, les occasions ne manquent pas pour découvrir le Nord du Liban !

Capitale du Liban Nord

Tripoli conserve une atmosphère unique avec sa vieille ville, ses souks étroits et animés, ses monuments de l'époque mamelouke et ottomane tels que ses khans et ses mosquées. Une destination aux milles couleurs ! On y retrouve une ambiance nettement plus orientale qu'à Beyrouth, la moderne. On peut passer des heures à déambuler dans les ruelles des souks ou à siroter une boisson à la terrasse d'un café. La découverte du Liban nord ne se résume pas qu'à Tripoli. En direction de la frontière syrienne, le Akkar offre des paysages incroyables : plaines agricoles, collines, forêts et rivières. De quoi ravir les amateurs de nature et de randonnées. Aussi, les sites d'Arqa et de Sfiré attirent les férus d'histoire et de vieilles pierres. Attention toutefois à bien se renseigner sur le contexte sécuritaire et à éviter de se rapprocher de la frontière syrienne.

TRIPOLI ★★★★

Deuxième ville du Liban dont l'agglomération dépasse les 500 000 habitants, Tripoli, surnommée la « ville qui embaume », offre un double visage : le traditionnel et le moderne. Naturellement, la vieille ville autour du château des Croisés est le symbole du tissu urbain traditionnel : une foule bigarrée s'empressant dans les ruelles sombres et étroites ; des souks où flotte une odeur d'épices et de viande fraîche ; des artisans travaillant le bois et martelant le cuivre comme le faisaient leurs ancêtres mamelouks ; des enfants courant dans les rues ; des hommes assis, le long du port, jouant aux cartes pendant des heures. A l'opposé, Tripoli affiche sa modernité avec ses longues avenues, son stade à l'entrée de la ville, ses supermarchés, ses franchises internationales d'habillement et ses immeubles modernes alignés le long des grandes artères. La ville de Tripoli a été la première au Liban à poser des parcmètres le long des trottoirs. Une petite révolution dans le pays.
On peut suivre l'histoire de Tripoli depuis le IXe siècle av. J.-C. C'était à l'origine un comptoir phénicien. « En Phénicie, il y a une cité importante appelée Tripolis, au nom approprié car elle a en elle trois cités » : Al-Mina et deux grands quartiers, al-Kobbé et Abou Samra, qui sont séparés par le fleuve Abou Ali. La première mention de la ville se trouve en effet dans les textes de Diodore de Sicile (Ier siècle av. J.-C.). D'après ses écrits, une confédération – réunissant des représentants de Tyr, Sidon et Aradus (Syrie) – décida de s'établir au IVe siècle av. J.-C., à l'emplacement du port actuel (El Mina) afin de développer ses activités commerciales respectives (d'où le nom de Tripoli « ville triple »). Il ne reste pratiquement plus aucun vestige de cette époque, excepté quelques colonnes éparpillées çà et là.

Les immanquables du Liban Nord

- **Errer** dans le labyrinthe des souks de Tripoli.
- **Déambuler** dans le château Saint-Gilles qui domine la vieille ville de Tripoli.
- **Succomber** aux pâtisseries d'Abdel Rahman Hallab.
- **S'arrêter** au petit château de Sfiré.
- **Partir** en randonnée dans la forêt de Qammouha.
- **Découvrir** les nombreux monastères de la vallée de la Kadisha.

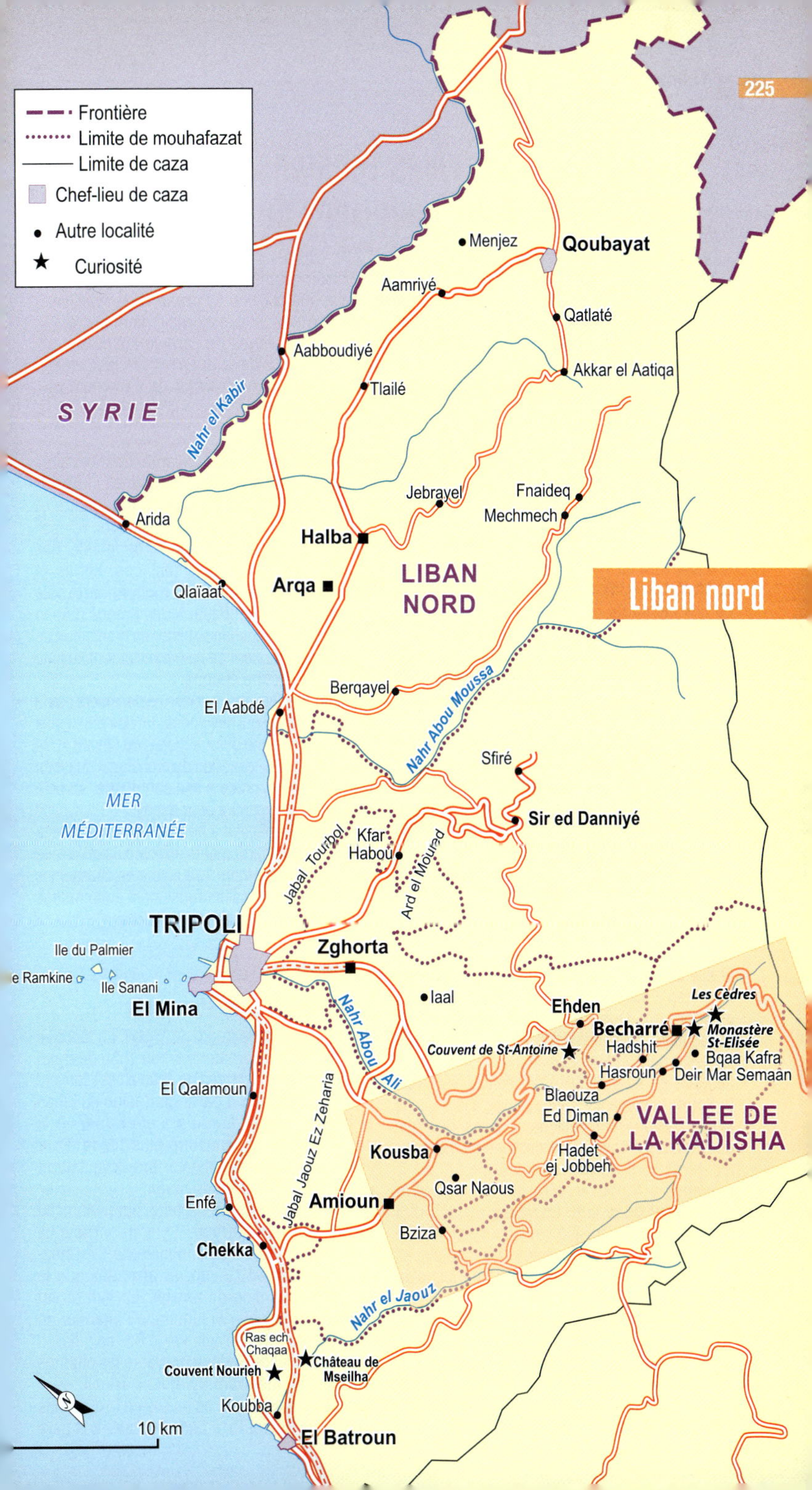

Frontière
Limite de mouhafazat
Limite de caza
Chef-lieu de caza
Autre localité
Curiosité
SYRIE
Nahr el Kabir
Menjez
Qoubayat
Aamriyé
Qatlaté
Aabboudiyé
Tlailé
Akkar el Aatiqa
Jebrayel
Fnaideq
Mechmech
Arida
Halba
LIBAN NORD
Qlaïaat
Arqa
Berqayel
El Aabdé
Nahr Abou Moussa
Sfiré
MER MÉDITERRANÉE
Sir ed Danniyé
Jabal Tourbol
Kfar Habou
Ard el Mourad
TRIPOLI
Zghorta
Ile du Palmier
Ile Ramkine
Ile Sanani
El Mina
Iaal
Nahr Abou Ali
Ehden
Les Cèdres
Becharré
Monastère St-Elisée
Couvent de St-Antoine
Hadshit
Bqaa Kafra
Hasroun
Deir Mar Semaan
Blaouza
El Qalamoun
Ed Diman
VALLEE DE LA KADISHA
Jabal Jaouz Ez Zeharia
Kousba
Hadet ej Jobbeh
Qsar Naous
Enfé
Amioun
Bziza
Chekka
Nahr el Jaouz
Ras ech Chaqaa
Château de Mseilha
Couvent Nourieh
Koubba
10 km
El Batroun

De vives tensions entre deux quartiers de Tripoli

Depuis le début de la crise syrienne en mars 2011, Tripoli vit au rythme des éruptions de violences chroniques qui touchent deux quartiers historiquement rivaux : Bab al-Tebbaneh et Jabal Mohsen. Le premier est un fief sunnite, qui a pris position en faveur de la rébellion syrienne contre le régime de Bachar el-Assad, tandis que le second, majoritairement alaouite, soutient le président syrien. Malgré des interventions régulières de l'armée libanaise, la tension entre ces deux quartiers, déjà à son paroxysme lors de la guerre civile libanaise, ne faiblit pas et les altercations sont fréquentes. Mieux vaut ainsi éviter de s'y rendre et privilégier la visite du centre de Tripoli et du quartier d'El Mina.

Après les Phéniciens viennent les Grecs, les Romains et les Byzantins. Tripoli est durablement une importante place navale et commerciale.

Détruite au VIe siècle par un tremblement de terre, Tripoli est rapidement reconstruite, mais doit faire face au déferlement des troupes arabes de Muawiya (635). Malgré l'ardeur combattante de ses habitants, la ville tombera et souffrira de la famine.

Plus tard, au XIe siècle, Trâblous (appellation arabe de Tripoli) s'épanouira sous le règne des émirs chiites Bannou Ammar. Centre intellectuel, elle s'enorgueillira d'une école réputée possédant une bibliothèque de cent mille manuscrits. C'est alors qu'est entreprise la première croisade conduite par Raymond de Saint-Gilles, dans le but de fonder un royaume latin à Jérusalem. Pour conquérir la ville, les Francs construisent le château de Saint-Gilles sur le mont Pèlerin, colline dominant la cité. Après un siège long de dix ans et de lourdes destructions, les croisés occupent Tripoli, de 1109 à 1289. En développant l'artisanat local, le comté de Tripoli, l'un des quatre Etats latins de Terre sainte, redynamise la ville. Verreries et soieries, tissages de poils de chameau, sont ainsi exportés vers les marchés occidentaux. Des écoles de médecine et de philosophie, devenues célèbres, sont créées par les nestoriens et les jacobites.

Pourtant, en 1289, l'arrivée des mamelouks sonne le glas de la présence franque. Avec à leur tête le sultan Qalaoun, ces anciens esclaves, devenus gouverneurs d'Egypte, entreprennent d'agrandir leur territoire en envahissant la Syrie.

Parvenus à Tripoli, ils écrasent les croisés et s'emparent de la cité. La ville portuaire d'El Mina est aussitôt mise à sac afin d'éviter toute incursion ennemie par la mer, et les mamelouks décident de faire reconstruire la cité jusqu'au pied du château des Croisés.

Un troisième quartier, appelé « Qoubbé », voit également le jour sur la rive droite du fleuve Kadisha, devenu ici l'Abou Ali. Pour prévenir une nouvelle offensive des croisés, de nombreux ouvrages fortifiés sont érigés sur la côte, tandis que Tripoli, reprenant son essor, entre dans une fabuleuse période de prospérité. Gestionnaires et organisateurs de talent, les mamelouks favorisent le développement de la foi sunnite et dotent la ville de merveilleux bâtiments. « Tripoli est une grande ville grouillante de monde. Ses mosquées, madrassas, hospices, khans et ses splendides hammams, rendent cette ville attrayante et magnifique. » Ces propos d'Abou al-Abbas al-Qalqachandi, historien mamelouk du XIVe siècle, attestent de l'émerveillement suscité par la cité, à cette époque.

Plus tard, la conquête ottomane ne diminuera pas la vitalité de Tripoli qui deviendra l'un des principaux ports de Syrie, une des « échelles du Levant ». De nos jours, Tripoli, chef-lieu du mohafazat du Liban Nord, demeure, grâce à son commerce, un pôle économique essentiel pour le pays.

La guerre libanaise n'a pourtant pas épargné la ville et les bombardements effectués par l'armée syrienne, en décembre 1983, pour en chasser les Palestiniens, ont malheureusement endommagé une partie des quartiers populaires.

Transports

Comment y accéder et en partir

87 km séparent Beyrouth de Tripoli. En fonction du trafic, il faut compter environ 1h30 de trajet par l'autoroute. La région de Jounieh est souvent embouteillée mais à partir du Casino du Liban et jusqu'à Tripoli, la route a été refaite et la circulation y est beaucoup plus fluide. Pour éviter les bouchons matinaux, mieux vaut partir de Beyrouth avant 9h du matin.

Au niveau du village de Barbara, après Aamchit en arrivant vers Batroun, il y a un barrage de l'armée libanaise. Pas d'inquiétude ! Arrêtez-vous, baissez votre vitre et attendez que le militaire vous dise de passer. La nuit, il est important d'allumer la lumière à l'intérieur du véhicule. Puis, l'autoroute longe Batroun, passe sous le tunnel de Chekka, traverse les champs d'oliviers à Enfé avant d'arriver à Tripoli.

Pour se rendre à Tripoli en bus ou en taxi-service à partir de Beyrouth, il faut se rendre à la gare

Les quartiers de Tripoli

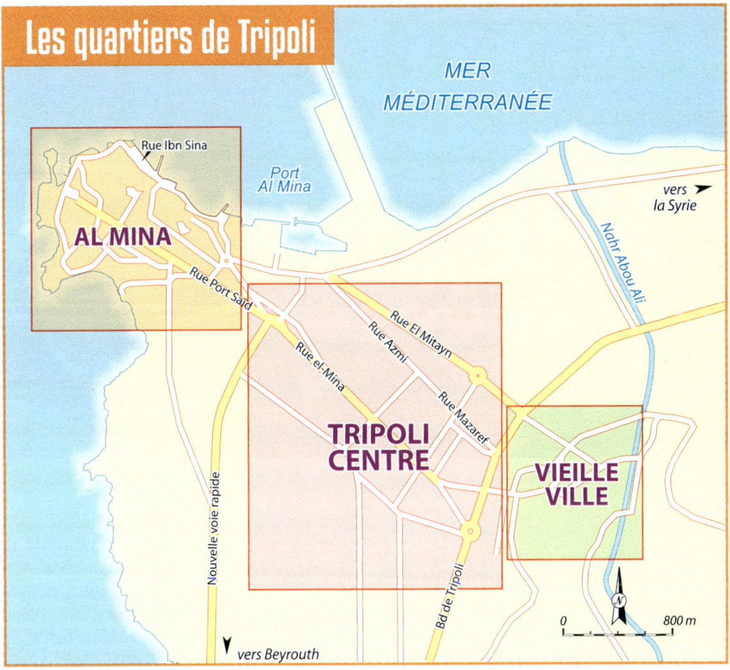

routière Charles Hélou. Plusieurs compagnies de bus desservent le Liban Nord, comme Connex (5 000 LL). Vous pouvez également prendre un mini-van depuis le Musée national ou le rond-point Adlieh (4 000 LL). Là aussi, il faut prévoir environ 1h30 de trajet.

Se déplacer

Tripoli est une cité à laquelle on se doit de consacrer au moins une journée. Circuler à l'intérieur de la vieille ville (les souks et la citadelle) est facile, tout peut se faire à pied. Par contre pour rejoindre el-Mina, prenez un taxi-service. Il est préférable de visiter Tripoli le matin afin de profiter de l'animation qui règne dans les souks et d'éviter le vendredi, jour de prière pour les musulmans. Il est également conseillé de revêtir une tenue correcte pour pénétrer dans les mosquées (pas de shorts ni de minijupes).

Pratique

■ **EL-MINA**
Voir page 68.

■ **INSTITUT FRANÇAIS DE TRIPOLI**
City Complex Al Mina ✆ +961 6 442 590
www.institutfrancais-liban.com
L'Institut français, situé à l'étage de la galerie marchande City Complex, peut vous fournir un certain nombre de renseignements pratiques (festivités, concerts…).

■ **TRIPOLI CITY**
Voir page 68.

Où se garer à Tripoli ?

Tripoli a été la première ville au Liban à avoir des parcmètres. A l'approche du vieux centre, on en trouve partout. C'est pratique si on veut se garer pour moins de 2 heures, par contre, cela devient gênant si on veut découvrir la ville plus longtemps. Si vous visitez Tripoli avec une voiture de location, l'idéal serait de trouver une place gratuite au nord de l'immeuble de la municipalité ou dans la zone qui sépare la place du Tell et le cimetière Bab al Ramel (au niveau de la place Allah où se trouve l'office du tourisme, prendre à gauche – rue Cheikh Ismail al Hafez). Sinon, on trouve facilement des places dans les secteurs d'El Mina et Damm wa Fariz.

Le port El-Mina.

Orientation

La ville se compose de deux parties : la ville de Tripoli et le port El Mina qui se situe à l'ouest de la ville. A l'entrée de la ville, vous trouverez un rond-point où se trouvent un monument à la gloire d'Allah et le centre d'information touristique. De là, prenez la première à droite pour rejoindre la vieille ville ou continuez tout droit sur la grande artère Fouad Chéhab qui mène à la place Tall (troisième à gauche). Véritable centre névralgique de Tripoli, cette place est dominée par la tour de l'Horloge, construite en 1901.

Se loger

Tripoli est la seconde ville du Liban avec de multiples intérêts touristiques. Pourtant, bizarrement, les choix d'hôtels sont très limités. Pour les petits budgets, il y a deux pensions à proximité de la place Jammal Abdel Nasser. Elles sont accueillantes mais il ne faut pas s'attendre à des prestations ultra modernes. Sinon, quelques établissements plus haut de gamme ont ouvert récemment du côté d'El Mina.

Bien et pas cher

HOTEL AL KOURA
Rue Izzeddine
✆ +961 6 425 451
✆ +961 3 371 041
www.pensionalkoura.com
A 50 m à droite après l'ancien café Fahim, dans une petite rue perpendiculaire à la rue Abed el Hamid Karamé.
Chambre double à 50 $, triple à 75 $. Lit dans un dortoir à 15 $. Petit déjeuner, taxes et wifi compris.
Fondé en 1957, l'hôtel Al Koura détient le 15e permis hôtelier attribué par la municipalité de Tripoli. Ce petit établissement possède sept chambres, simples mais agréables et bien tenues. L'hôtel s'organise autour d'une grande pièce centrale qui fait office de réception et de salon et autour de laquelle sont réparties les chambres. Chaque chambre possède la climatisation et une salle de bains privée. Propreté impeccable. L'un des meilleurs rapports qualité/prix à Tripoli. Pierre, le propriétaire, est francophone et est à votre disposition pour faciliter votre séjour.

PENSION HADDAD
✆ +961 3 507 709 / +961 6 427 672
www.pensionhaddad.8m.com
Elle se trouve dans la première ruelle à droite après l'ancien café Fahim situé sur la place de l'Horloge.
Chambre simple à 15 $, double à 25 $, lit dans une chambre partagée à 10 $. Petit déjeuner à 5 $. Wifi gratuit.
Cette pension de 8 chambres et 24 lits est l'une des meilleures adresses pour les petits budgets à Tripoli. Située au deuxième étage d'un vieil immeuble du centre de la ville, la pension Haddad dispose de petites chambres au confort simple, très rudimentaire et à la déco vieillotte. C'est relativement propre mais il ne faut pas être difficile. La pension ne compte que deux salles de bains indépendantes pour 8 chambres. On est accueilli chaleureusement par Laudy Haddad, francophone, qui vit également dans l'appartement. Ambiance amicale, mais des travaux de rénovation seraient bienvenus. A noter que toutes les chambres ne disposent pas d'air conditionné.

Confort ou charme

BEIT EL NESSIM

Rue Labban
El Mina
✆ +961 6 200 983 / +961 3 308 156
www.beitelnessim.com
Chambre simple de 75 à 100 $, double de 125 à 150 $. Petit déjeuner, taxes et wifi compris.
Perdue dans les ruelles d'El Mina, Beit el Nessim vous accueille dans une ambiance chaleureuse et conviviale. Cette vieille maison traditionnelle en pierre, entièrement restaurée, abrite cinq chambres confortables qui invitent au calme et au recueillement. Professeur de yoga, Nabil Najjar y organise d'ailleurs des cours de temps à autre. Une adresse à découvrir.

QUALITY INN

✆ +961 6 211 255
✆ +961 6 211 256
www.qualityinnlebanon.com
A côté de la foire d'exposition de Tripoli
Chambre simple à 110 $, double à 135 $, suite de 190 à 320 $. Petit déjeuner, taxes et wifi compris.
Ce grand hôtel de 109 chambres est situé à l'extrémité du site de la foire internationale de Tripoli, aujourd'hui partiellement abandonné. Malgré une décoration un peu vieillotte, les chambres sont bien tenues et propres. L'hôtel possède un restaurant, Le Matisse, qui propose une cuisine internationale, ainsi qu'une grande piscine intérieure, une piscine extérieure et une salle de gym. Accueil sympathique et professionnel. Le Quality Inn est un établissement un peu austère, qui manque de charme, mais les amateurs d'architecture et admirateurs d'Oscar Niemeyer seront comblés par la vue que les chambres offrent sur la foire.

Luxe

VIA MINA

Rue Farah Antoun
El Mina
✆ +961 6 222 227 - www.viamina.com
Chambre double de 160 à 180 $, suite de 200 à 240 $. Petit déjeuner, taxes et wifi compris.
Ouvert en novembre 2015, Via Mina est un hôtel plein de charme qui propose 22 chambres à la décoration très raffinée. Construit dans une maison datant de la fin du XIXe s., cet établissement possède un restaurant qui sert une cuisine internationale, un bar et une piscine extérieure. Les chambres sont spacieuses, le mobilier très beau, les sols superbes. Un immense salon, qui ouvre sur une terrasse-jardin, occupe le rez-de-chaussée de l'hôtel. Accueil francophone très sympathique. Une belle adresse !

Les immanquables culinaires de Tripoli

- **Déguster** le foul et fatté chez Akra ou Dannoun.
- **Succomber** aux pâtisseries tripolitaines.
- **Découvrir** le moghrabié chez Dabboussi.
- **Apprécier** un sandwich de smaké harra chez Abou Fadi à El Mina.

Se restaurer

Avertissement : pendant le ramadan, de nombreux snacks et restaurants sont fermés à Tripoli durant la journée. Mieux vaut se rendre dans le quartier d'El Mina pour déjeuner.

Sur le pouce

CAFÉ TELL EL OULIA
Rue Mohamed Karamé
Ouvert tous les jours de 8h à 23h30. Café, thé, limonade, narguilé à 3 000 LL.
A proximité de la place du Tall, devant la municipalité, un large escalier mène à un café très pittoresque : Tell el Oulia. Son enseigne est écrite en arabe. Ce café offre une grande esplanade de sable ombragée en été avec une multitude de tables multicolores. L'espace est divisé en trois zones : d'un côté les hommes qui jouent au backgammon et fument le narguilé, de l'autre les femmes à côté de l'aire de jeux pour les enfants. Les couples peuvent s'assoir derrière le kiosque qui se trouve au milieu du jardin. Ce kiosque est surtout un lieu de prière, une annexe de la mosquée voisine. Les hommes y viennent à la suite de l'appel du muezzin. Tell el Oulia est une adresse agréable dont on apprécie le calme et le cadre typique. Idéal pour faire une pause après la visite des souks. L'enseigne ne vend pas d'alcool.

Pause gourmande

ABDUL RAHMAN HALLAB & SONS
Rue Riad Solh
✆ +961 6 444 445 / +961 6 432 295
www.hallab.com.lb
Après le City Complex à l'intersection de la rue Gemayabat en face d'une statue en fer
Ouvert tous les jours de 5h à 23h.
Etape gastronomique incontournable, cette pâtisserie – ouverte depuis 1881 - draine ses adeptes du monde entier. La spécialité de la maison : les Halawet al Joubn, à base de fromage frais, de crème fraîche, de sirop de sucre et d'une bonne dose de secret ! C'est sans aucun doute l'une des meilleures pâtisseries orientales du pays, avec une organisation digne d'une chaîne de restauration rapide. La terrasse extérieure est très agréable lorsque le temps est ensoleillé. Idéal pour vous ressourcer lors de votre visite de Tripoli. Si vous êtes tombé sous le charme des délices d'Abdul Rahman Hallab, l'enseigne est également présente à Byblos, à Jounieh et au duty free de l'aéroport de Beyrouth.

BEN TAFESH
Dam wa Fariz ✆ +961 6 412 160
Ouvert tous les jours de midi à 2h du matin.
Situé au début de Dam wa Fariz (en provenance de l'hôpital Nini), Ben Tafesh se trouve sur votre gauche, son enseigne est écrite en arabe.

Pâtisserie Hallab.

C'est notre coup de cœur dans le secteur de Dam wa Fariz qui compte pas moins d'une vingtaine de cafés et de restaurants. Avec ses couleurs turquoise, Ben Tafesh a un style différent. Une adresse cosy et intime avec quelques tables à l'intérieur et une petite terrasse. L'enseigne est réputée pour son café et son *carrot cake*. A essayer !

RAFAAT HALLAB

✆ +961 6 444 411 – www.hallab.com

Proche de la place Allah ou Abdel Hamid Karamé (office du tourisme à l'entrée de Tripoli).

Un peu moins fréquentée que Abdul Rahman, Rafaat Hallab est une autre pâtisserie réputée de Tripoli. Baklawas, maamouls, knafehs, nougats... vous n'aurez que l'embarras du choix. Rafaat Hallab possède plusieurs boutiques au Liban : une autre à Tripoli, rue Tall, mais aussi à Jounieh et à Batroun.

Les pâtisseries tripolitaines

Les pâtisseries tripolitaines sont réputées dans tout le Liban. Une visite dans l'une de ces alléchantes boutiques est indispensable ! La spécialité de Tripoli s'appelle le znoud el set (bras de dame). C'est une sorte de pâte feuilletée frite de la taille d'un nem asiatique, fourrée de crème. Nous vous recommandons également le karabij, douceur à base de pistaches recouverte d'une mousse onctueuse. A vrai dire, toutes les pâtisseries sont excellentes. Les enseignes Hallab (Abdul Rahman et Rafaat) ont une réputation internationale. Elles ont un service rapide, parfaitement huilée et très professionnel. A ne pas rater !

Bien et pas cher

ABOU FADI

El Mina

Ouvert tous les jours de 9h à 23h. Sandwichs de poisson autour de 6 000 LL.

A l'entrée d'El Mina, devant le port, on trouve une multitude de snacks mais la meilleure adresse est incontestablement Abou Fadi, le roi du sandwich de poisson. Sa spécialité est le smaké harra. Son secret est sa sauce légèrement épicée.

AKRA

A l'entrée des souks.

✆ +961 6 624 358

Ouvert tous les jours de 4h du matin à 16h. Foul, hoummos, fatté... de 4 000 à 5 000 LL.

Akra est une excellente adresse pour déguster un plat de foul, de hoummos ou de fatté. L'enseigne propose des variétés d'accompagnement : citron, viande, tahini, yaourt. Les assiettes sont accompagnées de pains chauds cuits dans un four qui est sur le trottoir à l'entrée du restaurant. Situé entre la place du Tell et le Khan el Saboun, Akra se trouve dans une perpendiculaire à la rue Abdel Majid Moghrabi qui mène à la grande mosquée. C'est une destination propre dans un cadre agréable sur deux étages : salle voûtée, patio central. Akra est surtout fréquenté par les Tripolitains le matin, qui y viennent prendre un petit déjeuner copieux.

AL MUSTAFA

El Mina

✆ +961 6 205 821 /.+961 3 557 490

Ouvert tous les jours de midi à 22h30. Mezzés entre 3 000 et 7 000 LL, poissons frais au kilo.

Chez Mustafa, le poisson frais est roi. Derrière le petit port d'El Mina, dans le prolongement des nombreux snacks qui longent le parc public, tournez à gauche dans une petite ruelle. Vous verrez les étals de poissons frais. A vous de choisir ! Le restaurant est situé quelques mètres plus loin dans une jolie salle en pierre voûtée. Compter 30 dollars pour deux personnes avec un poisson, et quelques entrées. Accueil jeune et sympathique.

DABBOUSSI

Souk el Attarine ✆ +961 6 447 668

Ouvert tous les jours de 8h à 16h. Assiette de moghrabié à 3 500 LL, sandwich à 2 000 LL.

Au milieu du souk el Attarine (souk des parfums), on ne peut pas manquer l'enseigne Dabboussi, le roi du moghrabié (couscous libanais). On a le choix de prendre un petit sandwich sans viande ou de déguster ce plat sur place sur l'une des quelques tables de ce petit snack.

DANNOUN

A proximité de la place Tall le long de l'avenue Halim Abou Ezzedine.

Foul, hommos, fatté à partir de 4 000 LL.

Dannoun se trouve à l'intersection entre la rue Azmi et l'avenue Abou Ezzedine. Il y a à côté le café très vintage Pinky. Enseigne très connue des locaux. Ne vous attendez pas un restaurant hyperchic, Dannoun est un endroit populaire qui sert de la cuisine libanaise traditionnelle : foul, hommos, fatté, labné, etc. Le pain arabe gonflé est un délice. N'y allez pas pour faire un régime. Excellent rapport qualité/prix. Le décor a dû être en vogue dans les années 1980, aujourd'hui il fait un peu has been. Heureusement, Dannoun propose l'un des meilleurs foul de la ville.

NEW AL SOUFI
Rue Riad Solh
✆ +961 6 442 693
✆ +961 6 442 694
www.newsoufi.com
Ouvert tous les jours. Hamburgers autour de 5 000 LL, sandwichs de 2 000 à 5 000 LL, mezzés froids de 3 000 à 6 000 LL, grillades de 8 000 à 10 000 LL.
New El Soufi a ouvert à côté du Palais Abdul Rahman Hallab. Cette adresse propose une cuisine libanaise à moindre coût. Au rez-de-chaussée, se trouve le snack et au premier étage, le restaurant. Le snack est simple, rapide pour une qualité correcte.

TIC TAC ABOU RAMI
El Mina
✆ +961 6 204 337
Ouvert tous les jours de 5h à 16h.
Au cœur du vieux El Mina à proximité du khan Tamassili, Tic Tac Abou Rami propose des plats de foul, hommos et fatté. L'adresse est propre et bien tenue. Les cuisiniers s'affairent derrière leur comptoir pour préparer un bon fatté bien chaud. Abou Rami dispose d'une petite terrasse à l'ombre, idéale pendant les fortes chaleurs de l'été.

Bonnes tables

LE PALAIS ABDUL RAHMAN HALLAB
Rue Riad Solh
✆ +961 6 444 445
www.hallab.com.lb
Après le City Complex à l'intersection de la rue Gemayabat
Compter de 10 000 à 15 000 LL et jusqu'à 20 000 LL pour les plats à base de poisson (siyadeh, paella et filet).
Le Palais se trouve au premier étage de la pâtisserie Abdul Rahman Hallab, une véritable institution à Tripoli et à travers tout le pays. Une bonne adresse pour manger libanais à un prix très raisonnable. Le décor est agréable dans le style d'une ancienne maison traditionnelle. Chaque jour, on a le choix entre 3 plats accompagnés d'un jus, d'une petite salade, d'une assiette de hommos et une assiette de fruits. Si on apprécie les plats proposés, la formule est très pratique. Etablissement très fréquenté, service très rapide et bien rodé.

SILVER SHORE
El Mina
✆ +961 6 601 384
Ouvert tous les jours de 11h à 20h30. Mezzés de 6 000 à 8 500 LL, poissons de 15 000 à 25 000 LL. Menus à 35, 40 et 45 $.
Situé sur le front de mer, Silver Shore est un restaurant de poissons réputé à Tripoli. La grande salle du restaurant est un peu froide, mais ses grandes baies vitrées offrent une jolie vue sur la mer. Les mezzés sont bons, et les poissons frais très bien préparés.

Sortir

Le quartier d'El Mina rassemble la plupart des pubs et bars sympas de Tripoli qui servent de l'alcool. Ils sont regroupés autour de la rue Labban, baptisée rue Minot. On trouve par exemple la Cava, qui possède une jolie terrasse dans une cour ombragée, le pub Mike's, Amigz et Fernand, ou encore le bar Timmy's.

BEIT EL-FANN
Rue Mar Elias
El Mina
✆ +961 3 387 714
www.beitelfan.com
beitelfan@hotmail.com
Au centre d'El-Mina, Beit el-Fann (la maison de l'art) est un petit centre culturel dynamique qui organise toute l'année des spectacles, des expositions et des concerts.

À voir - À faire

La vieille ville de Tripoli s'étend sur 6 km² et comporte plus de 200 vestiges de

Dam wa Fariz attire la jeunesse de Tripoli

DAM WA FARIZ
Dam wa Fariz
C'est la destination à la mode à Tripoli ! Située entre la vieille ville et le parc d'exposition, Dam wa Fariz est une large avenue sans charme bordée d'immeubles résidentiels neufs avec des restaurants et des cafés. Loin des cafés traditionnels de la vieille ville, les enseignes sont ici récentes et accueillent la jeunesse de Tripoli qui vient y passer ses soirées. Au total, on recense une vingtaine d'enseignes dont Ben Tafesh (café), BtoB (fast-food libanais), Sah Seh, 3al Bal, Fiftie's Diner, Castle 32, Sense Café, La Plaka, Baytna (restaurant libanais : bon et prix très corrects), Big Bite, Shrimpy, Pizza Hut.

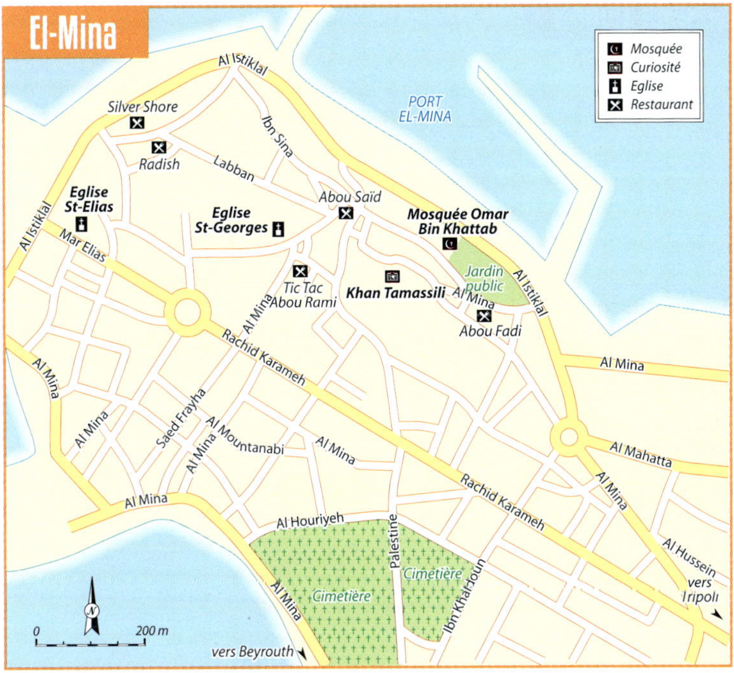

LIBAN NORD

l'époque mamelouke (tours, mosquées, écoles coraniques, bains publics, fontaines, souks et khans) parfois dans un état très dégradé. Heureusement, plus de 19 millions de dollars ont été affectés à la sauvegarde du patrimoine de Tripoli avec l'aide d'un prêt de la Banque mondiale et de pays européens dont la France. Ce programme comprend la restauration de bâtiments, l'aménagement de la façade nord de la ville le long du fleuve et la construction de logements pour y reloger les réfugiés qui vivent dans la vieille ville.

Certains souks (des bijoux et des tissus) ont déjà fait l'objet d'un lifting. Les souks des légumes et de la viande offrent par contre un tout autre paysage. Vieux de plus de 700 ans, les souks de Tripoli sont les plus importants du Liban. Ils sont à la fois un lieu commercial, religieux et résidentiel puisqu'ils sont toujours habités. Cœur de la ville, l'espace soukier est un labyrinthe qu'il faut découvrir. Difficile d'en sortir sans avoir acheté ou mangé quelque chose. Ce sont les seuls vrais souks traditionnels du Liban, bien plus pittoresques que ceux de Byblos ou de Saïda. Contrairement à Beyrouth qui a perdu son tissu urbain traditionnel, Tripoli conserve encore un riche patrimoine architectural.

CHÂTEAU DE SAINT-GILLES ★★★

✆ +961 6 430 495

Ouvert tous les jours de 8h à 18h. Entrée : 5 000 LL. Gratuit pour les enfants de moins de 10 ans.

A quelques centaines de mètres de la madrassa Al-Burtasiyat, on arrive au pied du mont Pèlerin dominé par Qualaat Sanjil, le château de Saint-Gilles. On accède à ce dernier par une petite rue en forte pente. Une petite place devant le château permet de garer sa voiture. Construit par les croisés, il fut maintes fois remanié. Aujourd'hui, seul le mur extérieur qui surplombe le fleuve est d'époque mais il demeure une des forteresses les mieux conservées du Liban.

Les travaux de construction du château commencèrent au début du XIIe siècle pendant le siège de Tripoli. Après la fin de la première croisade, Raymond de Saint-Gilles, comte de Toulouse, qui venait de conquérir Tartos, se dirigea vers Tripoli. Il s'arrêta à l'entrée de la ville – alors concentrée dans la presqu'île d'El Mina – et y construisit une forteresse en vue d'une présence longue et difficile. Assiégée, Tripoli se développa au pied du château. Raymond de Saint-Gilles mourut en 1105 dans la forteresse, laissant à son fils le soin de s'emparer de la ville.

Après 180 années de domination croisée, Tripoli tomba, en 1289, aux mains des mamelouks.

Centre de Tripoli

Tour du Lion
(Bourj es-Sba)
District
al Saqi
Fleuve Abou Ali
vers la Syrie
& le Aakar
Rue el Mitayn
Rue Azmi Beik
District
Zahriyah
Dannoun
Fahita's
Patisserie
Abdul Rahman
Hallab& Sons
District
Tebbaneh
Pluce
du Tell
VIEILLE
VILLE
Ls souks
de Tripoli
Patisserie
Rafaat Hallab
Café
Ben Tafesh
Square
Abdul Hamid
Karameh
Château
Saint Gilles
District
Qobbet al Nasr
Fleuve Abou Ali
DAM WA
FARIZ
Rue Fouad Shehab
District
Abou Samra
vers la Montagne
des Cèdres
vers Beyrouth

Incendiée et pillée, elle fut en grande partie détruite. Le château renaîtra de ses ruines, au début du XIVe siècle, grâce aux travaux entrepris par l'émir Esendémir. Restauré par Soliman le Magnifique, il servit au siècle dernier de prison. Du haut de la citadelle, on bénéficie d'une vue impressionnante et panoramique sur la ville, les rives du Nahr Abou Ali. Il est impossible de manquer le flanc de colline opposé : Dahr el-Mougher ou Al-Souwayka compte des centaines de petites maisons construites les unes à côté des autres. Certaines ont été repeintes. Ce spectacle est saisissant.

GRANDE MOSQUÉE AL MANSOURI AL KABIR ET SES ENVIRONS ★★

A dix minutes à pied de la tour-horloge (place du Tall), se dresse la mosquée élevée par le sultan Al-Ashraf Khalil sur les restes de l'ancienne cathédrale croisée Sainte-Marie de la Tour des Croisés. On pense d'ailleurs que le grand minaret rectangulaire était le clocher de la cathédrale croisée. Même le portail nord fait penser à celui d'une église. Selon une inscription en arabe sculptée, la Grande Mosquée aurait été construite en 1294, par le sultan Achraf fils de Qualaoun. L'édifice respecte un plan classique. De grands portiques à arcades entourent une cour au centre de laquelle se situe un bassin de pierre réservé aux ablutions rituelles. Il est possible de pénétrer à l'intérieur de la mosquée en prenant soin de retirer ses chaussures et – pour les femmes – de se couvrir la tête d'un foulard. Si la cour mérite un coup d'œil, la salle de prière, en revanche, ne présente pas grand intérêt.

Sur le flanc est de la mosquée se dresse la belle madrassa Al-Qartawiyat (école religieuse), bâtie au XIVe siècle par l'émir Qaratay qui gouverna Tripoli de 1316 à 1325. Le bâtiment est remarquable et séduisant. Ses constructeurs ont utilisé de hautes colonnes à chapiteaux romans pour orner son portail. Admirez sa porte d'entrée décorée de stalactites et de marbres polychromes. A l'intérieur, le bassin d'ablutions semble avoir remplacé un baptistère dont il reste encore les chapiteaux. En face de cette madrassa, se trouve l'un des plus anciens fours à pain de Tripoli.

HAMMAM AL-JADID ★

A l'extrémité du souk dans la direction de la mosquée Taynal, on arrive devant le hammam Al-Jadid. Au-dessus de son grand portail pend une grosse chaîne de pierre (qu'on jurerait en métal). Edifié en 1740, par les Ottomans (le gouverneur de Damas, Assad Pacha el-Azzem), il n'est plus en activité depuis 70 ans. Il est possible de le visiter. Demander aux commerçants de la ruelle, l'un d'entre eux aura les clés. L'entrée est gratuite mais on vous demandera probablement un petit billet si on vous fait la visite. Le hammam est impressionnant par la variété des coupoles et des carrelages. Les volumes sont remarquables. On raconte qu'il y aurait un souterrain qui relie ce hammam à la citadelle Saint-Gilles. En sortant du hammam, il faut lever la tête pour voir la mosquée al-Moallaq (soit la mosquée suspendue). Elle a été construite à l'époque ottomane au-dessus des boutiques du souk. Un peu plus loin, la mosquée Tahham, d'origine mamelouke est également bâtie au-dessus des magasins. Son minaret est remarquablement sculpté.

HAMMAM AL-NOURI ★

Ouvert tous les jours (en principe) à partir de 11h.

A proximité de la grande mosquée, on peut se rendre devant le hammam Al-Nouri construit en 1333, alors que les bains turcs étaient déjà en vogue depuis quarante ans. Il est difficile à trouver puisqu'il se cache au fond d'une boutique juste à l'entrée du souk des bijoutiers. N'hésitez pas à demander l'aide des commerçants pour vous indiquer le chemin à suivre. Ce hammam est à l'abandon mais on peut voir encore ses dômes et sa fontaine.

HAMMAM EZZÉDINE ★

Ouvert tous les jours de 8h à 17h. Entrée libre.

A proximité du Nahr Abou Ali, se trouve le hammam Ezzédine. C'est l'un des plus grands

Mélissinde, victime de l'amour

C'est dans le château de Saint-Gilles que vécut Mélissinde, sœur de Raymond III, comte de Tripoli. Conquis par la beauté de la jeune fille, l'empereur de Byzance la demanda en mariage. Puis, pensant qu'il était finalement plus intéressant de s'allier avec une famille d'Antioche, il changea d'avis et reporta son choix sur Maria, sœur du prince Bohémond. Ce revirement chavira le cœur de la belle Mélissinde qui se laissa mourir de chagrin. Depuis lors, cet épisode est entré dans la légende poétique, ravivant le souvenir mélancolique de cette belle princesse médiévale.

CHÂTEAU DE SAINT-GILLES ★★★

✆ +961 6 430 495

Les îles d'El-Mina

El-Mina compte une dizaine d'îles. Certaines sont reliées par un pont à la corniche, d'autres se trouvent à 10 km du rivage :

- **Abdul Wahab** (ou Bakkar ou Saint-Thomas) : C'est l'île la plus proche. Depuis 1995, un pont la relie à la corniche. Elle fut un lieu de refuge à l'époque des croisés contre les mamelouks. Selon certains historiens, le sultan Qalaoun y massacra les habitants en 1289.
- **Nakhl** (ou aux lapins ou Saint-Nicolas) : C'est la plus connue. Elle mesure 560 m par 260 m. Les croisés y avaient construit une eglise.
- **Ramkin** : Elle mesure 16 000 m². Située à 10 km de la côte, elle abrita une artillerie contre d'éventuelles attaques allemandes pendant la Seconde Guerre mondiale. Un phare y est construit.
- **Billan** : Située à 2,5 km du port, c'est l'île la plus large. Très fréquentée en été.
- **Sananée** : Lieu de ponte pour les tortues. Elle mesure 380 m sur 100 m. Son nom vient de sa forme qui ressemble à une dent.
- **Ashak** : L'île des amoureux.
- **Telteh** : C'est une petite île rocheuse.
- **Rabba** (ou al-Maatih) : Lieu de pêche.

L'ÎLE AUX LAPINS ★★

L'accès sur l'île aux lapins est interdit au public à partir du 1er octobre. Mais de juin à septembre, les pêcheurs du port d'El-Mina proposent des traversées. Le trajet dure 30 minutes. Compter un aller-retour entre 10 000 et 15 000 LL. Evitez de prendre des barques motorisées mais plutôt des bateaux équipés de chaises. Ne cherchez pas de gilets de sauvetage, il n'y en a pas ! Vous prendrez la direction d'un archipel de plusieurs îles dont la plus grande a une magnifique plage sablonneuse fréquentée par les tortues à la période de la ponte entre avril et mai.

Au large d'El-Mina, plusieurs îlots rocheux se distinguent, dont l'île aux lapins (ou l'île des palmiers) qui est devenue une réserve naturelle en 1992 destinée à protéger la faune et la flore. Des ruines d'une église datant de la période mamelouke se trouveraient sur l'île où les Français ont introduit des lapins afin de satisfaire leur passion de la chasse dans les années 1930-1940.

Attention, l'île aux lapins se trouve derrière les premiers îlots que l'on voit du rivage. Certains n'ont aucun scrupule à vous débarquer sur les premiers morceaux de cailloux en vue alors que vous aviez expressément demandé d'aller sur l'île. Soyez vigilant. Une fois en approche de l'île, les pêcheurs vous déposent directement sur la plage. Il faut se mettre d'accord avec eux pour une heure de retour. De nombreuses familles et des jeunes viennent y passer la journée en été. Bien qu'il soit interdit de manger, les locaux viennent y pique-niquer. Pour cette raison, la propreté de l'île n'est pas impeccable. Le gardien de l'île vous demandera une petite contribution (10 000 LL) pour utiliser une table, un banc en bois et un parasol en feuille de palmiers.

et des plus anciens de la ville. Il fut bâti en 1298 à la demande de l'émir Izzedin Aibek. « La propreté mène à la piété. » Suivant ce précepte, l'émir n'hésita pas à prélever divers matériaux dans les églises byzantines et croisées pour embellir son hammam. Des fonds de bouteille furent introduits dans le toit en forme de coupole pour diffuser la lumière et éviter la déperdition de chaleur qu'auraient occasionnée les fenêtres. Fermé en 1975 après 700 ans d'activité, le hammam fut longtemps très dégradé : murs tombés et coupoles détruites. Grâce à un don privé, le hammam a été rénové.

KHAN AL-MISRIYIN ★

En face du khan al-Khayatine, le khan al-Misriyin (des Egyptiens) du XIVe siècle, ancien entrepôt, n'a pas eu la chance de bénéficier d'un lifting et se trouve encore dans un état de délabrement avancé. Toutefois, il mérite une rapide visite. Un petit atelier de savon tenu depuis 1803 par la famille Al Sharkas se trouve à l'étage. Mahmoud Al Sharkas passe des heures à modeler ses savons parfumés. Il sera ravi de vous présenter ses produits. Son atelier est ouvert tous les jours de 10h à 19h.

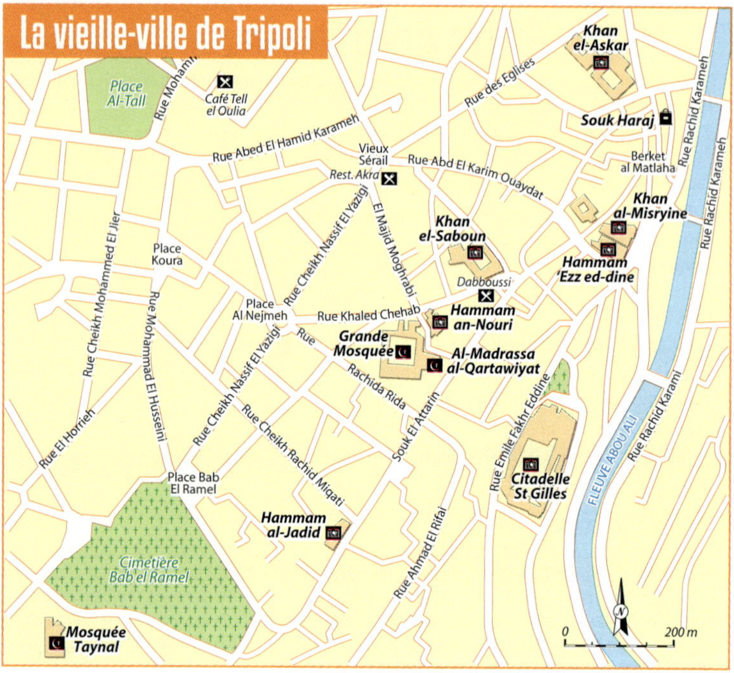

KHAN AL-SABOUN

www.khanalsaboun.net
info@khanalsaboun.net

A proximité du souk des bijoutiers, on ne peut pas rater le khan Al-Saboun. Ce grand bâtiment du XVIIe siècle, construit autour d'une cour carrée ornée d'une fontaine, servait probablement de caserne aux troupes ottomanes. Le khan qui fut en très mauvais état, a retrouvé une certaine agitation depuis 1998 avec l'apparition d'ateliers de fabrication de savon et de boutiques. Riche en senteurs multiples et en couleurs, ce khan séduit. Il est difficile de ne pas repartir sans un savon. Le savon tripolitain est préparé avec de l'huile d'olive et des arômes naturels. Disponible dans de multiples variétés, il est connu pour ses bienfaits médicinaux (contre l'acné, les rides, l'eczéma, la cellulite, le stress, les problèmes sexuels, pour blanchir la peau). Véritables vertus ou discours commercial ? A vous de voir !

KHAN EL-KHAYYATIN

A quelques pas du hammam Ezzédine, le magnifique khan el-Khayyâtin (des tailleurs), construit au XIVe siècle et récemment rénové, intrigue avec ses arcades vers le ciel. On y a découvert une colonne byzantine avec son chapiteau. Les tailleurs, installés dans de petites boutiques, s'affairent sur leurs vieilles machines à coudre. Certains vendent des abayas. Contrairement aux autres khans de la ville, celui-ci n'est pas un caravansérail avec une cour mais un long passage. A l'extrémité est du khan, on arrive au bord du fleuve Abou Ali.

KHAN TAMASSILI D'EL-MINA

El-Mina

Derrière la grande mosquée du littoral, se trouve le vieux khan Tamassili, caravansérail mamelouk. Il compte 30 voûtes au premier étage et des décorations taillées dans la pierre. Son portail est monumental. Le khan se trouve dans un état lamentable. Le site est occupé par des populations réfugiées depuis plus de 40 ans. Les conditions d'hygiène y sont déplorables. Ne vous aventurez pas au-delà de la cour centrale, l'endroit n'est pas très accueillant. On vous l'a uniquement indiqué comme simple curiosité architecturale. Les autorités parlent souvent de reloger les déplacés et de réhabiliter le site (le chiffre de 3 millions de dollars de budget a été avancé).

MADRASSA AL-BURTASIYAT

En sortant du khan el-Khayyâtin, on arrive à la madrassa al-Burtasiyat, à proximité d'une belle mosquée au minaret carré. Elle fut construite en 1376 par Issa al-Burtassé. A l'intérieur, la salle de prière exalte la beauté des mosaïques aux mille couleurs. Installée sur les bords de l'Abou Ali, la madrassa fut très abîmée en 1955 par l'importante crue du fleuve.

Khan el-Khayyatin.

TRIPOLI – La vieille ville.

Mosquée Taynal.

Mosquée Taynal.

Aujourd'hui, celui-ci est emprisonné dans un carcan de béton d'autant plus laid que de nombreux détritus viennent joncher son lit. Sur l'autre rive s'étagent les vieilles maisons du quartier de Qoubbé. Attirés par le niveau de vie libanais, de nombreux Alaouites sont venus se concentrer dans ce quartier populaire espérant sortir ainsi de la misère profonde dans laquelle ils vivaient en Syrie.

MADRASSA AL-NOURIYAT ★

Face au hammam al-Nouri se dresse la madrassa Al-Nouriyat à la façade élégante faite d'une alternance de pierres noires et blanches. Durant la période mamelouke, une quinzaine de madrassas peuplaient la vieille ville, lui donnant une certaine unité architecturale. On y étudiait les sciences religieuses et le droit canonique. Au-dessus des portails de madrassas, de nombreux décrets – imprimés en caractères arabes – nous renseignent sur l'esprit de l'époque. On y apprend, par exemple, que l'usage du bakchich, versé aux personnes qui ne sont pas en service, est strictement défendu dans tout édifice religieux pour éviter la mendicité.

MOSQUÉE DE TAYNAL ★★

A l'extrémité sud-ouest des souks, la mosquée de Taynal, l'un des plus beaux monuments de Tripoli, est située au milieu d'un cimetière. Il est possible de rejoindre ce site à partir du hammam el-Jadid (10 minutes à pied – mais cela en vaut la peine !). Une fois sur place, les femmes demanderont au gardien un grand foulard noir afin de se couvrir la tête et le corps. Déchaussez-vous avant de pénétrer à l'intérieur et attendez la fin des prières. Le gardien vous accompagnera tout au long de la visite. Mesdames, ne laissez pas dépasser un seul cheveu de votre voile, le gardien est très strict sur ce point. Cependant, il vous laissera photographier sans aucun problème l'intérieur des salles de prière. Bâtie en 1336 par l'émir Saïf al-Din Taynal, gouverneur de Tripoli, cette mosquée à coupoles vert foncé fut élevée sur les ruines de l'ancienne église des Carmes érigée par les croisés. La première salle correspond à l'ancienne nef de l'église datant du XIIIe siècle. Deux rangées de colonnes de granit délimitent les bas-côtés. Au centre, quatre colonnes, surmontées de chapiteaux corinthiens, soutiennent la coupole principale. Sans doute prélevées d'un temple romain. Un très beau portail intérieur en pierres noire et blanche – de style arabe – du XIVe siècle s'ouvre ensuite sur la salle de prière. Coiffées par une coupole, ses voûtes reposent également sur des colonnes romaines de style corinthien. A l'extérieur, un bassin à ablutions a été aménagé au centre de la cour.

LE SITE DE LA FOIRE INTERNATIONALE DE TRIPOLI ★★

Dans la ville moderne de Tripoli quadrillée par de grandes artères ornées de palmiers où réside une partie de la société tripolitaine aisée, on aperçoit les édifices futuristes de la foire internationale de Tripoli, construits de 1968 à 1974 et conçus par le célèbre architecte brésilien Oscar Niemeyer (le fondateur de Brasilia, entre autres). Le complexe occupe une superficie d'un million de mètres carrés. Nantie de ces prestigieux signes de modernité, Tripoli devait accéder au rôle de métropole à la pointe des derniers défis économiques et technologiques. Malheureusement, avec le début de la guerre en 1975, les bâtiments n'ont jamais pu être terminés. Situé dans un cadre superbe à proximité de la mer, le projet s'inscrivait dans un ovale, caractéristique propre à l'architecte. Une large couverture en courbe devait s'ouvrir et sous laquelle étaient prévus les différents pavillons internationaux, un carré flottant sur un plan d'eau destiné à abriter le pavillon libanais, un théâtre…

Khan al-Askar

A l'extrémité nord des souks derrière la mosquée Tawba, le khan al-Askar est un site historique qui date de l'époque mamelouke (XIIIe et XIVe siècles, puis rénové sous les Ottomans au XVIIIe siècle). Suite aux inondations du fleuve Abou Ali en 1955, plusieurs familles ont été relogées dans le khan al-Askar ou le caravansérail du guerrier. Cette mesure temporaire a duré plus de 55 ans. Le site se compose de deux khans rectangulaires avec des cours centrales. D'une surface totale de 2 000 m², le khan a longtemps été dans un état très dégradé. Un plan de réhabilitation de 3,2 millions de dollars est prévu, nécessitant le relogement des réfugiés dans de nouveaux logements. Lors de notre passage en juin 2016, le khan était fermé et visiblement en travaux.

De temps à autre, des spectacles et des conférences s'y déroulent sous la grande couverture. Normalement, le site ne se visite pas, il faut se contenter d'une vue sommaire à partir du parking ou de la route. Mais n'hésitez pas à demander au gardien à l'entrée, on ne sait jamais !
En 2004, la chambre de commerce et d'industrie de Tripoli a lancé un projet visant à transformer le site en un parc de loisirs (espaces d'exposition de 60 000 m², espaces de loisirs et de jeux de 200 000 m², un espace nautique de 170 000 m², trois hôtels, un centre commercial, des restaurants). Le coût du projet est estimé à 230 millions de $. Indignées, les associations Patrimoine sans frontière et ASFIT (Association pour la sauvegarde de la Foire internationale de Tripoli) dénoncent un véritable massacre de l'architecture de Niemeyer, militent pour la sauvegarde de cet espace et préconisent une remise en valeur du site dans une logique de développement durable. En 2005, un nouveau projet de zone franche pour les produits chinois a été proposé par des industriels locaux en collaboration avec des partenaires chinois. On l'aura compris, chacun cherche des solutions pour utiliser au mieux cet espace.

SOUK EL-HARAJ

Si vous continuez votre chemin vers le nord à proximité du fleuve Abou Ali, vous atteindrez le souk el-Haraj ou le souk de la négociation, noyé dans la pénombre. On remarque 14 colonnes datant du XIVe siècle dont deux se trouvent au centre du souk. Certains historiens pensent que le souk est construit sur une ancienne église croisée. Ce khan, où se trouvent des vendeurs de matelas et de vaisselle, a bénéficié d'un plan de rénovation financé au début des années 2000 par l'Allemagne (plus de 200 000 €). Un café y a récemment ouvert.

LA TOUR DES LIONS

Après le port d'El-Mina, une grande avenue, bordée d'ateliers d'ébénisterie, mène à la célèbre tour des Lions (Borj Es-Sba). Située non loin de l'ancienne voie ferrée, entre El Mina et l'embouchure du fleuve Nahr Abou Ali, cette forteresse – d'origine mamelouke – fut édifiée en 1441-1442 pour surveiller le littoral et parer toute offensive turque. L'imposante bâtisse rectangulaire, qui se présente comme l'un des ouvrages militaires mamelouks les plus intéressants de la côte, pourrait avoir été bâtie par le sultan Qalt Bey. Les murs extérieurs,

Souk el-Haraj.

© PHILIPPE GUERSAN – AUTHOR'S IMAGE

Souk el-Haraj.

formés de pierres à bossages, sont renforcés par des fûts de colonnes provenant de la cité antique.

A proximité de la tour des Lions, se trouve l'ancienne gare de Tripoli. On peut voir encore des locomotives de la fin du XIXe siècle et une multitude de wagons hors d'usage. Le site est normalement interdit d'accès. On doit se contenter de l'apercevoir à partir de la route.

DANS LES ENVIRONS

SFIRE ★

Les amateurs de vieilles pierres apprécieront certainement la visite des ruines des trois temples romains à Sfiré. Perdues dans la montagne, à 1 100 m d'altitude, les ruines dominent la région.

Transports

Comment y accéder et en partir

Prendre au nord-est de Tripoli la direction de Miriata puis Kfar Habou, Kafr Chellane et de Sir el-Dennié (35 km) puis, à la sortie du bourg, une étroite route en lacet rejoint Sfiré (9 km) en passant à Ain el-Tineh et Beit el-Faqs. N'hésitez pas à demander votre chemin puisque l'accès n'est pas évident.

À voir – À faire

BEIT EL-KEBIR

Au sud-ouest de Sfiré à proximité de la mosquée, se trouvent les vestiges de la grande maison « Beit el-Kebir ». Découvertes dans les années 1950, ces ruines (portions de murs et d'un podium) se composent de soubassements d'un temple qui sont aujourd'hui partiellement recouverts par des constructions modernes.

LES TEMPLES DE SFIRÉ

Le site est plus connu sous le nom de Qalat el Hosn, soit le château de la citadelle. Il y a 3 temples. L'accès à ce site n'est pas facile. Il faut être un fan des temples romains ! Néanmoins, le voyage vaut le détour : le site est encore bien conservé et les paysages sont remarquables. Le premier temple date du IIe siècle. Il s'agit d'un des temples les mieux conservés du Liban. Son architecture est très simple. Il est intact jusqu'au niveau de la corniche. Le toit et le fronton ont disparu. Sa façade est percée de trois portes. Celle de gauche s'ouvre sur un escalier intérieur creusé dans l'épaisseur de la muraille et conduisant à la terrasse. A droite, le second temple a conservé son enceinte et 4 colonnes doriques. Sur le mur extérieur, on distingue une inscription grecque. Dans la partie antérieure du temple dans l'axe de l'entrée, on remarque les vestiges d'un autel des sacrifices. Perpendiculaire au grand temple, se trouve un troisième temple, plus petit. Une structure carrée se trouve également un peu plus haut et domine les précédents temples mentionnés.

ARQA ★

Transports

Comment y accéder et en partir

Situé à 6 km au nord d'El Aabde en direction de Halba, les passionnés d'archéologie pourront se rendre à Arqa, ville natale d'Alexandre. Pour atteindre le tell archéologique dont les origines remontent au néolithique, il convient avant d'arriver à Halba de tourner à droite sur la route qui passe au-dessus d'un vieux pont. Il faut traverser le petit village d'Arqa pour apercevoir le site.

À voir – À faire

TELL ARQA

Depuis 1972, des équipes d'archéologues libanais et français ont réussi à exhumer dix-sept couches d'occupations successives allant du néolithique à la période médiévale. Cette cité semble avoir été un centre régional prospère qui le resta pendant un millénaire. Les fouilles ont permis de découvrir un ensemble d'habitations, un quartier artisanal de l'âge du bronze. Importante à l'époque phénicienne, Arqa est également mentionnée dans les textes assyriens. La cité connaîtra une période de prospérité à l'époque romaine, où on l'appelait l'Arca Caesarea, la Césarée du Liban. Le principal sanctuaire est dédié à Vénus Lugens « la triste », un autre à Astarté poliade. Arqa connaîtra une occupation continue jusqu'à l'époque mamelouke. Lors de leur première expédition, les croisés découvrirent une ville forte et prospère, entourée de rivières, de forêts et d'oliviers. D'une superficie de 7 hectares et d'une hauteur de 30 à 40 m, le tell d'Arqa domine toute la plaine du Akkar au Liban-Nord, à une vingtaine de kilomètres de Tripoli.

AKKAR EL AATIQA ★

Souvent oublié par les dépliants touristiques, le Akkar, situé au nord-est de Tripoli, est resté une région très rurale et relativement difficile d'accès. De Tripoli à Halba (26 km), l'Albe des croisés, la route traverse un paysage bucolique parsemé d'arbres fruitiers et de prairies verdoyantes, qui vaut le déplacement.

Malheureusement, il n'est pas très facile de s'y déplacer en transport en commun en raison des distances importantes entre les sites à visiter et de l'absence de bus ou de taxis-service. Si vous en avez l'opportunité, la meilleure solution est de découvrir cette région en voiture.

Transports

Comment y accéder et en partir

Les ruines de la forteresse Akkar el Aatiqa sont situées à 40 km de Halba, à proximité du bourg de Akkar el Aatiqa ou Vieux Akkar. A partir d'Halba, prendre la direction de Kouaikhat, puis de Tlaile, et Aamriyé, Bire, Qoubayat el Ghabiyé, Martmoura, Qoubayat et Qatlabé. Attention, la route est longue. A partir du village de Akkar el Aatiqa, on bénéficie d'une excellente vue sur les ruines de cette forteresse construite au Xe siècle par Mouhriz Ibn Akkar.

À voir – À faire

LA FORTERESSE D'AKKAR EL AATIQA

Pour accéder à ce qui fut une place forte de la région, il faut dépasser le pont qui enjambe une petite rivière (avant d'arriver dans le village) pour rejoindre le sentier qui vous mènera à la forteresse après environ une heure de marche. Au sommet du piton rocheux d'où émerge une tour, seule rescapée du démantèlement du château, les ruines se dressent, sur un piton rocheux, à 694 m d'altitude. Il est préférable de demander à un jeune du village de vous accompagner, il vous indiquera le meilleur chemin pour y accéder.

Selon les témoignages, cette forteresse aurait été jusqu'en 1019 la propriété de la famille Abou Akkar. Elle aurait ensuite été conquise par les califes fatimides d'Egypte puis par les Turcs seldjoukides. Enfin, les croisés s'en seraient emparés après la prise de Tripoli (1109). Grâce à sa position stratégique (passage entre Tripoli et Homs mais aussi entre la Bekaa et Homs), le château permettait de lancer des assauts dans toute la région et de se retrancher rapidement. Mais malgré son apparente inviolabilité, il fut conquis par Baybars en 1271.

Au XVIe siècle, Fakhreddine s'en empara et le détruisit. Excepté le donjon dans la partie nord un peu mieux conservé, il n'y reste donc plus grand-chose à voir si ce n'est un amas de ruines. On distingue encore les pierres sculptées de lions de l'époque Baybars. Heureusement, le panorama grandiose qui s'offre au sommet de la forteresse mérite à lui seul le détour. En fait, le château d'Akkar (appelé aussi le château Guibelacard ou Gibelacar) est surtout un prétexte pour découvrir une belle région malheureusement désertée par les touristes.

QOUBAYAT ★

Qoubayat est une bourgade très animée, à l'extrémité de la chaîne du Liban. Elle n'était hier qu'un village paisible où étaient installés les ateliers de soierie. On y passait pour rejoindre la ville de Homs en Syrie avant que la nouvelle autoroute ne soit construite. De cette époque, il ne reste aujourd'hui que les ruines de cette ancienne filature, le manoir de la famille Daher, une belle maison dont la porte est ornée de reliefs, deux lions qui peuvent avoir été empruntés à un édifice mamelouk de la région, et l'église Saint-Georges (de style italien) à l'ouest du village. A 3 km de Qoubayat, en direction d'Akkar el Aatiqa, se trouve une vieille chapelle dédiée à sainte Charlita, récemment restaurée, construite avec des éléments de ruines romaines.

Transports

Comment y accéder et en partir

A partir du village d'Halba (à 28 km de Qoubayat), suivre la direction de Kouaikhat, Tlaile, Aamariyé, Bire, Martmoura.

À voir – À faire

■ MUSÉE SCIENTIFIQUE PERMANENT

✆ +961 6 350 004

www.kobayat.org/data/mardoumit

Ouvert tous les jours de 15h à 20h. Entrée : 2 000 LL.

Situé dans le couvent Deir Mar Doumit, ce musée regroupe une collection de plus de 4 000 papillons originaires des quatre coins du monde. Il y a également des animaux empaillés en provenance du Liban.

■ LES RUINES DE MAQAM RABB

Menjez

Avant d'arriver à Qoubayat, prendre la direction de Menjez (à 5 km de la route principale qui relie Halba et Qobayat). Dans le secteur de Beit Jaalouk à quelques kilomètres de la frontière syrienne, se trouvent pour les fans de vieilles pierres les ruines du temple romain Maqam Rabb. Sa particularité est qu'il est construit en basalte. Il daterait du Ier siècle de l'ère chrétienne. La cella, la crypte de l'adyton et de nombreux fragments de colonnes sont encore visibles. Sur une base de statue, on distingue nettement des inscriptions en grec. Sans doute en l'honneur de Nemesis, déesse de la fortune. Au cours de l'époque byzantine, le temple fut transformé en église. En dessous du temple, se trouvent aussi des canalisations d'eau d'époque romaine.

■ LES TEMPLES D'AKROUM

Akroum

A environ 30 km de Qoubayat, pour les inconditionnels de sites romains se trouvent les temples d'Akroum à l'extrémité septentrionale de la chaîne du Liban. L'ensemble de ces vestiges mérite le déplacement. Pour cela, il faut gravir une forte pente de la colline (Jabal al-Hussein) qui domine le village. Ne pas hésiter à demander son chemin.

Deux temples sont presque accolés. L'un d'eux est encore bien conservé. La cella est séparée du naos par un grand arc. Au sol, on retrouve de nombreux fragments de corniches, de chapiteaux corinthiens et moulures. Le site a été longtemps fouillé clandestinement. Une grande église byzantine dédiée à Mar Chamchoum al-Jabbar est également située dans le village.

QAMMOUHA ★

Transports

Comment y accéder et en partir

A partir de Qoubayat, il est possible de rejoindre la région de Qammouha en passant par les villages de Qatlabé et Chambouq. On peut aussi y accéder à partir du littoral. Au niveau de El Aabde, prendre la direction de Berqayel puis Fnaideq et Mechmech.

À voir – À faire

■ LA FORÊT DE QAMMOUHA

Située à une altitude de 1 400 à 2 250 m, la forêt de Qammouha (50 ha) qui commence au niveau du village de Fnaideq offre un paysage remarquable. On y trouve 42 espèces d'arbres dont des genévriers, des cèdres et des sapins de Cilicie, 1 600 espèces végétales et fleurs, une faune riche et diversifiée. Qammouha fait partie des plus beaux sites naturels du Liban. Perdu au « bout du monde » dans le Akkar, la région regorge de petits torrents, de pins, de sentiers et conserve quelques vestiges historiques. Endroit idéal pour des randonnées.

EHDEN ET SA RÉGION

La région d'Ehden est l'une des portes d'entrée de la Kadisha. Une vallée sainte où sont venus se réfugier les premiers chrétiens rattachés à Rome, les maronites disciples de saint Maron. Portant le nom du nahr (« fleuve ») Qadisha qui coule au fond de la vallée, on l'appelle aussi vallée des Saints et vallée aux mille couvents, chaque grotte ayant abrité une communauté religieuse, un ermitage...
Truffée de grottes et d'abris qui ont servi à l'homme depuis le IIIe millénaire av. J.-C. jusqu'à la période romaine, la vallée fut – au cours de l'époque médiévale – parsemée de nombreux ermitages, chapelles et monastères destinés à protéger les moines et soufis qui venaient s'adonner à la prière et à la méditation. Parmi ces monastères ont figuré le premier siège du patriarcat maronite, le couvent de Qannoubine, le couvent de Saint-Antoine de Kozhaya où fut installée la première imprimerie du Moyen-Orient vers la fin du XVIe siècle et le couvent de Saint-Elisée où a été créé l'ordre maronite.
Le premier jésuite, Eliano, est arrivé dans la vallée en 1580 ; d'autres sont arrivés à partir de 1590. Un bateau les amenait à Tripoli, et le lendemain, ils se rendaient à pied ou à dos de mule pour rencontrer le patriarche. On peut aussi visiter des couvents taillés dans la montagne, là où se réfugiaient moines et religieux pour échapper à l'adversité.
Fermée par un grand cirque que domine la chaîne du Mont-Liban, commençant près de Bécharré, Wadi Kadisha est une profonde vallée où s'intercalent de nombreux vallons. De multiples sources viennent arroser les cultures en terrasses, tandis que les troupeaux de chèvres paissent paisiblement sur les hauteurs. Dans un paysage accidenté à couper le souffle, la vallée de la Kadisha mérite que l'on s'y attarde, soit lors d'une promenade en voiture avec des haltes à chaque village et monastère quand ils sont accessibles, soit à pied – à partir d'un village – pour aller faire une randonnée ou une excursion.
Merveille de la nature, la vallée de la Kadisha est cependant en danger. Des constructions illégales et des décharges sauvages viennent défigurer son paysage.
Cette situation pourrait lui coûter sa place parmi la liste du patrimoine mondial de l'Unesco. Normalement protégée par décret, la moindre construction nécessite l'aval de plusieurs institutions locales (DGU, DGA, Ordre maronite, etc.). Pourtant, certains propriétaires construisent sans autorisation.

EHDEN ★★

Située à 10 km d'Hadshit en direction de Tripoli, cette région de villégiature domine le littoral et la vallée à 1 450 m d'altitude. Cette belle petite ville est très appréciée pendant l'été pour son climat et sa tranquillité par les Libanais qui viennent y déjeuner ou y dîner dans les restaurants près des cascades de Mar Sarkis. Ehden est étroitement liée à la ville de Zghorta, à 25 km. Dès que les beaux jours arrivent, les Zghortiots viennent transhumer à Ehden.

Se loger

Ehden est une station estivale appréciée et fréquentée en été.

Se restaurer

Comme toute destination de villégiature, Ehden compte quelques restaurants et cafés (autour de la place du vieil Ehden) très fréquentés par les Libanais qui viennent passer l'été dans la région. Les dimanches sont bondés. Les prix y sont très raisonnables.
Situé au pied de la falaise, à 1,5 km d'Ehden, un peu en retrait de la route principale, Sour Mar Sarkis rassemble des restaurants qui proposent une cuisine libanaise dans une ambiance agréable.

■ AL FARDAOUS
Nabeh Mar Sarkis
✆ +961 6 560 605 / +961 3 060 701
Ouvert tous les jours de 11h à 2h du matin. Mezzés froids de 4 000 à 12 000 LL, mezzés chauds de 8 000 à 16 000 LL, grillades de 12 000 à 35 000 LL. Almaza à 6 700 LL.
C'est le plus grand et le plus connu des restaurants d'Ehden. Ses spécialités sont les kebbés, le kafta et les viandes crues. Ici, on mange longtemps et bien. La cuisine est mise à l'honneur et l'on peut fumer le narguilé tout en écoutant de la musique orientale. Le restaurant possède une immense terrasse au bord de la cascade. C'est un des rares restaurants d'Ehden à être ouvert toute l'année.

■ AU PÈRE LOUP
Rue Nabeh El Dweleeb
✆ +961 6 560 194 / +961 3 720 050
Ouvert tous les jours de 8h à minuit. Mezzés de 6 000 à 15 000 LL, grillades autour de 17 000 LL.
Situé sur le bord de la route principale, ce restaurant propose les grands classiques de la cuisine libanaise. Agréable aux beaux jours, le Père Loup

vous accueille sur une large terrasse ombragée – rafraîchie par le torrent tout proche.

À voir – À faire

Les deux principaux points d'intérêts à Ehden sont le couvent Kozhaya et la réserve naturelle. Toutefois, parmi les endroits à visiter figure également l'église Saint-Georges qui abrite la dépouille du héros national Youssef Bey Karam (1823-1889), célèbre pour sa bravoure face aux Turcs – sa statue figure devant l'église. Près de là, se trouve Deir Mar Sarkis avec ses nombreuses chapelles, dont la plus ancienne remonterait à l'époque des Croisades (XIIIe et XIVe siècles).
Le village est dominé par la Saydet El Hosn (Notre-Dame-de-la-Citadelle), qui offre une vue spectaculaire sur la forêt et la vallée de la Kadisha jusqu'à la côte et Tripoli. Cette chapelle a peut-être été un poste de garde à l'époque romaine.

■ COUVENT DE SAINT-ANTOINE DE KOZHAYA ★★

✆ +961 6 995 504 / +961 6 995 507
www.qozhaya.com
qozhaya@qozhaya.com
Situé à 900 m d'altitude, on y accède par deux voies. On peut prendre la grande route de Chekka-Edhen, qui, à la sortie d'Ehden, redescend dans la vallée de la Kadisha. A quelques kilomètres de là, une bifurcation sur la gauche indique le site. Vous pouvez aussi emprunter la route de Chekka-Bécharré en direction d'Edhen, où il faut tourner avant Edhen en prenant la bifurcation en direction de Hawka.Une fois avoir quitté la route principale, on suit une voie étroite en lacets. La vallée est splendide avec ses terrasses de vignes et ses vergers.
Ouvert tous les jours de 8h à 20h. Entrée gratuite.
Cet ermitage semble avoir été occupé depuis le Moyen Age. Partiellement aménagé dans les grottes, le couvent de Saint-Antoine de Kozhaya (qui signifie « trésor de la vie » en syriaque) est l'un des plus importants monastères de la vallée. Le couvent continue d'être un lieu de pèlerinage fréquenté. L'entrée – de style typiquement arabe – faite d'une alternance de pierres ocre et beige s'ouvre sur une grande cour surplombant la vallée. Adossée à la paroi rocheuse, une petite église, surmontée de trois clochers, est harmonieusement intégrée à la grotte, à partir de laquelle elle fut construite.
Au XVIe siècle, le couvent fut le siège de la première imprimerie du monde islamo-arabe (en caractères syriaques). Le tout premier ouvrage imprimé (entre le XVIe et le XVIIe siècle), était le Livre des Psaumes de David. Cette entreprise concernait uniquement les écrits religieux et dans une langue que seuls les prêtres savaient lire. Dans l'Empire islamo-arabe, l'imprimerie était interdite et c'est ainsi que le Coran ne fut imprimé que deux cents ans plus tard. On ne trouve plus trace de l'imprimerie d'origine, qui datait de 1595. Celle qu'abrite aujourd'hui le couvent n'a que cent ou deux cents ans environ. Derrière l'imprimerie, un musée – qui lui est en partie consacrée – présente une collection de manuscrits, d'objets et de vêtements sacerdotaux ainsi que la crosse incrustée de diamants, offerte au couvent par Louis IX, et quelques outils agricoles anciens.
A gauche de l'entrée de la grotte s'ouvre une immense caverne dite « la grotte aux fous ». On y voit encore les chaînes avec lesquelles on attachait les « fous » ou les « possédés » en attente d'une guérison miraculeuse. En effet, saint Antoine passait pour avoir le pouvoir de rendre la raison à ceux qui l'avaient perdue. Les malades étaient enchaînés à l'autel, au fond de la grotte, tandis qu'un moine leur envoyait une savate à la tête, en criant « Satan, retire-toi ».
Cependant, le couvent était un important centre de pèlerinage. Les gens y venaient de partout et certains y passaient la nuit en priant saint Antoine de leur donner des enfants. Ce saint étant craint de tous et même de la soldatesque turque, les moines du couvent en profitaient et promettaient mille déboires aux soldats ottomans, s'ils se conduisaient mal dans la région. On raconte que, attirée par le rayonnement du lieu, la célèbre lady Stanhope voulut un jour visiter le couvent, ce qui était strictement interdit aux femmes… et aux animaux. Nullement découragée, lady Stanhope fit intervenir le pacha de Tripoli que les moines craignaient. Elle fit organiser un grand dîner dans le couvent et invita tous les cheikhs de la région. Mais pensant bien que les moines ne reculeraient devant aucune vengeance, elle fit couvrir le postérieur de toutes ses mules de peur que les religieux n'enfoncent des poivrons brûlants dans l'anus des pauvres bêtes !
A partir du couvent (qui est toujours habité par une poignée de moines), on peut soit regagner le fond de la vallée de la Kadisha et reprendre la route qui mène à Kousba, soit rejoindre la route de Tripoli en remontant vers Ehden. Le couvent possède un foyer où il est possible de séjourner pour 60 dollars la nuit (chambre double avec salle de bains).

■ FORÊT DE HORSH EHDEN ★★

✆ +961 70 601 601 – www.horshehden.org
Légèrement au-dessus de la ville – à 3 km du centre d'Ehden – s'étend la magnifique forêt de Horsh Ehden (17 km²) devenue en 1992 réserve naturelle.
Les botanistes y ont recensé des variétés d'arbres très rares et plus de 1 000 espèces de plantes. Le site abrite également plusieurs mammifères : loups, chats sauvages, hyènes, porcs-épics, belettes, blaireaux, lièvres et hérissons. Des clubs de randonnées beyrouthins y organisent des journées de découverte et de balade.

DANS LES ENVIRONS

LA FORTERESSE D'IAAL

IAAL

A 6 km au sud-est de Zghorta se trouvent les ruines imposantes d'une forteresse construite entre 1812 et 1814 par Mustapha Barbar Agha qui servit dans la cavalerie de l'émir Chehab (gouverneur du Mont-Liban) puis d'Ahmad Pacha al Jazzar (gouverneur de Akka). La forteresse qui se dégrade progressivement couvre une superficie de 5 000 m² et est entourée d'une puissante muraille. Elle comprenait des dépôts de munitions et de vivres, des casernes, des étables, des réservoirs, des appartements et des salles d'audience et de réception. A l'intérieur, un bassin appelé Birket as Sbaah était alimenté par une source située sur une colline au sud du village. A l'ouest de la mosquée de la forteresse, on trouve la modeste tombe d'Agha, entourée d'autres tombes (ses compagnons et sa famille).

Vallée de la Kadisha
SITES PRINCIPAUX
Autres sites
LOCALITES PRINCIPALES
Autres localités
Zghorta
Aaba
Fiaa
BSARMA
Aafsdiq
Bechmizzine
Kfar Hazir
vers Chekka
Amioun
Kfar Aaqqa
KOUSBA
Dar Chmezzine
Rachdebbine
Moghr el Ahoual
QASR NAOUS
Bhabbouch
Bnehrane
Bziza
Chnata
Majdel
vers Batioum
Deir Bella
Yarita
Assia
Qornet
El Aalali
Bcheale
Douma
Beit Chlala
Kfar Helda
Kfour el Aarbi
Hardine
Niha
Mazraat Bani Saab
QNAT
AABDINE
TOURZA
Seraal
KFARFOU
Raskifa
Karm Sadde
Sebaal
Daraiya
Aarjes
Kfar Sghab
Bnechaai
Mazraat
Aitou
Touffah
LJBAA
Mazraat Balhis
Aslout
Malloul
Bchnnata
Bhairet Toula
Baslouqit
Souaqi
Réserve Naturelle forestière de Horsh Ehden
EHDEN
Deir Qouzhai
Aintourine
2370 m.
QORNET ES SAOUDA
2823 m.
DAHR EL QADIB
HAONOA
Qnaiouer
BLAOUZA
HADCNIT
BCHARRE
DEIR MAR ELICHA
QANOUBINE
CEDRES
Qadicha
Daidet en Najat
DIMANE
HADETH EJ JOUBBE
HASROUN
Brissat
Bazaoun
Bqorqacha
BQAA KAFRA
Arz Tannourine
Harissa
vers Laqlouq
Ouata Haub
Maqial
vers Baalbek

Les immanquables de la vallée de la Kadisha

- **Admirer** les ruines de Qsar Naous.
- **Se rendre** à Becharré au musée de Gibran Khalil Gibran.
- **Se balader** dans les ruelles du petit village de Hasroun.
- **Faire du ski** sur les pentes des Cèdres.
- **Marcher** jusqu'au couvent de Kozhaya et jusqu'au monastère de Deir Qannoubine.
- **S'aventurer** dans l'ancienne forteresse d'Iaal.

Bienvenue au cœur de la vallée de la Kadisha ! Les paysages traversés pour accèder à la région de Bécharré vous ont déjà donné un aperçu de la beauté naturelle de cette partie du Liban. Bastion de la foi maronite, ville natale de Khalil Gebran, Bécharré est une destination de villégiature appréciée pour sa fraicheur en été. En hiver, direction les sommets de la station de ski Les Cèdres dominée par le Qornet el-Saouda, le plus haut sommet du pays avec ses 3 083 m d'altitude.
A la découverte des monastères Deir Qannoubine et Deir Mar Elisha, les amateurs de randonnées seront ravis. Les amoureux des vestiges romains apprécieront les ruines de Qsar Naous et de Bziza situées aux portes de la Kadisha.

BÉCHARRÉ ⭐

Fief de la famille du célèbre poète Gibran Khalil Gibran (1883-1931), la principale ville de la vallée de la Kadisha rassemble de charmantes maisons aux toits rouges, trois églises et le musée de Khalil Gibran. L'auteur du *Prophète* fait l'objet ici d'un véritable culte. Il est vrai que Gibran a légué les droits d'auteur de l'ensemble de son œuvre à son village. Bécharré est également un camp de base pour les skieurs en hiver qui veulent profiter des pistes de la station des Cèdres.

Transports

Comment y accéder et en partir

Situé à 126 km de Beyrouth, à 4 km de Bqaa Kafra et à 3 km de Hadshit, Bécharré (15 000 habitants) domine la vallée de la Kadisha à 1 400 m d'altitude. Il est possible de rejoindre Bécharré par Amioun, on doit alors contourner la vallée par le sud. C'est la route la plus courte (en venant de Beyrouth), la plus agréable et pittoresque. Il est également possible d'arriver à Bécharré par Tripoli, Zghorta puis Edhen. Compter 1h de route. En transport en commun, il est possible de prendre un bus de la compagnie Estephan du rond-point Dora à Beyrouth en direction de Bécharré pour 7 000 LL.

Panorama sur Bécharré.

Khalil Gibran

Khalil Gibran est né le 6 janvier 1883, à Bécharré. Il émigre aux Etats-Unis à l'âge de 12 ans avec sa mère, son frère et ses sœurs. Ils s'installent à Boston. A l'âge de 15 ans, Khalil revient au Liban pour terminer ses études, avant de retourner aux Etats-Unis en 1902. Il voyage à Paris en 1908 puis se fixe à New York en 1910. En 1908, il publie *Esprits rebelles*, une satire de la société libanaise qu'il trouve hypocrite et machiste. Son livre, jugé hérétique par l'Eglise maronite, sera brûlé par les autorités turques.

Parallèlement à ses écrits, Gibran poursuit une œuvre picturale (études à l'Académie des beaux-arts de Paris) et organise plusieurs expositions.

Parmi ses productions littéraires, *Le Prophète*, écrit en anglais, et qu'il traduira lui-même par la suite en arabe, sera son chef-d'œuvre. Publié en 1923, après vingt ans de gestation, le livre constitue une véritable leçon de conscience, une méditation sur l'art de vivre :

« Vos enfants ne sont pas vos enfants.

Ce sont les fils et les filles du désir de Vie.

Ils arrivent à travers vous mais non de vous.

Et quoiqu'ils soient avec vous, ils ne vous appartiennent pas. »

Khalil Gibran, *Le Prophète*

Khalil Gibran s'éteindra le 10 avril 1931 à New York, à l'âge de 48 ans.

MUSÉE GIBRAN ★
✆ +961 6 671 137

Se loger

HÔTEL BAUHAUS
Rue Gebran Khalil Gebran
✆ +961 3 329 294
www.bauhauslb.com
info@bauhauslb.com
Chambre triple à 51 $, quadruple à 62 $. Chalet pour deux personnes à 102 $. Taxes et wifi compris.
L'hôtel Bauhaus propose incontestablement le meilleur rapport qualité/prix à Bécharré ! Situé le long de la rue principale, cet établissement propose différents types de prestations. Le premier étage de l'immeuble compte plusieurs chambres de 3, 4 ou 5 lits avec salle de bains partagée. Confort précaire mais propreté impeccable. Les chambres sont spacieuses et sont organisées autour d'une grande pièce à vivre agréable. Au deuxième étage, plusieurs chambres d'hôtel avec salle de bains privée et coin cuisine. Certaines possèdent un balcon et une jolie vue sur la vallée. Au dernier étage de l'immeuble, un vaste appartement de 250 m² à louer pouvant accueillir six personnes. Le propriétaire vient par ailleurs d'aménager de nouvelles chambres, baptisées « chalets », beaucoup plus modernes que le reste de l'hôtel. Le prix est toujours le même : compter 51 dollars par personne. Accueil très chaleureux par le propriétaire, Tony Lozom, et sa famille qui résident dans l'immeuble. Ne pas hésiter à leur demander conseil pour votre visite de la région.

HOTEL CHBAT
Rue Gibran
✆ +961 6 671 270 / +961 6 672 672
✆ +961 3 292 494
www.hotelchbat.net
hotelchbat@cyberia.net.lb
Chambre simple de 88 à 110 $, double de 115 à 135 $, triple de 145 à 170 $. Petit déjeuner, taxes et wifi dans les parties communes compris.
Fondé en 1955, l'hôtel Chbat est une immense bâtisse qui compte une soixantaine de chambres au confort un peu précaire. L'adresse n'est plus toute jeune et cela se voit ! Les chambres sont toutefois propres et certaines offrent une superbe vue sur la vallée. L'hôtel possède un restaurant libanais et un restaurant plus international, Le Montagnard, ainsi qu'un grand salon avec un coin cheminée. Ambiance chalet de montagne convivial.

Se restaurer

Bien que le village soit une destination touristique et un lieu de villégiature, Becharré ne compte pas beaucoup de restaurants. Ces derniers sont répartis le long de la route principale et vers Bazaoun et Hadath el-Jobbé. Qualité et prix semblables.

À voir - À faire

GROTTE DE LA KADISHA ★

✆ +961 3 568 251

✆ +961 6 671 088

Ouvert tous les jours de juin à septembre, de 10h à 18h. Entrée : 5 000 LL. Mieux vaut téléphoner la veille pour être sûr que le site soit bien ouvert.

A partir de la vieille route qui va de Bécharré aux Cèdres, après 4 km, un sentier longe le bord de la falaise (prévoir 15 minutes de marche) et conduit à la grotte de la Kadisha d'où jaillit une cascade dont le débit maximal est au printemps. Cette petite grotte de stalactites et stalagmites n'est pas aussi spectaculaire de celle de Jeita mais mérite une petite visite si vous êtes dans le coin.

MUSÉE GIBRAN ★

✆ +961 6 671 137

Ouvert tous les jours de 10h à 17h (sauf le lundi). Le musée fondé en 1975 se situe à quelques minutes du centre-ville à gauche en sortant de Bécharré vers Hasroun. Le site est parfaitement indiqué. Entrée : 8 000 LL. Audiophone : 3 000 LL.

Construit et aménagé en 1975 grâce à l'initiative du Comité national Gibran dans l'ancien monastère Mar Sarkis du XVe siècle, le musée présente une collection de peintures et de dessins. Modernisé et agrandi en 1995, il retrace à travers 16 pièces la vie de l'artiste. Son tombeau a été aménagé dans la petite chapelle du monastère, c'est là que le poète désirait être inhumé. Cet ancien monastère était le terrain de jeu de son enfance. Sa sœur Miriana l'a racheté après sa mort en 1931 pour exaucer son vœu.

DANS LES ENVIRONS

LES CÈDRES ★★

Transports

Comment y accéder et en partir

Situé à 122 km de Beyrouth, à 6 km de Bécharré. Il faut compter 2h30 pour rejoindre les Cèdres en prenant l'autoroute jusqu'à Chekka, en montant jusqu'à Amioun, puis en longeant la vallée de la Kadisha en passant par Kousba, Tourza, Hadet, Hasroun et Bécharré.

Une fois à Bécharré, il y a deux routes qui conduisent aux Cèdres. L'ancienne route, littéralement cousue dans la montagne, est beaucoup plus jolie. Elle surplombe la vallée, longeant le grand cirque qui ferme les gorges. Elle passe près de la grotte de la Kadisha. La nouvelle route, mieux aménagée, reste ouverte toute l'année et offre un paysage ravissant.

Il existe une autre possibilité pour rejoindre les Cèdres à partir de la Bekaa en passant par Deir El Ahmar et Aïnata. Cette route – à flanc de montagne – offre une vue splendide sur la vallée. Arrivé sur la crête, on aperçoit sur l'autre flanc de montagne un cirque embrassant la forêt de Cèdres, la station de ski ainsi que les gorges de la Kadisha et au loin la mer. Attention, cette route est parfois impraticable l'hiver pour cause d'enneigement.

Se loger

Bien et pas cher

MON REFUGE

✆ +961 6 678 050 / +961 3 734 312

monrefuge.auberge@gmail.com

Chambre double de 60 à 80 $, appartement avec deux chambres de 100 à 150 $. Taxes et wifi inclus. Petit déjeuner à 10 $.

Ce vieil hôtel de 3 étages, ouvert en 1978, compte une vingtaine de chambres et appartements. Le rez-de-chaussée de l'hôtel comprend un vaste salon avec un coin cheminée et un grand restaurant qui sert une cuisine libanaise et européenne, dont les traditionnels plats savoyards. Les chambres sont vieillottes mais spacieuses et propres. Une adresse simple mais tout à fait correcte où l'accueil est très sympathique.

Confort ou charme

ALPINE

✆ +961 6 678 099

✆ +961 3 213 102

eliesr2@hotmail.com

Situé sur la droite à l'entrée des Cèdres en arrivant de Bécharré

Chambre double de 125 à 150 $. Petit déjeuner, taxes et wifi compris.

Ouvert toute l'année, cet hôtel à l'abord peu montagnard propose toutes sortes de formules pour un séjour aux Cèdres. Les chambres sont spacieuses et certaines ont été rénovées, mais l'ensemble fait un peu vieillot. L'hôtel possède un restaurant et propose de multiples activités : ping-pong, baby-foot, télévision satellite, jardin pour enfants, location de skis, location de VTT l'été, de moto tout-terrain, randonnée à cheval...

LA CABANE

✆ +961 3 321 575 -

www.lacabanecedars.com

Chambre double de 50 à 90 $ l'été, et de 90 à 120 $ l'hiver. Petit déjeuner, taxes et wifi compris.

La Cabane est un petit hôtel situé au pied des pistes, qui propose une vingtaine de chambres propres et confortables. L'hôtel possède un restaurant, ouvert seulement l'hiver, qui sert une cuisine libanaise et internationale. Le propriétaire a aménagé sa salle de restaurant à la manière des gîtes de montagne. On s'assoit ainsi sur des bancs pour manger sur de solides tables en bois. Les murs sont ornés de vieilles photos du Liban d'avant-guerre. Les jeunes de Beyrouth et de Tripoli viennent souvent y passer le week-end dans une atmosphère chaleureuse.

CEDRUS
✆ +961 6 678 777
✆ +961 70 413 777
www.cedrushotel.com
info@cedrushotel.com
Chambre double de 135 à 230 $ en fonction de la saison et du jour de la semaine. Petit déjeuner, taxes et wifi compris.
Une bonne adresse aux Cèdres ! Cedrus offre de bonnes prestations qui contrastent avec la décoration montagnarde vieillotte des autres hôtels de la station. Plusieurs formules sont possibles : de la chambre double à la suite avec une cheminée. Son restaurant Le Pichet (cuisine libanaise et française) a une bonne réputation.

Luxe

L'AUBERGE DES CÈDRES
Les Cèdres
✆ +961 6 678 88
✆ +961 3 566 953
www.smresorts.net
res@smresorts.net
Chambre double autour de 180 $. Ajouter 10 % de taxes. Petit déjeuner et wifi compris.
Cet hôtel est l'adresse haut de gamme de la région. Son propriétaire Nicolas Mobayed a investi plus de 3 millions de $ pour transformer l'ancien hôtel Kalinka en un lieu convivial et plein de charme. Les chambres sont spacieuses et bien entretenues. Ouvert en 2001 et dominant le village des Cèdres, l'établissement possède également des chalets-appartements meublés baptisés La Grande Ourse et La Petite Ourse.

LE NÔTRE
✆ +961 6 678 138
✆ +961 71 999 154
info@lenotreresort.com
Chambre double de 140 à 170 $, junior suite de 170 à 200 $, chambre familiale de 360 à 450 $. Petit déjeuner, taxes et wifi inclus.
Le Nôtre est un des rares hôtels de la région à posséder une piscine. Un plus lorsque l'on vient séjourner aux Cèdres durant l'été ! Ouvert en 2010, cet établissement moderne propose une trentaine de chambres spacieuses et confortables dont de nombreuses suites permettant d'accueillir groupes et familles. Ouvert toute l'année, l'hôtel possède par ailleurs un restaurant et une boîte de nuit ouverte en haute saison.

Se restaurer

LE PICHET
Au rez-de-chaussée de l'hôtel Cedrus
✆ +961 6 678 777
✆ +961 70 413 777
Ouvert tous les jours de 7h30 à minuit. Mezzés de 7 000 à 9 000 LL, salades de 16 000 à 26 000 LL, sandwichs autour de 16 000 LL, pizzas de 15 000 à 21 000 LL, pâtes de 15 000 à 18 000 LL, plats de 26 000 à 39 000 LL, fondue bourguignonne, pierrade et raclette à 90 000 LL.
Ce restaurant typique des stations de ski présente un vaste choix de grillades, pâtes et fondues, dans un cadre rustique.

À voir – À faire

ASCENSION DU QORNET ES-SAOUDA
En été, il est possible de faire l'ascension du Qornet es-Saouda (3 083 m), point culminant du Liban. L'ascension peut se faire à pied ou à vélo pour les plus sportifs, ou encore en 4X4 pour les moins courageux. Il faut compter une bonne journée de marche pour l'aller et le retour. Il est préférable de prendre un guide ou de parfaitement se renseigner avant l'ascension afin de prendre le bon chemin (un sentier jusqu'au sommet est bien visible) qui traverse des paysages arrondis et dépourvus de végétation. Du haut des sommets et par temps dégagé, le panorama est splendide. On a une vue remarquable sur la vallée de la Kadisha. On peut voir toute la côte du Liban – et par beau temps, il est possible de distinguer l'île de Chypre.

FORÊT DES CÈDRES DE DIEU (ARZ EL-RABB) ★★★
www.cedarfriends.org
« Les Cèdres sont les monuments naturels les plus célèbres de l'univers. » Alphonse de Lamartine, *Voyage en Orient*. A 1 920 m d'altitude, un petit bois de cèdres (emblème national) – dont le plus bel arbre mesure 35 m de hauteur et 14 m de circonférence – a survécu miraculeusement à la déforestation massive de la montagne libanaise. Trois cents arbres, dont douze millénaires, se concentrent ainsi sur une petite surface.
Convoité depuis l'Antiquité pour son imputrescibilité, le bois de cèdre fut utilisé dans les chantiers navals et la construction des temples. En outre, l'huile de cèdre constituait un élément indispensable au processus de momification. Dès le IIIe millénaire, des navires, chargés de ce bois précieux, faisaient route vers l'Egypte.

La vallée de Kadisha est située à proximité de la forêt des Cèdres de Dieu.

Au IIe millénaire, les Assyriens, puis nombre d'autres conquérants, exploiteront également la forêt de cèdres. Face à l'importante déforestation de la montagne libanaise, il semble que la coupe ait été réglementée à l'époque romaine par l'empereur Hadrien. Mais à la chute de l'empire, les cèdres continuèrent à disparaître laissant peu à peu la place à un paysage aride et minéral.
Les derniers cèdres millénaires ont pendant des années subi les déprédations des visiteurs venus graver leur nom dans l'écorce. Actuellement, ces arbres vénérables aux branchages majestueux sont protégés et le gouvernement a entrepris un programme de reboisement. La forêt de cèdres peut être visitée tous les jours. L'entrée est libre mais les dons sont les bienvenus.

Au milieu de cette forêt se dresse une petite chapelle construite en 1843, placée sous l'égide du patriarcat maronite. Chaque année on y célèbre le 6 août la fête de la Transfiguration (Id ar-Rabb ou fête du Seigneur). La chapelle devient alors un lieu de pèlerinage.

Sports – Détente – Loisirs

LA STATION DE SKI DES CÈDRES

✆ +961 6 671 073 / +961 3 230 573

Forfait : 30 $ en semaine, 40 $ le week-end. Forfait demi-journée à 30 $.

A 2 km du centre-ville des Cèdres, perchée entre 2 066 et 2 600 m d'altitude, la plus haute station de ski du Liban permet de skier sur les pentes du jebel Makmal. Les débuts de la station remontent aux années 1930, à l'époque du mandat français. Cependant, les habitants de la région y skiaient depuis les années 1920. En 1953, le premier remonte-pente est accessible au public. Aujourd'hui équipée de cinq remonte-pentes dont deux télésièges, de nombreux hôtels et restaurants, le domaine est équipé pour tous. Il y a quatre pistes dont une pour débutant, une pour les skieurs intermédiaires et deux pour les skieurs plus expérimentés. De l'avis des experts, la neige y est de bonne qualité.
Les pistes sont ouvertes de 8h à 15h30 (jusqu'à 16h le week-end). Grâce à sa haute altitude, le domaine est ouvert plus longtemps que les autres, en général en de décembre à mi-avril. La station souffre un peu du succès de la station de Faraya-Mzaar, beaucoup plus proche de Beyrouth. Mais les tarifs demandés dans la station des Cèdres sont nettement plus accessibles.

HADSHIT ★

LES ERMITAGES D'HADSHIT

Situé à 3 km de Bécharré et à 10 km d'Edhen, le village d'Hadshit perché sur la falaise domine les gorges de la vallée de la Kadisha. Il a su conserver ses vieilles maisons et ses petites ruelles typiques. L'église Saint-Raymond (Mar Romanos) abrite une statue romaine. De là, un sentier traverse un ancien cimetière et mène vers le wadi Houlat où se trouvent de vieux ermitages : la grotte de Deir es-Salib, Mar Antoun Baddaoui, la grotte dite Mougharat Ahqlat es-Saïd, Mar Selouan, Mar Challita et Mar Jourios.

BLAOUZA ★

Transports

Comment y accéder et en partir

En redescendant de Bécharré en direction de Tripoli, la route passe par Hadshit pour enfin atteindre le village de Blaouza, à partir duquel on peut rejoindre à pied le célèbre couvent Deir Qannoubine ainsi que celui de Dimân.

À voir – À faire

MONASTÈRE DE DEIR QANNOUBINE ★★

A la sortie ouest de Blaouza, sur votre gauche, un sentier assez raide descend dans les gorges. Au bout d'une heure de marche, le sentier passe devant une chapelle édifiée autour d'une grotte, puis arrive au couvent Deir Qannoubine construit contre la paroi rocheuse. Les sportifs pourront continuer leur

chemin et rejoindre en deux heures le village de Hadshit situé à 3 km de Blaouza. On peut également parvenir au couvent, en voiture, par le fond de la vallée.
Fondé au IVe siècle par Théodose le Grand, le monastère Deir Qannoubine, dont le nom est issu de *kanoubion* qui signifie monastère en grec, fut le siège du patriarcat maronite du XVe au XIXe siècle et donna son nom à cette partie de la vallée. L'église, au centre du bâtiment et à moitié construite dans le creux du rocher, abrite des peintures murales du XVIIIe et XIXe siècle de style byzantin, dont un très beau Couronnement de la Vierge. Près de l'entrée se trouve un caveau contenant un corps naturellement momifié (préservé de la putréfaction par des facteurs naturels) identifié comme celui du patriarche Youssef Tyan. Non loin de là se trouve la chapelle Sainte-Marina, célèbre dans la vallée, où sont enterrées les dépouilles de dix-huit patriarches maronites. Surplombant une oliveraie multicentenaire, le couvent bénéficie d'une vue magnifique sur le versant opposé où se succèdent de multiples cultures vivrières en terrasses.

KOUSBA ★

A 4 km d'Amioun, Kousba est l'un des premiers villages qui marque l'entrée de la vallée de la Kadisha.

DEIR HAMMATOURA

A proximité de la station électrique qui alimente le village de Kousba, un sentier descend dans la vallée. Il faut compter environ 45 minutes de marche. Certains pèlerins font le trajet pieds nus en accomplissant un vœu. Dans l'un des plis rocheux fut aménagé le monastère de Hammatoura. En 1992, un incendie avait abimé le site mais par chance il a également permis de mettre à jour des peintures murales médiévales. Le feu avait détruit l'enduit moderne qui les recouvrait. Dans une grotte proche du monastère se trouve un pilier stalagmitique considéré comme un symbole de fécondité. Des habits féminins y sont accrochés.

QSAR NAOUS ★

Transports

Comment y accéder et en partir

Si vous venez par la région du Koura et d'Amioun, au niveau de Kousba, vous arriverez à une intersection, prendre à gauche la direction de Bnashii Lac, puis vous atteindrez un carrefour où se trouve le glacier Salem (glaces délicieuses !) et la pâtisserie Abdul Rahman Hallab, prenez tout droit pour atteindre le début de la Qadisha. Après la station Total, prenez à droite puis tout de suite à gauche après une nouvelle station Total. Prenez à gauche pour atteindre le village d'Aïn Aakrine auprès duquel se dressent, sur le sommet de la colline, les belles ruines romaines de Qsar Naous. Ce vaste site est remarquable et offre une vue exceptionnelle sur la région de Koura. On distingue aussi très nettement Tripoli. Faites une pause au calme à l'ombre des pins. Vous n'allez pas le regretter.

Monastère Hamatoura dans la vallée de Kadisha.

À voir – À faire

LES TEMPLES ROMAINS DE QSAR NAOUS

Ain Aakrine

Des deux temples romains, on distingue encore très bien le péristyle, la cella du premier ainsi que le portail ouvrant l'enceinte du temple. Deux colonnes ont été remontées. Au sud-ouest du premier temple, le second, certainement plus important, n'est malheureusement plus qu'un amas de ruines. A quelques pas du portail, on distingue un relief représentant le dieu Hélios et provenant peut-être du fronton. Le sanctuaire à l'ouest du site est cerné d'un mur de temenos encore relativement bien conservé. Pour celui de l'est, il ne reste que les deux montants de la porte où on distingue encore une frise finement sculptée. Méconnu des touristes, le site est assez vaste. Même si vous n'êtes pas des experts en archéologie, la visite peut être très agréable.

Qsar Naous fut occupé durant la guerre civile 1975-1990 par des milices qui transformèrent le site en base militaire. Il est vrai que du haut de la colline, on pouvait observer toutes offensives.

BZIZA ★

Transports

Comment y accéder et en partir

Pour les amoureux des temples romains, vous pouvez faire un petit crochet jusqu'à Bziza. Pour cela, il faut quitter Aïn Aakrine par le sud sur une petite route qui rejoint le bas de la colline. Prenez la première intersection à gauche. Traversez Khan Bziza puis continuez votre chemin tout droit jusqu'au site de Bziza. Il est aussi possible d'atteindre Bziza à partir de Amioun en prenant la direction de Hardine et Majdel.

À voir – À faire

LE TEMPLE ROMAIN DE BZIZA

Le petit temple romain prostyle de Bziza est en assez bon état avec ses 4 colonnes et son élégant portique. Ses chapiteaux ioniques sont gracieux. La porte centrale de la cella a fait l'objet d'une décoration soignée et encore parfaitement visible. La paroi interieure de la cella est creusée de niches surmontées d'une coquille. Sur le flanc gauche du temple, on distingue les restes d'une église édifiée à l'époque byzantine. Le site a été aménagé en jardin public avec une pelouse et des bancs. Les enfants du village en ont fait leur terrain de jeu.

HADET EJ JOBBEH ★

Transports

Comment y accéder et en partir

De Qsar Naous, reprenez la route vers Tourza, vous contournez la vallée jusqu'à Hadet ej Jobbeh qui se trouve à 12 km de Bécharré.

À voir – À faire

LE VILLAGE PITTORESQUE D'HADET EJ JOBBEH ★

www.hadeth.com

Ce petit village du VIe siècle est l'un des plus anciens de la région. Son emplacement à 1 450 m d'altitude offre une vue superbe sur la vallée de la Kadisha. Le bourg a eu son heure de gloire à la période des croisés mais fut détruit sous les mamelouks au XIIIe siècle. Hadet ej Jobbeh est une destination de villegiature très appréciée en été. A Hadet ej Jobbeh se trouve la cave al-Assi où s'était réfugiée une poignée d'habitants pendant l'invasion des mamelouks. De ce village, on peut rejoindre une route conduisant au massif des Cèdres de Hadet ej Jobbeh et continuer vers la splendide région de Tannourine avec les villages de Tannourine el Faouqa et Tannourine el Tahta.

ED DIMAN ★

Transports

Comment y accéder et en partir

Ed Diman se situe en contrebas de la route entre Hadet ej Jobbeh et Hasroun.

À voir – À faire

LE SIÈGE PATRIARCAL D'ED DIMAN

Depuis 1848, Ed Diman a pris le relais de Deir Qannoubine et sert de résidence au patriarche maronite. Aujourd'hui, cette résidence est occupée uniquement pendant l'été. Située en contrebas de la route en direction de la vallée, le patriarcat trône du haut de la montagne. Le siège patriarcal se distingue par sa chapelle construite en 1938 et considérée comme une merveille architecturale. Cette vue splendide sur la vallée et sur Deir Qannoubine (voir à partir du village de Blaouza) ainsi que les fresques de l'église peintes par le Libanais Saliba Doueihy méritent le détour. En périphérie d'Ed Diman, on remarque une forêt de cèdres plantée dans les années 1970 par le patriarche.

HASROUN ★

Transports

Comment y accéder et en partir

Hasroun se trouve à 19 km de Tourza, à 2 km de Bqaa Kafra. C'est une étape indispensable à découvrir sur la route de Bécharré.

Se loger

■ DAR QADISHA
www.hotelibanais.com
Chambre simple à 60 $, double à 80 $. Taxes et petit déjeuner compris.
Située en plein cœur du charmant village d'Hasroun, cette maison, dont le rez-de-chaussée est occupé par Jacqueline, la propriétaire, compte, au premier étage, deux grandes chambres doubles qui se partagent une salle de bains et une cuisine. Si le prix est un peu élevé par rapport au confort proposé, les chambres sont toutefois spacieuses et bien entretenues. Jacqueline sera à votre disposition pour vous informer sur les activités et visites à prévoir dans la région. Ne passez pas à côté de ses délicieuses confitures maison !

■ HÔTEL SAINT-PHILIPPE
Rue principale
✆ +961 6 590 050 / +961 3 234 620
Chambre simple à 66 $, double à 80 $, suite à 120 $. Taxes et wifi compris. Petit déjeuner à 7 $.
Situé à la sortie du village d'Hasroun, ce petit hôtel de deux étages, ouvert à la fin des années 1990, propose une vingtaine de chambres et suites. Si l'établissement mériterait quelques travaux de rénovation, les chambres sont toutefois propres et toutes sont équipées d'un balcon qui offre un superbe panorama sur la vallée de la Kadisha. L'hôtel compte un restaurant qui propose une cuisine libanaise et internationale. Ce n'est pas un lieu avec beaucoup de charme mais les prestations sont correctes.

À voir – À faire

■ DEIR MAR SEMAAN (ERMITAGE SAINT-SIMON)
Situé dans la vallée à 3 km de Hasroun en direction de Bqaa Kafra, cet ermitage est accessible à pied. Après une marche d'une quinzaine de minutes, on accède à l'un des premiers ermitages de la vallée, fondé en 1112 par Takla, la fille d'un prêtre nommé Basil, né à Bécharré. Des vestiges de citernes et des traces de fresques. Un parfait exemple d'aménagement rupestre et une illustration de la vie des ermites dans cette vallée.

BQAA KAFRA ★

A 2 km de Hasroun, Bqaa Kafra est le plus haut village habité du Liban depuis l'Antiquité. Il culmine à près de 1 800 m d'altitude et offre une vue splendide sur la vallée. C'est là qu'est né en 1828 saint Charbel Makhlouf, réputé pour ses guérisons miraculeuses. Un musée ouvert tous les jours – sauf le lundi – lui est consacré. On peut y admirer des peintures retraçant sa vie.

■ DEIR MAR ELISHA (MONASTÈRE SAINT-ÉLISÉE) ★★
1 km après la sortie du village de Bqaa Kafra, peu avant Bécharré, une petite route sur la gauche descend dans le fond de la vallée et offre de spectaculaires points de vue sur la Kadisha. Cette route étroite (on ne se croise que difficilement) mène au couvent Saint-Elisée. On trouve sur la gauche une pancarte bleue assez discrète indiquant « monastère Saint-Elisée, berceau du monachisme ». Après quelques virages serrés avec une vue impressionnante sur le canyon, la route plonge dans la vallée et rejoint le couvent Saint-Elisée.
Construit dans un ensemble d'étroites grottes, cet ermitage fut, en 1695, le lieu originel de l'ordre maronite. Connu des voyageurs aux XVIIe et XVIIIe siècles, ce lieu fut d'abord la résidence d'un gentilhomme provençal, François de Chasteuil, mort en 1644, dont la dépouille est enterrée dans l'église. Dans cet ermitage, qui est l'un des plus importants avec ceux de Saint-Antoine de Kozhaya et de Qannoubine, on peut voir la cachette du patriarche, l'entrée de l'ermitage et suivre un circuit décrivant la vie des ermites, faite de sacrifices et de méditation. Certaines caches qu'ils occupaient ne dépassent pas 1 m^2.
Bien qu'il soit difficile de dater l'origine de ce couvent, il est acquis qu'un évêque maronite y vivait au XIVe siècle. L'église est aménagée dans la falaise et comporte 4 petites chapelles enfoncées dans le rocher. C'est là que naquit l'Ordre libanais maronite en 1695.
En bas de la vallée, des cultures de cerisiers, d'abricotiers et d'oliviers bordent la rivière mordant sur la falaise apprivoisée. Enfin, en bas, se trouvent deux petits restaurants qui permettent de se restaurer simplement dans un cadre assez spectaculaire.

Vue du Mont Liban à partir du Temple de Jupiter. Mur de soutènement et de défense reconstruit par les Ottomans, Baalbek.

LA BEKAA

ZAHLÉ ET SA RÉGION

★★★★

A partir du col de Dahr el Baidar, situé à 1 556 m d'altitude, les superbes paysages colorés de la Bekaa s'offrent à vous. Délimitée à l'ouest par les montagnes de l'Anti-Liban, cette vaste plaine fertile a depuis toujours été une terre de passage. Traversée depuis l'Antiquité par les caravanes et les envahisseurs, elle est aujourd'hui coupée en son milieu par la célèbre route de Damas qui relie les capitales libanaise et syrienne. Arrosée par de multiples sources, la région dispose d'une immense surface cultivable où se succèdent céréales, vergers et vignobles.

En fin d'après-midi, la Bekaa se transforme au gré de la lumière, inondant le paysage de teintes violacées inoubliables. Source d'inspiration pour les nombreux peuples qui s'y installèrent, ce plateau, béni des dieux, vit naître de grands ouvrages. C'est dans cette région que les Romains fondèrent à Baalbek l'un des sites les plus prestigieux du monde antique et que, quelques siècles plus tard, les Arabes élevèrent, à Anjar, une superbe cité omeyyade. Si Baalbek est la principale destination touristique dans la Bekaa, cette région offre de multiples curiosités archéologiques mais aussi gastronomiques : la ville de Zahlé est en effet réputée pour ses mezzés et les vins de la Bekaa ont depuis longtemps conquis les tables internationales.

Capitale de la Bekaa, Zahlé, qui est traversée par le fleuve Berdaouni, est située à 54 km de Beyrouth et à 945 m d'altitude sur le versant du mont Sanine, au pied de la montagne Kneisé. C'est la quatrième ville du pays.

Malgré une urbanisation croissante, la ville conserve un charme particulier avec son lot de maisons traditionnelles bien conservées. Elle est par ailleurs considérée comme la capitale gastronomique du Liban. Ses restaurants vous proposeront au cours d'un repas plantureux de goûter à la richesse et à la diversité de la cuisine libanaise. Un mezzé complet ne comprend en effet pas moins d'une trentaine de mets différents que l'on accompagne en général d'arak. Détente et sérénité assurées.

Zahlé reste assurément l'étape idéale pour faire une pause lors de votre circuit dans la Bekaa, voire pour y passer la nuit si vous restez quelques jours dans la région.

Surnommé Dar el Salam (foyer de la paix), Wadi el Sibaa (vallée des Lions), Arouss lebnane (la mariée du Liban), Zahlé, fondée au XVIIIe siècle, était à ses débuts une agglomération de trois quartiers entourant l'église Notre-Dame. La ville sera trois fois incendiée, en 1777, en 1791 et en 1860 avant de devenir, à l'époque de la Moutassarifiat, une ville importante. Au début du XXe siècle, Zahlé connaît une renaissance culturelle, sabotée peu après par la Première Guerre mondiale. En 1914, Jamal Pacha Turk s'installe à l'hôtel Kadri et le transforme en hôpital pour y soigner ses soldats. C'est dans ce même hôtel que le général Gouraud proclame en 1920, selon les accords de Sykes-Picot, le regroupement des districts de la Bekaa, Baalbek, Hasbaya et Rachaya et leur appartenance au Liban dans ses frontières actuelles. Sous le mandat français, Zahlé traverse une ère de prospérité et d'évolution architecturale, administrative et commerciale. Certaines personnalités zahliotes participent à l'élaboration de la Constitution libanaise. En 1942, le général de Gaulle visite la ville et promet à ses habitants la victoire au terme de la Seconde Guerre mondiale. Après l'indépendance en 1943 et jusqu'en 1975, le commerce et l'agriculture de Zahlé prospèrent. Les habitants cultivent la vigne, les mûriers pour l'élevage du ver à soie, et les oliviers. La ville est également renommée pour l'élevage des chevaux arabes.

Mais Zahlé souffrira beaucoup de la guerre civile à partir de 1975. A plusieurs reprises, elle sera le théâtre d'affrontements entre les miliciens chrétiens d'une part, les Palestiniens ou les Syriens de l'autre.

Les immanquables de Zahlé et sa région

- **Déjeuner** sur les bords du Berdaouni à Zahlé, que l'on appelle « Arouss Lebnane » (la mariée du Liban).
- **Se rendre** à Niha, ancien lieu de culte romain.
- **Découvrir** les grottes de Fourzol.
- **Dormir** dans l'écolodge de Tanaayel et goûter les produits frais du domaine.

Avertissement de sécurité

La proximité de la frontière syrienne rend la région particulièrement instable. Si nous avons conservé dans ce guide Hermel et ses environs, il est toutefois vivement déconseillé de s'y rendre seul. Les conditions de sécurité sont extrêmement changeantes dans la Bekaa et il est indispensable de bien se renseigner avant d'envisager une excursion dans la région.

ZAHLÉ ★★★

Transports

Comment y accéder et en partir

Après le col de Dahr el Baidar, la route qui relie Beyrouth à Damas descend vers la Bekaa et traverse les villages de Mraijat, Jdita, Zebdol puis Chtaura. A la sortie de la ville, deux directions sont possibles : à gauche vers Zalhé ou tout droit vers Anjar et la frontière syrienne. Après 6 km, la voie rapide arrive à l'entrée de Zahlé, prenez à gauche pour rejoindre les rives du Berdaouni. Au total, Zahlé est à 54 km de Beyrouth. Il faut compter une heure de voiture si le trafic à la sortie de la capitale est fluide.

A partir du rond-point de Cola à Beyrouth, il est possible de prendre un bus (5 000 LL) ou un taxi-service pour Zahlé. Ces derniers vous laisseront au bord de la voie rapide qui va vers Baalbek. Il faudra rejoindre le centre de Zahlé (environ 1 km) à pied ou en taxi-service.

A partir de Chtaura, il est également possible de rejoindre directement le centre de Zahlé.

Pratique

■ INSTITUT FRANÇAIS DE ZAHLÉ

Rue du Brésil

✆ +961 8 821 293

damien.bigot@if-liban.com

En face de l'hôtel Kadri.

■ OFFICE DE TOURISME

Boulevard Zahlé

✆ +961 8 801 804 / +961 76 174 180

www.zahlee.com

info@zahlee.com

A côté de Fransabank et de Wooden Bakery, dans la librairie de la municipalité.

Ouvert du lundi au vendredi de 8h à 13h30, le samedi jusqu'à midi.

Le ministère du Tourisme a publié une brochure spécifique pour Zahlé qui mentionne toutes les curiosités de la ville. Cette brochure est également disponible à l'office du tourisme de Beyrouth.

Se loger

■ BEIT EL KROUM

Route de Notre-Dame

✆ +961 8 809 306

Chambre double de 130 à 180 $. Petit déjeuner, taxes et wifi compris.

Ouverte en 2013 par Irène Alouf, ancienne assistante sociale qui a longtemps vécu au Brésil, Beit el Kroum possède un emplacement remarquable, sur les hauteurs de Zahlé. Cette pension familiale propose huit chambres confortables à la décoration personnalisée, dont la plupart offre une vue panoramique sur la vallée de la Bekaa. La maison dispose d'une petite piscine agréable et d'un restaurant ouvert midi et soir qui propose une cuisine libanaise traditionnelle à base de produits bio. L'été, un barbecue est organisé tous les week-ends de 11h à 16h. Pour 55 dollars, les clients bénéficient d'un déjeuner copieux, d'un *open bar* et peuvent profiter de la piscine et du jardin de l'hôtel.

■ GRAND HÔTEL KADRI

Rue Brazil

✆ +961 8 800 038

www.cristalgrandkadri.com

reservations@cristalgrandkadri.com

Chambre double de 240 à 300 $, suite de 350 à 400 $. Petit déjeuner, taxes et wifi compris.

Ouvert en 1906 dans une bâtisse du XIXe siècle, l'hôtel Kadri a toujours été la référence hôtelière à Zahlé. Occupé par l'armée turque en 1914 et converti en hôpital, il a ensuite servi à l'armée française en 1920 au cours du mandat français pour proclamer la création du Grand Liban. Le général de Gaulle y a d'ailleurs séjourné en 1942. Transformé en hôtel, il a été sérieusement endommagé durant la guerre civile du Liban, notamment à partir de 1981. Rénové en 1997, l'hôtel a fermé ses portes en 2011, avant de rouvrir en 2013 après d'importants travaux. Le Grand Hôtel Kadri propose aujourd'hui des prestations de haut standing. Les chambres sont spacieuses et décorées avec goût et raffinement. L'hôtel possède deux restaurants, un bar en terrasse ouvert l'été, une grande piscine extérieure et une salle de gym.

vers Homs-Alep
vers le Akkar
Al-Qaa
Hermel
Qamouat al-Hermel
Ras el Assi
Mazraat Ain ez Zerqa
Ras Baalbek
Fakeha
Jdaydé
Aarsal
Laboué
Frontière
Limite de mouhafaza
Limite de caza
Chef-lieu de caza
Autre localité
Anti Liban
Jabal Younine
Mont Liban
vers la Vallée de la Kadisha
Aainata
Deir el Ahmar
Baalbek
Jabal el Mnaïtra
Yammouneh
Chlifa
Dar el Ouassa
Boudaï
BEKAA
0
15 km
Jabal Sannine
Qsarnaba
Temnine el Fawka
Niha
Ablah
Rayak
Fourzol
Terbol
SYRIE
Zahlé
El Maalaqa
Château Ksara
Chtaura
Taanayel
Haouch Moussa (Anjar)
vers Dama
Qabb Elias
Masnaa
Dahr el Baïdar
Mejdel Anjar
Jabal el Mazar
MONT LIBAN
Haouch el Harimé
Dekweh
Manara
Deir El Ashayr
Yanta
Bekka
Bhamdoun
Sofar
Aley
Kamed el Loz
vers Beyrouth
Kefraya
Jib Jannine
Barouk
Sahel el Qaraaoun
Jabal Aarbi
Dahr el Ahmar
Mont Hermon
Rashaya el Wadi
Beïteddine
Jabal Niha
Lac de Qaraoun
Ain Hourche
Mashagara
vers Hasbaya
vers Jezzine

HOTEL AKL

En face de l'hôpital du Général Khoury.
Rue Brazil
✆ +961 8 820 701
✆ +961 3 820 701
www.akl-hotel.com
contact@akl-hotel.com
Chambre simple à 30 $ (salle de bains partagée) ou 45 $ (salle de bains privée), double à 40 $ (salle de bains partagée) ou 60 $ (salle de bains privée), triple à 60 $ (salle de bains privée). Pas de petit déjeuner. Wifi et taxes compris.

Petit hôtel familial de 10 chambres installé dans une ancienne maison construite au milieu du XIXe siècle, l'hôtel Akl est un établissement plein de charme. La façade en pierre de l'hôtel avec ses volets verts et son entrée en arcade est pittoresque. Si l'établissement mériterait quelques travaux de rénovation, les chambres sont toutefois propres. Faute de clients ces dernières années, le restaurant a fermé ses portes et l'hôtel ne sert même plus de petit déjeuner. Heureusement, l'hôtel se trouve à cinq minutes à pied des restaurants de Berdaouni.

Se restaurer

Les restaurants les plus connus de Zahlé – autoproclamée « capitale du mezzé » – se trouvent dans la vallée du Nahr el-Berdaouni. Plusieurs parkings (payants) sont disponibles à l'entrée du site. Depuis une centaine d'années, les restaurants appelés ici casinos – occupent les berges de la rivière. Ne jetez pas un coup d'œil sur le Nahr, il n'est pas d'une très grande propreté. Le site se caractérise par une étroite allée piétonne jalonnée de grandes terrasses. Chaque établissement se livre à une farouche bataille pour accueillir les clients, avec des rabatteurs qui alpaguent le moindre passant. L'été, les Libanais et les touristes viennent en masse déjeuner au frais, même si ces dernières années, la fréquentation a beaucoup chuté. Les casinos servent une cuisine libanaise traditionnelle correcte mais somme toute assez banale. Avec les années, Zahlé semble perdre de son aura en matière de gastronomie. En hiver, la plupart des établissements sont fermés. Seul Casino Arabi est ouvert.

CASINO ARABI

Berdaouni
✆ +961 8 821 214
✆ +961 8 800 144
✆ +961 3 276 545
racharabi@hotmail.com
Ouvert tous les jours de 8h à 1h du matin. Mezzés froids de 4 000 à 16 500 LL, mezzés chauds de 6 900 à 16 500 LL, grillades de 16 500 à 33 000 LL, grenouilles à 22 000 LL. Almaza à 7 000 LL, narguilé à 12 500 LL.

C'est le plus connu et l'un des plus anciens de Zahlé. Au milieu de la verdure et du murmure de l'eau, les familles se rassemblent autour de grandes tables recouvertes de mezzés. Si le climat est frais, les serveurs ont prévu des « abayas », l'habit traditionnel qui ressemble à un grand manteau et permet de se protéger du froid. L'adresse est agréable pour prendre en été un verre, un café ou fumer un narguilé sur la grande terrasse au bord de la rivière.

CASINO MHANNA

Berdaouni
✆ +961 8 800 634 / +961 8 807 418
✆ +961 3 681 305
Ouvert tous les jours de mi-avril à début octobre, de 9h à minuit. Mezzés froids de 6 600 à 18 000 LL, mezzés chauds de 9 250 à 16 500 LL, grillades de 11 000 à 20 900 LL. Espresso à 4 400 LL, Almaza à 5 500 LL, narguilé à 16 500 LL.

Situé en face du casino Arabi, le restaurant Mhanna propose une bonne cuisine libanaise accompagnée d'un arak maison. Le service est rapide et efficace même si les serveurs sont parfois un peu trop présents. Chacun a son rôle : apporter le pain, les boissons, les mezzés froids puis les grillades, etc. Le ballet entre les cuisines et la salle est parfaitement huilé. Mhanna profite d'une certaine notoriété locale pour afficher des prix assez élevés. L'enseigne est également présente à Antelias (au nord de Beyrouth) et à Amchit.

Pause gastronomique à Chtaura

Sur la route de Damas, une pause gastronomique s'impose entre Jdita et Chtaura. Le fromage local (labneh) et le yaourt (laban) y sont réputés et méritent une dégustation. Nous vous conseillons les établissements Jarjoura et Jaber Jaber situés le long de la route principale. Jaber Jaber se trouve sur votre gauche avant d'arriver à Chtaura et Jarjoura à votre droite à Chtaura. Les Libanais y viennent faire une pause, boire un café, prendre un sandwich au fromage et faire quelques achats. Etape idéale pour connaître les bons produits du terroir.

Notre-Dame de Zahlé et de la Bekaa

Sur les hauteurs de Zahlé, on ne voit qu'elle avec ses 75 m de haut. A elle seule, la statue de la Vierge Marie mesure 9 m et pèse 7 500 kg. Sa construction remonte à 1965. Suite à la guerre civile, sa restauration s'étale de 2004 à 2005. La Vierge porte l'enfant Jésus qui tient dans sa main un épi de blé. Elle tient une grappe de raisin.

À voir – À faire

■ LA VIEILLE VILLE DE ZAHLÉ ★★

La traversée de la zone commerciale située sur la rive nord de la rivière n'a pas grand intérêt. Heureusement, Zahlé compte quelques belles maisons bourgeoises aux tuiles rouges qui appartiennent aux familles Geha, Azar, Skaff, Hindi. Construite par Khalil Geha au XVIe siècle, la résidence Geha impressionne avec ses 24 pièces réparties autour d'une cour intérieure en arcades. Un tunnel de 1 400 m relie la propriété à l'église St. Elie. Bien qu'il s'agisse d'un bien privé, il est parfois possible de visiter la maison et son jardin.
Construit en 1885, l'ancien sérail (aujourd'hui la mairie de Zahlé) est une imposante bâtisse en pierre de deux étages. Sa cour intérieure couverte compte de multiples arcades.
Le souk el Blatt est situé dans la partie la plus ancienne de la ville. Ce souk était un lieu d'échange entre les commerçants venant de Syrie, de Palestine et de Bagdad.
La rive sud qui surplombe légèrement la ville offre une vue intéressante sur le vieux Zahlé. L'endroit est plus approprié pour prendre de belles photos.

DANS LES ENVIRONS

KSARA ★★

Transports

Comment y accéder et en partir

Entre Chtaura et Zahlé, à 2 km au sud de cette dernière et à l'écart de la route principale se situe le domaine de Château Ksara, légende du vin au Liban. Le site est mentionné par des panneaux.

À voir – À faire

■ LES CAVES DE KSARA ★

✆ +961 8 813 495
www.chateauksara.com
Visites guidées tous les jours d'avril à octobre, de 9h à 18h.

Consacré aux vignes depuis l'époque phénicienne, et déjà célébré du temps des Phéniciens puis des Romains dans les temples de Bacchus, le domaine de Ksara fut racheté en 1857 par les pères jésuites. En 1972, le Vatican II a demandé aux pères de se défaire de ce bien dont l'exploitation commerciale est aujourd'hui assurée par des professionnels du vin. Les principaux actionnaires sont les familles Chaoui, Kassar, Sara et Sayegh. Creusées dans les collines, abritées sous une roche calcaire, les caves du château abritent une prestigieuse lignée de vins. Ceux-ci sont appréciés au Liban et dans le monde entier. Primé à plusieurs reprises, le Château Ksara, premier vignoble libanais par sa taille et son ancienneté, rassemble des vins de différents terroirs : Ksara où sont cultivés dans un sol argilo-calcaire des cépages tels que le sauvignon, le chardonnay, le grenache, le cabernet-sauvignon qui donnent des vins concentrés et aromatiques ; le tanaïl qui

Festival des Fleurs et de la Vigne

Chaque année, au mois de septembre, a lieu la fête des Fleurs et de la Vigne. Cela correspond à la période des vendanges dans la plaine de la Bekaa, qui possède de nombreux vignobles. Les festivités, inaugurées en 1909 lors de la première exposition agricole, durent une semaine au cours de laquelle la reine de la vigne est élue. A également lieu en septembre la fête du Al Jassad, qui est une fête religieuse célébrée depuis 1825. La veille, les scouts défilent dans une très belle retraite aux flambeaux et une messe est dite, à l'aube, à l'archevêché catholique de Notre-Dame.

comprend le cinsault, le muscat et l'ugni blanc (entre autres) ; les vignes de Mansoura et enfin le Kanafar où l'on trouve les cépages de sémillon, chardonnay, clairette, syrah, et bien d'autres encore. Des visites guidées et des dégustations sont organisées tous les jours sur réservation. Le château possède par ailleurs un restaurant et une boutique.

TAANAYEL

ECOLODGE DE TAANAYEL

✆ +961 8 544 881 / +961 3 124 279
www.ecolodge-arcenciel.org
ecolodge@arcenciel.org

Avant d'arriver au domaine de Taanayel depuis Chtaura, une station-service sur votre droite. Faire demi-tour quelques mètres plus loin et prendre la première route à droite.

Chambre double à 60 $ en semaine, 100 $ le week-end. Petit déjeuner compris.

Sept maisons traditionnelles en terre typiques de la plaine de la Bekaa ont été construites autour d'une cour gazonnée. Le concept est innovant et à découvrir. Les lits sont à même le sol, les repas se partagent dans une pièce commune. Les chambres sont très correctes et ont des toilettes. Une excellente adresse pour les petits budgets et un parfait camp de base pour découvrir la région. L'accueil y est chaleureux et charmant. Une aire de jeux est disponible pour les enfants. Opérationnel toute l'année, il est plus agréable de s'y rendre l'été pour éviter le climat hivernal très rude de la Bekaa. Il est possible de se restaurer et de prendre un verre au Khan al Maksoud qui propose des formules à 25, 30 et 35 dollars par personne (ouvert tous les jours de 9h à minuit).

FERME DU COUVENT DES PÈRES JÉSUITES

✆ +961 8 540 066 / +961 3 124 279
www.domainedetanail-arcenciel.org
domaine@arcenciel.org

Ouvert tous les jours de 8h à 10h. Entrée dans le domaine : 2 000 LL. Location de vélo : 10 000 LL par heure.

Quelques kilomètres après Chtaura, prendre à droite vers le couvent des Pères jésuites de Taanayel (il y a une station-service juste avant). L'histoire de ce couvent remonte à 1860, date du meurtre de six pères jésuites à Zahlé et à Deir el-Qamar au cours de la guerre civile.

Les vins de la Bekaa

La plaine de la Bekaa et les vins libanais sont étroitement liés. Bénéficiant de conditions géologiques et climatiques favorables, la région compte une vingtaine de vignobles soit plus de la moitié des vignobles au Liban. Dix d'entre eux ont été fondés entre 1997 et 2011. Le plus ancien est Ksara et le plus récent est Ixsir dont l'un des actionnaires est Carlos Ghosn, le PDG de Renault-Nissan qui est d'origine libanaise :

- **Ksara** – 1857 – www.ksara.com.lb
- **Domaine des Tourelles** – 1868 – www.domainedestourelles.com
- **Domaine Wardy** – 1893 – www.domaine-wardy.com
- **Château Victor** – 1950
- **Château Ka** – 1974 – www.chateauka.com
- **Kefraya** – 1979 – www.chateaukefraya.com
- **Heritage** – 1997 – www.chateauheritage.com
- **Clos Saint-Thomas** – 1997 – www.closstthomas.com
- **Cave Kouroum** – 1998 – www.cavekouroum.com
- **Massaya** – 1998 – www.massaya.com
- **Côteau d'Héliopolis** – 2000
- **Côteau du Liban** – 2000
- **Château Khoury** – 2002 – www.chateaukhoury.com
- **Château Marsyas** – 2005 – www.chateaumarsyas.com
- **Domaine de Baal** – 2006 – www.domainedebaal.com
- **Ixsir** – 2010 – www.ixsir.com.lb

En 1963, pour compenser ces meurtres, une parcelle de 230 hectares appartenant à l'Etat français est cédée aux jésuites. Couverte de marécages, la parcelle est aménagée de 1871 à 1880 et devient fertile.
Aujourd'hui, le domaine de Taanayel est renommé pour sa ferme pédagogique, gérée par l'association Arc en Ciel depuis 2009, qui compte plus de 100 vaches laitières, 80 hectares d'arbres fruitiers, 90 hectares de raisins de cuve... De nombreuses activités sont proposées : location de vélos, promenade à cheval ou en calèche, jeux pour enfants... Une boutique propose à la vente les produits fabriqués au domaine : yaourt, lait, labné, laban, confitures... tout est excellent et garanti sans additifs !

FOURZOL ★

Transports

Comment y accéder et en partir

Quelques kilomètres après Zahlé en direction de Baalbek, prendre à gauche la route jusqu'à Fourzol avant d'atteindre l'embranchement pour Ablah. A 2 km de la route principale se trouve le village de Fourzol, ancien siège épiscopal fondé au Ve siècle.

À voir – À faire

GROTTES DE L'ERMITE MOUGHARAT EL-HABIS

A 1,5 km du centre du village vers les hauteurs de Fourzol, vous pouvez rejoindre les grottes. Vous verrez les traces de réservoirs ou de bassins creusés, de niches, de la chambre sépulcrale, et en haut d'un escalier, ce qui fut peut-être un temple phénicien consacré au dieu Baal. Ces grottes furent utilisées au cours des époques paléochrétienne et byzantine. Elles sont en partie naturelles et en partie aménagées par l'homme. De la station de pompage voisine, montez pendant 20 minutes jusqu'à une stèle en relief, assez bien conservée, sculptée dans le fond d'une niche et représentant un cavalier et une autre figure. Le site se trouve au niveau d'un palmier assez distinctif. De ce lieu, on peut voir les anciennes carrières qui ont servi à construire de nombreux monuments de la région. Celles-ci offrent un paysage surprenant.

NIHA ★

Transports

Comment y accéder et en partir

Situé à 10 km au nord de Zahlé, prendre la direction de Bednayel après avoir dépassé Ablah. Parfaitement indiqué sur votre gauche, Niha est un joli petit village qui compte deux sites archéologiques (ruines romaines) qui méritent le détour.

À voir – À faire

HOSN NIHA

A 3 km au-dessus des deux temples situés au cœur de Niha, on accède par une route bitumée au site d'Hosn Niha, la « forteresse de Niha », située à 1 344 m d'altitude. Attention, la route n'est pas bitumée jusqu'au site, dont l'accès est gratuit. Le chemin traverse des champs de vigne. Là, subsistent les ruines de deux petits temples partiellement préservés (un grand édifice prostyle et un autre plus petit) ainsi que les ruines d'une église byzantine dont les mosaïques ont disparu, d'un village et d'une nécropole, récemment mises au jour. L'adyton a été saccagé par les fouilles clandestines. On remarque encore de nombreux fragments de murs, de colonnes, de chapiteaux. Certains murs du plus grand temple sont encore conservés. Le petit temple est par contre très dégradé. Endroit idéal pour être au calme et faire un pique-nique. De là-haut, la vue est superbe.

TEMPLES ROMAINS ★

Ouvert tous les jours de 8h à 18h. Entrée : 2 000 LL.

Deux temples se dressent contre le vallon. L'un d'eux, fort bien conservé (l'un des plus grands temples après ceux de Baalbeck), était probablement dédié au dieu syro-phénicien Hadaranès. On y accède par un large escalier. Un des paliers a pu servir de plateforme à l'autel des sacrifices. Au pied de l'escalier qui joue aussi le rôle de soutènement au temple, un bas-relief représente un personnage vénérable à l'identité incertaine.

Il porte sur la tête une tiare conique. On remarque nettement le petit autel à sa droite. Dans sa main gauche, sans doute une gerbe touffue. Deux bustes sont visibles sur sa poitrine. L'inscription gravée à sa droite mentionne : Narcises, fils de Kasios. A l'intérieur du temple, les marches menant à l'adyton, sanctuaire où reposait autrefois la statue du dieu, sont restées presque intactes. Une porte à droite du podium conduit à une crypte avec une galerie voûtée. Au sommet des colonnes, l'entablement présente encore de nombreuses têtes de lion toutes semblables mais de taille évidemment plus modeste que celles retrouvées sur le temple de Jupiter à Baalbek. Un sentier escarpé fait le tour du temple et permet de découvrir en détail ce bel édifice. Une maquette de l'adyton du temple de Niha se trouve au Musée national de Beyrouth. Le second temple est plus dégradé. C'est le plus ancien des deux. Il est dédié à Hadaranes (dieu des orages) et à Atargatis (déesse des eaux et des sources).

TEMNINE EL-FAWKA ★

Transports

Comment y accéder et en partir

Sur la route au nord de Zahlé, à 20 km de Chtaura, Temnine El-Fawka (à 1 100 m d'altitude). Prenez la deuxième route à gauche après Ablah. Une fois dans le village, suivez l'artère principale et demandez « Jubb al-Habash », nom du site romain.

À voir – À faire

JUBB AL-HABASH

Situé au milieu des cyprès et des pins, ce petit sanctuaire romain (un nymphée) fut bâti en l'honneur d'une divinité locale des eaux jaillissantes dont on peut voir la figure sur un des blocs de pierre. A l'intérieur du temple, un bassin de 4 m de profondeur est encore alimenté par l'eau des sources. Un chapiteau corinthien se distingue encore dans les débris. Une plateforme surélevée occupe le fond de la cella. On voit très nettement une petite niche où devait se trouver une statue divine.

QSARNABA ★

Transports

Comment y accéder et en partir

Pour les passionnés de ruines romaines, à 21 km de Chtaura au nord de Zahlé, prenez la troisième route à gauche après Ablah pour rejoindre la route menant à Qsarnaba.

À voir – À faire

LES RUINES DU TEMPLE DE QSARNABA

Dans la partie supérieure de ce petit village, vous trouverez les ruines d'un temple romain de dimensions comparables à celui de Niha, dont l'escalier d'une vingtaine de marches séparées par un palier qui est impressionnant, est relativement bien conservé. Devant les escaliers, on remarque les ruines d'un autel avec 12 colonnettes dont seules les bases subsistent. Il reste également la base d'un tabernacle, petit édicule carré auparavant entouré de 10 colonnes. Le site a été fouillé par une équipe d'archéologues allemands. La cella était recouverte par des constructions récentes. Il a fallu les déplacer pour dégager les ruines. Le podium du temple st bâti sur un mur de soubassement.

RIYAK ★

Transports

Comment y accéder et en partir

Au cœur de la Bekaa, Riyak se trouve à quelques kilomètres à la sortie de Zahlé en direction de Baalbek. La ville est à 62 km de Beyrouth.

Se restaurer

RESTAURANT RAYMOND

✆ +961 8 900 083

Ouvert tous les jours de 11h à 20h. Salades de 5 000 à 7 000 LL, mezzés de 2 500 à 10 000 LL, poulet Raymond à 19 000 LL. Almaza à 3 000 LL.

A Riyak, il y a l'aéroport, l'ancienne gare ferroviaire et Chez Raymond. L'endroit ne paye pas de mine, mais les Libanais font plusieurs kilomètres pour venir dans ce restaurant. L'accueil est sympathique, c'est bon et ce n'est pas cher. La spécialité de la maison : le poulet rôti dans un récipient en verre.

À voir – À faire

L'ANCIENNE GARE FERROVIAIRE

www.rayakrailway.org

contact@rayakrailway.org

La curiosité de Riyak est incontestablement sa gare ferroviaire désaffectée. Le site est imposant et parfaitement visible depuis la route, et notamment depuis le parking du restaurant Raymond.

L'aéroport de Riyak

Riyak est connue pour abriter le seul aéroport de la plaine de la Bekaa. C'est aujourd'hui une base militaire pour l'armée libanaise et de fait il est interdit aux visiteurs. Créé par les troupes allemandes pendant la Première Guerre mondiale. En août 1933, deux aviateurs français battent le record du monde de distance en ligne droite. Ils se posent à Riyak après un vol de 55 heures et 9 104 km sans escale à partir de New York. En 1941, les Britanniques bombardent la base française tenue par les troupes de Vichy. En septembre 1942, le général de Gaulle visite la base. L'armée de l'air libanaise y est créée le 1er juin 1949. L'aéroport sera bombardé en 2006 par l'aviation israélienne.

Riyak a été un important nœud du réseau ferré libanais. De Riyak, on pouvait alors aller à Beyrouth et à Damas par une voie étroite (1,05 m) et à Homs par une voie normale. Il y avait alors un très grand atelier d'entretien des locomotives à vapeur (situé à 1 km de la gare). Le premier train fit son apparition à Riyak en 1895. Puis le trafic ferroviaire a été abandonné avec la guerre civile en 1976. Depuis, le site est à l'abandon. Des fans de locomotives veulent réhabiliter le site et le transformer en musée. Une belle initiative qui attend de se concrétiser.

TERBOL ★

Transports

Comment y accéder et en partir

Deux routes possibles pour rejoindre ce petit village, soit de Zahlé en prenant la direction de Ed Delhamiyé, vous traverserez les terres agricoles de la Bekaa, soit en passant par Rayak, prendre la direction de la voie rapide qui mène à la frontière de Masnaa. Puis prendre à gauche vers Terbol. L'origine de ce village remonterait au XVIIIe siècle. L'histoire raconte que ce sont deux familles, Rami et Assi, venant du village de Falougha, qui ont fondé ce village pour y développer l'agriculture.

À voir - À faire

MUSÉE DE TERBOL

✆ +961 5 455 104 / +961 3 283 850

Ouvert de mai à novembre, du mardi au dimanche de 10h à 18h. Entrée : 3 000 LL (adultes) et 1 000 LL (enfants).

Inauguré au cours de l'été 2004, cet écomusée de la Bekaa se trouve dans une maison traditionnelle de la région appartenant à la famille Rami. Cette demeure témoigne de la richesse et de la spécificité de l'architecture traditionnelle locale. Elle est construite en briques séchées, puis enduite de terre puis chaulée. Son toit est formé d'une charpente en bois recouverte de roseaux et de terre. La maison est compartimentée en plusieurs unités : liwan, salle de séjour, réserve où était stockée la récolte de l'été. Les autres pièces ont été aménagées en salle d'exposition et en boutique. On remarquera les espaces de rangement parfois encastrés dans les murs. A l'extérieur, un jardin restitue le paysage agricole de la plaine de la Bekaa. Si la porte est fermée, il faut téléphoner à Monsieur Jean (✆ +961 3 283 850) qui viendra vous ouvrir.

Baalbek
Site et curiosité
Mosquée
Edifice catholique
Hébergement
Restauration
Mur médiéval
Site archéologique
Zone archéologique
Vieille ville
Plantation
Qubbat as-saadine
Porte nord du mur romain
Reste du mur romain
Mur médiéval
vers Hermel
PLANTATION
Site archéologique
Mosquée Umayyad
Maison Ibrahim Haidar
Pension Shuman
Temple de Vénus
Restaurant Chahrazad
Al Khayam
Ancien sérail ottoman
Eglise
Hôtel Jammal
Vieux sérail
Vieille maison
Boustan al-Khan
Restaurant Ajami
Hôtel Jupiter
Hôtel Palmyra
Palmyra Suites
Tombe romaine
Escalier du Temple
Accès au parking du site archéologique
vers Beyrouth et Zahlé
Carrière romaine
Hajar el Hubla
Qubbat al Amjad
Temple de Mercure
Villa ottomane
Ras el-Ain
0
250 m
N

BAALBEK ET SA RÉGION

Les ruines de Baalbek restent un des endroits les plus émouvants et les plus impressionnants du Liban. Ne quittez pas le pays sans avoir admiré ce site prestigieux qui va vous plonger dans la riche histoire de la région (à condition que le contexte sécuritaire vous le permette, bien sûr).

BAALBEK ★★★★

Située au nord de la plaine de la Bekaa, à 1 150 m d'altitude, Baalbek (ville de Baal) surgit tel un écrin de verdure aux confins des pentes de l'Anti-Liban. Ses nombreuses sources ont permis à la ville de développer différentes activités agricoles. Baalbek compte environ 70 000 habitants, auxquels sont venus s'ajouter de nombreux réfugiés palestiniens, regroupés dans le camp Wafel plus connu sous le nom al-Jalil au sud de Baalbek, puis syriens.

L'acropole, célèbre dans le monde entier, fut construite par les Romains en hommage au dieu Soleil (Baal). Cette œuvre imposante a suscité de nombreuses légendes. C'est ainsi que devant la taille exceptionnelle de certains blocs de pierre, on aurait évoqué la participation à l'ouvrage d'une race de géants ou de djinns. Un savant aurait même émis l'hypothèse d'une intervention extraterrestre ! Détruite à plusieurs reprises par les invasions successives et les tremblements de terre, l'acropole fut réduite à un champ de ruines. A partir de 1898, grâce au travail de diverses équipes d'archéologues, le site a finalement resurgi de la terre, imposant au visiteur sa structure colossale et fascinante.

© THOMAS OLSSON

Temple de Jupiter, Baalbek.

Transports

Comment y accéder et en partir

Située sur la ligne de partage des eaux de la Bekaa nord, Baalbek est à 83 km de Beyrouth, soit à peu près 2h de route en fonction des embouteillages à la sortie de Beyrouth et entre Chtaura et Zahlé. Ensuite, Baalbek est parfaitement indiqué. Une large route récente (deux fois deux voies) traverse les grasses terres de la Bekaa. Vignes, pommes de terre, betteraves à sucre, les cultures, dans lesquelles s'affairent de nombreux paysans, s'étendent à perte de vue. Dans les champs, de multiples tentes ou cabanes de fortune faites de tôle, de toile et de plastique abritent des familles travaillant comme journaliers. De nombreux réfugiés syriens sont par ailleurs présents dans la région, dans des camps dispersés ici et là sur des terrains agricoles, depuis le début de la crise en 2011.

Baalbek est facilement accessible en transport en commun, même si les conditions sécuritaires préconisent de s'y rendre accompagné par des Libanais ou dans le cadre d'une excursion organisée par une agence de voyages. A Beyrouth, les bus et mini-vans partent de la place Cola. Il faut prévoir 7 000 LL pour rejoindre Baalbek. De Zahlé ou de Chtaura, il est également très facile « d'attraper » un van ou un service le long de la route. Des sociétés de taxi font l'aller-retour de Beyrouth à Baalbek pour 130-150 dollars.

Se loger

L'offre hôtelière de Baalbek est limitée et il ne faut pas s'attendre à des prestations de qualité, au contraire. Une poignée d'établissements est tout juste recommandable. Baalbek n'est qu'à deux heures de route de Beyrouth et, en raison des conditions sécuritaires, mieux vaut ne pas y dormir. Si vous souhaitez vraiment rester dans la Bekaa, autant loger à Zahlé.

■ **GRAND HÔTEL PALMYRA**
Rue Abdel Halim Hajjar
✆ +961 8 370 011 / +961 8 370 230
Chambre simple à 40 $, double à 60 $. Wifi compris. Petit déjeuner à 7 $.

Au fil de la route

« A l'horizon encore éloigné devant nous, sur les derniers degrés des montagnes noires de l'Anti-Liban, un groupe immense de ruines jaunes, doré par le soleil couchant, se détachait de l'ombre des montagnes, et se répercutait des rayons du soir. Nos guides nous le montraient du doigt, et s'écriaient : Baalbek ! Baalbek ! C'était en effet la merveille du désert, la fabuleuse Baalbek, qui sortait tout éclatante de son sépulcre inconnu, pour nous raconter des âges dont l'histoire a perdu la mémoire. » Ces propos, tenus par Lamartine dans son *Voyage en Orient*, font suite à son séjour au Levant (1832-1833).

Situé à l'entrée de Baalbek avant la place Khalil Moutran, le Grand Hôtel Palmyra fut construit en 1874 sur l'emplacement d'un théâtre romain. Des chambres situées au premier étage, on bénéficie d'une vue imprenable sur les temples de Baalbek. Une grande salle à manger, sobrement décorée, permet de prendre son petit déjeuner. Réputé avant la guerre, l'hôtel accueillit tous les hôtes de marque qui se rendaient à Baalbek. Jean Cocteau avait l'habitude d'y venir un mois chaque année. Aujourd'hui, l'hôtel a des airs de lieu abandonné, ce qui lui donne une atmosphère étrange mais pleine de charme. Ahmad Kassab, qui y travaille depuis 1955, se fera un plaisir de vous raconter l'histoire de l'établissement et de vous montrer la chambre dans laquelle le général de Gaulle a séjourné lors de son passage à Baalbek. Les chambres offrent un confort rudimentaire et le mobilier est d'époque, mais elles sont bien tenues et propres. Une adresse atypique qu'il faut absolument visiter même si l'on n'y reste pas !

HÔTEL JAMMAL
Rue Abdel Halim Hajjar
✆ +961 8 370 649 / +961 3 716 072
Chambre à partir de 20 $ par personne. Petit déjeuner à 5 $.
L'hôtel se situe à l'angle de la place Khalil Moutran et de la rue Abdel Halim Hajjar. L'établissement offre une vingtaine de chambres, équipées de salles de bains. Confort rudimentaire mais les lits sont propres et l'accueil sympathique.

Se restaurer

Pour les petits budgets, vous trouverez plusieurs petits snacks rue Abdel Halim Hajjar (la rue de l'hôtel Jammal) qui servent des galettes de fromage, des falafels, des sandwichs et des pizzas à la viande (Lahma bi ajeen). La spécialité locale est le kebbé (viande hachée et blé concassé) et la sfiha baalbakié (galettes de viande hachée). En retrait du centre de Baalbek, plusieurs restaurants proposent une cuisine libanaise très abordable à proximité du parc public au bout de la rue Ras al-Aïn.

AL KHAYAM
Rue Abdel Halim Hajjar
✆ +961 8 370 329
Ouvert tous les jours de 7h à 21h. Sandwichs entre 2 500 et 3 000 LL.
Ce petit snack est une bonne adresse pour les petits budgets qui veulent déjeuner rapidement. L'établissement propose de nombreux sandwichs : shawarma, falafel, hamburger, kebab, taouk. Accueil sympathique.

RESTAURANT AJAMI
Rue Ras al-Aïn
✆ +961 8 370 051
Ouvert tous les jours sauf le vendredi, de 7h à 19h30. Entrées et mezzés autour de 3 000 LL, plats du jour de 6 000 à 10 000 LL. Café à 2 000 LL. Pas d'alcool.
A 200 m derrière le temple Venus le long de la rue Ras al-Aïn, ce petit restaurant, ouvert en 1924, est très chaleureux. Vous pourrez y déguster l'une des spécialités de la ville, le sfiha, pâte cuite recouverte d'un mélange de viande hachée et de légumes. L'accueil y est sympathique. Une grande salle compte une trentaine de tables de couleur verte. C'est simple mais authentique. Service rapide et prix très raisonnables.

À voir – À faire

BAALBEK ★★★★
Ouvert tous les jours de 8h30 à 18h30. Entrée : 15 000 LL pour les adultes, gratuit pour les enfants de moins de 10 ans.
A l'ouest de la ville actuelle, l'acropole romaine surprend les voyageurs par ses proportions gigantesques. En hiver par beau temps, le site est exceptionnel avec ses couleurs et les sommets voisins enneigés. En été, en plein soleil, la visite peut être fatigante. Il est donc préférable d'arriver tôt le matin. Vous pouvez demander un guide pour commenter votre visite. Il faut compter environ deux heures pour la visite des ruines.

Les ruines de Baalbek

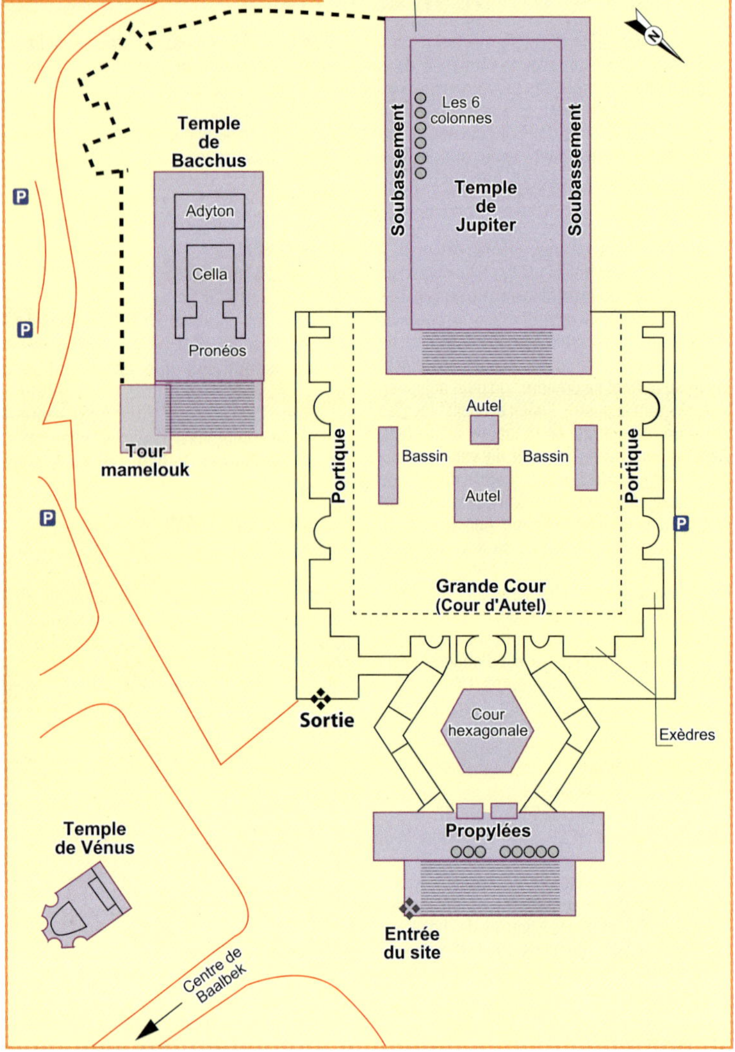

Les propylées. On accède aux ruines par un escalier monumental menant aux propylées (entrée du sanctuaire). Il fut construit par les Allemands entre 1900 et 1904. L'escalier d'origine fut utilisé pour la construction des remparts de la forteresse arabe. Au sommet de l'escalier, s'élevait un portique soutenu par douze colonnes hautes de 8 m et délimité par deux tours dressées à chaque extrémité. Une charpente en bois de cèdre recouvrait autrefois le portique. Le mur du fond était percé de trois portes. La grande porte centrale était réservée au clergé tandis que les deux autres permettaient l'accès du peuple.

La cour hexagonale. Derrière les propylées, la cour en forme d'étoile orientale était réservée au recueillement des fidèles. Un portique entourait cet espace sur lequel s'ouvraient des exèdres (pièces rectangulaires décorées de niches et précédées de colonnes).

Le temple de Bacchus est l'un des trois principaux temple de ce vaste site antique.

Le temple de Vénus est l'un des autres joyaux de Baalbek.

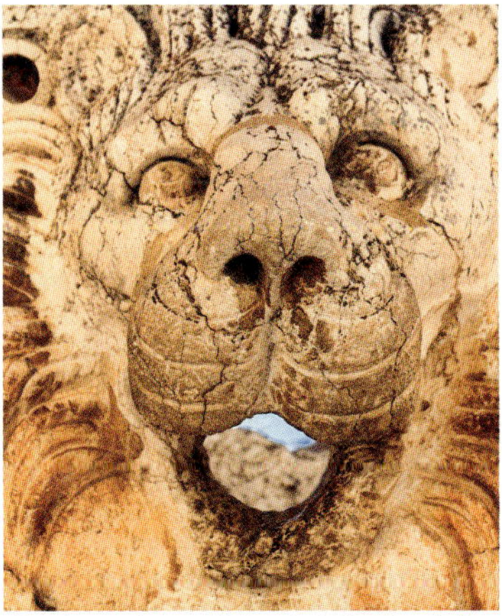

Dans la cour longeant le temple de Bacchus, le lion-gargouille est miraculeusement préservé.

Gigantesques, colossales, d'essence divine… Les dimensions dans lesquelles le temple de Jupiter fut bâti sont tout à fait uniques.

La cour hexagonale fut transformée par Théodose en église, puis les Arabes au VIIe siècle modifièrent la structure du mur d'enceinte à des fins militaires. Un bas-relief de Jupiter-Héliopolitain, trouvé dans les environs de Baalbek, a été déposé par les archéologues allemands près de l'entrée de la grande cour. Le dieu est représenté sous la forme d'un homme portant sur sa tête un panier (calathos). Entouré de deux taureaux, il brandit dans sa main droite un fouet tandis que sa main gauche empoigne l'éclair.

La grande cour. Cour principale de l'acropole, c'est là que s'accomplissaient les principaux rites de purification. Entourée de douze exèdres s'ouvrant sur un portique, elle comportait en son centre deux autels. Le plus important servait probablement au déroulement des cérémonies solennelles ; ou bien peut-être s'agissait-t-il d'une plateforme permettant aux fidèles de contempler la statue de Jupiter-Héliopolitain érigée au fond du temple. On ignore également à quel usage était destiné le second autel, de taille plus réduite. Les uns y voient un socle qui soutenait la statue de Jupiter ; les autres, une terrasse réservée au clergé et plus spécifiquement aux sacrificateurs. De chaque côté des deux autels, un bassin orné de bas-reliefs présente diverses scènes de la mythologie romaine (Méduse, Cupidon chevauchant des dragons, génies funéraires...). Un système de canalisations amenait l'eau dans les bassins où s'effectuaient les ablutions rituelles et la purification de l'animal à sacrifier. Théodose bouleversa l'architecture de la grande cour en construisant une basilique chrétienne à l'emplacement des deux autels. La mission archéologique française décida de démonter l'édifice redonnant ainsi à l'acropole son aspect primitif.

Temple de Jupiter. Unique en son genre, le temple de Jupiter surpassait par ses dimensions et sa beauté tous les temples du monde antique gréco-romain. Dominant la grande cour grâce à son énorme soubassement formé de blocs titanesques, le temple mesurait 89 m de long sur 50 m de large. Il semblerait que le transport de ces blocs – des carrières jusqu'au site – ait été rendu possible par la construction d'une route en plan incliné où l'on faisait glisser les pierres à l'aide de rouleaux placés en dessous. On accède à l'entrée par un immense escalier en trois volets. Cinquante-quatre colonnes corinthiennes entouraient la cella : dix colonnes, hautes de 21 m constituaient le péristyle frontal tandis que dix-neuf, dont six sont encore debout, composaient la partie latérale. Ces six colonnes sont un symbole fort de l'histoire du Liban. Derrière ce péristyle, une seconde rangée de colonnes venait renforcer l'édifice tourné vers le Levant. Un entablement de 5,30 m de hauteur reposait sur les chapiteaux. On peut encore voir les détails de la frise au-dessus des six colonnes restantes où lionceaux et veaux, perdus dans une fine dentelle de bas-reliefs, se partagent le décor. Un fragment de corniche miraculeusement préservé (tête de lion servant de gargouille) est toujours visible dans la cour longeant le temple de Bacchus. Au fond du temple était renfermée la statue de Jupiter-Héliopolitain.

La citadelle médiévale. Entre les temples de Jupiter et de Bacchus, on remarque les fortifications arabes. Certains piliers marquent l'emplacement d'une ancienne mosquée. Des inscriptions de 1238 y ont été retrouvées.

Le temple de Bacchus. Œuvre architecturale parmi les mieux conservées du monde antique, le temple de Bacchus, même s'il paraît petit en comparaison de son voisin, est cependant plus vaste que le Parthénon d'Athènes. Long de 68 m sur 36 m de large, ce temple périptère, auquel on accédait par un large escalier, était précédé d'une cour à portiques. Un péristyle, constitué de quarante-deux colonnes hautes de 8 m et d'un pronaos (sorte de vestibule) agrémenté de huit colonnes cannelées, entourait la cella (élément principal du temple). Le péristyle soutient un entablement orné de très beaux bas-reliefs, relié à la cella par de grandes dalles formant un plafond en berceau magnifiquement décoré. Des dessins géométriques encadrent le buste de diverses divinités mythologiques. On peut reconnaître parmi elles, sur le péristyle nord, Cléopâtre – piquée par un aspic –, Mars, une victoire ailée... La partie sud est moins bien conservée, de nombreuses colonnes s'étant effondrées en contrebas. Le portail de la cella, merveilleusement sculpté, surprendra le visiteur par ses grandioses dimensions. Sur le linteau, on peut encore observer un aigle enserrant un caducée et tenant dans son bec les extrémités de deux guirlandes maintenues par deux génies ailés. A l'intérieur de la cella, les murs latéraux sont ornés de colonnes corinthiennes. Au fond, un escalier mène à l'adyton, sanctuaire réservé aux prêtres où trônait la statue du dieu. Les archéologues ne s'accordent pas tous sur la nature de la divinité honorée dans ce temple. Pour certains, il s'agirait de Bacchus, d'autres y voient plutôt la consécration de Vénus ou de Jupiter. Ce temple fut transformé en caserne pendant la période arabe. A gauche de l'entrée du temple de Bacchus, une tour édifiée par les mamelouks, au XIVe siècle, est venue renforcer la forteresse. Un petit musée s'y trouve.

Un escalier descend dans une petite salle où sont conservés des sarcophages dont celui de Douris qui renferme encore un squelette.

La sortie de l'acropole s'effectue par un souterrain datant de l'époque romaine. Ces larges galeries creusées sous la grande cour accédaient à des sortes d'écuries abritant les animaux destinés au sacrifice et, sur les parties latérales extérieures, de grands renfoncements donnaient sur des logements réservés aux serviteurs du temple.

Trilithon. En quittant l'acropole, faites le tour du mur d'enceinte afin de contempler un ensemble de 3 blocs de pierre mesurant environ 19,5 m de long sur 4,5 m de haut et 4 m de large. Chacun pèse entre 750 et 1 000 t.

Le musée. Avant de rejoindre la sortie du site, il est possible de visiter un petit musée qui expose quelques objets. L'intérêt est surtout sur les panneaux qui retracent l'histoire du site et des fouilles archéologiques. Ne pas hésiter à prendre le temps de déambuler dans ce musée longitudinal. Il est intéressant et bien fait.

Temple de Vénus. Situé face au parking de l'acropole, dont il est séparé par la route, le temple de Vénus s'élève sur un podium pentagonal. Sa conception originale, en forme de fer à cheval, et les sculptures intérieures (coquillages, colombes) qui ornent la cella rendent hommage à Vénus, déesse de l'Amour, de la Beauté et de la Fécondité. Sous le règne de l'empereur Constantin, le temple fut transformé en église consacrée à sainte Barbe. De l'autre côté de la rue qui longe le temple de Vénus émergent les ruines de la grande mosquée omeyyade, apparemment construite sur les restes d'une église dédiée à saint Jean.

HAJAR EL-HUBLA

La pierre de la femme enceinte. A la sortie de Baalbek, en direction de Zahlé, une route sur la gauche (après l'agence de la banque du Liban) mène au pied de la colline de cheikh Abdallah où se détache, selon certains, la plus grande pierre taillée du monde. Elle mesure 20 m de long, 4,50 m de haut et 4,50 m de large et pèse environ 1 000 tonnes. C'est l'une des pierres taillées les plus lourdes du monde. C'est dans ces carrières que furent extraits les principaux blocs qui ont servi à la construction de l'acropole de Baalbek.

RAS EL-AIN ★

En prenant, depuis l'acropole, la rue principale qui traverse le centre-ville et en la continuant sur 1 km vers le quartier des restaurants, vous arriverez à la source de Ras el-Aïn, agréable havre de fraîcheur d'où partent de nombreux canaux alimentant la ville et les jardins. On y trouve encore les vestiges d'un nymphée et d'un petit sanctuaire romain. On remarque également les restes d'une mosquée datant de 1277.

DANS LES ENVIRONS

QAMOUAT AL-HERMEL ★

Transports

A 52 km au nord de Baalbek et à 2 km de la ville de Hermel, dans un corridor désertique conduisant à la Syrie (la frontière à Qaa est à quelques kilomètres), vous apercevrez sur votre droite un site insolite. A partir de la route principale, au niveau de Mhattat Ras Baalbek, la pyramide de Hermel se détache à l'horizon.

À voir - À faire

LA PYRAMIDE DE HERMEL ★

Perché au milieu d'une plaine aride s'élève un édifice pyramidal d'une hauteur de 27 m, érigé sur un socle quadrangulaire de basalte. Ce piédestal a trois marches et fait environ 8 m de côté. Cette pyramide, dont la vocation demeure toujours incertaine, serait la sépulture d'un prince syrien du Ier ou IIe siècle av. J.-C. De belles sculptures – représentant des scènes de chasse (plusieurs types d'animaux sont visibles) – se détachent sur sa partie inférieure (la face est du monument reste la mieux conservée), tandis qu'une pyramide surmontée de pilastres en partie reconstruite surmonte sa partie supérieure. A partir de ce site en haut d'une petite colline, la vue est splendide.

Avertissement

Depuis le début de la crise syrienne, et notamment depuis août 2014 où des combattants islamistes syriens du Front al-Nosra ont fait une incursion dans le village d'Ersal, la visite du nord de la Bekaa est vivement déconseillée. Il est recommandé de ne pas aller plus loin que Baalbek et de participer à des excursions organisées par des agences libanaises, ou à défaut d'être accompagné par un local.

AIN EZ ZERQA

À voir - À faire

RIVIÈRE AL-ASSI

C'est l'une des moins polluées du pays et le rendez-vous des amoureux du rafting et du kayak. La fédération libanaise de canoë-kayak organise des sorties de 7 km du pont du Hermel jusqu'aux chutes de Dirdara. Vous longerez les restaurants installés sur les rives de la rivière qui coule sur 45 km au Liban avant d'entrer en Syrie.

LES SOURCES DE L'ORONTE (AIN EZ-ZERQA)

A 200 m au sud-est de Deir Mar Maroun (le monastère de Saint-Maron) jaillissent trois sources (Dafache, Ain Zarka et Lahoue) dont la « source bleue » de l'Oronte (Nahr el-Assi), appelé aussi le « fleuve renversé » ou encore le « fleuve rebelle » car il coule du sud vers le nord. Ce paysage biblique, dans lequel la verdure contraste avec les kilomètres de désert qui s'étendent à quelques encablures de là, invite au recueillement et au repos.

Sports - Détente - Loisirs

Quelques clubs de rafting proposent des descentes sur la rivière avec une formule de nuitée sur place. Le dépaysement est total ! La saison s'étire d'avril à octobre.

CLUB ASSI

Hamra Makdessi Street, Mkari Bldg, 2e étage
✆ +961 70 755 131
www.assirafting.com – info@assirafting.com
Vous pouvez également vous rendre à Al-Zwaytiné qui est à 2 km du pont du Hermel. Vous rejoindrez le camp de base du club Assi, spécialisé dans le rafting et le canoë. Le prix de la descente en rafting revient environ à 30 $ en fonction du jour de la semaine et du nombre de personne. Il est possible de camper sur place (tentes simples et doubles). Le club Assi propose des formules : descente en raft + repas ou tente, raft et pension complète.

JANNAT EL-ASSI

✆ +961 3 454 980 / +961 3 013 203
www.jannatalassi.com
Comme pour les autres clubs sportifs, Jannat el-Assi propose des descentes en rafting. Le club est ouvert été comme hiver.

NIAGARA RAFTING

✆ +961 3 960 411
www.niagara-rafting.com
Depuis 1989, le club Niagara Rafting propose tout un programme de sports d'aventure, dont des descentes en kayak et en rafting. Les trois heures de rafting sont facturées 25 dollars par personne. Une formule incluant trois repas, une nuitée et une descente en rafting est proposée au prix de 90 dollars. Le club organise les transferts depuis Beyrouth pour les groupes.

DEIR MAR MAROUN

DEIR MAR MAROUN

Pour accéder à Deir Mar Maroun, il faut quitter la route principale qui relie Baalbek à Qaa. En ligne de mire, la pyramide de Hermel, avant d'y arriver, prendre à gauche en direction de la source de l'Oronte (Ras el-Assi). Au milieu de nulle part, la route mène à la vallée de cette rivière. Le monastère de Saint-Maron se trouve à quelques mètres à l'est de la source sur le flanc de la falaise. Le site est également connu comme le monastère du moine Al Raheb. Il s'agit de cavités qui ont servi de refuge temporaire aux disciples de saint Maron, qui était le fondateur de la communauté maronite au IVe siècle apr. J.-C. On peut voir les cellules taillées dans la roche. Une petite escalade s'impose pour atteindre le site. Toutefois, l'intérieur ne montre rien de spécial. Le site est plus intéressant à découvrir de l'extérieur. On voit encore nettement les meurtrières et les fondations d'une forteresse qui datent d'une période plus récente que le monastère troglodytique.

HERMEL

Transports

Comment y accéder et en partir

Pour rejoindre Hermel, la route passe devant la pyramide (Qamouat al Hermel) puis traversez le pont de l'Oronte (Jisr el-Assi) et regagnez la ville située au pied des contreforts du Liban septentrional sur la route qui mène au Akkar. A ce titre, on peut mentionner la descente sur Hermel – en arrivant de Qobayat – qui est superbe.

À voir - À faire

De son passé, Hermel a conservé un tell archéologique au pied duquel gisent des tambours de colonnes, des chapiteaux et des éléments de pressoir. La proximité des sources et les forêts voisines ont fait de cette ville un lieu de passage depuis l'Antiquité. Pour rejoindre les inscriptions babyloniennes de Nabuchodonosor II gravées lors d'une de ses campagnes, à la sortie de Hermel prendre la direction de Charbiné puis du petit village de Braissé. Vous y apercevrez d'imposants blocs de pierre avec des inscriptions et gravures datant du VIe ou VIIe siècle av. J.-C. Au-delà de Braissé, vous atteindrez le plateau de Qammouha qui bascule vers le Akkar et Tripoli. Les sites archéologiques ne sont pas faciles à trouver. Pour les personnes intéressées, il est préférable de demander son chemin à des gens du village.

YAMMOUNEH ★

Situé à 1 375 m d'altitude, le village de Yammouneh domine les vestiges d'un petit lac où l'on pratiquait l'élevage de poissons sacrés. Le niveau de ce lac ne cesse de baisser en raison d'une consommation excessive des villages voisins.

De nombreux cafés et restaurants offrent des plats à des prix raisonnables. Les truites sont pêchées devant les clients et grillées immédiatement.

Non loin se trouvent les fondations d'un temple romain sans doute d'origine phénicienne – il ne reste que deux murs de soutènement en blocs calcaires – édifié en l'honneur de Vénus-Astarté. En effet, la légende phénicienne raconte qu'en ces lieux, Astarté, cherchant à échapper à Typhon, s'était transformée en poisson. Un peu au-dessus jaillit une source, la source des Quarante, Nebba el-Arbaïn, qui fait de ce lieu un endroit charmant et un point de départ idéal pour les randonnées.

La région de Yammouneh, qui forme une petite vallée entourée de montagnes, est d'une grande beauté pour les amateurs de nature. Le site est classé réserve naturelle, scientifique et culturelle depuis 1998. Ainsi, depuis Yammouneh, les randonneurs pourront se lancer dans une excursion en direction de Chlifa, qui les mènera à une tour de garde romaine. En chemin, vous trouverez également des vestiges de la voie romaine – construite par l'empereur Domitien – qui reliait Yammouneh à Aqoura, village de la région du Mont-Liban.

Transports

Après avoir quitté Baalbek, vous pouvez rejoindre les Cèdres par les chemins de traverse et en profiter pour faire quelques haltes dans les villages de montagne où se trouvent des ruines romaines, et surtout vous avez la possibilité de partir faire des randonnées. Pour prendre la route menant aux Cèdres, prenez la direction d'Iaat.

A 5 km de Baalbek, continuez la route en direction de Chlifa lorsque, au milieu de cette étendue proche du village d'Iaat, vous apercevrez une colonne romaine de 18 m au milieu de la plaine. Elle est surmontée d'un chapiteau corinthien et élevée sur quatre marches en pierre. C'est assez surprenant de voir un tel monument au milieu des champs. On ne connaît pas avec précision sa fonction. En poursuivant vous arriverez à Chlifa. Une fois là, vous pouvez opter pour la route principale à droite et prendre la direction de Deir el Almar (le Couvent rouge), ou choisir la route de gauche pour rejoindre Yammouneh. En prenant la route de gauche à Chlifa, empruntez sur 26 km cette route taillée sur les contreforts rocheux jusqu'au pied du Jabal el Mnaitra.

ANJAR ET SA RÉGION

Conseils futés !

Il est conseillé de visiter la Bekaa ouest qui compte plusieurs ruines de temples romains dans un contexte sécuritaire sain. Beaucoup de sites sont très isolés et difficiles d'accès. Les conditions de sécurité sont plus que changeantes, notamment depuis le début de la crise syrienne. On rapporte plusieurs cas d'enlèvements ces dernières années. Avant de prévoir vos déplacements, vous devez vous renseigner auprès de l'ambassade de France à Beyrouth ou sur le site des Affaires étrangères françaises.

Le sud de la Bekaa est une région riche en sites archéologiques. Les paysages sont multiples et divers. Ne manquez pas de visiter la ville d'Anjar, où se trouvent les ruines d'une cité omeyyade. En vous dirigeant vers le lac de Qaraoun au sud, profitez-en également pour vous arrêter dans les petits villages. Vous remarquerez que les paysages sont uniques : couleurs tamisées, collines de part et d'autre de la route. Ce fertile défilé mérite que l'on s'y attarde. Ne négligez pas non plus une halte au château de Kefraya, célèbre pour son vignoble.

ANJAR ★★★

Anjar, merveilleuse cité omeyyade construite au début du VIIIe siècle, connut une existence éphémère. Fondée par le calife Walid Ier et détruite quelques décennies plus tard en 744, la cité, ensevelie pendant des siècles, resurgit au lendemain de l'indépendance en 1949, date à laquelle débutèrent les fouilles.
Seul site archéologique entièrement arabe du Liban, Anjar s'élevait sur la route des caravanes. Havre de repos et de ravitaillement pour les hommes et les bêtes, elle fut également un important centre commercial (les fouilles dénombrèrent plus de six cents boutiques).
Ayn al-Jarr, une « source vive », telle est l'origine d'Anjar qui s'est établie au pied des pentes de l'Anti-Liban, près des sources du fleuve Litani, qui alimentait autrefois un lac sur lequel l'arche de Noé se serait posée. Le village, situé à 2 km de là, rassemble une nombreuse population arménienne venue se réfugier dans cette région à l'instigation des forces françaises du mandat, après le génocide perpétré par les Turcs au début du XXe siècle.
Profitant de l'abondance de l'eau, les habitants s'adonnent essentiellement à l'agriculture et à l'élevage des truites. Après un petit tour en voiture dans les rues orthogonales d'Anjar, vous remarquerez le paysage atypique de ce village où la verdure et les jardins occupent une grande place.

Les immanquables d'Anjar et sa région

- **Visiter** les ruines de la cité omeyyade d'Anjar.
- **Se promener** sur les bords du lac Qaraoun.
- **Déguster** le vin Kefraya.

Transports

Comment y accéder et en partir

A partir de Chtaura, suivez la route en direction du poste frontière de Masnaa. Après 10 km, prenez à gauche. Le site d'Anjar est parfaitement indiqué. Une fois, dans le village, prenez la première à gauche. La route contourne le site pour l'ouest. L'entrée est située au nord. Si vous êtes en voiture, il y a des places gratuites de parking juste à l'entrée du site.

Se restaurer

En quittant le site, vous pourrez vous rafraîchir à l'ombre des peupliers dans l'un des petits restaurants longeant la rivière au nord-est du village. Il s'agit de larges restaurants libanais très fréquentés le week-end. Il y a des aires de jeux pour les enfants. Service rapide. Accueil moyen. La cuisine est acceptable mais sans plus.

■ **SHAMS**
✆ +961 8 620 567
www.shamsrestaurant.com
contact@shamsrestaurant.com

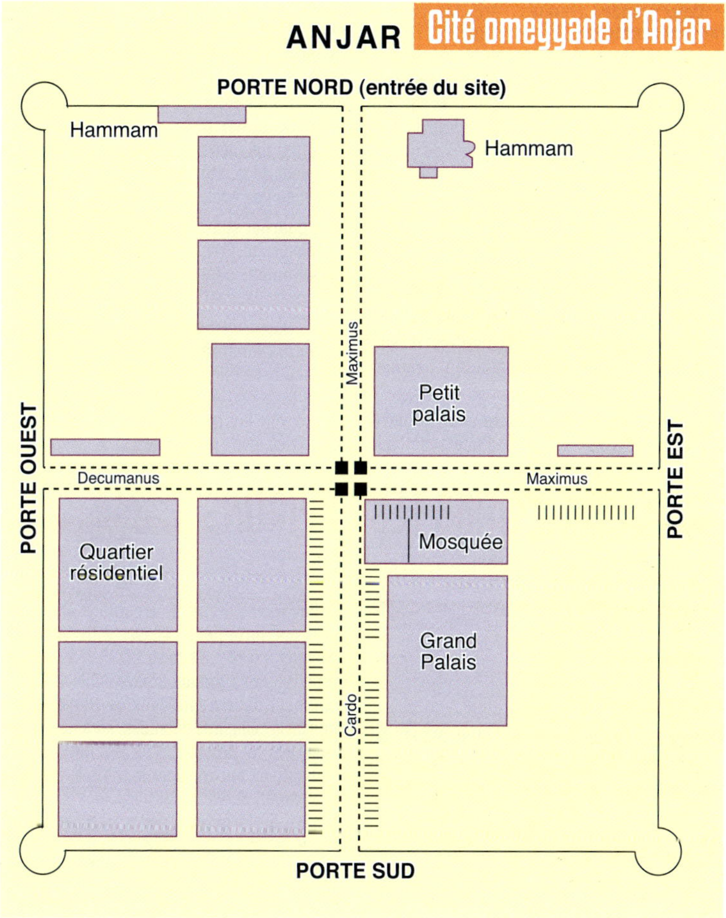

Ouvert tous les jours de 10h à minuit. Mezzés froids de 4 000 à 9 500 LL, salades de 3 000 à 13 500 LL, mezzés chauds de 3 500 à 12 000 LL, grillades de 11 000 à 23 000 LL. Almaza à 5 000 LL, narguilé à 11 000 LL.

A l'entrée du village, se trouve l'un des restaurants les plus connus d'Anjar : le Shams Restaurant. Vous ne pouvez pas le manquer avec sa large enseigne. Plus qu'un restaurant, c'est un véritable complexe qui peut accueillir jusqu'à 2 000 personnes ! Le restaurant principal propose une grande sélection de mezzés libanais et arméniens, et plusieurs formules à 25 000, 30 000 et 35 000 LL. Un bar à sushi est également disponible, ainsi que plusieurs salles de jeux pour les enfants. En été, Shams dispose d'un vaste jardin très agréable avec des fontaines et des bassins d'eau. Service rapide et parfaitement orchestré. Bon rapport qualité/prix.

À voir – À faire

■ CITÉ OMEYYADE D'ANJAR ★★★

Ouvert tous les jours de 8h à 18h. Entrée : 6 000 LL.

Cernées par une enceinte fortifiée percée de quatre portes, les ruines forment un quadrilatère de 370 m sur 310 m, se divisant comme un camp romain, en quatre parties égales. Le mur compte 36 tours semi-circulaires et 2 tours circulaires aux angles de la cité. Cette enceinte est haute de 7 m et épaisse de 2 m. Elle est surtout construire à partir de pierres calcaires. On y a retrouvé des dizaines de graffitis de l'époque omeyyade.

- **Deux grandes avenues** (Cardo Maximus et Decumanus Maximus) – se coupant au centre du caravansérail – délimitent les quartiers. Ces voies sont bordées de centaine de boutiques qui soulignent le rôle commercial de la cité. Au croisement des axes s'élevait un tétrapyle. Cet ensemble de quatre socles surmontés de quatre colonnes formait une sorte d'arc de triomphe. Le long de la voie menant au tétrapyle, une série d'arcades s'ouvraient sur les magasins. Une grande partie des colonnes et chapiteaux utilisés fut prélevée sur des sites romains avoisinants, ce qui explique l'aspect hétéroclite de l'architecture.
- **Un petit palais,** abritant probablement le harem du prince, ornait l'angle nord-est du site tandis qu'un marché, suivi d'une mosquée, occupait l'angle sud-est.
- **A l'arrière s'élevait la demeure princière** – ou grand palais – précédé d'une belle cour intérieure. Une partie de la façade en pierres alternées de brique a pu être reconstituée. Adjacent au grand palais, une petite mosquée de 200 m². Elle se compose d'une cour ouverte avec un puits pour les ablutions et une salle de prière à deux travées. L'entrée principale de cette mosquée se trouvait le long de l'axe est-ouest de la cité. Une seconde entrée était au niveau des souks.
- **Le quartier sud-ouest** semble avoir regroupé les habitations. Près de l'actuelle porte d'entrée, un hammam, construit selon les traditions romaines, disposait d'une salle d'eau tiède et d'un bain de vapeur.
- **Le caravansérail** possédait également un système perfectionné d'écoulement des eaux usées hors des murailles. On peut d'ailleurs encore voir les regards d'égout installés au centre des voies principales.

DANS LES ENVIRONS

MEJDEL ANJAR ★

Transports

Comment y accéder et en partir

Le village de Mejdel Anjar est situé à 3 km au sud d'Anjar. A partir de la voie rapide qui mène à Masnaa, la route de Mejdel Anjar se trouve à droite après celle qui mène à Anjar.

À voir - À faire

■ LE TEMPLE DE MEJDEL ANJAR

De luxueuses constructions sont à l'entrée du village. Rapidement et très nettement les ruines se distinguent au sommet d'une colline. Traverser le village jusqu'à la place centrale. Prendre à droite pour commencer l'ascension de la colline. La route devenant de plus en plus étroite, il est plus simple de demander à un enfant du village de vous indiquer le chemin à suivre. Demander « el Qalaa ».Vous passerez devant un minaret médiéval du XIIIe siècle (restauré en 1959). Après une forte pente, laisser votre voiture et continuer à pied. Le site se trouve à 2 minutes. Ce petit temple romain était semble-t-il aussi richement décoré que ceux de Baalbek. Les murs de la cella, très dégradés, sont néanmoins conservés sur presque toute leur hauteur. Des fortifications encerclaient le temple, qui date, visiblement, du VIIe ou VIIIe siècle. Puis il a été converti en forteresse par les Abbasides. Le site reste un vaste champ de ruines avec de nombreux blocs éparpillés. Une fois en haut, vous aurez un beau panorama.

DEKWEH ★

À voir - À faire

Prenez la route de Chtaura en direction d'Anjar et tournez à droite vers El Marj, dépassez Haouch el Harimé et tournez à gauche vers El Khiara.

Mesures de sécurité

Dans les environs d'Anjar, nous avons mentionné plusieurs ruines de temples romains (par exemple à Mejdel Anjar, à Dekweh et à Manara). Ces sites se trouvent dans un secteur géographique sensible du Liban. A proximité de la frontière syrienne, le secteur n'est fréquentable que dans un contexte politico-sécuritaire calme. De plus, il est déconseillé de se promener sans quelqu'un qui connaît parfaitement l'emplacement de ces sites archéologiques.

Site de valeur exceptionnelle, Anjar ne fut pourtant découvert qu'à la fin des années 1940.

L'ensemble architectural du site témoigne d'une remarquable finesse de construction, à l'image du tétrapyle qui domine la cité.

Cette cité commerçante omeyyade est née à l'intersection de la route reliant Damas à Beyrouth et de la route de la Bekaa (reliant Homs à Tibériade).

Prenez comme repère les bâtiments d'une grande école que vous laissez à gauche, le village de Dekweh se trouve à 2 km de ce repère. Derrière ce village, habité par des fermiers et des bergers, admirez les ruines d'un temple romain encore bien conservé au milieu d'une cour. Trois colonnes forment la colonnade frontale. Le site a été utilisé comme église à l'époque proto-byzantine. Une ouverture dans le mur ouest donnait accès à la chapelle. Du temple, vous pouvez emprunter le sentier (compter 15 à 20 minutes) qui vous mènera à d'anciennes sépultures composées de caveaux et de sarcophages.

MANARA ★

À voir – À faire

Avant d'arriver au poste frontière de Masnaa, prenez à droite en direction de Mazraat Aazi, Dahr el Ahmar et Rashaya, virez à gauche au niveau du panneau de Manara (anciennement appelé Hammara). Pour accéder aux ruines d'un temple romain qui fut par la suite partiellement transformé en une basilique, continuez sur 5,5 km sur un chemin de terre. Pour être plus sûr, n'hésitez pas à demander votre chemin ou de l'aide auprès des habitants du village. Connu sous le nom de Qasr al-Wali ou Ain Kenya, ce site fut construit sur les pentes de la colline. La région était une zone de passage vers la Syrie. Les historiens pensent que le site a été occupé durant trois périodes : romaine, proto-byzantine et médiévale. Pour la construction de la basilique, les blocs de pierre furent réutilisés comme architrave. On distingue encore les colonnes d'une hauteur très modeste contrairement à la hauteur des colonnes des autres temples romains du Liban. Une croix bifide est nettement visible sur l'une des colonnes. Les linteaux sont également intéressants avec de longues inscriptions.

DEIR EL ASHAYR ★

À voir – À faire

Un autre site qui plaira aux inconditionnels d'archéologie. Pour cela, il faut se rendre à l'extrémité est du Liban dans une région très reculée et aride. Tout près de la frontière syrienne, dépassez Yanta et continuez la route sur 2 km avant de tourner à gauche puis continuez sur 15 km pour accéder au village de Deir el Ashayr. Là se trouvent les ruines d'un temple romain dont les pierres ont été pour la plupart réutilisées par les villageois. Le temple lui-même est très partiellement conservé. En regardant bien vous trouverez des sculptures et des morceaux de l'enceinte principale. La cella a gardé ses murs mais ils sont très abîmés et marqués par le temps. Le site est encerclé par le village. Ce temple périptère s'élevait sur un imposant podium de 40 m sur 22 m. Autour du site, on peut remarquer un chapiteau ionique d'angle, richement décoré.

KAMED EL LOZ ★

Transports

Comment y accéder et en partir

Kamed el Loz est situé à 3 km de Jib Jannine sur l'axe qui traverse d'ouest en est la plaine de la Bekaa, soit entre les villages de Kefraya et de Mazraat Aazzi.

À voir – À faire

LA NÉCROPOLE

Peu avant le village, se trouvent une vaste carrière, des tombeaux creusés dans les rochers et des inscriptions araméennes portant la date de 714. Elles pourraient avoir été exécutées par des chrétiens nestoriens déportés de Haute-Mésopotamie et employés à l'extraction des pierres nécessaires à la construction du site d'Aanjar. Certains sites qui sont visibles de la rue principale se trouvent parfois dans des terrains privés. Leur accès n'est pas public.

LE TELL ARCHÉOLOGIQUE

Kamed El Loz possède un tell archéologique (localisé au nord du village) remontant à l'âge du bronze. Les archéologues ont découvert une superposition presque ininterrompue de couches d'habitats anciens du néolithique à l'époque perse (V^e^ millénaire au IVe siècle av. J.-C.). C'est en effet ici que s'érigeait au IIe millénaire une métropole régionale fortifiée qui régissait alors le sud de la Bekaa. D'après les fouilles menées par des archéologues allemands entre les années 1963 et 1981 et selon les correspondances datées du XVe av. J.-C., il semble que le royaume de Kumidi – gouverné par un Egyptien – ait imposé sa domination sur la région au moment de la présence égyptienne en Asie mineure.

Aujourd'hui, on peut voir les fortifications de la cité et une partie de ce qui fut jadis l'entrée et les espaces administratifs du palais. Lors des fouilles, on a retrouvé une partie de ce que l'on a cru être un « trésor », mais qui était vraisemblablement le « pavillon royal », dans lequel on a retrouvé des objets en ivoire, de la vaisselle en albâtre et en verre, des statuettes plaquées d'or, des objets en terre cuite, de même qu'une statuette d'une femme assise qui pourrait être l'effigie de la reine de Kumidi.

KEFRAYA ★

Aussi célèbre que les vignobles de Ksara, la renommée du domaine de Château Kefraya s'étend dans le monde entier.

Transports

Comment y accéder et en partir

Pour rejoindre ce vignoble, prenez la route de Chtaura-Saghbine qui passe par Qabb Elias, continuez vers le sud pendant 20 km. La route est agréable. Vous longez les marécages d'Ammiq, puis tournez à gauche au niveau du barrage, continuez sur quelques centaines de mètres et tournez à droite en suivant les panneaux.

Se restaurer

■ LE RELAIS DIONYSOS
✆ +961 8 645 333
Ouvert tous les jours, midi et soir.
C'est tout simplement le restaurant du Château Kefraya ! Avec son parc et ses pelouses vertes, le cadre est très beau et calme. Le menu est relativement simple, le tout avec un vin maison, bien sûr. La carte des vins est intéressante et permet de connaitre les différents crus du château. Le samedi, un menu libanais à 55 $ avec un mouton à la broche et de nombreuses salades et mezzés est proposé de 13h à 17h. Le dimanche, il s'agit d'un buffet international, à 55 $ également.

À voir – À faire

■ CHÂTEAU KEFRAYA ★
✆ +961 8 645 333
www.chateaukefraya.com
admin@chateaukefraya.com
Visite du vignoble tous les jours de 9h à 18h. Dégustation de vins à l'accueil Dionysos, tous les jours de 9h à 19h.
Consacré aux vignes depuis 1950, Château Kefraya est tant connu pour sa gamme de vins que pour la splendeur de son domaine. Situé dans la plaine fertile de la Bekaa, à 1 100 m d'altitude, le vignoble dispose d'une vue exceptionnelle sur la Syrie et le lac Qaraoun. Château Kefraya a conçu pour ses visiteurs un circuit œnotouristique afin de leur faire découvrir son terroir, tout en leur assurant une immersion totale dans le monde du vin. Le tour comprend une balade en petit train et la visite du site de Dahr el Moghor où furent découvertes des tombes collectives romano-byzantines.

AMMIQ ★

■ BEIT AMMIQ
✆ +961 3 004 481
www.soukeltayeb.com
info@tawletammiq.com
Chambre simple à 80 $, double à 120 $. Petit déjeuner et taxes compris.
Gérée par Souk el Tayeb, cette petite maison d'hôte, ouverte exclusivement le week-end, possède trois chambres confortables et un restaurant qui sert une cuisine libanaise traditionnelle et familiale. L'été, un buffet est organisé tous les week-ends de 11h30 à 16h. Une bonne occasion de découvrir la gastronomie de la région, dans un cadre agréable et chaleureux.

■ CLOS SAINT THOMAS
AMMIQ
Kab Elias
✆ +961 8 500 812
✆ +961 8 500 813
www.closstthomas.com
info@closthomas.com
Dégustation de vins et visite de la chapelle dédiée à St Thomas, du lundi au samedi de 8h à 16h.
Sur la route qui mène à Ammiq et à 6 km de Chtaura, le vignoble Clos Saint Thomas est un domaine familial établi depuis 1990 par Said Touma et sa famille. Les vignes occupent 65 hectares. Depuis la première récolte en 1998, Clos Saint Thomas fait partie des bons producteurs de vin au Liban avec une production principalement exportée.

■ LES MARÉCAGES D'AMMIQ
A 7 km au sud de Qab Elias en direction du lac de Qaraoun, les marécages d'Ammiq occupent 280 hectares. La région d'Ammiq est une zone humide classée par la convention Ramsar (qui vise à empêcher la dégradation des zones humides dans le monde). Ce domaine privé est l'un des plus vastes marécages de la Bekaa et se trouve sur un des itinéraires de migration des oiseaux au Moyen-Orient. Au total, plus de 250 espèces d'oiseaux ont été enregistrées dans le secteur. Certaines sont menacées, comme les pélicans, les glaréoles, les grues, les cigognes et les bécassines. En plus de sa grande diversité d'oiseaux, une grande variété d'animaux vit dans et autour du marais. 23 espèces de mammifères ont été enregistrées : chats sauvages, loutres, reptiles et grenouilles. Une zone d'observation a été aménagée. De plus, quelques associations de randonnées et tour-opérateurs organisent des visites.

RASHAYA EL WADI ★

Transports

Comment y accéder et en partir

Pour rejoindre Rashaya, prenez la route Chtaura-Masnaa. Avant le poste frontière, prenez la direction du sud de la Bekaa vers Dahr el Ahmar. Puis prenez la route de gauche en direction de Rashaya qui est à 6 km. Attention, la traversée de Rashaya est raide.

À voir – À faire

■ LA FORTERESSE DE RASHAYA

Non loin de la frontière syrienne, cette ville, située à 1 350 m d'altitude, a gardé son architecture traditionnelle. Rashaya, qui fut détruite par les Français en 1925 lors de la révolte druze, abrite une forteresse où les émirs Chéhab vécurent au XVIIIe siècle. Transformée en prison par les autorités françaises, vous pouvez visiter les cellules où furent détenus, par les autorités françaises à partir du 11 novembre 1943, le président de la République Béchara el Khoury, le Premier ministre Riad el Solh et divers ministres, en riposte à une proclamation unilatérale d'indépendance. La réprobation unanime amena la libération des prisonniers dès le 22 novembre, qui est depuis la date de la fête nationale. La citadelle est actuellement occupée par l'armée libanaise.

Shopping

Profitez de cette halte pour déambuler dans le vieux et petit souk des orfèvres de Rashaya récemment rénové et où vous trouverez de jolis bijoux en argent. Croix byzantines, boucles d'oreilles, porte-clés, le travail des orfèvres mérite un détour dans ce village, par ailleurs agréable à visiter.

AIN HOURCHE ★

Transports

Comment y accéder et en partir

En quittant Rashaya, après 10 km en direction de Hasbaya, vous pouvez passer à Ain Hourché où se trouvent les ruines romaines qui sont encore bien conservées.

À voir – À faire

Le petit temple d'Ain Hourché est certainement un des mieux préservés de la région (il ne manque que le toit). Par exemple, tout le côté ouest du monument est entièrement conservé. Quasiment unique au Liban ! Son fronton dispose d'une représentation de Luna. Devant le pronaos, une inscription grecque sur un bloc brisé en deux permet de dater le temple du IIe siècle de notre ère (soit 114-115 apr. J.-C.). Le mur sud a une petite fente qui devait filtrer les rayons du soleil. On remarque aussi sur l'un des murs un relief d'un temple en miniature. Autour du site, des vestiges d'habitations et des restes de sarcophages. L'ascension jusqu'au temple est un excellent prétexte pour passer un moment dans la nature et s'offrir une agréable promenade. A partir du temple, le panorama est splendide. Ce site qui a fait l'objet de fouilles et d'une rénovation en 1938-39 peut ravir les aficionados de vieilles pierres de l'époque romaine.

QARAOUN ★★

Transports

Comment y accéder et en partir

En direction du sud de la plaine de la Bekaa, les eaux du lac de Qaraoun se trouvent à 5 km

Le mont Hermon

Deuxième sommet par sa hauteur, le mont Hermon s'élève à 2 745 m. Rashaya n'en est qu'à quelques kilomètres. Cette montagne sacrée fut tour à tour baptisée Sa Niron par les Assyriens, Sirion par les Phéniciens, Hermon dans l'Ancien Testament, puis Jabal al Shaikh aujourd'hui. A l'époque romaine, cette montagne était considérée comme un lieu sacré et une résidence divine, d'où la présence de ruines romaines de temples.

Le mont Hermon, c'est aussi un véritable château d'eau où prennent naissance des sources formant des rivières qui viennent se jeter au Liban, dans le Litani, et en Israël, dans le Jourdain. Détenir le contrôle de ces sources, c'est détenir l'une des clés d'une richesse majeure : l'irrigation. Du sommet, la vue s'étend sur la plaine de la Bekaa, la Syrie et le lac Qaraoun.

de Kefraya en direction de Khirbet Qanafar et Saghbine. Il est également possible de rejoindre le lac à partir de Joub Jannine.

Se restaurer

En prenant une des routes sur la rive ouest du lac (autour de Saghbine), se trouvent des restaurants qui servent une cuisine libanaise souvent accompagnée d'un bon cru local ! Ces restaurants ouverts principalement l'été ont des vues superbes sur le lac. Mais ils ne sont plus aussi fameux qu'auparavant. Sans doute que manger au bord du lac n'est plus trop à la mode.

À voir – À faire

LE LAC QARAOUN ★

Après avoir dépassé les caves de Kéfraya, rien de tel que de se promener le long des berges du lac Qaraoun, retenue d'eau d'une superficie de 11 km² construite en 1959 sur le fleuve Litani le long de la frontière libanaise. Attention, la baignade n'est pas recommandée. L'arrivée sur le lac est superbe : les couleurs bleutées défilent en même temps que les chaînes de montagne qui se profilent à l'horizon. A l'extrémité sud du lac, le barrage (60 m de haut et 1 350 m de long) est impressionnant. Il est avant tout destiné à irriguer la plaine de la Bekaa et les plaines du Liban Sud.

Palais de Bachir II, Dar el Wousta.

LIBAN SUD

LIBAN SUD

Les immanquables du Liban Sud

- **Visiter** le palais Debbané et le musée du Savon à Saïda.
- **Se perdre** dans les souks de Saïda.
- **Errer** dans les dédales du temple phénicien d'Eshmoun, le dieu guérisseur.
- **Admirer** les ruines de Tyr, classées au patrimoine mondial.
- **Se prélasser** sur les plages de sable au sud de Tyr.
- **Visiter** le château de Beaufort au sud de Nabatieh.

Le Liban Sud, région de 2 000 km², s'étend au nord du fleuve Awali qui le sépare du Mont-Liban jusqu'aux frontières internationales du Liban avec Israël. Zone géographique très sensible, cette région a été le théâtre de nombreux événements militaires :

- **Mars 1978** : Israël occupe le Liban Sud afin de chasser les combattants de l'OLP. L'ONU adopte la résolution 425 qui exige un retrait immédiat et crée la force intérimaire des Nations unies au Liban (FINUL).

- **Juin 1985** : Israël se retire sur une « zone de sécurité » dans le Liban Sud qu'elle occupe conjointement avec l'armée du Liban-Sud, l'ALS, une milice.

- **Avril 1996** : L'opération israélienne « Raisins de la colère » fait 175 morts, essentiellement des civils.

- **Mai 2000** : Après 22 ans d'occupation, Israël se retire unilatéralement du Liban Sud. Actuellement, seule la région des fermes de Shebaa (environ 25 km²) à quelques kilomètres du village de Hasbaya fait encore l'objet d'un contentieux géographique.

- **Juillet 2006** : Le Hezbollah enlève deux soldats israéliens. Israël bombarde l'ensemble du territoire libanais mais principalement le sud.

Si se rendre à Saïda et à Tyr, ne pose aucun problème puisque ces villes n'ont jamais fait partie de la zone occupée libérée en 2000, l'accès aux sites touristiques (châteaux de Beaufort et de Tibnine) et les villages (Jezzine, Marjayoun, Khiam, Bent Jbeil, etc…) situés à proximité de la frontière avec Israël peut être plus délicat en fonction de la situation sécuritaire au Liban Sud qui compte plus de 13 000 soldats de l'UNIFIL. Le dernier accrochage sérieux remonte au 3 août 2010 quand un échange de tirs entre les armées libanaises et israéliennes avaient tué 4 personnes. Il est préférable de se tenir informé – par précaution – de la situation avant de s'y rendre.

Le Khan el-Franj.

ER MÉDITERRANÉE
Benwati
Anane
Bkassine
Eshmoun
Nahr el Aouali
Jezzine
JABAL NIHA
Lac de Qaraaoun
Salhiyé
Sfaray
Kfar Falous
SAIDA
Labaa
Palais Serhal
Machgara
Yohmor
Maghdouché
Jbaa
Sarba
Musée de la résistance
Kfair
Sarafand
Khaizarane
Habbouch
Hasbaiya
Ebel-es-saqi
Doueir
NABATIYET ET TAHTA
Marjayoun
Chebaa
Aadloum
Insar
Zebdine
Kfar Chouba
Khiam
Arnoun
Château de Beaufort
Zrariyé
JABAL ECH CHEIK
SYRIE
Kfar Kila
Taibé
Aabbassiye
Derdghaiya
Qalaat Maroum
Deir Kifa
TYR
Bazouriyé
Jowaya
Chehabiyé
Mjadel
Qabr Hiram
Hannaouiyre
Qana
Tibnine
Siddiqine
Haris
MOUHAFAZAT AL NABATIYE
Ouadi ed Debree
0
10 km
Frontière
Chef-lieu de caza
Autre localité
Curiosité
LIBAN SUD
Mansoura
JABAL AAMEL
Bent Jbail
Naqoura
Yarine
Rmaich
ISRAËL

Permis d'accès à l'ancienne zone occupée

Au moment de la rédaction de ce guide en juin 2016, les touristes étrangers désireux de visiter les sites historiques des châteaux de Beaufort et de Tibnine n'avaient pas besoin de demander au préalable un permis d'accès. Toutefois, pour ceux désirant aller encore plus dans le Sud Liban, et notamment vers les villages de l'ancienne zone occupée comme Marjayoun, une autorisation devait être demandée au moins 48h à l'avance auprès de la caserne militaire de Zgheib à Saïda (✆ +961 7 724 912). Ces formalités changeant régulièrement, n'hésitez pas à contacter l'office de tourisme de Beyrouth au ✆ +961 1 360 146, le personnel vous indiquera les démarches à suivre.

Pour l'obtention du permis, il faut faxer la première page de votre passeport et la page comportant votre visa libanais à la caserne militaire de Zgheib à Saïda. Vous pouvez aussi y passer directement, elle se trouve au sud de la ville après le supermarché Spinneys.

De plus, il est fortement conseillé également de ne pas s'aventurer n'importe où. En effet, il reste encore des milliers de mines déposées par l'armée israélienne au cours de l'occupation de 1978 à 2000 et de bombes à fragmentation suite à la guerre de juillet 2006. Le risque reste très élevé. Malgré les efforts des démineurs internationaux, des dizaines de personnes ont été tuées et une centaine d'autres blessées depuis l'an 2000.
La réalité sécuritaire est une chose. Mais le Liban Sud est également une région touristique à découvrir. L'autoroute entre Saïda et Tyr permet un accès relativement facile et rapide. Les routes sont bordées de plantations agricoles (orangers et bananiers) et les paysages sont multiples avec des vallées, des collines et une longue façade maritime. Saïda dispose d'un patrimoine architectural de toute beauté. Tyr offre des sites archéologiques splendides. Ses plages sont sans doute les plus belles du Liban. Son port est multicolore. Pour les amoureux de châteaux des croisés, Beaufort et Tibnine sont des sites à visiter.

Le vieux port de Tyr.

DAMOUR ET SA RÉGION

DAMOUR

Une envie de baignade ? A moins de 30 min de Beyrouth en direction de Saïda, vous passerez devant plusieurs complexes balnéaires implantés le long de plages de sable. Ces établissements se situent dans trois localités : Damour, Jiyé et Rmeilé. Auparavant délaissées et peu connues, ces plages sont aujourd'hui devenues des lieux parfaitement aménagés pour satisfaire vos journées estivales. C'est le rendez-vous à la mode de la classe aisée libanaise qui y montre sa dernière cylindrée, son dernier téléphone portable, ses nouvelles lunettes de soleil et sa nouvelle garde-robe.

Surpeuplées les week-ends d'été, elles sont en semaine des lieux agréables et reposants. Chaque plage dispose de bars, de restaurants, de cascades, d'activités aquatiques et sportives (ski nautique, Jet-Ski, planche à voile), de cabines, douches, piscines pour adultes et enfants, personnel de surveillance et plage sur la mer. L'entrée pour un adulte tourne autour de 20 $ (prix réduits en semaine et pour les enfants), mais vous bénéficierez de prestations haut de gamme, d'un confort certain et d'une réelle propreté. Il s'agit de destinations surtout familiales, hormis quelques plages réservées aux plus de 18 ans, dont Orchid et La Suite Oceana. Pour la restauration, il ne faut pas s'attendre à de la grande cuisine et les tarifs sont élevés. Les établissement sont en général ouverts de mi-avril à fin septembre. Les concepts peuvent changer d'une année à l'autre et, en général, des travaux d'aménagement sont réalisés chaque saison, mais voici les adresses qui perdurent.

Transports

Comment y accéder et en partir

Au départ de Beyrouth, il faut prendre l'autoroute en direction de l'aéroport puis suivre la direction de Saïda. Cela est parfaitement indiqué. La voie rapide contourne l'aéroport et rejoint l'autoroute côtière au niveau de Khaldé. Il s'agit d'une zone commerciale avec plusieurs restaurants et boulangeries. Certaines sont tellement fréquentées qu'elles occasionnent des embouteillages. L'autoroute arrive à Naamé puis Damour, les plages sont parfaitement indiquées sur votre droite.

Pratique

■ **LEBANON BEACH DIRECTORY**
Voir page 68.

Sports – Détente – Loisirs

Damour offre les plages de sable les plus proches de Beyrouth ; de nombreux complexes balnéaires y sont présents.

■ **IRIS BEACH CLUB**
✆ +961 71 533 318
www.irisbeach.com
Ouvert tous les jours de 10h à 18h. Entrée : 35 000 LL en semaine, 40 000 LL le week-end.
Plage branchée qui appartient au groupe Addmind, qui gère également le *rooftop bar* Iris au centre-ville, la boîte de nuit White ou encore l'hôtel Urban Faqra. Décoration raffinée et ambiance garantie, notamment le vendredi où des DJs viennent enflammer la plage à partir de 17h.

■ **JANNA SUR MER**
Dammour Main Entrance
Janna Sur Mer,
✆ +961 5 602 656
✆ +961 3 688 250
www.jannaresorts.com
info@jannaresorts.com
Ouvert tous les jours de 9h à 18h. Entrée : 35 000 LL en semaine et 40 000 LL le week-end, 15 000 LL pour les enfants.
Ce vaste complexe prétend avoir l'une des plus grandes piscines du Moyen-Orient. Janna sur Mer compte 2 restaurants et de nombreux bungalows.

■ **LA SUITE OCEANA**
✆ +961 3 998 080
Entrée à 35 000 LL en semaine et 40 000 LL le week-end. Accès réservé aux plus de 18 ans.
Oceana a été l'un des premiers établissements qui a démarré le concept des plages privées sur le littoral au sud de Beyrouth. Auparavant implanté à Rmeileh, Oceana a rouvert ses portes en juillet 2004 à Damour sur 33 000 m² au milieu de la végétation. Entièrement rénové et désormais baptisé La Suite Oceana, l'établissement possède désormais une seule piscine et un restaurant. De nombreuses *beach parties* sont organisées. Ambiance garantie ! Les enfants ne sont pas acceptés.

DANS LES ENVIRONS

JIYE ★★

Sports – Détente – Loisirs

Jiyé dispose d'une longue plage de sable. L'endroit est idéal : les complexes balnéaires attirent des milliers de visiteurs en été. Les week-ends, les plages sont très fréquentées, heureusement en semaine, elles sont plus tranquilles et agréables. Toutes les enseignes sont parfaitement indiquées à partir de l'autoroute et de l'ancienne route maritime.

BAMBOO BAY
✆ +961 7 995 042
✆ +961 79 182 183
Ouvert tous les jours de 9h à 19h. Entrée : 40 000 LL.
Bamboo Bay est un élégant complexe balnéaire avec une jolie décoration, un design dominé par le blanc avec des touches de couleurs. Grand confort et service attentionné. Bamboo Bay comporte deux parties : une zone familiale avec une piscine et une aire de jeux pour les enfants et une zone pour les plus de 21 ans ! Cette partie devient alors l'une des plages les plus branchées du littoral. Les espaces sont découpés en terrasses à la location pour les groupes.

LAZY B
✆ +961 70 950 010
www.lazyb.me
Ouvert tous les jours de 9h à 19h. Entrée : 35 000 LL en semaine, et 45 000 LL le week-end.
C'est l'une des plus belles plages au sud de Beyrouth ! La décoration est simple avec de nombreux espaces verts, des bancs de fleurs et des terrasses de gazon. C'est calme et sans musique. La plage s'étire sur 100 m. Il y a une piscine « pour les adultes » et des bassins d'eau de mer pour les familles à proximité de la plage.

ORCHID BEACH RESORT
✆ +961 3 040 420 / +961 7 996 303
www.orchid-lifestyle.com
info@orchid-lifestyle.com
Ouvert tous les jours de 10h à 18h. Entrée : 50 000 LL. Interdit aux moins de 21 ans.
Réservé exclusivement aux adultes, Orchid est un complexe luxueux où le service est efficace et attentionné. C'est donc aussi l'une des plages privées les plus chères de la région. Orchid possède un restaurant, des huttes privées qui disposent chacune d'un bain bouillonnant, d'une piscine, d'un spa et d'une plage de 50 m de long.

WARWICK PANGÉA BEACH RESORT
✆ +961 7 995 580
www.warwickhotels.com/pangea-beach
info.warwickpangea@warwickhotels.com
Ouvert tous les jours de 9h à 18h. Entrée : 35 000 LL en semaine et 45 000 LL le week-end.
Ouverte en mai 2006, puis intégrée dans le vaste complexe de l'hôtel Warwick, la plage de Pangéa propose trois piscines, dont une pour les enfants, une plage aménagée et un restaurant. De nombreuses activités nautiques sont proposées. Une excellente adresse, propre, aérée et agréable.

RMEILE ★

Sports – Détente – Loisirs

Avant d'arriver à Saïda, Rmeilé dispose également d'une longue plage de sable. Notre sélection comporte deux enseignes :

LAGUAVA
✆ +961 7 990 101
✆ +961 3 141 411
www.laguavaresort.com
info@laguavaresort.com
Ouvert tous les jours de 9h à 18h. Entrée : 35 000 LL en semaine et 40 000 LL le week-end.
Etalé sur 50 000 m^2 et bordant directement la mer sur 1 km, Laguava a été inauguré à l'été 2004. Laguava est un petit paradis exotique : deux piscines de 1 000 m^2 chacune, deux restaurants, un *beach bar* et des bungalows. Laguava est une destination familiale.

CHHIM ★

Transports

Comment y accéder et en partir

A 15 km du littoral. Quittez l'autoroute de Saïda au niveau de la sortie Sibline et Chhim. Après la traversée de la ville industrielle de Sibline, vous arriverez à Chhim, village densément peuplé tout en longueur et peu accueillant. Après être passé devant la banque Crédit Libanais, vous arriverez à une bifurcation, prenez à gauche vers Borjein la route descend, à 2,5 km, vous atteindrez sur votre droite un magnifique site archéologique. Un panneau du ministère du Tourisme le mentionne.

À voir – À faire

LE TEMPLE ROMAIN DE CHHIM

Le site comprend un petit temple romain tétrastyle qui comporte un bas-relief dédié au dieu Soleil sur sa façade. Ce temple faisait partie d'un village habité du VIe siècle av. J.-C. au VIe siècle apr. J.-C. On distingue encore des ruelles, des restes de maisons et une basilique, dont certaines mosaïques ont été volées en 1999. A gauche du temple, on peut voir une imposante huilerie avec des pressoirs taillés dans le rocher, des contrepoids en pierre, des réservoirs. La production de l'huile était l'activité dominante du village jusqu'au VIIe siècle qui l'exportait jusqu'au port de Jiyé. Puis, le village fut abandonné sans que les chercheurs n'en connaissent la raison.

La visite du site est très agréable mais n'est possible que si l'équipe d'archéologues est présente. Généralement, elle y est durant la saison estivale. Cependant, il est préférable de se renseigner à la direction générale des Antiquités située à côté du Musée national à Beyrouth ✆ +961 1 426 703.

JOUN ★

Transports

Comment y accéder et en partir

Avant l'arrivée à Saïda et la traversée du pont du Nahr el-Awali, prendre la direction d'Almane, la route longe la rivière puis monte vers Joun, situé à 15 km du littoral.

À voir – À faire

COUVENT DE DEIR EL-MOUKHALLES OU SAINT-SAUVEUR ★

A la sortie de Joun, après le barrage, vous apercevrez au loin le couvent. Suivez une route sur 3 km qui traverse des parcelles d'oliviers et de pins. Ce très beau couvent grec catholique est entouré de verdure et constitue une agréable halte. Il fut fondé en 1711 sur le lieu d'un miracle, selon la légende. Par accident, un homme reçut un coup de fusil dans le ventre. Un évêque de passage dans la région et témoin de la scène s'écria : « Oh, Sauveur du monde ! » L'homme à terre se releva indemne.

Le couvent fut endommagé par un tremblement de terre en 1956 puis abandonné durant la guerre. Il fut restauré récemment. Quelques objets (horloge, presse-papier) du début du XXe siècle sont également exposés dans le passage qui mène à une petite église. Celle-ci possède des icônes anciennes. La terrasse offre un panorama remarquable.

RUINES DE LA MAISON DE LADY STANHOPE

A la sortie du village, vous passerez à un barrage de l'armée libanaise, ensuite prenez tout de suite à gauche. Un chemin étroit descend au fond d'une vallée puis à droite pour remonter en haut d'une colline et encore à droite. Les habitants nomment ce secteur Dahr el Sitt. Au milieu des oliviers, vous pouvez voir les ruines de la maison Stanhope. Il ne reste que quelques murs de cette demeure qui comptait 35 chambres. Le site a été pillé et détruit durant la guerre civile. La tombe de Lady Stanhope se trouve à l'arrière des ruines de sa maison au milieu de l'oliveraie.

BEITEDDINE ET SA RÉGION

Montagnes lumineuses couvertes d'oliviers, de figuiers et de vignes ; vallées bleues, dès que le jour s'achève, ou blanches lorsque la brume les touche : le paysage en direction de Beiteddine est enchanteur. Contrairement à d'autres régions du Liban, la route est large et correctement asphaltée. Il est vrai que Walid Joumblatt, le leader du Chouf, y veille et qu'il a détenu par le passé le portefeuille des Travaux publics. Charité bien ordonnée commence par soi-même. Au crédit de l'ancien ministre, son intérêt réel pour les questions d'environnement. Pas question pour lui de permettre aux entrepreneurs de remplacer les arbres par des immeubles en béton comme on le voit un peu partout dans le pays. La route est donc très belle, souvent solitaire, parfois bordée de maisons en vieilles pierres de taille devant lesquelles rêvent des vieillards en saroual noir – pantalon traditionnel des Druzes – et calotte blanche sur la tête.

A l'origine cité phénicienne, cette région est au confluent de deux petits fleuves, celui de Barouk et celui de Safa. En 1942, au large de ses côtes, un sous-marin des forces navales vichystes françaises qui gouverne le Liban est coulé. Des fortifications dont quelques-unes sont encore visibles sont construites sur la route principale et ses plages. Cela ne retardera pas l'avance des troupes alliées (surtout des Australiens).

Hier terrain de conflits sanglants qui se sont soldés par la mort de plus de 3 000 habitants et la destruction d'une centaine de villages, le Chouf semble avoir commencé à panser ses blessures, et aujourd'hui ses habitants reviennent au compte-gouttes dans leurs maisons. Néanmoins, au cours de votre balade, vous remarquerez que beaucoup d'immeubles ne sont pas terminés. Il reste toujours un ou deux étages inachevés. Paysage surprenant !

Le Chouf, c'est également l'origine de l'entité libanaise. Druzes et chrétiens y vivent ensemble depuis des siècles. Une cohabitation entrecoupée de querelles sanglantes, ayant fait l'objet de nombreux colmatages pour préserver cette unité qui est l'un des biens les plus précieux du Liban.

En 1516, à la suite du triomphe des Ottomans sur les mamelouks, le sultan Sélim Ier récompensera de son zèle – dans la lutte qu'elle mena contre ces derniers – la famille druze des Ma'an (Chouf) en attribuant à l'un des leurs, Fakhreddine Ma'an Ier, le titre d'émir de la Montagne du Liban. De 1516 à 1918, les territoires de l'actuel Liban tomberont donc sous le contrôle des Ottomans mais les émirs désignés par l'autorité d'Istanbul, outre leur rôle de collecteurs d'impôts, essayeront par tous les moyens d'offrir à leurs sujets une certaine autonomie.

Pendant trois siècles, les dynasties des Ma'an puis des Chihabides domineront l'histoire de l'émirat. Fakhreddine II Ma'an (1590-1635) apparaît pour beaucoup comme le père de la nation libanaise moderne. Il s'efforcera, tout au long de son règne, de garantir l'unité de l'émirat en unifiant les grandes familles féodales et en assurant la coexistence pacifique des différentes communautés religieuses. S'étant habilement allié au grand-duc de Toscane, Fakhreddine va subir les foudres de la Sublime Porte (nom donné au gouvernement ottoman). Il doit s'exiler en Italie pendant cinq ans. A son retour, il renforce son prestige, et son autorité ne se limite plus au Chouf. Son pouvoir s'étend bientôt de la Galilée jusqu'à Antioche (Turquie), et du rivage méditerranéen jusqu'à Banias (Syrie) puis la rive est du Jourdain. Bientôt, sa puissance est jugée trop dangereuse par les Ottomans qui finissent par le capturer et l'envoient à Istanbul. En 1635, il est décapité. A la mort de Fakhreddine, l'émirat se retrouve réduit à la seule région du Chouf.

C'est son petit-fils Melhem Ma'an, rescapé – miraculeusement – de l'hécatombe familiale, qui continuera de 1635 à 1658 l'œuvre de son grand-père. Après le règne des fils de Melhem, la dynastie s'éteint et les Chihabides, fidèles alliés des Ma'an, leur succèdent. En 1697, l'émir musulman, Bachir Ier Chéhab, est élu par la communauté druze, mais en 1706 son ennemi, Haïdar Chéhab, l'empoisonne et reprend le pouvoir. Ses fils puis ses petits-fils installeront leur résidence principale à Deir el-Qamar et ces derniers choisiront de se convertir à la religion chrétienne maronite. L'émirat aura dès lors tendance à favoriser la communauté chrétienne au détriment des Druzes. Le nouveau pacha d'Acre, un Bosniaque nommé Ahmed Jazzar (1775-1804) s'appliquera d'ailleurs à entretenir la discorde entre les deux communautés de la Montagne libanaise. Les Ottomans ont en effet beaucoup de mal à maintenir une emprise sur l'émirat. Aussi, le clivage des communautés apparaît comme le seul moyen d'éviter la création d'une entité indépendante.

En 1790, l'émir Youssef Chéhab meurt pendu à Acre et Bachir II Chéhab, son neveu – dont Jazzar s'était servi pour perdre Youssef – devient en 1789 à son tour grand émir. Au début de son règne, Bachir II collabore avec le cheikh Bachir Joumblatt, le plus grand propriétaire terrien du Liban, pour se défaire de la tutelle ottomane. Cependant, une mésentente éclate *bientôt entre les deux hommes, et, en 1825, Bachir II fait assassiner le leader druze. A cette époque, le pacha d'Egypte, Méhémet Ali, espère profiter de la faiblesse de l'Empire ottoman pour en devenir le maître et demande l'aide de Bachir II. En 1833, il l'obtient. Bachir II n'aura de cesse de restructurer l'administration, la justice et les finances de l'émirat mais il commettra la faute de privilégier les maronites, appuyé dans cette politique par les Egyptiens. Devant le refus des Druzes de se plier à la conscription, Bachir II, sur ordre de Méhémet Ali, mobilise les maronites et organise un terrible massacre des Druzes. Cependant, en 1840, un mouvement de révolte multiconfessionnelle va s'organiser pour s'opposer à l'ingérence égyptienne et lutter contre Bachir II. Les Ottomans, de leur côté, aidés par les Autrichiens et les Anglais, refouleront Méhémet Ali jusqu'en Egypte. Destitué, Bachir II devra partir en exil. En 1850, il mourra à Istanbul.*

Son neveu, Bachir III Chéhab, prend la relève, mais du fait de son incapacité et de ses bévues, les conflits intercommunautaires reprennent de plus belle. Les Ottomans décident d'intervenir pour déposer Bachir III et mettre fin à l'histoire de l'émirat en créant le système du « double caïmamat » (territoires sous contrôle d'un gouverneur), l'un Druze, l'autre maronite. Ces dispositions arbitraires ne font qu'envenimer la situation qui dégénère – en 1860, au cours du mois de juin – en véritables massacres.

Les puissances extérieures en profiteront pour choisir leur camp : la France soutiendra les maronites, l'Angleterre appuiera les Druzes, vainqueurs de ces terribles affrontements.

Devant la situation critique des chrétiens, Napoléon III décide d'intervenir militairement dans la montagne libanaise (août 1860) pour aider les sinistrés et prévenir d'autres massacres. De même, une commission européenne se réunira à plusieurs reprises et signera en Turquie (1861) un texte reconnaissant au Liban un régime d'autonomie appelé « moutassarifiat du Mont-Liban », mais le pays fera toujours partie intégrante de l'Empire ottoman jusqu'à la Première Guerre mondiale. Il jouira cependant d'une certaine indépendance tout en restant sous la protection des puissances européennes. Le moutassaref (gouverneur ottoman de confession chrétienne), nommé par la Sublime Porte, s'installera à Beiteddine. Ce « Petit Liban » sera divisé en sept cazas, et les différentes communautés religieuses seront représentées de façon proportionnelle à leur importance au sein d'un conseil administratif. Le Moutassarifiat ramènera une période de calme et de prospérité jusqu'en 1914, mais la guerre entraînera malheureusement une grave crise économique. Le 10 août 1920, la signature du traité de Sèvres – entre les Alliés et la Turquie – tracera les frontières de nouveaux Etats issus de l'éclatement de l'Empire ottoman. La Syrie et le Liban seront placés sous mandat français, et Beyrouth deviendra la capitale de l'Etat libanais. Le Chouf ne sera désormais plus au cœur des grandes décisions politiques.

BEITEDDINE ★★★

A 26 km du littoral et à 850 m d'altitude. Petit village du Chouf, Beiteddine, « la maison de la foi », doit sa célébrité au palais du Peuple, joyau de l'architecture orientale, autrefois appelé « palais de l'émir Bachir ». Dressé sur un éperon rocheux dominant une vallée verdoyante, le palais est l'un des sites les plus visités du Liban. Symbole national pour tous ceux qui pensent que son fondateur, l'émir Bachir, est aussi à l'origine de l'entité libanaise.

« Au-dessus d'un profond ravin s'élève un des plus saisissants palais mauresques qu'il m'ait été donné de visiter. Je parcours ses jardins, ses salles, ses bains, ses galeries superposées, ses arcades légères, ses patios où murmurent des fontaines, ses tours carrées et crénelées, les masses de verdure qui s'y mêlent. Le beau séjour somptueux ! Quelles sont les annales d'un tel lieu, à la fois prison, forteresse, harem, dont les jardins de buis et de cyprès respirent la mort et la volupté ? » Telles sont les premières impressions de Maurice Barrès, en 1914, lors de sa visite au palais de Beiteddine.

Transports

Comment y accéder et en partir

Beiteddine est parfaitement indiqué à partir de l'autouroute qui relie Beyrouth à Saida. Au niveau de Damour, prendre la sortie qui mène au Chouf. Beiteddine se trouve à 6 km après Deir el Qamar. Une fois à Beiteddine, si vous êtes en voiture, il y a des places de parking à l'entrée du palais. Avec les transports en commun, il est possible de prendre un bus à partir de Cola à Beyrouth. Départ toutes les 30 min environ (4 000 LL pour rejoindre Beiteddine).

Les immanquables de Beiteddine et sa région

- **Profiter** de la beauté du palais de Beiteddine.
- **Se promener** dans le magnifique village de Deir el Qamar.
- **Contempler** les cèdres du Barouk et de Maasser ech Chouf.

Se loger

BOUYOUTI

Maaser el Beiteddine
✆ +961 3 310 200
Sur la route entre Deir el-Qamar et Beiteddine, une fois la station service de Maaser el Beiteddine passée, une route descend vers la droite. L'hôtel est indiqué.
Chambre double de 200 à 250 $. Petit déjeuner, taxes et wi-fi compris.
Niché dans la vallée du Chouf, à mi-chemin entre Deir el-Qamar et Beiteddine, Bouyouti est un véritable havre de paix. Dix maisonnettes d'une vingtaine de mètres carrés sont dispersées sur un vaste terrain en terrasse, offrant à chaque chambre une véritable intimité. Bouyouti possède une superbe piscine, et un grand restaurant en extérieur, très agréable lors des soirées d'été. Un lieu idéal pour passer un week-end au calme.

MIR AMIN PALACE HOTEL

Beit Al Dine
✆ +961 5 501 315 / +961 5 501 318
www.miraminpalace.com
info@miraminpalace.com
Chambre simple à partir de 250 $, double à partir de 270 $ HT avec petit déjeuner. 60 $ pour un lit supplémentaire.
Dans son vaste écrin de verdure giboyeux et riche en essences, le Mir Amin Palace perpétue la tradition des vieilles demeures historiques du Liban par son accueil, son confort et son calme. La tranquillité des hôtes et la disponibilité du personnel sont la règle d'or du château. Le Mir Amin Palace se trouve au cœur du Chouf, à proximité du palais de Beiteddine, de la réserve des Cèdres du Chouf, de Deir el-Qamar (village libanais authentique et magnifiquement préservé – ancienne capitale des princes du Liban). Ce palais fut construit en 1838 par l'émir Amin, troisième fils de Bachir II. Transformée en hôtel de luxe en 1987, cette magnifique demeure mérite au moins un coup d'œil à défaut de pouvoir séjourner dans l'une de ses quinze somptueuses chambres et neuf suites remarquablement décorées et personnalisées. Arcades, terrasses, bassins, patios, l'hôtel Mir Amin Palace, à l'instar de son aîné de Beiteddine, est un agréable mélange d'architecture arabe et d'influences italienne et ottomane. Dominant la vallée, cet établissement, qui possède une piscine et deux restaurants, est sans aucun doute l'un des plus beaux hôtels du Liban.

Se restaurer

Le long de la rue principale et à proximité du palais, Beiteddine compte quelques restaurants-snacks. Il ne faut pas s'attendre à des prestations exceptionnelles mais cela peut dépanner. A la basse saison, beaucoup sont fermés.

GARDEN EL MIR

✆ +961 5 501 315
www.miraminpalace.com
Ouvert tous les jours. Salades de 6 000 à 12 500 LL, mezzés froids de 5 000 à 12 000 LL, mezzés chauds de 6 000 à 11 000 LL, grillades de 14 000 à 30 000 LL.
Dans le décor somptueux du Mir Amin Palace, la terrasse ensoleillée du Garden el Mir est une étape presque indispensable lors de votre visite à Beiteddine. Le restaurant sert une cuisine libanaise traditionnelle tout à fait correcte. Mais c'est surtout pour le cadre qu'il faut venir.

Palais de Bachir II, Dar el Harim.

Sortir

FESTIVAL DE BEITEDDINE
✆ +961 1 373 430
Voir page 72.

À voir – À faire

PALAIS DE BACHIR II ★★★★
Ouvert tous les jours sauf le lundi et certains jours fériés de 9h à 17h15, en hiver fermeture à 15h30. Entrée : 10 000 LL, étudiant : 7 000 LL.
Construit par l'émir Bachir II Chéhab au début du XIXe siècle, le palais sera édifié sur le site d'une khalwa (lieu de prière des Druzes) à partir de plans réalisés par des architectes italiens. Surplombant la vallée, enchâssé dans 60 000 m² de jardins et de vergers disposés en terrasses, le palais avec ses larges cours joue avec le soleil et les perspectives. D'architecture essentiellement libanaise, construit entre le XVIIIe et le XIXe siècle, il se compose de cours centrées sur le liwan.
De la fin du XIXe siècle à 1914, le palais devient la résidence du gouvernement des moutassarefs puis, de l'indépendance à 1982, la résidence estivale des présidents de la République libanaise. En 1934, le palais du Peuple est classé monument historique et la direction des Antiquités est chargée de sa restauration. En 1982, l'invasion israélienne entraîna malheureusement un certain nombre de ravages et de pillages.
Depuis, des travaux de rénovation menés sous l'impulsion du leader politique druze Walid Joumblatt, l'ouverture de musées et la création d'un festival d'été au mois d'août ont permis au palais de Beiteddine de devenir un centre culturel dynamique. Ce palais est absolument superbe et fait partie des sites touristiques incontournables au Liban.

Grande cour (midan). Une vaste cour, d'une centaine de mètres de longueur, s'ouvre au sud-ouest sur la vallée. A l'opposé se dresse la madafa, grande bâtisse réservée autrefois aux hôtes de passage. Lamartine aurait d'ailleurs bénéficié de cette hospitalité au cours de son voyage en Orient. Au centre du midan trône une grande dalle de basalte au milieu de laquelle jaillit la « flamme immortelle », allumée en 1984 à la mémoire des hommes tombés au champ d'honneur lors de la guerre de la Montagne. Au fond de la cour, le buste en granit rose de Kamal Joumblatt, offert par l'Union soviétique, semble superviser les allers et venues des visiteurs.

Musée Rachid Karami. Installé dans la mafada, le musée Rachid Karami (ex-Premier ministre libanais, assassiné) présente une collection d'objets anciens dont certains remontent à l'âge du bronze, de bijoux antiques (surtout des boucles d'oreilles et des bagues), de photographies – noir et blanc – du Liban des années 1950 et de sarcophages romains en métal. Une exposition d'armes dont les plus anciennes remontent au XVIIe siècle, suivie d'une présentation de costumes traditionnels datant de la période féodale du Mont-Liban, clôture la visite.

Dar el Wousta ou pavillon Cheikh Bachir Joumblatt. A l'extrémité du midan, on accède par un escalier à deux volées à la partie centrale du palais (Dar el Wousta) construit autour d'une cour agrémentée d'un jet d'eau et gardée par une sentinelle. Destinée autrefois à tous les officiels du palais, cette partie, appelée « pavillon Cheikh Bachir Joumblatt » à la mémoire de l'homme politique qui sut tenir tête à Bachir II, est maintenant réservée aux invités. A partir du portail d'entrée, un corridor voûté conduit à droite sur les appartements de la famille Hamadeh qui était autrefois chargée de la protection du palais. Les belles salles de réception, situées au rez-de-chaussée, exposent aux visiteurs leurs somptueuses boiseries peintes par des artistes damascènes appelés « comandaloune ».
Dans la partie sud-ouest de la cour centrale, une terrasse surplombe les jardins du palais. A ce niveau, le hall de réception – une magnifique pièce – appelé le Salamlik, orné d'un patchwork de marbre et de bois sculpté et construit sur deux niveaux était à l'origine destiné à recevoir les dignitaires du palais ou les visiteurs de marque.

Mosaïque byzantine du palais de Bachir II.

1. Appartements des Cheikhs
2. Salle Boutros Karami
3. Bureau des Scribes
4. Façade
5. Harem supérieur
6. Antichambre
7. Salamlik (Hall de réception)
8. Chambre de Lamartine
9. Tribunal
10. Appartements privés
11. Cuisines
12. Bains

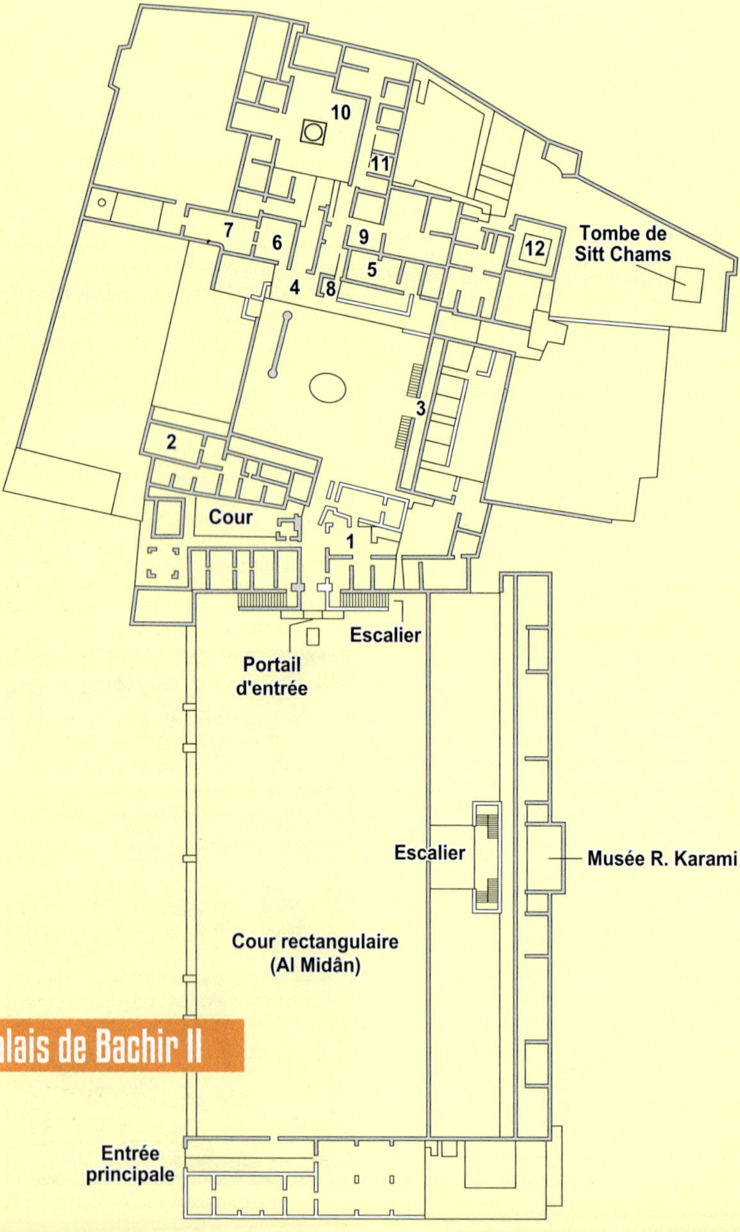

Palais de Bachir II

Dar el Harim, les appartements privés. Face à l'entrée de la cour centrale, les appartements privés de l'émir Bachir. Cette partie du palais est en fait la plus ancienne et se compose du harem supérieur, du hall de réception, du harem inférieur, des cuisines et des bains. Un grand portail agrémenté de marbres polychromes donnait accès au harem qui conserve toute son intimité autour de sa cour fermée bruissant du jet des fontaines de marbre.
A gauche du portail, une petite porte s'ouvre sur le Diwan, salle de conseil du souverain ou des ministres richement décorée de mosaïques de marbre, de stuc et de boiseries multicolores. Ici, l'émir réglait les problèmes majeurs de la principauté. Pour les grandes circonstances, il s'installait dans l'abside surélevée, se tenant ainsi à distance de ses visiteurs.

Hammam. Au nord du pavillon du harem sont installés les somptueux bains qui présentent, comme dans la tradition antique, des salles froides et chaudes. Au plafond, des coupoles munies de cabochons de verre coloré laissent filtrer la lumière. Dans la première salle, des divans, installés autour d'un bassin, permettaient aux usagers de se reposer avant ou après le bain en conversant et en fumant le narguilé. Dans les salles suivantes, tout comme dans les thermes romains, se succédaient frigidarium, tépidarium et calidarium.

Musée de Mosaïques byzantines et les écuries. Installé dans les anciennes écuries Dar el-Wousta et Dar el-Harim, qui servaient jadis à accueillir plus de six cents cavaliers – et chevaux – et cinq cents fantassins, se trouve le musée des Mosaïques. Ces splendides mosaïques – transportées à la demande de Walid Joumblatt au palais de Beiteddine – proviennent d'églises, telles celles de Jiyyé, ancien port de Porphyrion ou d'Ouzaï (qui représente une allégorie de Ktisis « la fondation » que l'on trouve sous la forme d'un personnage vêtu de costume militaire). Une fois restaurées, ces œuvres datant des Ve et VIe siècles de notre ère, furent installées avec d'autres pavements dans les anciennes écuries et les jardins du palais. Cette collection de mosaïques byzantines est, à l'heure actuelle, l'une des plus importantes du Moyen-Orient.

Khalwa de Beiteddine. Située à l'extrémité du palais – juste à côté du musée des Mosaïques – la « khalwa », lieu de prière des Druzes, qui existait bien avant le palais.

Tombe de l'émir Bachir II Chehab (Sitt Chams). La dépouille de Bachir II, mort à Constantinople en 1840, fut ramenée de Turquie en 1943 par Béchara el Khoury, alors président de la République libanaise. La tombe de l'émir est actuellement entreposée dans le jardin situé au nord-est du palais. L'émir Bachir II avait fait construire un palais pour chacun de ses trois fils : Qassim, Khalil et Amine. Celui de Qassim est aujourd'hui en ruine et l'on peut l'apercevoir en haut de la colline faisant face au Grand Palais. Le deuxième, celui de Khalil sert de sérail et est occupé par l'administration de Beiteddine. Quant au palais d'Amine, le troisième fils de l'émir Bachir et de sa femme Sits Chams, il fut bâti par l'émir et achevé en 1838. S'élevant à 950 m, véritable exploit de l'architecture orientale, le palais est aujourd'hui restauré. En 1987, il fut transformé en hôtel de luxe, après avoir servi de club privé à l'armée pendant les années 1970.

DANS LES ENVIRONS

DEIR EL-QAMAR ★★★

Après 16 km du littoral de Damour, vous atteindrez Deir el-Qamar, « le couvent de la lune ». Ce charmant petit village est situé à 860 m d'altitude. Ses belles maisons en pierre et aux toits de tuiles rouges font face au palais de Beiteddine. Deir el-Qamar compte dix églises : sept maronites, deux grecques catholiques et une orthodoxe, ainsi qu'une mosquée datant du XVe siècle et une synagogue fermée depuis des années. L'origine de la commune semble remonter à l'époque phénicienne. Les habitants honoraient alors la lune et lui avaient érigé un temple.
L'église du village, appelée Saïdet-el-Tallé (Notre-Dame-de-la-Colline), fut construite sur l'emplacement de ce temple. Le nom arabe de Deir el-Qamar lui fut attribué au IXe siècle. Durant la période de l'émirat du Mont-Liban, Deir el-Qamar fut choisi comme capitale, et les gouverneurs Ma'an puis Chihabides élevèrent leurs palais autour de la magnifique place du village (midan).
Une promenade dans les rues escarpées de Deir el-Qamar vous permettra de découvrir différents exemples d'architecture traditionnelle libanaise. Le village a été classé dès 1945 par le gouvernement libanais à l'inventaire des monuments historiques. Aujourd'hui, la municipalité de Deir el-Qamar tient à sauvegarder son patrimoine et suit à la lettre un plan d'urbanisme (c'est l'une des rares municipalités à le faire au Liban).

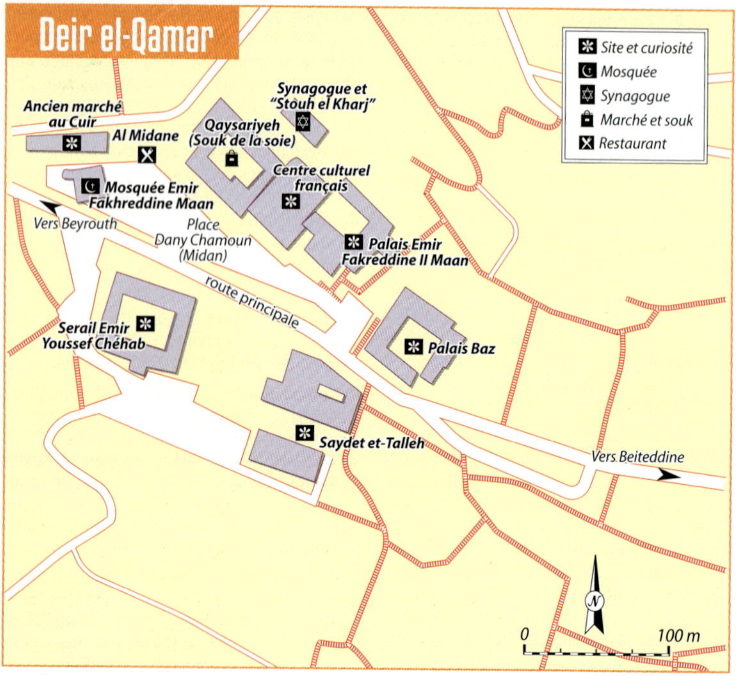

Transports

Comment y accéder et en partir

Quittez la capitale par la voie rapide de Saïda, puis bifurquez sur la droite à la sortie de Damour en direction de Beiteddine et Deir el-Qamar. Vous suivez ensuite la belle vallée verdoyante du Nahr el-Damour. Puis, la montée devient rude pour arriver au vieux village de Deir el-Qamar situé à 860 m d'altitude. La route est large et en bon état. Deir el-Qamar est à 40 km de Beyrouth. La région est accessible en transport en commun. Des bus assurent la liaison depuis Cola, à Beyrouth, pour 4 000 LL.

Pratique

SITE INTERNET DE LA MUNICIPALITÉ DE DEIR EL-QAMAR

Voir page 68.

Se loger

LA BASTIDE

✆ +961 5 505 848
✆ +961 5 505 320
✆ +961 3 643 010
contact@labastidelebanon.com

A la sortie de Deir el-Qamar en direction de Beiteddine sur votre gauche, La Bastide est une grande maison blanche sur le versant de la montagne.

Chambre simple à 70 $, double à 90 $, chambre familiale pour 4 personnes à 150 $. Petit déjeuner, taxes et wi-fi inclus.

Lidya, 80 ans, vous accueille dans sa maison dont les deux étages ont été transformés en chambres d'hôte à la fin des années 1990. Si la décoration et les sanitaires mériteraient un petit coup de neuf, La Bastide reste une adresse agréable, où l'accueil est chaleureux et la vue sur la vallée du Chouf époustouflante.

BEIT EL QAMAR

✆ +961 5 511 722 / +961 3 661 411
www.soukeltayeb.com/beit-el-qamar
info@beitelqamar.com

A l'entrée du village, prendre la route qui monte à gauche devant la pharmacie, passer devant NDU et prendre à droite devant l'hôpital public. Puis l'établissement est indiqué.

Chambre double de 200 à 220 $. Petit déjeuner et wi-fi inclus.

Beit El Qamar est l'une des maisons d'hôte gérées par Souk el Tayeb. Dans un bâtiment de trois étages situé en pleine nature, au-dessus du village de Deir el-Qamar, l'établissement propose sept chambres spacieuses et joliment décorées, chacune équipée d'une salle de bains et d'un balcon. Au rez-de-chaussée, le restaurant propose une cuisine familiale et traditionnelle, qui a fait la réputation de Souk el Tayeb. Malgré des prix un peu élevés, Beit El Qamar permet de faire une escapade agréable dans le Chouf et de découvrir la gastronomie de la région dans un cadre superbe.

DEIR AL OUMARA

✆ +961 5 511 557 / +961 5 511 558
✆ +961 71 119 935
www.deiraloumara.com
Juste avant d'arriver dans le centre de Deir el-Qamar, une ruelle descend sur la droite. L'hôtel est clairement indiqué.
Chambre double standard à 160 $, suite à 220 $, chambre familiale pour 4 personnes à 310 $. Petit déjeuner, wi-fi et taxes inclus.
Construit dans une bâtisse datant de 1827, cet hôtel, qui a ouvert ses portes en 2014, propose une douzaine de chambres. Le bâtiment en vieille pierre est superbe et a été parfaitement rénové. Avec sa terrasse ensoleillée qui surplombe la vallée du Chouf, Deir al Oumara est un véritable havre de paix qui vous permettra de découvrir la région dans de parfaites conditions. L'hôtel possède un restaurant, Soufrat al Oumara, qui sert une cuisine libanaise traditionnelle (mezzés, salades, grillades...).

Se restaurer

AL MIDAN

✆ +961 3 763 768
Ouvert tous les jours de 10h à minuit (parfois fermé le lundi). Salades 6 750 à 15 500 LL, pizzas à 12 000 LL, pâtes de 11 000 à 18 000 LL, sandwichs de 7 700 à 15 500 LL, viande et volaille de 16 500 à 26 000 LL. Espresso à 4 500 LL, Almaza à 5 000 LL.
Ce petit café-restaurant bénéficie d'un emplacement splendide au-dessus de la place centrale du village. Le panorama est superbe. En été, c'est un plaisir de boire un café ou de manger une salade sur sa terrasse.

PARADISE CAFÉ

Ouvert toute la journée. Sandwichs autour de 5 000 LL.
Dans le centre de Deir el-Qamar, derrière la mosquée Emir Fakhreddine Ma'an, cette petite échoppe propose de bons sandwichs libanais (chiche taouk, sojouk...), des galettes de thym ou de fromage et une grande variété de jus de fruits.

SÉRAIL AL-BEIK

✆ +961 5 510 006 / +961 71 181 023
A côté du sérail Youssef Chehab, en face de la place centrale.
Ouvert tous les jours d'avril à octobre, de 10h à minuit. Salades de 8 000 à 14 000 LL, mezzés de 5 000 à 14 000 LL, sandwichs de 6 000 à 11 000 LL. Espresso à 4 000 LL, Almaza à 5 000 LL, narguilé à 10 000 LL.
Idéalement situé sur la place principale de Deir el-Qamar, Sérail al-Beik propose une cuisine libanaise sans prétention tout au long de la journée. Sa terrasse ventilée est très agréable et offre une vue dégagée sur le centre historique du village. Le lieu idéal pour se rafraîchir après avoir arpenté les ruelles de Deir el-Qamar.

À voir - À faire

CHÂTEAU MOUSSA

Maasser Beiteddine
✆ +961 5 500 106
✆ +961 3 273 750
✆ +961 3 411 144
www.moussacastle.com
moussa@moussacastle.com
Ouvert tous les jours de 9h à 18h en été (17h en hiver). Entrée à 15 000 LL et 7 500 LL pour les enfants.
A 2 km de Deir el-Qamar sur le bord de la route de Beiteddine surgit un château d'allure pseudo-médiévale, digne du facteur Cheval. Il est l'œuvre d'un Libanais, Moussa el Maamari. En 1945, ce fougueux garçon fut repoussé par la lycéenne dont il était amoureux, laquelle était décidée à ne se marier qu'avec quelqu'un dont le père possèderait un château. Or Moussa appartenait à une famille très modeste ; son père servait dans l'armée française et, selon Moussa, accompagnait le général de Gaulle au cours de ses tournées au Liban. Evincé par la belle, Moussa se jura de construire de ses propres mains le château qui lui manquait. Et c'est ce qu'il a fait. Les travaux commencèrent – en même temps que la reddition de l'Allemagne – au terme de la Seconde Guerre mondiale. Doté de peu de moyens, il acheta un petit terrain, et transporta une par une, et sur son dos, les pierres qui composent aujourd'hui l'édifice.
Cet ouvrage baroque présente une foule de personnages gravés dans la pierre, participant aux activités de la vie quotidienne libanaise. Du boulanger au fumeur de narguilé en passant par le maître d'école, tous sont issus de l'imagination de leur auteur.
Au rez-de-chaussée, un petit salon accueille les amateurs de café tandis qu'une boutique de souvenirs clôt la visite. Si l'endroit est apprécié des Libanais, la visite du site est d'un intérêt moyen. Ne perdez pas votre temps et continuez votre chemin vers le magnifique palais de Beiteddine qui est autrement plus intéressant.

Balade à Deir el-Qamar

Accroché au flanc de la montagne, Deir el-Qamar offre un cadre d'une beauté insoupçonnée. Derrière le sérail Emir Youssef Chehab commence un dédale de petites ruelles pavées. Ici et là, on peut admirer une belle maison entièrement réhabilitée avec son jardin de jasmin, de bougainvilliers et de roses. D'autres résidences sont abandonnées et en ruine. Cette balade vous conduit aux églises Al Wardié puis Mar Elias, la première est de rite maronite, la seconde grec catholique melkite. Puis à nouveau, une ruelle mène à deux autres petites églises Saydat al-Faqira et Saydat al-Najat. Même spectacle et plaisir avec les ruelles qui se trouvent à l'est de Saydet el-Talleh. Une face de Deir el-Qamar à découvrir !

ÉGLISE DE SAÏDET-EL-TALLÉ, NOTRE- DAME-DE-LA-COLLINE ★

A l'extrémité du palais, un kiosque, entièrement recouvert de boiseries polychromes, offre une vue dégagée sur la vallée et l'église récemment restaurée et dédiée à la Vierge. Une Vierge qui fut pendant des siècles vénérée à la fois par les Druzes et les chrétiens, maintenant ainsi des liens étroits entre les deux communautés. Elle a été érigée en 451 à l'emplacement d'un temple phénicien dédié à Astarté. Détruite par un séisme en 859, elle a été reconstruite au XVIe siècle. Aujourd'hui maronite, on y célèbre chaque année – le premier dimanche du mois d'août – une fête en honneur de la Sainte Vierge qui transforme Deir el-Qamar en un grand lieu de pèlerinage. A l'intérieur de l'église, dans la salle de la Sainte Vierge, on peut voir un tableau avec la Vierge. Autrefois, on racontait qu'elle faisait des miracles. A l'occasion du pèlerinage, on fait circuler le tableau dans tout le village. A l'intérieur du baptistère, d'autres peintures font état des miracles de la Sainte Vierge.

GRAND SÉRAIL DE L'ÉMIR YOUSSEF CHÉHAB ★

Face à la Kaïssariyé, au sud, de l'autre côté de la rue, ce troisième palais fut construit à l'origine pour être la résidence de Fakhreddine Ier. Il fut ensuite agrandi au XVIIIe siècle par Youssef Chéhab qui l'occupa, ainsi que l'émir Bachir Chéhab II avant d'investir le palais de Beiteddine. Ce bel édifice est actuellement le siège de la mairie de Deir el-Qamar. L'étage inférieur, édifié au XVIe siècle, fut transformé successivement en savonnerie, teinturerie, écurie et prison. L'étage supérieur (au niveau du midan) fut élevé ultérieurement par les émirs Chéhab. En 1810, Bachir II en partira pour rejoindre Beiteddine. On pénètre dans le sérail par un admirable portail orné de bas-reliefs représentant deux lions. Puis, on arrive dans une cour centrale autour de laquelle s'ouvrent de magnifiques pièces décorées d'arcades, de cheminées en pierre et de boiseries peintes.

Église de Saïdet-el-Tallé.

LA GROTTE DE KFAR HIM ★

Kfar Him
✆ +961 5 720 500 / +961 3 380 588
www.kfarhimgrotto.com
info@kfarhimgrotto.com
Ouvert tous les jours de 8h30 à 18h. Entrée : 15 000 LL pour les adultes, 10 000 LL pour les enfants.
On raconte que ce sont des jeunes du village qui l'ont découvert en 1974 au cours d'un partie de football après avoir perdu leur ballon entre des rochers. Vraie ou pas, cette histoire prête à sourire. La grotte de Kfar Him est ornée de stalactites et de stalagmites. Toutefois, elle est petite et n'a pas la splendeur de Jeita. Intérêt limité.

LA KAÏSSARIYÉ ★

Au nord du sérail de l'émir Youssef Chéhab se trouve une vaste bâtisse en pierre (Kaïssariyé) qui accueillait autrefois le souk de la soie. Cet édifice, construit en 1595 sous le règne de Fakhreddine II, était consacré au commerce de la soie, à l'époque industrie florissante de la région. Du XVIIIe au XIXe siècle, les terrasses alentour étaient couvertes de mûriers blancs servant à l'alimentation des vers à soie, et le tissage constituait une des activités florissantes de Deir el-Qamar. Les artisans fabriquaient de riches étoffes rehaussées de fils d'or et d'argent fort prisées par les dignitaires druzes. La Kaïssariyé avec sa cour à ciel ouvert, son bassin central et ses magasins adopte la disposition classique des khans ou caravansérails des epoques mamelouke et ottomane. Derrière cet édifice, en remontant la petite ruelle, on trouve l'ancienne école jésuite et une ancienne synagogue vraisemblablement construite au XVIIe siècle pour la communauté israélite de la ville. Cette dernière a été saccagée durant la guerre civile. Elle ne conserve aucun indice israélite. Il s'agit aujourd'hui d'une salle d'étude du Centre culturel français.

▶ **Attenant à la Kaïssariyé, le Kharj** (« solde »), construit en 1616, servit successivement de dépôt de munitions et de caserne sous Fakhreddine II puis d'entrepôts alimentaires sous Bachir III Chéhab (1840-1842). La ville de Deir el-Qamar ayant offert une partie de ces beaux locaux à l'ambassade de France du Liban, le Centre culturel français s'est installé, en 1992, au premier étage du Kharj. Ouvert en semaine, le centre mérite une petite visite.

MOSQUÉE DE LA MONTAGNE LIBANAISE ★

A l'ouest se dresse la plus ancienne mosquée de la Montagne libanaise (1493) construite par Fakhreddine Ier – premier émir de la dynastie Ma'an – à l'usage des mercenaires musulmans, envoyés par le sultan turc afin de le soutenir. Contrairement aux autres mosquées dont le minaret est généralement rond, le sien est octogonal. Des inscriptions sur les façades mentionnent le nom de l'émir, la date de construction et trois versets du coran. On peut la visiter. Il faut se déchausser à l'entrée et se couvrir d'un foulard prévu à cet effet.

▶ **Derrière la mosquée,** vous remarquerez l'ancien marché au cuir et un autre souk (du XIXe) qui rassemblait jusqu'à 38 ateliers des cordonniers. Aujourd'hui restauré, il abrite quelques échoppes d'artisans.

PALAIS DE L'ÉMIR AHMED CHÉHAB ET LE SÉRAIL DE FAKHREDDINE II (MUSÉE MARIE BAZ) ★★

✆ +961 5 511 666 / +961 3 756 000
Ouvert de 9h à 18h. Entrée : 15 000 LL, 10 000 LL pour les enfants.
Ces deux magnifiques édifices se trouvent à l'est du midan. Le premier, reconstruit au XVIIIe siècle, est actuellement connu sous le nom du palais de Girgis Baz. Cette grande demeure seigneuriale avait été construite en 1755 par l'émir Ahmed pour son épouse qui le vendit ensuite à Girgis Baz, ministre de l'émir Béchir II Chéhab. Remarquez le portail du palais, véritable chef-d'œuvre artistique composé de mosaïques polychromes et de moulures décorées. Le bâtiment de deux étages adopte le plan des maisons orientales traditionnelles (cour intérieure à ciel ouvert, bassin octogonal). Le palais est fermé au public.

Mosquée de la montagne libanaise.

Midan et palais de l'émir Ahmed Chéhab.

A l'arrière des souks se dresse le sérail de Fakhreddine II (XVIe siècle). Il fut construit selon les règles architecturales de la Renaissance. Inspiré par son séjour en Toscane, Fakhreddine II avait fait venir des architectes et des maçons italiens qui donnèrent une note florentine à l'endroit et dotèrent Deir el-Qamar d'une infrastructure avant-gardiste en Orient comprenant des égouts et des canalisations d'eau. Transformé aujourd'hui en palais Marie Baz (la famille Baz l'a acheté en 1925) et aménagé en musée de Cire, il abrite les effigies de 45 personnalités ayant marqué l'histoire du Liban, telles que l'émir Fakhreddine Ier, Cosme de Médicis, Fakhreddine II, Bachir Joumblatt, Alphonse de Lamartine, lady Esther Stanhope, le général Gouraud, Kamal Joumblatt – et encore bien d'autres. Ces personnages sont fabriqués par le musée Grévin à Paris.

BAAKLINE ★

Ville principale du Chouf, cette bourgade fut le théâtre de l'ascension en 1590 de l'émir Fakhreddine, avant son installation à Deir el-Qamar. Ce gros bourg a conservé son importance comme centre religieux druze.

Transports

Comment y accéder et en partir

Sur la route qui monte à Deir el-Qamar, au niveau de Kfar Him, une petite route descend vers la vallée, traverse Deir Dourit puis arrive à Baakline.

À voir - À faire

LE GRAND SÉRAIL ★

Autrefois centre de l'administration du Mont-Liban jusqu'à la Seconde Guerre mondiale, il est occupé depuis 1987 par la bibliothèque municipale et le centre culturel. Cet édifice, construit dans le style néoclassique influencé par l'architecture européenne du XIXe siècle, possède un porche précédé de trois colonnes. Au-dessus de ce porche, on remarquera trois pilastres surmontés d'un fronton.

Derrière le sérail, vous pourrez voir les lieux de réunion et de culte druzes dont le maqâm et la khalwa, datant des XVIIIe et XIXe siècles.

Au milieu du village se dresse également le palais du Cheikh Hussein Hamadeh, construit par étages à partir de 1591.

MOUKHTARA ★

Transports

Comment y accéder et en partir

A partir de Beiteddine, prendre la direction de la vallée du fleuve Barouk. Vous devez traverser Es Semqaniyé, Baqaata et Jdaidet ech Chouf.

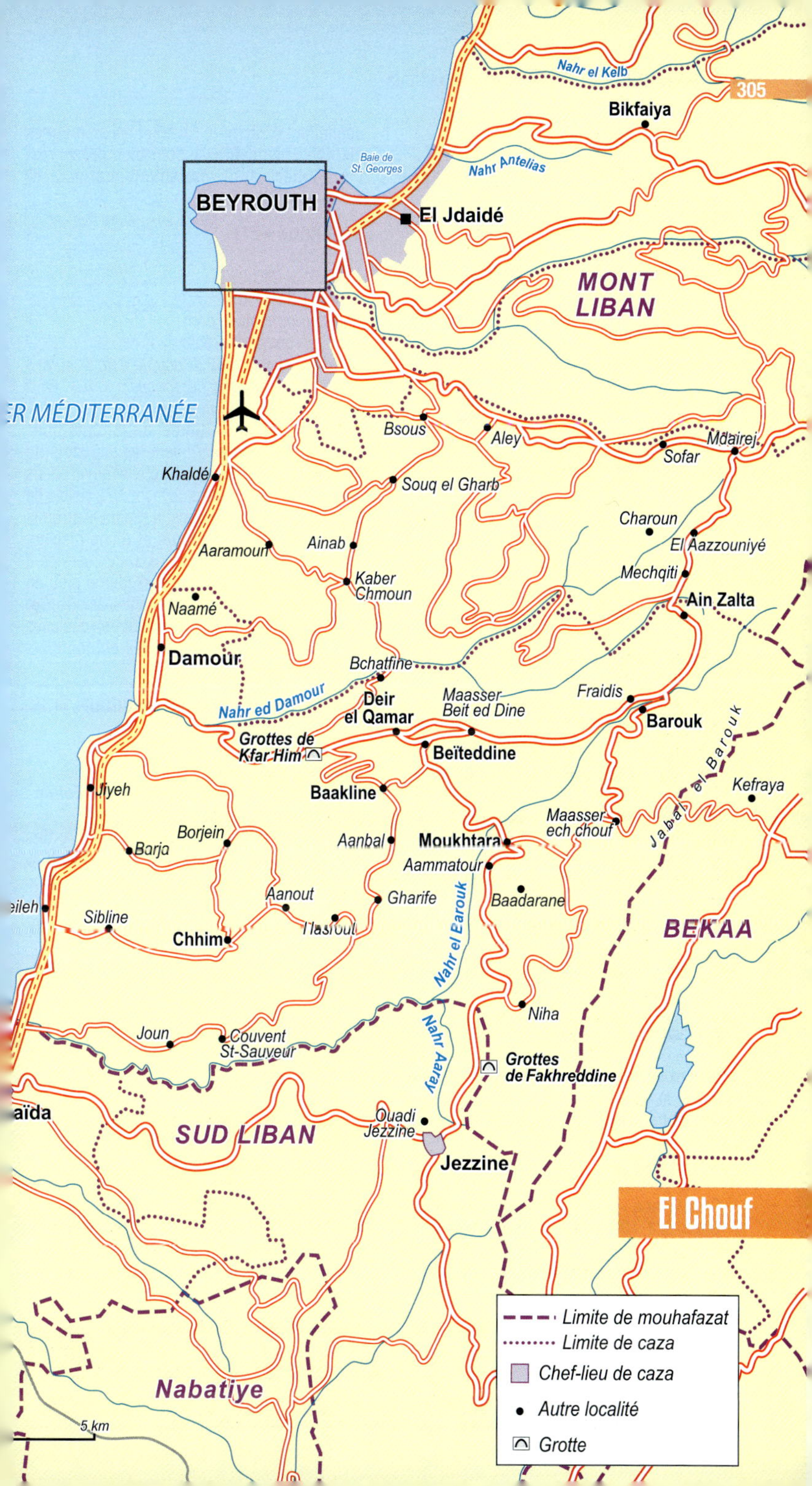
Nahr el Kelb
Bikfaiya
Baie de St. Georges
Nahr Antelias
BEYROUTH
El Jdaidé
MONT LIBAN
ER MÉDITERRANÉE
Bsous
Aley
Sofar
Mdairej
Khaldé
Souq el Gharb
Charoun
El Aazzouniyé
Aaramoun
Ainab
Kaber Chmoun
Mechqiti
Ain Zalta
Naamé
Damour
Bchatfine
Nahr ed Damour
Deir el Qamar
Maasser Beit ed Dine
Fraidis
Barouk
Grottes de Kfar Him
Beïteddine
Jabal el Barouk
Jiyeh
Baakline
Kefraya
Maasser ech chouf
Borjein
Barja
Aanbal
Moukhtara
Aammatour
Baadarane
Aanout
Gharife
Nahr el Barouk
Sibline
Chhim
BEKAA
Niha
Joun
Couvent St-Sauveur
Nahr Aaray
Grottes de Fakhreddine
Ouadi Jezzine
SUD LIBAN
Jezzine
El Chouf
Nabatiye
5 km
Limite de mouhafazat
Limite de caza
Chef-lieu de caza
Autre localité
Grotte

À voir – À faire

LE PALAIS D'ALI PACHA JOUMBLATT

Baadarane

Vous pouvez faire un rapide crochet vers le village de Baadarane (à 7 km au sud de Moukhtara) qui est un bel exemple de village libanais à l'architecture traditionnelle. Le village conserve plusieurs demeures féodales comme le palais d'Ali Pacha Joumblatt, allié de l'émir Fakhreddine II. Le site tombe malheureusement en ruine. Adjacent se trouve le palais Tajeddine de 1676 dont le portail est élégant. Le village compte également un cimetière avec des tombes dont les pierres ont été particulièrement travaillées (sculptées en dentelles).

LE PALAIS JOUMBLATT ★

✆ +961 5 311 555

Situé à une dizaine de kilomètres au sud-est de Beiteddine, Moukhtara fut dès le XVIIe siècle le fief de la famille Joumblatt dont le palais très imposant domine le village. Traversé par une source, l'édifice émerge d'un océan de verdure. Quatre ifs géants dressent leur haute stature au milieu de la grande cour, de part et d'autre du cours d'eau.

La demeure, reconstruite au XIXe siècle, mélange les influences architecturales orientales et italiennes. Elle a été construite sur une structure plus ancienne détruite en 1825 au cours des luttes qui ont opposé les cheikhs druzes à Béchir II. C'est là que vécut Kamal Joumblatt, grand homme politique libanais, leader de la communauté druze et chef du Parti socialiste progressiste. Après son assassinat, son fils Walid Joumblatt prit sa succession.

Bien que ne faisant pas partie des itinéraires touristiques, le palais peut se visiter. Il abrite une remarquable collection d'artisanat oriental, le musée Kamal Joumblatt, des œuvres d'art ainsi que des mosaïques. Lors de notre passage en mai 2016, le palais faisait l'objet d'importants travaux de rénovation et n'était ouvert à la visite que le samedi matin de 9h à midi. Mieux vaut téléphoner avant de s'y rendre.

BAROUK ★★

Gros village situé sur la route de Beiteddine-Sofar, à 1 700 m d'altitude, Barouk doit son renom à la forêt de cèdres qui le surplombe d'une centaine de mètres. Barouk constitue un point de départ pour les randonneurs qui souhaitent explorer le Chouf et les montagnes alentour. Les cèdres y sont bien préservés, les sentiers sont clairement marqués et la faune abondante.

BAROUK HÔTEL

Ain Zhalta

✆ +961 5 240 251

✆ +961 3 630 056

www.baroukpalace.com

info@baroukpalace.com

Chambre simple à 80 $, double à 90 $, suite à 120 $. Chalet pour 4 personnes à 125 $. Wi-fi gratuit. Pas de petit déjeuner.

Situé à 1 150 m d'altitude sur la route principale à droite en allant vers les sommets du mont Barouk, ce complexe hôtelier ouvert dans les années 1990 souffre de façon très visible de la chute du tourisme dans la région. Autrefois doté de quatre restaurants et d'une piscine, l'hôtel n'offre désormais plus aucun service à part ses chambres, et ne sert même plus de petit déjeuner. Les chambres sont spacieuses et propres mais l'établissement mériterait quelques travaux de rénovation. L'accueil est toutefois très chaleureux.

RÉSERVE DES CÈDRES DU CHOUF ★★

✆ +961 5 350 250

www.shoufcedar.org

info@shoufcedar.org

Ouvert tous les jours de 10h à 18h. Entrée : 7 000 LL, gratuit pour les – de 10 ans.

Ouverte au public en 1997, la réserve des cèdres du Chouf couvre, avec 550 km², 5 % de la superficie du Liban. Cette réserve occupe la quasi-totalité des crêtes de la montagne du Chouf de Aïn Zhalta à Jezzine. Seulement 550 ha de cette surface sont boisés. D'une altitude de 900 à 1 950 m, la réserve se caractérise par sa biodiversité (24 genres d'arbres et plus de 524 végétaux et fleurs). Elle abrite aussi quelques espèces animales comme des gazelles des montagnes, des loups, des hyènes, des lynx.

MAASSER ECH CHOUF ★

Situé à 1 250 m d'altitude, Maasser ech Chouf tire son nom des pressoirs (maasser) d'olives et de raisins que l'on trouve dans la région. Ce village, qui borde la réserve naturelle du Chouf, se caractérise par son patrimoine rural avec ses maisons en tuiles, ses arcades, ses sentiers de promenade, ses moulins et sa biodiversité.

REPÉREZ LES MEILLEURES VISITES

★ INTÉRESSANT ★★ REMARQUABLE ★★★ IMMANQUABLE ★★★★ INOUBLIABLE

Transports

Comment y accéder et en partir

On peut rejoindre ce petit village à partir de Moukhtara en direction de la Bekaa ou en provenance de Barouk.

Se loger

■ **AUBERGE SAINT MICHAEL**
✆ +961 5 350 451 / +961 3 107 182
www.auberge-arcenciel.org
auberge@arcenciel.org
Chambre simple à 50 $, double à 80 $, puis 40 $ par personne supplémentaire, lit en dortoir à 20 $, chambre d'hôte à 90 $. Petit déjeuner, taxes et wi-fi compris.
Construit en 1962, ce couvent était géré par des religieuses de la congrégation du Saint-Sauveur. Dégradé durant la guerre, il a été rénové et est désormais géré par l'association Arc-en-ciel. Le couvent possède plusieurs chambres équipées de 4 à 6 lits, et de sanitaires. Un autre bâtiment abrite trois grands dortoirs d'une douzaine de lits avec sanitaires partagés. Plus récemment, une maison d'hôte de six chambres a été aménagée (Beit el Hana). L'ensemble est très bien tenu, les chambres sont impeccables et l'accueil très chaleureux. Un restaurant propose une cuisine libanaise traditionnelle avec un plat du jour qui change quotidiennement. Une excellente adresse au calme pour découvrir cette région un peu reculée.

À voir – À faire

■ **LA RÉSERVE DE MAASSER ECH CHOUF** ★
Park House ✆ +961 5 350 250
www.shoufcedar.org – info@shoufcedar.org
Droit d'accès à 7 000 LL.
Comme à Barouk, il est possible d'accéder à la réserve naturelle des cèdres du Chouf qui se trouve sur les hauteurs de Maasser ech Chouf. Cette réserve abrite 32 espèces de mammifères sauvages, 200 espèces d'oiseaux, et 500 espèces de plantes. Elle compterait 26 % des cèdres encore existants au Liban. Le site de Maasser ech Chouf est la plus petite forêt de la réserve (environ 6 ha). En comparaison, la forêt du Barouk couvre 400 ha et celle d'Ain Zalta plus de 100 ha. Plusieurs travaux ont été effectués pour l'aménagement de sentiers pédestres. On peut se balader tranquillement le long des sentiers balisés.

NIHA ★

Transports

Comment y accéder et en partir

A partir de Moukhtara, prendre la direction du sud vers Jezzine. La route principale traverse les villages de Aammatour, Haret Jandal, Jiblaye, Bater ech Chouf. Une bifurcation conduit vers Niha où se trouvent le tombeau Nabi Yacoub et Qalaat Niha.

À voir – À faire

■ **QALAAT NIHA**
A 3 km de Niha, vous pouvez visiter les grottes de Qalaat Niha, « la citadelle de Niha ». L'emplacement est stratégique sur la route entre Saida et la plaine de la Bekaa. Cette forteresse troglodytique s'étire sur plusieurs mètres. On peut remarquer des marches et des citernes taillées dans la roche (l'eau de pluie était acheminée par un conduit depuis une source voisine). Le site est isolé et à flanc de colline. L'accès est difficile puisqu'il faut y accéder à pied par un sentier qui longe la paroi. Il ne faut pas avoir le vertige. Certaines grottes sont accessibles uniquement avec du matériel d'escalade.

■ **LE TOMBEAU DE NABI YACOUB**
A 3 km au sud de Niha se trouve le sanctuaire de Nabi Ayoub, un célèbre lieu de pèlerinage pour la communauté druze. Il s'agit de constructions modernes situées sur un point culminant au milieu d'une forêt. Le panorama est superbe. Le bâtiment avec la coupole est le tombeau du prophète Jacob.

Jabal el Barouk

A la sortie du village de Maasser ech Chouf, la route continue ensuite vers l'un des cols du Jabal el-Barouk (dont le sommet le plus haut culmine à 1 943 m). On passe devant la réserve forestière où on peut voir des cèdres parmi les plus vieux du Liban. La pente est parfois très raide. La route qui longe le ravin offre un très beau point de vue sur la région. Une fois le col passé, la vue est fantastique. La route qui redescend progressivement dans cette vallée vers Kéfraya permet de rejoindre la plaine de la Bekaa, Chtaura ou le lac de Qaraoun. Cet axe est souvent fermé en hiver à cause de la neige.

SAÏDA ET SA RÉGION

SAÏDA ★★★★

Troisième agglomération du pays (avec plus de 180 000 habitants), chef-lieu du Liban Sud, Saïda est aujourd'hui une cité particulièrement vivante. Fief de l'ancien Premier ministre Rafic Hariri, la ville continue de s'étendre, grignotant les dernières orangeraies. Du port, où se concentrent les vendeurs de poissons, aux souks bigarrés, la foule ne cesse de déambuler. Saïda conserve d'intéressants monuments historiques. En revanche, on n'y trouve presque aucune trace de la célèbre ville antique, exception faite des ruines phéniciennes du temple d'Eshmoun situées à 4 km au nord-est.
Les documents faisant référence à Sidon (Saïda) remontent au XIVe siècle av. J.-C., période de troubles où l'Egypte et les Hittites luttent pour la domination des cités libanaises. Au IXe siècle av. J.-C., les Assyriens conquièrent les rivages de la Méditerranée et imposent de lourds tributs aux villes côtières. Deux siècles plus tard, le roi de Sidon, Elulaeus, refuse de payer. Le monarque assyrien décide alors d'envahir et de détruire la cité afin de venir à bout de ce roi récalcitrant. Elulaeus finit par s'enfuir à Chypre.
Sous le règne de Nabuchodonosor, l'Empire babylonien se développe et Sidon retrouve le monopole du commerce. A la fin du VIe siècle av. J.-C., les Sidoniens s'unissent aux Perses pour combattre la flotte grecque. Cette politique vaut à la cité une place privilégiée au sein de l'Empire perse. C'est d'ailleurs à cette époque que sera édifié le temple d'Eshmoun, devenu un célèbre lieu de pèlerinage. Après une tentative de libération du joug perse, Sidon est de nouveau mise à sac, en 351, sous le règne d'Artaxerxès III Ochos. Avant l'assaut, les habitants de Sidon, refusant de céder, se sont immolés par le feu. Selon certaines sources, 40 000 personnes périrent ainsi dans l'incendie.
Très affaiblie, la ville accueille favorablement Alexandre le Grand (333 av. J.-C.) et participe avec ce dernier à l'assaut de Tyr.
La domination romaine apporte une certaine prospérité. Les industries du verre et du bronze sont florissantes et la production de pourpre, symbole de gloire et de pouvoir chez les Romains, s'intensifie.
Sous la domination byzantine, Sidon sera gravement touchée par un tremblement de terre (551 apr. J.-C.).
En 667, les Arabes s'emparent de la ville, qui prendra alors le nom de Saïda. Assiégée en 1110 par les croisés de Baudouin, futur roi de Jérusalem, elle deviendra le domaine de la seigneurie de Sayette. En 1187, Saladin s'empare de la ville qui repassera en 1287 aux mains des croisés, puis dans celles des Sarrasins. Elle sera récupérée pendant une courte période par les Templiers qui la délaisseront à la suite du massacre de Saint-Jean d'Acre.
Port de Damas, Saïda retrouve sa prospérité avec Fakhreddin II, émir des Druzes. Sous son règne, de nombreux marchands français établissent des manufactures dans la ville. L'industrie de la soie prend de l'essor et les collines des alentours se couvrent de mûriers. Bien que le sultan, craignant un débarquement ottoman, décide d'obstruer le port en coulant de vieux vaisseaux, les échanges commerciaux s'intensifient. Saïda ne perdra son monopole qu'en 1791, quand Ahmad al-Jazzar, pacha de la ville, décide de chasser tous les négociants mécontents des taxes qu'il leur imposait. La cité restera malgré tout un actif port de pêche, comme on peut encore le voir de nos jours.

Les immanquables de Saïda

- **Visiter le musée du Savon** (Maison Audi).
- **Prendre un verre** sur la terrasse du Rest House avec une vue imprenable sur le château de la Mer.
- **Découvrir** les ruelles du souk.
- **Admirer** l'architecture de la maison Debbané.
- **Déguster** un falafel chez Abou Rami.

Saïda

Musée
Mosquée
Curiosité et divers
Hébergement
Restauration
Rest House
Hôtel Yacoub
Snack Abou Ramy
Château de la mer
Hôtel Al Qualaa
Palais Debbané
Hammam Al-Jadid
Musée du savon
Château Saint Louis
Pension du couvent
Bab Al Saray
Café Salloum
Khan Al-Franj
Hammam Al Mir
Mosquée Al-Qtaichie
Hammam Al Ward
Mosquée Al-Omari-El-Babir
Colline de Murex
Vers Tyr
0
200 m

Le port de Saïda.

Transports

Comment y accéder et en partir

En voiture, compter une demi-heure de trajet en moyenne. On sort de Beyrouth par la voie rapide de Saïda jusqu'à Damour. Deux solutions s'offrent à vous : soit vous restez sur l'autoroute qui vous conduit à Saïda en 20 minutes, soit vous préférez suivre la route côtière (prendre à droite au niveau de la plage Jisr), moins fréquentée mais plus lente. Si vous choisissez cette dernière solution : après quelques kilomètres, on arrive à hauteur de la centrale thermique de Jiyé qui fut bombardée en juillet 2006, puis on traverse la localité de Nabi-Younes où, selon la légende, le prophète Jonas aurait été rejeté par la baleine. La route longe ensuite le littoral jusqu'à Saïda. On découvre alors de nombreuses plages privées. A l'entrée de Saïda au niveau du nouveau stade, prenez à droite, la corniche suit le littoral souvent pas très propre. Vous allez rapidement apercevoir le château de la Mer sur votre droite.

Pour se rendre à Saïda avec les transports collectifs, les solutions ne manquent pas. Le plus simple est d'aller au rond-point Cola à Beyrouth, d'ici partent les bus, minibus et les taxis-services vers le sud. Le trajet dure environ 45 min et revient à 2 000 LL. Il est préférable de monter dans un bus ou taxi-service déjà bien rempli. Sinon, le chauffeur pourra attendre d'autres clients, afin de rentabiliser son trajet. Cela peut prendre plusieurs minutes. Une fois à Saïda, vous allez découvrir la bruyante place de l'Etoile ou Sahet en Nejmeh qui constitue la plaque tournante des réseaux de bus et de taxis-services. Possibilité d'aller en direction de villes environnantes dont Nabatieh et Tyr. Attention, les bus pour Beyrouth circulent jusqu'à 18h30. Au-delà, vous devrez prendre un taxi-service.

Se loger

La ville de Saïda n'a pas un parc hôtelier très important. La proximité de Beyrouth (environ 30 minutes en voiture) encourage les visiteurs à rejoindre leur hôtel dans la capitale.

■ AL QUALAA HOTEL

Seaside road Mina street
✆ +961 7 734 777
www.alqualaa.com
info@alqualaa.com

Chambre simple 80 $, double 85 $, petit déjeuner et taxes compris. Lit supplémentaire : 25 $. Wi-fi et parking gratuits.

Idéalement situé face au château de la Mer, cet établissement compte neuf chambres, toutes équipées de la climatisation et d'une télévision, dont la plupart offrent une superbe vue sur le littoral. L'hôtel, construit dans un bâtiment historique, possède un charme certain mais mériterait quelques travaux de rénovation.

Autrefois doté d'un restaurant, il ne propose désormais que le petit déjeuner dans une salle agréable qui surplombe la mer.

HOTEL YACOUB
Rue Moutran, quartier Chakrieh
✆ +961 7 737 733
www.yacoubhotel.com
yacoubhotel@hotmail.com
Deux accès possibles à partir de la rue Moutran, l'un par le souk des valises l'autre par l'immeuble du centre social. De toute manière, l'hôtel est indiqué.
Chambre simple 50 $, double 65 $, taxes et petit déjeuner inclus. Wi-fi gratuit.
Inauguré en janvier 2005, l'hôtel a été aménagé dans une ancienne bâtisse de plus de 200 ans à proximité des anciens souks et compte seulement sept chambres, équipées d'AC et de TV. Si l'adresse est bien située à deux pas des sites touristiques de Saïda, les chambres mériteraient un petit coup de neuf. L'hôtel possède son propre café ouvert toute la journée.

PENSION DU COUVENT DE TERRE SAINTE
✆ +961 3 442 141
Lit à 25 $ par personne. Petit déjeuner à 5 $. Pas de wi-fi.
Ce couvent jouxte la façade est du khan el franj. L'entrée se trouve au niveau du souk des matelas et des meubles. Juste devant l'entrée, il y a un panneau en français qui l'indique. Un escalier étroit monte à une école. Les jours de classe, on entend parfaitement les enfants. A gauche, une porte, tirez sur la petite corde, la porte s'ouvre. On pénètre alors dans un autre monde. Ambiance monacale garantie ! Autour du petit patio modeste accolé à une église latine fermée faute de fidèles, on accède aux différentes chambres. Les huit chambres avec toilettes et salles de bains ne sont pas d'un grand luxe, voire pauvres, mais pour ce prix, il ne faut pas être difficile. Heureusement, l'accueil est convivial et l'établissement est propre. Cette adresse est tenue par des francophones, Mme Katia et son mari, M. Amin, qui tient également le café Milk Time dans le souk (à coté du musée du Savon) qui propose des boissons chaudes.

Se restaurer

Vous trouverez de nombreux snacks (falafels, foul, hommos, sandwichs, galettes de fromage ou de viande) et cafés dans les souks : souk Bazerkane (derrière le khan al-Roz), rue Dahr el-Mir, place Bab al-Seray, rue Msallabié. Il s'agit souvent de minuscules boutiques avec seulement quelques tables, parfois on doit manger debout.
Depuis quelques années, plusieurs établissements ont ouvert le long de la corniche face au port de pêche et du château de la Mer. Chaque enseigne dispose d'une petite terrasse à l'ombre. Il ne faut pas s'attendre à de la grande cuisine mais cela peut dépanner à moindre coût. Il faut noter que ces snacks-restaurants ne servent pas d'alcool. Plusieurs enseignes ont des rabatteurs, ce qui est très désagréable. Cela incite surtout à ne pas s'y arrêter. La corniche, avant d'arriver au Rest House et au château de la Mer, compte également plusieurs snacks. Sur le trottoir de la Corniche, on retrouve des vendeurs de café qui ont aménagé leur van en buvette. C'est sympa et bon marché. Certains disposent même de chaises pour les clients.

Pause gourmande

Comme Tripoli, la ville de Saïda revendique d'excellents desserts. On y trouve de très bonnes pâtisseries, que ce soit le long des grands axes qui contournent la vieille ville ou à l'intérieur des souks. On peut citer par exemple les enseignes Al Baba, La Gondoline, Al Jardali, Kanaan, Al Anouar et Al Kassir.

AL BABA
Boulevard Dr Nazih Bizri
✆ +961 7 735 226
Imposant immeuble moderne situé sur la voie rapide qui contourne Saïda, à proximité de l'entrée nord de la ville. Un choix très vaste de pâtisseries libanaises à prix réduits. Al Baba a aussi deux boutiques à Beyrouth (avenue Takieddine Solh à Koreitem, et vers le rond-point Tayouneh dans le sud de la ville).

KANAAN
✆ +961 7 733 330
Entrée nord de Saïda au niveau du pont al-Awali et rue Riad Solh à proximité de Sahet en Nejmeh.
L'enseigne, fondée en 1954, est très connue et fort appréciée à Saïda à en croire le nombre de clients qui viennent quotidiennement. Choix multiples de pâtisseries, de glaces et de gâteaux. La pâtisserie dispose d'une très belle salle qui domine le littoral. On peut y déguster bien sûr des sucreries mais aussi des plats libanais à prix très raisonnables.

Où se garer à Saïda ?

En provenance de Beyrouth, une fois passé le stade sur votre droite, continuez en direction de la vieille ville. A l'approche du château de la Mer, il est possible de se garer le long de la corniche. Plus on approche du Rest House, du port et de l'entrée des souks et plus les places sont rares donc autant se garer plus tôt.

Bien et pas cher

CAFÉ SALLOUM

Place Bab al Saray

Café 2 000 LL, boissons fraîches 2 000 LL, narguilé 5 000 LL.

Impossible de le manquer avec ses chaises en plastique jaune. Le café Salloum (aucune enseigne ne l'indique) se trouve autour de la place Bab al Saray, située juste derrière le khan el Franj. Cette place, qui a été récemment rénovée, est très vivante avec ses balcons où sèche le linge, son école, ses boutiques, ses snacks et sa mosquée. Le café Salloum est une adresse fréquentée par les gens du quartier. Une adresse idéale pour boire un café et fumer un narguilé en terrasse, tout en observant le va-et-vient des habitants.

SNACK ABOU RAMI

Ce petit snack populaire, situé juste en face de l'entrée du château de la Mer, est réputé pour servir le meilleur falafel de la ville. Certains disent même de tout le Liban ! Vendu 4 000 LL, il est préparé sous vos yeux en quelques minutes. Fraîcheur garantie ! Vous pourrez déguster votre sandwich sur l'une des quelques tables disposées sur le trottoir. Un excellent moyen d'observer le quotidien des habitants de Saïda et de sentir l'atmosphère si agréable de la ville.

Bonnes tables

REST HOUSE

✆ +961 7 722 469

Mezzés froids 6 500 à 12 000 LL dont le fattouche 8 000 LL, mezzés chauds 6 000 à 12 000 LL dont 5 rouleaux de fromage 7 000 LL, chiche taouk ou kafta 17 000 LL, desserts 9 000 à 12 000 LL, verre de vin ou arak 8 000 LL, bouteille de vin (Ksara ou Kefraya) à partir de 34 000 LL.

Situé au pied du château de la Mer, le Rest House de Saïda bénéficie d'un emplacement privilégié au bord de l'eau qui en fait l'un des restaurants les plus agréables de la ville. Rénové en 2010, le bâtiment, construit selon l'architecture classique d'un palais arabe, dispose d'un joli patio et d'une grande salle à manger décorée à l'ancienne, prolongée par une splendide terrasse. L'endroit parfait pour déjeuner, boire un café ou fumer un narguilé en écoutant le bruit des vagues ! Le restaurant sert une cuisine libanaise correcte (mezzés, grillades) ainsi que du poisson frais. C'est par ailleurs l'un des rares établissements de la ville à servir de l'alcool.

ZAWAT

✆ +961 7 723 724

Salades 6 000 à 9 000 LL, mezzés froids 5 500 à 13 000 LL, mezzés chauds 6 000 à 20 000 LL, grillades 15 000 à 22 000 LL, desserts 9 000 à 13 000 LL. Pour un plat de poisson, il faut compter entre 20 000 et 33 000 LL. Narguilé 14 000 LL, café turc à 4 400 LL.

Situé face au Rest House, ce grand restaurant en étage et auquel on accède par un ascenseur, propose tous les classiques de la cuisine libanaise et du poisson frais. L'endroit est propre et bien tenu, avec une grande baie vitrée sur le front de mer. Mais le tout manque un peu de charme. Attention : la TVA n'est pas incluse dans les prix affichés sur la carte (10 %).

À voir – À faire

CHÂTEAU DE LA MER ★★

Ouvert tous les jours de 8h à 17h en été, jusqu'à 16h en hiver. Entrée : 4 000 LL, 1 000 LL pour les enfants de – de 10 ans.

On accède au château par un pont de pierre au pied duquel sont délivrés les billets. Situé sur une île en bordure du port, le château de la Mer ou Qalat al-bahr fut vite construit de 1227 à 1228 par les croisés. Cette forteresse fut bâtie à l'aide de matériaux de remploi provenant des ruines avoisinantes. Des colonnes furent ainsi insérées dans les murs du château afin d'en consolider les assises. Seule la tour de droite (donjon) et les soubassements de la seconde témoignent du bâtiment d'origine. La forteresse fut, en effet, en partie reconstruite par les Arabes. A l'intérieur du château se trouve une petite mosquée construite dans les ruines de la tour croisée nord-est. Si l'on se réfère aux gravures du début du XIXe siècle, le château devait être alors beaucoup plus imposant mais il a été grandement endommagé en 1840 par les bombardements de la flotte austro-britannique. La visite se fait rapidement et permet, du haut du château, de découvrir un beau panorama de la ville et de la baie de Saïda.

Château de la Mer construit par les Croisés en 1228.

CHÂTEAU SAINT-LOUIS

Sur un promontoire au sud la ville, au bout de la rue al Moutran, le château Saint-Louis, que l'on nomme également le château de la Terre ou le château d'al Mouizz, conserve quelques ruines. Bâtie sous le règne de Louis IX, par les croisés, sur l'ancienne acropole qui surplombe la ville, la citadelle fut détruite puis reconstruite par les Arabes. Certains chercheurs pensent que Louis IX n'aurait jamais habité ce château lors de sa visite à Saïda puisque ce dernier était encore en chantier. Malheureusement, le château Saint-Louis ne se visite pas. Vous pouvez seulement le distinguer à partir de la route.

Légèrement en contrebas, sur l'emplacement présumé de l'acropole, les restes d'un édifice romain jonchent le sol d'un terrain vague.

COLLINE DE MUREX

Au sud du château, s'élève une colline artificielle formée de l'accumulation des coquilles de murex. C'est en effet des coquilles épaisses et hérissées d'épines de ces mollusques, que les Anciens tiraient la pourpre. A présent, sur cette colline de 45 m s'étend le cimetière chi'ite de la ville.

CORNICHE DE SAÏDA ★

Le littoral du château de la Mer au stade, au nord de Saïda, est une longue corniche qui longe une plage sablonneuse. Malheureusement, elle n'est pas d'une propreté exemplaire, la plage est souvent jonchée de déchets en tous genres, et il est donc impossible de se baigner. La corniche reste toutefois un cadre agréable pour se promener et partager le quotidien des habitants de Saïda.

LA GRANDE MOSQUÉE OMARI ★

Au sud du souk, non loin de la mer, s'élève le bâtiment rectangulaire de la Grande Mosquée, lequel, bâti au XIIIe siècle, était à l'origine l'église de Saint-Jean l'Hospitalier. On reconnaît encore les murs de l'église flanqués de contreforts qui lui donnent une allure de citadelle. En 1982, pendant l'invasion israélienne, la mosquée fut détruite par les bombardements. Elle a été, par la suite, restaurée. Un vestibule, orné d'une coupole et surmonté d'un minaret, abrite un bassin d'ablutions décoré de colonnes antiques aux chapiteaux corinthiens recouverts d'une épaisse couche de badigeon. Normalement, l'accès est interdit aux non-musulmans. Toutefois, tentez votre chance si vos vêtements sont décents. Pour les femmes, il faut se couvrir d'un voile.

Non loin de la mosquée, on peut voir le hammam al-Ward, bâti à l'époque ottomane. Il est malheureusement abandonné et hors d'usage.

ÎLE DE ZIRÉ ★

A la sortie du château de la Mer après le souk aux poissons, il est possible de faire une promenade de 15 min dans la baie de Saïda par bateau. Il faut négocier et ne pas hésiter à imposer son prix puisque les bateliers vont essayer de vous avoir. Vous apercevrez l'île de Ziré qui, longue de 540 m, est située à quelque 700 m du littoral. Elle a été autrefois un lieu de mouillage pour les navires mais aussi d'extraction de « Ramleh ». L'île comporte également un mur de mer (un brise-lames) comme à Batroun et 31 bittes d'amarrage qui attestent d'une fonction portuaire.

Musée du savon situé dans une ancienne fabrique du XVIIe siècle.

KHAN AL-SABOUN (LE MUSÉE DU SAVON) ★★

Rue al Moutran
✆ +961 7 733 353 / +961 7 753 599
www.fondationaudi.org
ilaudi@inco.com.lb
Il y a également une petite entrée à partir du souk Shakrieh.
Ouvert tous les jours sauf le vendredi de 8h30 à 17h.
Ce musée, dont l'entrée est gratuite, est le seul musée du pays dédié au savon. Il a été financé par la fondation Audi, dont le président Raymond Audi est l'un des plus importants banquiers du Liban. Situé dans une maison médiévale du XIIIe siècle, aménagé en atelier de savon au XIXe siècle puis devenu la maison de la famille Audi de 1895 à 1950, ce lieu a été remarquablement rénové au milieu des années 1990. On y découvre les différentes étapes de la fabrication du savon. Des panneaux explicatifs et un film de 10 min (en arabe sous-titré en anglais) renseignent parfaitement le visiteur.
Le rez-de-chaussée de la maison abrite un café et une boutique de savons, ouverts aux mêmes horaires que le musée.

LE KHAN EL-FRANJ (LE CARAVANSÉRAIL DES FRANÇAIS) ★

Face au port
Entrée gratuite.
Installé au milieu des souks non loin de la mer, le khan El-Franj est l'un des nombreux caravansérails construits par Fakhreddine II au XVIIe siècle et destinés à développer le commerce avec l'Occident. Toutefois, cette thèse est contredite par certains chercheurs qui affirment que le khan a été construit par le grand vizir Mehmed Pacha 60 ans avant l'arrivée de Fakreddine. Ce bâtiment rectangulaire, composé de deux étages de galeries voûtées, d'une grande cour, d'un bassin et de chambres d'accueil, logeait dès le XVIIe siècle les négociants français de Saïda, et abritait au rez-de-chaussée leurs marchandises et chevaux.
Le khan fut successivement résidence du consul de France à Sidon, habitation des Pères franciscains, puis orphelinat de jeunes filles. Véritable havre de paix et de fraîcheur comparé à l'agitation des souks mitoyens, il a été rénové récemment par la Fondation Hariri. Une grande salle sert pour des expositions temporaires. Il existe un bureau d'information touristique qui dispose de quelques brochures sur Saïda et les autres sites libanais.

▶ **Derrière le khan**, la place Bab al Saray a été refaite récemment. La mosquée, construite en 1201, est considérée comme la plus ancienne de la ville. Havre de paix, cette place est un endroit idéal pour faire une pause sur l'une des terrasses de café où les habitants du quartier se rejoignent quotidiennement.

▶ **A l'ouest du khan**, on aperçoit ce qu'il reste du hammam al-Mir, bombardé pendant la guerre et considéré comme l'un des plus beaux de la ville avec son plafond recouvert de mosaïques et son sol en marbre.

▶ **En s'enfonçant dans les petites rues derrière le khan** vers le souk, on arrive sur une place où l'on découvre la mosquée Qtaich construite en pierres blanches. En continuant dans les petites rues, vous tomberez peut-être sur le hammam Al Jadid, propriété de la famille Hammoud qui le fit construire en 1719. Malheureusement hors d'usage, il est considéré comme l'un des plus grands hammams de Saïda.

PALAIS DEBBANE ★★

Rue Al Moutran
✆ +961 7 720 110
Ouvert tous les jours sauf le vendredi de 9h à 18h. Entrée libre.
Le palais Debbané fait partie des sites qu'il faut visiter lors de votre passage à Saïda. Bâtie en 1721 sous la forme d'une tour (Bourg Ali) par la famille Hammoud, originaire du Maroc, cette demeure de 1 500 m² fut rachetée par la famille Debbané en 1800. Endommagée et saccagée par des centaines de réfugiés et de miliciens pendant la guerre, elle fut rénovée et garde toutes les caractéristiques de l'architecture arabo-ottomane : salles de réception, mosaïques et plafonds en bois sculptés. Un bel escalier à rampe en bois néobaroque, assorti d'une volière, permet d'accéder aux étages qui sont des rajouts datant du début XXe siècle à forte influence occidentale.

Au troisième étage, une pièce nommée tayara offre une vue splendide sur l'ancienne ville de Saïda et sur le château de la Mer. Une petite brochure riche d'informations est donnée à l'entrée. La famille Debbané (importants commerçants et industriels locaux) souhaite aménager le palais en musée historique de Saïda. Lors de notre passage en avril 2016, le palais était d'ailleurs fermé pour cause de travaux.

■ **LES SOUKS** ★★★

Les souks de Saïda (souks al Moutran et Shakrieh) offrent une promenade agréable au milieu de 14 km de ruelles étroites, très animées et riches en couleurs. Les boutiques regorgent de marchandises de toutes sortes, sans grand intérêt pour le visiteur, hormis les succulentes douceurs qui ont fait la réputation de la ville. Nous vous conseillons notamment de goûter le sanioura, une sorte de gâteau à la pâte meringuée et fondante.

Cet ancien réseau de souks et de passages étroits, qui a bénéficié d'un important programme de réhabilitation, est un petit labyrinthe qu'il faut découvrir à tout prix. Prenez le temps de vous aventurer dans ce dédale de venelles qui révèle tout le charme de l'Orient.

DANS LES ENVIRONS

ESHMOUN ★

Dédié au dieu phénicien Eshmoun, le temple fut édifié au milieu d'une orangeraie luxuriante (Boustane el-Cheikh), à 4 km au nord-est de Saïda. Sa construction est, semble-t-il, due au roi de Sidon Eshmounazar (VIe-Ve s. av. J.-C.), dont la dynastie vouait un culte particulier à ce dieu guérisseur.

A cette époque, l'Empire perse, alors à son apogée, avait envahi la Phénicie, s'alliant aux autochtones pour combattre par voie maritime les Grecs et les Egyptiens. Grâce à leurs qualités de marins intrépides, les Phéniciens gardaient une certaine autonomie, et le roi de Sidon occupait une place importante au sein du conseil de guerre perse.

Commencées au début du XXe siècle, les fouilles du site se concrétisèrent surtout à partir de 1963 avec les travaux d'une équipe d'archéologues dirigée par Maurice Dunand.

Délaissé depuis la guerre, le site s'est vu progressivement envahir par la végétation. Aujourd'hui, il ne donne qu'une vague image de ce qui fut l'un des plus grandioses monuments phéniciens de l'époque perse.

Transports

Comment y accéder et en partir

Pour rejoindre les ruines d'Eshmoun, si vous venez de Beyrouth, une fois le barrage militaire de Saïda passé, prenez sur votre droite le pont au-dessus du Nahr el Awali. Au niveau du premier rond-point où se trouve la grande mosquée de la famille Hariri, faites demi-tour et reprenez la direction de Beyrouth, puis sur votre droite, une route longe le Nahr el-Awali et ses cafés. Continuez tout droit sur 1,5 km, vous allez passer devant un nouveau pont qui rejoint la route de Joun puis le restaurant Wadi Eshmoun. Enfin, l'entrée du site se trouve sur votre gauche.

Pour les transports en commun, de la place Sahet en Nejmeh à Saïda, vous pouvez prendre un taxi-service. Il faut négocier pour qu'il vous dépose devant le site.

À voir – À faire

■ **LE TEMPLE D'ESHMOUN**

✆ +961 76 578 908

Ouvert tous les jours de 8h à 17h. Entrée gratuite. Marwan et son fils gèrent l'accès du site. Lors de notre passage en mai 2016, le site semblait à l'abandon et la végétation recouvrait une grande partie des ruines.

Adossé à une colline dominant le fleuve el-Awali, le temple d'Eshmoun se dresse sur un grand podium, construit à la fin du VIe siècle av. J.-C., au pied d'une source aux vertus curatives. Dieu favori des Sidoniens, Eshmoun était, selon la légende, un jeune chasseur dont Astarté (déesse de la Fertilité) tomba amoureuse. Afin d'échapper à ses avances, Eshmoun se mutila mortellement. Astarté réussit cependant à le sauver et en fit un dieu que les Grecs assimilèrent ultérieurement à Asclépios, dieu de la Médecine.

▸ **Le temple,** édifié au Ve siècle av. J.-C., fut – d'après les inscriptions phéniciennes retrouvées dans les fondations – restauré un peu plus tard par le roi Bodashtart. Un réseau de canalisations, installé à l'est du bâtiment, permet d'alimenter le bassin avec l'eau de la source sacrée. Autour du IIIe siècle av. J.-C., un second temple s'ajouta au premier. Onze statuettes d'enfants furent retrouvées à l'intérieur du temple. Consacrées au dieu guérisseur, elles étaient déposées par les parents d'enfants malades qui espéraient ainsi obtenir leur guérison. Elles sont aujourd'hui exposées au musée de Beyrouth.

Les trésors disparus du temple d'Eshmoun

Selon certains spécialistes, environ 600 sculptures phéniciennes du site d'Eshmoun circulent sur le marché européen des antiquités. La plupart ont été volées au cours des années 1980. Ces trésors avaient été découverts au cours de fouilles légales entre 1962 et 1979. Avec la guerre civile, les sculptures sont transportées dans une salle souterraine du château de la Mer à Saïda. Mais le site est pillé et 600 objets et éléments d'architecture disparaissent et quittent le pays illégalement. Depuis, seulement 8 sculptures ont été rendues au Liban !

- **A l'entrée du site,** sur votre gauche, on remarque les fondations d'une basilique byzantine dont on distingue encore quelques ruines.
- **Une fois sur la voie romaine bordée de portiques (il ne reste que les bases),** se trouve sur votre gauche une vaste cour dont le sol est couvert des restes d'un pavement de mosaïques représentant les Quatre Saisons. Un peu plus au nord, se trouvent les vestiges d'un secteur résidentiel.

Durant l'époque romaine et paléo-chrétienne (64 av. J.-C. à 330 apr. J.-C.), le site d'Eshmoun et ses eaux miraculeuses continuèrent d'attirer les pèlerins. Le sanctuaire fut à cette époque doté de la voie processionnelle, de bassins d'ablutions et d'un nymphée dont il subsiste à votre droite des mosaïques. Des sculptures représentant des nymphes en décoraient les niches.

- **A coté du nymphée,** il est possible d'escalader l'escalier romain recouvert de mosaïques menant au podium. D'en haut, on peut se faire une meilleure idée globale du site. Les vestiges d'un soubassement de forme pyramidale, dont il subsiste une courte volée de marches et un mur, sont les plus anciens du site d'Echmoun.
- **Le podium monumental** appartient au temple construit par Echmounazar II alors que Saida était sous la domination des Achéménides, au cours du Ve siècle avant l'ère chrétienne et qui fut probablement agrandi par le roi Bodashtart dont les inscriptions ont été découvertes sur le mur de soutènement.
- **Un autre temple** fut ajouté au complexe vers le IIIe siècle av. J.-C. On distingue une frise très abîmée par l'érosion représentant des scènes de culte, de chasse et de jeux d'enfants. Près de l'angle nord-ouest de ce temple se trouvent les restes d'un sanctuaire dédié à Astarté datant également de l'époque hellénistique. A l'intérieur de cette structure, se trouve un trône flanqué de deux sphinx ailés juchés sur un bloc monolithique et désigné généralement comme le « Trône d'Astarté ».
- **Au nord du sanctuaire d'Astarté,** une autre petite salle couverte de mosaïques et gardée par un sphinx, aujourd'hui acéphale, fut ajoutée au complexe à une époque tardive. Une inscription date cette partie de 335 de notre ère.
- **Au nord-est du bassin attenant au Trône d'Astarté,** se trouve une frise sculptée représentant des personnages, certains ivres, dont un tente de se saisir d'un coq. Chez les Grecs, il était courant d'offrir cet animal en sacrifice.
- **A l'angle sud-est du site,** on remarque un système de canalisation qui amenait l'eau de la source vers toute une série de bassins qui servaient aux ablutions rituelles ou à l'immersion des malades.

MAGHDOUCHE ★

Transports

Comment y accéder et en partir

A 8 km du centre de Saïda, en direction de Tyr, quittez l'autoroute et prenez la direction de Maghdouché qui mène au sanctuaire de Sayidet el-Mantara ou Notre-Dame de la Garde.

À voir – À faire

SANCTUAIRE DE SAYIDET EL-MANTARA

D'après la croyance chrétienne, la Vierge Marie qui accompagnait Jésus à Saïda l'aurait attendu dans cette grotte horizontale de 12 m de profondeur sur à peine 5 m de large. Elle y aurait passé une nuit. Le site est aussi connu sous le nom Mantara qui signifie « en attente ». Transformée plus tard en chapelle, la grotte a été utilisée ensuite comme lieu militaire. Une tour de garde a été érigée sous Louis IX dont il ne reste plus rien. Par la suite, le site fut abandonné. Mais par hasard en 1726, un berger en a redécouvert l'accès. Les trois arcades à l'entrée du sanctuaire ont été construites en 1868 par Jacques Abela, consul de Grande-

Bretagne à Saïda après sa miraculeuse guérison d'une attaque d'apoplexie.
Depuis, 17 miracles ont été constatés et enregistrés. Bien que le site appartienne aux Grecs catholiques, de nombreux Libanais, qu'ils soient maronites, sunnites, chiites ou druzes, viennent y célébrer la Vierge.
Au début des années 1960, a été construite une chapelle surmontée d'une tour de 36 m. A son sommet, une statue de bronze de 8,50 m représente la Vierge Marie avec Jésus dans ses bras.

SARAFAND ★

Située à 15 km au sud de Saïda (prendre la route littorale ou l'autoroute en direction de Tyr), la biblique Zarephath mais aussi l'ancienne Sarepta appartenaient au royaume de Tyr. Elle s'est révélée être un important centre artisanal de l'époque perse au IIe millénaire lors de fouilles menées entre 1969 et 1974. En effet, ont été dégagés, entre autres vestiges, des pièces d'industrie métallurgique, des ustensiles servant au travail de la pourpre et des masques de terre cuite.
La ville ancienne se situe entre Ras el Qantara (éperon rocheux qui doit son nom à un ancien monument croisé) et le mausolée de Khord Abou Abbas, soit à 1,5 km de la ville moderne. Aujourd'hui, le tell (connu comme la montagne Zarzourah) de l'ancienne Sarepta est abandonné sous les broussailles. Malheureusement, aucune structure n'est visible. Les fouilles entreprises sur le site ont montré que la première occupation date du milieu du IIe siècle av. J.-C. Quant à la ville ancienne, elle a été occupée de façon ininterrompue jusqu'à la période byzantine.
Sur les montagnes surplombant Sarafand se trouvait une nécropole du premier millénaire av. J.-C. Des dizaines de tombes creusées dans la roche ont été pillées au fil des ans.
Un autre moyen de découvrir les vestiges de l'histoire antique de Sarepta serait de plonger dans les fonds marins qui, encore inexplorés, recèlent de remarquables vestiges de cette époque.

Shopping

Sarafand est connu pour sa production de céramique et de verre soufflé, une spécialité que l'on rencontrait dans le passé à Béddaoui (au nord de Tripoli). On trouve de jolis objets : vases, gargoulettes, cruches ou verres de couleur turquoise, mauve, verte ou jaune. Vous pouvez aller à la boutique de la famille Khalifé, sur la route principale. Cette famille fait partie des derniers souffleurs de verre du village. Leur four doit atteindre 1 400 degrés pour pouvoir ensuite souffler le verre.

JEZZINE ★★

A 30 km de Saïda, Jezzine est suspendue au-dessus du Wadi Jezzine. Une cascade d'une hauteur de 40 m offre un paysage incroyable. Encerclée de collines et dominant une immense cuvette rocheuse, Jezzine est une charmante petite ville qui bénéficie en été d'un climat très doux, rafraîchi par les sources d'eau voisines. C'est une destination de villégiature où il est agréable de s'arrêter pour déjeuner et qui offre de nombreuses opportunités de promenade dans la forêt de pins et les vergers alentour.

Sur la route de Saïda à Jezzine

A partir de Saïda, prenez la direction de Jezzine, vous découvrirez une belle région isolée qui offre des paysages variés et attachants. La route traverse les villages de Aabra, Salhiyé, Kfarjarra et Lebaa. Après 15 km, la route traverse l'ancienne cité universitaire de **Kfar Falous**. Le paysage n'est que désolation. Aujourd'hui, le site est interdit d'accès puisqu'il est encore truffé de mines, vous ne pouvez que le longer en voiture. Cette cité universitaire fut construite au début des années 1980 sur l'initiative de Rafic Hariri qui a personnellement investi 300 millions de dollars. Kfar Falous comprenait une université, une école technique, des résidences et un hôpital. Lors de l'invasion israélienne en 1982, le site fut bombardé et dynamité. Ensuite, on arrive au village d'**Anane**, connu pour son lac artificiel.

A l'approche de Jezzine, vous pouvez faire un détour vers **Bkassine**. La forêt de pins de ce village serait la plus importante du Moyen-Orient. Plantée à l'époque de Fakhreddine, elle offre un cadre propice à la promenade.

Sur les hauteurs de **Benwati** à 1 173 mètres d'altitude, on trouve deux temples (Nabi Micha et Nabya Zalikha). Puis le village de **Machmouché**, connu pour son ancien couvent maronite construit en 1732.

Transports

Comment y accéder et en partir

Deux accès possibles. En provenance de Saïda, il faut compter 45 minutes. La route traverse les villages de Aabda, Majdelyoun, Lebaa, Kfar Falous, Anane et Roum. En provenance du Chouf et de Beiteddine : le trajet est un peu long mais il est spendide puisqu'il longe le Nahr el Barouk. La route traverse les villages de Moukhtara, Aammatour, Haret Jandal, Bater ech Chouf.

Se loger

L'ÉTOILE DU LOUP

✆ +961 7 781 425 / +961 3 425 525
www.etoileduloup.com
najmahaoun@yahoo.fr

Bungalow pour deux personnes à 200 $ la nuit en semaine et 250 $ le week-end. 25 $ par personne supplémentaire. Taxes, wi-fi et petit déjeuner compris. Piscine extérieure chauffée.

Surplombant la ville de Jezzine et la forêt de pins de Bkassine, l'Etoile du loup propose 16 bungalows confortables et joliment décorés. Fondé en 2011 par Najmah, qui a passé 15 ans en France, et son mari, l'établissement est un véritable havre de paix, idéal pour passer un week-end loin de l'agitation de Beyrouth. Chaque bungalow comprend une chambre avec un lit double, une salle de bains avec douche et WC, un salon et un coin cuisine. N'hésitez pas à demander ceux qui possèdent une vue sur la vallée. L'Etoile du loup possède un restaurant qui sert les grands classiques de la cuisine libanaise (mezzés, grillades, salades...), une piscine extérieure chauffée, ainsi qu'un espace de jeux pour les enfants. L'hôtel est indiqué après être passé devant le restaurant Al Chalouf. Attention, la montée est un peu raide !

IRIS FLOWER

Rue du Général de Gaulle
✆ +961 7 781 999 / +961 70 449 305
www.l-iris.com
info@l-iris.com

Chambre simple à 55 $, double de 66 à 88 $, familiale à 110 $. Taxes et wi-fi inclus. Petit déjeuner à 10 000 LL.

Ouvert depuis août 2010, Iris Flower domine la ville de Jezzine et offre une superbe vue sur la vallée. L'hôtel propose 28 chambres propres et bien aménagées. Certaines possèdent un balcon avec vue sur la ville. Les tarifs sont très corrects pour les prestations proposées.

LA MAISON DE LA FORÊT

Bkassine
✆ +961 7 800 222 / +961 78 828 252
www.lamaisondelaforet.net
reservations@lamaisondelaforet.net

Bungalow pour deux personnes de 125 à 200 $, pour trois personnes de 260 à 280 $, pour six personnes de 400 à 420 $.

Inaugurée à l'été 2013, la Maison de la Forêt est une destination touristique écologique située en plein cœur de la forêt de pins de Bkassine, à quelques kilomètres de Jezzine. 25 bungalows en bois, pouvant accueillir de 2 à 6 personnes, sont dispersés dans la forêt. Parfaitement équipées (climatiseur, TV, téléphone, salle de bains, wi-fi), les chambres sont spacieuses et confortables. La Maison de la Forêt possède un excellent restaurant libanais, baptisé Beit el Ghâbeh et géré par les caves Karam, et propose de multiples activités (randonnées, escalade, canyoning, promenades à vélo...).

Se restaurer

A l'entrée de Jezzine, vous pouvez prendre un verre ou déjeuner dans l'un des restaurants libanais qui surplombent la cascade, notamment Al Chalouf et Al Shallal. Notre préférence va sans contestation à Al Chalouf : plus propre, plus chaleureux, et meilleure cuisine. Le long de l'artère principale de Jezzine, et dans le souk, il existe quelques snacks qui peuvent dépanner.

AL CHALOUF

✆ +961 3 722 774 / +961 7 781 774
al-chalouf@hotmail.com

Ouvert tous les jours de midi à minuit. Salades de 6 000 à 18 000 LL, mezzés froids de 5 500 à 7 000 LL, mezzés chauds de 6 500 à 10 000 LL, grillades de 10 000 à 20 000 LL. Espresso à 4 500 LL, Almaza à 5 500 LL, narguilé à 10 000 LL.

Surplombant la cascade de Jezzine, Al Chalouf dispose d'une salle intérieure avec sa cheminée au centre bien agréable en hiver. L'été, la terrasse propose un panorama splendide sur la vallée et la forêt de Bkassine. Ce restaurant propose une bonne cuisine libanaise. Le cadre est propre et bien tenu, et le service rapide. Ses spécialités sont le kebbé jezzinié (bourghoul + labné + viande) et les pommes de terre épicées. Bon rapport qualité/prix.

AL SHALLAL

✆ +961 3 513 497 / +961 7 780 067
fadymoukanzah@gmail.com

Ouvert tous les jours de 10h à minuit. Mezzés de 5 000 à 8 000 LL, grillades de 6 000 à 15 000 LL. Espresso à 4 000 LL, Almaza à 5 000 LL, narguilé à 13 000 LL.

Lorsque l'on arrive par la route de Saïda, Al Shallal est le premier restaurant que l'on trouve à l'entrée de Jezzine. Comme son voisin Al Chalouf, l'établissement bénéficie d'un panorama superbe sur la forêt de Bkassine et la vallée. Al Shallal, qui dispose d'une salle extérieure couverte et d'une grande terrasse, n'offre pas la même qualité de service ni de cuisine que son concurrent.

À voir – À faire

ÉGLISES

Jezzine se caractérise par ses églises centenaires. La plus ancienne est celle de Saint-Maron bâtie sur les hauteurs du village au début du XVIIIe siècle. On peut y accéder à partir du vieux Jezzine par un escalier très pittoresque. L'église Notre-Dame de la Source (Saydet el-Nabeh) date de 1796 et l'église Saint-Joseph avec ses impressionnantes voûtes fut bâtie en 1860.

MUSÉE DE LA RÉSISTANCE DE MLITA

✆ +961 70 076 060 / +961 7 210 211
www.mleeta.com
info@mleeta.com
Au sud-ouest de Jezzine en direction de Nabatié (deux choix : sortir de Jezzine vers Saida puis descendre plein sud et suivre les localités de Haitoura, Zhilta, Jbaa et Ain Bou Souar ou sortir de Jezzine en direction de Kfar Houne, Mlikh, Louaize, Jarjoua), se trouve le musée de la résistance installé sur une ancienne base secrète du Hezbollah.
Ouvert tous les jours de 10h à 20h. Droit d'entrée à 4 000 LL, et 2 000 LL pour les enfants de moins de 10 ans.
Situé à 1 050 m d'altitude sur la colline de Mlita, le musée a été inauguré en mai 2010 entre les villages de Ain Bou Souar et Jarjoua. Le site est indiqué. Une fois sur place, il y a un large parking sur votre gauche. La visite commence par un « gouffre » de 3 000 m², une mise en scène qui représente la défaite de l'armée d'Israël avec des véhicules pris à l'ennemi depuis 1982. Le visiteur se retrouve ensuite dans un tunnel de 200 m de long creusé dans la roche. Des panneaux explicatifs en anglais évoquent les différentes phases logistiques et militaires de la résistance. Une visite impressionnante.

PALAIS DE FARID SERHAL

Cette demeure d'un médecin très réputé, décédé en 1996, est l'une des curiosités de la région. Il faut quitter Jezzine par le sud en direction d'Aïn Majdalain. Après 1 km, vous arriverez à un petit carrefour. De là, prendre un petit chemin avec une forte pente. Marchez pendant 10 minutes. Ce palais monumental, encore inachevé, fut construit à partir de 1967. Tout y est démesuré. Le docteur Serhal cherchait-il à faire une copie du palais de Beiteddine ? Ce bâtiment à l'architecture orientale se compose de nombreuses salles immenses surmontées d'arcades dentelées et incrustées de vitraux. Impressionnant ! Aujourd'hui, le palais est abandonné, mais il est surveillé par un gardien. L'accès est normalement interdit mais parfois le gardien accepte de laisser passer les visiteurs.

LA VIEILLE VILLE ET LA CASCADE

Le vieux quartier **(al Day'aa)** peut se visiter rapidement. Il a conservé de vieilles boutiques et des maisons traditionnelles aux multiples arcades et tuiles rouges. Son activité commerciale se résume à quelques magasins somnolents. On y retrouve une poignée de vendeurs de couteaux et sabres issus de la coutellerie locale. Au milieu du souk, il ne faut pas hésiter à emprunter un escalier sur votre droite pour découvrir des résidences souvent abandonnées.

- **Le sérail** avec son emblème ottoman date de 1898. Une carte de Jezzine se trouve sur un mur de l'enceinte. Il peut être pratique de le consulter pour se repérer avant de visiter la ville.
- **L'attraction de Jezzine** est la cascade de 40 m de haut qui se jette dans une profonde vallée. A la fonte des neiges au printemps, la cascade est plus impressionnante.

Shopping

C'est à Jezzine que se trouve le plus important centre de coutellerie artisanale du Liban. Tous les produits ont la particularité, quel que soit le modèle, d'avoir le même style de manche en forme d'oiseau. Cette coutellerie, qui fait la fierté de Jezzine depuis 1770, symbolise l'art et le raffinement de l'artisanat libanais. Autrefois taillés dans de l'ivoire et de la corne d'animaux, les manches sont désormais fabriqués à partir d'un mélange à base de bois. Les garnitures du manche sont en cuivre ou en bois coloré. Plusieurs petites échoppes ont pignon sur rue dans le vieux Jezzine. Elles proposent des couteaux – bien sûr – mais aussi des coupe-papiers, des couverts, des sabres, des épées, des loupes, etc... Ces objets peints à la main sont présentés dans un bel écrin rouge. Les enseignes les plus connues sont les coutelleries Haddad et Abi Rached.

Les vignobles de Jezzine

La région de Jezzine n'a pas la même renommée que la Bekaa ou Batroun. Mais deux vignobles y produisent un vin de qualité :

- **Ixsir** est un vignoble récent qui loue et possède des terres dans plusieurs régions du Liban dont Jezzine, où les vignes sont plantées depuis 2008.
- **Karam Winery** (www.karamwines.com) a un domaine de 10 hectares autour de Jezzine. Des dégustations et des visites sont organisées sur le domaine.

TYR ET SA RÉGION

TYR (SOUR) ★★★★

Cité prestigieuse de la côte libanaise, Tyr est à plusieurs reprises évoquée dans la Bible par les prophètes Isaïe et Ezéchiel. Située sur le littoral sud du Liban, la ville compte plus de 100 000 habitants. Avec ses 7 km de plages et son eau bleu turquoise, Tyr est une cité balnéaire appréciée. Toutefois, elle souffre incontestablement de sa position géographique. Ancienne ville-frontière entre le Liban et la zone occupée par Israël, et cité particulièrement touchée par la guerre de l'été 2006, Tyr reste encore jugée comme une des zones à risque au Liban. Pourtant, les attraits touristiques ne manquent pas : une des plus belles plages du pays, deux sites romains exceptionnels et un petit port de pêche plein de charme.

Tyr a été classée par l'Unesco sur la liste du patrimoine mondial de l'humanité et a été intégrée dans une campagne internationale pour la préservation et la sauvegarde des sites archéologiques et historiques.

Aujourd'hui, Tyr souffre d'une urbanisation massive avec la présence d'immeubles qui encerclent le site de l'hippodrome romain et la multiplication de constructions illégales sur la façade littorale.

D'autre part, de nombreux Palestiniens résident encore dans la région dans l'attente d'un règlement définitif de leur sort. Trois camps (El Bass, Bourj el-Shemali et Rashidyeh) sont installés autour de la ville.

Sous l'Antiquité, Tyr était constituée d'un ensemble d'îlots qui, au cours des siècles, s'ensablèrent et se soudèrent les uns aux autres pour se rattacher finalement au continent.

Les origines de la ville sont très anciennes. L'historien Hérodote, qui visita Tyr au Vᵉ siècle av. J.-C., raconte que, selon les prêtres du temple de Melkart, la ville et le temple furent bâtis vingt-trois siècles plus tôt, soit en 2750 av. J.-C. Quoi qu'il en soit, Tyr devient, au XIIᵉ siècle av. J.-C., le principal port de Méditerranée orientale. Elle commerce avec l'Occident et fonde des colonies, dont Carthage. Au Xᵉ siècle av. J.-C., Tyr, sous le règne du fameux roi Hiram, aide David, puis son fils Salomon, à construire le Grand Temple de Jérusalem. Grâce à la coopération entre les deux rois et à la prospérité tirée du commerce de la pourpre et du verre, l'enrichissement de Tyr sera considérable. A partir du IXᵉ siècle av. J.-C., Tyr tombe sous la domination de l'Assyrie. Plus tard, convoitée par de nombreux peuples, elle subit de multiples assauts. Au Vᵉ siècle av. J.-C., Nabuchodonosor s'en empare après un siège de treize années puis, au IVᵉ siècle av. J.-C., elle est conquise par Alexandre le Grand. Ce dernier relie l'île au continent par une jetée formée de fûts de cèdres et de pierres. La conquête de la ville par les Grecs est suivie d'un terrible massacre. De nombreux habitants meurent crucifiés, tandis que d'autres sont vendus comme esclaves. Cependant, une dizaine d'années plus tard, Tyr retrouve sa vitalité et devient le siège d'un important chantier naval. En 64 av. J.-C., les cités phéniciennes tombent sous la domination romaine. Tyr devient alors « métropole » sous le règne d'Hadrien puis colonie au temps de Septime Sévère (201 apr. J.-C.).

Grands navigateurs et habiles négociants, les Tyriens rendent la ville prospère grâce à de multiples industries, dont les manufactures de la pourpre (matière colorante qui, à cette époque, pouvait valoir jusqu'à vingt fois le prix de l'or) et les fabriques de garum (mets coûteux, très recherché, provenant de la macération dans le sel de déchets de poissons). Christianisée très tôt, la ville sera, en 57, l'une des étapes de saint Paul, en route vers Jérusalem.

Conquise par les Arabes en 636, elle sera rebaptisée Sour, puis les croisés l'occuperont de 1124 à 1291. Elle deviendra par ailleurs un centre culturel qui verra l'émergence de deux célèbres philosophes : Maxime de Tyr (IIᵉ siècle) et Porphyrus (IIIᵉ siècle).

Les immanquables de Tyr

- **Voir le coucher du soleil** sur le site du bord de mer d'Al Medina.
- **Visiter l'hippodrome** et les voies romaines et byzantines du site d'Al Bass.
- **Se baigner** sur la plage publique.
- **Manger un poisson** avec une vue sur le port de pêche.
- **Boire une bière** au bord de l'eau au pied de l'auberge Al Fanar.

Les nombreux vestiges visibles encore aujourd'hui (hippodrome, thermes, théâtre...) témoignent de la magnificence de Tyr à l'époque romaine. A présent dépouillée de son prestige d'antan, elle n'est plus qu'un petit port de pêche rêvant à sa grandeur passée.

Transports

Comment y accéder et en partir

42 km séparent Tyr de Saïda. Compter 40 minutes de trajet en voiture sur l'autoroute. 80 % du trajet est possible par la voie rapide puis en attendant que le raccordement soit effectué jusqu'à Tyr, on doit quitter l'autoroute pour reprendre l'ancienne et étroite route littorale pendant quelques kilomètres. Une fois sur place, si vous êtes en voiture, il est possible de se garer à proximité du port. Un parking est disponible à l'entrée du site archéologique d'Al Bass. Pour les ruines du site du bord de mer, des places sont souvent disponibles le long de la clôture. Pour rejoindre Tyr en transport en commun, depuis Cola, il n'existe pas de bus ou de van directs et il faut donc passer par Saïda (gare routière place Sahet en-Nejmeh), et prendre un deuxième bus jusqu'à Tyr. En tout, le voyage coûte 4 000 LL. Il faut compter une bonne heure. Il est possible de prendre un van direct au rond-point de l'ambassade du Koweit à Bir Hassan (au sud de Beyrouth) pour 5 000 LL. A Tyr, le point de ralliement des transports collectifs se trouve au rond-point Al-Bass, à l'entrée de la ville.

Orientation

Tyr compte deux sites archéologiques, l'un est situé au bord de la mer, l'autre à l'extrémité est de la ville. Le meilleur point de repère pour commencer la visite de cette ville côtière est le port. En prenant la direction du phare, on traverse **le quartier chrétien** avec ses ruelles sinueuses et l'auberge Al-Fanar. En longeant la corniche, on arrive devant les ruines de la **cathédrale croisée** avec ses colonnes de granit rose. A quelques mètres, on remarque la petite entrée du **premier site Al Medina (ou Al-Mina)** : ruines romaines, arènes et thermes. Au coucher du soleil, l'alignement des colonnes vers la mer est remarquable.

Pour rejoindre le **second site el-Baas**, il faut traverser la ville soit par la **rue Abou Deeb**, connue pour ses snacks, soit par la route littorale en direction du **Rest House**. Sur votre gauche, on distingue nettement les ruines de l'hippodrome. Malheureusement, il faut faire le tour du site pour atteindre l'entrée principale. En fin de compte, si vous n'avez pas le temps, il est plus facile de prendre un taxi-service pour rejoindre ce second site à partir des ruines Al-Medina.

Se loger

Confort ou charme

AUBERGE AL FANAR
Rue Rachid Nakhle
✆ +961 7 741 111
✆ +961 3 665 016
www.alfanarresort.com
alfanarhoteldecharme@gmail.com
Chambre simple à 70 $, double à 110 $, triple à 130 $ TTC. Petit déjeuner, taxes et wi-fi compris.
Située dans le quartier chrétien au niveau de l'ancien phare construit sous le mandat français, cette charmante auberge est tenue par la famille Salha. Walid, le fils des propriétaires qui a fait ses études d'architecture à Paris vous conseillera avec gentillesse. Inaugurée en 2002, l'auberge Al Fanar, qui occupe une ancienne demeure du XIXe siècle, compte une dizaine de chambres climatisées et équipées de salles de bains. Certaines ont une superbe vue sur la mer qui fait oublier le design et le confort un peu sommaire. Al Fanar possède un bar et un restaurant en contrebas qui donne immédiatement sur la plage. L'été, une grande terrasse en teck est aménagée et des chaises longues sont disponibles gratuitement.

© JCARILLET

Les ruines romaines d'Al-bass, sur le site archéologique de Tyr.

LIBAN SUD

Hôtel Al Fanar
le Petit Phénicien
QUARTIER HARA
PORT
Parc
Eglise
Eglise
Hôpital Bashour
Police
Parking
Eglise
Al Souk Imam al Sador
Senegal Street
VIEILLE VILLE
Mosquée
Musée de la vie sauvage et de la mer
Hafez al Hassad Street
Mosquée
Al Awkaf
Mosquée
Heram Street
Joudi Street
Cathédrale
Joudi Street
Sheikh Abass Mohammed Street
MUNICIPALITE
Mohammed Zayat St.
Mosquée
Entrée principale
Site archéologique d'Al Medina
Carthage Street
Mosquée
Nabih Berri Avenue
Ancien Port égyptien
Site archéologique sous-marin
MER MÉDITERRANÉE
Musée
Curiosité
Mosquée
Eglise
Hébergement
Restauration
Hôpital
Police
Parking
Plage

vers Beyrouth
(80 km)
Mosquée
Stade
Hafez Al Assad Street
Hôpital public
Elisar Square
Eglise
CAMP PALESTINIEN
D'AL BASS
Martyrs
Square
Al Codos Street
Hippodrome
Site archéologique
d'Al Bass
Entrée Est
Tyr
Snack
Abou Deeb
Carthage Street
Arche de
triomphe
Queen Elissa
Hôtel
Europa Street
Rashid Karami Square
Rest. Tyros
Restaurant
Chawatina
Nabih Berri Avenue
Rest House
Hôtel
PARC
PLAGE PUBLIQUE
0
250 m
vers Platinum
Hotel

HÔTEL QUEEN ELISSA

Rue Nabih Berri ✆ +961 7 344 444
queen.elissa@gmail.com
Chambre simple à 80 $, double avec balcon à 100 $, junior suite avec salon et vue sur mer à 150 $. Petit déjeuner, taxes et wi-fi compris.
L'hôtel Queen Elissa, qui compte 28 chambres, a rouvert ses portes en juillet 2007. Les chambres sont agréables et spacieuses. La décoration est un peu vieillotte mais dans l'ensemble, l'établissement est propre et bien tenu. Queen Elissa possède deux restaurants (en travaux lors de notre passage en juin 2016) : le Don Eduardo (*steakhouse*) et La Corniche (cuisine libanaise et internationale).

PALAZZO

Rue Nabih Berri
✆ +961 7 346 553 / +961 70 481 483
www.palazzolb.com
marwanhadid@hotmail.com
Appartement pour 4 de 180 $ (vue sur la ville) à 280 $ (vue sur la mer). Ajouter 10 % de taxes. Wi-fi et parking compris.
Ouvert en 2012, le Palazzo a la particularité de proposer 31 appartements d'une centaine de mètres carrés. Chacun comprend deux chambres et deux salles de bains, un salon avec canapé-lit et une cuisine américaine. Les appartements sont tout équipés : télévision, lave-linge, sèche-linge, four, micro-ondes… La décoration est un peu chargée mais les chambres sont d'une propreté impeccable.

PLATINUM HOTEL

✆ +961 7 344 666 / +961 7 351 188
www.platinumhotellb.com
info@platinumhotellb.com
Chambre simple à 110 $, double de 110 $ à 150 $, suite de 200 $ à 280 $. Petit déjeuner, taxes et wi-fi compris.
Situé à la sortie sud de Tyr à proximité du site Al Bass et des plages publiques, l'hôtel Platinum est un établissement récent qui possède une soixantaine de chambres. L'immeuble de neuf étages ne possède pas de charme particulier et la décoration est un peu chargée, mais les chambres sont spacieuses et propres et offrent une vue sur la mer. L'hôtel dispose de deux restaurants : La Sombra (cuisine internationale) et Al Fayrouz (cuisine libanaise).

Luxe

AL YASMINE GUEST HOUSE

Maaliye
✆ +961 3 372 888
www.alyasmineguesthouse.com
info@alyasmineguesthouse.com
Chambre double de 200 à 300 $. Petit déjeuner et taxes inclus.
Perdue dans les champs d'orangers du Liban Sud, cette belle maison familiale colorée, transformée en maison d'hôte par Yasmine Arab, propose 17 chambres spacieuses et confortables. Chacune possède une salle de bains privative. Ambiance familiale et chaleureuse qui invite au calme et à la relaxation. La maison d'hôte possède une piscine très agréable, un court de tennis, un mini-golf, un espace de jeux pour enfants, et propose des promenades à cheval (40 dollars par heure). Un endroit idéal pour découvrir le Sud du pays.

DAR ALMA

Rue Saydet al Behar
✆ +961 7 740 082
info@daralma.com
Chambre double autour de 120 $, junior suite avec vue sur mer de 150 à 200 $, suite de 220 à 300 $. Petit déjeuner, taxes et wi-fi compris.
Ouvert en 2014, cet hôtel-boutique d'une dizaine de chambres, construit dans une ancienne maison traditionnelle, est un véritable havre de paix. Les chambres sont superbes, la décoration raffinée et le cadre exceptionnel. Située dans une petite ruelle du quartier chrétien, la maison offre un accès direct à la mer. Au rez-de-chaussée, le restaurant de l'hôtel possède une jolie terrasse au bord de l'eau où des transats sont installés l'été. L'accueil est professionnel et très sympathique. Une adresse à découvrir !

REST HOUSE

Rue Istiraha
✆ +961 7 742 000
www.resthouse-tyr.com.lb
info@resthouse-tyr.com.lb
Chambre double vue sur mer de 165 à 253 $, vue sur jardin de 143 à 176 $. Petit déjeuner, taxes et wi-fi compris.
Sur la route au sud de Tyr au bord de la plage, cette ancienne maison d'hôte a été réaménagée en hôtel de 65 chambres. Partiellement rénové en 2016 (les travaux vont se poursuivre), l'hôtel possède un emplacement idéal face à la mer turquoise et possède d'ailleurs une plage privée avec transats, ainsi qu'une grande piscine. Les chambres du rez-de-chaussée sont toutes neuves, d'une propreté impeccable et soigneusement décorées. Toutes sont équipées d'un balcon. Privilégiez celles qui offrent une vue sur la mer. Le Rest House possède un vaste restaurant qui sert une cuisine libanaise et internationale, et dont la terrasse s'étend au bord de la piscine. L'accès à la piscine et à la plage est autorisé pour les non-résidents, moyennant un droit d'entrée de 25 000 LL la semaine, et 30 000 LL le week-end.

Vendeurs de douceurs dans le souk de la vieille ville de Tyr.

Se restaurer

La rue Nabih Berri qui longe le littoral au sud de la ville compte de nombreuses enseignes dont les terrasses donnent sur la mer. Une destination à apprécier pour déjeuner ou en fin de journée pour admirer le coucher du soleil. Parmi les adresses récentes, le Café Cavalo, le Ceviche de la Playa ou encore le Café del Mare.

Vous pourrez trouver quelques snacks-restaurants bon marché rue Abou Deeb, et autour du port de Tyr.

Sur le pouce

ABOU DEEB

Rue Abou Deeb ✆ +961 7 740 808

Ouvert tous les jours de 6h à 2h du matin.

Situé entre les deux sites archéologiques, rue Abou Deeb, au niveau du rond-point qui possède une demi-colonne, Abou Deeb est une enseigne de restauration rapide très connue à Tyr. Ici, La vue depuis le salon donne sur le rond point d'où l'observation du spectaculaire va-et-vient des voitures est saisissante. Excellent rapport qualité/prix. Mention spéciale pour le shawarma au poulet, proposé à 3 000 LL !

Bien et pas cher

AL FANAR

Rue Rashid Nakhleh ✆ +961 7 741 111

www.alfanarresort.com

alfanarhoteldecharme@gmail.com

Ouvert tous les jours de 8h à minuit. Mezzés de 4 500 à 14 000 LL, salades de 5 000 à 12 000 LL, plats et grillades de 11 000 à 18 000 LL. Espresso à 4 000 LL, Almaza à 5 000 LL, narguilé de 12 000 à 14 000 LL.

L'été, le restaurant de l'auberge Al Fanar prend ses quartiers sur une large terrasse sur le front de mer et s'installe derrière l'auberge. Le site est exceptionnel et compense une cuisine libanaise acceptable sans être étoilée.

PAPRIKA

Rue Nabih Berri

✆ +961 78 937 141

Ouvert tous les jours de 8h à 3h du matin. Salades de 13 000 à 18 000 LL, sandwichs de 12 000 à 14 000 LL, fajitas de 13 000 à 28 000 LL, plats de 23 000 à 31 000 LL. Espresso à 3 000 LL, cocktails à 9 000 LL, narguilé à 10 000 LL.

Si vous avez envie de changer un peu des mezzés, direction Paprika ! Ce restaurant, ouvert en juin 2016, propose une carte mexicaine dans un joli décor. Quelques tables en terrasse face à la mer. Le personnel est jeune, dynamique et souriant !

SALINAS

Rue Nabih Berri

✆ +961 7 343 077 / +961 3 265 172

Ouvert tous les jours. Compter environ 20 $.

Le long du littoral de Tyr, l'enseigne Salinas est très populaire. C'est une destination familiale qui propose une bonne cuisine libanaise à moindre coût. Les mezzés et les salades locales (fattouche et taboulé) sont bons. Service rapide et parfaitement rodé en cas d'affluence durant les week-ends.

SHAWATINA

Rue Nabih Berri

✆ +961 7 350 070 / +961 3 593 516

ibrahim.shawatina@hotmail.com

Ouvert tous les jours de 8h à 1h du matin. Mezzés froids à 5 250 LL, mezzés chauds de 5 250 à 10 250 LL, grillades autour de 14 000 LL, poissons frais autour de 20 000 LL. Espresso à 2 750 LL, narguilé à 10 500 LL.

Ouvert en 1997, ce restaurant réputé, qui est géré par la fondation de l'imam Sadr, propose une bonne cuisine libanaise dans un cadre agréable entièrement rénové en 2016. De grandes baies vitrées offrent une vue splendide sur la mer turquoise. Bon à savoir : Shawatina ne sert pas d'alcool.

CHEZ TONY

✆ +961 70 108 641

Ouvert tous les jours de 9h à minuit. Mezzés autour de 6 000 LL

Une petite adresse sans prétention qui sert pourtant l'une des meilleures cuisines de Tyr. Sur sa terrasse au bord du vieux port de Tyr, Tony propose de délicieux poissons frais accompagnés de quelques mezzés traditionnels (fattouche, hommos, tabouleh...). Les places sont chères, mieux vaut réserver.

ZAYTOUNA GARDEN

Rue Nabih Berri

✆ +961 71 667 772

Ouvert tous les jours de 7h30 à 2h du matin. Mezzés froids de 5 000 à 8 000 LL, mezzés chauds de 6 000 à 12 000 LL, grillades de 10 000 à 22 000 LL, fruits de mer de 10 000 à 20 000 LL. Espresso à 3 500 LL, narguilé à 12 000 LL.

Ouvert en juin 2016, ce restaurant possède une immense terrasse sur le front de mer. Joliment décoré, il propose les grands classiques de la cuisine libanaise ainsi que plusieurs assiettes de poissons et fruits de mer. Bon à savoir : le Zaytouna Garden ne sert pas d'alcool.

Bonnes tables

LE PHÉNICIEN

✆ +961 7 740 564

Ouvert tous les jours de 13h à 23h. Mezzés froids de 6 500 à 25 000 LL, mezzés chauds de 7 000 à 19 000 LL, poissons autour de 27 000 LL, grillades de 18 000 à 26 000 LL. Espresso à 5 000 LL.

L'un des plus chics restaurants de la ville ! Le Phénicien, créé par Habib Hadid en 1973, propose une cuisine libanaise délicieuse dans un cadre agréable, en face du port de Tyr à quelques mètres des barques de pêche. Sa spécialité : le poisson et les fruits de mer cuisinés à la perfection. Les mezzés classiques sont également délicieux. Une autre adresse existe à Beyrouth, dans le quartier de Sin el-Fil.

Sortir

Cafés - Bars

Le long du port de Tyr et dans les ruelles du quartier chrétien, plusieurs bars restent ouverts tard dans la nuit et sont souvent très animés les week-ends d'été. Parmi eux : le **Blue Line**, situé sur le port (ouvert jusqu'à 5h du matin !), le **Rest Café** juste à côté, le **Tavolino**, dans la rue qui mène à l'auberge Al Fanar, et le célèbre pub de l'auberge **Al Fanar** où un DJ met l'ambiance tous les week-ends.

À voir - À faire

PLAGE PUBLIQUE DE TYR ★

Au sud de Tyr, une plage de sable fin s'étire sur plusieurs kilomètres. Pour y accéder, prenez la route qui mène au Rest House puis continuez sur la droite. Vous apercevrez de nombreuses paillotes le long de la plage, qui sont ouvertes uniquement l'été. Plus vous serez au sud de cette étendue de sable, plus vous serez tranquille. Ici, le week-end, tout le monde vient se baigner. La plage est généralement propre et l'eau est turquoise. Aucun problème pour les femmes de se mettre en bikini !

Plus au sud, se trouve une réserve naturelle protégée depuis 1998 où des tortues de mer viennent y cacher leurs œufs. Le site compte également une faune riche telle que des souris, des chauves-souris et des blaireaux. On aperçoit également au loin les premières maisons du camp palestinien de Rachidyeh. La zone protégée se trouve de part et d'autre de ce camp.

PORT ET QUARTIER HARA ★★

La vieille ville de Tyr mérite le détour. A partir du port, qui a fait l'objet d'importants travaux de rénovation en 2014, aventurez-vous dans ses souks et ses ruelles étroites pour rejoindre le littoral ouest de la presqu'île. Le vieux port est multicolore avec ses petits bateaux et les pêcheurs qui s'activent à réparer leurs filets. Il est d'ailleurs possible de faire un tour en bateau pour se rendre vers deux petites îles au large de Tyr. Plusieurs terrasses de café sont aménagées le long du port. Une pause agréable pour observer les retraités du quartier enchaîner les parties de cartes endiablées et profiter de la douceur de vivre de Tyr. Ici, le temps semble parfois s'être arrêté.

Jouxtant le vieux port, le quartier chrétien, baptisé la Hara, possède un charme fou. On s'y promène le long d'étroites ruelles colorées. Les maisons sont parfois un peu précaires, et collées les unes aux autres, mais elles sont vives et souvent fleuries.

Il est possible de rejoindre les ruines de la cathédrale, avec ses colonnes monolithiques en granit rose d'Assouan, en longeant la corniche qui débute au niveau de l'auberge Al Fanar.

SITES ARCHÉOLOGIQUES DE TYR ★★★★

SITE ARCHÉOLOGIQUE D'AL MEDINA ★★★★

Ouvert tous les jours de 8h à 19h. Entrée : 6 000 LL.

Le site d'Al Medina se trouve à quelques minutes à pied ou en voiture du port de Tyr. Il s'agit des ruines de la ville impériale romaine qui s'étend à l'extrémité sud de la presqu'île. Le site est également connu sous le nom d'El Mina.

Site archéologique d'Al Medina

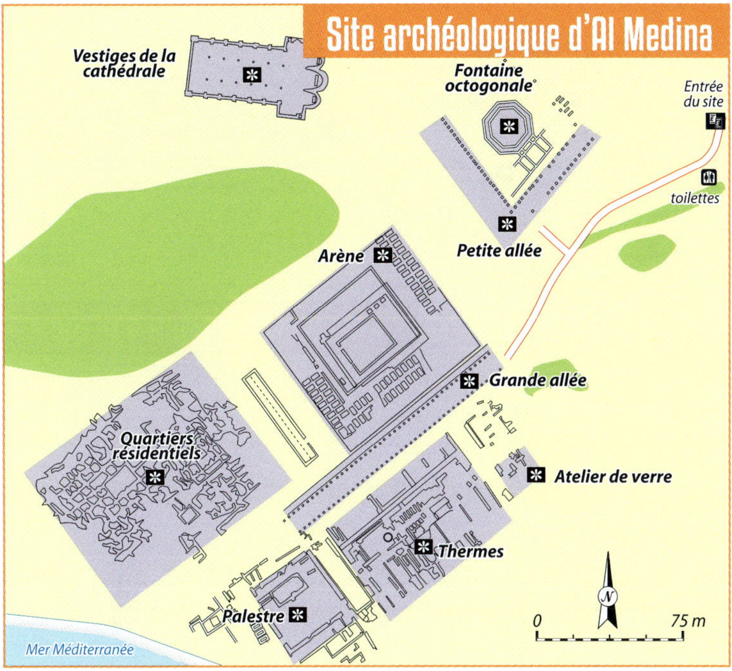

La visite est splendide en fin d'après-midi au coucher du soleil. Les lumières sur la grande voie à colonnade sont très belles avec en fond la vue sur la mer.

Une voie romaine large de 11 m, bordée de colonnes de marbre cipolin, menait au port egyptien. Cette allee etait primitivement recouverte d'un parterre de mosaïque formant de grands cercles blancs. A cause de la fragilité des matériaux utilisés, on décida, au IIIe siècle apr. J.-C., de recouvrir ces mosaïques d'un dallage de marbre.

De l'autre côté de la voie romaine s'étendent les arènes, qui pouvaient accueillir environ 2 000 spectateurs. Elle fut élevée au Ier siècle apr. J.-C. Rectangulaire (ce qui est très rare), cette arène est entourée de cinq rangées de gradins. Tout autour, de grandes citernes enduites de chaux, servaient autrefois de réservoirs d'eau douce.

A gauche de la voie romaine s'étendaient les thermes construits sur le remblai de l'ancien port. Pour éviter l'infiltration de l'humidité, les thermes furent installés sur un ensemble de voûtes en calcaire surmontées de murs de brique recouverts de marbre et de pierre. De petits piliers ou hypocaustes, formés de morceaux de terre cuite superposés, réchauffaient le sol. L'air chaud, alimenté par des fourneaux, circulait ainsi entre les différentes pièces.

A l'extrémité de la grande allée s'élevait à l'époque grecque (IIe siècle apr. J.-C.), la palestre (gymnase) qui, à la suite d'un incendie, s'effondra dans le port « égyptien ». Les habitants transformèrent cet endroit en décharge publique, puis, ayant gagné du terrain sur la mer, les Romains en profitèrent pour bâtir la palestre. On peut encore voir les neuf colonnes de granit gris d'Assouan (Haute-Egypte) qui faisaient partie de cet édifice. A l'époque byzantine, une manufacture de la pourpre fut créée sur cet emplacement.

Situé à proximité de ce site (voir la carte), il est possible de visiter les vestiges de la cathédrale. A l'origine, le site semble avoir été occupé par le fameux temple de Melkart-Hercule. D'après les récits, ce temple surpassait en richesses tous les monuments de la région. Deux colonnes d'or et d'émeraude se dressaient à l'entrée de l'édifice. Il ne reste malheureusement plus grand-chose de ce temple, si ce ne sont les énormes colonnes monolithiques en granit rose d'Assouan, récupérées par les croisés pour élever leur cathédrale. Celle-ci, construite au-dessus d'une voie romaine, n'est plus qu'un vaste champ de ruines. Pourtant, elle fut – au XIIe siècle – le lieu de grandioses cérémonies.

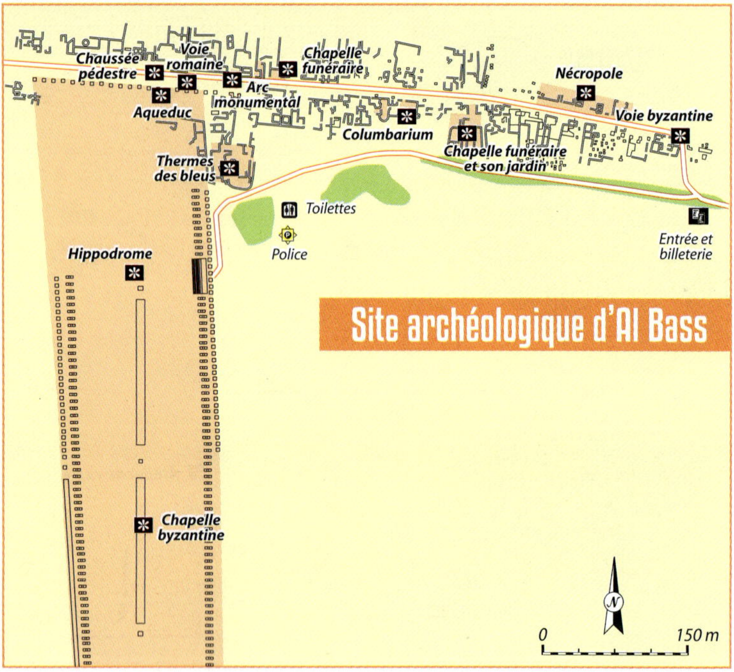

En effet, en 1187, à la suite de la reprise de Jérusalem par Saladin, les croisés se réfugièrent à Tyr et célébrèrent dans la cathédrale des mariages et des couronnements royaux. De même, en 1192, la dépouille de Fréderic Ier Barberousse, empereur d'Occident, fut déposée temporairement dans la cathédrale croisée. Une grille donne accès aux ruines, elle est généralement ouverte. Dans le cas contraire, on ne peut observer le site que depuis la rue.

SITE ARCHÉOLOGIQUE D'AL BASS ★★★★

Ouvert tous les jours de 8h à 19h. Entrée : 6 000 LL.

On accède au site par la route qui longe le camp palestinien d'Al Bass à l'est de Tyr. C'est à 500 m au sud du rond-point Al Bass. Ce site est très large. En été, sous un soleil de plomb, la visite peut être fatiguante, autant venir tôt le matin.

Une fois à l'intérieur du site, il faut prendre la voie byzantine formée de dalles calcaires disposées en chevrons. De part et d'autre, s'étend une vaste nécropole romano-byzantine qui comporte un grand nombre de sarcophages et de constructions et enclos funéraires. L'ensemble a été aménagé entre le IIe et le Ve siècle de notre ère.

Un premier sarcophage fut exhumé en 1940 par des soldats français en poste à Tyr, mais il fallut attendre quelques années avant que ne soit découvert l'ensemble de la nécropole. Celle-ci est riche de centaines de sarcophages de marbre ou de pierre. Ornés de bas-reliefs, ils sont aujourd'hui exposés au Musée national de Beyrouth. C'est le cas des magnifiques tombeaux retraçant des épisodes de la vie d'Achille, d'après l'Iliade d'Homère. Gravés sur le marbre, le nom et la profession du défunt nous indiquent que de nombreux sarcophages abritaient le corps de grands fabricants de la pourpre.

Sur votre gauche, la chapelle funéraire remonte au VIe siècle apr. J.-C. Elle est constituée d'une petite cour avec une fontaine, d'une chambre semi-circulaire (son sol est pavé de marbres). A l'opposé de la voie byzantine, on distingue le tombeau-tour qui date du IIe siècle apr. J.-C.

A l'extrémité de la route byzantine – peu avant qu'elle ne cède la place à la voie romaine – s'élève un arc monumental, haut de 20 m, construit en pierre sablonneuse par les Romains au IIe siècle apr. J.-C. Il s'écroula au Ve ou au VIe siècle durant l'un des tremblements de terre. On distingue très nettement des traces de roue dans le dallage en calcaire de la voie romaine.

SITES ARCHEOLOGIQUES DE TYR ★★★★

© ALEKSANDR SADKOV / SHUTTERSTOCK.COM

L'hippodrome, l'un des plus grands du monde romain, témoigne de la puissance de l'antique Tyr.

© PHILIPPE GUERSAN - AUTHOR'S IMAGE

© DIA KARANOUH / ISTOCKPHOTO

La métropole phénicienne régna sur la commerce maritime de la Méditerranée et établit des colonies prospères comme Carthage ou Cadix.

© DIA KARANOUH / ISTOCKPHOTO

L'arc de Triomphe commande la voie monumentale qui traverse le site d'Al Bass.

Au sud de cette voie, la chaussée pédestre a conservé son pavement en chevron. Elle était bordée d'une rangée de boutiques abritées par l'aqueduc qui amenait l'eau douce de Ras el-Ain jusqu'à la cité (soit à 6 km de Tyr).

La fontaine sépulcrale est précédée d'une petite cour pavée de mosaïques. Ce complexe funéraire est décoré de plusieurs niches et de divers bassins. Le défunt était enterré derrière la fontaine. Au sud de cette fontaine, les thermes des Bleus comportent une mosaïque où est inscrit « la victoire des Bleus ».

Long de 480 m et large de 160 m, l'hippodrome de Tyr, construit au IIe siècle en forme d'épingle à cheveux, est l'un des plus grands et des mieux conservés du monde romain. Ses gradins en pierre bordant le terrain permettaient d'accueillir jusqu'à 20 000 spectateurs assis. Une spina, sorte de long muret, délimitait le centre de la piste. En son milieu, trônait un obélisque en granit (aujourd'hui remonté) et un peu plus loin la statue d'Hercule. Plus tard, une chapelle byzantine fut édifiée sur le site abandonné. A l'époque romaine, les courses attiraient des foules passionnées. En attendant le départ, dix chars prenaient place à l'extrémité de la spina dont ils devaient faire sept fois le tour. A la chute de l'Empire romain, l'hippodrome fut délaissé et enseveli au cours des siècles qui suivirent sous six mètres de sable.

DANS LES ENVIRONS

QABR HIRAM ★

Transports

Comment y accéder et en partir

Sortez de Tyr par la route de Qana qui quitte la plaine littorale pour s'engager dans une région vallonnée aux collines arides entrecoupées de vallons verdoyants. Situé à 8 km de Tyr à l'entrée du village d'Hanaway, vision surréaliste d'un énorme sarcophage à 50 cm de la route.

À voir – À faire

LE TOMBEAU D'HIRAM

Ce tombeau monolithique dit de Hiram, l'un des plus grands du Liban a une hauteur de 4 m. Il repose sur un piédestal composé de 3 assises de grosses pierres. Les fouilles pratiquées par l'historien et théologien français Ernest Renan au milieu du XIXe siècle permirent de découvrir, au pied du monument certainement phénicien, un vaste caveau (aujourd'hui bloqué), antérieur au tombeau lui-même. La tradition attribue ce tombeau à Hiram Ier (l'un des trois rois de Tyr qui portèrent le nom de Hiram) ou bien à Hiram, l'architecte contemporain du roi qui fut chargé de construire le temple de Salomon.

Aujourd'hui, le sarcophage qui ne fait l'objet d'aucune protection particulière est couvert de graffitis et encerclé par des fils électriques. La population du village voisin raconte que le site fut pillé au cours de l'invasion israélienne.

QANA ★

Transports

Comment y accéder et en partir

A la sortie sud de Tyr, une intersection vous donne le choix d'aller vers le sud en direction de Naqoura ou de continuer vers la gauche en direction de Qana et Tibnine. La route traverse les villages de Ain Baal et Hanaouay.

À voir – À faire

LES FIGURINES DE QANA ★

Lieu historique où le Christ, invité à un festin de noces, a changé l'eau en vin. A l'entrée du village, suivez une pancarte qui indique l'emplacement des figurines de Qana. Adjacent à la somptueuse villa d'un docteur originaire du village, le site a fait l'objet d'un vaste plan d'aménagement réalisé en 2000 par le paysagiste libanais Frédéric Francis, comprenant un parking destiné aux bus et aux voitures, des toilettes publiques et des espaces de repos. C'est tellement rare au Liban qu'il faut le signaler. Le site domine un vallon aride et une carrière sauvage.

Sur les rochers, sont sculptées plusieurs rangées de personnages dans un style primitif. L'une d'elles représente 13 personnes qui ont été attribuées au Christ et à ses disciples. Elles datent de la période hellénistique ou du début de l'époque romaine. En bas du site, se trouve une petite grotte qui fut incendiée par l'armée israélienne. C'est aujourd'hui, un lieu de culte pour les chrétiens du village. Selon le Nouveau Testament, Qana est le site du premier miracle réalisé par le Christ.

Le Sud occupé par Israël de 1978 à mai 2000

Plus d'une soixantaine de villages libanais, soit près de 90 000 personnes, ont été sous le joug de l'armée israélienne de 1978 à 2000. Raison officiellement évoquée : garantir la sécurité d'Israël. Le sud du Liban, région frontalière de l'Etat hébreu, a été en effet le terrain privilégié des activités de résistance palestinienne contre les villes du nord d'Israël. Puis des opérations de résistance, principalement par les partis Amal et Hezbollah, ont été organisées jusqu'au retrait israélien.

Pendant 22 ans, les habitants des villages occupés ont vécu dans l'angoisse. Le barrage de l'armée libanaise à Bater, entre Beyrouth et Marjeyoun, constituait une véritable frontière avec fouille et vérification systématique des papiers d'identité. Un peu plus loin en zone occupée, le premier barrage de l'armée du Liban-Sud, ALS, milice armée et financée par Israël, était là pour renforcer son dispositif de sécurité.

A partir de là, les voitures circulaient avec une plaque minéralogique blanche et rouge, qui indiquait leur appartenance à la région. Les Israéliens en avaient décidé ainsi. Le droit de passage dans la zone occupée était taxé (autour de 12 €) par mois et par automobiliste.

Plus on avançait à l'intérieur du pays, plus l'atmosphère était tendue et contrastait, au printemps, avec la beauté de ces vallées fleuries de boutons d'or et de fleurs d'amandier. Par crainte des attaques à la voiture suicide, les Israéliens exigeaient que les véhicules comportent toujours plusieurs passagers. En fin d'après midi, les routes se vidaient. Les habitants vivaient dans la hantise des bombardements israéliens et reprochaient à l'Etat libanais de les avoir laissé tomber.

Celui-ci réclamait, en vain, l'application de la résolution 425, du Conseil de sécurité des Nations unies qui stipulait le retrait de l'armée israélienne du territoire libanais.

Qana est souvent confondu avec le village israélien de Kafr Qana. Toutefois, selon l'historien du IVe siècle Eusebius, le village de Qana mentionné dans les Evangiles était à proximité de Saïda, ce qui discrédite la thèse de Kafr Qana.

■ LE MÉMORIAL DU MASSACRE DE 1996

Après avoir traversé le centre de Qana et avoir assisté à un enchevêtrement de voitures dans les rues étroites, vous arriverez au mémorial du massacre du 18 avril 1996 adjacent au poste des Nations unies. Il est constitué d'un cimetière et d'un petit musée. Le site relate le massacre de civils libanais et de soldats des Nations unies. Alors que la milice libanaise du Hezbollah lançait des roquettes sur le nord d'Israël, l'armée israélienne entreprit, durant 16 jours, l'opération intitulée « les raisins de la colère », qui déplaça plus de 35 000 Libanais hors de leur village. Face aux bombardements des avions et de l'artillerie navale des israéliens, la population de Qana, essentiellement des enfants, des femmes et des personnes âgées, s'était réfugiée dans les baraquements des Nations unies. Le 18 avril, plusieurs roquettes israéliennes détruisirent une partie des baraquements, qui tuèrent 107 personnes. Par la suite, Israël affirma que les soldats du Hezbollah étaient présents dans la base et qu'elle ignorait la présence de civils.

Qalaat Maroun

A quelques kilomètres au nord de Tibnine, le village de Deir Kifa a gardé sur une colline des traces d'une fortification croisée : Qalaat Maroun.

Le château a été élevé par les Francs au XIIe siècle puis reconstruit par les Arabes. De forme carrée, la citadelle couvre une grande superficie de 10 000 m² entourée d'une muraille et de tours semi-circulaires partiellement détruites. Malheureusement, le site n'est qu'un amas confus de ruines depuis longtemps aplani et cultivé. Certaines pierres ont été réutilisées par la population pour construire leur clôture. Après le départ des Francs, ce site fut occupé et sans doute agrandi par les Ottomans. La forteresse conserve quelques citernes parfois taillées dans le rocher, des courtines et des tours semi-circulaires.

TIBNINE ★★

Transports

Comment y accéder et en partir

Situé à 30 km de Tyr, vous pouvez rejoindre Tibnine en prenant la route de Qana qui traverse les villages de Siddiqine, Mazraat Aaiye, Haris et Aaita ej Jabal. Vous apercevrez de nombreuses villas au luxe ostentatoire, parfois d'un goût très spécial, construites par des Libanais issus de la diaspora essentiellement d'Afrique.

Attention : au moment de la rédaction de ce guide (juin 2016), il n'était pas nécessaire de demander un permis d'accès pour se rendre à Tibnine mais les choses peuvent changer du jour au lendemain. Mieux vaut se renseigner auprès de l'office de tourisme de Beyrouth avant d'organiser votre excursion dans le Sud du pays.

À voir – À faire

LE CHÂTEAU DE TIBNINE ★

Perchée à 870 m d'altitude et connue sous le nom de Taron, la forteresse de Tibnine fut fondée en 1104 par Hugues de Saint-Omer. Il comptait s'en servir comme point d'appui pour la conquête de Tyr alors aux mains des musulmans et de base de prévention aux tentatives d'invasion des armées fatimides. Conquis par Saladin en 1187 puis aux mains des Arabes jusqu'en 1229, il est repris par les croisés. En 1266, le sultan mamelouk Baybars en prend possession. Le site fut reconstruit au XVIIe siècle par Daher el-Omar, Pacha d'Acre. Le site a une superficie de 1 100 m². La muraille et les tours sont bien conservées. Le château qui comportait jadis 9 tours, en a gardé quelques-unes carrées et semi-circulaires datant du XIIIe siècle. L'intérieur est un amas confus de ruines. L'entrée est libre.

HASBAYA ET SA RÉGION

HASBAYA

Transports

Comment y accéder et en partir

Deux accès possibles pour rejoindre Hasbaya. En provenance de Beyrouth, il faut passer par Saïda, Nabatieh, Marjayoun puis descendre vers Ebel es-Saqi puis Hasbaya. La seconde option est de traverser la Bekaa sud de Chtaura, Kefraya, Joub Janine, Qaraoun, Sohmor, Yohmor, Zellaya puis au niveau du Nahr Hasbani de remonter vers Hasbaya.

Attention : ne pas oublier qu'il faut un permis d'accès pour se rendre à Hasbaya et sa région !

À voir – À faire

LA CITADELLE DES CHEBAB

A 10 km de Marjayoun, ce village construit en amphithéâtre sur les flancs d'une colline abrite le palais-forteresse des émirs Chehab. A l'origine, il s'agissait d'une tour de guet du XIIe siècle fortifiée par les Chehab, puis au XVIIe siècle, il devint un palais dans le style des palais italiens de la Renaissance. Le site qui est une propriété privée est encore bien conservé et mérite une rapide visite.
On distingue au niveau du portail le lion emblématique sculpté de chaque côté. Celui-ci est enchaîné et fait face à un lapin. Deux nouveaux lions sont visibles dans l'arc de l'entrée. Le palais comprend 65 chambres dont la plus grande (au second étage) est décorée de peintures murales et de sculptures (fleur de lys et étoile). Les vieux balcons, les remarquables fenêtres ainsi que les arcades dentelées sont magnifiques. La citadelle est encore habitée (au second et troisième étage) par des membres de la famille Chehab.
En 1860, dans la cour de ce palais (150 m de long et 100 m de large) eut lieu le massacre de 900 chrétiens par des Druzes avec la complicité des Ottomans. Le site ne fut pas épargné par l'armée israélienne qui le bombarda à plusieurs reprises de 1978 à 2000.
La mosquée adjacente au palais date du XIIIe siècle et possède un magnifique minaret hexagonal incrusté de pierres de couleur.

KHAN HASBAYA

Sur la route qui mène de Hasbaya vers Marjayoun, au centre d'une pinède, se trouve le souk al-khan ou khan Hasbaya. On peut y voir les vestiges d'un ancien khan du XVIIe siècle où aurait été tué Ali, le fils de l'émir Fakhreddine Ma'an. Il s'agit d'un des derniers khans ruraux historiques au Liban. Il était un poste-relais sur la voie commerciale reliant l'Egypte à la Palestine. Le khan qui mesure 75 m par 67 m assurait le gîte aux voyageurs et aux commercants.

LE TEMPLE D'HEBBARIEH

Hebbarieh
Entre Hasbaya et Ebdl es Saqi, prenez la direction d'Hebbarieh en passant par Fardis. A la sortie d'Hebbarieh, de la route principale et au cœur du village, on aperçoit les ruines d'un temple romain. Quelques murs sont encore debout et peuvent atteindre 8 m de haut. La porte d'entrée comporte des niches à deux niveaux, semi-circulaires en bas et rectangulaires en haut. On peut lire quelques lignes en grec sur la façade. Le temple repose sur un podium qui comprenait des galeries souterraines. Dans le pronaos, les bases de deux colonnes sont encore visibles. Le fronton a disparu.

DANS LES ENVIRONS

ARNOUN

Transports

Comment y accéder et en partir

Le château de Beaufort est l'un des plus célèbres du Liban. Il se situe à 40 km de Saïda. A 4 km de Nabatieh, il faut prendre la direction d'Arnoun et Yohmor. Vous aurez le château en point de mire. Il vous restera 5 km pour arriver au site plus connu sous le nom de Qalat Shafiq Arnoun.

À voir – À faire

LE CHÂTEAU DE BEAUFORT

Cette citadelle s'est offerte à toutes les conquêtes militaires : califes omeyyades, abbassides, seldjoukides, croisés, Ottomans, combattants palestiniens et israéliens.

Son histoire commence en 1139 mais des historiens le datent à une période antérieure, romaine ou byzantine. Le roi de Jérusalem conquit cette citadelle en 1139. Puis Saladin l'occupa en 1190 après un siège d'un an. Le château fut ensuite acheté par les chevaliers de l'ordre du Temple à Julien de Sidon en 1260. Les Templiers perdirent le site en 1268 après une attaque du sultan Baybars.
Cette importante forteresse à 710 m d'altitude et qui surplombe le fleuve Litani, fut nommée Beaufort pour sa beauté. Elle a été restaurée au XVIIe siècle par Fakhreddine. Puis les Ottomans détruisirent une partie de la citadelle qui resta sous le régime féodal jusqu'en 1769.
La forteresse fut endommagée par le séisme de 1837. Au cours du mandat français, une première phase de restauration fut entreprise. Puis par sa position militaire stratégique, le site fut très endommagé par les événements au cours des 40 dernières années. Le château fut occupé par les Palestiniens dans les années 1970 puis bombardé en 1982 par les F-16 israéliens. Après le départ des Palestiniens, l'armée israélienne occupa le château jusqu'en mai 2000. Le film *Beaufort*, réalisé par Joseph Cedar en 2007, retrace les derniers jours de l'occupation de la forteresse par les forces israéliennes, en 2000. Après le retrait israélien, une foule de curieux avaient afflué sur le site, voulant tout à la fois découvrir les lieux et voir les installations militaires.
Ce monument du patrimoine libanais a fait l'objet d'un vaste plan de restauration qui a été finalisé début 2015.

EBEL ES-SAQI ★

Transports

Comment y accéder et en partir

A l'extrême sud de la Bekaa, entre les villages de Hasbaya et Khiam, la route principale traverse Ebel es-Saqi, connu pour sa réserve naturelle. Quelques points de repères : 9 km de Marjayoun, 30 km de Nabatié, 110 km de Beyrouth. La frontière israélienne n'est qu'à quelques kilomètres.

Se loger

HÔTEL DANA
Ebel es-Saqi
✆ +961 7 831 000
✆ +961 3 421 233
www.danahotel.com
info@danahotel.com
Chambre simple à 88 $, double à 99 $. Petit déjeuner, taxes et wi-fi compris.
L'hôtel Dana est un des rares hôtels de cette région reculée du Liban. Cet établissement offre de bonnes prestations. Les chambres sont simples, propres et bien équipées. L'hôtel possède deux restaurants et une grande piscine extérieure. Situé à l'entrée du village d'Ebel es-Saqi, au milieu des terres agricoles, l'hôtel Dana est un camp de base idéal pour découvrir cette belle région peu visitée.

À voir – À faire

LA RÉSERVE D'EBEL ES-SAQI ★
Amoureux de la nature et des oiseaux, un passage à Ebel es-Saqi s'impose. Ce petit village situé entre Khiam et Hasbaya est devenu l'un des principaux sanctuaires pour les oiseaux migrateurs qui viennent y faire une pause avant de continuer leur voyage. Son importance serait même mondiale puisque de nombreuses espèces menacées s'y retrouvent. L'aigle impérial mais également des pélicans, des sarcelles, des busards et même des faucons peuvent ainsi être observés.
Le site d'Ebel es-Saqi comprend un espace boisé et une zone humide de la rivière Hasbani. Détruite à 80 % durant l'invasion israélienne de 1978 et reconstruite depuis avec l'aide des troupes norvégiennes de la FINUL, le bois d'Ebel es-Saqi a une superficie de 38 ha. Par décision municipale, la chasse y est interdite.

La poterie de Rashaya al Fokhar

A quelques kilomètres d'Ebel es Saqi en direction de Kfar Chouba, se trouve le village de Rashaya al Fokhar qui comme son nom l'indique est l'une des capitales de la poterie au Liban. En effet, le mot *al Fokhar* est une traduction arabe du terme syriaque *pahhara* qui signifie potier ou poterie. Le village compte encore deux potiers qui fabriquent des objets (cruches, jarres, assiettes, etc...) de couleurs vives.

PENSE FUTÉ

Mosquée Mohamed el-Amine, Beyrouth.

© PHILIPPE GUERSAN – AUTHOR'S IMAGE

PENSE FUTÉ

Argent

Monnaie

L'unité de monnaie est la livre libanaise (LL). Après avoir souffert d'une inflation galopante pendant la guerre, la monnaie libanaise s'est stabilisée depuis 1993. Un dollar valait en 1975 2,25 LL, puis 8,76 LL en 1984 et 878 LL en 1991. Il a atteint 2 300 LL en 1992. Il est actuellement coté autour de 1 500 LL.

Il existe des pièces de monnaie de 250 et 500 livres et des billets de 1 000, 5 000, 10 000, 20 000, 50 000 et 100 000 LL.

Taux de change

En juillet 2016. 1 000 LL = 0,59 € et 1 € = 1 635 LL.

Coût de la vie

Dans son enquête annuelle de 2016, le consultant Mercer Human Resource a classé Beyrouth à la 50e place mondiale en termes de coût de la vie et à la 4e place régionale parmi 17 villes arabes. L'enquête prend en compte les loyers, l'alimentation, l'habillement, les transports et les loisirs.

Le Liban est relativement cher comparé à ses voisins. Si votre budget est un peu limité, vous vous rendrez compte rapidement que les adresses économiques sont peu nombreuses. Il est cependant possible de dépenser entre 30 et 40 $ par jour. Vous trouverez ci-dessous des budgets indicatifs auxquels il faut ajouter les frais de visa, d'assurance, de téléphone et autres dépenses personnelles.

A Beyrouth, les frais d'hébergement sont relativement élevés bien qu'il soit désormais possible de trouver quelques pensions à des prix abordables. En fonction de la durée de votre séjour et de la saison de votre passage à Beyrouth, il est recommandé de négocier. Naturellement, la saison basse est plus propice aux bonnes affaires. Se restaurer à petit prix n'est pas un problème dans les snacks avec des sandwiches ou des galettes de fromage et de viande. Par contre, les prix grimpent dès que l'on s'attable. Il est clair que le fameux mezzé libanais n'est pas un plat pour les petits budgets. En ce qui concerne les excursions, le réseau des transports en commun permet de se déplacer dans la plupart des sites touristiques du pays et des quartiers de la capitale. Si vous souhaitez louer une voiture, il faut compter entre 30 et 70 $ en fonction de la voiture, des compagnies de location, de l'assurance, etc.

Budget

- **Lit en dortoir :** 25 000 LL.
- **Chambre double dans un hôtel bon marché :** 60 000 à 90 000 LL.
- **Chambre double dans un hôtel de catégorie moyenne :** 90 000 à 130 000 LL.
- **Repas sur le pouce :** 4 000 à 8 000 LL.
- **Plat dans un bon restaurant :** 15 000 à 30 000 LL.
- **Trajet dans Beyrouth :** bus (1 000 LL), taxi-service (2 000 LL).
- **Entrée du Musée national :** 5 000 LL.

L'entrée des sites est bon marché voire gratuite

Au Liban, les tarifs des sites touristiques publics ne sont pas très onéreux. Gérés par le ministère du Tourisme, ces sites sont accessibles – en grande majorité – de 4 000 à 15 000 LL soit de 2,50 à 10 dollars. L'entrée des ruines de Baalbek est à 15 000 LL, le palais de Beiteddine à 10 000 LL, la citadelle de Jbeil à 8 000 LL, la cité omeyyade d'Anjar et les sites archéologiques de Tyr à 6 000 LL, le Musée national et le château Saint-Gilles à Tripoli à 5 000 LL, le château de la mer de Saïda à 4 000 LL.

Parallèlement, plusieurs sites sont gratuits comme le site d'Echmoun, les temples d'Ain Hourché, de Sfiré, de Qsar Naous, de Bziza, de Yanouh, les châteaux de Mseilha et Smar Jbeil, les grottes de Fourzol et le site de Deir al Qalaa. Naturellement, il ne s'agit pas des curiosités les plus remarquables du pays mais leur gratuité ne veut pas dire qu'elles sont sans intérêt. Au contraire !

A l'opposé, l'accès aux sites privés est payant : les grottes de Jeita à 18 150 LL et la crypte Saint-Georges à 5 000 LL.

- **Entrée des grottes de Jeita :** 18 150 LL.
- **Entrée du site de Baalbek :** 15 000 LL.
- **Une grande bouteille d'eau minérale :** 1 000 LL.
- **Une cartouche de cigarettes :** 15 000 à 20 000 LL.
- **Coiffeur hommes :** autour de 15 000 LL.

Banques et change

- **Banques.** Il existe 54 banques différentes, soit 962 succursales concentrées principalement à Beyrouth. Les cinq premières, selon le total de leurs actifs sont : BLOM, Byblos, Fransabank, Audi et BLF. Il n'est pas difficile de changer de l'argent, de trouver un distributeur automatique pour les cartes Visa et Mastercard.
La plupart des banques sont ouvertes de 8h30 à 14h du lundi au vendredi. Le samedi, les banques ferment à 12h.
- **Change.** On peut changer sans problème les monnaies européennes dans les banques et les bureaux de change de Beyrouth. Notez que le change en dollar est plus avantageux au Liban qu'en France.
A Beyrouth et dans les grandes villes du pays (Tripoli et Saïda), on trouve de nombreux bureaux de change. A Beyrouth, la plus grande concentration est dans le quartier touristique de Hamra. A noter qu'il est préférable d'avoir de la monnaie, surtout quand vous prendrez un taxi-service. Le chauffeur peut vous dire en cours de route qu'il n'a pas la monnaie. Ainsi, ayez toujours avec vous des billets de 1 000 LL pour le payer.

Carte bancaire

La plupart des transactions se font en liquide. Les paiements par carte sont acceptés dans la majorité des restaurants et des boutiques. Les Libanais ne sont pas encore des grands adeptes du chéquier.
Compte tenu des déboires de la livre libanaise par le passé, le dollar a longtemps été la devise utilisée par tous. Aujourd'hui, les dépenses courantes se font généralement en livres libanaises (LL). Mais le dollar est encore très utilisé dans les magasins, les restaurants, les épiceries et les hôtels. Le Beyrouthin jongle sans problème entre le dollar et la livre libanaise. Donc, ne soyez pas surpris, vous pouvez payer en dollar et on vous rendra la monnaie en livre libanaise. Par contre, les euros ne sont pas acceptés.Si ous disposez d'une carte bancaire (Visa, MasterCard, etc.), inutile d'emporter des sommes importantes en espèces. Dans les cas où la carte n'est as acceptée par le commerçant, rendez-vous simplement à un distributeur automatique de billets.
En cas de perte ou de vol de votre carte à l'étranger, votre banque vous proposera des solutions adéquates pour que vous poursuiviez votre séjour en toute quiétude. Pour cela, pensez à noter avant de partir le numéro d'assistance indiqué au dos de votre carte bancaire ou disponible sur Internet.

Ce service est accessible 7j/7 et 24h/24. En cas d'opposition, celle-ci est immédiate et confirmée dès lors que vous pouvez fournir votre numéro de carte bancaire. Sinon, l'opposition est enregistrée mais vous devez confirmer l'annulation à votre banque par fax ou lettre recommandée.

Conseils avant départ. Pensez à prévenir votre conseiller bancaire de votre voyage. Il pourra vérifier avec vous la limitation de votre plafond de paiement et de retrait. Si besoin, demandez une autorisation exceptionnelle de relèvement de ce plafond.

Retrait

Trouver un distributeur. On trouve des distributeurs aux quatre coins du pays et notamment dans les malls. Pour connaître le plus proche, des outils de géolocalisation de distributeurs sont à votre disposition. Rendez-vous sur : www.visa.fr/services-en-ligne/trouver-un-distributeur ; ou sur : www.mastercard.com/fr/particuliers/trouver-distributeur-banque.html.

Utilisation d'un distributeur anglophone. De manière générale, le mode d'utilisation des distributeurs automatiques de billets (« ATM » en anglais) est identique à la France. Si la langue française n'est pas disponible, sélectionnez l'anglais. « Retrait » se dit alors withdrawal. Si l'on vous demande de choisir entre retirer d'un checking account (compte courant), d'un credit account (compte crédit) ou d'un saving account (compte épargne), optez pour checking account. Entre une opération de débit ou de crédit, sélectionnez « débit ». (Si toutefois vous vous trompez dans ces différentes options, pas d'inquiétude, le seul risque est que la transaction soit refusée.) Indiquez le montant (amount) souhaité et validez (enter). À la question Would you like a receipt ?, répondez yes et conservez soigneusement votre reçu.

Frais de retrait. L'euro n'étant pas la monnaie du pays, une commission est retenue à chaque retrait. Les frais de retrait varient selon les banques et se composent en général d'un frais fixe d'en moyenne 3 € et d'une commission entre 2 et 3 % du montant retiré. Certaines banques ont des partenariats avec des banques étrangères ou vous font bénéficier de leur réseau et vous proposent des frais avantageux ou même la gratuité des retraits. Renseignez-vous auprès de votre conseiller bancaire. Notez également que certains distributeurs peuvent appliquer une commission, auquel cas celle-ci sera mentionnée lors du retrait.

Cash advance. Si vous avez atteint votre plafond de retrait ou que votre carte connaît un dysfonctionnement, vous pouvez bénéficier d'un cash advance. Proposé dans la plupart des grandes banques, ce service permet de retirer du liquide sur simple présentation de votre carte au guichet d'un établissement bancaire, que ce soit le vôtre ou non. On vous demandera souvent une pièce d'identité. En général, le plafond du cash advance est identique à celui des retraits, et les deux se cumulent (si votre plafond est fixé à 500 €, vous pouvez retirer 1 000 € : 500 € au distributeur, 500 € en cash advance). Quant au coût de l'opération, c'est celui d'un retrait à l'étranger.

Paiement par carte

De façon générale, évitez d'avoir trop d'espèces sur vous. Celles-ci pourraient être perdues ou volées sans recours possible. Préférez payer avec votre carte bancaire quand c'est possible. Les frais sont moindres que pour un retrait à un distributeur et la limite des dépenses permises est souvent plus élevée.
Notez que lors d'un paiement par carte bancaire, il est possible que vous n'ayez pas à indiquer votre code PIN. Une signature et éventuellement votre pièce d'identité vous seront néanmoins demandées.

Acceptation de la carte bancaire. La majorité des hôtels, restaurants et magasins acceptent le paiement par carte bancaire. Si certains petits commerces peuvent le refuser, vous pourrez toutefois retirer des espèces au distributeur le plus proche.

Frais de paiement par carte. Hors zone euro, les paiements par carte bancaire sont soumis à des frais bancaires. En fonction des banques, s'appliquent par transaction : un frais fixe entre 0 et 1,2 € par paiement, auquel s'ajoutent de 2 à 3 % du montant payé par carte bancaire. Le coût de l'opération est donc globalement moins élevé que les retraits à l'étranger. Renseignez-vous auprès de votre conseiller bancaire.

Transfert d'argent

Avec ce système, on peut envoyer et recevoir de l'argent de n'importe où dans le monde en quelques minutes. Le principe est simple : un de vos proches se rend dans un point MoneyGram® ou Western Union® (poste, banque, station-service, épicerie...), il donne votre nom et verse une somme à son interlocuteur. De votre côté, vous vous rendez dans un point de la même filiale. Sur simple présentation d'une pièce d'identité avec photo et de la référence du transfert, on vous remettra aussitôt l'argent.

Pourboires, marchandage et taxes

Marchandage. Ces pratiques sont largement répandues au Liban. Il est normal de marchander le prix d'un taxi, le prix d'une chambre d'hôtel et le prix d'un souvenir auprès d'un vendeur ambulant. Mais ce n'est pas une règle générale, par exemple, la boutique L'Artisan du Liban n'accorde aucune réduction. Ce n'est pas la peine d'essayer. Par contre, n'hésitez pas à vérifier les additions des restaurants pour voir si on ne vous a pas ajouté une commande en plus. Ceci est néanmoins rare, mais il est préférable d'être attentif.

- **Pourboires.** Il est très naturel de laisser un pourboire. Ne soyez donc pas timide et jouez de cette pratique très répandue puisqu'elle complète les maigres salaires de ceux qui vous servent. Un pourboire de 10 % de l'addition est en général bienvenu au restaurant et dans les hôtels ; munissez-vous de petite monnaie pour remercier le portier ou d'autres personnes qui viendraient vous offrir leurs services. Ne vous inquiétez pas, vous ne serez pas importuné et les pourboires seront pour vous la rétribution naturelle d'un service en général discret et attentionné.
- **Taxes.** Au Liban, la TVA a été fixée à un taux standard de 10 %. Certains produits bien précis en sont exonérés.

Duty Free

Puisque votre destination finale est hors de l'Union européenne, vous pouvez bénéficier du Duty Free (achats exonérés de taxes). Attention, si vous faites escale au sein de l'Union européenne, vous en profiterez dans tous les aéroports à l'aller, mais pas au retour. Par exemple, pour un vol aller avec une escale, vous pourrez faire du shopping en Duty Free dans les trois aéroports, mais seulement dans celui de votre lieu de séjour au retour.

Assurances

Touristes, étudiants, expatriés ou professionnels, chacun peut s'assurer selon ses besoins et pour une durée correspondant à son séjour. De la simple couverture temporaire s'adressant aux baroudeurs occasionnels à la garantie annuelle, très avantageuse pour les grands voyageurs, chacun pourra trouver le bon compromis. À condition toutefois de savoir lire entre les lignes.

Bagages

Que mettre dans ses bagages ?

- **Un guide de voyage** (le *Petit Futé* par exemple…).
- **Votre permis de conduire international** si vous souhaitez conduire ou louer une voiture.

> **L'assurance futée !**
>
> Leader en matière d'assurance voyage, Mondial Assistance vous propose une offre complète pour vous assurer et vous assister partout dans le monde pendant vos vacances, vos déplacements professionnels et vos loisirs. Son objectif est de faire que chacun puisse bouger l'esprit tranquille.

- **Des boules Quiès** si vous êtes sensible au bruit.
- **Des médicaments antidiarrhéiques.**
- **En été,** pensez à emporter avec vous des lunettes filtrantes et un couvre-chef pour le soleil ; une crème solaire haute protection ; une lotion anti-moustiques.
- **Prévoir des vêtements légers,** mais également un pull de laine pour les excursions en montagne, de bonnes chaussures de marche, surtout si vous envisagez de faire quelques randonnées.
- **En hiver,** prévoir imperméables et vêtements chauds.

Matériel de voyage

INUKA

www.inuka.com

Ce site vous permet de commander en ligne tous les produits nécessaires à votre voyage, du matériel de survie à celui d'observation en passant par les gourdes ou la nourriture lyophilisée.

TREKKING

trekking.fr/bagage

Trekking propose dans son catalogue tout ce dont le voyageur a besoin : trousses de voyage, ceintures multipoche, sacs à dos, sacoches, étuis… Une mine d'objets de qualité pour voyager futé et dans les meilleures conditions.

Décalage horaire

Le Liban a un décalage horaire de GMT +2 en hiver et GMT +3 en été, donc une heure de décalage avec la France puisque, comme nous, le Liban se met à l'heure d'été. Il est donc 12h à Paris quand il est 13h à Beyrouth.

Électricité, poids et mesures

Electricité. Le courant alternatif est de 220 volts. Les prises sont généralement européennes, pas besoin d'adaptateur.

Le rationnement d'électricité en vigueur pendant la guerre et les années 1990 après les destructions des centrales électriques par l'aviation israélienne, est encore appliqué dans certaines régions, même si les conditions sont de moins en moins draconiennes. Depuis 1975, les centrales électriques ont été la cible des artilleurs, les câbles maintes fois sectionnés, l'approvisionnement en fuel rendu impossible par les combats. Qui ne se souvient pas ici des longues soirées passées à la lueur des bougies, sous un déferlement de fer et de feu ? Pour pallier cet état d'obscurité intolérable et déprimant, des générateurs individuels furent progressivement installés sur les terrasses des appartements et sur les trottoirs devant les commerces, rendant nombre de rues assourdissantes à certaines heures de la journée. Aujourd'hui, le problème de l'électricité est loin d'être résolu. Les coupures sont quotidiennes dans certains quartiers de Beyrouth qui est relativement privilégié par rapport au reste du pays. Les coupures peuvent durer généralement 3 heures par jour mais uniquement de 6 à 18h. A l'opposé, la périphérie souffre et le rationnement est draconien. Toutefois, tous les hôtels, les restaurants et les cafés sont équipés de générateurs qui se mettent en route dès que la coupure intervient.

Poids et mesures. Comme la France, le Liban utilise le système métrique.

Formalités, visa et douanes

Obtention du passeport

Tous les passeports délivrés en France sont désormais biométriques. Ils comportent votre photo, vos empreintes digitales et une puce sécurisée. Pour l'obtenir, rendez-vous en mairie muni d'un timbre fiscal, d'un justificatif de domicile, d'une pièce d'identité et de deux photos d'identité. Le passeport est délivré sous trois semaines environ. Il est valable dix ans. Les enfants doivent disposer d'un passeport personnel (valable cinq ans).

Conseil futé. Avant de partir, pensez à photocopier tous les documents que vous emportez avec vous. Vous emporterez un exemplaire de chaque document et laisserez l'autre à quelqu'un en France. En cas de perte ou de vol, les démarches de renouvellement seront ainsi beaucoup plus simples auprès des autorités consulaires. Vous pouvez également conserver des copies sur le site Internet officiel (mon.service-public.fr). Il vous suffit de créer un compte et de scanner toutes vos pièces d'identité et autres documents importants dans l'espace confidentiel.

Formalités et visa

Pas besoin de visa pour entrer au Liban. Un simple tampon d'entrée sur votre passeport en cours de validité suffit. L'entrée au Liban est gratuite pour une durée d'un mois (renouvelable jusqu'à 3 mois) pour les ressortissants de 79 pays dont la France, la Belgique, la Suisse, le Canada, etc. Ce tampon est délivré sans problème à l'aéroport de Beyrouth. Il est possible de prolonger son séjour en s'adressant à la Sûreté générale à Beyrouth, rue de Damas, à proximité de l'ambassade de France et du Musée national. Pour plus de détails : (01) 429 060/1 – www.surete-generale.gov.lb

Attention, aucune entrée ne sera possible au Liban si un visa israélien figure sur votre passeport.

Conseils. Toujours avoir sur soi son passeport au cours de votre séjour au Liban. Les contrôles de l'armée sont habituels sur certaines routes du pays (sur l'axe Beyrouth-Tripoli, avant Saïda, au col de Dahr el-Baïdar qui mène à la Bekaa, etc.). Le soir, la gendarmerie fait également des contrôles inopinés à l'intérieur de l'agglomération beyrouthine. En tant que touriste à bord d'une voiture de location, vous serez assez privilégié. Normalement, il n'y a aucun problème. Pour votre voyage, munissez-vous de votre permis international (si vous en avez un) ou national qui sera de toute façon demandé pour louer une voiture. Si vous êtes étudiant, pensez à apporter votre carte d'étudiant qui vous permettra de bénéficier de tarifs nettement plus avantageux aux entrées des sites touristiques et des musées.

ACTION-VISAS
10-12, rue du Moulin des Prés (13e)
Paris (France)
✆ 01 45 88 56 70
www.action-visas.com
Une agence qui s'occupe de tous vos visas. Le site Internet présente une fiche explicative par pays. Très utile.

RAPIDEVISA
20, rue Godot de Mauroy (9e)
Paris (France)
✆ 01 82 88 48 98
www.rapidevisa.fr
Heures d'accueil : du lundi au vendredi de 9h30 à 12h30 et de 14h00 à 17h45.
Si vous projetez de voyager en Chine, Inde, Russie, Thaïlande, Vietnam, Cameroun ou d'autres pays, vous aurez besoin d'un visa pour

entrer dans ces pays. RapideVisa est une société qui accomplit à distance les formalités de visas dans les ambassades étrangères situées à Paris, pour le compte de particuliers et professionnels. Il est ainsi possible d'obtenir un visa sans se déplacer en ambassade en commandant sur le site internet.

VISA CHRONO
3, rue Richard Lenoir (11e)
Paris (France) ✆ 01 40 09 00 04
www.visachrono.fr
Du lundi au vendredi de 9h30 à 19h.
Visa Chrono s'occupe de l'intégralité de vos démarches pour l'obtention de vos visas d'affaires ou touristiques, dans des délais parfois très courts. En outre, l'organisme effectue les démarches relatives à l'exportation temporaire ou définitive (carnet ATA et CO), ainsi que les légalisations de tout autre document (certificat de mariage, naissance, adoption...).

VISA PLUS
53, rue Boissière (16e)
Paris (France)
✆ 01 45 69 52 49
www.visa-plus.fr
Visa Plus est un organisme qui vous aidera à obtenir votre visa plus rapidement. Le site internet fournit des renseignements précis et la demande de document, pays par pays. En outre, l'organisme propose de vous faire gagner temps et énergie en proposant les services d'un coursier qui fera la queue à votre place dans les files d'attente, ✆ 06 73 79 23 62.

VISAS EXPRESS
37-39, rue Boissière (16e)
Paris (France)
✆ 0 825 08 10 20
www.visas-express.fr
info@visas-express.fr
Ouvert du lundi au vendredi de 9h à 18h.
Vous êtes accaparé par votre travail, récalcitrant aux démarches administratives ou tout simplement vous n'avez pas envie de vous préoccuper de l'intendance de votre voyage ; le recours aux services de Visas Express vous apporte une garantie supplémentaire dans la réussite de votre périple. Depuis 1985, Visas Express accompagne les hommes d'affaires, les voyagistes et le grand public dans leurs démarches auprès des ambassades et des consulats pour l'obtention de visas.

VSI
2, place des Hauts Tilliers
Gennevilliers (France)
✆ 0 826 46 79 19
www.vsi-visa.com
Spécialiste des visas depuis 1984, Visa Sourire International se charge de l'obtention de votre visa, que ce soit pour tourisme, affaires, travail ou stage. Ils interviennent à votre place, y compris dans l'urgence. VSI, la garantie d'obtenir votre visa dans les meilleurs délais en vous évitant des heures d'attente aux consulats et ambassades. Avec VSI voyagez sans soucis !
Attention aux conditions d'entrée pour vos animaux de compagnie. Renseignez-vous avant votre départ pour savoir comment ils pourront vous accompagner. Pour en savoir plus, vous pouvez consulter les fiches pays de l'Ecole vétérinaire de Maisons-Alfort : www.anivetvoyage.com

Douanes

INFO DOUANE SERVICE (IDS)
France
✆ 08 11 20 44 44
✆ +33 1 72 40 78 50
www.douane.gouv.fr
ids@douane.finances.gouv.fr
Standard téléphonique accessible du lundi au vendredi de 8h30 à 18h. Le premier numéro est à utiliser en France (Numéro spécial à tarification majorée : 0,06 € / min + prix de l'appel), le second est à utiliser depuis l'étranger.
Le service de renseignement des douanes françaises à la disposition des particuliers. Les téléconseillers sont des douaniers qui répondent aux questions générales, qu'il s'agisse des formalités à accomplir à l'occasion d'un voyage, des marchandises que vous pouvez ramener dans vos bagages ou des informations utiles pour monter votre société d'import-export. A noter qu'une application mobile est également disponible sur le site de la douane.

Horaires d'ouverture

Les bureaux administratifs sont ouverts du lundi au jeudi de 8h à 14h, le vendredi de 8h à 11h et le samedi de 8h à 13h.
Les horaires des entreprises privées sont de 8h à 18h ; les magasins et boutiques de 9h à 19h (voire plus tard en été), tous les jours et parfois le dimanche. Les hypermarchés et les centres commerciaux sont ouverts les dimanches et les jours fériés. Les grandes enseignes comme TSC et Spinneys restent ouvertes au moins jusqu'à 23h.
Les épiceries sont très nombreuses dans les grandes villes. Elles restent ouvertes tard voire 24h/24.
Les sites archéologiques sont accessibles tous les jours à partir de 9h et jusqu'au coucher

Internet

On trouve quelques cybercafés dans certains quartiers de Beyrouth. Espaces de chat et de jeux entre copains, les cybercafés sont appréciés des jeunes et des étudiants. Le quartier Hamra (à proximité des universités AUB et LAU) compte quelques adresses. Si vous êtes dans un autre quartier de Beyrouth ou dans une autre ville libanaise, il faut demander à l'épicier du coin, il vous donnera l'adresse la plus proche.
Les cybercafés sont généralement ouverts de 9h jusque tard dans la nuit.
Si vous voyagez avec votre ordinateur portable, vous pourrez vous connecter très facilement dans l'un des nombreux cafés et restaurants de Beyrouth qui offrent la connexion wi-fi.
Malheureusement, la vitesse de connexion internet est assez lente au Liban. Armez-vous de patience si vous souhaitez envoyer des mails ou télécharger des fichiers volumineux.

Jours fériés

Nouvel An, Noël arménien, Al-Adha, Saint-Maroun, Nouvel An de l'Hégire, Achoura, Vendredi saint, Pâques, fête du Travail, fête des Martyrs, Libération du Sud, Assomption, Toussaint, Al-Fitr, fête de l'Indépendance, Noël. La plupart des jours fériés sont consacrés à des événements religieux et étant donné le nombre de confessions au Liban, ils sont assez nombreux ! Le Liban a donc la particularité de compter de nombreux jours fériés (plus de 20) à la grande joie des fonctionnaires, des employés de banque, des professeurs et des élèves.

- **1er janvier :** Jour de l'an.
- **9 février :** Saint-Maron, le saint patron des Maronites.
- **1er mai :** fête du Travail.
- **6 mai :** fête des Martyrs.
- **15 août :** Assomption.
- **1er novembre :** Toussaint.
- **22 novembre :** commémoration de l'indépendance.
- **25 décembre :** Noël.
- **D'autres jours fériés** sont célébrés chaque année : le Vendredi saint et le Lundi de Pâques chez les communautés catholiques et orthodoxes, la fête de l'Adha (3 jours), Nouvel An de l'Hégire (1 jour), fête du Fitr (3 jours), Naissance du Prophète (1 jour), commémoration de l'Achoura ou Martyre des fils de l'imam Ali (1 jour).

Langues parlées

Le Liban est un pays très homogène sur le plan linguistique. 99 % de la population parle l'arabe mais la majorité parle le libanais, c'est-à-dire l'arabe levantin du Nord. Les autres communautés linguistiques sont forcément minoritaires comme le kurde kurmanji (5 %) et l'arménien (5 %).
Toutefois, l'arabe classique demeure la langue officielle du Liban. Le français et l'anglais sont parlés couramment dans de nombreux quartiers de Beyrouth comme Achrafieh, le centre-ville et Ras Beyrouth. Dans certains secteurs, l'usage des langues étrangères est moins répandu, il vous sera alors utile de connaître quelques rudiments de libanais.
En raison de l'histoire du pays, le français et l'anglais, en plus de l'arabe classique, demeurent des langues enseignées à l'école. Généralement, les couches aisées sont trilingues : arabe, anglais et français.

- **Arabe :** 99 %.
- **Français :** 45 %.
- **Anglais :** 30 %.
- **Arménien :** 5 %.
- **Apprendre la langue :** Il existe différents moyens d'apprendre quelques bases de la langue et l'offre pour l'auto-apprentissage peut se faire sur différents supports : CD, DVD, cahiers d'exercices ou même directement sur Internet.

ASSIMIL
11, rue des Pyramides (1er)
Paris (France)
✆ 01 42 60 40 66 / 01 45 76 87 37
www.assimil.com – marketing@assimil.com
Métro Pyramides (lignes 7 et 14).
Précurseur des méthodes d'auto-apprentissage des langues en France, Assimil reste la référence lorsqu'il s'agit d'apprendre à parler ou écrire une langue étrangère avec une méthodologie qui a fait ses preuves : l'assimilation intuitive.

POLYGLOT
France
www.polyglot-learn-language.com
Gratuit.
Ce site propose à des personnes désireuses d'apprendre une langue d'entrer en contact avec d'autres dont c'est la langue maternelle. Une manière conviviale de s'initier à la langue et d'échanger.

TELL ME MORE ONLINE
France
www.tellmemore-online.com
Sur ce site Internet, votre niveau est d'abord évalué et des objectifs sont fixés en conséquence. Ensuite, vous vous plongez parmi les 10 000 exercices et 2 000 heures de cours proposés. Enfin, votre niveau final est certifié selon les principaux tests de langues.

3 astuces pour réaliser de belles photos avec son smartphone.

1. Horizon droit. L'arbre est penché ? Le clapot de la mer est orienté vers la droite ? Et hop, le smartphone est penché aussi ! Même des photographes expérimentés font cette erreur. Prenez votre temps et vérifiez avant de déclencher l'appareil si l'horizon est bien droit. Astuce : vous pouvez afficher des lignes d'aide sur la plupart des smartphones.

2. Immobilité parfaite. Au crépuscule ou au coucher du soleil, les paysages sont les plus beaux. Mais avec peu de lumière, les fonctions automatiques de l'appareil photo rencontrent des difficultés et les temps d'exposition s'allongent tellement que la main peut se mettre à trembler.
Dans ce cas, veillez à maintenir le smartphone immobile. L'idéal est de le poser sur un élément quelconque. Il existe aussi des adaptateurs de trépieds avec des clips spéciaux pour les smartphones.

3. Zoom interdit ! Vous souhaitez photographier cette magnifique branche dans une dimension un peu plus grande ? Il est alors fort tentant de zoomer tout simplement. Surtout pas ! La plupart des smartphones sont équipés uniquement d'un zoom numérique qui ne produit qu'une qualité d'image vraiment médiocre. Il vaut mieux vous rapprocher de quelques pas jusqu'à ce que le cadre convienne.

▸ Maintenant que vous êtes un pro, tirez le meilleur parti de vos photos. Téléchargez dès maintenant l'application gratuite cewe photo pour créer des produits photo uniques directement depuis votre smartphone !

Poste

Oublié le temps où la poste libanaise était désorganisée et le courrier mettait régulièrement plus de deux semaines pour arriver à destination. Depuis 1998, le service postal est géré par la compagnie LibanPost. Initialement financée par des capitaux canadiens, l'enseigne a été rachetée par des investisseurs libanais dont la banque Audi et la famille Mikati. Aujourd'hui, il existe même des boîtes aux lettres publiques à nouveau fonctionnelles. Si vous n'avez pas confiance, vous pouvez aussi vous rendre dans le bureau de poste le plus proche de votre hôtel. Vous pourrez y envoyer vos lettres, y acheter des timbres et des cartes postales. Le personnel est plutôt compétent. Par contre, aux heures de pointe, l'attente peut être longue.
Les Libanais se rendent surtout au bureau de poste pour prélever le courrier de leur boîte postale et pour y effectuer des formalités administratives.
La poste fonctionne relativement bien à l'échelle régionale et internationale, dans la mesure où vous postez vos envois depuis Beyrouth. Pour l'Europe, il faut compter quelques jours pour une lettre ou une carte postale et 1 semaine pour le reste du monde. Pour le timbrage vers la France et l'Europe, comptez 1 750 LL pour une carte postale et 5 000 LL pour une lettre. LibanPost est ouvert du lundi au vendredi de 8h à 17h et le samedi de 8h à 13h30. Pendant la période du ramadan, la fermeture est à 16h. En 2016, il existe 90 bureaux de LibanPost dans le pays. Pour plus de détails : (01) 629 628 – www.libanpost.com
Le travail des facteurs se heurte à des difficultés particulières. Il n'y a pas de boîtes aux lettres dans les immeubles puisque 70 % des rues ne portent ni nom ni numéro et que les résidents ne connaissent pas toujours le numéro de leur immeuble, pourtant accolé à la façade. Ainsi, le facteur est obligé de remettre les lettres aux gardiens des immeubles ou à l'épicier du quartier.
LibanPost à Beyrouth : 228 rue Makdissi (Hamra), rue Riad Solh (centre-ville), 309 rue Omar Ibn el Khattab (Basta), 450 rue Gouraud (Gemmayzé), 15 place Sassine (Achrafieh), 779 boulevard Saeb Salaam (Mazraa), place Habib Abi Chahla (Unesco) et rue Takielddine el Solh (Raouché).

Retrouvez le sommaire en début de guide

Les cartes postales futées !

Pour les amoureux de carte postale, en envoyer peut être parfois compliqué voire mission impossible. Trouver la bonne carte, un timbre, mais aussi une boite aux lettres pour éviter de traverser tout l'aéroport en fin de séjour, relève parfois de la gageure. L'astuce c'est d'utiliser l'Application OKIWI depuis votre smartphone. Vous sélectionnez l'une de vos photos sur votre téléphone, vous écrivez votre message puis l'adresse de votre destinataire, seule une connexion wifi est nécessaire. L'avantage, OKIWI imprime votre carte et s'occupe de l'envoyer directement par la Poste à votre correspondant. Voilà au moins vous êtes sur d'envoyer une photo qui vous plaît, et puis surtout qu'elle n'arrive pas deux mois après votre retour. Sur internet www.okiwi-app.com et disponible sur *Appstore* et *Android Market*.

Quand partir ?

Climat

Avec plus de 300 jours ensoleillés par an, on peut visiter le Liban toute l'année. Cependant, la meilleure période (climat agréable et tarifs des hôtels avantageux) est le printemps et l'automne.

- **Hiver.** La saison hivernale est contrastée. Les températures ne sont jamais polaires (en montagne, le climat est cependant rude). Les belles journées ensoleillées sont fréquentes et viennent souvent interrompre deux ou trois jours de pluie. Ainsi, le mauvais temps (pluie sur le littoral et neige en montagne) ne dure jamais très longtemps. L'enneigement persiste en moyenne de janvier à avril.
- **Printemps.** La période idéale pour visiter le Liban est le printemps. A cela plusieurs raisons : le climat est doux, la nature est resplendissante (sommets enneigés, cascades, etc.), les sites touristiques ne sont pas envahis par la foule. En mars-avril, des vents de sable, brefs et secs, appelés khamsin viennent jaunir le ciel libanais.
- **Eté.** C'est la période des très fortes chaleurs. Il ne pleut presque jamais. Le taux d'humidité est particulièrement élevé sur le littoral. Heureusement, la montagne offre un cadre rafraîchissant qui fait oublier la moiteur de la côte. C'est la saison des festivals, des soirées animées sur les plages privées du littoral et du retour de nombreux expatriés libanais pour leurs vacances.
- **Automne.** Avec le printemps, l'automne est une bonne saison pour découvrir le Liban. Les fortes chaleurs de l'été sont passées et les premières pluies ne viennent pas avant la fin novembre. Le climat est doux, idéal pour des randonnées.

MÉTÉO CONSULT
www.meteoconsult.fr
Sur ce site français, vous trouverez les prévisions météorologiques pour le monde entier.

Haute et basse saisons touristiques

La haute saison touristique au Liban correspond aux grandes fêtes religieuses avec la présence des Libanais expatriés qui viennent rendre visite à leur famille, et l'été qui attire les touristes des pays du Golfe et de la région (de début juin à fin septembre).
A l'opposé, la saison basse s'étire de janvier à mars. C'est la période où le temps est le moins agréable avec quelques pluies. Pourtant, c'est la saison du ski !

Santé

Conseils

Pour recevoir des conseils avant votre voyage, n'hésitez pas à consulter votre médecin. Vous pouvez aussi vous adresser à la société de médecine des voyages du centre médical de l'Institut Pasteur au ✆ 01 45 68 80 88 (www.pasteur.fr/fr/sante/centre-medical) ou vous rendre sur le site du Cimed (www.cimed.org), du ministère des Affaires étrangères à la rubrique « Conseils aux voyageurs » (www.diplomatie.gouv.fr/voyageurs) ou de l'Institut national de veille sanitaire (www.invs.sante.fr).

- **En cas de maladie** ou de problème grave durant votre voyage, consultez rapidement un pharmacien puis un médecin.

GLOBE-DOCTEUR
www.globe-docteur.com
Globe-Docteur est un service qui permet d'entrer en contact avec un médecin, afin d'obtenir des conseils et avis dans le domaine de la santé. En se connectant au site, chacun pourra lancer une conversation par messagerie avec un docteur afin de lui poser les questions de son choix. Les membres pourront également prendre rendez-vous avec le médecin de leur choix. Le RDV se déroule soit par téléphone, soit par visio-conférence sécurisée. Globe-Docteur permet ainsi d'obtenir rapidement des réponses précises issues de professionnels de la santé, qui ont tous une expérience de plusieurs dizaines d'années.

Maladies et vaccins

Hépatite A
Pour l'hépatite A, l'existence d'une immunité antérieure rend la vaccination inutile. Elle est fréquente lorsque vous avez des antécédents de jaunisse, de séjour prolongé à l'étranger ou êtes âgé de plus de 45 ans. L'hépatite A est le plus souvent bénigne mais elle peut se révéler grave, notamment au-delà de 45 ans et en cas de maladie hépatique préexistante. Elle s'attrape par l'eau ou les aliments mal lavés. Si vous êtes porteur d'une maladie du foie, la vaccination contre l'hépatite A est hautement recommandée avant tout type de voyage où l'hygiène est précaire. Elle doit être effectuée en deux fois mais la première injection, un mois avant le départ, suffit à assurer une protection pour un voyage de courte durée. La deuxième (six mois à un an plus tard) renforce la durée de l'immunité pour des dizaines d'années.

Hépatite B
L'hépatite B est plus grave que l'hépatite A. Elle se contracte lors de rapports sexuels ou par le sang. Le vaccin contre l'hépatite B est à faire en deux fois à un mois d'intervalle (mais il existe des vaccinations accélérées en un mois pour les voyageurs pressés), puis un rappel six mois plus tard pour renforcer la durée de la protection.

Rage
La rage est encore présente dans le pays. Il faut donc éviter tout contact avec les chiens, les chats et autres mammifères pouvant être porteurs du virus. L'apparition des premiers symptômes (phobie de l'air et de l'eau) varie entre 30 et 45 jours après la morsure. Une fois ces symptômes constatés, le décès intervient en quelques jours, dans 100 % des cas. En cas de doute, suite à une morsure, il faut donc absolument consulter un médecin, qui vous administrera un vaccin antirabique associé à un traitement adapté. Le vaccin préventif ne dispense pas du traitement curatif en cas de morsure.

Typhoïde
La fièvre typhoïde est une infection bactérienne qui se traduit par de fortes fièvres, une diarrhée fébrile et des troubles de la conscience. Les formes les plus graves peuvent engendrer des complications digestives, neurologiques ou cardiaques. La période d'incubation de la maladie varie entre dix et quinze jours. La contamination se fait par les selles ou la salive, de manière directe (contact avec une personne malade ou un porteur sain) ou indirecte (ingestion d'aliments contaminés : crudités, fruits de mer, eau et glaçons). Le vaccin, actif au bout de deux à trois semaines, vous protège pour trois ans. En cas de contamination et de non-vaccination préventive, un traitement par les fluoroquinolones sera préconisé.

Centres de vaccination

Pour plus d'informations, vous pouvez consulter le site Internet du ministère de la Santé (www.sante.gouv.fr) pour connaître les centres de vaccination proches de chez vous.

CENTRE DE VACCINATION AIR FRANCE
148, rue de l'Université (7e)
Paris (France)
✆ 01 43 17 22 00 / 0 892 68 63 64
✆ 01 48 64 98 03
Ouvert du lundi au vendredi de 8h45 à 18h. Nocturne le jeudi jusqu'à 20h. Le samedi de 8h45 à 16h. Fermeture les dimanches et jours fériés uniquement. Rendez-vous possible en semaine entre 9h et 17h.

Autre adresse : 3, place Londres Bâtiment Uranus 95703 Roissy Charles de Gaulle.

INSTITUT PASTEUR
209, rue de Vaugirard (15e)
Paris (France)
✆ 0 890 710 811 / 03 20 87 78 00
www.pasteur.fr
Sur le site Internet, vous pouvez consulter la liste des vaccins obligatoires pays par pays.
L'Institut Pasteur, créé en 1888 par Louis Pasteur, est une fondation privée à but non lucratif dont la mission est de contribuer à la prévention et au traitement des maladies, en priorité infectieuses, par la recherche, l'enseignement, et des actions de santé publique. Tout en restant fidèle à l'esprit humaniste de son fondateur Louis Pasteur, le centre de recherche biomédicale s'est toujours situé à l'avant-garde de la science, et a été à la source de plusieurs disciplines majeures : berceau de la microbiologie, il a aussi contribué à poser les bases de l'immunologie et de la biologie moléculaire. Le réseau des Instituts Pasteur, situé sur les 5 continents et fort de 8 500 collaborateurs, fait de cette institution une structure unique au monde.

▶ **Autre adresse :** 1, rue du Professeur Calmette 59019 Lille.

En cas de maladie

Un réflexe : contacter le consulat de France. Il se chargera de vous aider, de vous accompagner et vous fournira la liste des médecins francophones. En cas de problème grave, c'est aussi lui qui prévient la famille et qui décide du rapatriement. Pour connaître les urgences et établissements aux standards internationaux : consulter les sites www.cimed.org – www.diplomatie.gouv.fr et www.pasteur.fr

Assistance rapatriement – Assistance médicale

Si vous possédez une carte bancaire Visa® et MasterCard®, vous bénéficiez automatiquement d'une assurance médicale et d'une assistance rapatriement sanitaire valables pour tout déplacement à l'étranger de moins de 90 jours (le paiement de votre voyage avec la carte n'est pas nécessaire pour être couvert, la simple détention d'une carte valide vous assure une couverture). Renseignez-vous auprès de votre banque et vérifiez attentivement le montant global de la couverture et des franchises ainsi que les conditions de prise en charge et les clauses d'exclusion. Si vous n'êtes pas couvert par l'une de ces cartes, n'oubliez surtout pas de souscrire une assistance médicale avant de partir.

■ PORTAIL DU SERVICE PUBLIC DE LA SÉCURITÉ SOCIALE

France
www.securite-sociale.fr
En dehors des informations générales du site principal, vous trouverez davantage d'informations sur l'assistance médicale à l'étranger sur le site du Centre des Liaisons Européennes et Internationales de la Sécurité Sociale (Cleiss). Pour les voyages dans la communauté européenne (ou via cette dernière), n'oubliez pas de demander votre carte européenne d'assurance maladie avant votre départ.

Trousse à pharmacie

Les médicaments communs sont accessibles dans les pharmacies locales, mais il vaut mieux préparer sa pharmacie avant le départ. Les incontournables sont l'aspirine, le paracétamol, des antidiarrhéiques, des antibiotiques (contre la diarrhée, les infections respiratoires, ORL et cutanées), un antihistaminique et tout le nécessaire pour se protéger des piqûres d'insectes. N'oubliez pas non plus les crèmes et les lunettes solaires. Des pansements adhésifs et un désinfectant peuvent être utiles. Les pharmaciens libanais sont généralement compétents. Il est souvent plus pratique de les consulter pour des petits bobos que de se précipiter aux urgences. Dans ce pays où la majorité de la population n'a pas d'assurance maladie, le pharmacien fait souvent office de médecin.

Médecins parlant français

Il existe de nombreux médecins francophones au Liban, et notamment à Beyrouth dans les hôpitaux d'Achrafieh (Saint-George, Hôtel-Dieu, Rizk) ou de Ras Beyrouth (American University of Beirut, Trad). En cas d'urgence, il y aura toujours une personne de l'hôpital qui pourra vous parler en français.
L'ambassade de France au Liban propose une liste de médecins francophones sur son site internet (www.ambafrance-lb.org).

Hôpitaux – Cliniques – Pharmacies

Le Liban compte plus de 1 600 pharmacies. Vous n'aurez aucune difficulté à en trouver une. Elles sont généralement le long des grands axes et dans les quartiers résidentiels des grandes villes. Voici une liste de pharmacies compétentes :

▶ **Wardieh**. Rue Souraty, Hamra ✆ +961 1 343 679 – +196 751 343. Ouverte 24h/24.

▶ **Mehio.** Tallet el-Khayat, Verdun ✆ +961 1 786 771. Ouverte 24h/24.

▶ **Mazen.** Corniche Mazraa ✆ +961 1 313 362. Ouverte 24h/24.

▶ **Berty.** Place Sassine, Achrafieh, en face du centre commercial ABC ✆ +961 1 200 767. Ouverte de 8h à 23h.

▶ **Alexandre**. Rue Adib Ishac, Achrafieh ✆ +961 1 200 498. Ouverte 24h/24.

▶ **Le Gabriel.** Achrafieh ✆ +961 1 324 686.

■ AMERICAN UNIVERSITY OF BEIRUT MEDICAL CENTER (AUBMC)

Hamra
Rue du Caire
BEYROUTH ✆ +961 1 350 000
Voir page 96.

■ HÔPITAL RIZK

Achrafieh
Rue Zahar
BEYROUTH ✆ +961 1 200 800
Voir page 96.

■ HÔPITAL SAINT-GEORGES

Rue de l'Hôpital orthodoxe
BEYROUTH ✆ +961 1 575 700
Voir page 97.

■ HÔPITAL TRAD. CLEMENCEAU

BEYROUTH ✆ +961 1 369 494
www.hopitaltrad.com
info@tradhospital.com

■ **HÔTEL-DIEU**
Achrafieh
Boulevard Alfred Naccache
BEYROUTH
✆ +961 1 615 300
Voir page 97.

Urgences

- **Croix-Rouge :** 140
- **Médecins à domicile :** ✆ +961 1 388 344 – Home Care Lebanon – www.homecarelebanon.com
- **Pompiers :** 175
- **Défense civile :** 125
- **Sécurité intérieure :** 112

Sécurité et accessibilité

Dangers potentiels et conseils

- **Depuis le début de la crise syrienne,** Beyrouth, mais aussi Tripoli, Saïda et plusieurs localités de la Bekaa ont été marquées par une série d'attentats et des heurts politico-communautaires qui traduisent une très forte volatilité et une instabilité des conditions de sécurité. Beyrouth et le Liban restent toujours à la merci d'un nouveau dérapage. Les déplacements dans le sud de la capitale, dans le nord du pays et la Bekaa sont fortement déconseillés. Lors de la rédaction de ce guide en juin 2016, l'accès au site de Baalbeck était possible mais mieux vaut s'y rendre avec une agence ou accompagné d'un local. Evitez également de vous mêler aux manifestations. Il est recommandé de se tenir quotidiennement informé de la situation sécuritaire avec la presse francophone disponible sur la toile, notamment sur le site www.lorientlejour.com
- **Les Français arrivant à Beyrouth pour une longue période** sont invités à se signaler auprès du consulat général de France de Beyrouth et de rester en contact avec lui en cas d'événements graves. Il est conseillé de laisser une adresse ou des coordonnées pour vous joindre : ✆ (01) 420 000 – www.ambafrance-lb.org
- **Pour connaître les dernières informations** sur la sécurité sur place, consultez la rubrique « Conseils aux voyageurs » du site du ministère des Affaires étrangères : www.diplomatie.gouv.fr/voyageurs

Sachez cependant que le site dresse une liste exhaustive des dangers potentiels et que cela donne parfois une image un peu alarmiste de la situation réelle du pays. Hormis cela, Beyrouth est une capitale sûre. La délinquance y est très limitée. Les vols et les agressions sont généralement rares bien que la presse locale relate parfois quelques vols de sac à main à l'arraché. Il s'agit surtout de petits voyous en scooter. Cela ne signifie pas que les précautions habituelles ne doivent pas être prises : ne montrez pas une liasse de billets dans la rue, gardez vos papiers et votre argent en sécurité dans une banane.

- **Au cours de votre séjour,** vous allez sans doute croiser un barrage fixe ou mobile de la police ou de l'armée libanaise. Pas de panique, il s'agit souvent d'un simple contrôle. Généralement, ils vérifient si les véhicules sont en règle ou si le conducteur a bien fait son service militaire. N'ayez pas peur de leur demander un renseignement en cas de besoin.

Femme seule en voyage

Il est tout à fait possible pour une femme de voyager seule au Liban. Vous attirerez certains regards, mais cela s'arrêtera là. Au contraire, le Libanais sera ravi de vous rendre service et de vous aider. Cependant, il convient de suivre quelques conseils. Ne vous aventurez pas dans des quartiers trop reculés, évitez de vous promener seule tard le soir et ayez une tenue vestimentaire passe-partout.
Pour vous baigner en maillot (oubliez le topless), il est préférable d'aller sur une plage privée bien que le prix d'entrée y soit élevé. Si vous vous baignez sur la plage publique de Ramlet el Baïda ou de Tyr, vous ne passerez pas inaperçue à côté de certaines Libanaises qui se baignent habillées. Il est préférable de s'abstenir afin d'éviter toute gêne inutile.

Voyager avec des enfants

Il est facile de voyager au Liban avec un enfant. Beaucoup de choses sont adaptées aux petits : les restaurants ont des menus spéciaux et parfois des chaises hautes, les musées et les plages privées proposent des tarifs réduits, les centres commerciaux disposent d'aires de jeux (payantes) et les jardins publics (gratuits) préservent quelques espaces de jeux.

Voyageur handicapé

Si vous présentez un handicap physique ou mental ou que vous partez en vacances avec une personne dans cette situation, différents organismes et associations s'adressent à vous.

■ **ACTIS VOYAGES**
France
www.actis-voyages.com
actis-voyages@orange.fr
Voyages adaptés pour le public sourd et malentendant.

ADAPTOURS
Le Bourg
2, rue de Vitrezay
Saint-Bonnet-sur-Gironde (France)
✆ 05 46 48 18 87 / 06 84 54 02 4
www.adaptours.fr
info@adaptours.fr
Adaptours est un tour-opérateur qui conçoit, organise et distribue des voyages adaptés aux personnes à mobilité réduite.

AILLEURS ET AUTREMENT
France
www.ailleursetautrement.fr
contact@ailleursetautrement.fr
Pour des personnes souffrant de handicap physique et/ou mental.

ASSOCIATION DES PARALYSÉS DE FRANCE
France
www.apf.asso.fr
Informations, conseils et propositions de séjours, en partenariat avec Événements et Voyages.

ÉVÉNEMENTS ET VOYAGES
47, chemin des Barbières
Chasse-sur-Rhône (France)
✆ 04 72 49 72 41
www.evenements-et-voyages.com
info@eevoyages.com
Sports mécaniques, sports collectifs, festivals et concerts, cette agence est spécialiste des séjours F1, Rallye WRC, Nascar, football. Elle propose à ses clients d'assister à la manifestation de leur choix tout en visitant la ville et la région. Grâce à son département dédié aux personnes handicapées, Événements et Voyages leur permet de voyager dans les meilleures conditions.

Voyageur gay ou lesbien

Avec ses bars, ses boîtes de nuit et ses plages, Beyrouth est devenue une destination connue de la communauté gay et lesbienne. Hors de Beyrouth, autant être discret. De plus, il est préférable de ne jamais afficher votre relation (s'embrasser, se tenir la main) dans la rue.

Téléphone

Comment téléphoner ?

- **De France au Liban :** 00 + 961 + l'indicatif sans le 0 + le numéro de téléphone.
- **Du Liban en France :** 00 + 33 + numéro de téléphone sans le 0.
- **Dans la même ville ou région au Liban :** composer le numéro à 6 chiffres du correspondant avec l'indicatif de la ville.

Indicatifs téléphoniques

- **Tripoli, Zghorta, Becharré, Ehden :** 06
- **Beyrouth :** 01
- **Tyr, Saïda :** 07
- **Broummana, Beit Mery :** 04
- **Zahlé, Baalbeck :** 08
- **Deir el Qamar, Beiteddine :** 05
- **Jounieh, Jbeil :** 09
- **Les numéros commençant par 03, 70, 71 et 76** sont ceux de portables.
- **Code des pays voisins.** Syrie (963), Jordanie (962), Palestine (970), Egypte (20), Israël (972).

Téléphone mobile

Le marché libanais, qui comptait 4,5 millions d'usagers en 2015, est tenu par deux compagnies privées : Alfa (www.alfa.com.lb) et MTC (www.mtctouch.com.lb). MTC détient 52 % du marché. Si vous êtes un accro du portable, il est aisé d'acheter une télécarte prépayée : carte Alfa ou carte MTC Magic qui vous permettra d'être contacté depuis l'étranger et, selon les options de téléphoner, à l'étranger. Vous trouverez ces cartes dans tous les magasins de téléphonie que l'on reconnaît aux publicités de portables (et ils sont nombreux au Liban). Class est une des enseignes les plus compétentes et sérieuses de Beyrouth. Class y a plusieurs branches : rues Weygand au centre-ville, rue Mar Elias et dans le centre commercial ABC d'Achrafieh.

Utiliser son téléphone mobile : si vous souhaitez garder votre forfait français, il faudra avant de partir, activer l'option internationale (généralement gratuite) en appelant le service clients de votre opérateur. Qui paie quoi ? La règle est la même chez tous les opérateurs. Lorsque vous utilisez votre téléphone français à l'étranger, vous payez la communication, que vous émettiez l'appel ou que vous le receviez. Dans le cas d'un appel reçu, votre correspondant paie lui aussi, mais seulement le prix d'une communication locale. Tous les appels passés depuis ou vers l'étranger sont hors forfait, y compris ceux vers la boîte vocale.

Cabines et cartes prépayées

Depuis 2004, il est relativement aisé de trouver des cabines de téléphone installées dans les rues de la capitale. Si vous résidez dans un hôtel du quartier Hamra, vous aurez des cabines à chaque coin de rue. Par contre, on en trouve moins fréquemment à Achrafieh et surtout au centre-ville.

Si on trouve relativement facilement des cabines, paradoxalement il est plus délicat de trouver des cartes de téléphone, appelées télécarte. Certains bureaux de téléphonie mobile, épiceries et agences de change en vendent. Il est plus facile de trouver des cartes dans le quartier Hamra qui est un secteur touristique avec de nombreux hôtels et donc des touristes, c'est-à-dire des clients potentiels pour les vendeurs. Sinon, il faut se rendre dans les bureaux de la compagnie Ogero (dont le numéro du service clientèle est le 1515 – www.ogero.gov.lb) : Minet el-Hosn (au pied de la tour Groupe Méditerranée) ✆ +961 1 366 381 ; Sakiet el-Janzir (entre Hamra et Raouché) ✆ +961 1 865 604 ; Bir Hassan (à côté du complexe TSC) ✆ +961 1 850 001 ; Achrafieh (place Sassine) ✆ +961 1 201 111.

À VOIR – À LIRE

Cartographie et bibliographie

Le Liban inspire autant les poètes que les chercheurs, les photographes que les romanciers. Cette bibliographie n'est pas exhaustive, mais elle a vocation à rassembler quelques ouvrages sur les thèmes déclinés ci-dessous. Vous pouvez la compléter en consultant le site de la Fnac (www.fnac.fr), celui de la librairie Itinéraires qui propose une bibliographie thématique (www.itineraires.com), ou consulter le site de la librairie Extrapole (www.extrapole.fr) ou celui d'Amazon (www.amazon.com).

Documentaires

- **Alexandre Najjar, *Dictionnaire amoureux du Liban***, éditions Plon, 2014. A travers cet abécédaire, l'auteur souhaite raconter ce qu'est l'âme du Liban, mettre en exergue son histoire, décrire ses sites connus et méconnus, évoquer les personnalités qui l'ont visité et aimé, sans occulter les difficultés qu'il rencontre et ses contradictions.
- **Nahida Nakad, *A la recherche du Liban perdu***, éditions Calmann-Levy, 2008. Un essai sur la jeunesse libanaise de cette journaliste qui a longtemps été grand reporter pour TF1 et qui aujourd'hui dirige la chaîne d'information internationale France 24 arabe.
- ***Liban, une guerre de 33 jours***, sous la direction de Franck Mermier et Elizabeth Picard, éditions La Découverte, 2007. Un ouvrage pour disposer d'un éclairage sur les évènements de l'été 2006 et une piste de réflexion sur le futur du pays. Les deux responsables de ce collectif sont deux spécialistes reconnus. Sur la question des conflits au Liban, les ouvrages du journaliste Robert Fisk sont par ailleurs tout à fait conseillés.
- **Georges Corm, *Le Liban contemporain, Histoire et société***, éditions La Découverte, 2003 et 2005. La référence des ouvrages historiques consacrés au Liban. Toutes les œuvres de Georges Corm, homme politique multicartes et juriste de formation, sont recommandables.
- **Khalil Gibran, *Mon Liban***, éditions Mille et une nuit, 2004. Rédigé alors que la mère du poète venait de décéder aux Etats-Unis. La même année, il entame l'écriture de son plus grand succès, *Le Prophète*, qui sortira une vingtaine d'années plus tard.
- **Samir Kassir, *Histoire de Beyrouth***, éditions Fayard, 2003. La référence sur l'histoire de la capitale libanaise mais qui apporte également un regard sur l'ensemble du pays. Samir Kassir était un journaliste particulièrement lu au Liban et farouche opposant à la présence syrienne. Il a été assassiné en 2005 quelques mois après Rafic Hariri.
- **Françoise Briquel-Chatonnet et Eric Gubel, *Les Phéniciens, aux origines du Liban***, éditions Gallimard Jeunesse, 1998. Arwad, Byblos, Beyrouth, Saïda (Sidon) et Tyr furent entre 1180 et 333 av. J.-C. le berceau des Phéniciens, ces navigateurs réputés et commerçants avisés, géniaux inventeurs de l'alphabet. Ce livre retrace l'histoire d'une civilisation méconnue installée entre mer Méditerranée et montagne libanaise.
- **Pierre Pinta, *Liban***, éditions Khartala, 1995. En se plongeant dans l'histoire et la société libanaise, l'auteur donne des clés pour mieux appréhender le pays.

La cuisine libanaise de A à Z

- Andrée Maalouf et Karim Haïdar, ***Cuisine libanaise d'hier et d'aujourd'hui***, préface de Amin Maalouf, éditions Albin Michel, 2010. Superbe ouvrage de recettes aux photos léchées et à la mise en page soignée.
- Salma Hage, ***La cuisine libanaise***, 2013. 500 recettes simples à faire à la maison.
- Maya Baraka-Nuq et Lissa Streeter, ***Cuisine libanaise***, éditions Hachette Pratique, 2006.
- Chérine Yazbeck, ***La cuisine libanaise du terroir, la mémoire du goût***, 2009.

Cartographie de Beyrouth et du Liban

Pour ne pas trop avoir à demander votre chemin, munissez-vous de quelques plans et cartes pour vos déplacements. On trouve de bonnes cartes en librairie. Par exemple, la carte de Beyrouth et sa banlieue éditée par Stephan, la carte de Beyrouth au 1/7 000 de la direction des Affaires géographiques. La société GEO Projects a également publié en 2011 deux bonnes cartes de Beyrouth et du Liban au 1/200 000.

Le guide *Zawarib Beirut* est très pratique. Il est indispensable pour se déplacer facilement à Beyrouth. Toutes les rues et les principaux repères sont mentionnés (15 000 LL en librairie, un mini-format est également en vente à 10 000 LL). L'entreprise Zawarib édite par ailleurs quatre petits guides par an sur Beyrouth et ses différents quartiers avec des adresses de restaurants, bars, boutiques, musées et galeries d'art. Ils sont distribués gratuitement dans de très nombreux restaurants et magasins de la ville.

Le ministère du Tourisme donne également et gratuitement une carte de Beyrouth et du Liban. De plus, la plupart des nouvelles brochures sont accompagnées de cartographies.

Récits de voyages

- ***Le Goût de Beyrouth,*** collectif, éditions Mercure de France, 2003. Petit ouvrage qui rassemble les impressions de grands écrivains français venus à Beyrouth.
- Amin Maalouf, ***Les Echelles du Levant,*** Le Livre de poche, 1998. Un vieil homme, Ossyane, conte sa vie de Constantinople à Alexandrie, d'Adana à Beyrouth. Un itinéraire de souvenirs qui balaie l'histoire : la fin de l'Empire ottoman, les deux guerres mondiales et les déchirements actuels du Proche-Orient.
- ***Le Voyage en Orient, une anthologie des voyageurs français en Orient,*** éditions Grasset, 1993. Ce bel ouvrage comporte un chapitre réservé au Liban. De très beaux textes de Nerval, Lamartine, Barrès et d'autres.

Romans

- Sorj Chalandon, ***Le Quatrième Mur***, éditions Grasset, 2013. Ce roman, qui a obtenu le prix Goncourt des lycéens, raconte le parcours de Georges, un jeune metteur en scène français, qui part au Liban en pleine guerre civile dans le but de monter la pièce de Jean Anouilh, *Antigone*, à Beyrouth.
- Alexandre Najjar, ***Le roman de Beyrouth,*** éditions Plon, 2004. Très célèbre roman où se mêlent fiction et réalité. Alexandre Najjar est devenu depuis quelques années un auteur francophone qui compte.
- Marie Seurat, ***Un si Proche-Orient,*** Le Livre de poche, 1993 et ***Les Corbeaux d'Alep***, éditions Gallimard, collection Folio, 1989. La femme du chercheur français partagée entre colère et attachement.
- Gérard de Khoury, ***Mémoire de l'aube. Chroniques libanaises,*** éditions Publisud, 1987. Réflexion politique sur la période 1918-1920, époque sous laquelle le pays passe du gouvernement ottoman au mandat français.

Livres de photos

- ***L'Autre Liban, photographies panoramiques de Pascal Beaudenon,*** Librairie Antoine, 2010. 179 pages sur les différents paysages du Liban. Un beau livre souvenir.
- Raymond Depardon, ***Beyrouth centre-ville,*** éditions Points, 2010. Petit ouvrage passionnant du photographe français venu couvrir à plusieurs reprises les conflits à Beyrouth dans les années 1970. Des photos rarement vues et un récit haletant.
- Tania Hadjithomas Mehanna, photo Ghadi Smat, ***Beyrouth by day,*** éditions Tamyras, 2009. Un bel ouvrage sur la vie des quartiers de Beyrouth réalisé après 10 ans de recherches et appuyé de très belles photos contemporaines.

Deux regards sur Beyrouth

Deux livres ayant retenu notre attention proposent un regard décalé plein d'humour (parfois d'ironie) sur la société libanaise. Beaucoup d'anecdotes qui donnent un portrait séduisant de la vie à Beyrouth.

- Muriel Rozelier, ***Une vie de pintade à Beyrouth***, éditions Calmann-Lévy, 2009.
- Nathalie Bontemps, David Hury, ***Jours tranquilles à Beyrouth,*** éditions Riveneuve, 2009.

- ***Liban, Salah Stétié et Caroline Rose,*** Imprimerie nationale, 2006. Très bel ouvrage avec pour guide culturel et historique Salah Stétié. Toute la production du poète très célèbre au Liban permet de découvrir l'amour qu'entretient le pays avec la langue française.
- Clément Tannouri, ***Liban : Mémoires d'un instant,*** 2006.
- Pascal Colrat et Valérie Baran, ***Quatre jours à Beyrouth,*** Textuel Editions, 2006. Parti à Beyrouth à l'été 2006 quelques jours après la fin de la guerre qui a opposé le Hezbollah à Israël, Pascal Colrat en a rapporté plus de 2 000 photographies du Liban Sud, de la banlieue sud de Beyrouth et du Chouf.
- Philippe Benet, Elie Galey, Renata Holzbachova, Pierre Pinta, ***Liban, la perle phénicienne,*** ACR Editions, 1998. Bel ouvrage, souvent recommandé.
- Thomas Renaut, Aymeric Chauprade, ***Beyrouth éternelle,*** éditions ASA, 1998. Un livre sur les traditions, la civilisation, les hommes et l'histoire de Beyrouth.

AVANT SON DÉPART

AMBASSADE DU LIBAN
3, villa Copernic (16e)
Paris (France) ✆ 01 40 67 75 75
www.ambassadeliban.fr

SERVICE ARIANE
France
www.diplomatie.gouv.fr
Ariane est un portail, proposé sur le site du ministère des Affaires étrangères, qui permet, lors d'un voyage de moins de 6 mois, de s'identifier gratuitement auprès du Ministère. Une fois les données saisies, le voyageur pourra recevoir des recommandations liées (par SMS ou mail) à la sécurité dans le pays. En outre, la personne désignée par le voyageur comme « contact » en France sera prévenue en cas de danger. De nombreux conseils et avertissements sont également fournis grâce à ce service !

SUR PLACE

Ambassades et consulats

Les visiteurs qui souhaitent se rendre dans un des services de l'ambassade de France devront présenter au poste de garde extérieur, entrée rue de Damas, une pièce d'identité ou un document officiel, munis d'une photographie, qui seront échangés contre un badge « visiteur ». Le document laissé en dépôt ne sera restitué, à la sortie, que contre la remise du badge « visiteur ». Horaires d'ouverture au public de 8h à 12h.

AMBASSADE ET CONSULAT DE FRANCE
Rue de Damas
Ras el Nabah
BEYROUTH
✆ +961 1 420 000
Voir page 96.

Associations et institutions culturelles

INSTITUT FRANÇAIS DE BEYROUTH
Rue de Damas
BEYROUTH ✆ +961 1 420 200
Voir page 96.

Tourisme

DISCOVER LEBANON
BEYROUTH
Voir page 94.

OFFICE DE TOURISME DU MINISTÈRE DU TOURISME LIBANAIS
Hamra
A l'angle des rues de Rome et de la Banque du Liban.
BEYROUTH ✆ +961 1 343 073
Voir page 95.

REPÉREZ LES MEILLEURES VISITES

★ INTÉRESSANT ★★ REMARQUABLE ★★★ IMMANQUABLE ★★★★ INOUBLIABLE

MAGAZINES ET ÉMISSIONS

Presse

COURRIER INTERNATIONAL

6-8, rue Jean-Antoine de Baïf (12e)
Paris (France) ✆ 01 46 46 16 00
www.courrierinternational.com
Hebdomadaire regroupant les meilleurs articles de la presse internationale en version française.

GÉO

✆ 08 11 23 22 21
www.geo.fr
Le mensuel accorde une large place aux reportages photographiques. Il propose aussi des articles et actualités, l'ensemble étant désormais imprimé sur du papier provenant de forêts gérées durablement.

GRANDS REPORTAGES

✆ 04 76 70 54 11
www.grands-reportages.com
Le magazine de l'aventure et du voyage propose des dossiers, reportages photo et articles divers sur les peuples, civilisations, paysages et monuments. Chaque sujet est complété par un important volet pratique pour préparer son voyage.

PETIT FUTÉ MAG

www.petitfute.com
Notre journal vous offre une foule de conseils pratiques pour vos voyages, des interviews, un agenda, le courrier des lecteurs... Le complément parfait à votre guide !

RANDOS-BALADES

www.randosbalades.fr
Magazine mensuel sur les randonnées en France et à l'étranger. L'approche est thématique (sentiers du littoral, itinéraires sauvages, thèmes culturels...) et la publication est riche en actualités, trucs et astuces, tests matériels, fiches topographiques et, bien sûr, en guides de randonnée.

TERRE SAUVAGE

www.terre-sauvage.com
courrier@terre-sauvage.com
Ce mensuel est spécialisé dans la faune et la flore sauvages. Au sommaire : des aventures dans le sillage des expéditions scientifiques, la découverte des écosystèmes, des enquêtes sur la protection de l'environnement ou encore des rubriques plus pratiques avec, par exemple, des conseils photo.

Les stations de radio libanaises

La première station de radio a été créée à Beyrouth en 1938. La transmission était limitée à 4 heures par jour, deux à midi et deux le soir. En 1941, les stations émettrices et leurs relais ont été détruits par le gouvernement de Vichy lorsque les Alliés sont entrés dans Beyrouth.

En octobre 1965, le gouvernement libanais reçoit comme cadeau de l'American Oil Company un vieil émetteur FM. C'est le coup d'envoi de la FM au Liban. Aujourd'hui, une centaine de stations diffusent leurs programmes en arabe, français, anglais ou arménien. Certaines ont une diffusion mondiale, d'autres arrosent quelques quartiers. La plupart, créées pendant la guerre, au moment où l'anarchie régnait dans l'administration, n'ont pas de licence agréée. A cette époque, de nombreuses radios, dont la radio officielle, informaient les citoyens sur les nombreuses zones d'insécurité. Ainsi, un instituteur libanais, Charif el Akhaoui, était devenu une star médiatique nationale grâce à son programme matinal qui, axé sur l'état des routes, a permis à de nombreux civils d'échapper à la mort. Par ailleurs, la Voix du Liban (VDL) signalait par des flashes d'information au générique affolant les points où étaient tombées des bombes. Une autre station, comme Saout el Watan (la Voix de la Patrie), se chargeait de transmettre à l'antenne les messages des civils que les bombardements avaient surpris loin de chez eux, messages destinés à rassurer leurs parents. Depuis 1990, la musique et les émissions culturelles ou politiques ont remplacé ces programmes de triste mémoire.

A titre d'indication pour les francophones : Radio Liban (96,2 MHz) propose toute la journée des programmes variés. Cette station retransmet également les journaux de Radio France Internationale (RFI), par exemple le matin de 8h à 10h. Radio Liban donne trois journaux locaux en français à 7h, 13h et 19h. Il existe aussi France FM (92,5 MHz), RML (99,1 MHz), Nostalgie (88 MHz), Radio One (105,5 MHz), Light FM (90,5 - 90,8 MHz), Mix FM (104,4 MHz).

Radio

94.3 – RADIO ORIENT
✆ 08 92 23 34 00
www.radioorient.com
Radio communautaire généraliste dont la zone de diffusion s'étend, en France, en Ile de France, Languedoc-Roussillon, Rhône-Alpes, Aquitaine, Franche Comté et Limousin mais également à l'étranger : en Algérie, au Maroc, en Tunisie et au Liban. Radio Orient propose des programmes en français et en arabe en alternant musique et information. On y retrouve de nombreux flashes d'information le matin, le midi et le soir ainsi que des magazines d'analyse permettant au plus grand nombre d'appréhender les problématiques de notre époque.

RADIO FRANCE INTERNATIONALE
www.rfi.fr
89 FM à Paris, également disponible sur Internet en streaming. Pour vous tenir au courant de l'actualité du monde partout sur la planète.

Télévision

FRANCE 24
www.france24.com
Chaîne d'information en continu, France 24 apporte 24h/24 et 7j/7, un regard nouveau à l'actualité internationale.
Diffusée en 3 langues (français, anglais, arabe) dans plus de 160 pays, la chaîne est également disponible sur internet (www.france24.com) et les mobiles, pour vous accompagner tout au long de vos voyages.

PLANÈTE PLUS
www.planeteplus.com
Depuis plus de 20 ans, Planète propose de découvrir le monde, ses origines, son fonctionnement et son probable devenir avec une grille de programmation documentaire éclectique : civilisation, histoire, société, investigation, reportages animaliers, faits divers, etc.

TREK
France www.trekhd.tv
Chaîne thématique.
Chaîne du Groupe AB consacrée aux sports en contact avec la nature qui propose une grille composée le lundi par les sports extrêmes ; mardi, les sports en extérieur ; mercredi, les sports de glisse sur neige ; jeudi, les expéditions, avec des voyages extrêmes ; vendredi, le jour des défis avec des jeux télévisés de TV réalité ; samedi, deuxième jour de sports de glisse sur mer ; dimanche, l'escalade, à main nue ou à la pioche. Remplaçant la chaîne Escales, Trek est disponible sur les réseaux câble, satellite et box ADSL.

TV5 MONDE
www.tv5monde.com
La chaîne de télévision internationale francophone diffuse des émissions de ses partenaires nationaux (France Télévisions, RTBF, TSR et CTQC) et ses propres programmes.

USHUAÏA TV
✆ 01 41 41 12 34
www.ushuaiatv.fr
La chaîne découlant du magazine éponyme a un slogan clair : « Mieux comprendre la nature pour mieux la respecter ». Elle se veut télévision du développement durable et de la protection de la planète et propose nombre de documentaires, reportages et enquêtes.

VOYAGE
www.voyage.fr – info@voyage.fr
Terres méconnues ou inconnues, grands espaces et mégapoles, lieux incontournables ou insolites, cultures et nouvelles tendances : Voyage TV vous propose d'explorer le monde dans toute sa richesse à l'aide de documentaires ou en compagnie de guides éclairés.

Sites Internet

Les Libanais ont très tôt adopté Internet pour s'exprimer, témoigner, échanger ou même rêver. L'offre (sites, blogs, groupes Facebook) y est donc sans fin et c'est la preuve d'une certaine vitalité intellectuelle et démocratique qui participe, entre autres, aux charmes du pays. Et même si les connexions restent parfois lentes et coûteuses, le développement du marché de l'Internet reste en constante progression. Notamment à Beyrouth qui dispose d'une scène locale très animée. Nous avons recensé ici une liste non exhaustive de sites qui évoquent de près ou de loin le Liban et Beyrouth. Une façon de se faire une idée, d'organiser son séjour et de trouver des compléments d'informations avant votre voyage. A noter que de nombreux sites sont en anglais.

L'AGENDA CULTUREL
Liban
Voir page 64.

L'ORIENT LE JOUR
BEYROUTH (Liban)
Voir page 68.

Être solidaire

ACTION CONTRE LA FAIM

14/16, Boulevard Douaumont (17e)
Paris (France)
✆ 01 70 84 70 84 / 01 43 35 88 88
www.actioncontrelafaim.org
srd@actioncontrelafaim.org

Action contre la Faim est une ONG internationale spécialisée dans la lutte contre la faim dans le monde. Elle est présente dans une quarantaine de pays, dans les domaines de la nutrition, de la santé, de la sécurité alimentaire, de l'eau et de l'assainissement. Action contre la Faim intervient avant tout dans des situations de crise. Le but étant de rendre les populations autonomes d'un point de vue alimentaire. Pour cela, il est impératif, après être venu en aide d'une manière concrète à la population, de former les infrastructures locales adéquates qui prendront bientôt le relais. Action contre la Faim propose des missions de volontariat de trois mois à un an en Afrique, Asie, Amérique, Europe centrale, dans le Caucase, au Moyen-Orient et dans les Caraïbes.

Autre adresse : Service Gestion Relations Donateurs : 14/16 Boulevard Douaumont – CS 80060, 75854 PARIS CEDEX 17.

ASMAE

Immeuble Le Meliès
259-261, rue de Paris
Montreuil (France) ✆ 01 70 32 02 50
www.asmae.fr

Cette association a été créée par sœur Emmanuelle afin de professionnaliser et développer ses actions. Asmae est une ONG de solidarité internationale spécialisée dans le développement de l'enfant. Ses actions visent à soutenir les enfants et leur famille, et à favoriser leur autonomie, par l'accès à l'éducation, à la santé et l'accompagnement psychosocial. Asmae travaille systématiquement en partenariat avec des associations locales afin d'être au plus près des besoins des populations.

Que proposent-ils ? Chantiers d'animation (activités pour les enfants) ou de rénovation (petits travaux de maçonnerie, de peinture…). Asmae propose également, tout au long de l'année, des missions de volontaires de 6 mois à 2 ans.

Où ? Asmae propose des chantiers de solidarité dans 7 pays : Philippines, Inde, Madagascar, Egypte, Mali, Burkina Faso, Liban.

Profil et conditions. Etre âgé d'au moins 18 ans. Il est souhaité d'avoir soit le BAFA, soit une expérience similaire en chantiers de solidarité, et, selon le pays, de parler anglais. Cependant, chaque chantier a ses spécificités et ses propres conditions.

JEUNESSE ET RECONSTRUCTION

10, rue de Trévise (9e)
Paris (France) ✆ 01 47 70 15 88
www.volontariat.org

Jeunesse et Reconstruction est, depuis 1987, le comité national français de la fédération internationale ICYE (International Cultural Youth Exchange), qui rassemble 35 comités nationaux localisés dans le monde, pour des chantiers dans tous les domaines à travers le monde (900 projets au total). C'est le 4e comité national d'échange après l'Allemagne, la Suisse et la Grande Bretagne. Les volontaires, entre 16 et 35 ans, sont hébergés soit dans leur structure d'accueil, soit dans une famille d'accueil. La nourriture est fournie, mais le transport est à la charge du volontaire, plus participation variable selon les destinations.

PATRIMOINE SANS FRONTIÈRES

61, rue François-Truffaut (12e)
Paris (France) ✆ 01 40 02 05 90
http ://psf.ong

ONG française créée en 1992, PSF a pour objectif de mener des actions de sauvegarde du patrimoine international dans des contextes d'alerte, d'oubli ou de déshérence, ainsi que dans des situations post-accidentelles ou de post-conflits. Le site Internet relaie les alertes concernant le patrimoine architectural et culturel en danger dans tous les pays du monde.

SOLIDARITÉS JEUNESSES

10, rue du 8-Mai-1945 (10e)
Paris (France)
✆ 01 55 26 88 77
www.solidaritesjeunesses.org
secretariat@solidaritesjeunesses.org

Association de jeunesse et d'éducation populaire agréée par le ministère de la Jeunesse et des Sports, membre du Comité de coordination du service volontaire international (CCSVI), de la Plate-Forme mondiale des associations de volontariat international et du NVDA, plate-forme asiatique d'organisations de chantiers. Chantiers internationaux, actions d'insertion, formations, actions de solidarité internationale et gestion de petites structures d'accueil et d'animation en milieu rural, le travail est varié, de l'ordre de 30-35 heures pour les chantiers d'adultes et de 25 heures pour les chantiers d'ados. Ouverts à tous les volontaires âgés de 18 à 30 ans.

Étudier

Pour étudier ou poursuivre vos études supérieures, il vous faut prendre contact avec le service des relations internationales de votre université. Préparez-vous alors à des démarches longues. Mais le résultat d'un semestre ou d'une année à l'étranger vous fera oublier ces désagréments tant c'est une expérience personnelle et universitaire enrichissante. C'est aussi un atout précieux à mentionner sur votre CV.

Si vous envisagez de goûter aux joies des universités beyrouthines qui ont une bonne réputation à l'échelle du Moyen-Orient, il faut savoir que la scolarité de ces établissements privés peut varier de 10 000 à 15 000 dollars, voire plus par an.

Les principales universités sont : l'American University of Beirut (www.aub.edu.lb), l'université Saint-Joseph (www.usj.edu.lb), l'Université libanaise (www.ul.edu.lb), l'université Haigazian (www.haigazian.edu.lb) et l'Académie libanaise des Beaux-Arts (www.alba.edu.lb).

Fruit de la coopération des Etats français et libanais et implantée depuis 1996 dans le quartier Clemenceau à Beyrouth, l'Ecole supérieure des Affaires est un centre de formation aux affaires de niveau international (www.esa.edu.lb).

Investir

BUSINESS FRANCE

77, boulevard Saint-Jacques
75998 Paris cedex 14
France
✆ 08 10 81 78 17
www.businessfrance.fr

L'Agence pour le développement international des entreprises françaises travaille en étroite collaboration avec les missions économiques. Le site Internet recense toutes les actions menées, les ouvrages publiés, les événements programmés et renvoie sur la page du Volontariat International à l'Etranger (VIE).

Autre adresse : Espace Gaymard 2, place d'Arvieux 13002 Marseille.

Travailler - Trouver un stage

Entrepreneurs et ambitieux, les Libanais ont le sens des affaires. Si vous voulez profiter de leur savoir-faire et de leur enthousiasme, il est parfaitement possible de travailler à Beyrouth et dans le reste du pays, sous réserve d'obtenir un contrat avec une société locale et un permis de travail. Les démarches administratives peuvent être longues mais ne sont pas insurmontables. Toutefois, les grilles des salaires locaux sont nettement inférieures à celles en vigueur en France.

ACTION
FAIM

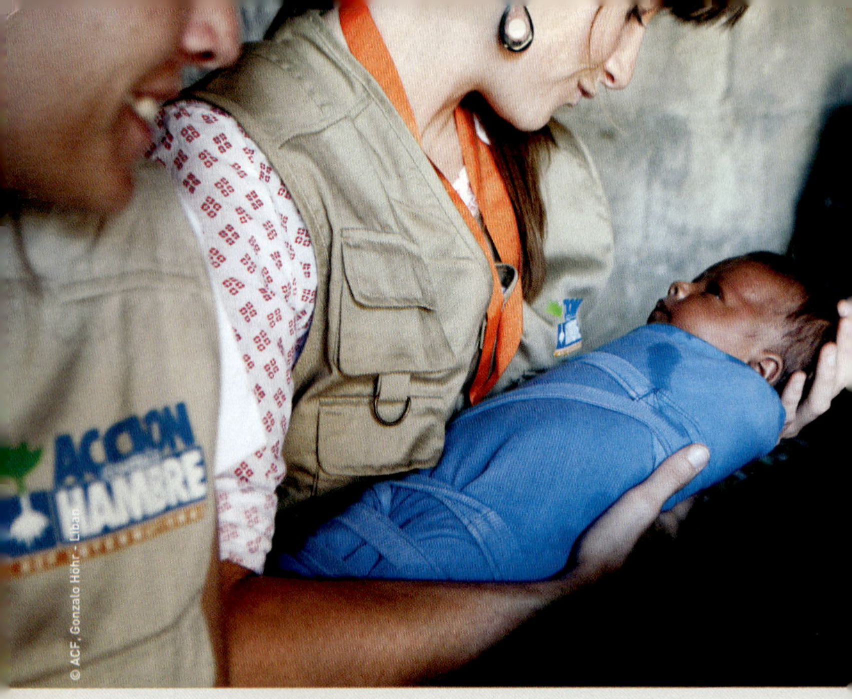

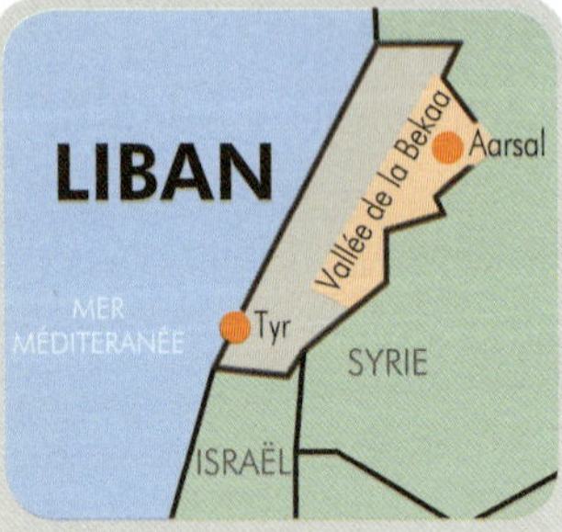

Ouverture de la mission : **2006**

Nombre de bénéficiaires en 2015 : **160 000**

Personnels : **156**

- Nos programmes :
  - Nutrition, santé et pratiques de soins
  - Eau, assainissement et hygiène
  - Sécurité alimentaire et moyens d'existence
- Régions d'intervention :
  - Vallée de la Bekaa
  - Tyr
  - Aarsal

Le Liban, qui a accueilli plus de 1,5 millions d réfugiés syriens et palestiniens, a vu sa populatic augmenté de 27%. Du fait que le pays affiche plus grande proportion de réfugiés au monde, pression sur les communautés locales n'a jamais é aussi forte.

Action contre la Faim mène des activités, en majori dédiée aux réfugiés syriens, depuis ses base dans la Vallée de la Bekaa, à Tyr et à Aarsal. Le équipes mènent des programmes multisectoriels sécurité alimentaire et moyens d'existence (activit rémunératrices, coupons alimentaires et soutie financier), en eau, assainissement et hygièr (réhabilitation des infrastructures et mise à dispositic d'unités de stockage, construction de latrine maintenance des installations sanitaires, gestion de déchets, promotion de l'hygiène, distributions de k d'hygiène) ainsi qu'en « pratiques de soins » (sessio sur la santé des enfants, groupes de soutien pour le femmes, les hommes et les enfants, distribution de k pour bébés).

ACTION CONTRE LA FAIM

ACF INTERNATIONAL

www.actioncontrelafaim.org

INDEX

A

B

C

D

E

F

G

H

J

K

L

M

N

P

Q

R

S

T

U

V

Y

Z